小熊英二【編著】

井手英策
貴戸理恵
菅原琢
中澤秀雄
仁平典宏
濱野智史
ハン・トンヒョン

平成史【完全版】

河出書房新社

序文

「平成」は三〇年で終わった。この時代をどう位置づけたらよいだろうか。

そもそも「平成史」というと、読者はどんなものを思い浮かべるだろうか。言葉を換えて言えば、何を書いたら「平成史」を描いたことになるのだろうか。そもそも、そんな直近のことが「歴史」になるのか、という問いもあるだろう。

後者の「歴史というには近すぎる」という問いについては、先例がある。昭和の半ばである一九五五（昭和三〇）年に、戦争に至る歴史を描いた、遠山茂樹・今井清一・藤原彰の共著『昭和史』（岩波新書）が発刊された。その描き方には論議があったにせよ、戦争という未曾有の体験を歴史的に位置付ける、という必要性については誰もが認めていた。

平成の三〇年間とは、バブル崩壊を経た経済停滞、「五五年体制」の終焉と政治改革、東日本大震災と福島第一原発事故などがあった。この三〇年とは何だったのかを確かめたいという欲求は、平成の終わりを迎えた現在、それなりに存在しているといえよう。

「ジャパン・アズ・ナンバーワン」ともよばれた経済成長の時代から、現在の長期停滞に至る時期は「昭和」から「平成」への元号変化の時期と重なっている。このことは、偶然ともいえるが、ある意味では必然性があったともいえる。

日本が経済成長を謳歌した時期は、一九五五年から一九九一（平成三）年である。これはスターリンの死と朝鮮戦争休戦を経て、冷戦体制が固定化・安定化した時期から、ソ連崩壊によって冷戦体制が終焉した時期にあたる。この時期はまた、日本政治の冷戦体制である「五五年体制」の時期でもある。いわば日本は、冷戦安定期にもっとも栄えた国であり、冷戦後のグローバル化と国際秩序変化に対応できなかった国である。後者の歴史が、「平成史」だともいえる。

そして昭和から平成への元号の変化は、第二次世界大戦の指導者の最後の生き残りが、生物学的な生命を終えたことによって起こった。

冷戦体制下の国々は、その多くが第二次大戦の戦後処理過程で独立した国、ないしは体制転換を遂げた国である。中華人民共和国、インド共和国、ドイツ連邦共和国などがそうであり、大日本帝国から名称と体制を変更した日本国もその一つだ。

そうした国々は、いずれも戦争の記憶を、建国の正統性の根拠においていた。そして一九八〇年代から九〇年代になり、その記憶を持つ世代が退き、世代交代が進むに伴って、体制の危機が訪れるようになった。

たとえば、ユーゴスラヴィアという国家と、ユーゴ共産党の正統性は、パルチザン戦争の記憶にその基盤を置いていた。その記憶が薄れ、チトーという記憶の象徴的人物が生物学的に死んだあと、一九九〇年代に国家そのものが崩壊した。

「大祖国戦争」の記憶を正統性の基盤に置いていたソ連も、ゴルバチョフという「戦後派」の指導者に交代したところで、体制の終焉を迎えた。抗日戦争の記憶を基盤にしていた中華人民共和国と中国共産党、独立闘争の記憶を基盤としていたインド共和国と国民会議派も、一九八〇年代末から九〇年代に経済開放政策への転換と政権の危機を迎えた。

冷戦終焉から一九九〇年代には、どこの国でも、戦争の記憶の問い返しが、体制の起源の正統性への疑問とともに湧き起こった。怒濤のようなグローバル化と情報化の進展が、それに拍車をかけた。いわば冷戦とは、国際的な「長い戦後」であったともいえる。

くりかえしになるが、「昭和」から「平成」への元号変化は、第二次大戦の指導者の最後の生き残りが、生物学的な生命を終えたことからおきた。ちょうどその時期に冷戦が終わり、冷戦に適合していた日本の繁栄が終わったのも、なかばは偶然であるが、なかばは必然ともいえる。

その後の社会変化を描くのが、「平成史」の役割となる。それは、冷戦期に栄えた日本の体制の終わりの過程であり、いま問い直すに値する歴史である。たとえ直近のことであろうと、その重要性はあると考える。

「近すぎる」という問いについては答えたとして、そこで問題になるのは、もう一つの疑問である、「何を描けば平成史を描いたことになるのか」だ。一九五五年の『昭和史』についていえば、それは明快であった。戦争と、戦争に至るまでの経緯を描くことが、すなわち「昭和史」を描くことであった。

では、何を描けば「平成史」を描くことになるのか。「小泉改革」だろうか。「オウム真理教」だろうか。あるいは天皇家をめぐる諸問題だろうか。

歴史というものは、社会を代表するものを記述する、という形態をとる。王家が社会を代表している、という通念が存在しているなら、王家の変遷を描くことが歴史になる。猟奇事件や少年犯罪が社会を代表している、という通念が存在しているなら、その変遷を描くことが歴史になる。政権党の派閥や首相が社会を代表している、という通念が存在しているなら、派閥抗争や首相交代劇の概説を描くことが歴史になるだろう。

ところが一九七〇年代後半以後は、そうした「代表的なもの」を見出すのが困難になってきた。一例として、毎日新聞社が一九九〇年代に発刊した「シリーズ　20世紀の記憶」をみてみよう。

このシリーズの日本戦後史の巻のうち、一九五七〜六〇年は「60年安保・三池闘争　石原裕次郎の時代」と銘打たれている。続く一九六一〜六七年は「高度成長　ビートルズの時代」、一九六八年は「バリケードの中の青春」、一九六九〜七五年は「連合赤軍　狼たちの時代」となっている。

では、一九七六年以後は何だろうか？　次の巻は、一九七六〜八八年という時代区分となっており、「昭和が終わるまで」という設定である。その巻の題名は、「かい人21面相の時代　山口百恵の経験」となっている。

一九五七年から七五年までの巻については、異論はあっても、かなりの人は納得するだろう。しかし一九七六〜八八年を、「かい人21面相」（そもそも今の四〇代以下は知っているだろうか？）に代表させることに納得する人は、おそらく少数であるだろう。では何が代表するのかといえば、それもなかなかむずかしい。

これよりさらに後の「平成史」については、何が時代を代表するのかの共通了解は、さらにむずかしくなる。アニメ番組の変遷史として描きたいという者もいれば、歴史認識論争の時代として描きたいという者もいるだろう。それが悪いというわけではもちろんないが、その分野に関心のない多くの人は納得するまい。

編者である筆者は、こうした事情をふまえ、以下のような認識に至った。すなわち、そうした「代表が成立しない」という状況を生んでいる、社会構造と社会意識の変遷史として描くしか、「平成史」の記述はありえない、と。

そこでは、人物や事件の固有名は、社会構造の一部としてしか意味を持たない。人物史や事件史としての「歴史の描き方」にしかなじみのない読者には、「こんなものが歴史なのか」という違和感があるかもしれない。あまりに社会科学的な描写に偏重しているように映るかもしれない。だがこれは、それなりの蓄積がある歴史記述の方法であると同時に、現代を記述するのに必然性のある方法だと考える。

本書はもともと、二〇一一年八月から一年にわたる共同研究会を経て、二〇一二年一〇月に発刊された。その後、二〇一四年二月に、「経済」と「外国人」の章を加えて増補版を出版している。今回は、それをさらに改訂した最終版にあたる。最初の構想から一〇年近くを経ても、こうした新たな刊行の機会があるのは、執筆にあたってくれた各著者の力量と、本書の最初の構想が的確だったゆえだと考えたい。なお私が担当した「国際環境とナショナリズム」の章は、日本に関係する論点を明確化する方向で改訂し、分量的には縮減させたことをお断りしておく。

一九五五年の「昭和史」のあとにも優れた昭和史が書かれたように、この本もまた「平成史」の記述の第一歩である。これを読んだ方から、あるいはこの共著に参加した人びとから、今後に新たな視点からの「平成史」、新たな現代史認識が、連鎖的に生まれてくることを期待したい。

二〇一九年四月　　小熊英二

平成史【完全版】——目次

図表作成◉神保由香

平成史【完全版】

総説

「先延ばし」と「漏れ落ちた人びと」

小熊英二

「結局、70年代のどこかで高度成長が終わり、80年代のどこかで日本社会の成熟はほぼ達成されて、そのあと文化的に大きな変化は何も起こっていない。」

作家の村上龍は、二〇一一（平成二三）年一二月執筆のエッセイでこう述べている。[1]

こうした見解は、一九八〇年代以前に人格形成した者には少なくないようだ。ある経済学者も、高度成長期の日本社会の激変を強調したうえで、「一九七〇年代の初め、街に出ればマクドナルドがあり、人々はハンバーガーを食べていた。その光景は今と大して変わりがない」と述べている。[2]

そうであるなら、すでに歴史は、八〇年代までで終焉している。「平成史」などというものは必要ない。だが一九九〇年代以降の日本社会が、かつてと異なることは、誰でも感じている。では、それはどういった変化なのか。変化があるにもかかわらず、なぜ「大きな変化は何も起こっていない」ように感じられるのか。

本稿の主題は、ここから設定される。すなわち、「平成」においていかなる社会変化があったのか、ということと、それに見合う変化の認識がなぜ成立しなかったのか、が課題となる。本章前半部では日本の社会構造分析を理論的に行ない、それを踏まえて後半部において、「平成」における社会変化と社会意識、とくに社会意識が社会変化に追いついていなかった状況を描写する。

工業化時代の想像力

不安定雇用が増え、貧困が増えた。このことは、この二〇年あまりの日本社会の変化として、しばしば語られることだ。若者が車を買わなくなった、「草食」になった、といった類のこともよく語られる。

しかしそうした変化と、村上らのいう「変わらなさ」はどう整合するのか。そのことを人びとはうまく把握しきれていないようだ。若年女性の貧困にとりくむある活動家は、二〇一一年に「21世紀になったら車が空を飛んで、ロボットが街を闊歩し、男女が平等になると信じてたのに」と述べている(3)。

「二一世紀になったら車が空を飛ぶ」という未来像は、二〇世紀半ばのSF作品によくみられるものだ。しかし実際に二一世紀になった現在からそれらを見ると、想像力のかたちが奇妙に限定されているのに気づく。

「たいへんだ、知らせに行こう!」

一九七八(昭和五三)年にテレビ放映された『未来少年コナン』では、こんな場面がある。未来都市国家「インダストリア」の地下にかくされていた、大量破壊兵器を搭載する巨大爆撃機が動きだそうとしている。それを仲間たちに知らせるべく、飛行装置に乗って、コナンたちは急ぐ。

いまなら、携帯電話で知らせるところだ。ここに描かれている未来像は、移動技術が大幅に進歩しているのに、情報通信技術がまったく変わっていない世界である。『未来少年コナン』に描かれている「インダストリア」では、巨大爆撃機、ロボット、原子力をエネルギー源とする金属製の巨大ビルディングなどがあり、宇宙服のようなユニフォームに身を固めた人びとがいる。しかし情報通信技術のほうは、マイクを握って話す卓上式の大型無線装置なのだ。

ここからは、工業化時代の想像力をうかがい知ることができる。二〇世紀の工業化社会に生きた人びとが感じた変化は、以下のようなものであった。これまで見たこともない工業製品が、生活を変えている。自動車、ビルディング、ジーンズ、マクドナルド。二一世紀はもっと進歩するにちがいない。それなら二一世紀には自動車が空を飛び、金属製のビルやロボットが原子力で動き、宇宙服のようなデザインが普及し、チューブ式の食料を食べているはずだ。それが豊かで輝かしいユートピアなのか、自然を破壊する管理社会のディストピアなのかは、想像する者によって異なった。しかし基本となる想像力は、変化が工業製品の普及に象徴されていた時代の経験に規定されていたのである。

そうした観点からみれば、二一世紀の社会はそれほど変わっていないし、新しいものは何もない。パソコンやスマートフォンは昔はなかったが、「モノ」としてみれば、風景を変えるほどのものではない。

工業化時代のステイタスの象徴は自動車であった。国家のステイタスは「フォード」「トヨタ」「ベンツ」「ヒュンダイ」などの自動車会社に象徴され、どんな自動車に乗っているかが人間のステイタスを決めた。それゆえ経済力と意欲のある者は、借金（ローン）をしてでも自動車を買うはずだと考えられていた。

だが、「いまの若者は自動車を買わない」。それは意欲がないからだ、あるいは貧しいからだ、と位置づけられる。日本の雇用者の平均賃金は一九九七年から二〇一〇年までに約一五％減少しており、「貧しいから」という見解は統計的多数像としてはまちがってはいない。しかしたとえ収入や資産があっても、自動車など買わない者は多い。それは純粋に経済的なものというより、社会意識の変化なのだ。

それでは日本は、いつからいつまで、工業化社会だったのだろうか。総務庁の労働力調査によれば、日本で製造業の就業者数が農林水産業のそれを抜くのは一九六五（昭和四〇）年。製造業の就業者数がピーク（一六〇三万人）となったのは一九九二（平成四）年で、その後はほぼ一貫して減少した(4)。

これを一つの指標と考えれば、一九六五年から一九九二年までが、日本が「ものづくりの国」だった時代である。「東京オリンピックからバブル崩壊まで」と考えればわかりやすいだろう。

経済成長という観点からみれば、日本のGDPは一九五五〜七三年に平均年率一〇％ほどの成長を遂げたあと、第一次石油ショック後の一九七五〜九一年は平均四％ほど、九二年以降は平均一％前後である。経済的には高度成長への突入とバブル崩壊、政治的にみれば「五五年体制」の成立と九三年の細川護熙政権成立が区分点で、途中の一九七三年前後に小さな転換があることがわかる。

人口からいえば、日本の全人口は一九五〇〜八〇年までは一〇年ごとに一〇％以上増加してきたが、一九八〇〜九〇年で五％強、一九九〇〜二〇〇〇年では三％強で、二〇〇〇年代には減少に転じる(5)。人口と経済の関係では、「人口ボーナス」とよばれる時期がある。子供が多く高齢者が少ない多産多死の社会から、子供が少なく高齢者が多い少産少死の社会に変わっていく過程で、青壮年層が多く子供と高齢者が少ない時期がある。この時期は労働人口が多く社会負担が少ないので、経済成長にもっともよい。これが「人口ボーナス」だが、その時期がすぎれば高齢化社会になる。中国や東南アジアは現在が人口ボーナスの時期であり、日本は一九六〇〜八〇年代がその時期だったといえる。

以上のようにいろいろな見解があるが、とりあえずここでは、一九五五年前後・一九七三年前後・一九九一年前後を戦後日本の時期区分としておきたい。「平成」はこの第三の区切り以降の時期に相当する。本稿では、工業化時代からポスト工業化時代への変化として「平成史」を概説し、さらにそこにおける社会意識の変遷を検証する。

ポスト工業化

概説の前提として、工業化社会からポスト工業化社会への移行が、どのような変化をもたらすのかを押さえておこう。工業化社会以後の社会を何と呼ぶかは、「ポスト工業化社会」「ポスト・フォーディズム」「ニューエコノミー」「再帰的近代化」「リスク社会」などさまざまだが、とりあえず「ポスト工業化社会」の名称で諸説を総合すると、以下のようになる[6]。

二〇世紀に出現した工業化社会は、フォード自動車工場で採用されたベルトコンベア式の大工場に象徴される。そこでは大量の労働者が雇用され、高賃金をうけとる。労働者は巨大な労働組合に組織され、賃上げを達成する。大量生産された工業製品は、高賃金に支えられた購買力によって売れていき、企業の収益と労働者の高賃金を保証する。

男性労働者の雇用と賃金が安定すると、かつては女工や農婦として働いていた女性は専業主婦になっていき、子供を働かせずに教育する近代家族が普及する。巨大労組に支えられた政治勢力は福祉制度を整え、働かない女性や子供は夫の社会保険に加入し、財源は完全雇用と高賃金から得られる税収と積立金でまかなわれる。

しかしこの社会では、市場に出回る製品が大量生産品であり画一的である。この時代の生産技術や情報技術では、生産や流通のラインを変更するのは容易でなく、製品や販売網を多様化することができない。そこで大企業は、多少の意匠を変えただけの製品を宣伝力で買わせる。こうして大手広告会社とマスコミが生まれ、「新しい流行」や「新しい話題」を画一的に流通させる。

画一性はライフサイクルにもおよぶ。この社会では、誰でも高賃金の大企業をめざし、そこでは画一的な仕事と定時労働が待っている。女性は主婦になる以外の選択肢が限られ、子供は大手企業に入れるべく学校に行かされる。結果として、誰でも同じような住居を同じような年齢で買って住み、同じような電化製品と「新車」をそろえ、同じような「新しい流行」の服やレコードを買っている。つねに「新しい」ことを重視し、社会全体を語れるかのようにみえる「新しいトレンド」があったことが、この社会の特徴である。

政治の世界では、企業や地域や労組といった巨大組織をバックにした大政党が支配する。この社会から排除された少数者は、示威活動や芸術活動を行なう。少数者の典型は経済的貧困者ではなく、若者、女性、同性愛者、外国人などであり、労働者が運動の中核にならなくなった時代における「新しい社会運動」の担い手とされた。そこで生まれた文化活動はカウンター・カルチャーという名称を与えられ、「ユニフォームとビルディング」に象徴される支配的社会への反抗が基本モチーフになる。

それにたいし「ポスト工業化社会」は、以下のような変化をたどる。

情報技術が進歩し、グローバル化が進む。精密な設計図をメールで送付できるようになると、工場が国内にある必要も、作り手が熟練工である必要もなくなる。熟練工を長期雇用しておく必要はなくなり、企画を立てる少数の中核社員のほかは、デザインなど専門業務は外注となって、現場の単純業務は短期雇用の非正規労働者ですむ。製造業は先進国の高賃金と組織労働者を敬遠して、発展途上国へ出て行く。

ＩＴ技術は生産ラインの小規模化と随時変更を容易にし、在庫や配送のデータ処理も容易になって、多品種少量生産と個別配送を実現する。大きな広告は必要性が下がり、ダイレクトメールやホームページが取って代わる。データ処理や配送業やファーストフードなど、新しい業種が台頭する。一部の中核エリートは高収入のチャンスが得られるが、より増加するのは「マックジョブ」（マクドナルドの非正規販売職）と総称される低賃金不安定労働である。

こうして流通や販売のコストが下がり、販売網と製品の多様化とあいまって、消費者に安く多様な商品が提供される。選択可能性と自由度が飛躍的に上昇し、画一的な「新しい流行」はなくなり、それへのアンチとしての「対抗文化」も意味を失って多様性の一つになる。

しかし同時に、福祉の財源であり前提だった正規雇用が減少し、労組も衰退するので、福祉の切り下げと格差の増大が生じる。低学歴では「マックジョブ」に就くしかないので、大学進学率が上昇する。子供に学歴をつけさせるため収入が必要になるが、男性の雇用と賃金が不安定化しているので専業主婦ではやっていけなくなり、女性の労働力率が上昇する。家族の形態がゆらぐのと、選択可能性の増大が男女関係にもおよぶことなどで、離婚率が上がる。

失業と非正規雇用は全体に増えるが、とくに若年者で増加する。すでに在籍している年長正規雇用労働者の雇用維持が優先されること、スキルのない若者より経験者が雇用されやすいことなどのためだ。限られた正規雇用や中核エリートの座をめぐって、就職活動が激化する。収入と雇用が不安定なため結婚が困難となり、親元同居が長期化し、晩婚化と少子化が進む。自由度の増大とともに、服装や雇用形態などが多様化し、アイデンティティの模索の時期が二〇代前半で終わらないため、「青年期の長期化」が生じる。不安定性とリスク感の増大のため、うつ病なども増加する。

一方で、かつてのようなブルーカラー労働の均質性にもとづいた労働者階級文化は衰滅する。表面的には階級差はめだたず、階級意識も消滅してくる。そのため不満が政治的シンボルに結びつかず、政治に対する無関心も増加する。多様な消費物資がかつてより提供され、性などの自由度も増しているので、二〇歳前後での満足度は高い。しかし統計的には、明らかに低階層出身の子弟のほうが進学率も正規雇用率も収入も低く、女性のほうが男性より低い。

労働者階級や地域共同体は実体を失い、それに基盤をおいていた左派政党や保守政党も支持基盤が流動化する。革命や福祉や伝統といったかつての政治的シンボルは意味を失い、テレビに出て有名であることが重要になる。支持が集まるのも早いが、基盤がなく流動的なので、支持がなくなるのも早い。

パソコンのクリックひとつで相手を選べる時代は、多様な選択の可能性が増大するが、自分も選択される側になる。相手とずっとつきあう必要はなくなるが、ずっとつきあってくれる保証もない。そのスピードは増大し、過去の蓄積はすぐに陳腐化する。雇用も、組織も、取引も、男女も、家族も、教育も、地域も、政治も、国家も、この選択可能性にまきこまれ、自由とチャンスと格差が増大していく。

福祉におけるポスト工業化社会のバリエーション

以上のような現象は、先進諸国にほぼ共通しておきた。だがいくつかの事項は、国ごとの特徴もある。たとえば、日本には移民労働者がそれほど多くない。こうしたバリエーションは、なぜ生じるのか。

まず社会保障については、イエスタ・エスピン＝アンデルセンが唱えた「福祉レジーム」の三類型が知られている。(7)

三類型のうち自由主義レジームはアメリカなどにみられ、自由市場と個人責任を重視する。税負担が軽く小さな政府を志向し、福祉は個人による保険商品や企業年金などで調達される。政府は雇用や民間保険から漏れた人に一定の保護を提供するが、コンセプトが「弱者救済」であるため、受給者へのスティグマと更正思想が発生する。

第二は北欧にみられる社会民主主義レジームで、社会的合意による全員保障と社会運営をめざす。税は重いが基本的権利として全員保障がなされる。弱者救済とは異なり、基本的権利保障であるため、スティグマや更生思想は発生しにくい。

第三は保守主義レジームで、独仏や南欧にみられ、家族や労組、職業別組織などの共同体を重視する。これらの共同体を基盤に福祉を整えた結果、これらのカテゴリーにもとづく福祉制度になった。たとえば労働者とその家族には、正規雇用労働者に組合保険が提供され、家族は男性労働者の保険に入る。

この類型のなかで、保守主義レジームが、もっともポスト工業化社会に不適合をおこしやすいという。

自由主義レジームの場合は、労働者の保護が薄いので解雇が容易であり、それによって企業はポスト工業化社会の産業に転換していく。新産業への労働力移動は、市場の調整にまかされる。その結果、高賃金を得られる中核労働者と、低賃金の単純労働者の格差が開く。ただし、低賃金職が大量に生まれるため、失業率はそれほど上がらない。

社会民主主義レジームでは、失業しても全員の権利として一定の社会保障があるため、労働者も解雇を受け入れやすいといわれる。労組と政府が社会的合意のもとで協調できることも産業転換に有利である。高等教育も権利保障として無償であるケースも多く、また政府が失業者に配置転換のための職業訓練を行なうので、失業しても新産業のスキルを身につけて成長産業に再雇用されやすいとされる。産業転換がフレキシブルであると同時に、労働者にとってのセキュリティも保障されているという状態は、デンマークの事例などからフレキシキュリティflexicurityとよばれた。

ところが保守主義レジームはもっとも困難に直面する。製造業を中心とした労働者が長期に正規雇用されることを前提に、すべての社会保障が組み立てられているからである。男性労働者の雇用が不安定になると、その家族が収入と社会保障を失い、年金制度も崩壊してしまう。それゆえ労働者の解雇がむずかしく、旧来の産業構造から転換できない。

ポスト工業化社会では失業率は全体に上昇するが、保守主義レジームでは解雇が困難であるため新規採用抑制にむかい、若年失業率がとくに上昇しがちである。製造業の低迷とともに経済が停滞し、税収と正規雇用労働者の積立金が低下して、社会保障の財源が不足していく。自営業や農民といったセクターごとに整備された社会保障も、産業構造転換を困難にする。

また保守主義レジーム諸国のなかでも、南欧のように家族規範が強く、社会保障も家族を単位に組み立てられているところでは、親元同居長期化と少子化が顕著になる。ポスト工業化社会では、若年層の雇用が不安定化するのに、親の世代の雇用は保証されたままなので、一般に親元同居は長期化しやすいが、社会保障が家族単位で組み立てられているとその傾向が激化する。少子化については、こうした国々では女性が主婦になることを前提に社会制度が組み立てられているため、男性賃金の低下とともに女性労働力率が上昇すると、仕事と出産・育児が両立しにくいためだとされている。

　日本がこのレジームのどれに位置するかは、見解が分かれている。エスピン＝アンデルセン自身は、日本は類型化しにくいが、自由主義レジームと保守主義レジームの混合体であると位置づけている。ドイツの制度を参考に社会保険を整えたが、アメリカ占領軍の指令で生活保護が加わったというのが、その根拠である。

　筆者はエスピン＝アンデルセンの三類型は、理念型ないし分析の補助線だと考えるので、類型化を無理に行なう意志はない。とはいえ筆者なりに見解をくわえると、現代日本には、二つの世界が存在していると思う。

　すなわち、公務員および大企業の正規雇用労働者とその家族、そして農民と自営業者といった、旧来の日本型工業化社会の構成部分は、保守主義レジームに近い世界に住んでいる。一方で非正規雇用労働者など、ポスト工業化社会への変化に対応させられている部分は、自由主義レジームに近い世界に住んでいる。その結果として、産業が硬直化して福祉制度が機能不全になるという保守主義レジームの特徴と、失業率は低いが格差が増大するという自由主義レジームの特徴が共存することになる。

　また高度成長期以降の日本の慣行では、職業訓練が企業内で行なわれ、また他企業での経験が評価されなかった。そのため、経験がある中高年が優遇されるために若年失業率が上がるという現象は、日本の場合は顕著にならなかった(8)。代わって、学卒後に正規雇用に就く機会を失った者が顕著に不利になるという形で、若年労働者問題が現れることになった。

　正規雇用と非正規雇用、大企業と中小企業の格差は日本では旧来から存在し、「二重構造」とよばれてきた。製造業の大企業は、正社員には長期雇用と社会保障を提供する一方、大量の下請け中小企業や、臨時工やパート労働者に支えられていた。日本はこの二重構造のうち、中核部分は工業化社会時代に築かれた地位を維持しつつ、周辺部分をいわば調整弁とすることで、ポスト工業化に適応しようとしてきたと考えることができる。

そもそも近代日本は、上からの急速な近代化を遂げるなかで、保守主義的な秩序維持と、自由主義的な政府経費削減を併用してきた。福祉においても、家族単位を重視して育児支援が少ないという意味では保守主義的だが、就労強化とスティグマ付与の性格が強い点では自由主義的である。保守主義レジームの傘におおわれた部分は保護されるが、その傘から「漏れ落ちた」部分は、自由主義レジームのもと時代の変化に対応するための調整弁となる。[9]

一九七九（昭和五四）年に日本政府が制定した「新経済社会七カ年計画」では、「個人の自助努力と家庭や近隣・地域社会等の連帯を基礎としつつ……自由経済社会のもつ創造的活力を原動力とした我が国独自の道を選択創出する」として、「日本型福祉社会」がうたわれている。この文書は、保守主義と自由主義の混交が「日本型」であることを、公式にうたった好例と言える。

また日本は、社会保障が整備された時期がヨーロッパ諸国より遅かった。[10]日本の社会保障の制度的基盤が整備されたのは、一九五〇年代末から七〇年代初めまでだが、当時は経済状態が好調だったため、若年者の就職が容易で離婚も少なかった。そのため病気になった場合と高齢になった場合が主なリスクと考えられ、健康保険制度と年金制度に重点がおかれたと考えられる。結果として、公務員および大企業正規労働者の健康保険と年金は手厚いが、職業訓練・育児支援・高等教育などは自助努力が重視されて、公的支援は薄くなっている。

日本の非正規雇用労働者は、ほんらいは農民や自営業者のための制度だった、国民健康保険や国民年金に加入する者が多かった。しかし農民や自営業者は、持ち家があり長男が後継者となり、老齢になれば自宅で家族介護をうけることが前提になっている。そのためか、基礎年金では満額でも月額六万円あまりであり、持ち家と家族のない非正規雇用労働者は高齢貧困者になりやすい。この問題は、制度が整備された一九六〇年前後から予測されていたことだったが、実際にそれが顕在化するまで事実上放置されることになった。

移民と地方経済

さらに日本で移民がなぜ少ないかについては、サスキア・サッセンの労働力移動に関する説が参考になる。(11) またサッセンの見解は、日本の「地方」の状況を考える上でも興味深い。

サッセンの初発の問題意識の一つは、先進国はポスト工業化で経済が停滞し失業が多いのに、なぜ移民が流入するのかという点にあった。

通常、移民が流入するのは先進国に職があり、発展途上国には職がないからだ、という説明がなされる。それならば、先進国が不況になり途上国で工業化がおきれば、移民は発生しなくなるはずだ。しかし実際には、先進国の製造業が途上国に移転した時代になって、移民が多くなっている。また移民を大量に送り出しているのは、先進国の企業進出によって工業化した国であり、工業化が進んでいない地域からは、むしろ移民はおきていない。

この構造を、サッセンは以下のように説明する。

そもそも資本にとっての移民（出稼ぎ）労働力のメリットは、低賃金だけではない。最大のメリットは、労働者保護規定が適用されず、解雇が容易であるという無権利性である。

また第二のメリットは、養育や教育が移民（出稼ぎ）の送出地域側で行なわれるうえ、解雇しても帰郷させることで「失業の輸出」が可能なため、労働力の再生産コストが安いことである。この第二のメリットの観点からみれば、学校教育が普及している程度には発展した地域からの労働力のほうが、多少賃金が高くともメリットがあることになる。

ただし、自給自足でやっていける地域からは、移民は出てこない。それが出てくるのは、現地の「生存基盤の喪失 uprooting」がおきたあとである。つまり、発展途上地域の近代化が進み、教育が普及して、第一次産業ではやっていけない状況が発生したほうが、移民は流出しやすくなる。つまり、工業化したほうが労働力移動が発生しやすい、という逆説が生まれる。

先進地域からの投資で途上地域の工業化が進んでも、それは長期安定雇用ではないとサッセンは考える。一部の中核労働者はともかく、大部分は短期雇用の臨時工や女工である。彼ら彼女らは、最新の製造技術に対応できる柔軟性がある若いうちの数年間を外資系工場で働き、やがて解雇される。

しかし近代化にまきこまれた農村部には、彼ら彼女らを受け入れる生存基盤がすでにないし、教育をうけ工業化社会の都市文化を身につけた彼ら彼女ら自身も、農村に帰りたいとは思わない。その結果、新しい職をもとめて先進国に移動する。その場合の移民先は、先進国側の経済進出や軍事進出などで、すでに経済的・文化的な経路ができていた国である。こうして、先進国から製造業が途上国に進出するほど、また途上国が先進国の工業を誘致するほど、移民は出てくるという結果が生じる。

一方で先進国側では、高賃金で働く中核労働力は、労働者保護規定によって守られている。しかし高賃金部門が全体を覆うことはありえず、サービス、単純製造業、請負家内労働などの周辺低賃金部門は、一貫して残っている。そこに周辺労働力が、無権利かつ相対的に低賃金状態で入ってくる。

ポスト工業化社会の先進国都市においても、サッセン自身が移民労働者として経験したビル清掃員をはじめ、低賃金の不安定雇用職が数多く生まれ、そこに移民が入る。先進国都市では、一人の中核労働者を五人の周辺労働者が支えるともいわれる。エリート社員が働くには、ビル清掃員やコンビニ店員や宅配業者など、「マックジョブ」に就く人間が必要なのだ。

またポスト工業化社会において、先進国で製造業がなくなるわけではない。製造業の本社管理部門が都市に残るだけでなく、途上国の工場とも競争が可能な、低賃金の「スウェット・ショップ」（零細工場や請負内職）が繁茂し、この部門にも移民が流入する。サッセンは一九七〇年代と八〇年代のニューヨークとロサンゼルスの分析から、長期雇用の製造業が衰退して失業率が増大する一方、移民が都市低賃金部門とスウェット・ショップに流入していることを実証している。

このように、先進国で製造業が衰退し、雇用の不安定化がおき、途上国に製造業が移転して経済成長しているという状態のなかでこそ、移民が先進国へ移動するという状況が生まれる。

さらにこうした枠組みのもと、サッセンはアメリカでの労働力移動の歴史を、以下のように描いている。サッセンはウォーラーステインの資本主義システム論に影響をうけており、国境に関係なく労働力移動をシステム内の現象とみなすため、国際移動も国内移動も並列の現象として扱っている。

まず一九世紀後半に北部工業地帯で工業が発生したあと、東欧と南欧から移民が流入した。第一次世界大戦で東南欧移民が入らなくなると、南部で黒人労働力の募集が行なわれ、黒人の北部への移動が増大した。一九四〇～五〇年代には、農業の機械化によって農業人口が不要になり、農村部から余剰の白人労働力が工業地帯に移動した。

さらに一九六〇年代には、教育程度が上昇した若年層と女性が、相対的に低賃金な労働に就いた。しかし六〇年代末に黒人・女性・若者の権利獲得運動が増大し、雇用における差別禁止が法制化したあと、低賃金無権利労働の供給が減少した。中南米やアジアからの移民の増大は、このあと起きたのだという。

いわば移民とは、国内国外を問わず、低賃金無権利労働力の供給と需要の関係から生まれる、労働力移動の一パターンである。サッセンは、こうした低賃金無権利労働力の供給元の変遷に、移民法の改正による「門戸開放」などはほとんど影響していないと主張する。

これを応用すると、日本の場合はどうだろうか。

日本では農村部からの労働力移動は、明治から臨時工や季節工の供給源となってきた。また女性と若者のパート・アルバイト労働も、製造業やサービス業の重要な労働力供給源である。これらの労働力が、解雇が容易で低賃金無権利状態にあること、教育が家計や地域の負担でなされており企業の教育コストが削減できていること、解雇しても地域や家庭への「失業の輸出」が可能であること、などはサッセンが論じた移民労働者と同じである。「平成不況」のさなかにあっても、都市への人口移動が止まらない状況も類似している。

しかし日本の場合、アメリカと異なる部分がある。第一の相違は、国内の地方（農業部門）からの労働力移動が、アメリカのように一九六〇年代で終わらず、いまでも続いていることである。

工業化とポスト工業化の過程で、農業人口が大幅に減少したのは、日本をふくむどこの国でも共通である。ただしアメリカや韓国では、残った農家は専業農家が多かった。ところが日本では、農家戸数の減少が緩やかな一方、急速に兼業化が進むという形となった。二〇〇〇年代初頭の時点で、専業農家比率は日本では約二割、韓国では約七割である。[12]

いうまでもなくこれは、日本政府の保護政策の結果である。ただしその保護政策は、EU諸国のように農家が専業でやっていける制度的保障を整備するかたちではなく、公共事業や工場の誘致などによって副収入を得れば、兼業化して農業を継続できるというものだった。

一説には、こうした政策は、自民党への農村票の維持を目的としていたともいわれる。[13] 農家が農業専業でやっていける方向の政策、具体的には生産物価格維持や農家戸別所得保障制度は、一度設定してしまえばどこの政党を支持していようが農家に利益があり、したがって継続的な自民党支持の固定化には役立たない。しかし公共事業を連続して誘致するのは、継続的に地元の自民党議員に忠誠を示すことによってしか達成できない。自民党が公共事業にこだわり、民主党が提言した農家戸別所得保障に反対したのは、そのためであるともいわれる。

一方でこの政策は、公共事業と工場誘致によって生存基盤喪失を発生させ、それによって出てくる低廉な労働力が輸出製造業を支える構造を作った。これらの人びとの工場労働は、農業や公共事業で生計を立てている人びとの副業であるため、低廉かつ無権利でも不満が少ない。そしてこれまで農業で働いていた者が、公共事業で建設業者になれば、連続して公共投資を誘致するか、それが切れれば都市に出て行くしかない。公共投資をやればやるほど、人口流出は起こりやすくなる。

この低廉な労働力は、工業地帯への出稼ぎと、誘致された工場への低賃金労働にむかったが、働く場所はサッセンのいう「スウェット・ショップ」に相当する中小下請工場や請負内職などである場合も少なくなかった。その出稼ぎ先は、サッセンが移民について形容したように、いったん経済的関係のできた企業所在地の経路に固定されることも多い。

工場誘致に成功した地方でも、九〇年代以降に海外に工場を移転してしまったか、非正規雇用に切り替えられた事例が少なくない。残ったのは、生存基盤の喪失によって、都市部への流出が起こりやすくなった社会構造である。

また公共事業で整備された交通網は、人口や産業の都市への「吸い上げ」をもたらす「ストロー効果」を生んだ。[14]本書の中澤論文がいう「角栄方式土建主義」と「都市圏立地政策」は、必ずしも対立しない。土建事業が行なわれれば行なわれるほど、都市への移動が進む。

出稼ぎや地域工場勤務、公共事業への就労などで得られた現金収入は、子弟の教育や、自動車や家電製品の購入に充てられた。それは結果として、輸出製造業の教育コスト削減と、国内販売市場の拡大に貢献した。こうして公共事業誘致型の地方保護政策は、アメリカのように農村部の低廉な労働力プールを急激に枯渇させることなく、長期的に持続させる機能を果たしたのである。

また日本では、サッセンが描くアメリカ史における、六〇年代末の若者・女性の権利獲得運動に相当するものが成果をあげず、雇用機会均等（ＥＦＯ）にかんする差別禁止が確立しなかった。たとえばアメリカでは、一九六七年には雇用における年齢差別禁止が法制化されているが、日本では二〇〇七年まで「三五歳まで」といった募集条件の明文化が可能だった。

アメリカは市場活動の自由への規制は日本より緩いが、自由を万人に保障するという価値観も強く、差別によって人びとの公正な自由が阻害されることへの社会的規制は厳しい。こうした差別禁止規定は、明文化されない「事実上の差別」にまでおよぶ。

たとえば一九八〇年代に日本企業がアメリカに進出したさい、職場からの通勤距離が一定以内という募集条件を出したところ、その圏外にある黒人居住地域を避けることが目的だったと司法判断されて撤回させられた[15]。日本では性別による募集・採用・配置・昇進の差別禁止は一九九九（平成一一）年に、年齢による募集・採用の差別禁止は二〇〇七（平成一九）年に、原則としては法制化されたが、事実上の差別はいまでも根強い。

また日本では、いったん正規雇用のチャンスを失うと再チャンスがない。そのため、新卒時の就職に失敗した若者と、結婚・出産で退職した女性は、一生を低賃金無権利状態で働く「構造的賤民層」となる。こうした層が、都市部では「マックジョブ」で働き、地方では下請部品工場などの「スウェット・ショップ」で働く。地方の中小工場で働くのは、夫が農業や建設業などで働く、子育てを終えた中年女性であることが少なくない。

差別禁止規定や社会保障が充実しているか、高等教育への進学でキャリアアップが狙える国であれば、若年層や女性がこうした労働に就く度合いが減る。サッセンが描いたように、その空隙に移民が流入する。しかし日本では、地方と都市に無権利低賃金労働力のプールがあり、大量の移民は必要ない。結果として、他の先進国では「移民問題」として現象する問題は、日本でも一部は「移民問題」として現象するが、それ以上に世代・地方・性別などの「格差問題」として現象することになる。

とはいえ労働人口が減少した平成末期には、女性や高齢者などをふくめた潜在労働力も、もはや余裕がなくなったとされている[16]。そして二〇一七年一〇月時点で、日本では約一二八万人の外国人が働くようになり、人数のうえではOECD四位の「隠れ移民大国」とよばれるようになった。つまり日本における移民の増加は、年に三〇万人のペースといわれる人口減少と過疎化によって、労働力の最終的な枯渇段階に入ってきた地域が出てきたことを意味していると考えられる。
それでは、以上の枠組みを前提に、日本の変化を検証していこう。

「日本型工業化社会」の成立

現在「昭和の日本」としてイメージされる社会の仕組みがほぼ確立したのは、高度成長が終わった一九七〇年代半ばである。[17]

高度成長末期には、日本社会の「弱い環」に不満が発生していた。中小企業や自営業、都市部に出てきた労働者、公害に悩まされる工業地帯や都市の住民(とくに女性と高齢者)などである。それらが得票源となって、一九七二(昭和四七)年の総選挙では共産党が大幅に議席数を増やす。都市部には社会党と共産党の支援をうけた知事が多数当選し、東京では公害対策と老人医療無料化が実現する。一時は日本人口の過半数がこうした「革新自治体」の傘下に入った。

危機感を抱いた自民党は、田中角栄を座長とした調査会をつくって都市政策にとりくみ、公害対策や都市環境整備にのりだす。一九七二年に首相となった田中のもとで、福祉予算は大幅に増やされた。「日本列島改造」の掛け声のもと、地方への公共事業も増大した。ほぼ同時に中小企業や自営業を保護するため、官庁指導下の業界保護のしくみや、商工会を通じた無担保融資、大規模店舗の出店のさい商工会の合意を事実上義務付ける大規模店舗法(大店法)などが整備される。

これらはいわば高度成長にとりのこされた地域と人びとを、自民党につなぎとめる措置だった。一九七〇年から始まったコメの減反補助金、一九七四年の原発立地自治体への電源三法補助金制度なども、ほぼ同時期に形成された。一九七二年の沖縄復帰にともない、米軍基地の軍用地使用料が米軍支払いから日本政府支払いとなり、一気に約六倍に値上げされたのも補助金の一種といえる。こうした措置によって自民党は支持を回復する。

石油ショックで高度成長は終わったが、一九七三年と七九年の石油ショックによって、アメリカと西欧の経済が極度に停滞したのにたいし、日本は経済成長を続け失業率も低かった。「ジャパン・アズ・ナンバーワン」とよばれたのは、この時期のことである。なぜ日本はそれが可能だったのかは諸説があるが、ごく簡略に私見を述べる。

OECD諸国は、一九七九年から一九九三年までに、平均して製造業雇用の二二%が失われ、ポスト工業化社会への移行がおきている[18]。ところが日本の製造業就業者数は、一九七三年の第一次石油ショック直後は一時減少したものの、その後に上昇に転じ、一九九二年まで伸び続けた。アメリカの全雇用者に占める製造業の比率のピークは一九六六年であり、それに比べれば四半世紀遅れている。

こうみると、日本が後発国だったから製造業の衰退が遅れたのだ、という見方もできるかもしれない。実際に一九八四年のアメリカの対日貿易赤字の四分の一は、在日アメリカ企業の輸出と、アメリカ企業の発注による部品／OEM契約の輸出だった[19]。この時期の日本製品の強さの象徴が、半導体という中間部品だったことにそれは象徴されている。つまりこの時期の日本は、空洞化したアメリカの製造業を肩代わりするアジアの新興工業国でもあった。

八〇年代には、アメリカの産業が空洞化していると言われた。しかしアメリカ系多国籍企業の在外子会社現地生産額は、八〇年代初頭においてアメリカの輸出総額の二倍に達していた[20]。また八〇年代には、これら在外子会社の部品・中間製品が、アメリカに逆輸入されるようになった。これらの結果として、国家としてのアメリカは貿易赤字になったが、それは必ずしもアメリカ系企業の弱体化を意味していたのではない。

また冷戦が日本に好作用した。冷戦期には中国は東側陣営で、アジアの西側諸国は冷戦体制特有の親米独裁政権であり、政情も不安定で教育程度も低く、工場の移転先にそれほど適さなかった。また八〇年代前半の「新冷戦」による「強いドル」政策で円安が続いたため、日本企業はあえてアジアに進出する動機に欠けた。

しかし日本にも、ポスト工業化の波がやってこなかったわけではない。石油ショックに直面した日本企業が、いちはやくオートメーション化を進め合理化に成功したことはよく語られるし、実際に一九七〇年代半ばには日本の製造業就業者数は一時低下している。それで失業が増加しなかった一因は、女性・地方・中小企業といった、日本社会の「弱い環」が負担をひきうけたからだったと考えられる。

石油ショックのあと、日本企業が優先的に削減したのは女性社員だった。結婚退職や出産退職を奨励された女性たちは、男性労働者の妻になった。日米の女性労働力率は、一九六〇年代まで日本のほうが高かったが、七〇年代に逆転し、日本では一九七五年に女性労働力率の最低、逆にいえば専業主婦率の最高を記録する。

主婦になった女性は、求職活動を行なわなければ、失業者にカウントされない。子育てが終わると、女性たちは時給二〜三ドルの非正規労働者として、製造業やサービス業で日本経済を支え、解雇されればいつでも家庭に戻る労働力プールとなった。いわゆる「団塊世代」の女性たちの経験が、このライフコースにあてはまる。

女性労働力率が最低を記録した一九七五年は、「団塊世代」の女性が結婚・出産退職して、子どもを生んだ時期に相当する。またこの時期は、不登校数が最低を記録した時期でもあり、家族と教育の「戦後体制」が確立した時期といえる。

そして一九七五年前後は、男女間賃金格差・大卒と高卒の初任給格差・新中間階級と労働者階級間の収入格差などが、最低を記録した時期でもある。[21]総理府調査で、自分は「中」に位置するという回答が九割を超えたのは一九七三年である。

一九七五年前後はまた、前述したように社会保障や公共事業、規制や業界保護のシステム、ひいては最終章で述べる防衛の「戦後体制」が、最終的な確立をみた時期ともいえる。経済と雇用の安定のもと、学生運動や社会運動も沈滞し、「団塊世代」が仕事と家庭に落ち着いた時期の社会形態である、という言い方も可能だろう。

この時期は、高度成長による都市部への急激な人口移動が、石油ショックによって小康状態になった安定期でもあった。一九六〇年代には首都圏郊外で二〇％を超える激増と、地方の四県で一〇％以上の激減があったが、七〇年代には人口減少県が戦後はじめてゼロとなった。[22]「団塊世代」の人口移動が一段落したことが一因となっている。

地方からの人口移動が一段落したあと、都市部の低賃金無権利労働力の供給源となったのは、主婦と学生による「パート」と「アルバイト」だった。スーパーや配送、ビル清掃員、警備員など、ポスト工業化社会で発生する「マックジョブ」を八〇年代以降の日本で担ったのは、女性と若者、そして引退した高齢者だった。

また製造業を支えたのは、地方の女性労働だった。一九六〇年代に急成長した自動車産業や電器産業では、部品メーカーが農村地域に下請工場を数多く設置していた。従業員数名の零細下請工場では、従業員の多くが、低賃金で働く家族従業員か四〇歳以上の農家の主婦だった。解雇されても求職活動を行なわないので失業者にカウントされず、景気が上昇して受注が増えれば随時に従業するので、労働力プールとしての柔軟性が高い[23]。石油ショック後においても、トヨタの「かんばん方式」をはじめ、日本の製造業の合理化は、下請け中小企業に負担を負わせることで成立した。

女性・地方・若者・中小企業は、前述のように従来から日本経済の「二重構造」の底辺部分に位置づけられてきた社会層であった。ただ高度成長期の労働力不足によって、若年者を確保するため中小企業も初任給を上げ、終身雇用をうたう企業がかつてより広まったため、格差が目立たなくなっていたにすぎない。もっとも終身雇用が現実として成立するほどの大企業従業員は、一九七〇年でも雇用者の一割ほどだったにすぎず、中小企業は年功賃金を大企業並みに上げることはできなかったため、年を追うごとに格差が開いていくことになる。

一九七〇年代後半から一九八〇年代にかけて、高齢者と中高年女性を中心とした非正規雇用は、とくに中小企業において増加していた[24]。一九八〇年および一九九〇年の賃金センサスの分析でも、学歴や年齢で賃金が上昇しない「第二労働市場」の比率は全雇用者の六〇～六五％を占め、この比率は同時代のアメリカよりはるかに高かった[25]。雇用の不安定化は、日本ではおこらなかったのではなく、周辺化され目立たなかっただけであった。

こうした状況があったにもかかわらず、問題が露呈しなかった要因は三つある。

一つは大企業の景気と雇用が安定していたことだった。大企業が安定していれば下請企業にも恩恵がおよぶ。また男性正社員の雇用が安定していれば、主婦や学生の労働が低賃金でも問題はないとみなされた。

むしろ八〇年代には、パート労働で小金を稼いだ女性と若者が、「消費者」として文化の担い手とみなされる傾向さえあった。一九八五年には「フリーター」という言葉が生まれたが、アルバイト紹介雑誌『フロムエー』の一九八七年の紹介文によれば、それは「既成概念を打ち破る新自由人種。敷かれたレールの上をそのまま走ることを拒否し、いつまでも夢を持ち続け、社会を遊泳する究極の仕事人」と定義されていた[26]。

第二は日本社会が若かったことだった。二度の石油ショックのあと、大手製造業は他業種への多角化をはかる一方、オートメーション化などによって余剰人員となった製造部門の男性正社員を、販売部門や事務部門などへ配置転換した。これが、製造部門からの削減と雇用の維持を両立させえた一因だった。日本の労働組合は産業別ではなく企業別だったため、それに協力した。こうした男性正社員の雇用を守るためにも、女性社員の早期退職奨励が必要だったともいえる。

それでも余剰人員はあったが、労働者が平均的に若かったため賃金が低く、問題が露呈しなかった。当時問題になったのは、業種転換による「労働の誇り」の喪失、合理化による労働強化、業種ではなく所属会社にアイデンティティを置くことから生じる「社畜化」といったことだった。

しかし高齢化が進むと、人員を削減するか年功賃金をやめるかしなくてはならなくなり、そうなると女性の低賃金状態を支えられなくなるのだが、それは一九九〇年代以降のこととなる。もちろん、中小企業労働者と大企業正社員の賃金格差も、高齢化とともに目立ってくることになる。

第三は地方と中小企業への保護政策だった。地方には公共事業が配分され、農業には輸入規制や減反補助、中小企業や自営業には大店法その他の競争制限があった。多くの補助金が中小企業関係費として注入され、また中小企業には法人税率軽減や交際費損金参入など税制上の優遇もあった。

一例として、官公需法による中小企業保護がある。公共事業の総発注量に占める中小企業の契約目標比率を閣議決定するこの法律は、一九六六年に施行された。そして一九六六年には二七％程度だった中小企業比率が、八五年には四〇％にまで上がった(27)。一九七三年制定の大店法も、一九五六年制定の百貨店法をスーパー規制にまで広げたものだった。こうした一連の保護規制は、一九五〇〜六〇年代から原型が存在したものを、七〇〜八〇年代に強化したものが多い。


とはいえ、こうした補助政策がもたらしたマイナス面も三つあった。

ひとつは財政赤字だった。公共事業費は石油ショック後の景気対策によって拡大されたが、財政緊縮のため一九八〇年前後には「行政改革」が呼号され、福祉予算は抑制にむかい、企業と家族を重視する「日本型福祉社会」がうたわれた。そして老人を家庭内で女性に介護させる見返りとして、八五年には専業主婦を優遇する三号被保険者制度が導入された。

それでも高齢化と少子化が顕在化しておらず、経済成長が続くなら、税収もあがって財政赤字は深刻ではなかった。大企業の男性正社員の雇用が維持されれば、専業主婦が老人介護に専念してくれるはずだった。さらに八〇年代後半からのバブル景気で財政は一時的に好転し、財政抑制政策は停止する。

第二のマイナス面は、消費者物価のインフレだった。中小企業はサービス・卸売・小売・建設などの非製造業に多かった。これらの部門は、主婦や学生の非正規労働者を使っても、大手製造業ほど生産性が上がらなかった。中小企業の競争制限規制は、これらの部門が消費者に価格転嫁することを可能にした(28)。そのため土地価格の高騰とあいまって、工業製品にくらべ住宅・サービス・農産物などが高いという、生産性格差インフレをひきおこした。結果として「モノは買えるが家は買えない、家事は主婦がやるしかない」という「日本型中流」の形態が形成される。

しかし高くとも「モノは買える」ことによって、不満は高まらなかった。八〇年代半ばには、地価上昇などによってストック格差が生じていることが指摘されたが、一般の議論は高級消費物資が買えるかどうかに格差が現れる、といったものにとどまっていた。

一九八〇年代の日本にはおよそ六万五千店の家電製品の小売店があったが、これは西ドイツの三倍に当たり、人口では二倍に当たるアメリカに比べても多かった[29]。衣料品の小売店はイギリス、フランスのおよそ三倍、アメリカの二倍あった。従業員三〇〇人以下の中小企業で働く者は一九五三年に七三・五%だったが、八一年には七四・三%とむしろ増加し、全労働人口の半数以上が従業員三〇人以下の工場や事務所や商店で働いていた。これは先進諸国に比して顕著に高かっただけでなく、石油ショック以後に合理化・集中化が進んだ他国とは逆行した趨勢だった。

また一連の保護政策は、地価上昇の一因ともなった。一九八四年の国土面積の一四・三%が農地に、二・八%が道路に使われ、宅地は二・四%だった。農地は宅地より安い優遇税制で保護されていたが、首都圏には総面積の一〇%を超える宅地転用可能な農地があり、東京の「農家」のうち四六%は農業所得がなく、一四%は年に二〇万円以下だともいわれた。農地の優遇税制は、食糧難が続いていた一九五〇年の地方税法で導入されたもので、農業生産の奨励と、農産物を低い公定価格で供出させられていた農家への補償という意義があったが、その後に変更が困難になっていた。

なお付言しておくが、筆者は中小企業や農業の保護規定がないほうがよかった、と安易に主張するものではない。全国民的な合意で保護や規制が行なわれたのなら、消費者が自国の農業保護のために納得して高い農産物を買う、といった文化も定着したかもしれない。ところが日本では、そうした合意形成が軽視され、保護が業界単位で場当たり的に行なわれた。またそうした保護が、業界団体による既得権維持と、自民党への支持調達手段として使われたため、規制や保護の正当性が失われた。そのことが、都市住民の既得権批判を生み、九〇年代以後の地滑り的な規制緩和と、地方や中小企業の衰退をもたらす一因になる。

また石油ショック後の日本で失業率が上昇しなかった一因は、中小企業が余剰労働力を吸収していたことだった。一九七二年から八一年の一〇年間に、農業関連を除く全中小企業の労働人口は約六八〇万人増加していた。それに対し、この時期の大企業全体の労働力は約一二万人しか増えていない[30]。この時期の大企業の合理化と、中小企業部門の非効率はコインの表裏であり、九〇年代以降に規制緩和と合理化の波は、後者の余剰労働力の雇用状況を直撃することになる。

第三のマイナス面は女性の地位だった。旧来の性役割意識が色濃く残っていた状態で急速に工業化したため、「伝統」と「工業化社会」の両側面から、女性のライフスタイルが均質化した。具体的には、「パート労働に就く専業主婦」以外のライフコースがほとんど提示されなかった。

貴戸論文も言及しているように、一九七〇年代の女性の婚姻率は九六%にのぼっており、女性は「クリスマスケーキ」（二四歳までに結婚しないと二五歳になれば投売り）ともよばれ、結婚と出産の圧力は高かった。一九九〇年になっても、新婚女性に占める二〇～二九歳の女性の占める比率は、アメリカやスウェーデンが五六％であるのにたいし日本は七九％で、スペインやイタリアと並んで先進諸国では顕著に高かった。[31]とはいえ専業主婦の生活満足度は、一般には高かった。経済成長による上昇移動感覚、全体に若かったことによる楽観などが作用していたと思われる。

また日本では、六〇年代の若者の運動、七〇年代から八〇年代の女性の運動は、政治を動かすほど強力にならなかっただけでなく、労働市場の権利獲得にはあまりむかわなかった。おそらくその理由は二つある。

ひとつは、八〇年代までの日本の学生運動や女性運動は、アメリカとは異なりマルクス主義的な新左翼運動の影響があり、資本主義の枠内での改良を軽視していたことである。六〇年代には学生運動が「革命」をうたい、八〇年代にはフェミニズムと連携したエコロジー・生協・ワーカーズコレクティブなどの運動が資本主義の構造的変革を掲げていた。一方で八五年の男女雇用機会均等法については、その内実からすれば無理もないことではあったが、一部エリート女性を資本主義にとりこむ懐柔・分断策であるという否定的見解もフェミニズム運動内には多かった。

またもうひとつの理由は、運動の担い手たちに、学生と主婦が多かったことである。一九六〇年代の学生は就職とともに運動をやめるのが慣例で、その後の労働環境整備には必ずしも関心をむけなかった。また女性運動のうち主婦を中核とした部分は、消費者物価や教育、性役割、食の安全、自然環境といった問題には熱心でも、労働環境の整備には関心が高いとは言い難かった。男女間賃金格差などの問題に対しては訴訟運動などが行なわれていたが、こちらはフルタイム女性労働者の条件改善が中心になりがちで、文化領域でのフェミニズムにくらべ一般の注目を引きにくかった。

パート労働の待遇改善が大きな声にならなかった一因は、専業主婦を優遇する三号被保険者制度である。この制度では、年収一三〇万円以上を稼ぐと扶養控除が消滅し、年金保険料の納入義務が発生する。スーパーや工場の現場では、短時間すぎる勤務だと主婦パートたちが戦力にならない。しかし高い時給で長時間働くと、一三〇万円を超えてしまう。

その結果、それなりの時間は働きつつも時給は上げない、ということが雇用側と非雇用側の妥協点になりやすかった。その意図せざる結果として、非正規雇用賃金の全体水準を押し下げることになった。主婦パートの増大とともに、一九七〇年代以降、公定最低賃金は相対的にはむしろ低下していく。低賃金無権利労働力のプールが、ここでも政策的な保護によって維持されたことになる。

こうして一九七五（昭和五〇）年前後に、現在イメージされる「昭和の日本」、本章でいう「日本型工業化社会」が完成した。他の先進諸国が不況と製造業衰退にあえぐなか、「ジャパン・アズ・ナンバーワン」と「日本特殊論」が、一九七〇年代後半から八〇年代の日本を形容する言葉となる。

しかしこの「日本型工業化社会」は、その完成期の初めから、限界を抱えていた。エズラ・ヴォーゲルは、一九七九年に発刊された『ジャパン・アズ・ナンバーワン』[32]の最終章で、「成功後、日本のモデルは生き残りうるか」と題し以下のような指摘を紹介していた。

豊富な低賃金労働力を抱えた韓国や台湾などが、次第に近代設備を備えてくるようになると、世界の市場で日本より安い製品を売るようになり、かつての日本と同じような有利な立場に立つであろう。そうなると日本は労働集約型産業をこれらの国に譲って、高度な技術部門や、サービス産業や情報産業をどんなに発展させても、高度成長の全盛期、重工業製品によって謳歌したほどの経済的活況を呈することはまずないだろう。

……労働者の平均年齢はだんだん高くなり、人件費の負担が高くなっている。十分な仕事がなくても、終身雇用制度ゆえに労働者を首にすることもままならず、企業内では事実上の失業者が存在している。終身雇用制を守ろうと必死になってきた結果、制度全体にひびが入りはじめている。この二五年間に、六五歳以上の人口は倍になっており、今後の二五年間でさらに倍になるといわれている……

若年労働者、中小企業の労働者、大企業の臨時労働者、女性労働者など、これまで低賃金に甘んじていた人々の待遇も高度成長で次第に改善されてきた。しかし、不況になるとそのような立場の人が真っ先に犠牲にされるであろう。……

経済が低成長期に入ると、政治の指導者にとっても意志決定がむずかしくなってくる。高度成長時代と異なり、ある集団を満足させるためには他の集団の犠牲や忍耐を強いらざるをえないという現状のなかで、すべての集団に満足を与えることは不可能である。

今後、社会の分裂が大きくなるにつれ、保守的な指導者への広い支持は減るであろう。自由民主党の地盤もだんだん沈下しつつあり……政界、官界、財界の指導者だけで問題を決めてしまうことはできなくなる。……その結果、行政の能率は落ちてくる。

この指摘のいうように、若者と女性を初めとした中小企業労働者・非正規労働者と、大企業男性正社員との格差は、旧来から存在したものであり、一九七九年においても一時的に縮小していたにすぎなかった。この「二重構造」が目立たなくなっていたのは、経済全体のパイの拡大、人口構成が若かったこと、政策的な保護や規制があったこと、それを支える国際環境があったことなど、一時的な諸条件が重なった結果だった。

しかしこうした指摘は、当時は多くの人の注目を集めなかった。だが一九九〇年代に入ると、この時期に確立されたシステムは前提を失い、機能不全に陥っていく。

バブル期から九〇年代へ

昭和天皇が死去し「平成」が始まった一九八九年は、まだ「バブル景気」が続いていた。まずそこから概観していきたい。

バブル景気が発生した原因は諸説があるが、一九八五（昭和六〇）年のプラザ合意から説き起こされることが多い。一九八〇年代前半のドル高政策で貿易赤字と財政赤字が拡大したアメリカは、プラザ合意でその政策を放棄した。会議前に一ドル二三八円だったレートは、八七年末には一二二円まで急上昇する。

この円高で輸出が滞る「円高不況」がおこり、それを重く見た日本銀行は低金利政策をとって景気浮揚を試みた。しかし金融緩和で発生した余剰金は国内の土地と株に投資され、地価と株価を上昇させた。同時に、アメリカ政府は貿易赤字解消のため日米協議を開始し、市場開放と内需拡大を要求した。一九八五年には中曽根康弘首相が記者会見で「一人百ドルの輸入品購入」をよびかけ、円高による輸入品価格の低下とあいまって高級品の個人消費が拡大した。

また地方経済では、公共投資が増大した。日米協議をうけて出された一九八六年の「前川レポート」は、内需拡大の一環として地方における社会資本整備を掲げた。そして対米公約というかたちで、一九九一年度から一〇年間で総額四三〇兆円という公共投資基本計画が策定された。その後に基本計画は、九五年度から一三年間で総額六三〇兆円という規模に膨らまされた（二〇〇二年に廃止）。

この時期に作られたのが、一九八七年の第四次全国総合開発（四全総）と、同時期のリゾート法および民活法だった。四全総の特徴は、一九六二年の全総や六九年の新全総などが地方への工業団地誘致を試みたのにたいし、国際金融情報都市としての東京整備を掲げたことである。これに地方自治体が反発し、「多極分散型の国土形成」に落ち着いたが、地方開発はもはや工業誘致ではなくリゾート整備に切り替えられた。あわせて都市住民のアクセスをはかるため、地方空港と高速道路が整備されることになった。

こうして一九八七年からの約一〇年間に、日本の国土面積の約一六％に相当する六〇〇万ヘクタールにおよぶ特定地域で、ゴルフ場やスキー場などリゾート開発が行なわれた。[33]またおりからのポストモダン建築の流行とあいまって、奇抜なデザインの公共建築物が地方に乱立した。地方博覧会が数多く開かれたのもこの時期であり、東京の広告会社がこれらの企画を請け負った。バブル景気で一時的に財政状況がよくなり、いわゆる「ふるさと創生一億円」が各自治体に配布されたのは一九八八年から八九年である。この時期に整備されたリゾート地や地方空港や公共施設は、のちに維持費が地方財政を圧迫する赤字施設と化す。

一九八七年から九九年にかけて、日本全国の文化会館の数は七八二から一七五一へ、図書館は一八〇一から二五三九へ、美術館は三七九から九八七へ、博物館（類似施設を含む）は二三一一から五一〇九まで増加した。[34]「文化会館」という名称は文部省、「ふるさと会館」は農水省、「福祉会館」は厚生省の助成で建設されたものであり、名称で管轄官庁がわかる施設が林立した。
「日本列島改造論」の時期に構想され、八〇年代前半の財政再建路線で凍結されていた大型プロジェクトも、次々と復活した。三つのルートが予定されていた本州四国連絡橋は、七八年着工の一ルート以外は凍結されていたが、八〇年代後半に残りの二ルートも事業化が決定された。一九八六年に事業開始した東京湾横断道路（アクアライン）に続き、幕張新都心・臨海副都心・みなとみらい21・千葉ニュータウン・港北ニュータウンなどの湾岸開発が本格化した。八六年には諫早湾干拓事業が、八七年には埋立てによる関西国際空港が着工し、その周辺にはテクノポート大阪・関西文化学術研究都市・泉州コスモポリスなどが開発された。名目建設投資額は八五年には五〇兆円を切っていたが、九〇年には八三兆円に達し、建設業界は空前のブームに沸いた。

しかしバブル発生と裏腹に、プラザ合意は日本の製造業の空洞化を招いていった。

一九八〇年代前半までの日本企業の対外投資は、アジアよりも欧米が中心で、その主な目的は輸出先の現地生産の形態をとることで貿易摩擦を回避することだった。「前川レポート」もその発想の延長で、貿易黒字縮小のため、製造業の海外移転を奨励していた。

しかしプラザ合意以後、円高による労働コストの上昇でアジアへの進出が強まった[35]。同時に八六年から八七年にかけて、台湾・フィリピン・韓国が民主化し、親米独裁政権が倒れ政情が安定した。直接投資額は八五年の一二二億ドルから八九年には六七五億ドルになり、日本工業の主要な移転先の一つとなったタイへの直接投資は八四年から八九年に一〇倍以上となった。

それでもバブル期には、内需主導型の景気拡大が、素材型産業の拡大を招き、製造業の雇用は伸び続けた。しかし九一（平成三）年から株価の暴落が始まり、同時に冷戦が終結して中国への投資が容易になると、製造業の縮小と海外移転の流れは加速した。九〇年前後まで六％だった日本製造業の海外生産比率は、九〇年代半ばに一〇％、二〇〇〇年代初頭には一五％を超える。とくに自動車など輸送機械ではすでに九五年で二〇・六％、電気機械では同時期に一六・八％が海外生産となっていた。

この影響は大手企業に部品を納入していた中小企業におよび、機械金属工業の集積地である東京都大田区とその周辺では、一九八六年から九五年に工場数が約三〇％減少した。一九八九年には、東北の産業拠点だった釜石市の新日鉄工場が製鉄をやめ、以後は移入された高品位線材加工に特化していき、雇用は二〇〇八年には最盛期だった一九六〇年代前半の約四％にまで低下していった(36)。

並行しておこっていたのが、アメリカによる市場開放要求と規制緩和の影響である。おりから円高によって安くなった輸入品にくらべ、国産品が高いという「内外価格差」が問題視され、国内の農業や流通業のコストが高いという批判が高まっていた。これを背景として、八九年から九〇年の日米構造協議と、八六年から九五年のウルグアイ・ラウンドで、輸入品目制限が緩和された。

また九三年には医薬品・化粧品の再販品目指定が半減し、九七年には指定再販が全廃された。小売店による値引き販売が可能になって、ドラッグストアの隆盛が始まった。再販類似行為も監視が厳しくなり、九一年にはビール会社四社が、「メーカー希望小売価格」はあくまで参考価格だと明言せざるをえなくなっている。酒類販売の免許制も緩和され、大型店での販売が可能になった。以前のように、免許を持っている街の酒屋が、メーカー小売価格から値引きなしで高値販売していればいい、という状況はなくなった。九三年にはタクシー運賃、九五年には車検制度も緩和になって、価格競争が始まった[37]。

並行してアジア諸国から、海外に工場を移転した日本企業製品を含む輸入品が流入し始め、流通網の合理化とともに消費者物価を押し下げていった。大店法は日米構造協議で批判され、一九九一年には改正、二〇〇〇年には廃止となった。九五年ごろには「価格破壊」（言葉そのものは八〇年代からあった）が流行語となり、各地に大型量販店が進出し、一九九一年から二〇〇七年までに小売店の数は三分の二に減少した。とくに地方では、三大都市圏より中小の非製造業が多かったため影響が大きく、「シャッター街」が増加していく。

製造業の就業者数は一九九二年がピークで、しかも正規雇用が減少していった。代わって雇用のシェアを増やしたのは、サービス業と建設業だった[38]。一方で卸売・小売業は、規制緩和のなかで小売店が減少する情勢のなか、就業者数が低下している。

しかし九〇年代を通じ、サービス業が就業者数の増加以上に名目付加価値ベースのシェアを上昇させたのにたいし、建設業は就業者数が大きく増えたにもかかわらず名目付加価値のシェアは低下した。これは建設業がこの時期の雇用の受け皿になりながらも、生産性が上がらなかったことを示す。バブル期から行なわれていた公共事業が、対米公約とバブル崩壊後の不況対策で増加し、余剰労働力を地方の中小建設業が吸収したためと考えられている。

八九年度に五〇万九千社だった建設業者は、九九年度には六〇万一千社に達し、九八年には全国の就業者のうち一〇・七％を建設業が占めて、その比率は一九五六年の二倍近くとなった。一九九八年には、公共事業（一般政府公定資本形成）のＧＤＰに占める比率は六・二％となり、アメリカの一・九％、イギリスの一・四％、ドイツの二・〇％などをはるかに上回った[39]。

こうした経済構成は、地方の形を変えた。あいつぐ公共事業と道路建設で、公共施設と道路は立派になったが、地方と国の財政赤字は大幅に増加した。大型自動車道路建設は「ストロー効果」を生んで人口流出が激化し、道路沿線に大型量販店が進出して、街中の商店街は衰退した。公共事業による地方開発は生存基盤の喪失と人口流出を招き、それを止めるためさらに公共事業誘致を試みるという、麻薬的な悪循環が発生していく。

皮肉なことに、郊外に大型店が立ったのは、大店法の結果でもあった。商店会の抵抗で中心街に進出できないため、地価も安く抵抗がない幹線道路沿いに、大型郊外店が立ったのである。また大店法によって大型店が立てられない中心街には、フランチャイズ方式のコンビニの出店がなされ、再販制度や免許制度の緩和で苦境に立たされていた酒屋などが、コンビニに業種転換していった。[40]大型郊外店とコンビニ、ドラッグストア、そして宅配などの発達は、商店街を「シャッター街」に変えていった。

七〇年代には小康状態だった地方から都市への人口移動は、八〇年代からふたたび起こりはじめ、九〇年代に加速した。九〇年代後半には、全体の人口増加率低下にもかかわらず、東京都が高い増加に転じ、減少は二三県におよんだ。しかも京阪神には増勢がなく、大阪から東京に本社を移転させる企業もあいつぎ、トヨタの本社がある愛知県を例外とすれば、東京都の「一人勝ち」の様相を呈し始めた。その東京も、全体の不況を反映して、雇用の劣化がおきていたにもかかわらず、人口は流入し続けた。地方においても、人口の三割から五割が県庁所在地に集中するという現象がおこっていく。[41]

製造業の雇用が減少し、高校の提携工場などに卒業生が一括採用されるというルートが崩壊して、高卒労働市場は九〇年代に約五分の一に縮小した。高卒労働者たちは非正規雇用のサービス業に吸収されていったが、九五年ごろから東京のアルバイトの賃金が本格的に低下し始めたという実感も語られている。[42]

行き場を失った高卒者たちは進学を選んだ。一八歳人口の減少とあいまって、一九七〇年代前半から三〇％代後半で安定していた大学進学率が上昇を始めた。しかし九五年には、日経連が「新時代の「日本的経営」」を公表し、終身雇用の適応範囲を限定して、「長期蓄積能力活用型グループ」のほかは、専門職の「高度専門能力活用型グループ」と、非正規雇用の「雇用柔軟型グループ」に切り替える方針を示す。いわゆる「一般職」の女性事務員は派遣労働者への切り替えが進んでいった。

前述したように、一九七〇年代後半から一九八〇年代にかけても、日本にもポスト工業化の波はやってきていた。しかし八〇年代前半のドル高、八〇年代後半のバブル景気、一連の補助行政などにより、産業構造転換に伴う現象の顕在化がひきのばされていた。それが一気にやってきたのが九〇年代だったといえる。

一九八九年に行なわれた札幌市の公営住宅の貧困母子家庭調査は、すでにバブル期から、何が地方都市で発生していたかを示している。[43]東京で「空前の人手不足」が言われていたこの時期、札幌の求人倍率は〇・六だった。調査対象のシングルマザーたちの人生経歴は、ほとんど似通っていた。実家の貧困・自身の低学歴・親族関係の希薄・札幌への流出・不安定就業・おなじ境遇の男性との結婚と出産・夫のギャンブルと借金・家庭内暴力と離婚・転職と転居をくりかえして公営住宅にたどりつく、というパターンである。母子家庭の場合、生活が不規則になり、子供が不登校になるケースも多く見られた。

注目すべきなのは、この地域の貧困母子家庭が、表面上は必ずしも貧困にみえなかったことだった。その公営住宅は、公共投資で建設された、コンクリート製のビルが並ぶ近代的な計画団地だった。人並み以上に新しい家電製品や衣類を買い、マンガ本が住居にあふれている例も少なくなかった。しかしこれらの女性たちは日々の低賃金労働に追われ、病気や神経失調にかかる例も多かった。「劣等感をモノでつぐなうかのように、どの人も電気製品などをそろえている。そのローンで、おかずの少ない、安いインスタントものに頼った食事に追い込まれる」とこの団地の市民団体は語っている。

だがこうした現象はほとんど注目を集めず、人びとの意識はそれほど急激には変化しなかった。すでに株価が低落し始めていた九一年八月一二日の『朝日新聞』の社説は、リクルートの求人情報誌読者アンケートをもとにした『フリーター白書』の記述をもとに、「正社員でさえ四六・〇パーセントがフリーターに『なりたい』『なってもいい』と考えている」と述べている。

事態を見えにくくしていたのは、消費者物価の下落だった。とくにかつての最先端の大衆消費文化だった工業製品に、それが著しかった。一九六八年当時の大卒初任給は三万六〇〇円だったが、ＬＰレコードは二〇〇〇円ほどで、現在の大卒初任給との比率で直せば約一万三〇〇〇円に相当する。一九七一年に銀座（！）に開店したマクドナルド一号店のハンバーガーは一個八〇円で、同様の換算をすれば、現在なら一個約四〇〇円にあたる。

九五年にマクドナルドはハンバーガーを二一〇円から一三〇円に値下げし、二〇〇〇年には平日は六五円とした。高卒のフリーターたちもハンバーガーを食べ、かつてより安くなった化粧品や電気製品や衣料品を買うことはできた。こうした若者たちの姿は、年長者からみれば一九七一年から何も変わっていない風景、ないしはより豊かになった風景にみえたし、若者たち自身もそう誤解しやすかった。

不利な条件であったはずの女性非正規労働者も、それは同様だった。北海道から上京した高卒非正規労働者だった雨宮処凛は後年、二〇歳だった九五年当時の手帳には、デートのスケジュールとハートマークばかり書かれていたと述べている。[44] 労働問題を重視していた女性ジャーナリストさえ、九六年にこう書いている。[45]

……このところ、「正社員嫌い」の女性に出会う機会が増えている。ある労組の役員は、労働問題で相談に来た派遣社員の女性に、「正社員化を要求してみたら」ともちかけた。返事は一言。「そんな堕落したものになりたくない」。

この女性にたまたま取材する機会があった。「正社員になりたくないの？」とたずねると、「正社員の安定性や給料の高さは魅力だけど」と笑った。嫌なのは……会社にしがみつくことに懸命にみえる男性正社員の働き方だという。社員旅行や宴会など、自分のものであるはずのレジャーまで会社に売り渡したような卑屈な生き方も不快だというのだ。

かつて働こうとする女性にとって、正社員として男性と対等に働き続けていくことは、一応プラスのイメージだったと思う。……しかし、最近では、「正社員になろう」とこぶしを振り上げても、なんとなくそのこぶしに力が入らない。男たちの作ってきた「正社員」という働き方に、どうにも思い入れができなくなっているからだ。

この記者は、日経連が「雇用の流動化」を提唱していることや、非正社員が厳しい労働条件に追いこまれることも文中に記している。しかし同時に、「何をやっても食べていける時代だ」「会社人間ぶりを誇示しなければならない『正社員』になるしかないのか。『女性の労働運動』

とは、こんなものになるために旗を振ることなのだろうか」と記していた。

一九九〇年代はこうして終わっていき、「失われた一〇年」という言葉が残った。それは、六〇年代から八〇年代の日本が「正常」だったのであり、九〇年代は例外だった、いずれ元にもどる、という感覚にもとづいていた。政策的な対応も、こうした感覚にもとづいていたために、後手に回るか、逆効果を生むことになった。

「独裁」と「無秩序」の往復現象

九〇年代は、政治改革の時代でもあった。一連の政治改革は、汚職や派閥政治を除去することと、官庁を民意によって制御する政治主導をめざして、首相官邸の権限を強化した。だがそれは結果的に、同時進行していた社会全体の原子化とあいまって、「独裁」と「無秩序」の往復現象を生むことになった。

バブル期の公共事業の増大は、従来からあった利益誘導政治に拍車をかけた。政権党である自民党の政治は一九八〇年代には安定期に入っており、当選回数による年功序列人事と、派閥の長によるボス支配が確立していた。そのなかで、政治に金がかかる度合いが強まった。

かつての自民党は地方名士の集まりだったが、近代化が進むなかで旧来の人間関係や共同体が希薄化し、地域に関係を作るには、利益誘導と顔つなぎに努めなければならなくなっていった。八〇年代末には、政治家は冠婚葬祭に月三〇回出席しているとか、週末に頻繁に選挙区帰りをするため国会議員が「金帰火来」になっているといった政情が語られるようになった。交際費、交通費、通信費、機関誌費、事務所費、地元の陳情をさばく専従スタッフ費などがかさみ、政治資金の必要が増大した。議員たちを束ねる派閥のボスも、暮れの「もち代」をはじめ傘下議員への金銭配布が必要で、資金力が必須になっていた[46]。

一九八八（昭和六三）年のリクルート事件、九二（平成四）年の佐川急便事件などは、こうした構造を背景におこった。リクルートと佐川は、ポスト工業化社会への移行で台頭した新興企業であり、旧財閥系企業のように確立された地位と献金ルートを持っていなかったことが、政治家への裏取引の背景にあった。リクルート事件の場合、その利益供与が現金ではなく、未公開株のインサイダー取引という形態をとったのも、時代の変化を反映している。

こうしたスキャンダルが批判をあび、八九年の参議院選挙で自民党が敗北して、社会党が躍進した。佐川急便事件のあとでは、田中派の後進である竹下派が分裂した。一九九三年、小沢一郎ら分裂組が宮澤喜一内閣の不信任案に賛成し、解散総選挙となって日本新党が躍進して、細川護熙を首相とする非自民連立内閣が誕生した。これをもって、「五五年体制」はいったん終わる。

同じく一九九三年に、小沢は規制緩和や市場開放などの主張をふくむ『日本改造計画』を公表していた[47]。その背景には、日本の保護規制とそれに付随した利益誘導政治の経済的・政治的コストがかさみ、すでに自民党の政治家にも過重負担になっていたことがあった。巨額の資金を集め、派閥のボスに忠誠を尽くし、当選回数で年功を重ねないと大臣にすらなれないという体制の息苦しさは、自民党の若手に改革を志向させるのに十分だったと思われる。いわば「五五年体制」は、その完成期のあと、完成しすぎた息苦しさのゆえに自己崩壊したといえる。

細川政権のもとで、ウルグアイ・ラウンドに対応したコメ市場開放とならび、一連の政治改革が行なわれた。従来の中選挙区制を廃止して小選挙区比例代表並立制を導入し、政治資金規正の強化と公的な政党助成金を導入して、「カネのかかる選挙」と「派閥政治」を改めようとしたことが眼目だった。この政治改革と、最終章で述べる安全保障政策、そしてバブル崩壊後の不良債権処理問題が、一九九〇年代の主要な政治課題となった。

旧来の中選挙区制は、自民党の政治家が複数立候補するため、政策がさして違わない自民党候補どうしの争いになりやすかった。それが利益誘導合戦を招くと同時に、自民党の派閥ごとに候補者が出るので、派閥形成につながるとされていた。小選挙区制になれば、自民党一人と野党一人の対決となり、派閥が解消し政策をめぐる選挙となる。そこへ政党助成金も併用すれば、政治家個人や派閥が資金を集める必要もなくなり、利益誘導が減少して、政権交代可能な二大政党制になると説かれた。反面、それまで得票率が低くても当選できた社会党や小政党の候補が落選することが予想されたが、それは比例代表制を並立させることで解決が図られた。

二〇〇一（平成一三）年には中央省庁の再編が行なわれた。それまでの省ごとの縦割り行政の弊害を正し、内閣府を新設して、内閣による中央からの制御を及びやすくする目的だった。同時に設けられた副大臣制度とあわせて、民意を反映した政治主導の官庁統御が期待された。

現実には、こうした政治改革で政治地図上に表れた最初の変化は、社会党の消滅だった。すでに労組の力量低下が著しくなっていただけでなく、九四年に成立した自民党との村山富市連立内閣で、ほとんど党内・党外の議論を経ずに安保・自衛隊・原発などの容認に転じたことが、旧来の支持層からも反発を招いた。

社会党は一九九六年に消滅し、一九九四年の政策転換を撤回した社民党と、新設された民主党に合流した勢力にわかれた。二〇〇〇年代初めまで政党勢力の離合集散が続いたが、やがて自民党と民主党の二大政党と、公明党・共産党・社民党その他の小政党という配置が定着していった。

しかし二〇一二年に民主党が政権を失うと、民主党に集まっていた政治家がいくつもの政党に分裂していった。総じて、公明党と共産党という二つの組織政党と、政権維持という集結理由がある自民党をのぞくと、政治家が政党名のもとに離合集散する状況がおきている。

政治改革と省庁再編で、派閥政治と利益誘導がなくなり、中央統制と政治主導が確立したのかは、意見が分かれている。九〇年代末の小渕恵三内閣や森喜朗内閣では旧来型の派閥政治の色彩が濃かったが、二〇〇一年の小泉純一郎内閣ではそれが薄らぎ、二〇〇五年の「郵政選挙」による自民党の圧勝とあいまって、世論の支持を背景にした首相官邸の統制力が強まった。そのため、首相のもと権力が一元化された「二〇〇一年体制」や「二〇〇五年体制」が確立した、といった議論を行なった論者もいた(48)。ところがその後は約一年ごとに首相が交代する短期政権が続いたあと、二〇一二年以降の第二次安倍晋三政権では、ふたたび官邸の主導力が強まっている。

現在からみると、九〇年代の政治改革は確かに首相の権限を強化したが、二大政党制を定着させたとは言いがたい。派閥は解消にむかったが、もともと旧来型の親分子分関係と年功序列を基盤とした派閥政治が、その後も持続したとは思いがたい。小選挙区制と政党助成金は、そうした社会構造の変化と合致したから、派閥解消に一定の効果をもたらしたといえる。むしろ派閥の解消は個々の政治家の離合集散を生みやすくさせ、政党の安定性を低下させたともいえる。

しかし一方で、党の政策本位の選挙が定着したとはいえず、自民党も民主党も、個人政治家の集合体以上のものになったとはいいがたかった。首相の支持率が高く、その首相のもとで選挙に勝てるようであれば、首相が官邸主導の政治を行なえる制度的基盤は整っている。だが一方で、首相の支持率が下がったり、衆議院と参議院の「ねじれ」が生じたりすると、短命の首相が一年ごとに交代する現象もみられた。

総じていえば、派閥の統制がゆるんで政治家の原子化が進み、首相の支持率が高いときは「独裁」が、支持率が低いときは「無秩序」の往復現象がおこりやすい状態になっているといえる。選挙制度改革や中央省庁再編を始めとした、九〇年代以後の政治改革もまた、派閥を始めとした中間集団の基盤と権限を弱めるものであった。中間集団の除去によっておこるのは、砂粒のような個々人の原子化である。そこで強力なリーダーが出現すれば、抵抗する拠点や権力の分立がないぶん、統制力が強まるだろう。しかしそれがなければ、原子化のなかで無統制と不安定に陥る。すなわち、小泉政権や第二次安倍政権の官邸主導の強さと、二〇〇〇年代後半や民主党政権期の無秩序状態は、いわば同じコインの表裏である。

また原子化は、残存していた既存権力の強固な部分を相対的に浮上させる。ポスト小泉時代の短期政権が続いた時期には参議院が強いように見えたが、それは政治が全体的に統制力を失うなかで、参議院に依拠する抵抗政党の力が相対的に浮上した、というだけにすぎない。そうした時期には、官庁と財界の発言力の相対的浮上もおきた。

もちろん財界と官庁の統制力も落ちている。しかし、ある個所の弱体化は他の相対的浮上をもたらすのだ。どこもまとめて低下すれば、全体が無秩序になり、ブームのような「強力なリーダー」の人気の乱高下が出現するだろう。

政党は政治家個人を統制できていないが、政治家個人の選挙区における統制力も、むしろ低下している。その背景にあるのは、政治家個々人の統制力の基盤だった、企業・商工会・町内会・労組といった従来型の中間団体が、メンバーを統制できなくなっていることだ。従来から進んでいた個人化に加え、財政難で構成員にパイを分配する余裕を失い、人口移動と非正規メンバーの増加もあいまったためである。

労働組合の弱体化は、ポスト工業化によるものが大きいが、自民党の集票基盤の崩壊は、自民党政治それ自体の矛盾が作り出した側面がある。[49]自民党の旧来の基盤だった町内会や商店会、業界団体などは、高度成長と近代化によって弛緩していったが、地域・業界単位で行なわれる保護や公共事業のシステムを作ることによって、一九七〇年代以降にそれらの共同体を再編した。近代化によって人間関係による結びつきが薄れていくなかで、利益分配によって結びつきを維持し、それを自民党への忠誠につなげたのである。

しかしこのシステムは、それが進めば進むほど、人間関係を利益分配におきかえ、関係を希薄化させていくことにつながった。そして公共事業で道路や新幹線を整備すれば、その地域の共同体は生存基盤を失って崩壊し、ストロー効果で人口の流出が進む。それは結果として、行なえば行なうほど、自民党の集票基盤を衰退させていった。

同時に公共事業の多発は財源の枯渇を生み、二〇〇〇年代には公共事業の大幅削減につながり、分配政治が機能しなくなった。また財源の枯渇は、「平成の大合併」による地方自治体の大幅削減をもたらし、自民党の集票における実働部隊だった地方議員を大幅に減らしてしまった。その結果、国会議員個人の地元にたいする統制力が落ち、顔つなぎに奔走する必要はむしろ増し、「金帰火来」の傾向はあまり変わらず、政策本位の政治には転換できなかった。

無党派層と「ポピュリズム」

原子化はまた、業界団体や自治会と連結した政党に把握されない無党派層を増大させた。そしてそれは、政党組織外の候補を当選させる現象もひきおこした。

ＮＨＫ放送文化研究所が五年おきに行なっている調査によると、七〇年代後半から、地域・親戚・職場における「なにかにつけて相談したり、たすけ合えるようなつきあい（全面的つきあい）」への志向が、ほぼ一貫して低下している。(50) 高度成長期以後、地縁・血縁に代わるものとされていた職場関係においても、「全面的つきあい」の支持は、七三年の五九％から九三年には三九％、二〇〇八年には三四％になっている。世代的には、「団塊世代」以降で低下が著しい。並行して、全体的に未来志向が減り、現在志向および私生活優先志向が増大した。

原子化傾向は、政治的には「無党派層」の増大となって表れた。時期によって選挙民の五割に達するこの層の影響力は、都市部の直接選挙である自治体首長選でとくに目立っている。一九九五年の東京都知事選挙では、テレビで人気のあったタレントが、自民党・社会党・公明党などが支持する元高級官僚を破って当選し、同時に行なわれた大阪府知事選でのタレントの勝利とともに、既成政党に衝撃をあたえた。

これと並行して、新人候補が従来の地盤を握っていた候補を破って当選する事態が、各地で起こり始める。現在の都道府県知事の二大供給源は、高級官僚とテレビタレントであり、それは同時に日本型工業化社会と日本型ポピュリズムの対立構図となった。

並行して全国選挙でも、「風が吹いた」政党が大量得票する現象が目立ち始めた。一九八九年の社会党、一九九三年の日本新党、二〇〇五年の自民党、二〇〇九年の民主党などがその例として挙げられる。これらは小選挙区制の効果もあいまって、大きな議席配分の変化となって表れるようになった。

こうした現象が頻発するなか、小泉純一郎の個人的人気の高さが注目されて、二〇〇〇年前後から「ポピュリズム」という言葉が一般化した。小泉が「ネオリベラリズム」的な政策をとったため、ポピュリズムとネオリベラリズムが、平成の日本政治を特徴づけたと論じる傾向もあった。

しかし日本で、アメリカ型のネオリベラリズムが定着しているかには疑問も多い。政治学者の大嶽秀夫によると、日本では小沢一郎らがネオリベラリズム的な理念を打ち出し、従来の保守・革新とは異なる対立軸を作ろうとしたものの、有権者がそれを理解していたとは考えられないという。(51) とくに九〇年代の時点では、日本新党や新生党の新保守主義的な主張はほとんど理解されておらず、政界浄化・反官僚・反既得権の文脈と、政界の毒に汚されていないアマチュア政治家の待望という形態でしか受容されていなかったとされている。

この観測は一理あり、そうであるからこそ、八九年に社会党が「清新」な「市民派」の女性候補を前面に出して大量得票し、九三年には細川護熙が「清新」な印象で支持を集めるという現象が起きえた。新自由主義VS社会民主主義という対立軸で有権者が判断しているなら、自民党への批判票がまったく志向の違う政党に流れるという、こうした投票行動のブレは説明しにくい。九〇年代の新興政党の多くは「新」を名称につけ、「新」でなくなるとともに消えていっただけで、対立軸をなすに至らなかった。

小泉が唱えた「改革VS抵抗勢力」という対立軸も、「新自由主義VS社会民主主義」というよりは、「アマチュアVS既得権」という従来の構図の延長上ともいえる。そう考えたほうが、二〇〇五年には新自由主義的な(はずの)「改革」を唱える小泉自民党が大量得票し、二〇〇九年になると再配分的な(はずの)「市民・リベラル」を掲げる民主党が大量得票したというブレを説明しやすいと思う。

二〇〇〇年代に進行した格差拡大も、アメリカ型のネオリベラリズムの導入の結果と考えるべきか微妙である。もともと女性・若者・地方・中小企業などは、かつては「二重構造」とよばれた、日本社会の「弱い環」を構成していた。経済に余裕があった時期に形成された、それらへのパイの分配や保護が削減にむかったというのが「平成」におきた実態であって、見方によっては高度成長以前にもどっただけともいえる。アメリカ型のネオリベラリズムに顕著な、市場への信頼や、自律的な責任意識が日本で浸透しているという証拠はない。

既得権と官僚主導を打破する「維新」「革新」というスローガンは、戦前のファシズム運動から存在する。ただ戦前の場合は、既得権から排除されている層の代表は貧農だった。九〇年代以降では、既得権から排除された層として、「市民」「生活者」「消費者」などが掲げられる傾向がみられる。一九九八年の民主党の第一回統一大会決定「私たちの基本理念」は、「官主導の保護主義・画一主義」による「既得権益から排除されてきた人々」、「すなわち、『生活者』『納税者』『消費者』の立場を代表」することをうたった[52]。

ここでの「市民」「生活者」「消費者」は、日本型工業化社会で保護される農民や建設業者などと対立する概念であり、既得権から排除された「清新」な存在である。その文脈では、「自民党をぶっ壊す」と呼号した小泉純一郎と、「市民」を掲げた民主党の距離は遠くない。

ここでの「市民」「生活者」「消費者」は、都市住民のイメージである。しかし同時に、単純に居住地が都会であるといったことよりも、職住の分離が進んで「仕事」志向が減少し、「余暇」志向が増大しているなか、「生産者」「労働者」であるより「消費者」であることにアイデンティティを感じる者が増えていることの反映であるとも考えられる。賃金が低下して消費物資が安くなるデフレ状態のポスト工業化社会では、生産者であるより消費者であるほうが、快適であることはいうまでもない。

こうした傾向は年齢が若い方が強く、彼らが底辺労働者になっても消費活動で満足する結果を招き、問題の社会的認知を遅らせる一因にもなった。もっとも前述のように、二〇歳前後の満足度が高いのは、ポスト工業化における先進諸国の通例ではあるのだが。

またこうした傾向は、「ネオリベラリズム」的な政策とも親和性が高い。二〇一一年にある大手新聞の論説副主幹は、TPP（環太平洋戦略的経済連携協定）への参加に「ほとんど自明」に賛成だと唱え、その理由として「まず私は生産者ではなく消費者である。消費者にとって品質がよく安い輸入品が入ってきて、商品選択の幅が広がるのは歓迎すべき展開である」と述べている。(53) この論説副主幹に、自分もまた生産を担う労働者であるという視点がないことは明らかである。

小泉政権のもとで行なわれた「改革」が何をもたらしたかについては、諸説がある。製造業を中心とした輸出は増大し、一定の経済成長は遂げたが、地方経済の疲弊と非正規雇用問題は深刻化した、といったところが総合的な評価だと思われる。ただし、それが「小泉改革」がもたらした結果なのか、それとも社会構造と国際環境の趨勢として表われた現象なのかは、定かではない。

確かなのは、小泉が発した「自民党をぶっ壊す」という言葉通り、改革は旧来の自民党の政治基盤を弱体化させたことである。

建設投資は一九九二年の八四兆円がピークで、一九九六年に不況対策の公共事業などで八三兆円まで回復したものの、小泉政権期の公共事業カットとともに減少し、二〇一〇年には四二兆円となった。それとともに建設業の就業者数は、九七年の六八五万人がピークで、二〇一一年には四九七万人とピーク時の約七割となった。[54]その政治的な動員力も、日雇いなど非正規雇用の増大と高齢化で、就業者数の減少以上に低下した。並行して自民党の党員数も、一九九一年に五四七万人をピークに、二〇一二年には七九万人と最盛期の約一五%となった。

二〇〇七年の政治資金収支報告書から明らかにされた自民党愛知県連の事例は、自民党組織の衰退を如実に示している。自民党愛知県連は、九八年の党員数一三万五九五七人をピークに、二〇〇七年には四万五三〇七人となった。そのうち建築・不動産関係者で作る「宅建支部」は〇一年の四五一四人が〇七年は三五三三人に、医療関係者で作る「医政支部」は〇一年の四六四四人から〇七年は二四三〇人に、「薬剤師支部」は〇一年の二一七〇人が〇七年の一〇〇五人になった。なかでも特定郵便局関係者で作る「大樹支部」は、九五年に八四九九人いたが、小泉政権の郵政民営化で離党者が続出し、〇七年は一六人になった。[55]その空隙を埋めるように台頭したのが、民主党衆議院議員から転出して二〇〇九年に名古屋市長になった河村たかしと、彼の与党として二〇一〇年に結党された「減税日本」である。

こうした変化を経て、二〇〇九年には民主党に政権交代した。しかし自民党組織の衰退にもかかわらず、公明党の協力などによって、自民党と公明党を合計した与党の集票は維持されていた。

二〇一二年一二月の衆議院選挙以降、自民党が国政選挙で勝利を収めている。しかし自民党と公明党の国政選挙における合計得票数は、約一億の有権者総数のうち、ほぼ二七〇〇万で安定している。一方で、広義の「リベラル」諸政党を一つのブロックとして考えると、その合計得票も二〇一二年以降はほぼ二〇〇〇万票で安定している。[56]また、棄権も五〇〇〇万近くで安定している。すなわち、「3：2：5」の比率であり、約二〇〇〇万票を分裂した野党でわけ

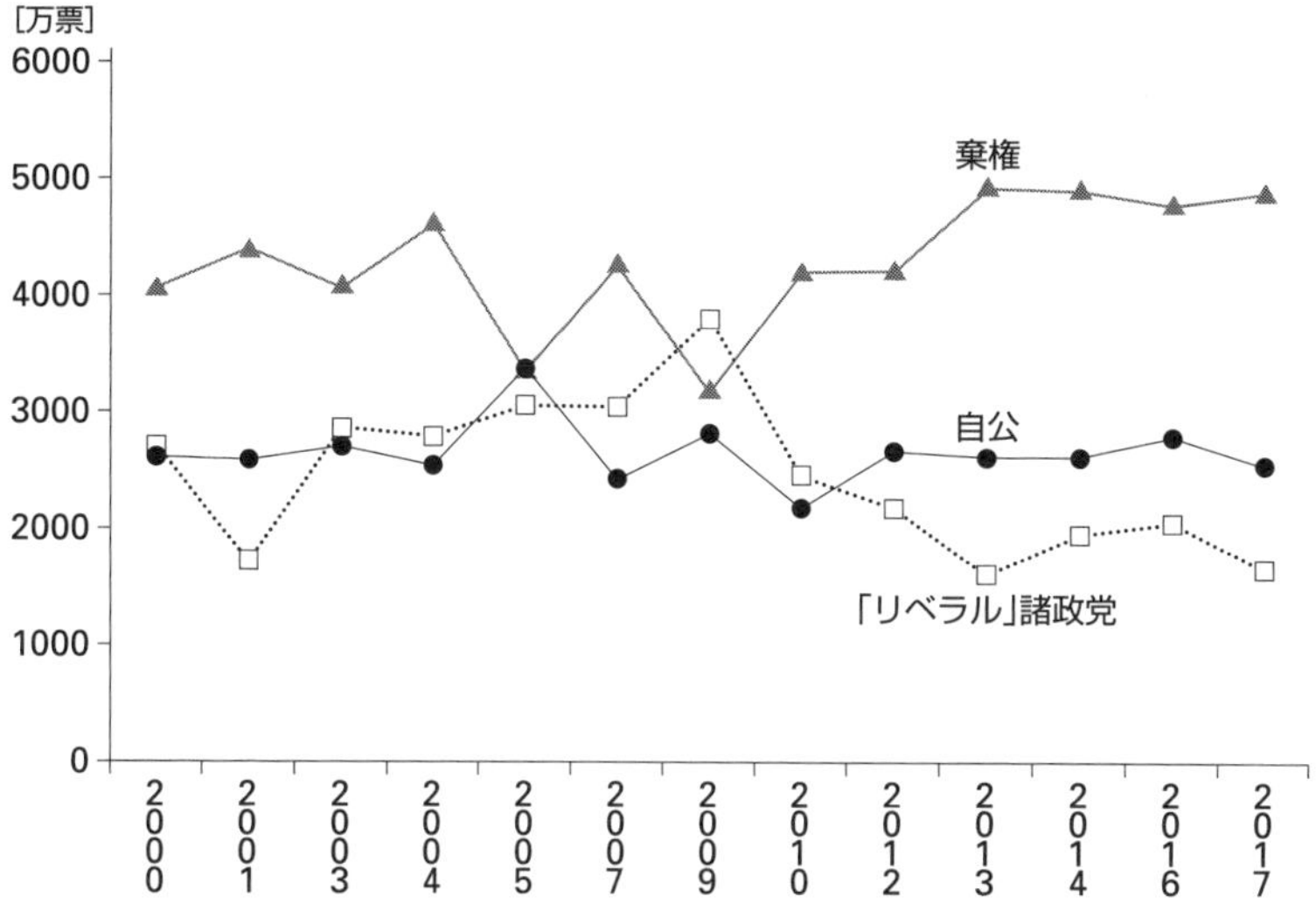

図1　国政選挙得票数（2000〜2017年、衆院選は小選挙区、参院選は比例区）

あっている状態だ（**図1**）。

自公の合計得票は、何らかの事件や政策変更があってもほとんど変動していない。これは、第二次安倍政権が強い支持を得ていたわけではなく、低投票率および野党の分裂、および小選挙区の効果によって、固定票で勝利していたことを示唆している。

じつは自公両党が連立にふみきった一九九九年以降、自公の合計得票は、小泉人気で得票を伸ばした二〇〇五年を例外として、ほぼ一定している。二〇〇〇年代に変動していたのは棄権票と野党票であり、概して棄権が減少すると野党の得票が伸びていた。つまりこの時期の無党派層は、小泉ブームでの自民党の得票増もふくめて、自公政権への批判票となっていたと考えられる。

ところが二〇一二年以降は、低投票率と「3：2：5」の図式が定常化している。これは、二〇〇〇年代に政治変動をもたらしていた無党派票が棄権に転じ、もっぱら既存政党への固定的投票の延長で投票し続ける有権者がアリーナに残っている状態を示唆している。

概していえば、政党が不安定になり新政党がつぎつぎと生まれると、投票率が下がる傾向がある。九三年の自民党の分裂のあと、数え方にもよるが九〇年代には三三の新政党が生まれ、投票率は九五年参院選の四四・五％にまで低迷した。その後、自民党・民主党を中心とした二大ブロックの対立構図ができると投票率が上向いた。しかし二〇一〇年から二〇一七年には二二の新政党が生まれる状況となり、やはり投票率が低迷した。政党構造が不安定になった場合には、既存政党に固定的に投票している有権者か、もしくは情報をこまめにチェックする熱心な有権者以外は、投票をためらう傾向があるためだと考えられる。

二〇一一年の福島第一原発事故後は、各地で原子力政策への抗議運動がおきた。その主催者や参加者の多くは、政党や労働組合のネットワークの外部にいた人々であった(57)。この運動そのもののピークは二〇一二年夏に東京で約二〇万人を集めたことであったが、この運動を通じて、抗議活動の政治文化が一定の定着をみた。このことが、二〇一三年冬の特定秘密保護法案、二〇一五年夏の安全保障関連法案などにたいする抗議運動にまでつながった。

二〇一五年の安全保障関連法案への抗議運動は、野党の選挙協力を促す運動へと発展し、二〇一六年の参院選では一定の成果をみせた。しかしこうした政党組織外の運動の高まりは、投票率の高まりにはつながらず、直接的には選挙結果を大きく左右しなかった。

既存政党が衰えるとともに、政党外運動と政党制不信の高まり、投票率の低下がおきていることは、世界に共通した現象である。またポスト工業化とともに、労働組合を基盤とした社会民主主義政党と、地域コミュニティを基盤にした保守政党という、二〇世紀の主要政党がどちらも衰弱していく現象も、これまた世界に共通である。ただし日本の特徴は、自民党・公明党の基盤が比較的残存しており、低下しつつも相対多数を維持している点だといえよう。

いわば二〇一二年以降に自公が選挙で勝利していたのは、「潮が引いて岩が浮き上がった」ものと形容できる。もともと二〇〇九年に民主党を押し上げたのは、広い意味での自民党への批判票であり、これが大量棄権して「潮が引いた」。棄権が多く、自民党への批判票は多数の野党に分散するなかで、組織票の「岩」に支えられた部分が相対的に浮上した。

しかし、浮上したこれらの「岩」が、そのものとして大きくなっているのかといえば、むしろ傾向的には小さくなっている。公明党も、高度成長期から一九七〇年代に獲得した組織員が主力であり、地方組織の高齢化が語られている。自公の支持基盤の衰退が一定の線を越えれば、何らかの理由によって無党派層が野党に集中投票することがあれば、状況の変化も予想されうるといえよう。

「中流崩壊」と「ゆとり教育」

一連の社会変化の問題性が認知されるようになったのは、一九九七（平成九）年のアジア通貨危機と同時期に、山一證券が倒れた日本の金融危機を経てからである。また雇用者平均賃金は一九九七年、小売販売額や国内新車販売台数は一九九六年など、多くの経済指標は一九九〇年代半ばがピークとなり、以後は低下する一方となった。

一九九九年から二〇〇一年には、「中流崩壊」「学力崩壊」「パラサイトシングル」といった言葉が流行した。問題の認知が及んでいく構図を整理すると、①社会の中核部分・上層部分から認知が始まり周辺部分が遅れる、②異常現象として認知が始まり構造変化の認識が遅れる、といった形態をとっていることがわかる。

まず「格差」の問題で最初に注目されたのは、大企業の大卒中年ホワイトカラーの「リストラ」だった。従業員一〇〇〇人以上の大企業で働く男性フルタイム労働者のうち、四五歳以上が占める比率は、一九七九年の二二%から二〇〇〇年には三七%に増大していた(58)。バブル崩壊後の若年層採用抑制や、一九七三年以前の高度成長期に大量採用した人員の高齢化が原因である。

この増大した中高年層に、年功賃金を払い続けることが困難になり、「リストラ」と総称された早期退職奨励や配置転換、成果主義の導入などが唱えられた。折からの規制緩和で台頭したディスカウント・ショップなどで語られた「勝ち組」「負け組」といった言葉と結びつけて、大卒ホワイトカラーのあいだにも「勝ち組」「負け組」が発生しつつあるとも論じられた。

「中流崩壊」の現実性については、二〇〇〇年前後に論争があった。「中流崩壊」は幻想にすぎないと批判した論者たちの主張は二つあった。

ひとつは、格差の増大は高齢化による見かけ上の現象にすぎないというものだった。もともと日本では、若いうちの初任給の差は小さく、年齢があがるにつれ昇進や企業規模の格差が広がる。九〇年代後半に格差が増大しているグループは、当時の三〇代から四〇代の大卒男性のみで、「年をとれば所得に格差がつくという日本の元来の不平等が表に出ているにすぎない」というのである(59)。

ある意味で類似の論点だが、「高卒の人々や女性の多くは、ずっと昔から競争化されていたのである。『中流崩壊』の実態は、たかだか大卒男子サラリーマンに競争原理が導入されるという話だ」という主張もあった。この指摘をした論者は、こうした「エリート階層」が再生産されないためにも、競争原理の導入は基本的に望ましいことだと唱えていた(60)。

現在からみると、こうした指摘は正しかったともいえる。当時の議論は、もっぱら日本社会の「中核」である都市部の大卒男性ホワイトカラー層しかみていなかった。論じる知識人たち当人がほとんど大卒男性だったからともいえるが、女性や高卒、地方など「周辺」部分の事態に認知が及ぶのは、ずっと遅れることになる。

また「リストラ」に危機感を覚えたのが、この時期の四〇代の「大卒男子サラリーマン」だった、という歴史的事情があった。従業員五〇〇〇人以上の大企業で働く四〇~四四歳のグループのうち、一度も転職したことがない者は、一九八〇年には四六%だったが、一九九四年には七七%に上昇していた(61)。高度成長期に新卒一括採用慣行が広がり、正社員比率が高まった結果、一九六〇年代末から七〇年代前半に大企業に就職した大卒男性が、終身雇用を「世代的」に経験していたのである。

実際には、この時期においても年功賃金体系の弱体化はゆるやかで、騒がれたほど「リストラ」も多かったわけではない。むしろ企業の中高年の比率が増えると新卒採用が減り、ホワイトカラー比率と男性比率の高い事業所ほどフルタイム新規採用が抑制される傾向がある、とも指摘されていた(62)。

しかし上記の「中流崩壊」を疑問視する指摘が前提としていたのは、「大卒男子サラリーマン」以外のグループで「競争」があることは昔から当然で、それは問題ではないという認識だった。中年大卒男性以外のグループでは格差は増大していないという指摘も、大卒男性と高卒女性といったグループ間の格差は問題にしていなかった。それでも問題がさほど露呈していなかったとすれば、それは大企業と大卒男性の経済的安定が間接的に他のグループにも及んでいたからで、「中核」が不安定化したらどうなるのかという視点はなかった。

これにたいし「周辺」の変容は、しばしば「中核」に脅威をおよぼす異常現象として語られた。

たとえば「フリーター」は、まず日本経済の活力をそぐ存在として注目された。二〇〇三年に作成された文科省・厚労省・経産省合同の若者自立・挑戦戦略会議の「若者自立・挑戦プラン」では、フリーターが増加すれば日本経済の「競争力・生産性の低下」や「社会保障システムの脆弱化」「社会不安の増大」「少子化の一層の進行」などを「惹起しかねない」と論じられている。UFJ総合研究所の二〇〇四年の調査レポートも、フリーターの賃金・税収・消費支出などが低いことをもとに、「経済活力を阻害する」と主張していた。(63)

一九九九年の「パラサイトシングル」論でも、結婚せずに実家に住み続ける男女は、親の資産を減少させつつ消費文化に耽溺しているという文脈で受容された。(64) 二〇〇〇年代前半の「フリーター」論では、「モラトリアム型」「夢追求型」「やむを得ず型」という三類型を提示しつつ、「やりたいこと」を重視する自己実現志向が、芸能など消費文化の影響下にある「夢」の追求とフリーターの増加につながっているという指摘もなされた。(65)

もっとも上記のフリーター類型論は、当事者たちへの調査をもとに彼ら彼女らの語りに寄り添ったものであり、当事者たち自身が問題を認識していたといいがたかったことも事実だった。それは自己決定ではあったが、おかれた状況に制約された「強いられた自己決定」であったといえる。また「パラサイトシングル」論もフリーター類型論も、研究者たちは社会分析や政策提言も行なっていたが、それは同時代には必ずしも受容されず、もっぱら風俗現象として注目されるにとどまりがちだった。

フリーターの増加と並行して見られた若者の現象は、留学生や海外滞在者の増加である。二〇〇八年のある研究は、芸術や大衆文化の分野での成功を夢見て渡米・渡英した若者たちを調査し、彼らを「文化移民」と名付けている。彼らは日本ではフリーター、派遣社員、下請デザイナー、販売員、事務員、引越し作業員など非正規労働に就いていた者が多かった。国内の閉塞状況、文化や英語に突破口を求めたこと、安定雇用に就いている親に一定の資産があったことなどが、海外渡航を促したと分析されている。とくに女性の雇用状況が悪いこともあって、調査対象の二〇代の若者の約七割が女性だった[66]。

グローバル化のなかで、三か月以上の長期滞在者は一九九〇年の三七万人から二〇〇七年の七五万人になり、永住者が同時期に二四万から三四万になったのに比べても増加が著しい。ただしアジア諸国では長期滞在者の六割以上が男性であるのにたいし、西欧や太平洋州は女性が六割以上となっている。前者は企業の駐在、後者は留学が多いためと推定されている。「中年男性ビジネスマン」と「若い留学女性」の対比は、そのまま平成の日本社会における、表裏一体の分断の表れでもある。とはいえ日本経済の停滞とともに、海外旅行者数は二〇〇〇年代になると頭打ちになり、アメリカへの留学は一九九七年がピークで、二〇一〇年には最盛期の四五%にまで減少した[67]。

若者の「異常現象」についての議論は、ほかにも九〇年代中期の「援助交際」、二〇〇三年の「ケータイを持ったサル」などがあったが、一九九七年の神戸での「酒鬼薔薇聖人」事件など「少年犯罪」への注目もあった。この一九九七年の児童連続殺傷事件、一九八九年の幼女連続殺人事件、あるいは一九九五年のオウム真理教事件などに対しては、貧困その他の社会的問題のない中流家庭の子弟が、メディア機器や大衆消費文化などの影響で現実感覚を喪失して犯罪にむかう、といった趣旨の評論がみられた。

豊かな社会に育ち、生活の苦労と現実を知らない中流家庭の「現代っ子」が、異常犯罪を起こすという論じ方は、一九七二（昭和四七）年の連合赤軍事件や一九八〇年の「金属バット殺人」についても存在し、七〇年代から八〇年代の犯罪論のクリシェである。(68) それ以前は、犯罪を論じる際には、貧困問題は不可分だった。九〇年代の議論は、大衆消費文化やメディア機器に原因を求める点がやや違うといえるていどである。こうした論じ方は、九〇年代末においても、「一億総中流」意識が根強く残っていたことを反映していたといえるかもしれない。

教育に関する議論は、「中核」の危機意識と、「周辺」の異常現象への注目という組合せをとった。口火を切ったのは一九九九年刊行の『分数ができない大学生』で、京都大学や慶應大学などの数理経済学の教授たちが編纂したもので、「中核」の学力低下を指摘したものだった。(69) 一方で同時期に新聞紙上などで報道されていたのは、中レベル以下の学校を中心に広まっていた「学級崩壊」である。

九〇年代末から二〇〇〇年代初頭には、学習指導要領の全部改正、学習内容・授業時間の削減、完全学校週五日制など、一連の「教育改革」が行なわれた。この時期には、改革のスローガンのひとつだった「ゆとり教育」についての議論がおこった。保守派の論者たちは、おりからの「援助交際」や「少年犯罪」をひきあいに、乱れた若者のモラルを歴史教育や奉仕活動で正せという論陣を張った。

一方で改革のもうひとつの要素でもある教育予算の削減、民間活力の導入、「個性」を活かす教育などについては、エリート主義的であるという批判もあった。二〇〇四年には国立大学が法人化され、授業料が値上がりし、大学卒業までに子供一人にかかる費用は、全て国公立に通った場合は二九八五万円、私立中高から私立医・歯系大学へ進めば六〇六四万円と試算されている。それにたいし、元文化庁長官の三浦朱門は二〇〇〇年に、「エリート以外は実直な精神だけ持っていてくれればいい」と発言した。(70)

教育学者たちは、ポスト工業化に至った先進諸国では、産業構造の高度化に対応するため単純労務者を育成する教育だけでは不十分となり、どこも基礎教育を強化していることを主張した。また「ゆとり教育」による公教育の学習内容の削減は、私立学校や校外学習機関に通える子弟とそうでない子弟の格差を拡大すること、日本の生徒の校外学習時間は平均的に減少しているが格差が大きいこと、格差は家庭環境など広義の階級要因に規定されていることなどを唱えた。(71) 大学受験がもっとも厳しかったのは団塊世代が入学した六〇年代、「ゆとり」「働きすぎ」などが社会的なテーマになったのは八〇年代だったことを考えると、「ゆとり教育」は二〇年から三〇年遅れた社会認識にもとづくスローガンだった。

しかし文科省側は、こうした批判に応じなかった。文部省政策課長で改革のスポークスマンでもあった寺脇研は、一九九九年の対談で、改革の内容に多くの不確定要素があるとしても、現状を変えるために一度は「ガラガラポン」が必要だと述べている。(72) こうした発言は、政策当局にも明確な見通しがあったわけではなく、現状打破と「改革」の志向が先走っていた印象を与える。

女性労働と少子化

「周辺」の問題の認知が遅れ、逆効果の政策が行なわれたのは、女性労働についても同様だった。

一九九二（平成四）年には、育児休業法が施行された[73]。しかし従業員三〇人以上の企業が対象で、休業中の所得補償はなく、休業中も健康保険や年金の保険料を納めなければならなかった。これではパートナーが十分な所得がある場合以外は、休業のしようがなかった。その後に育児休業の対象が広げられ、所得保障は給与の四割まであがったが、それ以上の上昇は経済界が反対した。一方で女性が出産退職で「失業」を選べば、給与の七割が一〇〇日間にわたり失業給付として与えられ、育児期間後にパート労働に再就職すれば、配偶者所得控除や三号被保険者制度などの保護があった。

一九九九年に男女共同参画社会基本法が施行され、前後してエンゼルプランなど少子化対策も行なわれた。しかし出産とともに退職する女性はあいかわらず多く、経済の低迷で職場の余裕が失なわれたぶん、出産退職はむしろ増大した。子どもがいてフルタイムで働く女性の就労率は、一九九二年から二〇〇二年のあいだに、結婚年数五〜九年では一七・二％から一三・九％に、一〇〜一四年では二〇・六％から一五・五％に、それぞれ低下した。一方で、子供がいてパートタイムで働く女性の就労率は全体に上昇している。

育児休業法がこうした形態になったのは、制度が作られた趣旨が、女性労働者全体の保護ではなかったためだった。この制度は八五年の男女雇用機会均等法のあとに準備されていったが、政府と経済界の意図は、バブル期の労働力不足のなかで、均等法以後に大企業に就職した中核的な大卒女性社員の退職を防止することだった。休業が可能な経済的基盤がある少数の女性を対象とした政策であり、大部分の女性が結婚・出産退職するのは当然と考えられていた。一九八九年に特殊出生率が戦後最低の一・五七を記録して、少子化対策が注目され始めたころには育児休業法の制度的骨格はできており、政策推進を後押しはしたが制度そのものに影響はしなかったという。

財団法人家計経済研究所の二〇〇二年までのパネル調査によると、女性は一般的にいって、後続世代ほど就業率が高いが正社員比率は低い。また夫が三五歳未満の夫婦では、夫の所得が低下している以上に夫婦合計所得が減少している世帯が多い。これら後続世代では、夫の稼ぎが減少してもなお、妻が育児などのため仕事をやめざるをえない状況があることが推測されている。(74) 中核正社員に有利な育児休業法が、正社員比率の低い後続世代にとって、より不利な状況をもたらしていることがうかがえる。

そのほか日本の子育て支援制度では、保育園入園資格は男女とも正社員である世帯が有利で、扶養控除は収入が高いほうが控除金額が多かった。これらは福祉政策であるにもかかわらず、特定のライフコースを想定した制度であるため、全体としては分配後のほうが子育て世帯の貧困率が高くなっている。二〇〇〇年代になって、男性の不安定雇用が増大して平均賃金が下降し、それにつれて女性が働かざるをえなくなり、不安定雇用どうしのカップルが子供を作れないことが少子化対策がらみで注目されると、これらが逆進的な制度であることが問題になった。

他の先進国と比較した場合、日本の女性就労の特徴は、いわゆる「M字型就労」が残っていることである。

工業化社会では、女性が若いうちに就労し、出産後に退職し（M字の谷間）、育児期間を終えてから復職するという労働力率のカーブを描く。アメリカやドイツ、スウェーデンなどの場合、七〇年代以後のポスト工業化のなかで、女性労働力率が上昇して専業主婦が減少し、M字の谷間がない男性と類似の労働力率カーブに移行した。

ところが日本の九〇年代以降で起こったのは、M字の谷間が若干浅くなったことと、谷間が高年齢に移動したことである。つまり、性別役割分業の規範が残ったまま、ポスト工業化のなかで女性が就労したため、晩婚化・高齢出産化・少子化が進行したのだった。

各種の調査でも、結婚したい、子どもがほしい、という志向は男女とも衰えていない。高学歴女性の一部には、キャリアを中断すると自己実現ができないという理由から、結婚と出産を先延ばしにする、という志向は存在する、しかしより多数派の場合は、それとはやや理由が異なる。

月収十数万の非正規雇用の男女の場合、結婚は容易でない。子供ができて女性が退職すれば、ただちに経済的に行き詰まる。親元に同居している場合には、結婚して親元から離れることじたいがリスクになる。そのため女性の場合は、十分な収入のある男性に出会うまで結婚をのばすか、結婚した場合でも出産をのばす。正規雇用の女性でも、新卒時しか正規雇用の機会がない日本の慣習下で退職するのは不利なので、結婚と出産をのばす。そのなかで出産した者の多くは、退職して育児終了後に非正規で再就職する。このためM字の谷間が高年齢に移動するとともに、非婚と少子化で浅くなる。

男性側においても、雇用と所得の不安定化に伴って、女性への期待が変化した。国立社会保障・人口研究所の二〇〇五年の『出生動向調査』によれば、一九八七年には女性に期待するライフコースとして「専業主婦」が三七・九%だったものが、二〇〇五年には一二・六%に低下し、結婚後も働いて収入を得てほしいという指向が強くなった。同年の『国民生活白書』によれば、妻年齢四〇代既婚女性で、年収四〇〇万円未満で子どもがいないのは二〇・七%だが、四〇〇万円以上では一〇%前後である。また四五歳から四九歳の男性の独身率は、年収一〇〇万円未満では四九・一%であり、一〇〇〇万円以上では三・三%である。(75)

一九九九年には男女参画社会基本法ができ、また男女雇用機会均等法が改正されて、雇用や採用などにおける男女差別が禁止された。しかし現実には、二〇一一年でも「働く女性の二人に一人は非正規で、非正規の七割が女性で、女性正社員のうちの総合職はわずか五・一パーセント」である。(76) とくに新卒の機会を逃すと正規雇用されない慣行は変わっておらず、結果として出産退職した女性が非正規以外で雇用される道が開けていない。前述した日本女性の「文化移民」は、こうした状況に対応した「女性の空洞化」であるという指摘もある。

女性労働のモデルが開けないなか、サンプル数が十分な調査は未見だが、女性の専業主婦志向が高まっているともいわれる。二〇〇八年に「婚活」を流行語にした白河桃子によると、二〇一一年の座談会で「女子大生に取材すると、就活がダメだから婚活に切り替えた、という人がほんとうにたくさんいる」という。また白河は、自分が唱えたのは「メインの家計は夫が稼ぐべきである」という「昭和的価値観」からの脱却だったのにもかかわらず、それが理解されないまま、収入のある男性を探す「婚活」ブームがおきてしまったと述べている。(77)

昭和女子大の学長である坂東眞理子は二〇一二年に、男性が低賃金化したいま、女性も働かないと結婚生活が成り立たないにもかかわらず、女子大生たちには女性労働のイメージが輝かしいキャリアウーマンしかなく、そのため「私には無理」と専業主婦志向になってしまう現状に触れている。(78) 女性ファッション誌で、輝かしいキャリア女性の「一週間の着まわし」などがしばしば特集されているのをみれば、こうしたイメージが再生産されているのは無理もない。このイメージと現実のギャップのなかで晩婚化が進み、親元同居のまま結婚も就労もしていない「家事手伝い」の女性も増えている。

一方で男性側の期待は前述の通りであり、二〇一一年九月に結婚相談所オーネットが二〇代

〜四〇代の未婚男性九〇〇人に行なった調査では、全体の六割が「現在の収入では恋愛も結婚も難しい」と回答した(79)。

二〇一六年の総務省「社会生活基本調査」によると、六歳未満の子を持つ夫・妻の家事関連時間（家事・育児・買い物・介護／看護）は、夫が一九九六年に三八分から二〇一六年に一時間二三分と増加はしたが、妻は七時間三八分から七時間三四分とあまり変わらない。共働き世帯では、夫が同期間に二〇分から四六分に増えたが、妻は四時間五五分から四時間四四分と微減だった。

前述したようにエスピン＝アンデルセンによれば、保守的な家族規範とそれに基づいた政策が残っている国ほど、ポスト工業化で少子化と世帯収入低下が激しくなる。日本は南欧諸国と並んでその典型である。

「格差」と「地方」

大卒男性以外の層にまで「格差」の問題の認知が及んだのは、二〇〇〇年代の半ばからだった。

二〇〇四〜〇五年ごろから、『希望格差社会』『下流社会』などがベストセラーになっていたが、それでも〇五（平成一七）年九月の「郵政選挙」までは、「改革」の声のほうが勝っていた。

湯浅誠によれば、彼の最初の本である『あなたにもできる！　本当に困った人のための生活保護申請マニュアル』を二〇〇五年に出版したとき、「貧困」という言葉は現代日本に似つかわしくないと思い、一度も使わなかったという。彼の友人が朝日新聞のデータベースで調べたところ、一九九〇年から二〇〇二年に日本国内の問題として「貧困」が見出しとして使われた事例は七回だけだった[80]。

しかし二〇〇六年一月から毎日新聞が「縦並び社会」を特集し、七月には「ＮＨＫスペシャル」がワーキングプアを特集する。その特集を見た赤木智弘が「31歳、フリーター。希望は、戦争。」というサブタイトルの論考を発表して議論を呼んだのは二〇〇六年一二月であり、この年の「ユーキャン新語・流行語大賞」のベスト10に「格差社会」が選ばれる。〇六年からこうした現象がおきたのは、日本社会の格差が増大していたことはもちろんだが、〇六年九月の小泉首相退陣前後を境として「改革」熱が終焉したことも大きかったと思われる。

また大卒有効求人倍率が一九九一年をピークとして低下したため、その時期以降の「就職氷河期」の波をかぶった「ロストジェネレーション」世代が、二〇〇〇年代半ばに三〇代になり始めたことが関係していた。この言葉は、〇六年八月と〇七年一月の『朝日新聞』の特集記事が、一九七〇〜一九八二年生まれを「ロストジェネレーション」とよんだことから流布したものである。

たとえば赤木智弘の二〇〇六年一二月の論考は、前述のように「31歳フリーター」と銘打たれ、月収一二万円で親元同居の自分が、三〇歳をすぎても結婚できず未来の見通しも立たないことが述べられていた[81]。二〇代のうちは「優雅なパラサイトシングル」とよばれていたこの世代の不安定労働者が、三〇代を迎えて将来に不安を抱き始めたのである。赤木と同じ一九七五年生まれの雨宮処凛が「プレカリアート」という言葉に出会ったのは〇六年四月であり、翌年に彼女は『生きさせろ！——難民化する若者たち』を出版する。

しかし「格差」の問題は、まず都市部の若年大卒男性の問題として注目された。認知が非大卒や女性、さらには地方にまで及んでいくのは、やはり遅れることになった。

国立社会保障・人口問題研究所の二〇一一年の分析によると、二〇一〇年に非正規で働く女性は約一二一八万人で、女性雇用者の五四％を占めていた（男性は一九％）。当時の日本の相対的貧困率は一六％とされていたが、とくに高いのは単身女性世帯で、二〇～六四歳で三二％、六五歳以上では五二％、一九歳以下の子どもがいる母子世帯では五七％にのぼっていた。貧困者全体の五七％が女性で、九五年の集計より男女格差が広がっていた[82]。

また地方経済についていえば、その低落が露呈した事態の一つは、九五年の阪神・淡路大震災後の神戸であった。それまでの神戸の主産業は、川崎重工・三菱重工神戸造船所・神戸製鋼といった重厚長大型産業と港湾業、そしてケミカルシューズなどの軽工業だった。一九九〇年代以降の産業構造の転換とアジアとの競争のなかでおきた震災のあと、多くの企業は復興後の神戸にもどらなかった。復興・復旧事業の多くは、東京などに本社のある大手ゼネコンが請け負い、阪神・淡路大震災後の五年間で被災地に投じられた復興事業の約九割は被災地の域外に流出したと見積もられている。一九九三年の日本のＧＤＰと阪神被災地域内総生産をそれぞれ一〇〇とすると、二〇〇三年の日本のＧＤＰは一〇五、被災地は八八となった[83]。

それでも神戸は大阪に隣接して雇用もあり、経済活動の一時移転も可能だった。また当時の兵庫県は、当時は数少なくなっていた人口増大県でもあり、大阪のベッドタウンとして町並みの復興はそれなりに進んだため、上記のような実態は注目されなかった。だが一九九三年に津波に襲われた奥尻島では、港湾は復興公共事業で整備されても、漁業の衰退は止まらず人口は約七割に減少した。二〇〇四年に新潟県中越地震で被災した山古志村も、震災後に高齢化率が一気に上がっている[84]。

災害に際してこうしたことが起こる原因の一つは、一九六一年に制定された災害対策基本法をベースにした復興法制が、まったく現状に適合していないことである。[85]

この基本法を中心とした一連の復興法制は、被災自治体の公共施設の復旧・改築を行なう復興公共事業を基本としており、被災者個人への支援を目標にはしていない。被災者向けの仮設住宅や公営住宅の建設も、あくまで公共施設の建設として行なわれる。

一連の復興法制の一つである公共土木施設災害復旧事業費国庫負担法の規定では、被災自治体の標準税収額に比して復興事業予算が大きいほど中央政府から補助が行なわれ、標準税収額の二倍を超えた部分は全額補助となる。つまり大規模な復興公共事業をやればやるほど、自治体の負担率は小さくなり、中央政府の補助金は増えるのだ。標準税収の小さな自治体の場合はとくにそうであり、山古志村の二〇〇四年度の復興事業における中央政府補助率は九九・八%である。このため一部の過疎自治体では、すでに一九七〇年の時点から、復興公共事業を期待して「災害待ち」の姿勢があったと当時の建設省の官僚も認めている。

それでもこうした法制は、公共インフラ整備によって経済成長が期待できた一九六〇年代には機能したが、一九九五年の阪神・淡路大震災以後は、機能不全が指摘されていた。神戸空港をはじめ、震災復興の名目で行なわれた公共事業が経済効果を上げたとはいいがたく、むしろ赤字の公共施設と化した例もみられた。

ある試算によれば、阪神・淡路大震災の復興予算は、被災者一人当たり約四〇〇〇万円に相当する。[86]仮設住宅は原則として二年で取り壊されるプレハブ住宅だが、その建設と廃棄に約五〇〇万円かかった。公営住宅は用地取得や建設が遅れ、しかも中心地から離れた不便な土地に建てられたため、働き盛りの世代は入居希望者が少なかった。このため復興公営住宅は、しばしば高齢者の単身世帯と夫婦二人世帯が集中して居住する状態になり、孤独死やアルコール依存が発生した。

これらは公共施設の建設であるため公金が支出されるが、被災者個人の住宅再建などには原則として支援はなく（のち被災者生活再建支援法の制定で一世帯三〇〇万円まで支給可能になった）、損壊した家屋のローンが残ったまま新しい家を建てるために二重債務になった被災者も多かった。高度成長期に形成されたスキームが機能不全に陥っているという構図が、震災復興においてもくりかえされたのである。

阪神・淡路大震災がおきた一九九五年には、市町村合併と合理化を促進する合併特例法が制定された。この「平成の大合併」により約一五〇〇の自治体が消え、一九九五年から二〇〇八年までに地方公務員は三二八万から二九〇万に減少した。[87]並行して、金融危機後の景気対策で九八年にピークの一四兆九千億に達した国の公共事業関係費（補正含む）が、二〇〇八年には七兆三千億まで低下した。公務員と建設業は地方の主要な就業先であり、九〇年代の構造変動をカバーしていた部分が失われると、高齢化とあいまって一気に疲弊が進んだ。

経済産業省の地域経済研究会が二〇〇五年に発表した「二〇三〇年の経済規模予測」では、二〇三〇年までに釜石市の人口は三〇・六％、域内総生産は二五・七％が失われ、宮古市と気仙沼市は人口が二四・九％、域内総生産はそれぞれ一五％前後の減少と予測されている。一方で東京はおなじ期間に人口が〇・八％の増加、域内総生産は一〇・七％の増加と見積もられている。[88]二〇一一年の東日本大震災が襲ったのは、これらの弱体化した過疎地域だった。

地方自治体によっては、補助金や工場用地などを提供して、製造業の誘致をはかった。[89]しかし一三五億円の補助金を使って二〇〇二年にシャープのテレビ工場を誘致決定した三重県亀山市では、予測された雇用増加一万二〇〇〇人にたいし二〇一〇年の実績は六九〇〇人、うち正社員は約二七〇〇人だった。地元の亀山高校からは毎年二〇～三〇人が就職を希望したが、採用されるのは数人にとどまり、工場労働者をあてこんで一〇倍以上に増えた集合住宅は供給過剰で空き室だらけとなった。

もともと、中国と製造業でコスト競争をするかぎり、よほどの技術格差やブランド力がなければ、賃金が中国並みでなければ成り立たない。シャープは二〇一二年には業績悪化で社長交代となり、亀山市の第一工場は生産設備を中国系新会社に売却した。亀山市では、一時的に増えた税収をもとに公共事業ブームがおきたが、現在は地方交付税の交付団体にもどった。この顛末を報道した雑誌記事は、「その姿は、航空機優勢の時代になっても大艦巨砲主義思想を捨てられず、戦艦建造に固執して大敗した旧日本海軍と実によく似ていた」と形容している。

こうしたなか中央政府は、一九九八年の「二十一世紀の国土のグランドデザイン」(通称「五全総」)や、二〇〇八年の「国土形成計画」では、以前の全国総合開発計画の基本だった「国土の均衡ある発展」というコンセプトを事実上放棄した。地方の役割としては、国土・環境・景観の保全などに重点がおかれ、「国土形成計画」では「大都市は、高次の都市機能の提供、経済活動や国際交流の拠点となって地域を牽引する一方で、地方は、人材、食料、水、エネルギーなどを大都市に提供する」とうたわれた。

こうした状況のなかで、原子力発電所を誘致した自治体だけが、海に没していく陸地のなかで相対的に浮き上がった島のように、例外的な「豊かさ」をみせるようになった。原子力発電所の建設そのものも、他の経済指標と同様に、一九九七年までほぼ直線的に伸びていた勢いがその後は停滞していた。(90) 青森県六ヶ所村の再処理工場や高速増殖炉の「もんじゅ」も、多額の建設費と維持費をかけながら運転できずにいた。その意味では、原発産業も行き詰まっていたのだが、他の地方の沈滞が著しかったぶん、日本型工業化社会の最後の聖域として、相対的に浮き上がってみえたのである。

地方で仕事を失った労働者は、東京に流入した。二〇〇八年六月、東京の秋葉原で、東北出身の青年派遣労働者による無差別殺傷事件がおきた。被疑者は一九八二年に青森市に生まれ、短大卒業後に仙台市で警備員を勤め、その後に埼玉県上尾市の自動車工場の派遣社員、茨城県常陸市の住宅建材メーカーの派遣社員、青森市のトラック運転手、静岡県裾野市の自動車工場の派遣社員などを転々としていた。

同年九月のリーマン・ショックとともに、派遣労働者の首切りと社宅追い出しが問題化し、年末には「年越し派遣村」が開設された。一九九五年に最低を記録した生活保護世帯数は二〇一一年には二〇〇万人をこえ、全人口の一・五七%、大阪市では五・六三%にのぼった。それでも必要者の多数が受給できていないという意見は多い。二〇〇七年には北九州市で、市職員から「就職した」という虚偽報告を強いられ、生活保護打ち切りにあった男性が孤独死した事件が発覚して注目を集めた。

一方で日本に入ってくる外国人労働者も増え、外国人登録者数は一九九一年の一二二万人から二〇〇七年には二一五万人、二〇一七年には二二三万人となった。二〇〇九年における国内外国人雇用のうち三八・九%が製造業で最多であり、雇用のうち五〇人未満の事業所が四一・九%、派遣・請負が二八・九%を占めた(91)。

日本における外国人労働者の入り方は、週に二八時間就労ができる留学生、技術移転を名目とした技能実習生などである。技能実習生は、雇用主が管理団体に管理費を払わなければならないため、必ずしもコストが低いわけではない。しかし三年から五年の実習期間に勤務先を変えることができないため、過疎地の農業や建設などの業者にとって、期間中は確実は働いてくれるというメリットがあった。[92] 二〇一八年一一月の報道によれば、鹿児島県沖永良部島の農家は、「実習制度で移動の自由がないから、ここにいてくれる。もし日本のどこでも働いていいんなら、島なんかに来てくれない」と述べたという。[93]

通常の場合、外国人労働者が集中するのは都市部である。しかし日本の技能実習制度では、政策的に過疎地の構造不況業種に労働力を配置する、一種の補助政策として機能していたともいえる。二〇一八年には外国人労働者の新在留資格に関する出入国管理法改正が導入されたが、竹中平蔵によればこの政策は「自民党の農林部会や建設部会が押し上げた」という。[94]

前述のように、日本はもともと低賃金部門をになう高齢者や中高年女性などの縁辺労働力が多く、外国人労働者を必要としてこなかった。日本における外国人労働者の増加は、これまで低賃金部門を担ってきた縁辺労働力の枯渇を示唆している。

現状認識の転換を

前述したように、日本の社会保障の問題点は、高度成長期に社会層ごとに整えられた保守主義的な制度であるため、特定のライフコースしか想定していないうえ、不公平が大きいことである。健康保険と年金は比較的充実しているが、雇用保険や職業訓練や子育て支援などは手薄く、現状では七割以上の社会保障費が高齢者むけに費やされている。「病人と高齢者以外は自分で職を探せばいい、女性は退職して育児をすればいい」というコンセプトであり、これも前述したように、自助努力を重視する自由主義的志向と、家族規範を始めとした保守主義的な志向の混交体であることがうかがえる。

社会保障にみられる、保守主義と自由主義の混交体という特徴は、そのまま政治・教育・地方など、あらゆる分野にみられる特徴である。戦後日本を特徴づけていたこのあり方は、一時期は問題をふくみながらも機能したが、いまでは完全に機能不全となっている。

平成の三〇年は、大きく三つの時期にわけることができよう。

まず一九八九年から一九九〇年代は、政治においては「五五年体制」の崩壊と政治改革の時期であり、また新政党の乱立による混乱の時期だった。経済や社会においては、不良債権をはじめとしたバブルの後遺症の処理に追われながら、まだ一時的な景気後退だと考える傾向も強く、認識の転換は進まなかった。

二〇〇〇年代は、「改革」の機運が高まっていた時期といえる。政治において二大政党制に近い構図ができ、無党派層の投票率も上がり、「改革」を掲げた小泉政権と民主党政権が誕生した。長期停滞や格差拡大も意識されるようになり、改革の方向性をめぐって、カギカッコつきではあるが「新自由主義」や「社会民主主義」などをめぐる議論がおこなわれた。ここでの「新自由主義」や「社会民主主義」は、体系的な理念というよりも、旧来の日本社会のあり方への批判の表明であったと考えることができる。

二〇一〇年代は、停滞的な安定の時期といえる。東日本大震災と原発事故が引き金となって、旧来の日本社会のあり方に批判的な社会運動が、旧来の正統や労働組合の外部から台頭した。しかし政党政治においては、無党派層の投票が減少し、固定票をもつ自民党と公明党の優位が続いた。二〇一二年末以降の第二次安倍政権は金融緩和・財政政策・構造改革から成る「アベノミクス」を掲げたが、金融緩和と財政出動は自民党が一九六〇年代から採用していた政策であり、構造改革は九〇年代から唱えられていたものだ。社会運動の台頭はあっても、全体としては「改革疲れ」が指摘されている。

金融緩和と財政出動は、経済や社会の変化を促す政策というよりは、「時間を買う」ための政策であるといわれる。さらに構造改革にそれほど新規性がないとすれば、「アベノミクス」と称された政策は、政権保持のために時間を引き延ばしているにすぎないともいえる。このことは、平成後期の一〇年を象徴しているともいえるだろう。

「平成史」を一言で表現するなら、以下のようになろう。「平成」とは、一九七五年前後に確立した日本型工業社会が機能不全になるなかで、状況認識と価値観の転換を拒み、問題の「先延ばし」のために補助金と努力を費やしてきた時代であった。

この時期に行なわれた政策は、真摯な試みはあったものの、結果的にはその多くが、日本型工業化社会の応急修理的な対応に終始した。問題の認識を誤り、外圧に押され、旧時代のコンセプトの政策で逆効果をもたらし、旧制度の穴ふさぎに金を注いで財政難を招き、切りやすい部分を切り捨てた。

老朽化した家屋の水漏れと応急修理のいたちごっこにも似たその対応のなかで、「漏れ落ちた人びと」が増え、格差意識と怒りが生まれ、ポピュリズムが発生している。それは必ずしも政策にかぎった現象ではなく、時代錯誤なジェンダー規範とその結果としての晩婚化・少子化もまた、「先延ばし」の一例といえよう。だが「先延ばし」の限界は、もはや明らかである。

表面的には、「若者がハンバーガーを食べている風景」は一九七〇年代と変わらず、八〇年代から「大きな変化は何も起こっていない」ようにみえる。だがそうした認識の根底にあるのは、社会構造変化の実情と、旧態依然の社会意識のギャップである。そのギャップを「先延ばし」にしているかぎり、認識から「漏れ落ちた人びと」は増大する。震災と原発事故によって、多くの人びとが日本型工業化社会の限界を意識し始めたいまこそ、「平成史」を見直すことがもとめられている。

註

（1）村上龍「若者の病理と文学」（「すべての男は消耗品である」第30回、『Men's JOKER』二〇一二年二月号）一一三頁。

（2）吉川洋『高度成長』（読売新聞社、一九九七年）七四頁。

（3）「安全ちゃんの貧困ガールズガイド」第1回（『POSSE』一三号、二〇一一年一二月）六八頁。

（4）中村政則「一九五〇―六〇年代の日本」（『現代1』、岩波講座日本通史第20巻、一九九五年）四〇頁。

（5）進藤兵・大門正克「農村と都市の変貌」（後藤道夫編『岐路に立つ日本』所収、吉川弘文館、二〇〇四年）二六八頁。

（6）こうした社会変化についての議論は多数存在するが、とりあえずロバート・B・ライシュ（清家篤訳）『勝者の代償』（東洋経済新報社、二〇〇二年）、アンソニー・ギデンズ（松尾精文・立松隆介訳）『左派右派を超えて』（而立書房、二〇〇二年）、ウルリッヒ・ベック（東廉・伊藤美登里訳）『危険社会』（法政大学出版会、一九九八年）などを参照。ポスト工業化社会における若者の状況については、アンディ・ファーロング／フレッド・カートメル（乾彰夫・西村貴之・平塚眞樹・丸井妙子訳）『若者と社会変容』（大月書店、二〇〇九年）を参照。

（7）G・エスピン＝アンデルセン（渡辺雅男・渡辺景子訳）『ポスト工業経済の社会的基礎』（桜井書店、二〇〇〇年）。

（8）濱口桂一郎『日本の雇用と中高年』（ちくま新書、二〇一四年）参照。

（9）「傘の外」が調整弁として利用されるという点は、筆者が『〈日本人〉の境界』で描いた朝鮮・台湾・沖縄などに対する政策と通底している。「民族的」に「日本人」であっても、満州移民などはやはり調整弁として活用された。

（10）武川正吾『連帯と承認』（東京大学出版会、二〇〇七年）は、福祉社会化の後発性という観点から、日本の福祉レジームの特徴を論じている。筆者は武川と共通する視点も多いが、二つの点で武川とは意見が異なる。第一に、保守主義と自由主義の混在という特徴は、近代日本に通底したものであり、必ずしも一九七〇年代になって現れた特徴とは考えない。第二に、武川は日本の福祉国家への離陸時期を一九七三年とみなし、それが世界的不況よる福祉国家の危機と重なったことによって、日本の特徴が形成されたとみなすが、筆者はやはり一九六一年の国民皆保険の成立は大きな離陸であり、ここから一九七三年まで経済成長期だったことの影響が大きいと考える。

(11) サスキア・サッセン（森田桐郎ほか訳）『労働と資本の国際移動』（岩波書店、一九九二年）。これまでサッセンの研究は、日本ではもっぱら外国人労働者問題や金融都市の問題を論ずる文脈で受容され、日本国内の労働力移動や格差問題につなげるという試みは、管見の範囲ではなされていない。日本でのサッセンの受容が、格差や二重構造が忘却され外国人労働者と金融都市化が主要な論題だったバブル期だったこと、サッセン自身がバブル期の東京をそのような問題意識で調査したことが主な原因だと思われる。本章では、日本国内の労働力移動をサッセンの初期の研究を応用して位置づけることにより、日本がどのように「移民が目立たないグローバル化」を遂げているかを論じた。

(12) ただしアメリカと韓国では状況が異なる。アメリカの専業農家化は、大量の労働力移動と高生産性の専業農家化という、ある意味では「経済合理的」な方向で実現した。それにたいし、韓国は高齢専業農家が多く、地方では兼業機会が得られないため、専業農家地帯の所得が低いという形態になっている。日本では兼業化によって農家は所得を維持し、同時に労働力プールであり続けたわけだが、どの形態が地方住民にとってよかったか一概には言えない。

(13) 以下の説は、斉藤淳『自民党長期政権の政治経済学』（勁草書房、二〇一〇年）五七―六一頁参照。斉藤は、「自民党農政は、端的にはコメ兼業農家を維持するためのカルテル政策に他ならない」と位置付けている。

(14) 日本における道路整備とストロー効果については、服部圭郎『道路整備事業の大罪』（洋泉社新書、二〇〇九年）参照。

(15) この事例は矢部武「〝日米雇用摩擦〟激化中！」（『世界』一九八八年一二月号）参照。

(16) 神林龍「『労働力調査』の新指標が示す 日本の労働供給余力はわずか」（『週刊エコノミスト』二〇一八年九月一一日号）。

(17) 一九七〇年代前半にその後の日本の原型ができたという説としては、渡辺治が「高度成長と企業社会」（渡辺治編『高度成長と企業社会』所収、吉川弘文館、二〇〇四年）などで唱えた「企業社会体制」論が知られている。渡辺の説は、高度成長期から七〇年代前半に「企業社会体制」が完成したというものであり、筆者は渡辺の見解にほぼ同意する。しかし筆者は、渡辺の「企業社会体制」の概念は、社会科学的な分析が不十分だと考える。本章では、エスピン＝アンデルセンとサッセンの学説を参考にしつつ、筆者のいう「日本型工業化社会」を比較体制論的に位置付けた。さらに、「企業社会体制」では周辺部分として位置付けられているセクター（地方・農業・中小企業・女性・若者など）が、保護を受けつつ低賃金労働力を提供するプールになっているという視点を加えて、全体の構造の中での位置を再考している。
(18) エスピン＝アンデルセン前掲書一五六頁。
(19) 歴史学研究会編『転換期の日本』(『日本同時代史』第五巻、青木書店、一九九一年) 一九四頁。
(20) 同上書一九四頁。
(21) 橋本健二『「格差」の戦後史』(河出ブックス、二〇〇九年) 五二－五三、一四七頁。
(22) 進藤・大門前掲論文二六九頁。
(23) 野村正實『終身雇用』(岩波書店、一九九四年) 四八頁。
(24) 高田亮爾『現代中小企業の構造分析』新評論、一九八九年、第一部。
(25) 石川経夫・出島敬久「労働市場の二重構造」(石川経夫編著『日本の所得と富の分配』、東京大学出版会、一九九四年) 二〇三頁。
(26) 真実一郎『サラリーマン漫画の戦後史』(洋泉社、二〇一〇年) 一〇五頁。
(27) 田中隆之『現代日本経済』(日本評論社、二〇〇二年) 二七七頁。
(28) 同上書二七五頁。
(29) 以下、中小企業と農地についてはケント・E・カルダー (淑子カルダー訳)『自民党長期政権の研究』(文藝春秋、一九八九年) 二六七、二五五、二五六、三三〇、三四八、三五八頁。
(30) 同上書二五七頁。
(31) メアリー・C・ブリントン (池村千秋訳)『失われた場を探して』(NTT出版、二〇〇八年) 二八－二九頁。
(32) エズラ・F・ヴォーゲル (広中和歌子・木本彰子訳)『ジャパン・アズ・ナンバーワン』(TBSブリタニカ、一九七九年) 二八五－二八六頁。
(33) 吉見俊哉『ポスト戦後社会』(岩波新書、二〇〇九年) 一三九頁。
(34) 以下、この時期の建設ブームについては米田雅子『田中角栄と国土建設』(中央公論新社、二〇〇三年) 一三七、一四三－一四五頁。
(35) 以下の産業空洞化の経緯は同上書一九八－二〇六頁、田中前掲書二六七頁。
(36) 青木宏之「釜石製鉄所の経営合理化をめぐる労使の対応」(東京大学社会科学研究所『社会科学研究』第五九巻第二号、二〇〇八年)。
(37) 田中前掲書二八二頁。
(38) 建設業などのこの時期の就業者数と付加価値の動向は同上書二六二－二六四頁。
(39) 武川前掲書一二九頁。
(40) この経緯は新雅史『商店街はなぜ滅びるのか』(光文社新書、二〇一二年) 第4章に詳しい。
(41) 進藤・大門前掲論文二六九－二七〇頁。
(42) 中西新太郎編『1995年』(大月書店、二〇〇八年) 六八頁。
(43) 以下の札幌の事例は久冨善之『競争の教育』(労働旬報社、一九九三年) 第五章。
(44) 雨宮処凛「はじめに」(中西編前掲書所収) 八頁。
(45) 竹信三恵子「正社員嫌い」(『季刊　女子教育も

んだい』第六八号、一九九六年七月）七三－七四、七五頁。引用にあたり改行を減らした。
（46）この時期の議員と政治資金の関係は、岩井奉信『「政治資金」の研究』（日本経済新聞社、一九九〇年）に詳しい。
（47）小沢一郎『日本改造計画』（講談社、一九九三年）。
（48）竹中治堅『首相支配』（中公新書、二〇〇六年）および田中直毅『二〇〇五年体制の誕生』（日本経済新聞社、二〇〇五年）など。
（49）この自己矛盾を強調しているのが斉藤前掲書である。筆者は基本的に斉藤に賛同するが、彼がこれを自民党政治の一貫した自己矛盾だったと位置付けていることには疑問がある。一九五〇年代までの自民党は、安定した地域共同体を基盤とした名望政治家の集合体であり、利益誘導に依存する度合いは後年ほどではなかった。斉藤が山形県の選挙戦で実見した二〇〇〇年前後の自民党の選挙戦の姿は、地域共同体がすでに生存基盤を失い、利益誘導に頼らざるをえなくなった末期形態であったと考える。もちろん、一九五〇年代から二〇〇〇年までの間には、グラデーションがあるだろうことはいうまでもないが、おそらく本章でも強調したように、一九六〇年代後半から七〇年代前半が制度的な完成期であったと筆者は考える。
　また斉藤は、道路や新幹線といった公共事業が行なわれた地域では、自民党の集票力が落ちていることを実証している。だが斉藤の見方では、こうした公共事業は地元社会の活性化に役立つものであり、集票力が低下するのは、一度それらを誘致してしまえば自民党議員に忠誠を尽くす必要がなくなり、集票監視が機能しなくなるからだという。しかし斉藤は、そのメカニズムを実証できているわけではない。斉藤が実証しているのは、道路や新幹線が引かれた地域では自民党の集票力が低下する、ということだけである。斉藤の見解も一定の正当性があるが、それ以上に、大型公共事業が自民党の集票を結果的に低下させるのは、当該社会の「近代化」と弛緩をもたらすからだと筆者は考える。
（50）NHK放送文化研究所編『現代日本人の意識構造〔第七版〕』（NHKブックス、二〇一〇年）第Ⅶ章。ただし、親戚との関係だけは、全面的つきあいの志向が二〇〇三年の三二%から、二〇〇八年に三五%に増加した。不況によって、親族からの援助を受けている世帯が増えているからだと推定されている。
（51）大嶽秀夫『日本政治の対立軸』（中公新書、一九九九年）第二章参照。
（52）「市民」や「生活者」は、一九六〇年代から八〇年代の市民運動や生協運動などで、使用されてきた言葉でもある。この方面での「生活者」という言葉の系譜は天野正子『「生活者」とはだれか』（中公新書、一九九六年）に詳しい。この文脈では、小泉純一郎の「ネオリベラリズム」路線と「生活者」は対立する概念である。
　とはいえ天野の記述においても、市民運動において主婦を始めとした都市住民が、「生活者」とされていたことがわかる。また一九八〇年代の日米構造協議をめぐる議論では、日本は「生産者」を重視する社会であって「生活者」が軽視されている、具体的には都市住民の生活が犠牲にされている、という対比がなされていた。その対比のなかでは、主婦は「生産」労働を行なわない人びとであり、それゆえ純粋な「生活者」である、とされやすかった。こうした対立と共鳴の重層関係は、常に言説においてみられるものである。

(53) 長谷川幸洋「「TPP参加」賛成派からの警告」(『Voice』二〇一二年一月号)一四六頁。

(54) 小熊英二「盲点をさぐりあてた試行」(小熊英二編著『原発を止める人々』、文藝春秋、二〇一三年)二七八頁参照。

(55)「自民党組織〝崩壊現象〟愛知県連　党員数3分の1に激減」(日本共産党愛知県委員会ホームページ、二〇〇八年九月二一日付記事)。http://www.jcp-aichi.jp/minpou/080918-134937.html　二〇一三年一一月八日アクセス。

(56) 小熊英二「「3：2：5」の構図――現代日本の得票構造と「ブロック帰属意識」」(『世界』二〇一八年一月号)。どの政党を「リベラル」として合計得票に加えたかの詳細は、同論文参照。ここでは、「リベラル」を思想的に定義することはせず、日本における社会的通念に沿って、民主党系諸政党・社民党系諸政党・共産党などを中心に合計している。

(57) 小熊英二「波が寄せれば岩は沈む」(『現代思想』二〇一六年三月号、小熊英二『首相官邸の前で』集英社インターナショナル、二〇一七年所収)。

(58) 玄田有史『仕事のなかの曖昧な不安』(中央公論新社、二〇〇一年)五二頁。

(59) この時期の議論は、「中央公論」編集部編『論争・中流崩壊』(中公新書ラクレ、二〇〇一年)に収録されている。引用は大竹文雄「「中流層の崩壊」は根拠乏しい」(『日本経済新聞』二〇〇〇年六月二三日付)、同書一〇三頁より。

(60) 盛山和夫「中流崩壊は「物語」にすぎない」(『中央公論』二〇〇〇年一一月号)。引用は「中央公論」編集部編前掲『論争・中流崩壊』二三五頁。

(61) レナード・ショッパ(野中邦子訳)『「最後の社会主義国」日本の苦闘』(毎日新聞社、二〇〇七年)九七頁。

(62) 玄田前掲書五四、六七頁。

(63) こうした論調は高原基彰『現代日本の転機』(NHKブックス、二〇〇九年)二二六-二二七頁が整理している。

(64) 山田昌弘『パラサイト・シングルの時代』(ちくま新書、一九九九年)。

(65) 小杉礼子『フリーターという生き方』(勁草書房、二〇〇三年)。

(66) 藤田結子『文化移民』(新曜社、二〇〇八年)第一章。

(67) 吉見前掲書二〇七-二一〇頁。「内向き　留学下降線」(『朝日新聞』二〇一二年一月一九日付)。

(68) 連合赤軍事件のこうした描き方については、小

熊英二『1968』（新曜社、二〇〇九年）下巻第16章参照。

(69) 岡部恒治・西村和雄・戸瀬信之編著『分数ができない大学生』（東洋経済新報社、一九九九年）。

(70) 大学卒業までの費用試算は湯浅誠『どんとこい、貧困！』（イースト・プレス、二〇一一年）四七頁。AIU保険会社の試算。三浦の発言は斎藤貴男『機会不平等』（文藝春秋、二〇〇〇年）。

(71) 代表的な論者は佐藤学と苅谷剛彦であり、彼らの主な主張は「中央公論」編集部・中井浩一編『論争・学力崩壊』（中公新書ラクレ、二〇〇一年）所収の論考で読める。

(72) 寺脇研・苅谷剛彦「子どもの学力は低下しているか」（『論座』一九九九年一〇月号、「中央公論」編集部・中井浩一編前掲書所収）一〇一頁。

(73) 以下の育児休業法についての経緯と女性の就労率はショッパ前掲書第七章参照。

(74) 樋口美雄・太田清・家計経済研究所編『女性たちの平成不況』（日本経済新聞社、二〇〇四年）四二－四三頁。

(75) 千田有紀『日本型近代家族』（勁草書房、二〇一一年）第三章参照。

(76) 船橋邦子「ジェンダーの視点から」（座談会「野田政権って何だ！」、『ピープルズ・プラン』五六号）一一〇頁。

(77) 香山リカ・白河桃子・飯田泰之「震災後、結婚観はどう変わったか」（『Ｖｏｉｃｅ』二〇一二年一月号）一七〇、一六九頁。

(78) 坂東眞理子「「結婚の常識」を見直しましょう」『潮』二〇一二年二月号）。

(79)「二〇～六四歳の単身女性、三割強が貧困　母子世帯は五七パーセント」（『朝日新聞』二〇一一年一二月九日付）。

(80) 原武史編『「政治思想」の現在』（河出書房新社、二〇〇九年）一二四頁。

(81) 赤木智弘「「丸山眞男」をひっぱたきたい」（『論座』二〇〇七年一月号）。この論考をめぐって、多くの年長の「革新系」論者が赤木を批判したが、その多くは平和の大切さを説くもので、赤木のおかれた状況と心情を踏まえたものとはいえず、まったく論点がすれちがっていた。雨宮処凛が「プレカリアート」と出会った経緯は雨宮処凛『生きさせろ！』（太田出版、二〇〇七年）一四頁。

(82) 前掲「二〇～六四歳の単身女性、三割強が貧困　母子世帯は五七パーセント」。

(83) 田畑知之「なぜ経済復興政策が実を結ばなかったのか」（『ａｔプラス』〇八号二〇一一年）七二－七三頁、岡田知弘「「創造的復興」が地域社会を破壊する」（『ＰＯＳＳＥ』一一号、二〇一一年）四二頁。

(84)「「共同化」で雇用守る」（『ＡＥＲＡ』二〇一一年五月二九日号）。

(85) 以下の法制などの復興政策の諸問題については、下記を参照。Oguma Eiji, "Nobody Dies in a Ghost Town: Path Dependence in Japan's 3.11 Disaster and Reconstruction"

The Asia-Pacific Journal, Vol. 11, Issue 44, No. 1, November 4, 2013. http://www.japanfocus.org/-Oguma-Eiji/4024 二〇一三年一月四日アクセス。日本語版は小熊英二「ゴーストタウンから死者は出ない」(『世界』二〇一三年三月号・四月号)。

(86) 原田泰『震災復興　欺瞞の構図』(新潮社、二〇一二年)第二章。

(87) 総務省「平成二〇年地方公共団体定員管理調査結果」二〇〇八年。

(88) 内橋克人「巨大複合災害に思う」(『世界』二〇一一年五月号)三五頁。

(89) 亀山市の事例は「「テレビ王国」凋落の現場」(『AERA』二〇一二年三月二六日号)。引用は六五頁。

(90) 長谷川公一『脱原子力社会へ』(岩波新書、二〇一一年)、吉岡斉『新版　原子力の社会史』(朝日選書、二〇一一年)などを参照。

(91) 厚生労働省「外国人雇用状況の届出状況(平成21年10月末現在)について」http://www.mhlw.go.jp/stf/houdou/2r98520000040cz.html

(92) 木下武男・山田久・今野晴貴・五十嵐泰正「労働市場の構造から分析する「人手不足」の局面」(『POSSE』二四号、二〇一四年九月)九九頁。五十嵐泰正の指摘。

(93) 「「外国人材で解決」の幻想」(『朝日新聞』二〇一八年一一月二六日朝刊)。

(94) 竹中平蔵(聞き手・土井丈朗)「アベノミクスには更なる政治のブレイクスルーが必要だ」(『中央公論』二〇一八年一〇月号)五〇頁。

政治

菅原琢

再生産される混迷と
影響力を増す有権者

1　本章の目的と構成――平成の政治を如何に捉えるか

われわれは、平成期三〇年余りの間に覚えきれない数の首相をリーダーとして迎えた。竹下登から安倍晋三まで一七人という平成期三〇年間の首相の総数は、東久邇宮稔彦から竹下登という戦後昭和期の四三年半に就任した首相の人数と同数である。後者には戦後直後の占領下の政治的混乱期を含むので、これを除いた第二次吉田内閣から中曽根内閣までの昭和期の首相の連続在任期間を計算すると三・三年となる。これに対して平成期は、宇野内閣から野田内閣の平均で一・五年、第二次安倍政権を算入しても一・八年にしかならない。

このデータが端的に示すように、平成期の政治は不安定な状況が続き、混乱、混迷、迷走といった言葉で表現されることが多い。これに比較すると、五五年体制と呼ばれた昭和後期の政治は非常に安定していたように見える。このため、昭和の政治を懐かしみ、五五年体制への回帰を志向する言説もしばしば見かける。高齢議員や政治評論家などが、前時代の政治家を美化し、中選挙区制復活論のような主張を繰り返しているのがその最たる例だろう。

しかし、こうした言説に聞くべきところがあるにしても、いたずらに昭和と平成の政治を比較し、前時代を賞賛し、回帰を目指すことに意味はない。戦後、急激な経済成長を果たした分、成長後の先進国の悩みが今になって押し寄せたのが現在の状況である。将来の問題を予測して適切に対応しなかったために、現在の日本の苦境があると考えれば、むしろ昭和の政治こそ道を誤っていたのだと主張できる。

ただそうは言っても、平成の政治により損失を被るのは平成を生きた我々であり、将来の世代である。何か間違いがあるなら早いうちに修正し、将来に損失を拡大させないよう、知恵を働かせることが求められる。本章は、そうした目的に資するよう、平成の政治について整理し、繰り返される政治的混迷の背景について説明を試みるものである。

もちろん、メディア等でも、なぜ政治が混迷を深めているのか、局面に応じてさまざまな主張がなされてきた。だが、こうした議論で登場する「犯人」――たとえば首相の資質や参議院といったもの――は、そのときそのときに焦点となった問題の原因について、直接的で明白な一部分を示すに過ぎない。言い換えると、眼前の問題を説明したとしても、それは長期にわたり混乱が繰り返された背景を理解することには繋がらない。政治は、さまざまな制度が折り重なった中で多様なアクターが相互に影響し合うという、複雑なシステムを持った現象である。したがって、その中の少数の出来事の背景から政治的混迷の全体像を描写することは難しい。仮に首相の資質なるものを問題視するにしても、そうした問題のある首相がリーダーとなるのは何故か、そしてそれが連続するのは何故か、その背景の政治構造を深く掘り下げ、システムの問題として捉える必要がある。

さらに、対立を仲裁する機能としての政治には、多少の混乱は必然的に内包されるものである。したがって、混乱の所在と原因が明らかとなったとしても、それにどの程度対処すべきか、できるかは、その対処の結果生じる弊害を総合的に考慮して論じる必要がある。たとえば、参院の抵抗で震災に迅速に対応できなかったからといって参院を廃止するならば、それによって守られていた日常的な利益も同時に消える。特定の条件下の欠点を潰すために、通常の条件下での利点を犠牲にしろというのは軽率な議論である。

このように考えていくと、平成期の政治の混迷について理解するには、特定の事象、特定の状況に縛られず、なるべく網羅的に見ていくことが必要ということになる。しかし一方、多数の事象をただ漫然と網羅的に眺めただけでは、そこに構造を見出すことは難しい。どのような要因で問題が発生し、それが繰り返されてきたのか、その発生過程を整理して見ていくことが必要である。

こうした問題意識により、本章では、平成期の政治全体を振り返り、なるべく多くの事象を内包できるように説明を構築していきたい。そのうえで、改善の方向性を提供できればと考える。以下、次のように議論を展開する。まず、平成の政治の歴史的経過を振り返ることから始める（第2節）。そのうえで、平成期に起きた政治の変化、あるいは特徴を要素ごとに整理する（第3節）。これらの整理を踏まえ、平成期の政治的混迷のメカニズムを描写し、今後の方向性について簡単に論じる（第4節）。最後に、平成期の政治とはどのようなものか整理し、本章の議論をまとめる（第5節）。このような流れで、政治的混迷の混沌とした全体像を段階を踏んでクリアな構造として示していく。これがこの構成・展開のねらいである。

なお、本章では紙幅の関係から詳細な議論は注に回し、他の文献を参照するようにしている。また、なるべく多くの分野を包括するよう心掛けたが、たとえば官僚制や地方政治などについてはほとんど触れることはできなかった。この点、ご承知おきいただきたい。

2　平成の政治史

他の先進諸国について政治史をまとめようとする場合、首相や政権党の交代を区切りとして各時代を描くことが多い。しかし日本では、首相の交代が頻繁にある一方で、自民党中心の政権が長期にわたって続いてきた（**表1**）。そうした中で、連続的に政局の変動が起きたことが、平成期の日本政治の摑みにくさの要因となっている。そこで本節では、転換点となっている次の七つの出来事により期間を区切り、政治の経過を追っていくこととしたい。

・一九八九（平成元）年参院選――この選挙を境に、自民党は参院過半数を獲得することが難しくなり、他党との協力、連立が前提の時代となる。また、自民党内外で政治改革の機運が盛り上がり、政治の中心課題となる。

・一九九三（平成五）年衆院選――自民党が下野し、非自民の連立政権が誕生する。細川政権下に行われた政治改革を境に政界が流動化し、新進党や民主党が結成される。

・一九九六（平成八）年衆院選――この選挙の後、新進党は解党への道を辿る。代わって民主党が自民党の対抗政党の位置に収まり、都市部を中心に良好な選挙成績を残し、自民党政権は危機の時代を迎える。

・二〇〇一（平成一三）年自民党総裁選――自民党員の投票により小泉純一郎が総裁に選出される。旧来の自民党政治を否定する構造改革路線により自民党は急激な支持回復を果たし、下野の危機を脱する。

・二〇〇六（平成一八）年自民党総裁選――自民党内の人気政治家をもとめる雪崩現象に乗り、政治経験の浅い安倍晋三が総裁に選出される。政策を巡り自民党内の路線対立が顕在化し、統制のとれない不安定な政権が続き、政権交代を招く。

・二〇〇九（平成二一）年衆院選――自民党に代わり民主党が政権に就く。改革を成し遂げよ

政権与党
自民党
自民党
自民党
自民党
社会党、公明党、新生党、日本新党、民社党、さきがけ、社民連、[民改連]
新生党、公明党、日本新党、民社党、自由党、改革の会＊、[民改連]、(社民連)*
自民党、社会党、さきがけ、[自由連合](95年8月〜)
自民党、社会党(〜96年11月)、さきがけ(〜96年11月)
自民党、自由党(99年1月〜00年4月)、公明党(99年10月〜)、 保守党(00年4月〜)、[改革クラブ](99年10月〜)
自民党、公明党、保守党、[改革クラブ](〜00年7月)
自民党、公明党、 保守党(02年12月以降保守新党、〜03年11月)
自民党、公明党
自民党、公明党
自民党、公明党
民主党、社民党(〜10年5月)、国民新党
民主党、国民新党
民主党、国民新党
自民党、公明党

＊羽田内閣の改革の会は院外に政党組織(政治団体)を有しない院内会派であったが、大臣を割り当てられるなど政党と同様に遇されたことから、ここに含めた。社民連は大臣、政務次官を出していなかったが、当時の経緯から与党と判断し、補記した。
※第2次以降の安倍晋三の在任日数は2019年4月30日現在。

内閣発足日	在任日数	内閣総理大臣	首相再任・内閣改造の日付
1987年11月6日	576	竹下登	88年12月27日(改造)
1989年6月3日	69	宇野宗佑	
1989年8月10日	818	海部俊樹	90年2月28日(第2次)、90年12月29日(第2次・改造)
1991年11月5日	644	宮澤喜一	92年12月12日(改造)
1993年8月9日	263	細川護熙	
1994年4月28日	64	羽田孜	
1994年6月30日	561	村山富市	95年8月8日(改造)
1996年1月11日	932	橋本龍太郎	96年11月7日(第2次)、97年9月11日(第2次・改造)
1998年7月30日	616	小渕恵三	99年1月14日(改造1)、99年10月5日(改造2)
2000年4月5日	387	森喜朗	00年7月4日(第2次)、00年12月5日(第2次・改造)
2001年4月26日	1980	小泉純一郎	02年9月30日(第1次・改造1)、 03年9月22日(第1次・改造2)、 03年11月19日(第2次)、04年9月27日(第2次・改造) 05年9月21日(第3次)、05年10月31日(第3次・改造)
2006年9月26日	366	安倍晋三	07年8月27日(改造)
2007年9月26日	365	福田康夫	08年8月2日(改造)
2008年9月24日	358	麻生太郎	
2009年9月16日	266	鳩山由紀夫	
2010年6月8日	452	菅直人	10年9月17日(改造1)、11年1月14日(改造2)
2011年9月2日	482	野田佳彦	12年1月13日(改造1)、12年6月4日(改造2)、 12年10月1日(改造3)
2012年 12月26日	2317 ※	安倍晋三 (第2次政権)	14年9月3日(第2次・改造)、14年12月24日(第3次)、 15年10月7日(第3次・改造)、 16年8月3日(第3次・改造2)、 17年8月3日(第3次・改造3)、17年11月1日(第4次)、 18年10月2日(第4次・改造)

表1　平成期内閣総理大臣一覧

政権与党の[　]内は大臣は出していないものの政務次官を出した政党。いわゆる閣外協力、"ゆ党"は掲載していない。

2004年7月11日 第20回 参 民主党が1人区で自公と対等の結果を残す
[選出数]121 [結果]民主 50 自民 49 公明 11 共産 4 社民 2 無所 5

2005年9月11日 第44回 衆 小泉自民党が大勝し、民主党は都市部で議席を多く失う
[選出数]480 [結果]自民 296 民主 113 公明 31 共産 9 社民 7 国新 4 新日 1 大地 1 無所 18

2007年7月29日 第21回 参 民主党が1人区で自公を凌駕し、ねじれ国会となる
[選出数]121 [結果]民主 60 自民 37 公明 9 共産 3 社民 2 国新 2 新日 1 無所 7

2009年8月30日 第45回 衆 民主党が圧勝し政権交代が果たされる
[選出数]480 [結果]民主 308 自民 119 公明 21 共産 9 社民 7 みん 5 国新 3 大地 1 新日 1 無所 6

2010年7月11日 第22回 参 民主党が1人区で大敗する一方、自民党は比例区過去最低成績
[選出数]121 [結果]自民 51 民主 44 みん 10 公明 9 共産 3 社民 2 改革 1 た日 1

2012年12月16日 第46回 衆 自民・公明両党が圧勝し政権に返り咲く
[選出数]480 [結果]自民 294 民主 57 維新 54 公明 31 みん 18 未来 9 共産 8 社民 2 国新 1 大地 1 無所 5

2013年7月21日 第23回 参 自公が議席を回復し、ねじれ国会が解消される
[選出数]121 [結果]自民 65 民主 17 公明 11 維新 8 みん 8 共産 8 社民 1 社大 1 無所 2

2014年12月14日 第47回 衆 自公圧勝、民主回復、共産急進、維新伸び悩み
[選出数]475 [結果]自民 290 民主 73 維党 41 公明 35 共産 21 社民 2 生活 2 次世 2 無所 9

2016年7月10日 第24回 参 自公勝利も民進・共産共闘も一定の成果、維新健闘
[選出数]121 [結果]自民 55 民進 32 公明 14 お維 7 共産 6 社民 1 生山 1 無所 5

2017年10月22日 第48回 衆 自公勝利、立民躍進、希望停滞、維新・共産低迷
[選出数]465 [結果]自民 281 立民 54 希望 50 公明 29 共産 12 維新 11 社民 2 無所 26

上段:選挙期日　選挙回　院　短評　下段:選挙結果

1989年7月23日　第15回　参　社会党など野党連合が大勝し、自民党が参院過半数を失う
[選出数]126 [結果]社会 46 自民 36 公明 10 共産 5 民社 3 連合 11 税金 2 二院 1 沖革 1 スポ 1 無所 10

1990年2月18日　第39回　衆　社会党が躍進するも自民党が衆院過半数と政権を維持する
[選出数]512 [結果]自民 275 社会 136 公明 45 共産 16 民社 14 社連 4 進歩 1 無所 21

1992年7月26日　第16回　参　自民党が圧勝し日本新党が進出する一方、社会党は大敗する
[選出数]127 [結果]自民 68 社会 22 公明 14 共産 6 民社 4 日新 4 スポ 1 二院 1 ヒロ 1 革合 1 無所 5

1993年7月18日　第40回　衆　3新党が多数の議席を獲得、自民党が下野する
[選出数]511 [結果]自民 223 社会 70 新生 55 公明 51 日新 35 民社 15 共産 15 さき 13 社連 4 無所 30

1995年7月23日　第17回　参　新進党が躍進し比例第1党となり、自民党は過半数回復できず
[選出数]126 [結果]自民 46 新進 40 社会 16 共産 8 さき 3 民改 2 二院 1 平和 1 無所 9

1996年10月20日　第41回　衆　自民党が過半数近い議席を確保、新進党・民主党は伸び悩む
[選出数]500 [結果]自民 239 新進 156 民主 52 共産 26 社民 15 さき 2 民改 1 無所 9

1998年7月12日　第18回　参　自民党が都市圏で議席を獲得できず、民主党、共産党が伸長
[選出数]126 [結果]自民 44 民主 27 共産 15 公明 9 自由 6 社民 5 無所 20

2000年6月25日　第42回　衆　自公が過半数を維持するも都市部を中心に民主党が伸長
[選出数]480 [結果]自民 233 民主 127 公明 31 自由 22 共産 20 社民 19 保守 7 無会 5 自連 1 無所 15

2001年7月29日　第19回　参　小泉純一郎率いる自民党が大勝
[選出数]121 [結果]自民 64 民主 26 公明 13 自由 6 共産 5 社民 3 保守 1 無所 3

2003年11月9日　第43回　衆　民由合併で民主党が議席を伸ばすが、自公も堅調
[選出数]480 [結果]自民 237 民主 177 公明 34 共産 9 社民 6 保新 4 無会 1 自連 1 無所 11

表2　平成期の国政選挙一覧

結果に示す政党名は次の通り。
社会:日本社会党　自民:自由民主党　公明:公明党(98年については公明)　共産:日本共産党
民社:民社党　連合:連合の会　税金:税金党　二院:第二院クラブ　沖革:参議院沖縄選挙区革新共闘会議
スポ:スポーツ平和党　社連:社会民主連合　進歩:進歩党　日新:日本新党　ヒロ:護憲ヒロシマの会
革合:参院選革新合同選対会議　新生:新生党　さき:新党さきがけ　新進:新進党　民改:民主改革連合
平和:平和・市民　民主:民主党　社民:社会民主党　自由:自由党　保守:保守党　無会:無所属の会
自連:自由連合　保新:保守新党　国新:国民新党　新日:新党日本　大地:新党大地　みん:みんなの党
改革:新党改革　た日:たちあがれ日本　維新:日本維新の会　未来:日本未来の党　社大:沖縄社会大衆党
維党:維新の党　生活:生活の党　生山:生活の党と山本太郎となかまたち　次世:次世代の党
民進:民進党　お維:おおさか維新の会　立民:立憲民主党　希望:希望の党　無所:無所属

うとするも、大規模予算を要する政権公約と財政悪化という現実の狭間で手詰まり、政権と与党の統制が取れず苦慮し、自民党に政権を明け渡すことになる。

・二〇一二（平成二四）年衆院選——自民党と公明党が与党に返り咲き、第二次安倍政権が始まる。景気重視の政策路線で内閣と与党が一定の支持率を保つ一方、野党各党は統合と分裂を繰り返し、有権者は置き去りにされる。

以降、七つの期間に分けて日本政治の展開を追うが、全体を通じての資料として内閣総理大臣の一覧（**表1**）、国政選挙の一覧（**表2**）を先に掲げておくので、適宜参照されたい。また、国政政党一覧（**表3**）、世論調査結果（**図3**）など後掲の図表も参考となろう。なお、本章の目的に従い、個別の出来事の細かい経緯や評価等には踏み込まない。政局の経過等の詳細については、各註に示した文献などを適宜参照されたい(1)。

（一）自公民路線と政治改革運動（一九八九～九三年）

まず簡単に昭和後期、八〇年代の政治を振り返っておきたい。七九（昭和五四）年衆院選後の四〇日抗争を経てもなお自民党は大平正芳首相擁する大平派・田中派など主流派と福田派・中曽根派など非主流派の間の対立が続き、八〇年五月にはハプニング的に大平内閣不信任案が可決し、総選挙となる(2)。事実上の分裂選挙となった自民党だが、八〇年六月二二日の衆参同日選では大勝する(3)。選挙期間中に死去した大平を継いで鈴木善幸が後継首相となり、八二年一一月に中曽根康弘が鈴木を襲う。翌年行われた参院（六月）、衆院（一二月）の選挙で自民党はともに議席を減らしたが、八六年の同日選では大勝し、中曽根は八七年一一月まで首相に留まることになる。この間、三公社民営化などの改革を推し進め、竹下登にその職を引き継ぐ。

平成への改元（八九年一月）の厳かな印象とは対照的に、竹下内閣期の日本政治は混迷の一途を辿る。特に八八年に発覚したリクルート事件は、政界に多大な影響を及ぼし、与野党の有力議員に捜査の手が及び、最終的には竹下登内閣を総辞職に追い込んだ（八九年六月）。事件発覚直後には、武村正義を中心とする自民党若手議員がユートピア政治研究会を結成し、メンバーの政治活動費を集計して公表するなどの動きを見せ、政治改革の必要性を訴え始める。(4)

リクルート・コスモスの未公開株を受領していた政治家は表舞台に出ることができない事態となり、竹下後の後継総裁選びは難航する。(5)結局、宇野宗佑外相が総理総裁となるも、当人の女性スキャンダルが露見したこともあり発足直後から内閣支持率は低迷する。(6)迎えた七月の参院選では、リクルート事件に加えて、四月から課税されるようになった消費税への反発もあり自民党は惨敗し、土井たか子に率いられた社会党が圧勝する。またこの選挙では、日本労働組合総連合会（連合）を中心として社会党、公明党、民社党の三党が協力して擁立した連合の会の候補が一人区を中心に一一議席を獲得した。これ以後、二〇一六年七月に至るまで自民党は単独で参院の過半数を得ることはできなかった。宇野首相は辞任し、竹下派の支持の下で海部俊樹が後継総裁となる。(7)

翌年行われた九〇年衆院選では、社会党が農村部を中心に議席を大幅に増やす一方、自民党は議席を減らしながらも過半数を維持する。相対的に劣勢となった公明党、民社党と社会党との関係は冷め、参院過半数を失っていた自民党は公明党、民社党に着実に接近を図り、院内基盤を安定させることに成功する。(8)九一年の湾岸戦争を機に作られた国際連合平和維持活動等に対する協力に関する法律（ＰＫＯ協力法、九二年六月成立）はこの「自公民路線」の象徴である。選挙での社会党の好調は長く続かず、九一年統一地方選において地方議員を大幅に減らし、土井が党首を辞任する。

こうして、八九年参院選から間を置かず、自民党の絶対的な政治体制は再確立されたかのように見えた。政権運営が軌道に乗った自民党では再び党内抗争が活発となる。九一年一一月には政治改革を目指し、解散を視野に入れていた海部首相が竹下派によって降ろされ、いわゆる「小沢面接」を経て宮澤喜一が首相となる。(9)

こうした中央政界での動きの一方、院外から政治改革を目指す動きとして、元参議院議員、前熊本県知事の細川護熙が月刊誌で「自由社会連合」なる新勢力を結党すると宣言し注目を集める。(10)直後に細川を代表として日本新党が結成され、九二年参院選では比例区のみに出馬し八%の得票率となり四議席を獲得する。一方、自民党は従来通りの強さを見せ、社会党は大敗を喫している。

九二年一〇月には東京佐川急便事件により竹下派会長の金丸信が議員辞職し、その後継会長の座を巡り羽田孜を推す小沢一郎らと、小渕恵三を推す竹下登らが対立する。小渕が会長となると、小沢らは「政治改革」を旗印として派中派である改革フォーラム21（羽田グループ）を結成し、一二月には派閥を離脱することとなる。(11)

この流れの中で、政局と表裏一体に「政治改革」が政権と国会の焦点となる。小沢らは宮澤首相に執拗に政治改革を迫り続け、九三年一月に召集された第一二六回国会において政治改革関連法案が提出され、審議されることとなる。だが結局、自民党内がまとまらず、宮澤首相はこの国会での政治改革関連法の成立を断念する。(12)すると、社会党等の野党が提出した宮澤内閣不信任決議案の採決に際し、羽田グループを中心に自民党議員三八人が造反して賛成に回り、不信任案が可決される。(13)これを受けて宮澤首相は内閣総辞職ではなく解散を選択する。ユートピア研は武村を党首として新党さきがけを、羽田グループは新生党を結成する。(14) 日本新党は細川らが鞍替え出馬し、初の衆院選に臨んだ。

(二) 選挙制度改革と政界再編 (一九九三年～九六年)

九三年衆院選では三新党が計一〇三議席を獲得する一方、社会党は七〇議席と議席を半減させる。自民党は離党者を除けば改選議席を維持していたが、二二三議席と過半数を割り込んだことから宮澤首相は辞意を表明する。

政治改革を主要な交渉材料として、自民党、社会党など非共産既成野党と新生党、日本新党と新党さきがけという三グループ間で連立交渉が行われ、後二者による八党派連立政権が細川を首班として八月に誕生する(連立を構成する党派については**表1**参照)。細川政権の政治改革関連四法案(公職選挙法の一部を改正する法律案、衆議院議員選挙区画定審議会設置法案、政党助成法案、政治資金規正法の一部を改正する法律案)は、小選挙区二五〇議席、全国一区の比例区二五〇議席を選出する並立制を衆院選に導入する選挙制度改革を軸とし、政党助成金の導入、政治資金の流れの把握と適正化を図るものであった。同法案は第一二八回国会に提出され一〇月に衆院を通過するも、九四年一月二一日に社会党左派の造反により参院で否決される。細川首相は河野洋平自民党総裁とトップ会談を行い、小選挙区三〇〇議席、全国一一ブロックの比例区二〇〇議席の並立制で自民党の賛成を取り付け、一月二九日に修正案を両院で可決させた。(15)

この後、「国民福祉税」を巡る連立与党内の不一致、首相本人のスキャンダルなどが重なり、四月に細川首相は辞意を表明し、閣外協力に転ずることを表明したさきがけを含む連立各党の支持により羽田が後継首相となる。しかし首班指名直後に新生党、日本新党、民社党などの各党が、社会党、さきがけを排除した形で新会派「改新」結成に動き、これに反発した社会党が連立を離脱したため組閣できない事態となり、結局、羽田内閣は六月に退陣する[16]。続いて行われた首班指名選挙では自民党が社会党、さきがけとともに社会党委員長・村山富市を担ぎ、自民党から海部を引き抜いて首班候補とした旧連立与党を破り、自社さ連立政権が誕生する。

この連立は、自民党内で自社さ派と保保連合派の対立を生んだが、与党各党の密な連携により、全体としては安定した政権となった。その中で社会党は、政権与党として自衛隊を合憲と認めるなど方針を大きく転換させる。また、阪神・淡路大震災（九五年一月）、オウム真理教による地下鉄サリン事件（同三月）が発生したことにより、政府中枢の危機管理体制の強化が議論されるようになった[17]。

新生党、公明党など旧連立各党は、新たに導入された小選挙区において自民党に対抗する勢力の結集を目指し、九四年一二月に海部を代表に新進党を結成する。新進党には社さを除く旧連立与党勢力を糾合することに成功したが、公明党は地方組織と次年度非改選の参院議員を政党組織「公明」として分離させて合流させず、これが後にしこりを残すこととなる[18]。

翌九五年四月の統一地方選では、東京と大阪の知事選で既成政党相乗り候補を大政党の推薦を得ない無所属候補（青島幸男、横山ノック）が破った「青島・ノック現象」が注目を浴びたが、その一方で新進党は岩手（増田寛也）、三重（北川正恭）で推薦候補の知事を誕生させるなど、着実に勢力を伸ばす。七月の参院選で同党は四〇議席を確保し比例区では三〇％を超える得票率で第一党となるなど、勢いを見せた。もっとも、この回は投票率が六ポイント以上低下しており、創価学会の組織票や組織的活動が大きく影響したとも指摘されている[19]。

国政では、九六年一月に以前より辞意を漏らしていた村山が辞任し、自社さ連立政権は新たに橋本龍太郎自民党総裁を首班に迎える[20]。年内に並立制下初の衆院選が行われる見通しとなったが、これに向け連立政権内でも小選挙区で戦える新党を目指す動きが活発となる。最終的に資金力のある鳩山由紀夫と、薬害エイズ問題で厚相として活躍した菅直人を共同代表とする民主党が、連合のバックアップを受け、社民党（一月に社会党から党名変更）とさきがけ所属の多数の議員により九月に結成された[21]。

（三）民主党の伸長と自民党の危機（一九九六〜〇一年）

九六年一〇月に行われた衆院選では、新進党は比例区で二八%を確保したものの小選挙区で伸びず現有議席数を割り込み、民主党は現有議席維持に留まり、自民党が過半数近くの議席を得て勝利する。この結果を受けて社民党とさきがけは閣外に転じたものの、参院過半数が必要な自民党との政策協議を継続し、自社さ連立の枠組みは維持される[22]。最終的には、九八年五月に社さ両党は連立を離脱することになる[23]。

安定した政権基盤の下、橋本首相は持論であり懸案だった行政改革を進める[24]。一府二二省庁を一府一二省庁に改編した省庁再編を行ったほか、内閣機能の強化も図られている。これらの改革を盛り込んだ中央省庁等改革基本法案は九八年六月に可決、成立し、橋本行革は二〇〇一年から施行されることとなる。

一方、新進党では衆院選での事実上の敗北により組織の求心力が弱まり、九八年一二月には羽田らが離党して太陽党を結成し、また自民党の「一本釣り」などもあって離党者が続出することとなった。小沢らは自民党との保保連合を目指すが、自民党内では自社さ派が根強く、こうした強引な小沢の路線はかえって新進党内の分裂を深めることとなった[25]。九七年には旧公明党勢力の独自路線が鮮明となり、一二月に小沢が「解党的出直し」を訴えて党首に再選されると、小沢は新進党を解党してしまう。[26] 旧新進党勢力のうち、小沢グループや旧公明党などを除く勢力は最終的に民主党に合流し、九八年四月に新民主党が誕生する。[27]

ところで、あまり注目されていなかった橋本政権下の政策としては、九七年に可決され、九八年参院選から実施に移された投票環境の改善策がある。この改革では、一八時であった投票締め切り時刻を二〇時までに引き延ばし、不在者投票制度を利用しやすく改善した。これらは投票日にレジャーやボランティア等で不在となる有権者に配慮したものとされる。[28] この改革は後の期日前投票制度導入に繋がり、投票者の利用が広がっている。[29]

この一見地味な選挙制度改革は、九八年参院選の劇的な選挙結果をもたらすことになる。新聞等の事前の選挙情勢調査では、自民党は改選議席数の確保は微妙だが九五年参院選に比べ堅調という結果が伝えられた。[30] だが実際には、東京、神奈川、愛知、京都、大阪、兵庫といった都市部の都府県で自民党は議席を獲得できず、比例区の得票率は二五％と過去最低を記録する惨敗となった。この新聞等の予測とのズレ、および自民党の惨敗は、投票環境の改善が都市部の若い有権者を中心に新たな投票者層を生み出したこと、それらの層が軒並み野党・民主党と共産党に投票したことから発生していると分析されている。[31]

この敗北を受けて橋本首相は辞任し、小渕が後継の総理総裁となったものの、参院過半数を失っていた自民党は政権運営に苦慮することになる。内閣が発足した第一四三回国会では日本長期信用銀行など金融機関の経営危機問題への政策対応が論議され、民主党や自由党など野党に大幅に譲歩して金融再生法案などを通す形となった。このいわゆる金融国会では、「政策新人類」と呼ばれる与野党の政治家が注目を浴びる。[32]

こうした政権基盤の弱さを脱するために、九九年一月に自民党はまず小沢一郎率いる自由党を政権に引き入れる（自自連立）。本来、公明党との連立を目指していたが、公明党側から〝座布団〟が欲しいと言われたためであるとされる。[33]さらに公明党との連立の地ならしのために、同党が参院選で主張していた地域振興券も自公合意で導入され、九九年四月に配布されている。結局、公明党は九九年一〇月に連立入りする（自自公連立）。

公明党との連立で政権基盤を安定させた一方で、今度は自由党との連立が小渕内閣にとって足かせとなり始める。小沢は、連立入りの際に内閣、国会、選挙の各制度の改革[34]を要求し、実現させていたが、自自公連立成立後は要求をさらにエスカレートさせ、自自両党の選挙協力、さらには両党を解党し新党を作ることなどを要求し始める。[35]小渕はこの要求を退けたため、自由党は二〇〇〇年四月一日に連立離脱を表明することとなる。この翌日に小渕は脳梗塞に倒れ、当時「五人組」と呼ばれた自民党実力者五人（青木幹雄、亀井静香、野中広務、村上正邦、森喜朗）の話し合いにより、幹事長であった森喜朗が後継総裁に指名され、五日に小渕内閣は総辞職し、森内閣が発足する。なおこの際、自由党から連立維持派が離脱して保守党を結成し、連立に加わっている（自公保連立）。

こうして森内閣の下で迎えた二〇〇〇年衆院選で自民党は、東京都で公認候補二二人中八人しか当選させることができず与謝野馨ら六人の大臣経験者が小選挙区で落選するなど、都市部での退潮傾向が再度明らかとなる。都市部に強い公明党・創価学会の全面的バックアップでもなお民主党に押されていることから、次年の参院選でさらに大敗し、自公合わせても参院過半数を失うという現実が見えてくる結果であった。こうした認識の下で自民党は、参院比例区を拘束名簿式から非拘束名簿式に改めるなど、なりふり構わない状況となる。[36]

森内閣支持率は低迷し、組閣後一年も経たないうちに首相への党内からの風当たりは強くなり、一一月には宮澤派を継いだ加藤紘一が盟友・山崎拓の山崎派とともに森内閣不信任案への賛成を企図するという、いわゆる加藤の乱が発生する。この「乱」は、野中を中心とした加藤派切り崩し工作が成功し、古賀誠らが加藤派を割って離脱する結果となり失敗に終わる。[37] しかし、結果的に森の首相としての権威は地に墜ち、党内での森への不満も残る。〇一年二月のえひめ丸事件の際には、ゴルフ場に留まってゴルフをし続けたことが批判され、内閣支持率はさらに悪化する。[38] こうした状況から、森退陣前提の総裁選前倒し論が議員や地方県連から支持を集める。[39] 野中ら自民党幹部も森内閣退陣で一致を見て、森は三月に正式に辞任を表明する。森内閣が歴代で最も支持率の低い内閣と報道されただけでなく、自民党支持率も過去最低レベルに落ち込み、自民党内では参院選に向けて危機感が急激に高まった。[40]

（四）小泉政権と構造改革（二〇〇一～〇六年）

夏に予定される参院選、そして次期衆院選での敗北の危機を背景として、〇一年四月の自民党総裁選はその選出方法がひとつの焦点となった。当時の党則では、任期途中の総裁選は国会議員と都道府県別の地方代表者の投票で行うこととなっていた。しかし三月の党大会に前後して中央の政治に不満を持ついくつかの県連が投票権の拡大を求め、また「予備投票」を実施してその結果を総裁選投票に反映させる方針を打ち出すと、多くの都道府県連がこれに続き独自に予備投票の実施を決める。[41] そしてこの際、総裁であった森と幹部の話し合いにより、それまで一票であった地方代表者の票を三票とすることが決定される。[42]

総裁選公示直後は、堀内派の堀内光雄が出馬を見送り、橋本派が推す橋本元首相が議員票の多くを固め、業界団体を通じて党員票の獲得でも有利という見方もあった[43]。その中で、森派と加藤派、山崎派の支援を受けた小泉純一郎が決選投票に残ることができれば、無派閥や若手議員の行動次第で波乱の可能性もあるという政局的な見方がなされていた[44]。しかし、地方票獲得に向けて各陣営が全国で演説をする様子をメディアが連日取り上げ、その過程で田中真紀子とともに独自の主張を行う小泉が注目を集める。世論調査などで支持者や党員票での小泉のリードが伝えられると、一挙に小泉有利の情勢となる[45]。地方県連の予備投票が締め切られ、順次開票結果が示されるが、そのほとんどが小泉の勝利となり、結局、議員投票を待たずして総裁選出が明らかとなるという小泉の圧勝に終わった[46]。

首相となった小泉は、派閥の規模に応じて大臣ポストを配分し、その人選も派閥推薦を基本とするという従来の組閣の方式を改め、若手や民間人の積極的な登用を行った[47]。総裁選からの期待感の高まりも受け、内閣発足直後の内閣支持率は歴史的に高い値を記録する[48]。小泉は、その内閣支持率だけでなく、自民党への支持も回復させることに成功し、同年六月の東京都議選、七月の参院選と自民党の圧勝を導く。田中外相更迭（〇二年一月）で内閣支持率は大きく下がるものの、その後は一定レベルを維持し、極度に低下することはなかった[49]。

こうした支持率の上昇、選挙結果の改善は、単に小泉自身のキャラクターの人気に基づくものではなく、同政権への政策方針への支持という側面が強い[50]。小泉内閣の政策路線は、総裁選で唱えた「改革なくして成長なし」「自民党をぶっ壊す」といったフレーズに象徴される。つまり、自民党を中心とした政治構造を改め（構造改革）、長く停滞している経済を好転させるというものである。小泉の政治手法や言葉は「ポピュリズム」と表現されたが、実際に政策として結実させていることが「ポピュリズム」として見るにしても重要である[51]。具体的には、医療費の負担率を上げる医療制度改革、地方に権限と財源を移譲し、全体では歳出を減らした三位一体改革、道路公団や郵政公社の民営化、地域限定で規制緩和を実施する構造改革特区などが、小泉政権が導入した政策として挙げられる。[52]

これら官から民、中央から地方を基本精神とする新自由主義的な政策を、首相周辺が主導権を握って導入したことが、小泉内閣の政権運営を特徴づけている。[53] 首相が主宰する経済財政諮問会議は、毎年度「骨太の方針」を提示することで、中央省庁全体、ことに予算編成に強力な介入を行った。[54] 同方針の下、公共事業予算は毎年度三%削減され、国債発行額を三〇兆円以下に抑えることが目標となった。言い換えると、小泉構造改革とは、自民党政権によって歳出が歳入を大幅に超過していた財政を健全化するために、小さな政府を目指すものであった。

そのほかの小泉政権の成果としては北朝鮮外交が挙げられる。金正日総書記と会談を行い、日本人拉致の事実を認めさせ、一部の被害者が帰還を果たすなど、他の政権ではなし得なかった「成果」を残し、有権者から支持を集めている。[55] また、ハンセン病患者との和解のように、旧来の自民党政権では行い得なかったような決定を行っており、従来の自民党支持者以外の層からも幅広く評価されている。[56]

こうした構造改革をはじめとする施策、行動への評価は、論者によってさまざまではあるが、有権者の反応は概ね芳しいものであった。[57] 本来なら民主党や社民党を支持するような人々にも小泉自民党への支持が広がり、都市部を中心に自民党が支持と得票を積み増す「小泉効果」により各選挙で安定した成績を収めている。〇三年衆院選では前回に対して自民党比例区の相対得票率を七ポイント積み増し、前回大きく負け越した東京都の選挙区でも野党に対し互角の結果を残した。[58] 小泉構造改革路線は、都市部投票者の比率が大きく高まるという選挙環境、自民党の危機に対して、適切で合理的な戦略として捉えることができる[59]。

一方、野党はこの小泉自民党の攻勢に対して無策だったわけではない。民主党は、〇一年参院選により党勢の伸びがそがれたが、小沢の自由党を〇三年九月に吸収合併し勢力拡大を果たす。〇三年衆院選では、政権獲得後の公約集である「マニフェスト」を強調する戦略を採用し、これによって政権を担当しうる政党としての印象を広めることに成功している[60]。また〇四年参院選では、一人区で五分の戦いを演じ、比例区の得票でも自民党を上回った[61]。

しかし、民主党のこうした勢力拡大戦略は、〇五年衆院選で挫かれることになる。郵政民営化法案に対する自民党内の造反に対し、解散総選挙に打って出た小泉の仕掛けは成功し、特に都市部における小泉構造改革路線への支持を再度活発化させることになる。衆院の造反者を除名し、選挙区に「刺客」候補を立てたことにより、メディアは政党間の対決ではなく三〇〇選挙区のたった一割の対決選挙区を殊更に取り上げ、改革か否か、そして小泉信任か否かという形に争点を絞り、民主党など他党は埋没する[62]。都市部の二〇代〜五〇代の若年・中年層を中心に投票率が上昇し、新たに加わった票の多くが小泉自民党に投じられ、結果、小泉自民党が三〇〇議席を超える圧勝となる[63]。

民主党では敗北の責任を取り岡田克也代表が辞任するが、次の前原誠司代表の際に、国会でガセネタを元に武部勤自民党幹事長を攻撃するという永田メール事件が発生し、辞任に追い込まれる。以後、小沢一郎新代表の下、選挙至上主義での党の再建・反転攻勢が図られる[64]。

(五) ポスト小泉期の自民党の混迷 (二〇〇六〜〇九年)

〇五年衆院選大勝後、小泉は次期総裁選に出馬せず、引退することを表明する。翻意を期待する声もあったが小泉の意思は強く、注目は後継総裁レースへと集まった。次期総裁として擁立運動が起き、注目されたのは安倍晋三であり、世論調査の「次の首相にふさわしいのは誰か」といった質問では常にトップに立っていた。対抗馬と目された福田康夫は〇六年七月に不出馬を表明し、九月の総裁選では安倍が圧勝し、首相に就任する。

安倍首相は、就任直後から東アジア外交を積極的に行い、小泉時代に途絶えていた中国との首脳外交を復活させ、弱点と思われていた外交問題で成果を出し、メディアも好意的に受け止めた。(65) だがその一方で、青木幹雄ら自民党の有力議員から、来る参院選一人区での戦いを有利に進めるためとして、郵政選挙の際に除名された議員を復党させる計画が持ち込まれる。(66) これが構造改革路線を支持する議員と小泉以前に回帰しようと志向する議員との抗争へと繋がる(67)（郵政造反組復党問題）。最終的には安倍の裁定で復党が認められるが、結果、小泉政権下で自民党と自民党政権に好意的だった人々が安倍内閣を見限り、内閣支持率は低下し始める。同時に、道路特定財源の一般財源化問題などで、小泉政権下で脇に追いやられていた道路族の議員など「古い自民党」路線と、構造改革路線を支持する議員との対立が深まり、板挟みにあった安倍の指導力にも疑問が持たれることになる。(68)

さらに、安倍政権をさまざまな問題が襲う。メディアは閣僚の失言を執拗に報じ、政治資金収支報告書の記載漏れを汚職事件のように重く扱う。事務所費問題で追及された松岡利勝農相は最終的に自殺し、その後継の赤城徳彦農相の問題も連日報道される。(69) 安倍政権はこれらの問題にうまく対応できず、官邸の中さえ統率が取れない状況に陥った。一方の民主党は、消えた年金問題を長妻昭衆院議員が追及するなどして存在感と支持率を徐々に回復させることに成功する。

この流れの中、〇七年参院選では自民党は大敗し、自公政権は参院過半数を失う。自民党は〇四年に比較して比例区や二〜五人区の結果は大きく落とさなかったが、前回二七議席中一四議席を得た一人区で、今回は二九議席中六議席しか獲得できなかった。逆に民主党は、社民党、国民新党と協力し、有力な候補者を擁立したことで多くの一人区で得票を伸ばし、自民党候補を追い落とすことに成功している(70)。

この参院選の敗北は、自民党内での政策路線を巡る混乱と対立を生み出す。メディアや自民党ベテラン議員などは敗因を「小泉構造改革の負の遺産」に求め、党内から安倍首相や経済財政諮問会議の方針を公然と非難する声が上がり始める(71)。党の参議院選挙総括委員会も、構造改革によって地方の支持基盤が弱体化したと報告書に記載することとなる(72)。

一度は続投を宣言し内閣改造も行った安倍だが、九月臨時国会での所信表明演説翌日に首相辞任の意向を明らかにする。後継候補には「次の首相」調査などでリードしていた麻生太郎幹事長に一時注目が集まったが、福田康夫が総裁選出馬を表明すると「次の首相」の選択率は大きく福田に傾き、党内各派の支持もあり総裁選は福田の圧勝となる。

一一月に入り福田は、参院で過半数を獲得していない「ねじれ国会」の状況を打開すべく民主党代表の小沢と会談し連立の約束を取り付ける。しかし、小沢は党幹部の賛同を取り付けることができず、自民党と民主党のいわゆる大連立構想は頓挫する(73)(大連立騒動)。

当時、自民党と公明党は衆院において三分の二を超える議席を有しており、参院で否決されても衆院の再議決で法案を通すことができる勢力であった。しかし、野党多数の参院で法案を採決しなかった場合、これを否決とする「みなし否決」に要する期間は六〇日と長く、スケジュールを巡る国会の攻防は激しくなる。

〇八年の第一六九回通常国会では、衆参両院の過半数の同意を得る必要のある日本銀行総裁、副総裁人事をめぐり民主党の抵抗に遭う。同意人事は衆院による再議決ができないため、財務官僚出身者を排除するという民主党側に妥協する形で人事を行わざるを得なかった。さらに民主党は、ガソリン税の暫定税率の延長を拒否し、また与党による衆院可決が二月末となったため、参院のみなし否決を待つ四月の一ヶ月間、暫定税率が消えたことによる「減税」でガソリン価格が安くなる事態となる。

こうした混乱の中で内閣支持率も低迷し、福田は九月に辞任を表明する。後継総裁、首相には麻生が選出されるも、総裁選と同時にリーマンショックが襲い、日本経済全体を不況が襲う。麻生は定額給付金、エコカー減税、エコポイント制度、住宅ローン減税、高速道路料金の割引など、積極的な財政出動により、リーマンショックに対処しようとする。麻生は就任早々に解散総選挙を行う予定だったとされるが、こうした政策対応と内閣支持率の低迷から先延ばしにせざるを得なかった。(74)

一方、後に「上げ潮」派と呼ばれる小泉構造改革路線寄りの議員などには公然と麻生を批判する動きが広がる。(75)解散総選挙の時期が延びる中、総裁選前倒しを求める「麻生おろし」の動きが党内全体にも広まる。(76)また、渡辺喜美元行革相は定額給付金などを批判して一月に離党する。(77)その後、無所属だった江田憲司と共闘し、解散総選挙前の〇九年八月にみんなの党を結党する。

これに対して民主党は、小沢一郎代表の事務所費問題が尾を引くも、責任を取り辞任した小沢の後を受けた鳩山由紀夫代表のもとで支持を伸ばす。民主党の攻勢に麻生は解散時期を衆院任期ぎりぎりまで延ばさざるを得ず、八月末に衆院選が行われることになった。

（六）民主党政権とねじれ国会（二〇〇九年～二〇一二）

〇九年八月三〇日に投開票された第四五回衆院選で民主党は、単独で三〇〇議席を超える議席を獲得し、政権交代が現実のものとなる。自民党は都市部だけでなく農村部でも大きく票を減らし、小選挙区の効果で議席数の六割を失う。民主党は社民党、国民新党と連立を組み、鳩山由紀夫を首相として新政権を樹立する。

鳩山内閣のメディア世論調査における内閣支持率は、細川内閣や小泉内閣に匹敵する高い値で始まる。(78) 民主党政権は、それまでの自民党政治を「官僚主導」政治と定義し、これと決別する「政治主導」を政権運営の柱に掲げ、自民党政権下で重視されていなかった副大臣や政務官のポストを大臣とともに政務三役とし、政治主導の担い手とする。(79) そのために国家戦略室や行政刷新会議といった新たな組織を内閣官房、内閣府に設置する。中でも行政刷新会議が実施した事業仕分けは、国の事業の改廃を決定する過程を透明化し、世論調査でも一定の評価を得ることに成功している。(80)

だが、予算編成に入ると、政権運営に綻びが見えはじめる。〇九年は、リーマンショックによる経済の停滞により税収が大幅に減少していたが、民主党政権がマニフェストで初期に実行するとした子ども手当の給付・高校無償化、高速道路無料化などの新しい施策はいずれも大規模な予算を必要とするものであった。このため、当初より財源不足が危惧されていたが、小沢一郎ら与党側はマニフェスト履行を強く求めた。(81) いわゆる埋蔵金(82)や事業仕分けによる事業見直しも十分な財源を捻出できず、最終的には「小沢裁定」(83)によりガソリン税暫定税率の維持などを決定するも、四四兆円を超える大規模な国債発行を余儀なくされる。(84)

また同時期、鳩山首相、小沢幹事長の政治資金、事務所費など「政治とカネ」の問題をメディアから追及される。結果、一二月には早くもメディア世論調査の内閣支持率は低下しはじめる。[85] 一方、谷垣禎一が総裁となった自民党の党勢も芳しくなく、相次いだ離党者がたちあがれ日本や新党改革などの新たな勢力を立ち上げる状況となっていた。

結局鳩山内閣は、マニフェストに盛られた一部の項目以外に顕著な政策変更を行うことができず、首相は普天間飛行場移設問題をめぐって場当たり的な言動や行動を繰り返し、民主党政権への期待は急速に萎むこととなる。普天間飛行場の移設先をほぼ従来案通りとする方針を固めたため五月には社民党の連立離脱を招き、党内からも公然と辞任を要求された鳩山は六月に入り辞任することとなる。

これを菅直人が継ぐも、鳩山内閣下で手放した民主党への支持は十分に回復せず、七月の参院選において民主党は大敗し、連立政権は参院の過半数を失うこととなる。ただし、民主党の選挙結果は二人区以上の選挙区では大きく変わらず、比例区では四議席を減らしたものの引き続き第一党であった。〇七年に引き続き、二九の一人区での戦績が全体を左右する結果となったのである。一方の自民党は、議席数は回復したものの、新党に票が流れた結果、比例区得票率は〇九年衆院選をも下回る二四％と結党以来最低を記録している。また、みんなの党が一〇議席を獲得し、その存在感を増すこととなる。

菅内閣の支持率は、小沢を破った九月の民主党代表選時に一時上昇するものの持続せず、ねじれ国会に悩まされて低迷する。一一年三月には東日本大震災が発生したが、震災復興などに関し参院で自民党、公明党の協力を得ることができず、小沢グループも党内で菅批判を繰り広げ、結局、特例公債法案などの成立と引き換えに内閣は総辞職する。[86]

八月には新たな代表、首相として野田佳彦が選出され、社会保障と税の一体改革の実現に向けて自民党、公明党と交渉を重ねる。この間、小沢に近いとされる民主党議員らが離党の動きを見せ、新党きづなや新党大地・真民主などの新党が生まれている。野田内閣は一二年六月に消費税率引き上げ法案を衆院で通過させるが、小沢グループの一部はこれに反発し、法案採決で造反するとともに、小沢ら五〇人が民主党を離党することとなった。

一方、やはり支持率が低迷していた野党・自民党では、九月の総裁選で景気回復を訴えた安倍晋三元首相が総裁に返り咲いた。デフレ脱却を掲げリフレ政策の推進を訴えたことにより、株価上昇期待から現実の株価が上昇し、自民党の支持率も回復を見せた。一方、来る衆院選に向けて国政進出を狙う橋下徹大阪市長と大阪維新の会は、民主党などを離党した議員を集め日本維新の会を設立し、小沢らのグループは紆余曲折を経て日本未来の党を結成し、来る衆院選に備えた。

(七) 野党の迷走と第二次安倍政権

二〇一二年一二月に行われた衆院選は、旧与党である自民党と公明党の圧勝に終わり、安倍晋三が首相に返り咲いた。ただし、自民党と公明党の得票数の合計は小選挙区、比例区ともに前回を大きく下回っており、両党が有権者に広く支持されたとは言えない結果であった。それにもかかわらず自公両党が圧勝した理由としては、民主党、日本維新の会、日本未来の党など他党が互いに非協力的で票を食い合ったこと、これに対して自公両党が強固な協力体制で選挙に臨んだこと、そして投票率が大きく低下したことの三点が指摘できる(87)。なおこれらは、以降の一三年参院選、一四年衆院選、一六年参院選、一七年衆院選でも共通の自公両党の勝因となっていると言える。

第二次安倍内閣発足当初は、与党が参院で過半数を握っていないこともあり、安倍晋三らしいタカ派的な政策は打ち出されなかった。その代わりに強調されたのが、アベノミクスと称される一連の経済政策である（詳細は井手論文参照）。この景気回復優先の政策や方針に呼応して株価は上昇し、為替相場は円安に振れるなどしてアベノミクスは一定の成果を収め、内閣、自民党どちらの支持率も高く推移した。

これに対し、野党側はさらに混迷を深めることとなる。小沢の目論見が外れて衆院選で大敗した日本未来の党は、小沢系議員が半ば党を簒奪する形で生活の党へと改称し、嘉田由起子代表らは離党した(88)。一二年衆院選で勢力を拡大させた日本維新の会とみんなの党は、当初は合流も視野に参院選において互いに協力する方向で交渉していた(89)。しかし、みんなの党内では維新との関係を巡り路線対立が激しくなり、橋下徹大阪市長の従軍慰安婦に関する発言をひとつの理由として、参院選前にはみんなの党側が維新との協力関係を解消する(90)。野田に代わり海江田万里が代表となった民主党からは離党者が相次ぎ、参院選での他野党との選挙協力もあまり成立しなかった(91)。

このように分立状況が継続したため、野党側はねじれ国会を活かすことはできなかった。結局、一三年七月に行われた参院選では自民党と公明党が圧勝し、衆参のねじれも解消されることとなった。同選挙では民主党が改選議席を大きく失い、維新・みんなは勢力を伸ばすものの期待ほどではなく、共産党のみが善戦する結果となった。

両院で安定勢力となった安倍内閣は、タカ派的とされる政策を次々に導入する。一三年一二月には国民の「知る権利」を妨げると批判された特定秘密保護法を成立させ、一四年七月には内閣として憲法の解釈を変更して集団的自衛権を容認する閣議決定を行った。

また、一四年九月に初の内閣改造を行った際には「地方創生」を掲げた（詳細は中澤論文参照）。これは一五年の統一地方選に向けた地方への予算配分策と考えられたが、結果的には年末の衆院選対策ともなった。その一方で、経済政策は期待ほどの成果を上げられず、消費税率の八％への引き上げ（一四年四月）の影響もあり一四年の日本の実質GDP成長率はマイナスとなった。

この間、「第三極」と称されたみんな・維新両党を中心に野党再編の動きが活発となる。みんなの党では、自民党に近い〝ゆ党〟的路線を志向し他野党との協力に消極的な渡辺喜美代表と、与党とは距離を置き維新の会との合流を企図していた江田憲司らの対立がさらに深まる。[92]特定秘密保護法案の採決では渡辺代表主導でみんなの党が可決成立に協力することになったが、江田らは棄権もしくは反対票を投じるなど造反する。[93]結局、これを最後のきっかけとして江田らは集団で離党し、一三年一二月に結いの党を結成する。[94]同党は維新の会への合流を図ったが、同会内部では旧太陽の党系を中心として合流反対の声も強く、結局維新の会は分党することとなった。[95]合流反対派は一四年八月に次世代の党を結成し、残りの勢力が結いの党とともに九月に維新の党を結成した。

このような混乱を背景として野党間の選挙協力体制の構築は一向に進まなかったが、安倍内閣はこの間隙を突くかたちで衆院の解散を宣言する。これを受け、みんなの党内では再び他党との関係を巡って路線対立が激化し、衆院選公示前に解党することになる。[96]一四年一二月に行われた衆院選では自公両党が圧勝することとなった。この選挙では候補不足を背景として野党側で選挙区を棲み分ける消極的な選挙協力が行われ、一定の成果は残したが、全体で見れば十分とは言えなかった。[97]

選挙後に発足した第三次安倍内閣の下では、集団的自衛権を実際に行使可能にすることなどを目的とした安保関連法案が国会の重要争点となった。野党の激しい抵抗の中、通常国会の会期を大幅に延長し、同法案は一五年九月に成立する。

このような状況に危機感を抱き、大きく動いたのが共産党である。同党は安保関連法案の成立後、「国民連合政府構想」を発表し、他の野党に働きかけを行い始める。[98] これは、安倍政権打倒のために他の野党と積極的に選挙協力を行い、さらには暫定的な政権を樹立して安保関連法の廃止と集団的自衛権容認の閣議決定の取り消しを行うことを目標とするものであった。[99] この共産党の行動方針は、特に民主党内に多大な影響を与え、後の希望の党騒動や立憲民主党結党の遠因となる。

この間、維新の党は与野党の間で揺れるなど路線対立が激化していた。一五年五月の「大阪都構想」の是非を問う住民投票で反対多数となり、橋下徹大阪市長は政界からの引退を表明していた。[100] だが、一五年八月には安保関連法案を巡り路線対立が表面化し、民主党に近づき合流を模索する党執行部を批判して橋下徹大阪市長らが離党と新党結成を表明する。[101] さらに「大阪派」が臨時党大会を開催して解党を宣言し、執行部派と互いに訴訟を起こすなど対立が泥沼化する。[102] 大阪派は一〇月におおさか維新の会（後に日本維新の会へと改称）を結成したものの、維新の党側とは党名や資金の配分で争いが続き、最終的に解党で合意したのは一二月に入ってからであった。[103] 維新の党残留派は、一六年三月に民主党へ合流を果たすが、この吸収合併の際に民主党は民進党へと名称を変更することとなった。

結果的に勢力を拡大した民進党は、一六年七月の参院選において共産党など野党各党と選挙協力を行った。結果、三二の一人区のうち一一選挙区で勝利を収めるなど野党間の選挙協力は一定の成果を収めたが、参院選全体としては政権与党側の勝利に終わった。[104]

衆参両院の多数を維持したことにより、引き続き安倍内閣と与党は安定的に政権を運営すると見られたが、相次いで発覚した森友学園問題と加計学園問題により、国会運営に苦慮するようになる。一七年通常国会末から夏にかけて内閣支持率は急落し、安倍政権は危機に瀕しているとの見方も出始めていた。[105]

これに対して野党の側も混乱が続いていた。その中心のひとつとなったのが参院選直後に行われた東京都知事選で自民党を離党し当選していた小池百合子である。小池は築地市場移転問題などで連日マス・メディアを賑わせ、一七年七月の東京都議会選挙では小池派の与党・都民ファーストの会が大幅に議席を増やすことになり、一躍注目の政治家となっていた。

一方、同都議選で敗北した民進党では蓮舫代表が辞任し、一七年九月の代表選では共産党との野党共闘の見直しを企図する前原誠司が代表となる。これを受けて民進党内では路線対立が激しくなり、前後して民進党からは共産党との協力に不満を持つ保守系議員の離党が相次ぐなど、野党協力に亀裂が生じ始める。

このように野党の選挙準備が進まない状況の中、この間隙を突く形で安倍内閣は衆院の解散を宣言することになる。[106]この解散風に際し、小池東京都知事は民進党、自民党の離党議員を集めて希望の党の結党を発表し、民進党も前原の主導で希望の党に合流することとなった。

しかし、小池側が合流に際し民進党の議員・候補を選別することとなり、希望の党への合流方針自体への反発も強く、結果的に共産党を含む野党共闘路線を支持していたリベラル系の議員や元民主党の幹部らは希望の党から出馬しないことになる。[107]さらに、一部のリベラル系の議員らは民進党を離党し、枝野幸男を代表に立憲民主党を結成して選挙に臨むこととなった。共産党は希望の党を非難する一方で、立憲民主党、社民党と選挙協力を行った[108]。一七年一〇月に開票された衆院選では、自公が圧勝した一方、立憲民主党が野党第一党となった。また共産党は、立憲民主党に票が流れたため得票と獲得議席を減らすことになったが、野党協力が一定の成果を残したことから引き続き野党共闘を推進、発展させていくことを表明した[109]。

これに対し、当初の期待ほどは伸びなかった希望の党では、小池が国政から手を引くとともに、安保関連法を中心とする政策や、参院のみの勢力となっていた民進党との連携、合流をめぐり路線対立が生じた[110]。結局、希望の党への残留者数人と合流組とで分党し、後者が民進党に吸収される形で一八年五月に国民民主党が結成されることとなった。

第四次となった安倍内閣では、新聞等では憲法改正に向けて動き出すのではと報じられたが、タカ派的政策方針は目立たなくなった。その代わり、高所得の専門職に裁量労働制を認める高度プロフェッショナル制度を導入し、単純労働への就労での在留資格を創設し外国人労働者の受け入れを拡大（詳細は韓論文参照）するなど、経済界や地方の産業の要望を受けた労働政策が推進された。

3　日本政治の変化

わずか三〇年の中でさまざまな出来事が起き、目まぐるしく政治の風景が変わり続けたのが、前節で確認した平成の政治史である。本節では、前節で描写したさまざまな事象を整理し、平成期の日本政治の変化とその特徴を整理しておきたい。以下、平成期に起きた日本政治の変化を、政党と政治家、有権者とメディア、制度改革と政策という三つに分けて考察する。

（一）政党と政治家

一党優位体制の終焉と重要性を増す政党間協力

平成の政治において最も大きく変わったのは政党間競争である。かつてイタリアの政治学者サルトーリは、政党の数と政党間のイデオロギー距離を元に、政党間競争の態様を政党システム（政党制）として分類した。[111] その中で日本は一党優位政党制と分類されている。これは、自由で民主的な選挙が行われ、政党間競争が保障されているにもかかわらず、ひとつの政党が単独で政権を担い続けているということを意味し、他の先進諸国ではあまり例のない政党制である。

これが平成期では、自民党が二度下野していること、連立政権が常態化していることという二点から明らかなように、昭和後期とは政党間競争の様相がだいぶ異なっている。**図1**は、衆参の各回選挙における、自民党と、それ以外の政党のうち最大勢力であった政党の議席率の変遷を示している。平成期に入っても衆院では、昭和期ほどではないものの自民党が一定の勢力を有し他党を圧倒しているように見える。だが二〇〇〇年以降については、公明党との選挙協力により達成された数字であることは忘れてはならない。[112] 一方、他党最大の値は昭和期の低落傾向から一変し、選挙によってはかなり高い値を示すようになっている。これは政党の再編が進み、新進党、民主党と巨大野党が出現し、成長した結果である。

さらに、参院では八九年以降たびたび自民党が過半数を大きく割る選挙結果が生じている。

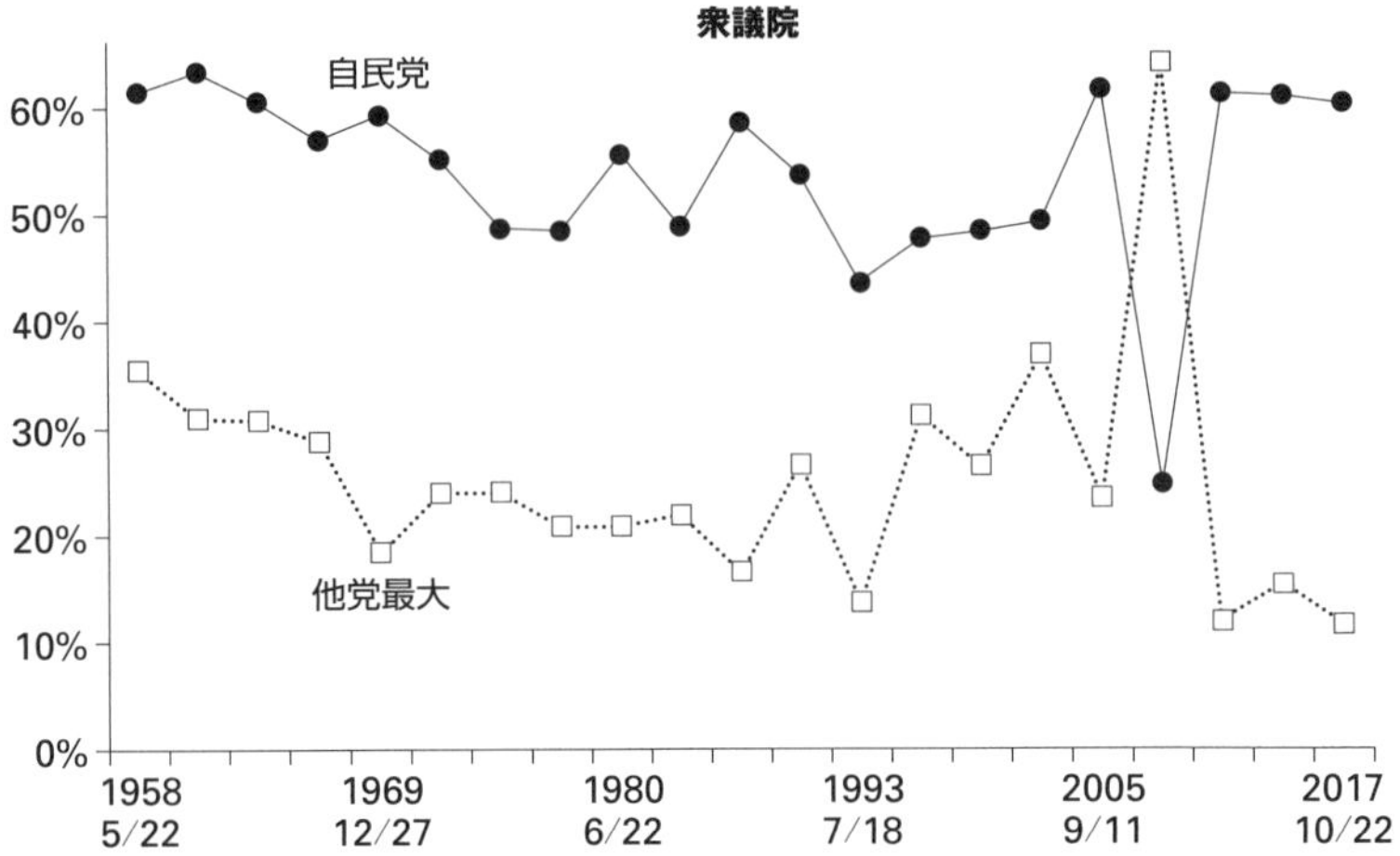

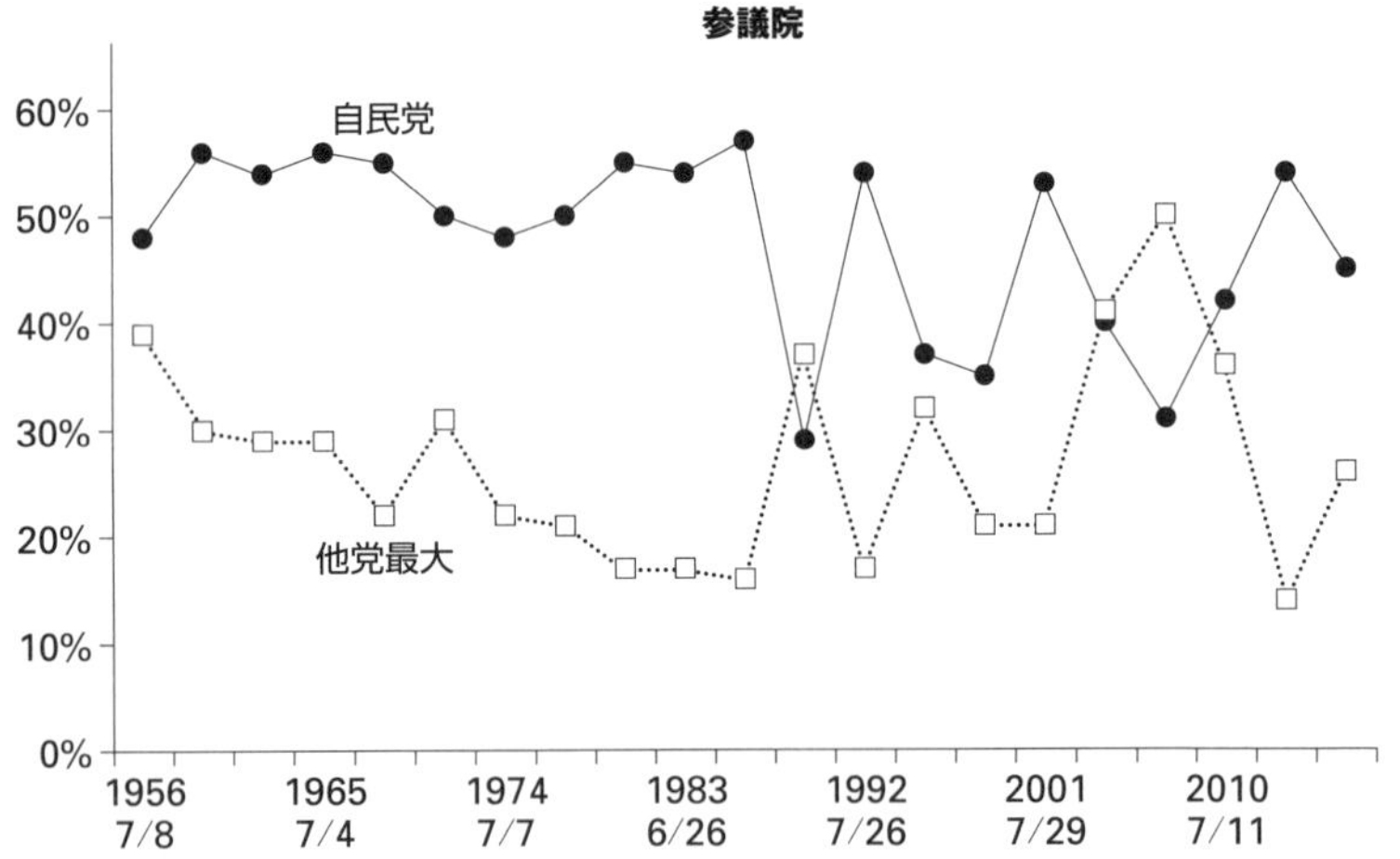

図1　自民党議席率の推移

各回選挙の選出議員数に占める、自民党と同党以外で最大の勢力の獲得議席の割合を示している。

追加公認を含まない。参院は同時に選出される補選（3年任期）分を含む。

一方、社会党（八九年）、新進党（九五年）や民主党（九八年以降）が自民党と拮抗するような議席を獲得している。自民党一党優位体制の綻びは、参院先行で進んだのである。

このように平成期に入って一党優位体制が崩れた背景については、別稿で詳しく述べている。[113] 簡単に整理すれば、農村先行の少子高齢化、産業の停滞により自民党の支持基盤、選挙基盤は先細りにあったこと、衆院では選挙制度改革によって相対的に都市部の定数が増えたこと、中選挙区の特徴であった自民党系候補者間競争による集票が小選挙区になって弱まったこと、小選挙区制の導入が民主党という自民党に対抗しうる巨大政党を出現させ、さらに野党間協力を促したこと、投票環境の改善により都市部投票者層が増大したことなどが、自民党の一党優位に打撃を与えたのである。

自民党一党優位が崩れた選挙結果は、議会構成、そして政権の構成にも影響している。**表1**に示したように平成期の各政権は連立政権が基本となっている。議会でも選挙でも、政党間交渉、他党との協力関係が重要性を増しているのである。九三年の下野後の自民党は、社会党、さきがけ、そして自由党と連立パートナーを求め続けた。九九年以来の公明党との協力関係は時間の経過とともに強固となっている。一方の民主党も、自公の関係ほど強力とは言えないものの、社民党や国民新党といった政党と協力を進めたことで、政権交代に辿りついている。一二年以降、自公が他を圧倒できたのも、他党が互いに協力を渋ったためであり、政党間協力の重要性を示すものである。

終わらない政界再編と粗製濫造される「新党」

それでは、現在の日本の政党制はどのように分類されるだろうか。

メディアの間では民主党下野までは二大政党制という言葉が使われ、自民党の政権復帰後は一党優位体制という表現も見られるようになった。しかし、政党制というのは一時点の勢力分布を指すものではなく、長期的な競争構造を指す言葉であるので、各回の選挙結果に応じた認定は適切ではない。また、第三党以下の中小政党も国会に一定の基盤を有しており、政権形成と選挙競争の両面で二大政党は第三党以下の協力を必要としていることから、典型的な（あるいは理念的な）二大政党制とは大きくかけ離れていることは明らかである。政党の数とイデオロギーに基づくサルトーリの分類であれば、ドイツのように「穏健な多党制」あたりに分類するのが適当かもしれない(114)。

もっとも、政党制という言葉を使用できるほど安定しているかについても、議論が分かれるだろう。**表3**に示すように、平成期に入ってから日本の政界では数々の新党が生まれており、今後も落ち着く気配はない(115)。多くの新党は政治家主導で生まれ、結果的には他の政党に合流する前の過渡期的なものが多い(116)。したがって、支持する有権者は参加議員の地元などに限定されるが、中には日本新党、民主党、みんなの党、立憲民主党のように全国レベルでも一定の支持を集め、一定の選挙結果を収め、議会で影響力を持つ政党も出現している。

こうした新党のチャレンジが継続している理由のひとつとしては、多党制を許容する選挙制度を挙げることができる(117)。加えて、政党助成金により新党結成の初期コストが低下していることも挙げられる。政党助成金の届けは一月初めに行うため、**表3**からわかるように年末年始には新党結成や政党要件を満たすための議員集めが活発となる。これらは政治家側から見れば、現在所属する政党に留まる以外の選択肢とそのメリットを提供するものである。これについては次項以降でまた触れる。

このように見ると、分類できるほど政党制が固まってはいない、政党制が崩壊しているといった評価をすることが適切のように思われる。政治学では、政党間の対立軸が古いものから新しいものに移行していれば政党の再編成（party realignment）、古い対立軸が薄まる一方、新しい対立軸が見えていない状態であれば政党の脱編成（party dealignment）という用語が用いられる。[118]後述のように支持政党が不安定な有権者が多数を占めていること、政党間の差異が明確でないこと、次々と新党が発生しては消えているような状況を鑑みれば、政党の脱編成と呼ぶのが適切と考えられる。

派閥・党内グループの弱化

平成期の政党の特徴は、その組織の側にもみられる。

よく言われるように、自民党の派閥は昭和後期に比較して明らかに弱体化している。[119]九三年の竹下派分裂以降、旧渡辺派から離脱した山崎拓派（九八年）、三塚派から離脱した亀井静香派（九八年）、宮澤派から分裂した河野洋平派（九九年）、加藤の乱（〇〇年）を機に分裂した加藤紘一派と古賀誠派など、かつての五大派閥体制は九〇年代以降大きく崩れている。

かつての自民党派閥は、総裁の選出や党内外のポスト配分などの場面で重要な役割を果たしていた。しかし小泉以降の総裁選では、派閥所属議員が派閥推薦の候補に投票しないことも当たり前のようにみられる。また、派閥推薦による大臣の割り当ても、小泉内閣を境に崩れている。小泉は派閥に所属しないことを議員に求め、実際に無派閥の議員は以前よりも格段に多くなっている。

このような自民党派閥の弱体化の背景には、選挙制度改革があるとされている。[120]衆院中選挙

消滅・撤退の時期と経過、事由、備考		選挙経験	「政党要件」を満たした期間 開始日	事由	終了日	事由
		○	（1994年3月4日）			
		○	（1994年3月4日）			
		○	1996年1月25日	改称		
		○	（1994年3月4日）			
1994年12月	新進党に合流	○	（1994年3月4日）		1994年12月9日	解散
1994年12月	公明新党と公明に分党	○	（1994年3月4日）		1994年12月5日	解散
1994年5月	解党し、所属議員は他党に合流	○	（1994年3月4日）		1994年5月22日	解散
1990年10月	自民党に合流	○				
2001年6月	所属議員が離党	○	（1994年3月4日）		2001年8月3日	喪失
1990年2月	所属議員が離党	○				
1993年6月	所属議員が引退	○				
1989年7月	所属議員が落選	×				
		○				
1998年4月	民主党に合流	○	（1994年3月4日）		1998年4月27日	解散
1995年10月	所属議員が離党	○	（1994年3月4日）		1995年7月31日	喪失
			1994年12月21日		1995年11月20日	喪失
		×	1995年12月21日	復帰	1996年10月25日	喪失
			1996年12月25日	復帰		
		—	1997年1月20日	改称	1997年7月8日	喪失
1998年1月	民政党に合流	—	1997年12月26日	復帰	1998年1月22日	解散
1994年12月	新進党に合流	○	（1994年3月4日）		1994年12月9日	解散
2006年11月	所属議員が辞職	—				
		—				
		○	（1994年3月4日）			
		×	1998年10月27日	改称	2001年8月3日	喪失
2004年7月	所属議員が落選	×				
1994年12月	新進党に合流	○	（1994年3月4日）		1994年12月9日	解散

国政上「政党」として活動した期間と経過

現存	名称	出自・経緯	結成・登場・改称の時期と事由	
○	日本共産党	1922年に共産主義者が結成し46年に初当選	1947年4月	当選
	日本社会党	旧無産政党を結集し1945年に結成され、左右両派に分党後、55年に再統合	1955年10月	結成
○	→社会民主党	新党結成を目標に改称	1996年1月	改称
○	自由民主党	自由党と民主党が合併し結成	1955年11月	結成
	民社党	社会党右派の議員が離党し民主社会党を結成、後に改称	1960年1月	結成
	公明党(1)	宗教法人創価学会の内部組織だった公明政治連盟(1961年結成)が政党化	1964年11月	結成
	社会民主連合	社会党を離党した江田三郎ら社会市民連合と田英夫ら社会クラブが合流し結成	1978年3月	結成
	税金党	新自由クラブ所属の野末陳平が離党して結成	1983年4月	結成
	第二院クラブ	参院議員の青島幸男らが比例区出馬のために結成	1983年5月	結成
	サラリーマン新党	大学教授の青木茂が結成し83年参院選で初当選	1983年6月	当選
	進歩党	新自由クラブの自民党合流に参加しなかった田川誠一が結成	1987年1月	結成
	太陽の会	自民党を離党した安西愛子が参院選前に結成	1989年6月	結成
	連合の会	日本労働組合総連合会(連合)が社公民の野党共闘候補の確認団体として結成	1989年6月	結成
	→民主改革連合		1993年6月	改称
	スポーツ平和党	アントニオ猪木が参院選出馬に際し結成	1989年7月	当選
	自由連合	徳田虎雄が結成。94年12月に大内啓伍など新進党に合流しなかった議員が加入し要件を満たす	1990年3月	当選
	→自由の会	参院議員の椎名素夫らが合流し改称	1997年1月	改称
	→フロム・ファイブ	元首相の細川護熙らが合流し改称	1997年12月	改称
	日本新党	元自民党参院議員の細川護熙が結成	1992年7月	当選
○	沖縄社会大衆党	地域政党として1950年に結成、参院進出	1992年7月	当選
		糸数慶子が参院選で当選し復活	2007年7月	当選
	新党さきがけ	自民党を離党した武村正義らユートピア政治研究会のメンバーが結成	1993年6月	結成
	→さきがけ		1998年10月	改称
	→みどりの会議	参院議員の中村敦夫が継承し改称	2002年1月	改称
	新生党	自民党を離党した小沢一郎、羽田孜らが結成	1993年6月	結成

		「政党要件」を満たした期間			
消滅・撤退の時期と経過、事由、備考	選挙経験	開始日	事由	終了日	事由
	—	1994年4月1日			
	—	1994年10月7日	改称		
1995年10月 所属議員が離党	○	1995年6月19日	改称	1995年7月31日	喪失
	—	1994年4月20日			
1994年12月 新進党に合流	—	1994年6月9日	改称	1994年12月9日	解散
1994年12月 新進党に合流	—	1994年4月25日		1994年12月9日	解散
	○	1994年12月5日			
	○	1998年11月12日	改称		
1994年12月 新進党に合流	—	1994年12月5日		1994年12月9日	解散
1997年12月 分党し複数の党に分裂	○	1994年12月10日		1997年12月31日	解散
1995年7月 所属議員が落選	×				
1996年9月 所属議員が民主党に合流	—	1995年12月22日		1996年9月17日	喪失
	—	1996年1月1日			
1998年7月 所属議員が落選	×	1996年3月11日		1996年10月25日	喪失
	○	1996年9月17日			
	○	2016年3月27日	改称		
	—	2018年5月7日	改称		
1998年1月 民政党に合流	—	1996年12月26日		1998年1月22日	解散
2003年9月 民主党に合流	○	1998年1月1日		2003年9月26日	解散
2000年6月 所属議員が落選	×	1998年1月1日		2000年6月25日	喪失
1998年1月 民政党に合流	—	1998年1月1日		1998年1月22日	解散
1998年4月 民主党に合流	—	1998年1月1日		1998年4月27日	解散
1998年11月 公明に合流	—	1998年1月1日		1998年11月7日	解散
1998年1月 公明に合流	—	1998年1月1日		1998年1月22日	解散
1998年4月 民主党に合流	—	1998年1月23日		1998年4月27日	解散
	×	1998年7月21日			
	○	1999年12月21日	改称		
2006年11月 所属議員が離党 *05年9月に一時所属議員が0名	○	2000年9月19日	改称	2006年11月2日	喪失
	—	1998年12月25日			
2004年10月 解党	○	1999年12月20日	改称	2004年7月25日	喪失

		国政上「政党」として活動した期間と経過		
現存	名称	出自・経緯	結成・登場・改称の時期と事由	
	護憲リベラルの会	政治改革法案で造反した社会党議員らが結成	1994年4月	結成
	→新党・護憲リベラル		1994年10月	改称
	→平和・市民	市民運動グループ等を糾合し改称	1995年6月	改称
	新党みらい	自民党を離党した鹿野道彦らが結成	1994年4月	結成
	→新党・みらい		1994年6月	改称
	新党「自由党」	自民党を離党した柿沢弘治らが結成	1994年4月	結成
	公明	95年参院選で改選とならない公明党参院議員と公明党の地方議員で結成	1994年12月	結成
	→公明党(2)	新党平和が合流して改称	1998年11月	改称
	公明新党	公明党衆院議員と95年参院選で改選される公明党議員とで結成	1994年12月	結成
	新進党	新生党、日本新党、民社党、公明新党などが合流して結成	1994年12月	結成
	憲法みどり農の連帯	新党・護憲リベラルを離党した翫正敏が結成	1995年6月	結成
	市民リーグ	元社会党委員長の山花貞夫らが結成	1995年12月	結成
	新社会党・平和連合	社民党左派グループが離党し結成	1996年1月	結成
	→新社会党		1996年3月	改称
	民主党	社民党、さきがけの有志が結党	1996年9月	結成
	→民進党	維新の党等が合流する際に改称	2016年3月	改称
○	→国民民主党	希望の党の多数派が合流する際に改称	2018年5月	改称
	太陽党	新進党を離党した羽田孜のグループが結成	1996年12月	結成
	自由党(1)	新進党解党後、小沢一郎のグループが結成	1998年1月	結成
	改革クラブ(1)	新進党解党後、小沢辰男らが結成	1998年1月	結成
	国民の声	新進党解党後、鹿野道彦らが結成	1998年1月	結成
	新党友愛	新進党解党後、旧民社党グループが結成	1998年1月	結成
	新党平和	新進党解党後、旧公明党グループの衆院議員が結成	1998年1月	結成
	黎明クラブ	新進党解党後、旧公明党グループの参院議員が結成	1998年1月	結成
	民政党	太陽党、国民の声、フロム・ファイブが合流して結成	1998年1月	結成
	自由連合	参院議員の石井一二が入党して復活	1998年7月	入党
	→政党自由連合		1999年11月	改称
	→自由連合		2000年9月	改称
	参議院クラブ	参院議員の椎名素夫らが結成	1998年12月	結成
	→無所属の会	参議院クラブに衆院議員が合流して改称	1999年12月	改称

		「政党要件」を満たした期間			
消滅・撤退の時期と経過、事由、備考	選挙経験	開始日	事由	終了日	事由
2002年12月 保守新党に合流	○	2000年4月5日		2002年12月23日	解散
2003年11月 所属議員が落選	×				
2003年11月 自民党に合流	○	2002年12月24日		2003年11月21日	解散
2013年3月 解党	○	2005年8月17日		2013年3月22日	解散
2012年12月 所属議員が落選 ＊07年7月に一時所属議員が0名	○	2005年8月22日		2012年12月16日	喪失
2014年11月 所属議員が民主党に入党	○ ― ― ○	 2011年12月28日 2012年1月5日 2012年11月28日	 改称 改称	2012年12月16日	喪失
2016年7月 所属議員が落選	× ○	2008年8月28日 2010年4月23日	 改称	2016年7月10日	喪失
2014年11月 解党	○	2009年8月8日		2014年11月28日	解散
2012年12月 日本維新の会に合流	○ ―	2010年4月10日 2012年11月16日	 改称	2012年11月21日	喪失
2010年12月 所属議員が離党	×				
2012年11月 減税日本・反TPP・脱原発を実現する党に合流	×	2012年10月31日		2012年11月21日	喪失
2012年11月 国民の生活が第一に合流	―	2011年12月30日		2012年11月15日	喪失
2012年12月 所属議員が落選	―				
2012年11月 日本未来の党に合流	―	2012年7月12日		2012年12月16日	喪失
2013年7月 政党要件を満たさなくなり、活動実態なくなる	×	2012年11月15日 2012年12月28日	 復帰	2012年11月29日 2013年7月28日	喪失 喪失
2016年3月 民進党に合流	○ ○	2012年9月28日 2014年9月22日	 改称	2016年3月27日	解散
2012年11月 日本未来の党に合流	―				
	○ ○ ○ ―	2012年11月28日 2012年12月27日 2014年12月26日 2016年10月12日	 改称 改称 改称		

国政上「政党」として活動した期間と経過

現存	名称	出自・経緯	結成・登場・改称の時期と事由	
	保守党	自由党の連立維持派が離党して結成	2000年4月	結成
	尊命	民主党を離党した田中甲が結成	2001年6月	結成
	保守新党	保守党所属議員と民主党離党議員が結成	2002年12月	結成
	国民新党	郵政民営化法案に反対し、自民党を離党した綿貫民輔、亀井静香らが結成	2005年8月	結成
	新党日本	郵政民営化法案に反対した議員らが田中康夫長野県知事を党首として結成	2005年8月	結成
	新党大地	元自民党議員の鈴木宗男が北海道の地域政党として結党し、比例区で当選	2005年9月	当選
	→大地・真民主	民主党離党議員が合流し改称	2011年12月	改称
	→新党大地・真民主		2012年1月	改称
	→新党大地	総選挙に向けて再改称	2012年11月	改称
	改革クラブ(2)	民主党を離党した議員などで結成	2008年8月	結成
	→新党改革	自民党を離党した舛添要一が合流して改称	2010年4月	改称
	みんなの党	自民党を離党した渡辺喜美と無所属の江田憲司を中心に結成	2009年8月	結成
	たちあがれ日本	自民党を離党した与謝野馨らが結成	2010年4月	結成
	→太陽の党	石原慎太郎東京都知事が合流して改称	2012年11月	改称
	幸福実現党	改革クラブ(2)を離党した大江康弘が入党	2010年5月	入党
	減税日本	民主党を離党した佐藤夕子が入党	2011年5月	入党
	新党きづな	民主党を離党した議員が結成	2011年12月	結成
	改革の志士	民主党を離党した議員が結成	2012年5月	結成
	国民の生活が第一	民主党を離党した小沢一郎らが結成	2012年7月	結成
	みどりの風	民主党を離党した議員などで結成	2012年7月	結成
	日本維新の会(1)	大阪維新の会の国政進出に際し、民主党、みんなの党などを離党した議員を集め結成	2012年9月	結成
	→維新の党	分裂後、結いの党が合流し改称	2014年9月	改称
	減税日本・反TPP・脱原発を実現する党	民主党を離党した議員などで結成	2012年11月	結成
	日本未来の党(1)	小沢一郎の主導により嘉田由紀子滋賀県知事を党首として中小政党を糾合し結成	2012年11月	結成
	→生活の党	小沢一郎系の議員が党を継承し改称	2012年12月	改称
	→生活の党と山本太郎となかまたち	参議院議員の山本太郎が合流し再改称	2014年12月	改称
○	→自由党(2)	次期総選挙を睨み再々改称	2016年10月	改称

消滅・撤退の時期と経過、事由、備考		選挙経験	「政党要件」を満たした期間 開始日	事由	終了日	事由
2013年5月	所属議員がみどりの風に合流	ー				
		ー				
2014年12月	山本が生活の党に合流	×				
2014年9月	維新の党に合流	ー	2013年12月18日		2014年9月21日	解散
		○	2014年8月1日			
		×	2015年12月21日	改称		
2018年10月	自民党に合流	×	2017年2月7日	改称	2017年10月22日	解散
2016年7月	会派が存続せず、活動実態なくなる	ー	2015年1月8日		2016年1月13日	喪失
		○	2015年10月31日			
		○	2016年8月25日	改称		
2016年3月	所属議員が民進党、おおさか維新の会に合流	ー	2015年12月21日		2016年3月25日	解散
2018年5月	民進党合流組と存続組に分党	○	2017年9月25日		2018年5月7日	解散
		○	2017年10月3日			
2018年5月	民進党への吸収合併により即日解党	ー	2018年5月7日		2018年5月7日	解散
		ー	2018年5月8日			

「選挙経験」は当該政党が左に示した期間中に補選を含む国政選挙において公認候補を当選させたことがある場合には○、当選させることができていなければ×、選挙に公認候補を出馬させたことがなければーとしている。所属候補が出馬、当選していた場合でも、他党公認や無所属となっていた場合には公認候補不出馬として扱っている。このため、議員の当選や落選が政党の登場と消滅の事由となっていても、「選挙経験」がーと表記されている場合がある。「政党要件」を満たした期間」は、一般に「政党要件」として知られている政党助成法第2条の規定（政治資金規正法、公職選挙法、政党法人格付与法にも同様の規定あり）を満たした政党として官報に告示された期間を示す。国立印刷局『官報情報検索サービス』により各政党の結成、解散等の日時を調査した。ただし、「政党要件」を定めた各法の改正法が成立（94年3月4日）した後、政治資金規正法の該当条項が施行（94年12月25日）される前の期間についても「政党要件」を満たすための政界再編の動きとして重要と考え、この期間について旧政治資金規正法第3条第2項の規定を満たした国会に議席を有する政党の動向についても調査し記載している。したがって、この間については後に施行される「政党要件」を満たしていない政党の動向も記載されている。94年3月4日以前から国会に議席を有していた政党については開始日にこの日付を括弧書きで記載した。解散は当該政党の解散を示し、喪失はその政党が政党要件を満たさなくなったことを示す。94年3月4日以降結成の政党に関する「開始日」の日付は、政党助成法上の公示により「政党が組織された年月日又は政治資金規正法第3条第1項各号に規定する政治団体となった年月日」が明らかな場合にはこれを示し、当該年月日が明らかでない場合は政治資金規正法第6条第1項の届出日を示した。改称は政党の名称の異動の届出日、復帰、解散、喪失はそれらが生じた日付を記している。政党要件に関しては間柴・柳瀬前掲論文、神田前掲論文、佐藤前掲論文も参照されたい。なお、各党の名称や各日付について、報道で一般に知られるものと法律上の届出とで異なる場合があったが届出内容を優先した。ただし、政治資金規正法上、「自由民主党本部」、「日本共産党中央委員会」（94年12月26日以前は「日本共産党中央本部」）が届出名称となっている各党については、それぞれ自由民主党、日本共産党とした。

		国政上「政党」として活動した期間と経過	
現存	名称	出自・経緯	結成・登場・改称の時期と事由
	日本未来の党(2)	旧党の非小沢派の議員が結成	2012年12月　結成
	新党今はひとり →新党ひとりひとり	代表の山本太郎が参院選に無所属で当選	2013年7月　当選 2014年3月　改称
	結いの党	みんなの党を離党した江田憲司らが結成	2013年12月　結成
	次世代の党 →日本のこころを大切にする党 →日本のこころ	日本維新の会(1)から離党した議員が結成 党名が国民に受け入れられていないとして改称 党名が長いとして再改称	2014年8月　結成 2015年12月　改称 2017年2月　改称
	日本を元気にする会	元みんなの党の松田公太らが結成	2015年1月　結成
○	おおさか維新の会 →日本維新の会(2)	維新の党の民主党への合流方針に反発した議員が離党し結成 近畿地方以外での支持拡大を目指し改称	2015年10月　結成 2016年8月　改称
	改革結集の会	維新の党を離党した議員が結成	2015年12月　結成
○	希望の党(1)	総選挙を前に小池百合子東京都知事が民進党離党議員らを集め結成	2017年9月　結成
○	立憲民主党	希望の党への合流方針に反発した枝野幸男ら民進党議員が離党し結成	2017年10月　結成
	国民党	希望の党の民進党合流組が分党のために一時的に結成	2018年5月　結成
○	希望の党(2)	希望の党(1)の民進党への合流に反対の議員が分党し結成	2018年5月　結成

表3　平成期の日本の国政政党一覧

「現存」は、2019年4月10日時点で国会内に議席を有している政党を示している。

取り上げる政党については、山本健太郎『政党間移動と政党システム――日本における「政界再編」の研究』(木鐸社、2010年)の政党の定義(同書pp.39-41に記述)を参考に捕捉した。具体的には、(1)国政選挙に公認候補を擁立した、(2)政治資金規正法上の政党として官報に公示された、(3)「新党」であることを表明し、新聞各紙で政党として扱われた、のいずれかに該当し、国会議員が所属している政党を一覧に列挙している。なお、山本が政党として見なさなかった「護憲リベラル」(同書p.200参照)をここでは「新党・護憲リベラル」として一覧に加えている。この取り扱いの違いは、おそらく(2)の基準の相違によるものと思われる。(2)の定義に関しては、間柴泰治・柳瀬晶子「主要政党の変遷と国会内勢力の推移」(『レファレンス』55(4)、2005年、pp.70-81)、神田広樹「戦後主要政党の変遷と国会内勢力の推移」(『レファレンス』64(6)、国立国会図書館調査及び立法考査局、2014年、pp.41-64)、佐藤令「戦後の我が国における主要政党の変遷」(『調査と情報――Issue Brief』1043号、国立国会図書館調査及び立法考査局、2019年)が採用している政党の定義を参考とした。政党の結成、改称、消滅の時期は朝日新聞『聞蔵Ⅱビジュアル』、毎日新聞『毎日Newsパック』、読売新聞『ヨミダス歴史館』の各データベースの検索結果を参照した。

「出自・経緯」は当該政党の結成の経緯や国会に登場した背景を示している。「結成・登場・改称の時期と事由」は、新憲法下で初めて当該政党が国会に議席を得た時期とその理由、改称した時期を示している。「消滅・撤退の時期と経過、事由、備考」は当該政党が国会の議席を失った時期とその理由、特記事項を示している。上記定義による消滅時期が正確には不明である場合は、新聞報道の記述、議員の会派移動の時期、会派解散時期などを基準として判断している。選挙で現職・前職議員が落選して消滅した場合の消滅時期は投票日を基準としている。すなわち、投票日以降に所属議員の任期が残っていたとしても、あるいは投票日以前に議員任期が切れていたとしても、投票日に消滅したものとしている。

区は、特に自民党公認を持たない保守系新人候補にとって、公認候補並みの支援を獲得する手段として派閥は機能した。この結果として、自民党に追加公認などで加わってくる議員は、すでにどこかの派閥に所属しているのが一般的であった。しかし小選挙区では政党の公認は一人であり、分裂選挙で他党に漁夫の利を与えるような派閥の行動は非難されるようになっており、自民党の候補者が他の同党候補者との対抗上、派閥に入る必要性はだいぶ低下している。

さらには、政治資金規正法により有力政治家の資金力も低下しており、一方で派閥とは無関係に配分される政党助成金が登場している。このことから、派閥からの資金のメンバーに対する拘束力は以前ほどではなくなっているとされる[121]。総裁選でも、自らの派閥の不人気政治家が総裁になるより、他派閥の人気政治家が総裁になったほうが、次期選挙での自民党、そして自分の選挙結果にプラスに働くと考えるのは自然なことだろう。

このような派閥の弱体化の一方、自民党内でもたとえば「上げ潮派」のように政策で集うような緩やかな議員グループが目立つ例も見られる。政局的な動きも絡むが、より政策を前面に出したグループ行動が増えている印象である。この点で、自民党内の議員集団はかつての民主党のグループに似てきているともいえる。

その民主党のグループは、社会党、民社党等もともとの出身母体を反映した緩やかなものであり、その成立背景から政策的な相違を反映したものであった。複数のグループに所属する議員も多く、自民党派閥のような明確な色分けはなかった。ポスト配分でグループが考慮された場合もあるが、自民党派閥のような明確な役割を果たす場面は少なかった。

その中では、小沢一郎の派閥は人数が多く結束力が高いといったイメージで語られ、常にひとつの単位として見られることが多かった。しかし、後から振り返ればその内実はそうしたイメージよりは緩かったと言えるだろう。二〇一〇年九月の民主党代表選の投票行動や、一二年六月の消費税増税法案等の衆院採決での行動は、決してグループを単位とした一丸のものではなく、所属しているとされる議員数も変動していた[122]。民主党政権下で〝数の力〟を誇示していたかのように語られた集団が、**表3**に見るように政党要件の国会議員数五人を集めるのに四苦八苦しているさまは、有力政治家の資金を拠り所とするグループが平成期以降かつてのような政治を動かす力を持つことができなくなっていることを示しているのである。

政治家の流動化とリーダーシップの動揺

党内グループが弱化したことは、しかし、政党の一体性を高めるようには作用していない。むしろ、政治家個人を制御する箍《たが》が外れ、政党組織は流動的となっている。

国会議員が重要な議決で党の方針、党議拘束に逆らうことが目立っており、九三年の宮澤内閣不信任案や政治改革法案の採決に始まり、近年でも郵政民営化法案や消費税率引き上げ法案などで議員の大規模な造反行動が起きている[123]。こうした造反をきっかけにして、あるいは単に落ち目の政党に見切りをつける形で、政党を離れる議員が与野党問わず数多い。その大規模なものは**表3**に示したように新党を結成するという形を取るが、単に自らの存在を目立たせることが目的のように飛び出すこともしばしばである。

このように政治家が政党に拘束されない状況は、政治改革の目的であった政党・政策本位の政治とは異なり、中選挙区制の時代同様、あるいはそれ以上に政治家個人中心の政治となっていることを示す。これは、ウェストミンスター型の二大政党制の政治では想定されないものである。カーティスは自民党を「フランチャイズ政党[124]」と分類したが、政界全体に同様の組織形態が広がっていると見ることもできる。

こうした遠心的な議員組織は、特に政権与党にとっては厄介な存在である。先に見たように、政府与党の方針に気に食わないと声を上げ、首相や幹部を攻撃することが絶えない。加藤の乱でも、麻生おろしでも、菅おろしでも、こうした反乱によって首相の指導力イメージが悪化する。政権末期の首相おろしの党内政局は、内閣支持率低下によって引き起こされ、さらに内閣支持率を低下させるという負のスパイラルとなっている。もちろん民進党の蓮舫おろしのように、野党もこのスパイラルからは逃れられない。

こうして、本来味方であるはずの与党内から足を引っ張られ、有権者の支持も失った結果、多くの首相がその職を辞することとなった。選挙での敗北を経る場合もあれば、選挙を待たずに、あるいは選挙での敗北を見越して辞任した場合もあるが、他の先進諸国に比較して著しく短命の政権が連続する、特異な状況が続いたのは政党と政治家の関係が緩くなったためなのである[125]。

(二) 有権者とメディア

選挙結果の流動化

この安定しない政党制の背景にあり、平成期の政治の特徴とも言えるのは、選挙結果の流動化である。ほぼ間違いなく自民党が過半数を獲得した五五年体制の選挙とは異なり、平成期の選挙では各政党の浮き沈みが激しくなった。

八六(昭和六一)年以来、衆院と参院の選挙は同日に行われておらず、**表2**で示したように衆院はだいたい三年で解散となることから、日本の国政選挙は平均一年半ごとに行われている計算になる。平成の三〇年余りで二〇回国政選挙が行われたが、政党の離合集散も背景として毎回のように各党の勢力図は変わり、ときに衆参の「ねじれ」や政権交代が生み出された。こうした選挙結果変動は、まず選挙制度から説明することができる。

衆院の選挙制度が中選挙区制から小選挙区比例代表並立制に変わったことは、小さな得票率の変動で大きな議席変動が生じやすくなったことを示す。それが顕著に表れたのが〇五年の郵政解散選挙、〇九年、一二年の政権交代選挙である。

衆院小選挙区は、二大政党化を通じて参院の結果にも影響を与えている。参院一人区は、かつてそのほとんどを自民党の候補者が獲得していたが、現在では絶対とは言えなくなってきている。民主党という大政党が生まれた結果、反自民党の票は同党の公認・推薦候補に集まるようになり、一二年衆院選以降の野党分立下でも統一候補は結果を残している。ただし、衆院と異なり参院一人区は農村側に集中する。このことは五五年体制と同様に、自民党に圧倒的に有利な状況を作り出している。すなわち、苦手な都市部では比例的に議席を獲得し、得意な農村部では一人区のおかげで勝者総取りできるという点で、参院の選挙制度は現在でも自民党に著しく有利に作用していると言える(126)。

こうした選挙結果の流動化は、各党の議員組織にも影響を与えている。新人の大量当選と現職の大量落選が続けば、よく言えば新陳代謝が進むが、政治慣れしていない〝素人〟が常に国会に多数参入し政治を行うことになる。かつての中選挙区は数値上の再選率はそれほど高くないにしても、選挙が安泰な議員が数多く存在し、したがって現在よりも当選回数の多い議員が多かった。これに対して、選挙結果の振幅が激しい現在は、多くの議員が選挙を気にせざるを得なくなる。これが政界の動揺、政局の流動化を招く要素の一つとなっていると考えられる。

都市部有権者の影響の増大

選挙結果変動の激化の背景には有権者の投票行動自体の変化もある。最も重要で大きな変化は、都市部の有権者の比重が増したことである。[127] この変化は、都市部の有権者数の増加に加え、都市と農村の投票率格差が縮小したことにより生じている。

図2は一九九〇年国勢調査の第一次産業と建設業就業者割合を元に、日本の地域を有権者数(九〇年衆院選時点)がほぼ等しい一〇のグループに分割し、各グループの有効投票率の変遷を確認したものである。衆参ともに五五年体制下に比較して都市と農村の投票率の格差が縮まっていることがわかる。これには主に二つの制度変化が影響している。

一つは衆院選挙制度が中選挙区から小選挙区に変化したことである。これにより自民党候補者同士の集票競争がなくなったことが、九六年に農村部を中心に投票率が下落した要因である。データとしては、選挙区で自民党候補者数が多く立候補していた地域ほど、投票率が下落する傾向が確認される。[128] 自民党の候補者が多かったのは農村地域であるため、農村地域ほど投票率が下落する結果となる。

二つ目の要因は、先に述べた投票環境の改善である。この改善がなければ棄権した可能性の高い有権者が投票所に向かうようになっている。常時投票する人々に比べ、政治への関心、依存が弱いこうした新しい投票者は都市部に多いため、都市部を中心に投票率を上げる要因となった。実際、九八年参院選では投票率が九六年衆院選並みに上昇しただけでなく、都市−農村格差も縮まっている。[129] その後、〇五年の衆院選でも都市部を中心に投票率が高まり、投票率が低下した一二年衆院選以降も、国政選挙における都市と農村の投票率格差はほぼ消失している。

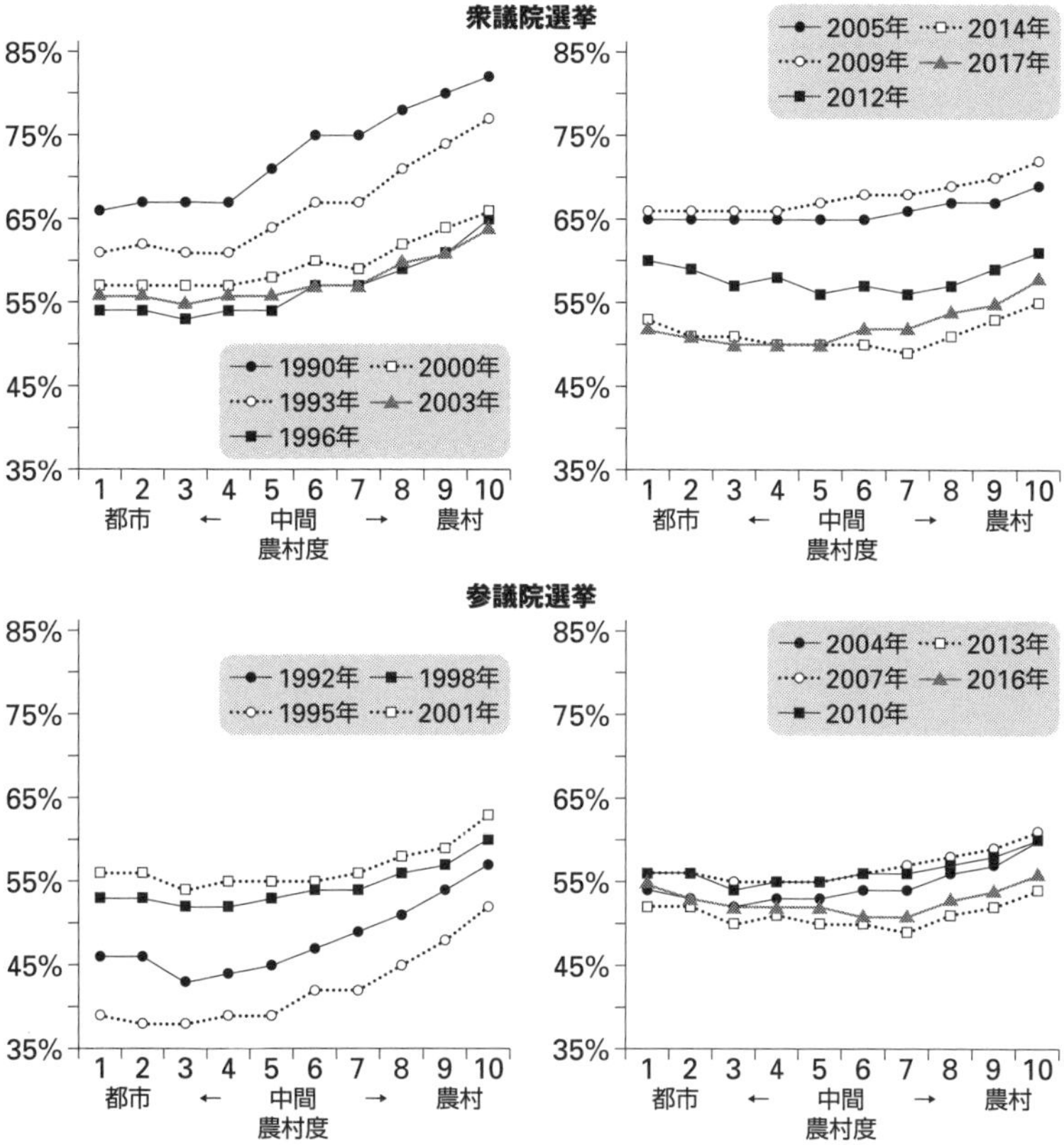

図2　農村度別投票率の変遷

出典：朝日新聞選挙本部編『朝日選挙大観』(1997年版)、水崎節文「選挙データベース：JED-Mデータ」(LDB)、朝日新聞社編「asahi.comで見る1998参院選のすべて」、朝日新聞社編「asahi.comで見る2004参院選のすべて」、朝日新聞社編「asahi.comで見る2007参院選のすべて」、朝日新聞社編「asahi.comで見る2010参院選のすべて」、朝日新聞社編「朝日新聞で見る2013参院選のすべて」、朝日新聞社編「asahi.comで見る1996総選挙のすべて」、朝日新聞社編「asahi.comで見る2005総選挙のすべて」、朝日新聞社編「asahi.comで見る2009総選挙のすべて」、朝日新聞社編「朝日新聞で見る2012総選挙のすべて」、『朝日新聞　全地方版』、朝日新聞『聞蔵Ⅱビジュアル』、総務庁統計局「1990年国勢調査」、各自治体選挙管理委員会編纂資料、総務省ウェブサイト公開資料。

こうした投票率の変動に加えて、都市部は農村部に比較して有権者の増加率が高いため、都市部の投票者の影響力は高まっている。九〇年衆院選と一七年衆院選を比較すると、**図2**の農村度10と9の地域では有効投票者数が一四六七万人から九九七万人へと四七〇万人減少している。一方、農村度1と2の地域では一二〇三万人から一一五二万人へと、五一万人の減少にとどまっている。さらに衆院では、選挙制度改革の影響で議員定数配分が都市部寄りに変更されている。この結果、都市部の投票者が選挙結果に与える影響が拡大しており、無視できない存在となってきている。

政党支持の流動化

メディアなどでは、こうした都市部有権者は「無党派層」と関連付けられることが多い。この無党派層という用語が広まり、使用されていることは、平成期の政治の特徴と言える。[130] この用語が注目されたのは、九五年統一地方選での青島・ノック現象以降である。これ以降、どの政党も支持していない有権者の一団が、国政・地方にかかわらず、各種選挙結果を左右しているという認識が広まっている。[131] 時事通信の世論調査を見ても、九三年後半から「支持政党なし」の割合が増え始め、九四年以降は五〇%を超えるのが普通になっている（**図3上**）。

ただし、無党派層という言葉の定着の一方で、世論調査で支持政党なしと答える層は安定しているわけではない。自民党と野党第一党を中心に、特定政党の支持と支持政党なしを行き来するような人々が多いのである。[132] 支持政党なしと回答した人々だけでなく、こうした流動的な有権者の存在が選挙結果と政治に大きな影響を与えている。

たとえば、メディアでは、ある政党を支持している人がその政党に投票しないことを指して、

「お灸を据える」というように、支持を基本とし投票のほうを一時的な逸脱行動と想定した表現を用いることが多い[133]。しかしこれも支持の流動化の側から考えたほうが理解しやすい。自民党支持者の「お灸」が指摘された〇七年参院選の後、自民党支持者の割合はそのまま低下傾向となっており、〇九年衆院選に至り、そこからさらに支持者は離れている。つまり、投票が逸脱だったのではなく、その時点の支持のほうが限界だったと考えられる。少なくとも、淡く流動的な政党支持を基本として政治現象を捉えることが、現代の日本では難しくなっていると言えるだろう。

いずれにしろ、こうした政党支持の流動化を、有権者の世論調査での回答の集計にのみ着目し、単純に「無党派層が増えた」現象として理解すると、現象を見誤ることになる。支持政党なしと回答する人々の構成は、政治状況に応じてその都度変化している。そもそも、支持政党を持たない、支持政党が安定しない有権者が増えたのは、政党制や各政党の政策の方向性が不安定なことに原因がある。したがって、「無党派層」は有権者の問題として捉えるのではなく、有権者に継続的で安定的な選択肢を用意できないという政界側の問題として理解すべきである。

九八年参院選、〇五年衆院選以降の急激な投票率上昇、そして一二年衆院選以降の急激な投票率低下も、この政界と有権者の不幸な関係が背景にある。多くの有権者が継続的に支持できる政党を見つけられるようになれば、政党支持だけでなく選挙結果の流動も抑制されるはずである。

内閣支持率の乱高下と世論調査政治

内閣支持率の乱高下も平成期、特に小泉内閣以降、有権者起因の顕著な政治現象として捉え

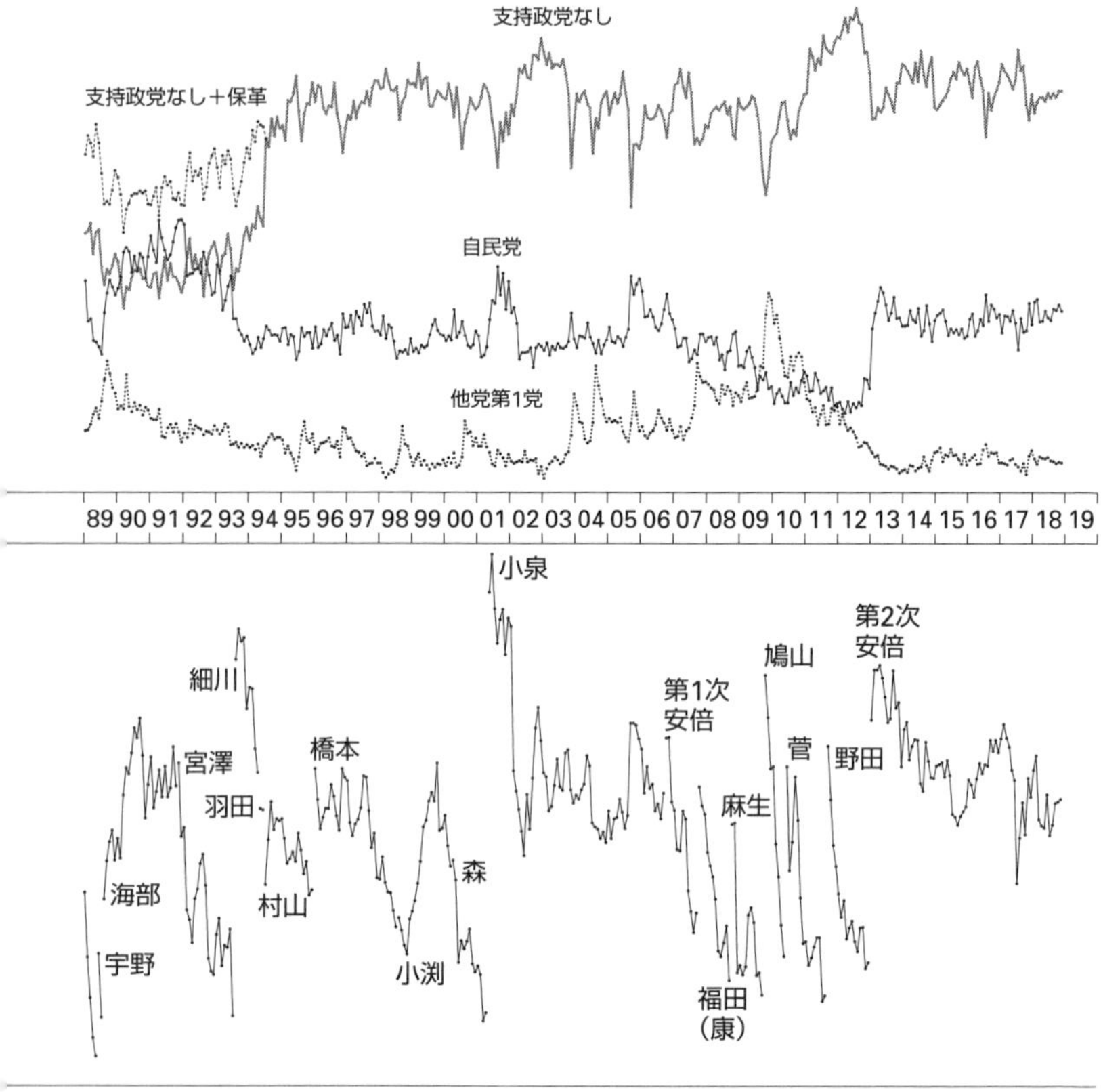

政党支持率のグラフにおける「野党第1党」は、社会党（1960年6月〜94年11月）、新進党（94年12月〜97年12月）、民主党（98年1月〜16年3月）、民進党（16年4月〜17年9月）、立憲民主党（17年10月〜）を示す。また、94年6月までは支持政党について「なし」、「わからない」とした回答者に対して「保守党と革新党にわければ、どちらを支持しますか」と重ねて質問し、それでも「なし」とした回答者を「支持政党なし」としている（前田幸男「時事通信社世論調査に見る政党支持率の推移1989-2004」『中央調査報』2004年10月号）。質問が異なるためこの前後では厳密な比較はできないが、参考までに、この質問で保守党、革新党と回答した割合を「支持政党なし」に合算し、「支持政党なし＋保革」としてこの図に示した。

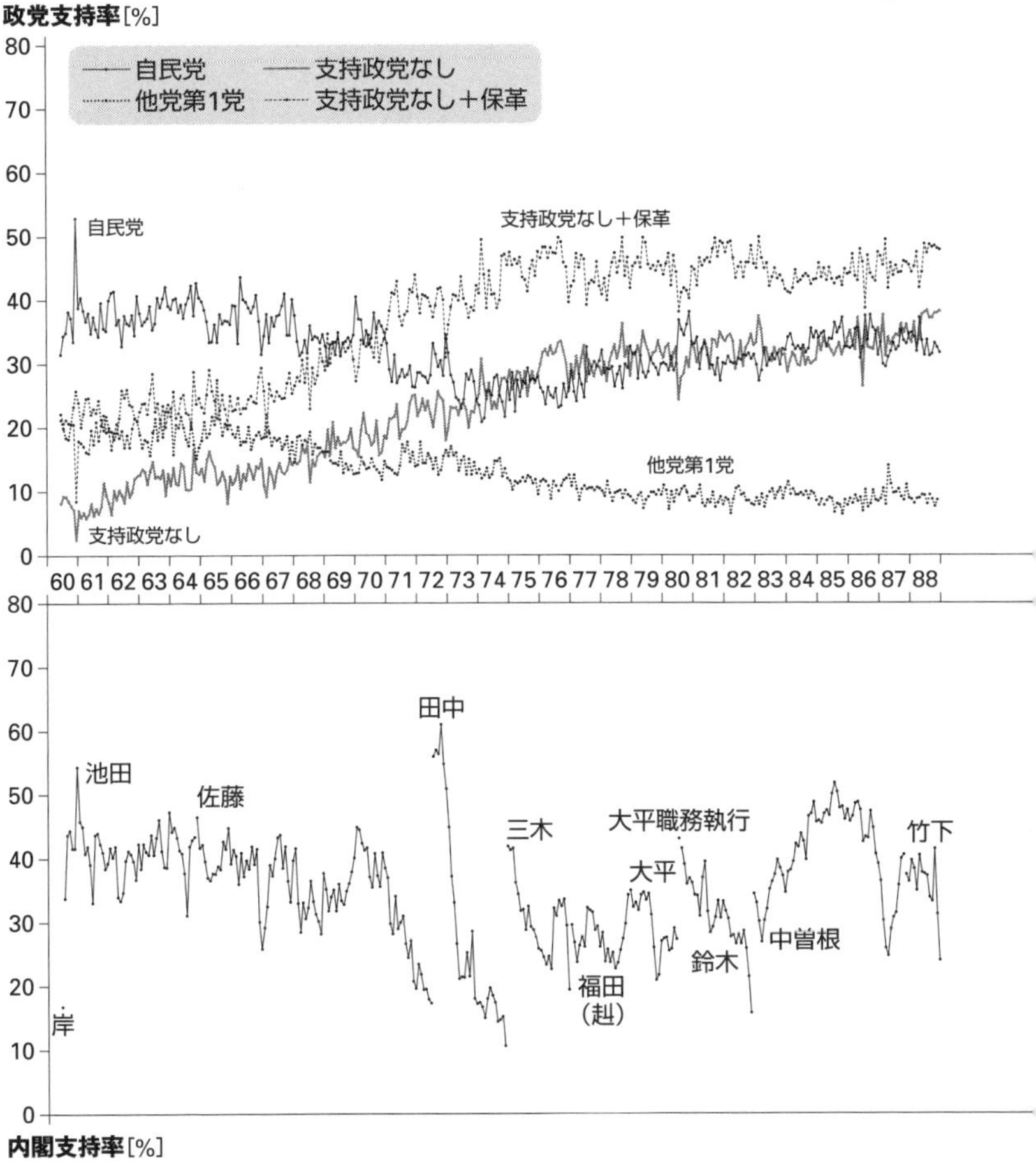

図3　時事世論調査における政党支持率と内閣支持率

データ：時事通信社編『戦後日本の政党と内閣―時事世論調査による分析』（時事通信社、1981年）、時事通信社・中央調査社編『日本の政党と内閣1981-91―時事世論調査による分析』（時事通信社、1992年）、『時事世論調査特報』（時事通信社、各号）、『中央調査報』（中央調査社、各号、http://www.crs.or.jp/）、時事ドットコム（http://www.jiji.com/）掲載のデータより、筆者が作成した。

られている（図3下）。内閣支持率の初期の高さ、末期の低さの背景には与野党支持率の低さと流動化があると考えられる[134]。また、与党議員による反抗は首相のリーダーシップイメージを傷つけ、内閣支持率の低下を引き起こす側面がある。したがって、内閣支持率の乱高下も、有権者だけでなく政界側に原因がある現象と指摘することができる。

内閣支持率など世論調査に関する問題は、平成期のメディアと政治の関係を特徴づけるものでもある。前節で見たように、森内閣以降、世論調査による内閣支持率の数字が内閣の命運を左右し、「次の首相」調査によって後継首相候補が事実上決まるようなことが起きている[135]。

このメディア世論調査の影響力や存在感の増大に寄与したのは、調査手法の変化である[136]。世論調査を、有権者全体から調査対象者を選び出すサンプリング法と、実際にその対象者から聞き出す聴取法とに分けると、前者については層化二段階無作為抽出法[137]、後者については個別訪問面接聴取法が、かつての日本のメディア世論調査では主流であった[138]。これが二〇〇〇年代に入り、ランダムに電話番号を生成して掛け、世帯内で無作為に回答者を抽出するＲＤＤ（Random Digit Dialing）法というサンプリング法が普及し、メディア世論調査では掛けた電話で直接聴取する調査法が主流となっている[139]。層化二段階無作為抽出法による面接調査に比較して、実施期間が短く、低コストであることが、ＲＤＤ法の浸透の背景にある。

ただし、政治部主導の報道との関係で問題も生じている。ＲＤＤ法の普及の結果、定例ではない緊急調査が積極的に行われるようになっている[140]。定例調査でも月曜紙面に間に合わせるために日曜昼に調査を終え、午後に発表するような場合もある[141]。テレビ局やテレビ番組が毎月調査を行うようになるなど、メディア全体での世論調査の回数は増えており、ネットでそれらをニュースとして確認しやすくなったことと合わせ、世論調査の政治における存在感は大きくなっている。

この結果、世論調査は都合よくニュースを作るための材料となっており、即時的で一過性の質問が多く採用されるようにもなっている。(142) 電話を介しての調査では、質問は簡潔に作る必要があり、賛成・反対のような二項選択の質問が多くなる。(143) こうした二項選択の結果、曖昧な意見を持つ人々を無理に分けて大きな数字が出やすくなるが、これを誤って解釈するようなことや、固定観念や報道するのに都合のよいストーリーに沿った数字を見出しや社説で取り上げるようなことが起きている。(144)

そしてこうした世論調査結果は、その数値をニュースとして報道するだけでなく、政治家の言葉を引き出す材料として利用されている。政治家はこうした数字から来る選挙を気にする発言を行い、それがニュースとなる。こうして閣内の不協和音を煽り、政党内の政局を演出するのに調査結果の数字は格好の材料となる。「次の首相」に群がる政治家の一群が作られ、可視化される。

さらに近年は、世論調査と選挙結果の乖離も目立ち始めている。世論調査で自民党に投票予定、投票したとする割合は、実際の自民党得票率を大きく上回っているのである。(145) このため、自民党の支持率や自民党政権の内閣支持率も実際の有権者全体の支持率を大きく超えて報告されていると考えられる。(146) しかし、このような世論と世論調査の乖離を認識し、修正を加えようというメディア側の動きはまだない。

世論調査が歪んで解釈され、これに政界が過剰に反応する「負の世論調査政治」と呼ぶべき現象は、有権者ではなくメディアと政界との関係の中で生じている問題である。

変わらないメディアの政治報道

メディアの政治への影響に関しては、特にテレビ報道の影響力の高まりが指摘されている[147]。八五（昭和六〇）年開始のニュースステーションをはじめとして、八〇年代後半に報道番組、討論番組が一定の視聴率を取るようになり、「テレビ政治」、「ワイドショー政治」と呼ばれるその後の政治とメディアの関係の基礎が出来上がる[148]。近年では、テレビで報道しやすいワンフレーズの言い切りの言葉を多用したとして小泉首相のメディア対応、特にぶら下がり取材が注目された[149]。

もっとも、こうしたテレビ・メディアの興隆が有権者の政治意識、投票行動に与える影響は明確ではない。巷で流布しているテレビの影響力の増大を指摘するような言説は、多くの場合メディア関係者自身によって根拠なく喧伝されたものであり、注意が必要だろう[150]。

二〇〇〇年代以降の変化としては、ネットの出現も想起される。ただし、ネット主導で落選運動が起きた韓国や、新しいメディアをいち早く取り入れるアメリカ大統領選のような形でのネットの政治への浸透は日本では起きていない。

この点で象徴的なのは〇〇年末に起きた加藤の乱である。加藤はネットでの「応援」を受けて意を決したと言われるが、現実の政治の前に敗れており、直後に世論を背に圧勝した小泉純一郎の総裁選とは対照的である[151]。その後、麻生太郎や小沢一郎といった政治家がネットで人気があるとされてきたが、世論調査によって示される有権者一般の支持率や評価などは低く、「ネットで人気」は劣勢の側に使われるような印象となっている[152]。

ネットと政治について注目されるのは、人々の動員のツールとしての側面である。麻生太郎が〇七年自民党総裁選に出馬した際には、ネットによって集められた二〇〇〇人程度の支持者集団によって、その「人気」を印象付けることに成功している[153]。あるいは小沢一郎が民主党代表選に出馬した際は、少数の支持者がネット上の投票所で組織的に投票した結果、一部メディアはネットでの小沢人気という報道を行っている[154]。近年では、三次元世界への進出も見られ始め、ネット由来の排外主義的運動が路上でデモを行うようになり、一二年に広がった反原発デモの中にもネットでの動員で多数の参加者を集めたものもある[155]。

こうした新しい潮流の一方で、政治取材の現場には変化がないとされる[156]。記者クラブを通じて公式情報を収集し、有力政治家に張り付いた番記者が政局の流れを探り、記事を書くという新聞社の取材方式は政権交代が起きてもなお変化がない。しかし、こうした取材体制により得られる政治に関する情報は、かつてに比べて当たり外れがある、その意味で「劣化」している印象である。そうした例をいくつか挙げてみると、たとえば就任後即解散すると報道された麻生内閣は、任期中たびたび解散観測報道がされつつも、結局解散となったのは四年の任期一杯になる約一年後であった[157]。結束力が高いとされた小沢一郎グループ約一五〇人の行動は一致団結しておらず、イベントのたびにその人数も減り、民主党離党に付き合ったのは五〇人に過ぎなかった[158]。原発事故の際にベントが遅れたのは菅首相が福島第一原発を視察したからだという批判報道がされる一方、菅首相ら官邸はベントを再三東電側に求め、現地に直接伝えるために福島第一原発を視察したのだと他のメディアが報じる[159]。与野党の議員や地方自治体の長の連携を通じた新党構想のようなものは、何度報じられ、いくつ結実しただろうか。

派閥領袖など有力政治家の動きが政局を決定していた時代と、現在の時代の政治は大きく異なっており、自民党の政治家でも派閥領袖の言うことを聞くとは限らない[160]。不確実性が増している中で、従来と同じ手法で取材し、政局記事を書いていれば、当たらない憶測記事、政治家の「アドバルーン」を手伝うような報道が増えることになる。

こうした変わらない政治報道は、政治自体の変化の中で、マス・メディアの日本政治における役割や意義を変質させている。五五年体制下においては、中間的な政治的イデオロギーの位置に立つマス・メディアが多様な利害を代弁することにより多元主義が実現されていたとされる[161]。政権交代が存在せず、国家権力に近い利益集団が固定化されていた時代には、マス・メディアによる政府批判報道は貴重だったと思われる。しかし、政権交代を前提とした場合、政府のあらゆる政治的決定を批判する報道は、政権党に応じて異なる批判をすることになり、矛盾を孕むことになる。

政治資金規正法などの強化で、かつてに比べ政界が「浄化」されているため、政治家を非難するために軽微な事務所費問題を大事件に仕立て上げることになる。何が問題かよくわからない「失言」報道で、政策論争の足を引っ張るのが現在のマス・メディアの使命となっている感があり、批判されている[162]。

（三）制度改革と政策

政治改革の目的と成果
平成期には、政治制度の改革が争点となり、実際に改革がなされたものも多い。その代表は、九四年に政治改革関連四法として結実した政治改革である[163]。
この政治改革は、ロッキード事件やリクルート事件などの政界汚職への反省が一つの契機とされており、政治資金の流れを制限し、政党助成金を導入したのは汚職防止のためとされる。一方で、政党・政策本位の政治と選挙を目指すということも、政党助成金や政治資金規正の目的とされている。

汚職防止と政党・政策本位の政治と選挙は、小選挙区制導入の目的としても論じられている。中選挙区制は同一政党（自民党）の候補者同士が同じ選挙区で争うために、政党選択ではなく利益誘導競争になると指摘されており、小選挙区はこれを抑止するものと主張されていた。また小選挙区制で投票者は、政党、政策を基準に投票先を選ぶと想定されていた。

一方、小選挙区制の導入は、ウェストミンスター型と呼ばれる二大政党を中心とした政党政治を実現するものと主張された。政党組織も変化し、ボトムアップ型の利益誘導的な政治から、トップダウンでスピーディな政策決定が行えるものとされた。政党助成と政治資金規正も、こうした個人中心の政治と選挙を政党と政策中心に改めるべく位置づけられた。政党助成を導入すれば、これを分配する幹部の力が強まり、政党の統制が高まるとされた。また政治資金は、政治家の後援会が集金の母体とする従来の流れから、政党を経由して分配するものとされた。

では、その結果はどうだろうか。政治腐敗に関しては、たしかにかつてのような大規模で、政策を動かす意図が明確なものは見られなくなっている。一方、政治資金の流れは、自民党や旧民主党系の主要政党に関しては政党中心とはなっていない。企業団体献金の受け皿として政党支部が各政治家に利用されており、資金管理団体、その他の後援会と並び、政治家の三つの財布と表現されている[164]。多くの政治家が政治資金パーティを開くなどして自ら資金集めに奔走している実態は、以前と大きく変わらない。選挙が候補者の組織を中心に行われていることに変化がないのだから、当然である。

政党・政策本位の政治と選挙も実現されていないように見える。政党組織に関して言えば、各選挙区の公認は現職優先であり、各選挙区は議員の所有物のようになっている。新人もその選挙区での勝利の見込みを見て公認される。二大政党に関して言えば、党首や幹部は「公認権」なるものを発揮する場面はほとんどない[165]。党幹部が、自らの役員任期の継続とさらなる昇進、影響力の増大を目指すとすれば、来る選挙での勝利は最も重要な課題であり、そのためには自らの気に入る候補を擁立することよりも、勝てる見込みの高い候補を優先すると想定できる。すると、政党が草の根の選挙区に基盤を有していない日本の選挙では、政策能力よりも資金力や地元での知名度、地元政界の支持などが候補者選定の際に重視されるのは当然のこととなる。したがって、現職議員を外すことは非常に難しい。

政党政治に関しては、先に述べたとおり、二大政党は出現したものの、連立が前提であり、政党内の統制もイギリス型からは程遠いものとなっている。一方、自民党とその友党公明党と、民主党とその後継政党との間の関係は極度に対立的・非協力的となっており、この点は二大政党制の対決型の政治のような特徴が表れている。

行政改革と首相のリーダーシップ

橋本政権の下で決定し、〇一年から施行された行政改革は、一般には中央省庁が統合されて名称が変わったこととして受け止められている。しかし、内閣機能の強化、すなわち首相の利用できるリソースを増やし、権限を強化したことにもこの改革の重要性があるとされている。具体的には、総理府を廃止し、首相肝いりの政策や省庁横断的な政策分野を取り扱う内閣府が創設されている。内閣府には、内閣府特命担当大臣を置き、首相が重視する政策を担わせることが可能となっている。同様に、首相補佐官ポストも新設され、首相直轄でさまざまな任務を負わせることが可能となっている。また、経済財政諮問会議が設置され、経済、金融、財政政策を中心にトップダウンで政策運営する体制の構築が図られている。すなわち、それまで大蔵省の役人が事実上担っていた経済政策、財政の方針策定を首相直轄で行うようにしたのである(166)。これらと同時に、内閣官房の組織・人員も拡充されている(167)。教科書的には、こうした改革は首相権限を強化したものとして理解されており、この権限強化を大いに活用し、成果を残したものとして小泉内閣が取り上げられ、この改革の実効性が強調されている。

もっとも、行政改革以降の森〜野田の各政権が、小泉を除けばいずれもリーダーシップを発揮できず、短命に終わっていることを考えれば、行政改革による首相・内閣の権限強化は平成期の変化や特徴とは言いにくい。小泉政権とその他の政権とでは、一体何が違ったのだろうか。

多くの論者が、小泉のパーソナリティとこれがもたらす政治手法に焦点を当て、その「成功」を論じている(168)。しかしそうした説明は、人物論や政治史として面白く、また一定程度正しいものかもしれないが、どうすれば政治がより安定し、課題が解決に向かうのかという方向性を探るために教訓として役に立つものではない。小泉純一郎でない政治家でも、政府を指揮できなければ意味がないからである。

人事の側面からこの問題を考えてみよう。たとえば、腹心を特命担当大臣に任命するということができるなら、各省の大臣にも腹心を任命できるはずである。すなわち、特命担当大臣制度が無くとも、首相は各大臣に指導力を発揮することができる。実際に小泉内閣では派閥推薦方式を止めて一本釣りを行っていた。言い換えれば、特命担当大臣を任命できることは、首相の指導力を自動的に強化するものではない。小泉以外の内閣での特命担当大臣ポストは、多くは首相肝いりの政策を腹心に担当させるためのものではなく、女性や連立他党の議員を登用するためのものとして利用されている場合が多い。閣僚全体を見渡しても、論功行賞的とされる人事、敵対するグループに配慮したとされる人事もしばしば指摘される。結局のところ、人事等の権限が与えられていたとしても、小泉以外の首相はこれを十分に活用する与党内の基盤がなかったことになる。

つまり、内閣機能の強化のような改革は、それだけで首相のリーダーシップの強化や政権基盤の安定に結びつくものではない。首相と内閣が基盤を置いているのは議会であり、与党の支持と協力が不可欠である。その中で、首相が肝いりの政策を勝手に遂行することは、与党に対する統制を高めるどころか、むしろ対立の要因ともなりうる。

しかし小泉政権下では、その評価や成果は別にして、人事を駆使して新たな政策の導入、既存政策の刷新が継続的に行われていた。そして有権者は旧来の自民党の政治を否定するような小泉構造改革路線に期待し、支持していた。小泉がその他の首相と異なっていた点は、こうした人事権を活用して追求した政策が有権者に評価され、小泉内閣の政策の方向性が旧来の自民党の政策路線よりも多くの支持を集めたからである。つまり、政策を介して世論の支持を調達し、与党議員に対抗することができたことが、小泉と他の首相との違いである。

政策課題の先送り

小泉構造改革路線がメディア等から批判を浴びつつも多くの有権者に支持されたのは、それまでの政権があらゆる政策課題の解決を先送りにし、経済の停滞や財政の悪化などですでに綻びが見えていたからであり、小泉自身もこうした課題の存在を喚起し続けたからである。景気回復を訴えた第二次安倍政権初期も同様と言える。平成の大部分の期間、適切なタイミングで適切な政策が導入されてきたとは言い難く、他の章で詳述されるように社会、経済、国際環境などのあらゆる変化に対応してこなかった。

たとえば九〇年代初頭のバブル崩壊への対応に関しては、金融の緩和と引き締めのタイミングのズレ、公的資金注入のタイミングの遅れなど、政治の側の要因が指摘されている。[169] 少子高齢化は遅くとも八〇年代から指摘され対処が求められていたが、有効な政策は導入されず出生率は低落し続けている。年金など社会保障費の増大に対して歳入は一向に伸びず、赤字国債に過度に依存した予算が続いている。新たな産業が立地しない地方では公共事業への依存が深まり、結果、夕張市のように財政が破綻状態となる例も生じている。

震災などの例を除けば、多くの政策課題は突発的に発生するものではない。少子高齢化も財政悪化も予測可能であり、問題が大きくなる前に対処することができる問題である。しかし歴代の内閣はいずれもこうした課題の解決に有効な手立てを打たず、問題は大きくなり続けている。

こうしてみると、平成期の日本政治は政策を決定していく政治を目指して改革が続けられている一方で、必要な政策決定は行われず、政策課題の解決は先送りされ続けるという皮肉のような歴史的経過を辿ってきたと総括できる。そして現在も、「決断できる政治」が叫ばれ続けている。

4　日本政治の混迷構造

ここまで見てきたように、平成期の日本政治は各層でさまざまな変化を見せている。だがそうした変化は政策課題の解決には繋がらず、混乱状況が続いている。決定しやすい制度改革を行ってきたにもかかわらず、問題の解決は先送りされ続けた印象である。

傍観者であればそうした皮肉を愉しむことができるのだろうが、現代に生きるわれわれはそうはいかない。日本の政治が政策課題を先延ばしにし、混迷が深まるのはなぜかを探ることで、解決の方向性を見出すべきである。(170)

ここまででも、混乱が発生する背景について一部示してきている。しかし、政治的混迷が継続する体系的な説明とはなっていない。そこで本節では、ここまでの事実や議論から、混乱の核となる部分を抽出し、混乱が混迷として継続する構造を描写したい。この作業の後、事態改善の方向性について、簡単に論じておきたい。

(一) 政権の不安定化と混迷の再生産

ここではまず、政権基盤の不安定化を中心に議論を整理しておく。すなわち、首相の任期や内閣の継続を脅かす要素を明確にし、その背景にあるアクターの行動原理、制度の作用について関係構造を示す。

政権基盤の不安定化は、主に三つの経路に分けて考えることができる。世論、与党、野党である。**図4**はこれを示したものである。以下、前節ですでに解説した部分も含め、この図に従って各要素間の関係を整理しておこう。

政治を見放す冷めた世論

政権に対する世論の支持状況は、直接的に首相や閣僚の心理に影響を与え、内閣の寿命に影

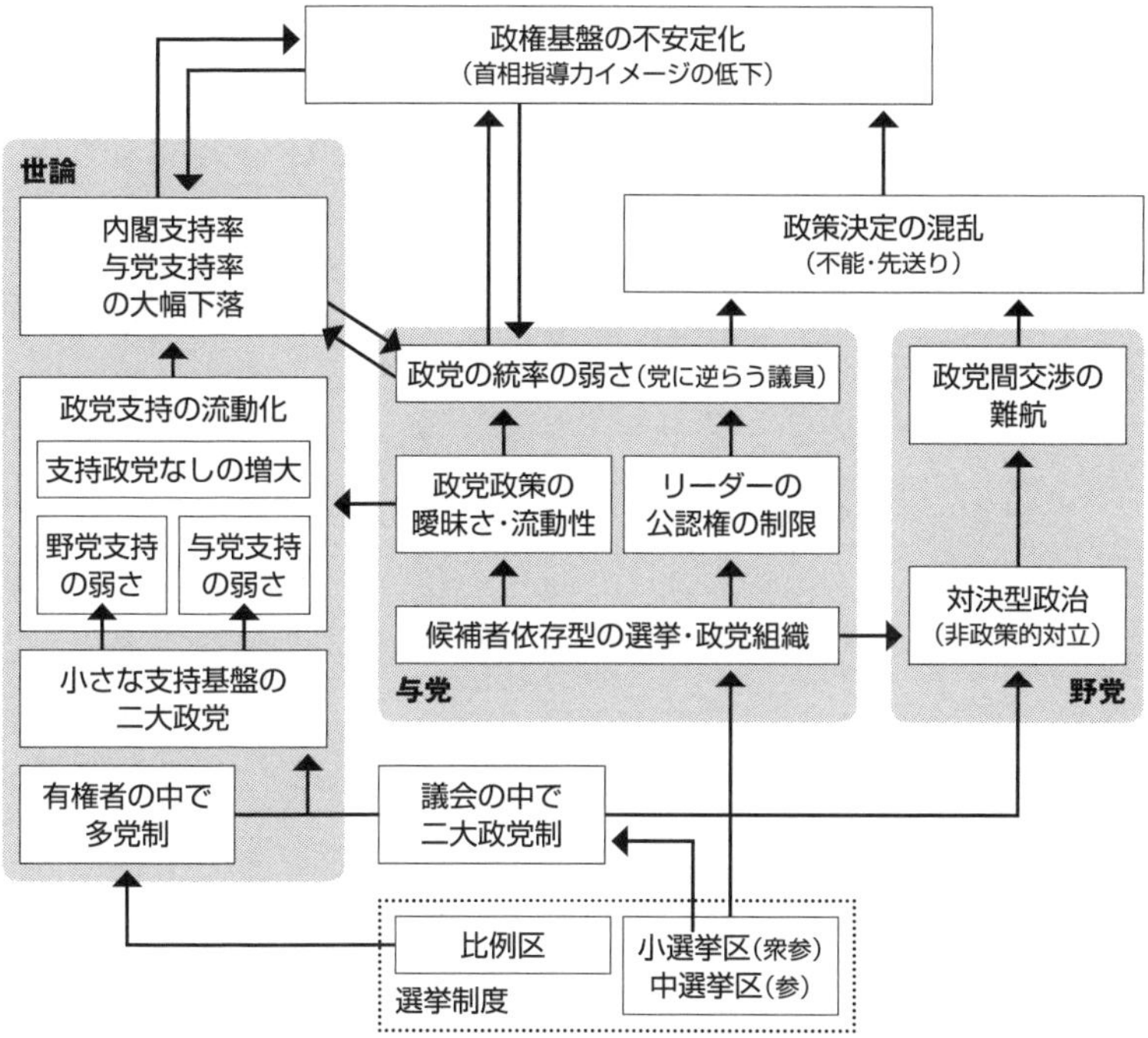

図4　政権基盤不安定化の構造

響する。そこでまず、メディア世論調査では一般に内閣支持率により報告される政権への支持が、どのような構造で変動しているのか整理しておく[171]。

現在の日本で内閣支持率がしばしば乱高下する傾向にあるのは、政党と有権者の関係が不安定となっているためである。まず、野党を強く支持する人々が少ない。これは一見政権与党にプラスのように見えるが、首相交代直後の高い内閣支持率を作り出すという点では大幅下落を演出する。

一方、強い政党支持意識を有しない有権者の多数を占める層は、弱い与野党支持層や無党派層を構成し、首相交代直後には内閣に対して様子見で消極的に支持を表明する。その後、時間の経過とともに支持から不支持へと回り、内閣支持率の下落幅を規定する。またこの際、弱い与党支持者は無党派層へと流出する。そして、与党を強固に支持する人々は少ないため、内閣支持率の下限は最終的にかなり低い位置に来ることになる。

こうした弱い与野党への支持を規定するのは政党制であり、その背後には選挙制度がある。現在の衆参両院の選挙制度は、比例区と小選挙区・中選挙区を混合させたものとなっている。この制度の下では、単純小選挙区制と異なり、比例区の存在によって二大政党に収斂されない中小政党が一定レベルで残る形で多党制となっている[172]。このため二大政党の支持基盤も小さくなる。

その一方で、小選挙区により議席が決定する割合が高く、二大政党の議席率は高い。この結果、有権者ベースでの支持基盤の小さい大政党を中心とする連立政権が生じるため、政権与党の支持ベースは小さくなるわけである。

内閣支持率を強固な与党支持者の割合よりも高い位置で一定程度保つためには、弱い政党支持者や無党派層などの中間的な人々の支持を継続的に得る必要がある。政策課題を解決していくことが首相、内閣にとってのその手段となるが、これが与党との関係で軋轢を生めば逆効果となる。

政府に抵抗する与党

与党議員の首相、内閣に対する抵抗、反乱は、政権基盤に影響を与え、内閣の寿命に影響する。政府に入らない与党議員はその不満のはけ口を求め、抵抗を繰り広げる。[173] 総裁選、代表選日程を党内で政局にすることで直接的に首相の任期を制限することもあれば、政府の政策決定への反対、非協力を通じて政権基盤を揺るがすこともある。こうした反抗は首相の指導力イメージを毀損し、内閣支持率の低下に寄与する。そして内閣支持率の低下は、選挙に怯える与党議員のさらなる反乱の動きを生む。

与党議員が首相おろしに走ったり、政府の政策方針にあからさまに反抗できるのは、日本の二大政党の組織に統率力、求心力がないためである。日本の選挙制度では、衆院比例区において選挙区と重複せずに当選する一部の議員を除き、自らへの票で当選している。また二〇一二年の小沢新党騒動の例に見るように、[174] 比例単独議員の中には首相ではなく党内有力者の子分の場合がある。こうした議員は、当該有力者が反首相側につけば、最も強硬な反乱分子となりうる。

こうした不満分子を統率する手段として、リーダーの公認権を指摘する声もあるが、現在の日本ではリーダーの公認権は事実上制限されている。政党の草の根組織が未発達の日本においては、選挙区での勝利は地方政界と候補者の資産に依存することとなる。議員は自らの資産を投入して培った「地盤」を譲り渡すようなことはしない。一方、選挙での勝利を求められる二大政党の政党リーダーは選挙区で勝てる候補者を追認するしかない。こうして各議員は政党ではなく選挙区の代表となる。

こうした地方代表型の議員の政策傾向は、政党だけでなくその選挙区に引っ張られる。二大政党内の政策傾向は分裂気味で、全体としては曖昧になる。議員個人の独立志向が強く、議員組織が遠心的になることも合わせ、政党の政策路線も明確に固めることができず、政策決定の際に路線対立が生じることになる。この結果、政権も政策課題の解決を先延ばしにせざるを得なくなる。

政党が分裂気味で、政策傾向も明確でないため、有権者からは安定的に支持の対象とはなりにくい。結果、強い政党支持が減少し、支持政党なしと回答する有権者が増え、政党支持が流動化する。

妥協を拒み対決を志向する野党

議会の過半数の支持を得て首相が選出される議院内閣制においては、本来、野党は政権基盤の不安定化に直接影響を及ぼすものではない。日本では、首相は衆院の過半数によって選出され、やはり衆院の過半数によって内閣は不信任となる。したがって、衆院の過半数を占める与党を形成し固めることができれば、政権は存続し続けることができる。

一方、日本の二院制の下では、法案を成立させるなどの際に原則として参院過半数の支持が必要となる。したがって、与党が参院過半数を握っていない「ねじれ国会」の際に、野党の抵抗が政権運営に悪影響を及ぼす。政権は予算は通すことができても、法案を通すことができない。二〇一二年度までは、財政構造の悪化のため公債特例法を国会で通す必要があったため、予算すら思い通りにできなかった(175)。

本来、制度的には、参院の過半数を握るように連立政権を組むのが筋である。しかし、衆院小選挙区制を理由として二大政党は互いに協力できないでいる(176)。連立を目指そうとすると、今度は自らの党内が反発し、まとめることができない。また、選挙区と比例区のバーターで自民党との協力関係を構築した公明党は、民主党に協力することに消極的である。

こうした場合、個々の政策決定において首相は野党に譲歩し、妥協しようと試みる。しかし、内閣支持率が低下した首相の下では、野党に解散総選挙による勢力拡大を狙う誘因が働く。政治的混乱をより激しくし、自らの存在を誇示しようとする。またそうした攻撃を繰り返すことで、自らの党内を一致結束させようとする。結果、政府と野党との交渉は妥結しにくく、政策決定は先送りされ、政権基盤は不安定化する。

日本政治混迷の循環構造

ここまで示したような形で、世論、与党、野党がその影響を交錯させながら政権基盤を動揺させる結果、内閣は崩壊へと向かう。直接の原因は党内抗争、野党の抵抗、選挙での敗北、首相個人の心労とさまざまだが、大枠では似たようなものである。多くの混乱と、少ない成果を残して首相は官邸を去ることになる。

しかし平成期では、ひとつの内閣の終了で混乱はお仕舞いとはならない。ひとつの内閣の不安定化、崩壊は、その後の政治にも影響する。混乱は一時期に留まらず、長期的な混迷へと繋がる。

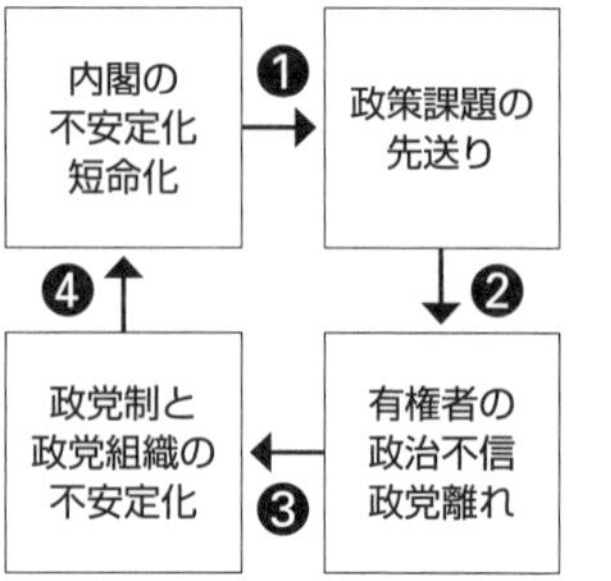

図5　日本政治混迷の循環構造

この長期的な混迷構造を描くと、**図5**のように示すことができる。すなわち、①不安定で短命な内閣は政策課題を解決できず、問題を先送りにする。そうすると、②有権者の政治不信は高まり、政治と距離を置く。このため政党と有権者の結びつきが緩くなり、③政党制や政党組織も不安定化する。結果、④不安定で短命な内閣が生み出されることになる。そして①に戻り、この影響関係は循環する。

このような循環によって、現在の日本政治では政治的混乱が続いており、政策課題は先送りされ続けていると考えることができる。循環により相互に補強しあう構造であるため、日本政治の混迷は安定的に再生産され、長期化しているのである。したがって、混迷から抜け出すことは容易ではない。

（二）混迷脱出の方向性

それでは現在の政治的混迷状況を脱するためにはどうすればよいのか、言い換えれば、**図5**のような有権者、政党、内閣、政策を巡る負の循環を断ち切るためには、何をすればよいのだろうか。**図4**に示した政権基盤不安定化を生む諸要素を念頭に置きながら、方向性を考えてみたい。

ひとつのヒントになるのは、小泉内閣である。多くの論者が指摘するように、小泉が強い首相として君臨できたのは有権者の支持があったからである[17]。この支持の源泉は、同内閣の構造改革路線であり、さまざまな政策を導入して、政策課題に取り組んだことである。図5で言えば政策（右上）で負の連鎖を止めたことになる。デフレ脱却を掲げた第二次安倍政権もこれに近いと言える。

しかし、現状では有権者の支持を受けるように政策追求をすることは容易ではなく、党内の反発を買い政権への攻撃が強まる危険性も高い。そうすると、次に想起される方向性は、これまで以上に「決断できる政治」を追い求め、内閣、首相が政策追求をしやすいように制度改革を目指すというものである。政治学の用語で言い換えれば多数決型民主主義（多数主義型民主主義、majoritarian democracy）を志向するということになる[178]。図5で言えば左上もしくは左下で負の連鎖を止めることになる。

現在の日本に関しては、まず強い参議院、そして政党組織の規律の弱さが障害であると指摘されている[179]。前者は主に野党、後者は主に与党の問題である。特にねじれ国会の出現以降、参議院の権限を弱める、あるいは廃止するといった議論も多くなっている[180]。しかし、ここまで見てきたように参議院の存在はねじれ国会での野党との政策交渉の際にクローズアップされる問題であり、平成期の政治的混迷の一部しか説明しない。仮に憲法改正となれば大手術となるが、その効果は大きくはないだろう。

それでは、弱い政党組織の規律の問題はどうだろうか。本来、九四年の選挙制度改革で小選挙区制を導入したのはイギリスのような二大政党の出現を企図したものであり、その意味で統制のとれた政党組織が生まれることを目的としたものであった。しかし現状を見れば、小選挙区を導入したとしてもイギリスのような政党が出現する保証はないというのが、選挙制度改革以降の日本が示したことと言える。一部には、時間の経過とともに規律の高い組織が形成されることを想定する向きもある。[181] しかし、九六年に導入され、すでに六回選挙を経ているものについて、あと何年待てばよいのだろうか。政治家の入れ替わりが早い現状では、規律の重要性を学習しても、その経験は蓄積されにくい。小選挙区を基本とした制度では、一国一城型で党の拘束の弱い政治家ほど残りやすい。選挙区組織や支持者集団を政党が直接把握し、これを政治家に貸す形式と、日本の議員の資産により形成される後援会型の選挙組織はだいぶ距離がある。現状の選挙区という地域代表の政治家を、全体代表の政治家へと迅速に置き換えることは、小選挙区では難しいだろう。つまり、多数決型民主主義という目標に対して、小選挙区という手段の効果は不十分と考えられる。

政党組織を求心的なものにし、リーダーや幹部の力を高めるには、候補者の当選順位を事前に決定する拘束名簿式の比例代表制は最も簡便な方法である。この場合、いつまでも実らない多数決型民主主義への道を諦め、コンセンサス型民主主義（合意形成型民主主義、consensus democracy）を目指すというように目標を変えるということを意味する。この方向性は、図5では左下の政党、さらには右下の有権者の所で負の連鎖を止めるものである。

政権基盤の不安定化を呼ぶ経路のひとつは世論であったが、比例代表制とこれによる多党制は、選挙結果や政党支持の流動化を抑制する効果がある。政党の選択肢が多ければ、有権者は立場の近い政党を見つけやすくなり、支持政党が安定する。小選挙区と異なり、過度に包括的で曖昧になる必要がないため、政党の側もターゲットとなる有権者層を絞りやすい。もっとも、小政党を多数許容するような多党制となった場合、連立となる政権が安定しない可能性がある。大政党も分裂しやすく、遠心的な組織となるだろう。いずれにしろ、制度の設計は慎重に行う必要がある。

なお、合意形成型の民主主義は意志決定が遅いとされるが、現在の日本の重要な政策課題（社会保障、少子高齢化、財政赤字）の場合は、その長期的な問題の性質を鑑み、多勢力間で合意を得て政策決定を行ったほうがよいと言える。社会の基本となる政策が「決断できる政治」ゆえに政権交代のたびに簡単に覆る可能性があるのは、好ましいことではない。

以上、動かしにくい重たい制度の改革を中心に、日本の民主主義の目指す方向性について簡単に述べてみたが、短期的にも**図5**のような負の連鎖を念頭に、細かい改革を積み重ねることが重要である。たとえば衆院比例区で惜敗率による順位付けを止める、個別議員に付く公設秘書の数を減らし政党職員に割り当てる、候補者のポスター掲示場を廃止し、代わりに政党ポスターを掲示させるなどをすれば、政党・政策本位の政治を目指すことになる。現在でも、中選挙区時代の候補者中心の選挙、政治に対応したさまざまな細かい制度が多数残存している。こうした細かい制度改革がこれまでなされていないのは、九〇年代政治改革の方向性が政界で共有されてこなかったことの証だろう。

現職の議員、特に有力政治家は、現在の制度での成功者であるため、制度改革を渋る誘因が働く。政党や政策中心の政治や選挙を日指すという方向性を掲げたとしても、実際に制度改革を行う政治家はこれを避けようとしてきた。そうでなくとも、改革するという意思や発想がなければ現状の制度は存置され続ける。このように考えていくと、結局のところ、現在の混迷状況を脱するためには、目指す政治の方向性を明確にした上で、現状を分析し、必要な改善を地道に重ねていくほかかない。

5　有権者が決定権を持つ現代日本政治

ここまで、平成期の政治が混迷するのはなぜか探り、論じてきた。本章の目的に対する結論はすでに前節で整理したので、最後に、平成の政治とは何かを論じることで、本章をまとめておきたい。

冒頭に指摘したように、現代の政治を論じる際、多くの論者が昭和後期、五五年体制下の政治を比較の対象として念頭に置いている。昭和が終わり三〇年過ぎてもなお、日本が高度成長を経験し、繁栄を謳歌していたかに見えた頃の記憶が多くの人々にあるのだろう。あるいは、そうした時代の記憶を共有している人々が、政治について語りがちだということかもしれない。実際、本章を書くにあたって参照した一九八〇年代、九〇年代の新聞や雑誌の記事に登場する政治評論家や学者を、同じように今のメディアでも見かける。だがこうした人々の議論は局所的で、場当たり的なものに終始している印象である。これは、平成期の政治を昭和期の政治と同じ視角で捉えようとしているからに他ならない。

昭和後期の政治では、自民党は唯一の政権党として君臨し続けており、議会や中央省庁を支配していた。このときの政治とは、派閥領袖などの有力政治家の人間関係、権力闘争のことである。このことを端的に示すのが、第3節で述べた番記者や記者クラブ制度といったメディアの取材システムだろう。政治部の記者は政策について勉強し、そのロジックや優劣について考えるよりも、有力政治家やその周辺とのコネクションを築くことに心を砕いたわけである。有権者の意向は、選挙や世論調査を通じて可視化はされるものの、それはあくまで永田町政局のひとつの材料に過ぎず、直接政権を変える、政策を変える効果は無かった。

これに対して平成期の政治では、有権者の政治意識と行動が政治の中心に来ており、政局と政策の行く末に絶大な影響を与えている。選挙は現実に政権を変えることが可能であり、このため世論調査の数字も各政治家に多大な影響を与え、内閣の命運を決めることとなる。昭和後期の政治と平成期の政治との決定的な違いは、この有権者の影響力である。

この有権者の影響力の増大は、平成に入って政治が混迷するようになったことを説明する。先の**図5**で言えば、昭和の政治では負の連鎖構造のうち右下の有権者の部分の作用が微弱であったため、混迷が長期化することはなかった。だからこそ政局に明け暮れ、政策課題を積みあげ、解決を先送りしても大した問題にはならなかったのである。したがって、昭和期の政治はとても目標となるものではない。

間接民主制の本来の機能からすれば、有権者の影響力が限定的であった五五年体制の政治のほうが歪んでいると言える。このように考えれば、平成期の日本政治は確かに混迷しているかもしれないが、悪い点ばかりではない。日本政治の今後は、この有権者の影響力を前提として、いかに制度を修正し、政治家の意識や行動原理を変えられるかにかかっている。現在の混迷を論ずる際にも、有権者の存在を議論の枠組みに取り入れなければ、政治論は説得力を、制度論は実効性を欠くことになる。この点、本章の試みは、他の議論を見る際に参考となるはずである。

以上の議論を敷衍すると、平成期の政治的混迷は、有権者が政権と政策を選択するという普通の民主主義国家に日本が至る道程と見ることができる。今後の展開は不透明だが、目的地に至るためには政界の自省と議論が必要であり、適切で安定的な選択肢が有権者に提示されなければならないだろう。そしてこの後の章で論じられているような日本社会の行き詰まりを止めるためにも、着実に混迷の要因を取り除くことが必要である。この改善に向けて、本章の整理と議論が役に立てば幸いである。

註

（1）平成期の日本政治全般に関して、通史を追う場合には、佐道明広『現代日本政治史5――「改革」政治の混迷　1989〜』（吉川弘文館、二〇一二年）、個別テーマについて追う場合には、北村公彦・伊藤大一・宇治敏彦・内田満・大橋豊彦・金指正雄・佐竹五六編『現代日本政党史録5　55年体制以降の政党政治』（第一法規、二〇〇四年）が参考となる。

（2）福田がどの程度の決意で不信任案採決に欠席したのかは定かではないとされる。井芹浩文「政権と政党――自民党政権の「変革期」と「調整期」」（北村公彦・伊藤大一・宇治敏彦・内田満・大橋豊彦・金指正雄・佐竹五六編『現代日本政党史録4　55年体制後期の政党政治』第一法規、二〇〇三年）。

（3）この選挙結果については、投票率が向上し自民党に有利になったことや、そもそも七九年衆院選が降雨のため自民党に不利であったといったことが指摘されている。田中善一郎『日本の総選挙1946―2003』（東京大学出版会、二〇〇五年）第三章、第四章。これに加えて筆者は、前回選挙での敗北からの期間が短かったことにより候補者が整理され、共倒れが解消されたことが重要と考えている。

（4）「「政治家とカネ」の勉強会　自民若手で発足」『朝日新聞』一九八八年九月三日朝刊、「政治活動に年一億円余　自民一年生代議士一〇人が収支公表」『朝日新聞』一九八九年三月四日朝刊。同研究会の結成経緯については、御厨貴・牧原出編『聞き書　武村正義回顧録』（岩波書店、二〇一一年）第二章参照。

（5）井芹前掲論文。

（6）「宇野内閣支持二八％、不支持四四％　最悪の傾向」『朝日新聞』一九八九年六月一三日朝刊。

（7）経緯に関しては、井芹前掲論文、海部俊樹『政治とカネ――海部俊樹回顧録』（新潮新書、二〇一〇年）第一章参照。

（8）森裕城『日本社会党の研究――路線転換の政治過程』（木鐸社、二〇〇一年）第五章。

（9）朝日新聞政治部『竹下派支配』（朝日新聞社、一九九二年）I三。

（10）細川護熙「「自由社会連合」結党宣言」（『文藝春

秋』一九九二年六月号)。

(11) 竹下派分裂とそれに続く宮澤内閣不信任決議案での造反行動、自民党離党に際して、どのような理由付けができるかは日本政治研究の中で長く関心を持たれているテーマのひとつである。それらは主として各議員の選挙での強さ、当選回数・党内のポジション、政策関心の傾向などの影響を指摘している。河野勝「九三年の政治変動――もう一つの解釈」(『レヴァイアサン』一七号、木鐸社、一九九五年)、Gary W. Cox and Frances M. Rosenbluth, "Anatomy of a Split: the Liberal Democrats of Japan." (*Electoral Studies*, 14(4), 1995)、Junko Kato, "When the Party Breaks Up: Exit and Voice among Japanese Legislators." (*American Political Science Review*, 92(4), 1998)、菅原琢「政治変動期における造反行動」(蒲島郁夫ゼミ編『現代日本の政治家像』第一巻、二〇〇〇年)、建林正彦『議員行動の政治経済学――自民党支配の制度分析』(有斐閣、二〇〇四年)。また、インフラ整備が進んだことを指摘したものとして斉藤淳『自民党長期政権の政治経済学――利益誘導政治の自己矛盾』(勁草書房、二〇一〇年)がある。こうした自民党分裂というエリートの行動のみに着目した議論に対して、有権者の選択の重要性を指摘したものとして蒲島郁夫、スティーヴン・リード(菅原琢・山本耕資訳)「選択の可能性と投票行動――93年総選挙における二つの選挙」(『レヴァイアサン』二九号、木鐸社、二〇〇一年)がある。

(12) この間の政治改革に向けての各政党、各界の動きについては、佐々木毅編著『政治改革1800日の真実』(講談社、一九九九年)参照。

(13) これ以降、細川内閣組閣までの各勢力の政局的な動きについては、朝日新聞政治部『政界再編』(朝日新聞社、一九九三年)参照。

(14) なお、ユートピア政治研究会のメンバーは、解散とは無関係に自民党離党を前年に決め、準備を進めていたとされる。御厨・牧原編前掲書。

(15) この間の政局に関しては、朝日新聞政治部『連立政権回り舞台』(朝日新聞社、一九九四年)参照。

(16) 解散総選挙に打って出なかったのは、中選挙区制での選挙を嫌ってのこととされる。「羽田内閣が総辞職　各党に政権協議呼びかけ　与党に羽田再任論」『朝日新聞』一九九四年六月二五日夕刊。

(17) 佐道前掲書第Ⅱ章。

(18) 公明が新進党に合流しなかったことに関しては、旧公明党の基盤である同党地方議員が、地方議会では自民党と組んで与党入りしていることが多く、創価学会が新進党だけを支持する形にすることが難しかったことが理由として指摘されている。島田裕巳『公明党vs.創価学会』(朝日新書、二〇〇七年)第一章、第三章。

(19) 読売新聞東京本社世論調査部編著『二大政党時代のあけぼの――平成の政治と選挙』(木鐸社、二〇〇四年)九七頁。

(20) 村山が辞意を表明する経過に関しては、御厨・牧原編前掲書第一一章参照。

(21) 民主党結党の経緯については、東恭弘「民主党の旗揚げ」(橘民義編著『民主党一〇年史』第一書林、二〇〇八年)参照。また、民主党の政党としての性格や位置づけについては上神貴佳・堤英敬「民主党の形成過程、組織と政策」(上神貴佳・堤英敬編著『民主党の組織と政策──結党から政権交代まで』、東洋経済新報社、二〇一一年)参照。
(22) 自由民主党編『自由民主党五十年史』(自由民主党、二〇〇六年)第一八章。
(23)「四年の自社さ体制に幕　法案への協力は合意　三党首会談」『朝日新聞』一九九七年六月一日夕刊。
(24) これらの経緯、内容については、自由民主党編前掲書第一八章参照。
(25) 山本健太郎『政党間移動と政党システム──日本における「政界再編」の研究』(木鐸社、二〇一〇年)第七章。
(26)「新進党首に小沢一郎氏再選　鹿野道彦氏と四八票差」『朝日新聞』一九九七年一二月一九日朝刊、「新進党分裂、解党へ　小沢氏、新党作りに着手　衆参一〇〇人規模想定」『朝日新聞』一九九七年六月八日朝刊。
(27) 手続き的には、太陽党、国民の声、フロム・ファイブが一月に合流して組織した民政党と、新党友愛(旧民社党グループ)、民主改革連合の三党が解党し、これを民主党が吸収している。「四党統一で新「民主党」　週明けに準備会　来月、結成最終合意」『朝日新聞』一九九八年三月一三日朝刊。便宜上、これを境に以前の民主党は旧民主党、以後の民主党は新民主党と呼ぶことが多い。
(28)「不在者投票、レジャーもＯＫ　投票時間は延長　自治省が規定緩和提言」『朝日新聞』一九九七年一二月二六日朝刊。
(29) 期日前投票制度は二〇〇四年より導入されている。二〇一〇年参院選では、投票者のうち一一・五六％、一二〇八万六四九一人(速報値)が利用している。「投票率、前回より微減　期日前は一二〇八万人が利用　参院選」『朝日新聞』二〇一〇年七月一二日朝刊。
(30)「自民、過半数回復困難か　民主は現状維持　参院選で朝日新聞社調査」『朝日新聞』一九九八年七月七日朝刊、「自民党伸びず、改選の六一程度　参院選終盤情勢・毎日新聞総合調査」『毎日新聞』一九九八年七月七日朝刊、「参院選終盤情勢　自民、現状の攻防　共産、倍増の勢い　読売新聞社六万人調査」『読売新聞』一九九八年七月八日朝刊。
(31)「世論調査も惨敗？　無党派層の動向読み切れず　検証・参院選報道」『朝日新聞』一九九八年七月一五日朝刊、菅原琢『世論の曲解──なぜ自民党は大敗したのか』(光文社新書、二〇〇九年)コラム一。
(32) 例として、石原伸晃、塩崎恭久、渡辺喜美、枝野幸男、仙谷由人などが挙げられる。この用語は朝日新聞でまず用いられ、読売新聞等にも広がったようである。「時々刻々　自民、体面捨て「丸のみ」　金融再生法案」『朝日新聞』一九九八年九月一八日朝刊、早野透「ポリティカにっぽん　自民党ニューウエーブ」

『朝日新聞』一九九八年九月二二日朝刊、「検証・金融国会（五）〝自民新人類〟「大蔵不信」バネに活躍」『読売新聞』一九九八年一〇月二二日朝刊。

(33) 御厨貴・牧原出編『聞き書　野中広務回顧録』（岩波書店、二〇一二年）第一〇章、第一一章。

(34) 内閣制度に関しては大臣の数を削減するとともに政務次官制度を廃止し副大臣と大臣政務官の制度を導入させている。国会制度では、官僚が大臣に代わって答弁する政府委員制度を廃止し、イギリスのクエスチョンタイムを模した党首討論の場を設けている。また衆院の比例代表選出議員数を二〇削減させている。

(35)「自自の選挙協力要求　連立離脱視野に　小沢一郎氏、小渕首相と密談」『朝日新聞』二〇〇〇年三月二五日朝刊。

(36) 非拘束名簿式の導入をめぐっての自民党内の意識や議論については、次の新聞記事を参照。「自民の参院比例「非拘束名簿式」検討「党員集め」過熱化回避へ　現職は慎重」『読売新聞』二〇〇〇年八月二日朝刊、「参院選「非拘束名簿式」導入検討　支援組織フル稼働狙う　野党反発は必至」『読売新聞』二〇〇〇年八月一九日朝刊、「非拘束名簿式導入、党利党略の思惑働き」『毎日新聞』二〇〇〇年八月三〇日朝刊。

(37) 野中は幹事長権限で議員の各選挙区事情を調べ上げ、個別に説得することで加藤派を切り崩したとされている。「「党内抗争ドラマ」収拾　自民内評価は乱高下　すご腕野中氏、動じぬ小泉氏」『読売新聞』二〇〇〇年一一月二〇日朝刊、魚住昭『野中広務――差別と権力』（講談社、二〇〇四年）第一六章。

(38)「森首相、退陣不可避に　支持率九%に急落　朝日新聞社世論調査」『朝日新聞』二〇〇一年二月一九日朝刊。

(39)「クローズアップ二〇〇一　足元グラグラ、森首相　広がる退陣論」『毎日新聞』二〇〇一年二月一七日朝刊。

(40)「森内閣、世論調査で振り返ると…　平均支持率ワースト一」『朝日新聞』二〇〇一年三月八日朝刊、「自民支持、最低二二%　朝日新聞社世論調査」『朝日新聞』二〇〇一年三月二三日朝刊。

(41)「三五都道府県で予備選　森首相の後継を選ぶ自民党総裁選」『朝日新聞』二〇〇一年四月六日朝刊。

(42)「自民総裁選が実質スタート　地方、三票に拡大　首相・幹事長協議」『朝日新聞』二〇〇一年四月五日朝刊。

(43)「自民総裁選　堀内派やはり〝橋本派別動隊〟？　堀内氏、擁立見送り」『読売新聞』二〇〇一年四月一二日朝刊、「自民党総裁選　都道府県連「予備選」、六五%は業界団体票　信任かけた主戦場」『読売新聞』二〇〇一年四月一三日朝刊。

(44)「「決選」の公算も　堀内氏は不出馬　自民党総裁選」『朝日新聞』二〇〇一年四月一二日朝刊。

(45)「自民党支持層「小泉氏よい」五〇%　自民総裁選の世論調査」『朝日新聞』二〇〇一年四月一六日朝刊、「自民総裁選・党員アンケート　小泉氏が予備選

で優位　読売新聞社」『読売新聞』二〇〇一年四月一七日朝刊、「自民党総裁選挙・予備選情勢分析　小泉純一郎氏がリード　過半数でトップの勢い」『毎日新聞』二〇〇一年四月二〇日朝刊。

(46)「自民総裁選予備選　小泉氏、圧勝へ　新総裁に選出強まる　二一日開票の七県全勝」『読売新聞』二〇〇一年四月二二日朝刊。

(47)読売新聞政治部『小泉革命——自民党は生き残るか』(中公新書ラクレ、二〇〇一年)第四章。

(48)「小泉内閣支持八七％　理念・指導力期待　歴代トップ　読売新聞社世論調査」『読売新聞』二〇〇一年四月二九日朝刊、「「細川」超えた　小泉内閣支持率最高の七八％　朝日新聞社世論調査」『朝日新聞』二〇〇一年四月三〇日朝刊、「小泉内閣、支持八五％で歴代最高　「政治変わる」期待　毎日新聞世論調査」『毎日新聞』二〇〇一年四月三〇日朝刊。

(49)内山融『小泉政権——「パトスの首相」は何を変えたのか』(中公新書、二〇〇七年)付録。

(50)菅原前掲書第二章。

(51)こうした小泉の政治手法ないし個性という観点から各政策とその形成過程を分析したものとして、大嶽秀夫『小泉純一郎ポピュリズムの研究——その戦略と手法』(東洋経済新報社、二〇〇六年)がある。

(52)内山前掲書。

(53)竹中治堅『首相支配——日本政治の変貌』(中公新書、二〇〇六年)。

(54)同会議の制度や実績については、大田弘子『経済財政諮問会議の戦い』(東洋経済新報社、二〇〇六年)参照。

(55)「日朝会談「評価」八一％、拉致「納得できぬ」朝日新聞社世論調査」『朝日新聞』二〇〇二年九月一九日朝刊。

(56)「ハンセン病国賠訴訟　政府が控訴断念、隔離政策を謝罪　元患者らに救済策」『毎日新聞』二〇〇一年五月二四日朝刊。なお、各メディアは政府筋の情報を元に事前に「控訴決定」を報道しており、小泉の政治手法がクローズアップされるとともに、旧来のメディアの取材手法の限界も指摘された。「ハンセン病国賠訴訟・控訴断念　意思決定は小泉流に　メディアは判断の点検必要」『毎日新聞』二〇〇一年五月二五日朝刊。

(57)菅原琢・谷口将紀・蒲島郁夫「自民党から「ハト」が逃げた」(『論座』二〇〇四年一一月号、朝日新聞社、二〇〇四年)、菅原前掲書。

(58)蒲島郁夫・菅原琢「公明がどちらを選ぶかで政権は替わる」(『中央公論』二〇〇四年一月号、二〇〇三年)。

(59)菅原琢「自民党政治自壊の構造と過程」(御厨貴編『変貌する日本政治——90年代以後「変革の時代」を読みとく』、勁草書房、二〇〇九年)。

(60)蒲島郁夫・谷口将紀・菅原琢「限界に達した？小泉マジック」(『論座』二〇〇四年五月号、二〇〇四年)。

(61)蒲島郁夫・菅原琢「二〇〇四年参院選　自民党

自壊・民主党定着の意味」（『中央公論』二〇〇四年九月号、二〇〇四年）。

（62）星浩「郵政総選挙とテレビ政治」（星浩・逢坂巌『テレビ政治――国会報道からＴＶタックルまで』、朝日選書、二〇〇六年）。

（63）菅原前掲書第一章。

（64）この間の民主党の状況については、坂田顕一「民主党最大の危機――郵政解散総選挙での敗北と偽メール問題」（橘民義編著前掲書）参照。

（65）朝日新聞が二〇〇六年一〇月九〜一〇日に実施した世論調査によると、安倍首相が中国、韓国を訪問し、首脳会談を行ったことについて八三％の回答者が「評価する」としている。「本社世論調査　質問と回答」『朝日新聞』二〇〇六年一〇月一一日朝刊。

（66）「郵政反対組、参院選へ復党論加速　「一人区、支援必要」」『朝日新聞』二〇〇六年一〇月二四日朝刊。

（67）清水真人『首相の蹉跌――ポスト小泉 権力の黄昏』（日本経済新聞出版社、二〇〇九年）第五章。

（68）清水前掲書第五章、第六章。

（69）清水前掲書第四章、上杉隆『官邸崩壊――安倍政権迷走の一年』（新潮社、二〇〇七年）。

（70）菅原前掲書第二章。

（71）「自民、歴史的大敗　民主躍進、初の第一党　安倍首相は続投表明」『朝日新聞』二〇〇七年七月三〇日朝刊、「予算も安倍vs.反安倍　公共事業費削減に批判の声」『産経新聞』二〇〇七年八月八日朝刊。

（72）自由民主党第二一回参議院選挙総括委員会「報告書――敗因の分析と今後の課題」（二〇〇七年）。なお同報告書は松本純自民党衆院議員のウェブサイトで公開されており、本稿の記述もこれを参考としている。http://www.jun.or.jp/vision/myopinion/2007/070823-saninsen.htm

（73）清水前掲書第九章。

（74）読売新聞政治部『自民崩壊の３００日』（新潮社、二〇〇九年）第二章。麻生は、『文藝春秋』に寄稿した論文でも「国民に信を問おうと思う」と述べていた。麻生太郎「強い日本を！――私の国家再建計画」（『文藝春秋』二〇〇八年一一月号、二〇〇八年）。

（75）「反麻生」と目される議員連盟、勉強会が結成され、参加者を増やしている。詳しくは、「「反麻生」48人リスト　勉強会は同床異夢の「強者弱者連合」」（『ＡＥＲＡ』二〇〇八年一二月二二日号、二〇〇八年）参照。一方、東京大学・朝日新聞共同政治家調査によると、自民党議員全体の意見分布は財政出動を認める方向に変化している。大川千寿「自民党対民主党――二〇〇九年政権交代に至る政治家・有権者の動向から」（『国家学会雑誌』第一二四巻第三・四号、有斐閣、二〇一一年）第二章。

（76）「与謝野・石破氏も署名　自民両院総会、必要数を確保　両氏、麻生首相に説明要求」『朝日新聞』二〇〇九年七月一六日朝刊。

（77）「自民党の渡辺元行革相、きょう離党」『朝日新聞』二〇〇九年一月一三日朝刊。

（78）「鳩山内閣支持七一％　歴代二位タイの高さ」

『朝日新聞』二〇〇九年九月一八日朝刊、「鳩山内閣支持七五％　歴代二位　連立「評価」四九％」『読売新聞』二〇〇九年九月一八日朝刊。
(79) 民主党が政権交代前後にどのようなスタイルで政治主導を実現しようとしたのかは、次の文献に詳しい。藤井直樹「撤回された「政治主導確立法案」をめぐって」(御厨貴編『「政治主導」の教訓――政権交代は何をもたらしたのか』、勁草書房、二〇一二年)、荻野徹「余はいかにして脱藩官僚とならざりしか――変革期における官僚の論理と倫理を求めて」(御厨編前掲書)、日本再建イニシアティブ『民主党政権　失敗の検証――日本政治は何を活かすか』(中公新書、二〇一三年)。
(80)「行政のムダを減らす取り組みは評価しますか。評価しませんか」という問いに七六％が「評価する」と答えている。「本社世論調査　質問と回答」『朝日新聞』二〇〇九年一一月一七日朝刊。
(81)「マニフェスト、「可能な限り守らねば」　民主・小沢氏」『朝日新聞』二〇〇九年一一月二五日朝刊。
(82) 特別会計の準備金、積立金等を取り崩して得られる、一時的な税外収入の総称である。「一〇年度予算、税外収入がカギ　公益法人にも「埋蔵金」」『朝日新聞』二〇〇九年一〇月一一日朝刊。
(83) 小沢裁定の経過と実際の文書は、日本経済新聞社編『政権』(日本経済新聞社、二〇一〇年)第五部を参照。
(84)「総額、過去最大九二・三兆円　公共事業費一八％減　鳩山政権が来年度予算案を決定」『朝日新聞』二〇〇九年一二月二六日朝刊。
(85)「鳩山内閣、支持急落四八％「指導力発揮せず」七四％　朝日新聞社世論調査」『朝日新聞』二〇〇九年一二月二一日朝刊。
(86)「名誉ある退陣、演出　外堀埋められた菅首相不信任案否決」『朝日新聞』二〇一一年六月三日朝刊、「自公、菅首相に月内退陣迫る　復興基本法の成立後」『朝日新聞』二〇一一年六月八日朝刊、「菅首相、月内にも退陣表明　特例公債法案、成立へ」『朝日新聞』二〇一一年八月一〇日朝刊。
(87) 菅原琢「なぜ自民党は総選挙に勝利し、安倍内閣は支持を集めているのか――世論調査と選挙結果のデータから分析する」(『SIGHT』五五号、ロッキング・オン、二〇一三年)八四－九九頁。
(88)「日本未来の党：1か月で分裂　小沢氏また「壊党」「母屋」乗っ取る形に」『毎日新聞』二〇一二年一二月二八日朝刊。
(89)「みんなの党との合流協議「年度内に」　維新・松井幹事長」『朝日新聞』二〇一三年一月二六日朝刊。
(90)「みんな、維新との選挙協力を解消」『朝日新聞』二〇一三年五月二〇日朝刊。
(91)「混戦野党、手堅い与党　参院選、各党の擁立状況」『朝日新聞』二〇一三年七月四日夕刊。
(92)「みんな、江田幹事長更迭　渡辺代表が大なた」『朝日新聞』二〇一三年八月八日朝刊。
(93)「みんな造反議員、離党に含み　秘密保護法案

で」『朝日新聞』二〇一三年一一月二八日朝刊。

(94)「みんな、亀裂の果て　江田氏離党、秘密保護法引き金」『朝日新聞』二〇一三年一二月八日朝刊、「結いの党、江田氏ら結成　野党勢力結集めざす　国会活動には制約」『朝日新聞』二〇一三年一二月一九日朝刊。

(95)「石原氏、新党設立へ　15人程度同調か」『朝日新聞』二〇一四年五月三〇日朝刊。

(96)「みんな20人、分裂へ　民主と合流／政権と連携／新党」『朝日新聞』二〇一四年一一月一九日朝刊。

(97)菅原琢「「自民党圧勝」と冷めた世論――データ分析が示す日本政治の歪み」(『SIGHT』六一号、ロッキング・オン、二〇一五年)七六―八九頁。

(98)「共産「反安保」で選挙協力　参院選は「1人区」対象」『読売新聞』二〇一五年九月二〇日朝刊、「連立前提の協力に慎重　民主、共産との党首会談」『朝日新聞』二〇一五年九月二六日朝刊。

(99)「実現する？野党共闘　共産提案「国民連合政府」、選挙協力」『毎日新聞』二〇一五年一〇月五日夕刊。

(100)「「大阪都」反対多数　住民投票　橋下氏「政界引退」」『読売新聞』二〇一五年五月一八日朝刊。

(101)「維新、視界不良　修正路線か　共闘か　安保法案　腰定まらず」『読売新聞』二〇一五年八月一四日朝刊、「橋下新党10月結成へ　「大阪維新」衣替え　維新は分裂」『読売新聞』二〇一五年八月三〇日朝刊。

(102)「維新分裂　松野代表　大阪系を提訴」『読売新聞』二〇一五年一〇月三一日朝刊。

(103)「維新、「円満解散」で決着　政党交付金、議員数で配分」『朝日新聞』二〇一五年一二月九日朝刊。

(104)菅原琢「野党共闘は政治に緊張感をもたらした」(『中央公論』二〇一六年九月号)一二八―一三五頁。

(105)「与党危機感「謙虚に」　内閣支持率下落」『読売新聞』二〇一七年六月一九日朝刊。

(106)「支持回復　解散決断　野党準備不足・対北圧力へ基盤強化」『読売新聞』二〇一七年九月一八日朝刊。

(107)「解散当日　民進大荒れ　リベラル系　選別に焦り」『読売新聞』二〇一七年九月二八日夕刊、「希望、排除の論理　小池氏「全員受け入れ、さらさらない」」『毎日新聞』二〇一七年九月三〇日朝刊。

(108)「共産、51選挙区取り下げ　立憲民主や社民に一本化」『朝日新聞』二〇一七年一〇月六日朝刊。

(109)「共産・志位氏「本格的共闘を」　次の国政選挙へ意欲」『朝日新聞』二〇一七年一一月一九日朝刊。

(110)「希望、3分裂の可能性　改憲・安保巡り対立激化」『朝日新聞』二〇一八年一月二七日朝刊。

(111)ジョヴァンニ・サルトーリ(岡沢憲芙・川野秀之訳)『現代政党学――政党システム論の分析枠組み』(早稲田大学出版部、一九八〇年)第Ⅱ部六。

(112)筆者は、公明党票が入らなかった場合の自民党候補者の当落を試算している。次の文献を参照されたい。蒲島郁夫「地方の「王国」と都市の反乱」(『中央公論』二〇〇〇年九月号、二〇〇〇年)、蒲島・菅原前掲「公明党がどちらを選ぶかで政権は替わる」。

(113) 菅原前掲「自民党政治自壊の構造と過程」。
(114) なお、研究者の間で、日本の政党制がどのように分類、表現されるかは、あまり議論されていないように思われる。川人貞史・吉野孝・平野浩・加藤淳子『現代の政党と選挙〔新版〕』(有斐閣、二〇一一年)第五章では、二大政党に票が収斂する傾向を指摘したのみで、分類を指摘してはいない。岩崎正洋「日本の政党システムと一党優位政党制」(岩崎正洋編著『政党システムの理論と実際』、おうふう、二〇一一年)は、〇九年衆院選以前は一党優位政党制であったとし、以降は未知数としている。野中尚人「政党――新たな使命と競争へ」(佐々木毅・清水真人編著『ゼミナール現代日本政治』、日本経済新聞社、二〇一一年)は「穏健な二大政党制」と表現している。
(115) 九〇年代の新党の動向については、東大法・蒲島郁夫ゼミ編『「新党」全記録』(全三巻、木鐸社、一九九八年)参照。
(116) 新党の発生や議員の政党間移動に関する包括的研究として、山本前掲書参照。
(117) 菅原琢「新党「ブーム」を分析する――二大政党の閉塞状況のなかで」(『世界』二〇一〇年七月号、岩波書店、二〇一〇年)。
(118) スティーブン・R・リード『比較政治学』(ミネルヴァ書房、二〇〇六年)第三章参照。
(119) 派閥の弱体化を考察したものとして、大嶽秀夫『日本型ポピュリズム――政治への期待と幻滅』(中公新書、二〇〇三年)第一章参照。
(120) 大嶽前掲書第一章、竹中前掲書第五章。
(121) 竹中前掲書第五章に示されている読売新聞のデータによると、五五年体制下ではだいたい十数億円以上集めていた各派閥が、政治改革以降は最大でも五億円程度へと激減している様子がわかる。
(122) 読売新聞の報道を追うと、一〇年九月代表選の前後では一五〇人とされていたものが、一二年六月頃には一一〇人となっている。一部議員の離党なども背景とした変化だが、グループ構成員の判定の不安定性を示す数字と言えるだろう。
(123) 註11参照。
(124) Gerald Curtis, *The Logic of Japanese Politics: Leaders, Institutions, and the Limits of Change* (Columbia University Press, 1999)、スティーブン・R・リード「勝てば自民党――フランチャイズ政党における候補者公認基準」(宮野勝編著『選挙の基礎的研究』、中央大学出版部、二〇〇九年)。
(125) 首相任期の比較データは、ベンジャミン・ナイブレイド(松田なつ訳)「首相の権力強化と短命政権」(樋渡展洋・斉藤淳編『政党政治の混迷と政権交代』、東京大学出版会、二〇一一年)参照。
(126) 菅原琢「【二〇一〇年参議院選挙分析】得票と議席の「ねじれ」について」(http://blog.livedoor.jp/sgt/archives/51759957.html)、菅原琢「安倍内閣の基盤は磐石になったのか」『Ｖｏｉｃｅ』二〇一三年九月号。
(127) 本項の分析の詳細に関しては、菅原前掲「自民党政治自壊の構造と過程」参照。なお、最新の選挙まで反映するように同文献のデータを編集し直している。

(128) 九〇年と九六年の衆院選を比較した場合、九〇年の自民党の候補者が一人増えるごとに、投票率の下落幅は一・八ポイント増える。たとえば九〇年選挙での自民党候補者数が三人だった地域では、九〇年選挙での候補者が一人だった地域に比較して、投票率の下落幅は三・六ポイント大きくなる。

(129) すでに述べたように投票環境の改善による投票率の急激な上昇のため、この選挙では事前の情勢が大きく外れている。註31参照。また、制度改革に合わせ、選挙期間中に投票率に言及した報道が大幅に増えている。「報道は投票率上げたか　検証・参院選報道」『朝日新聞』一九九八年七月一六日朝刊。ただし、これが実際の投票率にどれほど影響したかは定かではない。

(130) たとえば朝日新聞の記事データベース「聞蔵Ⅱ」で「本紙」限定で検索すると、九四年中に「無党派層」という言葉が使用された記事は一五件であったが、九五年には四九五件へと劇的に増え、以後、国政選挙のない年でも九〇件以上の記事で使用される言葉となっている。他紙でも傾向は同様である。

(131) 松本正生『政治意識図説――「政党支持世代」の退場』(中公新書、二〇〇一年)。

(132) たとえば政治学者が行ったJES2という調査は、一九九三年から九六年にかけて七回行われているが、この全てに回答した五八九人のうち、一回でも支持政党なしと回答したのは半数近い四七・一%に上った。一方、一貫して支持政党なしと答えていたのはわずか二・四%に過ぎなかった。蒲島郁夫『政権交代と有権者の態度変容』(木鐸社、一九九八年)。あるいは筆者が二〇〇七年五月末から八月初めにかけて計三回行ったネット調査では、三回とも政党支持態度を明らかにした一六七三人のうち各回の支持政党なしの割合は三六%、三二%、三四%であったが、一回でも支持政党なしと回答した割合は四六%、三回とも一貫して支持政党なしだったのは二三%であった(東京財団政治意識調査)。なお、こうしたパネル調査では、支持政党なしと回答しがちな有権者ほど落ちやすくなる(後の調査で回答しなくなる)という点は注意が必要である。

(133) たとえば「特集:座談会・参院選を振り返って　政治の再生へ知恵競う時」『毎日新聞』二〇〇七年七月三一日朝刊、「内閣支持率四九・五%　「麻生効果」今一つ　読売新聞社世論調査」『読売新聞』二〇〇八年九月二六日朝刊。

(134) 菅原琢「なぜ内閣支持率は乱高下するのか、なぜ首相が次々と代わるのか」(『SIGHT』二〇一一年五月号、ロッキング・オン、二〇一一年)、菅原琢「民主党政権と世論――内閣支持率乱高下の背景構造を探る」(御厨編前掲『「政治主導」の教訓』)。

(135) 世論調査と政局の関係に関する包括的な観察としては、吉田貴文『世論調査と政治――数字はどこまで信用できるのか』(講談社+α新書、二〇〇八年)、ポスト小泉を中心とした世論調査を背景としての政治家、政界の動きについては、柿崎明二『「次の首相」

はこうして決まる』（講談社現代新書、二〇〇八年）、「次の首相」調査の特性や意味については菅原前掲書第五章を参照。
(136) 近年の世論調査手法の動向については、松本正生『「世論調査」のゆくえ』（中央公論新社、二〇〇三年）、吉田前掲書参照。戦後世論調査などについて広範に議論したものとしては、岡田直之・佐藤卓己・西平重喜・宮武実知子『輿論研究と世論調査』（新曜社、二〇〇七年）、西平重喜『世論をさがし求めて――陶片追放から選挙予測まで』（ミネルヴァ書房、二〇〇九年）を参照。
(137) 全国調査の場合、まず全国から調査地点を選び、次にその地点の選挙人名簿や住民基本台帳から対象者を無作為に選び出す方式である。より詳しくは、杉山明子編著『社会調査の基本』（朝倉書店、二〇一一年）三参照。
(138) これ以外に、名簿と電話帳とを組み合わせて電話による調査を行うなど、いくつかの方法が試されている。
(139) 二〇一九年三月現在、月例の定例調査で層化二段階無作為抽出法による個別訪問面接聴取法を維持しているメディア世論調査は時事通信の世論調査のみである。図3で時事世論調査のデータを示したのはこのためである。定例調査とは別に、朝日新聞、読売新聞、毎日新聞は、年一回以上面接調査を行っているようである。共同通信と一部地方紙が共同で組織している日本世論調査会の調査も面接で行われており、年数回報道されている。なお、RDDによるサンプリングと郵送による聴取を組み合わせる調査法も一部で試されているが、メディアの世論調査ではまだ採用されていないようである。
(140) 松本前掲書第一章。
(141) たとえば共同通信は、地方紙への配信を行う必要があるため調査を早めに打ち切って午後には出稿しているようである。
(142) 菅原琢「スケープゴート化する世論調査――専門家不在が生む不幸な迷走」（『Journalism』二〇一一年一月号、朝日新聞出版、二〇一一年）。
(143) 菅原琢「政治と社会を繋がないマス・メディアの世論調査」（『放送メディア研究』一三号、ＮＨＫ出版、二〇一六年）。
(144) 菅原琢「世論調査政治と「橋下現象」――報道が見誤る維新の会と国政の距離」（『Journalism』二〇一二年七月号、朝日新聞出版、二〇一二年）。
(145) 菅原琢「安倍政権は支持されているのか――内閣支持率を分析する」（中野晃一編『徹底検証　安倍政治』岩波書店、二〇一六年）。
(146) 菅原琢「若者が自民党を支持しているって本当？第3回――自民党の得票率を過大に報告するメディアの世論調査」（http://blog.sugawaratakku.net/article/182032977.html）。
(147) 大嶽前掲書第五章。
(148) 星浩・逢坂巌『テレビ政治――国会報道からＴＶタックルまで』（朝日新聞社、二〇〇六年）。

(149) ただし、ワンフレーズとなるのはあくまでテレビの都合であり、官邸サイドはメディアの特性に応じてメディア対応を行っていたと主張している。飯島勲『小泉官邸秘録』(日本経済新聞社、二〇〇六年)第一章。

(150) たとえば田原総一朗は、自身がインタビュアー・司会者を務めた、宮澤首相の政治改革断行宣言や、橋本首相の恒久減税をめぐる発言の迷走について、テレビの力を示したものとして紹介している。田原総一朗『テレビと権力』(講談社、二〇〇六年)第三章。しかし、これらのインタビューが無かったとしても九三年衆院選、九八年参院選の有権者の投票行動は変わらなかっただろう。後者については、選挙終盤の「情勢変化」と絡めて論じられることがあるが、これは投票率向上を予測できなかったことによる情勢調査のズレと考えられる(註129参照)。一方、テレビへの首相の出演頻度の上昇、政治を題材とする情報・娯楽番組の興隆など、テレビを通した政治報道の「ソフト化」、「インフォテイメント化」と呼ばれる変化は、データにより明らかになっている。谷口将紀「日本における変わるメディア、変わる政治」(サミュエル・ポプキン/蒲島郁夫/谷口将紀編『メディアが変える政治』、東京大学出版会、二〇〇八年)。

(151) 加藤の乱の経過に関しては、大嶽前掲書第一章、芹川洋一「ネットと政治」(蒲島郁夫・竹下俊郎・芹川洋一『メディアと政治』、有斐閣、二〇〇七年)参照。

(152) 麻生のネット上での人気に関する検証は、菅原前掲書を参照。

(153) 本部前に集まった人数は朝日新聞による。「「普通の人」表舞台に 「実は決断型」「華がない」 福田新総裁、どんな人」『朝日新聞』二〇〇七年九月二四日朝刊。なお、毎日新聞は一五〇人、読売新聞は三〇〇人としている。「福田・自民党新総裁:地味だけど安定感 「地方疲弊、目向けて」」『毎日新聞』二〇〇七年九月二四日朝刊、「自民総裁選 福田氏「ほろ苦」勝利 派閥締め付け空回り」『読売新聞』二〇〇七年九月二四日朝刊。

(154) ネット上の「小沢人気」は一部の「投票所」の結果であり、小沢不人気を示す結果も多数ある。菅原琢「世論調査は機能しているのか?――「民意」解釈競争と現代日本政治の迷走」(『よろん』一〇七号、日本世論調査協会、二〇一一年)。これは、小沢支持者間で情報が共有された投票所と、そうでない投票所があるためである。

(155) 安田浩一『ネットと愛国――在特会の「闇」を追いかけて』(講談社、二〇一二年)、五野井郁夫『デモとは何か――変貌する直接民主主義』(NHKブックス、二〇一二年)。

(156) 芹川洋一「政治取材はどう行われているか」(蒲島・竹下・芹川前掲書)。

(157) 「来月二六日、総選挙へ 三日解散、自公合意」『朝日新聞』二〇〇八年九月一八日朝刊、「衆院解散、補正成立後が軸 会期延長論も浮上 新経済対策発

表」『朝日新聞』二〇〇九年四月一一日朝刊。なお、朝日新聞社は、「総選挙に向けて」の連続世論調査を二〇〇八年一〇月から一一月にかけて四週にわたって行っていたが、一二月から定例の調査に戻している。
(158) 註122参照。
(159) この経過に関しては、菅原琢「東日本大震災後の日本の政治論壇」(『問題と研究』第四一巻第一号、國立政治大學國際關係研究中心、二〇一二年)参照。
(160) 柿﨑前掲書。
(161) 蒲島郁夫「マス・メディアと政治」(『レヴァイアサン』七号、木鐸社、一九九〇年)。
(162) 「特集　なぜ「政治報道」は批判されるのか」(『Journalism』二〇一二年一月号、朝日新聞出版、二〇一二年)。
(163) 政治改革全般の流れに関しては、佐々木毅編著前掲書、参照。政治改革が日本政治に与えた影響に関する論考は枚挙にいとまがない。政党と候補者の関係について検証した代表的な著作としては、浅野正彦『市民社会における制度改革——選挙制度と候補者リクルート』(慶應義塾大学出版会、二〇〇六年)、谷口将紀『現代日本の選挙政治——選挙制度改革を検証する』(東京大学出版会、二〇〇四年)が挙げられる。
(164) 佐々木毅・吉田慎一・谷口将紀・山本修嗣編著『代議士とカネ——政治資金全国調査報告』(朝日選書、一九九九年)。
(165) 加藤の乱の際の野中広務による公認権を用いた説得や、郵政解散の際の小泉による造反議員の除名、刺客候補擁立は、リーダーや幹部の公認権の強化を示すものという見方もある(大嶽前掲書第一章、竹中前掲書第四章)。しかし、加藤の乱はもともと同派内部が分裂気味であったうえ、乱の鎮圧者による当事者言説に引きずられている感が強い。また郵政解散の例は、選挙で圧倒的な支持を受けた強力なリーダーでさえ、半数の議員は落選させることができなかったという点で、むしろ公認権の限界を示すものと思われる。
(166) 詳細は、大田前掲書参照。
(167) 高橋洋「内閣官房の組織拡充——閣議事務局から政策の総合調整機関へ」(御厨編『変貌する日本政治』)。
(168) この点、内山融「小泉純一郎の時代——歴史と個性の政治学試論」(飯尾潤・苅部直・牧原出編著『政治を生きる——歴史と現代の透視図』、中央公論新社、二〇一二年)、待鳥聡史『首相政治の制度分析——現代日本政治の権力基盤形成』(千倉書房、二〇一二年)第五章の議論参照。
(169) 九〇年代以降の日本の経済政策に関しては、村松岐夫編著『平成バブル先送りの研究』(東洋経済新報社、二〇〇五年)、上川龍之進『経済政策の政治学——90年代経済危機をもたらした「制度配置」の解明』(東洋経済新報社、二〇〇五年)、片岡剛士『日本の「失われた20年」——デフレを超える経済政策に向けて』(藤原書店、二〇一〇年)などを参照されたい。
(170) 日本政治の混迷の構造を示したものとして、樋渡展洋・斉藤淳「政党政治の混迷と政権交代——新選挙制度と長期経済停滞」（樋渡展洋・斉藤淳編『政党政治の混迷と政権交代』東京大学出版会、二〇一一年）の仮説が参考になる。また改善の方向性を論じたものとして、飯尾潤『日本の統治構造——官僚内閣制から議院内閣制へ』（中央公論新社、二〇〇七年）が挙げられる。

（171）より詳しくは、註134に挙げた文献を参照されたい。

（172）菅原前掲「新党「ブーム」を分析する」参照。

（173）民主党政権下での与党議員についての考察は、木寺元「「脱官僚依存」と「内閣一元化」の隘路——「前の調整」・「後ろの調整」・「横の調整」」（御厨編『「政治主導」の教訓』）を参照。

（174）「時時刻刻　首相窮地、民主の乱　前夜、小沢氏「菅ではもうダメだ」」『朝日新聞』二〇一一年二月一八日朝刊。

（175）民主党、自民党、公明党の合意により、一五年度までの四年間について赤字国債を自動発行できる特別措置を明記した公債特例法が二〇一二年衆院選直前に成立した。一六年度からはこの措置がさらに五年継続することとなり、国会審議を経ずに赤字国債を発行できることが常態化した。

（176）「「対民主」苦心の野党　谷垣氏「大連立」を否定」『読売新聞』二〇一〇年九月一四日朝刊、「見えぬ針路　与野党連携の行方　「谷垣首相」で協力態勢を自民・森喜朗元首相」『朝日新聞』二〇一一年六月二一日朝刊。

（177）この点、首相への有権者の支持の、与党への統制に介在する選挙制度の影響に関して議論を整理している、上川龍之進『小泉改革の政治学——小泉純一郎は本当に「強い首相」だったのか』（東洋経済新報社、二〇一〇年）終章注四参照。

（178）多数決型とコンセンサス型の民主主義の整理については、アレンド・レイプハルト（粕谷祐子訳）『民主主義対民主主義——多数決型とコンセンサス型の36ヶ国比較研究』（勁草書房、二〇〇五年）参照。

（179）待鳥前掲書第五章。

（180）参院改革を整理し論じたものとして、竹中治堅『参議院とは何か——一九四七～二〇一〇』（中央公論新社、二〇一〇年）第七章参照。

（181）待鳥前掲書第五章。

謝辞

本章は、文部科学省科学研究費補助金「日本の国政選挙における地元志向に関する実証的研究」、東京大学先端科学技術研究センターRCAST助成・若手研究奨励費「議員評価の実践と定着に向けての基礎的研究」の成果の一つである。

経済

井手英策

「勤労国家」型利益分配メカニズムの形成、定着、そして解体

はじめに――統治の全体史として平成の経済政策史を描く

平成期に観察されるさまざまな「経済現象」について、政府を実施主体とする政策の動きのなかでこれをとらえ、日本経済の変容を読み解いていくこと、それが本章のねらいである。

経済政策とは何だろうか。辞書的に説明すれば、財政政策、金融政策、さらには規制政策や産業政策もくわえた一連の政策群の総称のことである。これらの施策がなぜ必要なのか。それは、経済成長を実現し、労働者の所得を増大させるためである。だが、いま一歩踏みこんで、そうした所得の増大がなぜ必要なのか、それをどのように実現してきたのかを考えてみると、じつは、それぞれの国によって多様な回答があり得る。

人びとの所得を増やすこと――政府にとって、そのねらいは、社会を統合し、国民国家を成立・機能させることにある。第一に重視されるのは、国家がどのような利害対立に直面し、どの階層に対してどのような利益分配を行うことが政治的、経済的に望ましいかという点である。だから、それぞれの国の置かれている歴史状況や過去の政策との関係、やや難しくいえば「経路への依存・非依存」の問題を抜きに、経済政策の目的や意味を突き止めることはできない。

一方、こうした「国民」経済の安定化の試みに対して、「国際」的な揺さぶりがくわわる。例えば、アメリカのような基軸通貨国であれば、自国経済と国際的な資金循環との関係、グローバル戦略との整合性が問われる。ドイツやフランスのようにＥＵという超国家的な共同体に属する国ぐにには、マーストリヒト条約や成長安定協定などの各国どうしの取り決めとの関係を基本に、ユーロの安定化、域内での国際競争力の確保が課題となる。北欧諸国のような小国の場合、資本移動や為替の安定性が自国経済を直撃する一方、普遍主義を重視する立場から、生存保障や生活保障が充実し、経済成長それ自身に対する選好は他国ほど強くないように見える。

ようするに、経済とはそれじたいが独立して、自律的に運動するものではないということである。その国の社会が置かれている歴史的な特徴が経済政策のあり方に大きな影響を与え、また、その政策は国家を媒介として社会に反作用を及ぼしていく。しかも、それぞれの国に期待される世界経済上の役割や地政学的な位置といった国際的な要因、社会的対立の深度や社会を編成する原理の相違、政治集団の配置といった国内的要因が複雑にからみあうことによって、経済政策の姿は大きく左右される。

したがって、日本における平成年代の経済現象にかんして、これを経済政策を通じて追跡するという本章の試みは、その時代の世界経済や日本経済を覆う問題は何か、これに政治がどのように対応しようとしたのか、そしてそれがいかなる社会的、制度的基盤のもとに実践されたのかついて考察することを意味する。別言すれば、国家の統治活動のなかで、政治的、経済的、社会的問題がいかなる意味を持ち、それらの問題を国家がどのように解決しようとしてきたかを考えることでもある。

このように、統治という究極目的のために、社会全体がいかなる史的展開を遂げたのかという問いへの回答を、経済政策の歴史のうちに見いだす試み、これが本章の課題である。

1　平成経済政策史・前史――「勤労国家」の基本的骨格

まずは本章の全体像を説明しておこう。本章は「勤労国家」[1]という概念のもと、大きく三つの次期区分を念頭に置いている。第一期は池田勇人政権から石油危機にいたる「形成期（一九六〇〜七四年）」、第二期は国が借金をしながら成長を支える「展開期（一九七五〜九七年）」、第三期は経済構造の変化と多額の政府債務によって、利益分配機能が不全化する「解体期（一九九八年〜現在）」である。次期区分の根拠は後に述べる。だが、それぞれが内外の経済要因や政治的、社会的要因によって特徴づけられている。

以上を確認したうえで、本節では、平成年代の経済政策の変容を明らかにするために、第一期およびそこにいたる過程に光を当てながら、戦後日本の経済政策の基本的枠組みを見ていくこととしよう。

戦後日本の最初にして最大の課題は復興であった。第二次世界大戦の惨禍によって国土の荒廃と産業施設の崩壊が進み、これに引揚者の雇用問題が重なって、政府の前に復興問題が立ちはだかった。ここで積極的に動員されたのが公共投資である。池田勇人政権期以降になると、国土開発計画が策定されるようになり、次第に経済成長、そして大都市圏と地方圏の所得分配へと重点を移しながら、公共投資は拡大されていくこととなった。

一方、占領期には急激なインフレが進み、租税負担の上昇が社会問題となっていた[2]。シャウプ使節団の勧告した税制、いわゆるシャウプ税制は、理念的にはきわめて優れた税制改正であったが、結果的に中間層の税負担を重くした。さらに給与所得者の経済的、政治的地位が上昇していくなか、個人事業主との税負担の格差が問題視されるようになった。こうして、高度経済成長期には、課税最低限の引き上げが重要な政治課題となり、毎年、物価上昇による負担増を減らすための「物価調整減税」が繰り返されていった。

金融政策に目を転じよう。一九五三（昭和二八）年の秋頃、景気の過熱が輸入の増大をもたらし、これが外貨を不足させ、輸入を困難にする「国際収支の天井」が問題となり始めた。政府は、景気の過熱を抑えるため、財政規模を一定に抑えつつ、効率的に資源を配分するよう試みた。経済官庁による指導も見逃せないが、日本銀行の窓口指導、高率適用制度による信用割当、財政投融資を通じた産業資金の配分等、金融面での資源配分が高度経済成長期の経済政策を支えていった。

戦後の経済政策は、以上の政策課題に即して体系化された。だが、興味深いのは、これらの政策がバラバラに実行されたのではなく、池田勇人が勤労と倹約の美徳を説きながら、高度成長につながる鮮やかな循環を形成していった点である。

池田は著書『均衡財政』のなかで自らの財政観を以下のように語っている(3)。まず、「福祉行政に国費を注ぐこと」より「国民経済を安定した状態におくことの方が、もっと根本的に国家として努力すべきこと」だと池田はいう。だが、「財政でも企業でも家計でも、知らず知らずのうちに濫費に流れて怪しまない心理があるかもしれない」したがって「資本の蓄積は、要するに、国民一人一人の勤労と節約のうちにあるということを覚らねばならない」。そのうえで、「人間の勤労の能率をよくし、生産性を高める」ための「公共事業」と「勤労者に対する税負担の調整を考慮する」ための「所得減税」を政策の柱として据えていった。

日本財政の基礎は、大恐慌期、戦時期そして占領期を経て構築されてきた。一言でいえば、物価上昇との闘いの過程で財政基盤が形成されてきた。大蔵省は、インフレを起こさないために、財政を国民経済と調和させることに腐心し、個別の利益分配ではなく、予算の総額抑制に力点を置いてきた。「マクロ・バジェッティング（総額重視型の予算統制）」である。[4] この発想が高度経済成長期にも継承され、政府は租税負担率や財政規模を国民経済に対して一定以下に抑えることを目標に定めたのである。

「国民所得倍増計画」はみなさんもご存知だろう。じつはこのなかに「二〇%ルール」とも呼ぶべき規定が盛りこまれている。国民の租税負担率を国民所得の二〇%以下に抑えることを求める規定だ。当時は、財政法の規定が守られ、国債の発行が原則禁止とされていた時代だった。したがって、財政の規模は国民所得に対して一定に抑制され、かつ増大する所得と税負担に対応するため、毎年度、所得減税を実施することとなった。

この政策志向は日本の福祉国家のあり方を決定づけることとなった。ヨーロッパを見れば分かるように、自然増収を減税という「現金給付」に用いるのではなく、社会保障や教育、住宅等における「現物給付」に用いた。それゆえ、大学や医療、子育て、高齢者福祉にかかる自己負担が日本よりもはるかに低く抑えられることとなった。

だが、日本では、政府への依存を批判的に捉える勤労と倹約を基底にもつ「自己責任」のイデオロギーが社会に広く行き渡っていた。[5] くわえて、国際収支の天井という制約もあって、政府の規模を一定に抑えるという政策課題が優先され、減税による所得還元、政府規模の抑制が選ばれたのである。

毎年の減税は人びとの生活設計のなかに織り込まれていった。そして、高度経済成長による所得の増大を補完し、住宅、教育、育児・保育、養老・介護といった現物給付を「市場から購入する」ための財源となった。将来の生活設計のために、増大していく収入は貯蓄に回され、このことは日本の貯蓄率を先進国最高水準に押しあげていくこととなる。

豊富な貯蓄はふたつのルートで日本経済を支えた。ひとつは金融機関を経由する企業の設備投資資金として、もうひとつは郵便貯金を財源とする政府の投融資活動、すなわち財政投融資の資金として。しかし、こうしたマクロの貯蓄を再配分するだけでは、高度経済成長を金融面から支えるには不十分だった。そこで活用されたのが日銀による信用供与・割当である。

日銀は戦時期のような企業への直接貸付にこそ乗り出さなかったが、代わりに積極的に金融機関へと資金の割当を行い、景気の循環を支えた。日銀の積極的な信用供与は政府の財政政策を補完し、政府規模の抑制という政府の目標を間接的に支えることとなったのだった。

以上の政策パッケージのもと、成長がさらなる成長を生み、同時に、それがゆたかな税収をもたらすことで減税財源を確保し、人びとの自己責任をめぐる自己実現を可能とするという好循環が生み出されていったのである。

政府の支出面も見ておこう。一九六〇年代の半ばになると国際収支の天井は緩和されていった。だが一方で、先進国でもっとも小さな規模の政府は維持され、景気刺激を日銀、そして財政投融資が支えていくという構図が定着していった。特に重要だったのは、財政投融資が政府の投融資活動であり、社会保障のような移転的経費にこれを用いることができなかった点である[6]。政府の支出政策は、公共投資を通じた社会インフラ整備に傾斜するしかなかったのである。

社会保障は不足した[7]。だがこのサービスは別の担い手が支えていた。女性と企業である。高度成長期の男性労働力率は八割を超えていたが、女性のそれは五割を下回っていた。また、一九六〇（昭和三五）年頃の女性の就労状況を見てみると、六割近くが自営業であった[8]。企業や政府もこうした流れを後押しした。企業は、結婚退職制や若年定年制を定着させ、政府も配偶者控除や、専業主婦に年金受給権を与える三号被保険者を創設し、専業主婦化を促進した。以上のようにして「家」に貼り付けられた「妻」こそが育児や保育、養老、介護を支えたのである。

企業の果たした役割も重要である。企業は、社会保険料以外に非法定の福利厚生費を負担していた。高度経済成長期にはこの費用の占める割合が大きく、また、その五割から六割を住宅費用が占めた。企業が負担を進んで受け入れた背景には、賃金の抑制というねらいがあったが、反面、住宅、社員食堂での飲食費等に大きな支出を行い、従業員の生活費用を企業が保障することで労働者の忠誠心を確保していった。(9) 終身雇用や年功序列賃金からなる日本的経営は、賃金水準を抑えながらも、若年層の雇用を確保してきた点に特色があった。企業が就労の機会を保障し、かつそれが生涯にわたり、また福祉もあわせて受けられるわけである。日本的経営は、人びとの企業への依存を強めさせ、同時に小さな政府の重要な基盤となっていった。

戦後、日本国憲法体制のもとで、軍事負担は大幅に軽減された。また、社会保障についても政府は負担を回避することができた。明治期以来の「富国強兵」の「富国」にのみ専念するかたちで、戦後の日本政府は公共投資と減税を柱に、小さな政府を堅持していったのである。

この減税と公共投資という政策パッケージは、二重の意味で社会契約をなしていた。まず、公共投資に支えられた雇用と所得は、低所得層の納税、社会保険料負担を可能にした。公的扶助ではなく、労働の機会を与えることで低所得層の社会包摂を図ったわけである。(10) この所得再分配は、地域間の所得格差、財政力格差も緩和した。以上が社会的連帯の基礎となった。

もう一点、この再分配への合意形成を可能としたのが中間層への物価調整減税だった。とりわけ、減税が都市に住む中間層の利益となっていた点は注目されてよい。減税と公共投資という政策パッケージは、経済成長を支える原動力であっただけでなく、都市圏と地方圏、中間層と低所得層の連帯を可能とする社会契約、利益分配の枠組みでもあったのである。

この観点から減税と公共投資の関係を見てみると、面白い連動性が見て取れる。公共投資は一九六〇年代後半から七〇年代後半にかけて地方圏に傾斜配分された。この時期は人的控除の引き上げを通じた物価調整減税の時期とほぼ重なる。

一方、財政再建が追求され、バブルによる好況に沸いた七〇年代末から九〇年代初頭には減税が後退した。ところが今度は、都市再開発、上下水道整備、地下鉄建設という具合に、大都市向けの公共投資が上昇する。

さらに、後に述べるように、一九九四（平成六）年以降、大規模減税が活発化する頃になると、再び地方圏への公共投資配分が増大する。減税は都市中間層に対する重要な利益分配の手段だった。そしてそれは、地域間再分配の強度と密接に関係していたのである。

以上の循環は、高度成長を基盤に成立しえたものである。だが、石油危機以降、低成長経済へと移行し、その前提である経済成長が維持できなくなった。一九七四（昭和四九）年に高度経済成長期の物価調整減税のひずみを是正する「二兆円減税」が田中角栄政権のもとで実施されたのを最後に、ほぼ毎年度続いていた所得減税は停止される。そして、一九七五（昭和五〇）年度補正予算以降、急激な勢いで赤字国債の発行額が増大していき、今度は財政が成長のエンジンとなることが求められるようになっていく。

このように、本章では、高度経済成長モデルの破綻を念頭に、一九七五年より前の時期を勤労国家の「形成」期、それ以後の時期を「展開」期と区分する。成長の果実をどう分配するかという「形成」期の論理が逆転し、その統治メカニズムを持続可能とするために、政府が借金によってリスクテイクするようになったこと、この転換を含めて「展開」期と位置づけるのである。

さて、一九七五年以降に公債依存度が急上昇し、八〇年代の増税なき財政再建とバブルによる財政健全化ののちに、九〇年代に公共投資と減税によって再び政府債務が急増していく。その意味で、九〇年代、すなわち平成の時代とは、まさに勤労国家のフレームワークが全面化し、その限界に直面していく時期だったということになる。

2　全面開花した勤労国家――一九九〇年代に何を受け継ぎ、何が変わったのか

相次ぐ景気対策、そして国債発行の環境整備

平成年代の経済政策史の前半の時期は、大よそ勤労国家の枠組みで経済政策の流れをつかまえることができる。だが、その過程では平成年代に固有の要因も入り込み、さらに興味深いことには、一九九七–九八（平成九–一〇）年前後の時期を境に、日本経済は大きな変貌を遂げていく。日本経済の転換と勤労国家モデルの粘着性、このふたつの関係こそが日本社会の停滞の理由を解き明かすひとつの鍵となるのだが、まずは、一九九七–九八年をひとつの分岐点として、それ以前の第二期について見ておこう。

一九八九（平成元）年一二月二九日東証の大納会で株価は史上最高値の三万八九五七円四四

銭を記録した。ところが、翌年の大発会以降、株価は急落し、一〇月一日には安値が二万円を割り込むまでに落ち込んだ。いわゆるバブルの崩壊である。ところが、政府の景気減速への対応は鈍かった。一九九〇年度には法人税率の引き下げが実施されたものの、同時に二度の利上げが実施され、また翌一九九一年には、不動産向け融資の総量規制、地価税の導入、土地譲渡益課税の強化、相続税における土地評価の適正化といった措置がとられていた。

景気の冷え込みを受けて、政府が本格的な対策に乗り出すのは、一九九二（平成四）年以降である。政府は、八月二八日、事業規模一〇兆七〇〇〇億円にのぼる「総合経済対策」を実施した。これ以降、九〇年代を通じて一〇度におよぶ景気対策が実施されることとなるが、その対策の中心は公共投資であった。**図1**に示されているように、公共投資のひとつのピークは一九七八－七九年であり、八〇年代を通じて他国とは隔絶の水準ではありながらも抑制傾向が続いたが、一九九二年以降、再び公共投資が急増するさまを見て取ることができる。

公共投資の増大とあわせて問題となったのが減税だった。法人減税は先行実施されたが、最初の大規模減税は一九九四（平成六）年度の特別減税であった。一九九四－九六年度にかけて毎年五・五兆円規模の減税が行われ、さらに一九九四年一一月には所得税と住民税の恒久減税と消費税率の引き上げが合わせて決定された。ちなみにこの改正では、消費税の増税は一九九七年度からとされたが、所得税・住民税の引き下げは一九九五年度から実施されることとなった。さらに、一九九八年度に法人税率の引き下げ、二度の所得税の特別減税が、一九九九年度には再び法人税率の引き下げと所得税の恒久的減税がそれぞれ実施された。

さらに金融面でも大きな動きがあった。ひとつは財政投融資の活発化である。一九九〇年代に財政投融資は急増し、対ＧＤＰ比で八％と戦後最高水準で推移していった。ただし、これは

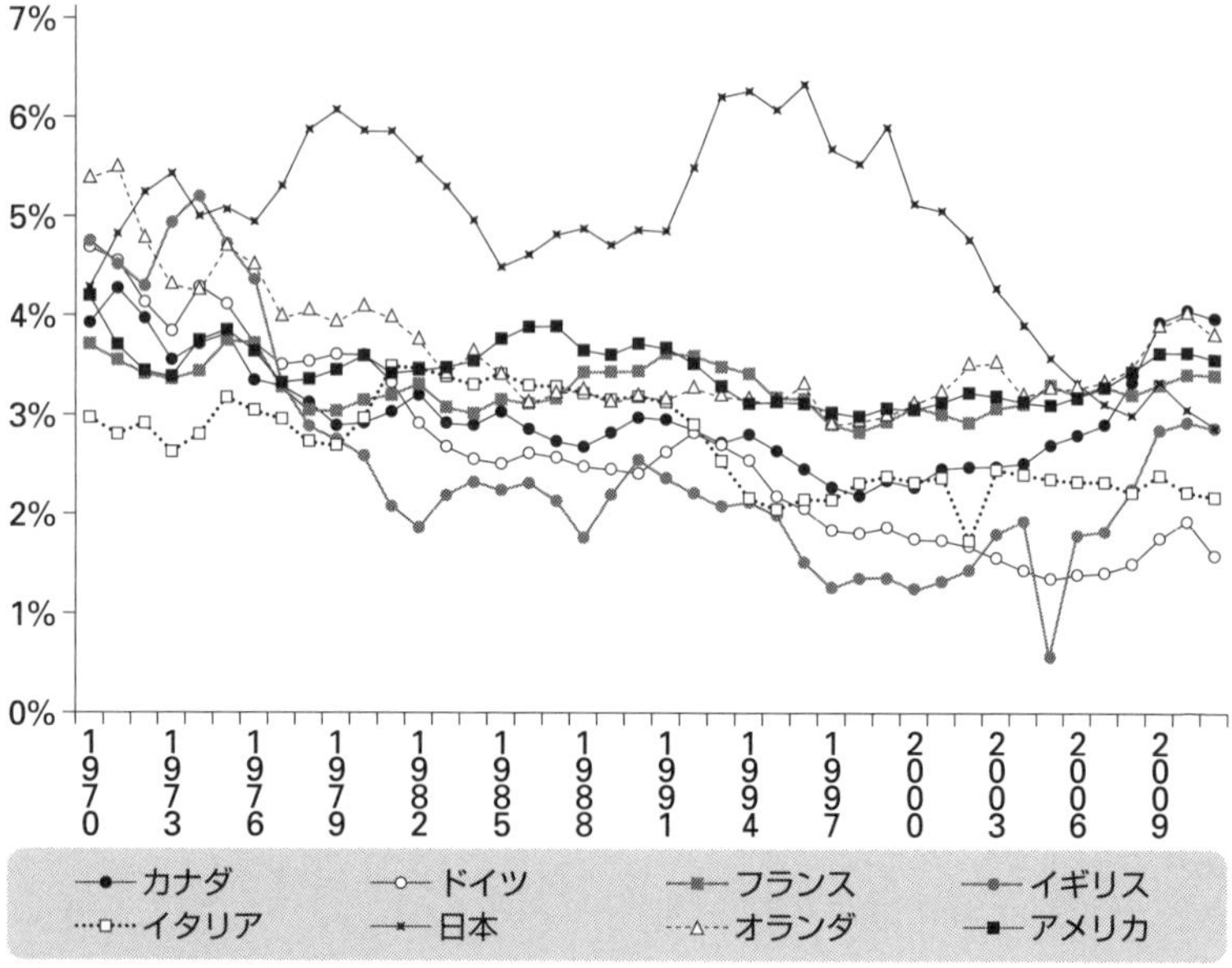

図1　公共投資の国際比較

出所:OECD "Economic Outlook Database"より作成。

単純に公共投資の拡充を意味したわけではなかった。一九九三（平成五）年度以降、財政投融資の「不用額」が増大するからである。

ここで注目すべきは、一九八六（昭和六一）年度以降、資金運用事業が開始され、財政投融資による国債保有が膨らんでいったことである。また、八〇年代を通じて財政投融資の計画外資金(11)も国債へと投資されるようになった。ようするに、一般会計の公共事業を補完するのと同時に、社会保障の増大によって厳しさを増す財政へのファイナンスを行うことで、財政投融資は財政を二重に支援するようになっていったのである。

いまひとつ、日本銀行の政策運営も興味深い。日銀は、経済の長期停滞が鮮明になるなか、金融緩和を通じた景気刺激策を実施した。同行は、伝統的に公定歩合を調節目標として採用してきた。だが、一九九四（平成六）年に完了した金融自由化によって、民間銀行の金利が完全に自由化され、公定歩合と市場金利の連動性が著しく低下した。そこで、翌一九九五年に調節目標を公定歩合から短期金融市場金利へと変更することを決め、あわせて、日銀は金融機関から国債や手形を購入する買いオペを積極化させた。こうして一九九五年以降、日銀の保有する国債残高が急増していくこととなった。この措置は後に述べるような国債の買い支えへとつながっていく。

これらのプロセスは、勤労国家を支えた財政投融資と中央銀行の政策協力が全面化する過程に他ならなかった。日銀の国債買入れは、国債価格の安定化、長期金利の低下をもたらし、少ない財政負担による国債発行を可能とする。また、資金運用部資金の国債投資も同様の効果を持った。一九九五年に政府は「財政危機宣言」を出している。だが現実には、財政と金融の一体化というかたちで勤労国家のレジームが開花し、財政当局が利払い費を懸念することなく国債を発行できる環境が整えられていたのであった。

揺らぐ戦後経済政策史の前提条件

以上のように、高度経済成長期をしのぐ大規模な減税と公共投資、金融的手法による財政の補完を柱として、勤労国家の枠組みは全面化した。減税政策は、課税最低限の引上げよりも定額減税や定率減税が重視され、公共投資に関しても、北海道、北陸、沖縄を中心に三大都市圏以外の地域への分配が重視された(12)。中間層の宥和と地域間再分配という勤労国家の基本的方向

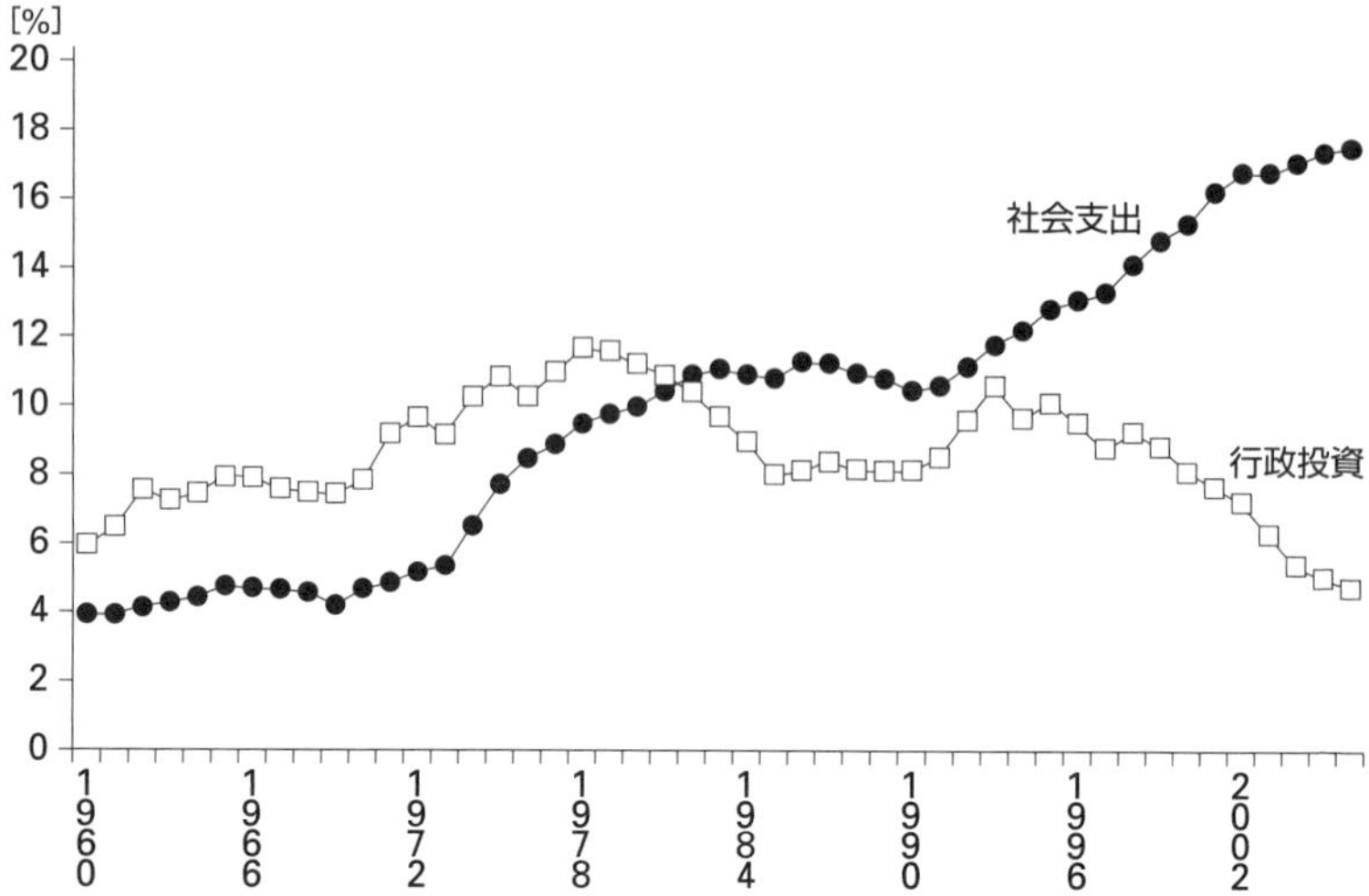

図2　行政投資と社会支出の対GDP比

出所:総務省『行政投資実績』、国立社会保障・人口問題研究所『社会保障費用統計』より作成。
注1. 行政投資は用地費、補償費、維持補修費等を含んでいる。
注2. 社会支出はILO基準の社会保障給付費を用いた。

性が、財政史上に残る空前の政府債務とともに浮かび上がったわけである。

だがそれは、単純な勤労国家の量的拡大とは異なる政策の歩みでもあった。

第一に社会支出の重要性が決定的に高まった。一九九〇年代後半になると、公共投資に対する風当たりが強まり、過大な投資が政府債務増大の原因だとする論調が強まった[13]。だが、**図2**を一瞥すると分かるように、九〇年代における行政投資[14]は、七〇年代後半のそれと比べ、むしろ控えめな水準にあった。むしろ急激に比率を高めたのは年金や医療等の社会支出である。とりわけ九〇年代の後半以降、行政投資の比率低下が社会支出の比率増大と見事な対照をなしている。小泉政権期前後の政府・マスコミ・学者をあげてのハコモノ批判の本質は、その効率性の有無よりも、厳しい予算制約のなかで社会保障に「再配分」する財源を見いだすことにあったのである。

以上の変化が、社会保障への国民の要望を示すものだったことは、改めて確認されておいてよい。内閣府の「国民生活選好度調査結果」によれば、自分の老後に明るい見通しについて「全くそうではない」「どちらかといえばそうではない」と回答した人の割合は、一九七八（昭和五三）年度には四二・八％だったのが、平成年代に次第に増加し、一九八九年には八〇％を超えていた。少子高齢化、女性の社会進出[15]という社会構造の変化とともに、財政ニーズは次第に公共投資から社会保障へと変化していった。その基盤のうえで勤労国家レジームが全面化したこと、すなわち、財政ニーズと現実の政策のズレがここに観察されるのである。

第二に、アメリカからの外圧がいっそう強まった。日本の経済政策史を振り返ると、アメリカからの政治圧力は政策決定にたびたび大きな影響を与えている[16]。ただ、レーガン政権期までは個別案件についての政策圧力が中心であったが、ブッシュ政権以降、包括的な政策協議が定期的に行われるようになった[17]。日米構造協議の開始である。一九九三年一月にクリントン政権が誕生すると、構造協議の路線を踏襲しつつ日米包括経済協議が発足し、内政干渉に限りなく近い政治圧力が日本政府に加えられるようになった。

構造協議時代から対米貿易黒字削減の数値目標の設定、公共投資による内需の拡大が要求されており、その成果として、一九九一（平成三）年からの一〇年間で四三〇兆円の公共投資を盛り込んだ公共投資基本計画が策定された。だが、日米包括経済協議では「年次改革要望書」が提出され、金融・保険業の規制緩和や減税による消費刺激策までもが要求された。一九九三年九月のＧ７議長声明には「規制緩和と税制改革に期待する」という文言が押し込まれ、これらの圧力に押し切られるかたちで日本政府は大規模減税、金融・保険分野での規制緩和、公共投資基本計画の六三〇兆円への拡充等に踏み切っていったのである。

第三に以上の外圧と連動して行政改革が推進された。一九八〇年代、政府は企業をターゲットとした増税を実施した[18]。財界はこの増税を猛烈な抵抗の果てに受け入れたが、同時に自らの将来負担を軽減するために、行政改革による政府規模の圧縮要求を政府に突きつけた。いわゆる第二臨調路線である。以後、鈴木政権下の増税なき財政再建、中曽根政権下の三公社民営化等、八〇年代の行政改革の潮流が作られていった。その後、第二臨調路線は臨時行政改革推進協議会に継承された。そして、前述のクリントン政権からの外圧に応えるかたちで、一九九三（平成五）年九月に経団連会長の平岩外四を座長とする経済改革研究会が発足する。

同研究会は一二月に「経済改革について」を答申した。これが有名な「平岩レポート」である。一般に平岩レポートは「原則自由・例外規制」という規制緩和方針や金融・資本市場の活性化を打ち出したことから、その後の新自由主義的な政策を方向づけたものと位置づけられている。だがその返す刀で「減税先行」「社会資本整備を一層促進」という文言を盛り込んだ点も見逃せない。一目で分かるように、本レポートの内容は、クリントン政権の政策要求と見事に符合していた。強い外圧のもと、九〇年代の財界は、自らの利害とアメリカの要求する財政拡大路線とを複雑に交差させていた。だが、外圧が弱まる九〇年代の後半になると、かれらの小さな政府志向、新自由主義への再傾斜がはっきりと先鋭化していくこととなる。

第四に金融システムの不安定化と大蔵省不信も表面化した。一九九四（平成六）年に東京協和信用組合と安全信用組合が、さらに翌年にコスモ信用組合、木津信用組合、兵庫銀行と相次いで金融機関が経営破綻した。前二行の救済機関として東京共同銀行が設置され、木津信用組合と兵庫銀行も同時処理が行われたことで、金融不安はひと段落したかに思われた。だが、大蔵省銀行局が不良債権処理へと本腰を入れようとした矢先、大和銀行のニューヨーク支店巨額損失事件が起き、公表の遅れも手伝って、大蔵省に強い政治的逆風が吹くこととなった[19]。このことは不良債権処理への対応を送らせるひとつの背景となる。

これに住専問題が重なった。住専とは、住宅金融専門会社の略称であり、預金業務を行わず、金融機関から資金を調達して個人向け住宅ローンを行う、ノンバンクのひとつの形態である。バブルの崩壊にともない、多額の不良債権が明らかになり、住専に出資していた金融機関の責任が政治問題化したのである。

焦点は処理への公的資金の投入の是非である。一九九五(平成七年)一二月の段階で住専処理の損失は六・四兆円に達すると見込まれていた。その負担をめぐって、都市銀行や信託銀行などの母体行と農林系金融機関との間に激しい対立が生じた[20]。最終的に、大蔵省銀行局長と農水省経済局長が協議を行い、一次損失への公的資金の投入が内々に合意された。閣議決定によって、金融機関の負担と別に残額六八〇〇億円(出資金をあわせると六八五〇億円)の公的資金投入が確定したが、行政の監督責任や公的資金投入の不透明な決定プロセスに強い批判が加えられた[21]。さらに、スキャンダル問題も浮上し、大蔵省に対する国民の不信感が強まっていった。

一九九〇年代は確かに勤労国家のフレームワークが全面化した時代だった。だが、それと同時に、経済の長期停滞、歴史的な政権交代[22]、アメリカからの政治圧力と財界の規制緩和推進、そして金融システムと大蔵省行政に対する人びとの不信——戦後経済政策史の前提とされてきた多くの条件が揺らぎ始める時期でもあった。

戦後経験したことのないような経済の長期低迷は、大規模な景気対策、つまり、支出の増大と収入の減少を政府に迫っていった。また、政権交代の後、与党に復帰した自民党は、ウルグアイラウンド対策費や新幹線着工、新ゴールドプランの策定等、政治的な圧力を以前にも増して強めていった。さらには自社さ政権のもとで、社会党議員の族議員化が進んで、予算の膨張圧力は以前と比べ格段に強まった。勤労国家期の一局面とは言うものの、一九七〇年代のそれとは比較にならないほど、経済政策の財政的基盤に負荷を加えるものだったのである。

一方、こうした政府債務の増大は、大蔵省と財界の共闘を促した。社会資本整備が一段落し、企業活動がグローバル化したことによって、財界の財政からの利益は不明瞭になった。これにアメリカからの圧力が弱まったことも手伝い、一九九〇年代の後半以降、財界は、小さな政府の堅持、聖域なき見直し、公共事業の重点化・効率化を叫ぶようになる。[23] また、後述のように、金融機関の貸し渋り・貸し剝がしが問題になるなか、企業は金融機関からの借入を抑制し、キャッシュフロー（内部留保と減価償却からなる手許資金）への依存、人件費の切り下げに活路を見いだしていく。こうした動きは政府の財政構造改革路線と共鳴した。そして、政府自身、大胆な労働規制緩和、移転的経費の削減、金融ビックバンを実現し、勤労国家のフレームワークを根底から覆していくのである。

3　経済構造の転換——見いだされない脱勤労国家の統治モデル

経済が地殻変動を起こした

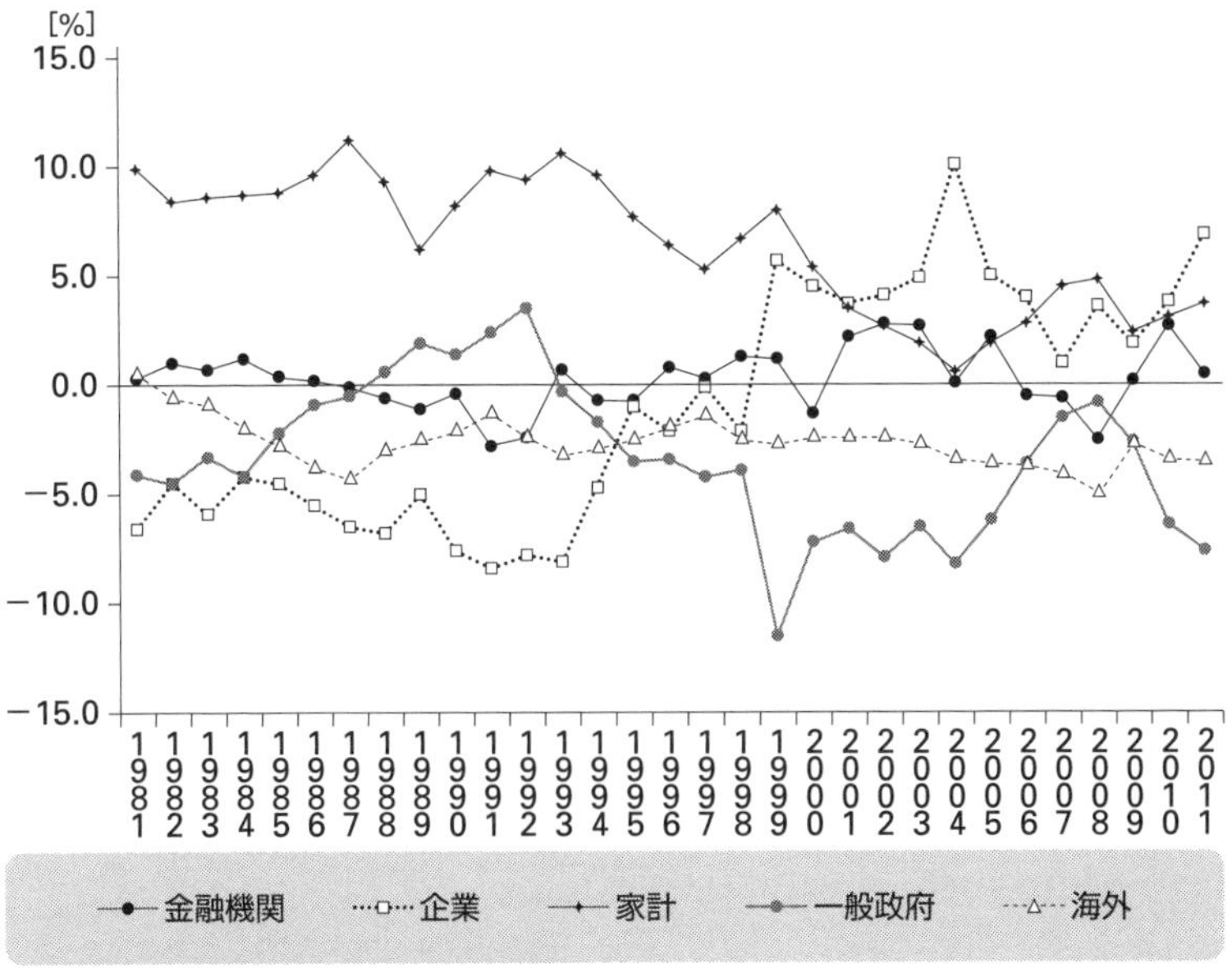

図3　資金過不足の対GDP比の推移

出所：日本銀行「資金循環統計」より作成。

平成年代の前半期において、日本経済の変化の胎動は、マグマのようにくすぶり続けていた。そして、一九九七－九八（平成九－一〇）年にかけてとうとう地殻変動が起きた。

象徴的だったのはマクロの資金循環構造の動きである。**図3**は経済部門ごとの資金過不足を見たものである。戦後、企業（非金融法人部門）は、金融機関から資金を調達し、これを設備投資に振り向けることで成長を支えてきた。ところが、この設備投資が一九九〇年代に入って停滞の度を強めていった。平均伸び率を見ると、一九六一－七〇（昭和三六－四五）年が一三・八％という高い伸びを示した一方、二度の石油危機を挟む一九七〇－八〇（昭和四五－五五）年には一・六％へと低下した。その後、バブルに支えられた八〇年代に九・三％という数値を示し、一九九〇－二〇〇〇（平成二－一二）年にマイナス二・七％へと落ち込むのである。[24]

設備投資はキャッシュフローの大きさに左右されることが知られている。[25]これを念頭におくと、戦後の設備投資の動向は大きく三つの段階に区分できる。まず、一九七五（昭和五〇）年以前の段階では、設備投資における外部資金への依存度が非常に大きかった。次に、一九七五年以降になると製造業と非製造業の双方が、キャッシュフローに依存した設備投資形態へと移行する。一方、設備投資に占めるウェイトは、八〇年代以降、製造業から非製造業にシフトしていったが[26]、第三段階、つまり九〇年代後半には、依然として外部資金への依存が続いていた非製造業がキャッシュフロー経営へとシフトしていく。

分かりやすくいえば、石油危機以降、企業の銀行離れが段階的に進んできたということである。とりわけ九〇年代には設備投資が全体として落ち込み、資金需要じたいが減少した。その結果、マクロで見た貯蓄超過へと企業部門が転じ、キャッシュフローの範囲内で設備投資を行う傾向が決定的に強まった。この変化が一九九七－九八年頃に起きたのである。

キャッシュフロー経営への転換は、その後の日本経済に大きな影響を与えることとなる。だが、その背景にもう少し迫っておくと、以上の変化は、金融機関の融資態度と密接に関係していた。バブル崩壊後、金融機関の融資態度は明らかに厳格化した。ずさんな審査による土地担保融資が不良債権問題を引き起こし、国際的にも資金調達面でのジャパンプレミアムが大きな問題となっていったからである。[27]さらに、規制緩和の流れから金融ビッグバンが俎上に載せられ、さらに国際的に活動する金融機関に対する統一基準、いわゆるＢＩＳ規制による自己資本比率の改善という重たい課題も金融機関に突きつけられた。こうして、金融機関は、事業リスクに見合った金利設定、融資態度の慎重化に踏み切ったのである。

さらに、一九九七（平成九）年に起きた金融危機――アジア通貨危機、山一證券、北海道拓殖銀行の破綻――そして翌年度のマイナス実質成長という経済的苦境が、金融機関の融資態度をいっそう慎重化させた。金融機関は債権回収、貸出抑制の態度を露骨にした。貸し渋りから貸し剝がしへという動きである。このことが企業の金融機関への債務返済、キャッシュフロー依存型の設備投資という流れを加速させたのであった。

キャッシュフロー経営への転換は、投資のグローバル化によっても後押しされた。短期資本の国際移動が活発化すると国際的に統一された会計基準が必要となる。日本でも金融ビッグバンの一環として一九九九（平成一一）年度決算から、連結決算、時価会計、キャッシュフロー計算書等からなる国際会計基準が導入された。そして、投資家がキャッシュフローを重視したことから、企業は負債を減少させ、健全経営を追求していくこととなる。

キャッシュフローを増やすためにはふたつの方法がある。ひとつは収益を増やすこと。もうひとつは経費を削減することである。だが、アジア通貨危機とその後の実質マイナス成長という苦境にあって、企業が選択可能であったのは、後者の方法だけであった。そこでターゲットとなったのが人件費である。**図4**では、一九九七―九八年を堺に経常利益が増大していく一方、経常利益に対する人件費の比率を見ている。これまた一九九七－九八年を堺に経常利益が増大していく一方、経常利益に占める人件費の割合が減少傾向に転じていることがわかる。

こうして人件費の削減が企業収益を支える構造が定着していった。政府もこの動きを支持した。一九九三（平成五）年以降、相次いで労働基準法改正による就労時間の緩和が実施され、

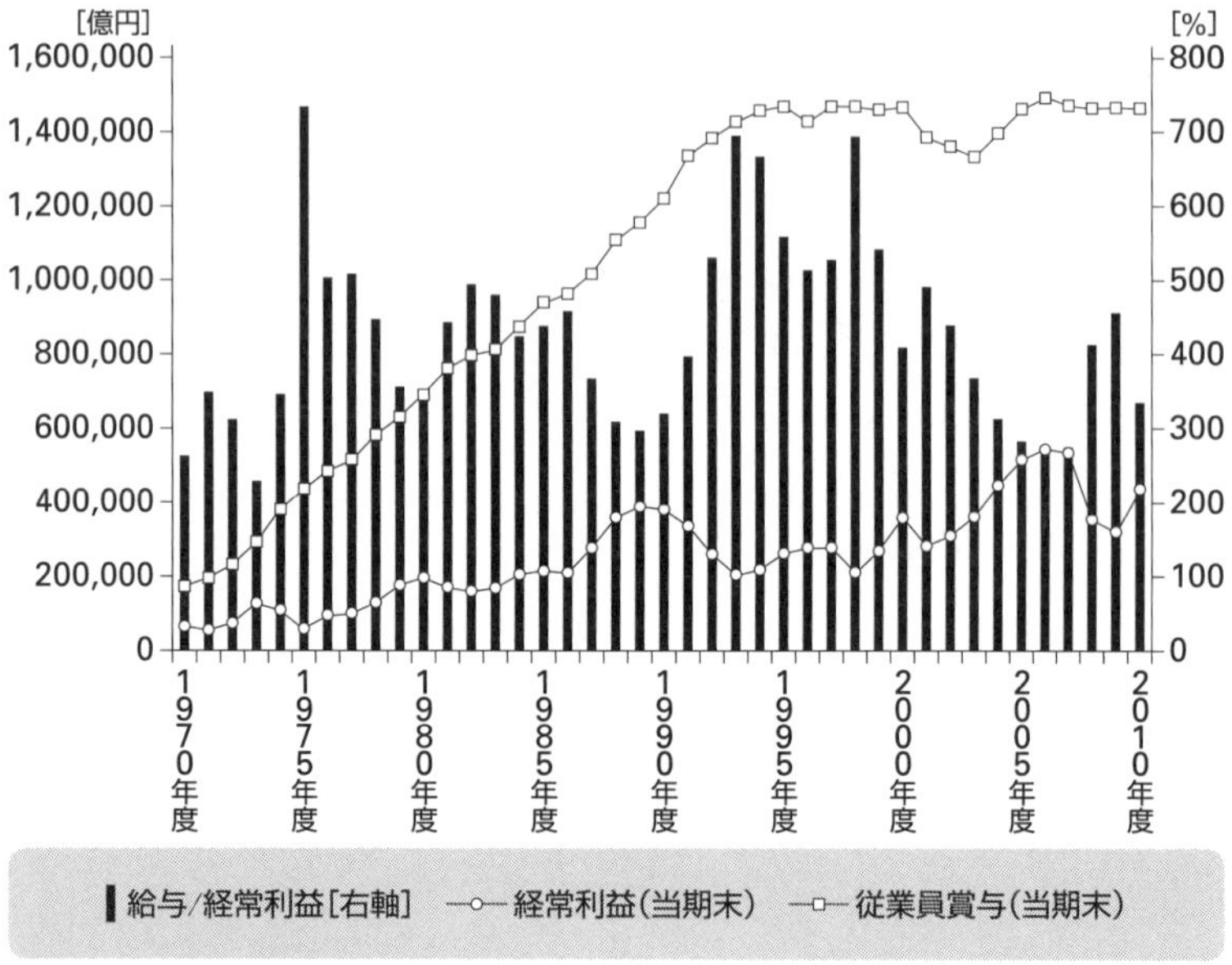

図4　人件費と経常利益

出所:財務省「法人企業統計」より作成。

一九九六年、二〇〇〇年、二〇〇三年の労働者派遣法の改正によって、対象業務や派遣対象が緩和された(28)。こうした措置もあって派遣労働者数は増大し(29)、さらに企業の人件費の削減は、非正規雇用化を急速に加速させていった。ちなみに、非正規労働者の割合、特に若年層におけるそれが明確に高まっていくのも一九九七―九八年を画期としている。

雇用環境の激変は労働者の所得に直接的な影響を及ぼした。全世帯の平均所得を見てみると一九九七年あたりからほぼ一貫して下落を続け、一九九七年の六五七・七万円から二〇一六（平成二八）年の五六〇・二万円にまで平均所得は一〇〇万円以上低下した。また、中央値は四四二万円であり、平均所得金額以下の世帯が占める割合は六一・五％に達した（厚生労働省「国民生活基礎調査」）。また、同じ時期の勤労者世帯の実収入を見てみても、ピーク時から約一〇％減少することとなった（総務省「家計調査」）。

以上の変化は生活意識も変えた。一九九七年時点で四四・七％の国民が生活が苦しいと回答していたが、この数字が二〇一七（平成二九）年には五五・八％にまで増大する。[30]所得の減少が継続するのであるから、内需主導型の経済成長が低迷し、そして成長を前提とする勤労国家モデルが政府債務の増大を余儀なくしたのも当然のことだった。

社会的な変化もあらわれた。所得水準の落ち込みは女性よりも男性の方で深刻であり、同時に、男性の所得水準の低下とあわせて、平均初婚年齢や、生涯未婚率の高まりも進行した。じつは、男性労働者を見てみると、正規雇用、非正規雇用、無職と所得水準に応じて未婚率が高い。「平成二二年社会保障を支える世代に関する意識等調査報告書」によると、三〇代の非正規男性就業者の未婚率は七五・六％に達していた。これに対し、女性の場合、雇用形態が変化しても未婚率に大きな変化は生じない。結婚と自分の年収を関連づける男性の発想の根幹には、「男性稼ぎ主社会」という勤労国家の基礎理念が横たわっている。[31]

さらに、所得水準の落ち込みは、雇用面の質的な変化を伴っていた。年齢階級別の離職率を見てみると、一九九六－九七年にかけて一九歳以下の層を中心とした若年層の離職率が大幅に増大する。以後、いわゆる格差社会が問題化する二〇〇五（平成一七）年にピークに達し、その後減少するものの、現在に至るまで高い水準が続いている。[32]失業率で見ても同様の傾向が観察される。非正規雇用化とあいまって若年層の雇用が急速に不安定化していった。これは日本的経営という勤労国家の基盤のひとつが切り崩されたことを意味していた。

国際的な資金循環に飲み込まれた日本経済

以上の変化、すなわち人件費の削減に依拠したキャッシュフロー経営を考える際、注意しておきたい点がある。それは、他の先進国でも、企業の生み出す付加価値のうち労働者に分配される割合（＝労働分配率）が低下していた点である。日本の労働分配率の低下は、国内的な要因に加え、世界的な経済変動によっても制約されていた。ここでは、労働分配率と密接な関わりを持った金融市場のグローバル化の問題に焦点を合わせて、この問題を考えてみよう。

ＩＬＯの“Global Wage Report 2012-2013”が論じるように、二〇〇〇年代の労働分配率の低下はいくつかの要因によって説明される[33]。まず、産業構造の高度化が進み、労働集約型産業から資本集約型産業へのシフトが起き、労働への分配が低下するようになった。特に、情報通信技術が普及することによって、生産のオートメーション化、生産性の上昇、低熟練労働者の排除が進み、資本蓄積と熟練労働者への手厚い投資が促された。

だが、“Global Wage Report”がより強調するのは、経済や産業が金融グローバル化の強い影響を受けるようになったこと、すなわち“Financialization”の問題である。一九八〇年代を通じてコーポレートガバナンスのあり方は大きく変化した。株主の利益最大化が企業の行動原理となり、株式ファンドやヘッジファンドといった攻撃的で収益志向の諸機関が勃興していった。このことは、市場から企業に対して、収益増大を求める圧力を強めさせ、企業の投資対象も労働者から金融へとシフトし、労働者の賃金をめぐる交渉力を低下させた。

この“Financialization”の前提にあったのは金融市場の拡大であり、それを支えたのが、国際的な資金循環構造の変化である。一九八〇年代に入り、アメリカでは財政赤字が拡大し、内需の拡大が輸入の増大をもたらした。さらに、インフレを抑制するための高金利政策がドル高を招き、輸出の減少を引き起こしたから、経常収支の赤字が深刻化した。いわゆる双子の赤字である。高金利によって資本が流入したため、経常収支の赤字はファイナンスされたが、同時にアメリカは、八五年を境に純債権国から純債務国へと転落する。日本の資金循環の変化に先立つこと十数年、国際的な資金循環構造の変化が起きていたのである。

以上の歴史的な変化の背後では、一九七〇年代から進行していた金融の自由化[34]が重要な役割を果たしていた。一九八一年一二月、アメリカは国内への資金環流を活発化させるため、様々な規制を排したニューヨーク・オフショア市場を開設した。オフショア市場とは規制や課税が軽減された非居住者向けの国際金融市場のことである。もともと巨大な金融市場を持っていたアメリカがこうした措置をとったことで、各国はこれに追随を余儀なくされた。さらに、自国内で外資系金融機関が自由な市場参加を保証された一方で、米系金融機関が国外の市場で不利な扱いを受けていることが問題となり、アメリカは金融自由化を各国に強く要請していった[35]。

こうして金融市場は急激な拡大を遂げていったが[36]、それは各国の市場介入の効力を弱めさせる効果をもたらした。一九八五年プラザ合意では「協調介入」によるドル高是正が追求され、それ以降、対円相場を中心に急激なドル安が進んでいったことは、象徴的な出来事であった。だが、このドル安は、新たな経済問題としてアメリカに認識されていくこととなる。

アメリカは、一九八四年以降、歴史的な高金利政策からの離脱を図り、一時上方屈折を経験したものの、九〇年代を通じて金利を大幅に低下させていった。さらに、九〇年代には、経常収支の赤字も急激に膨らんでいった。金利の低下と経常収支の赤字というふたつの条件は、ドル安を恒常化させた[37]。経常収支を改善するためには、財政赤字の縮小と民間貯蓄の増大が必要である。[38] クリントン政権は財政赤字の抑制に乗り出したが、一方で民間貯蓄は減少の一途をたどっていたから、ドル安の是正はそう簡単ではなかった。つまり、金融市場の自由化をいっそう進展させ、ドルの需要を掘り起こすことが喫緊の課題だったのである。

自由化への圧力、つまりアメリカのグローバル戦略は、新興国における金融市場、いわゆるエマージング・マーケットの自由化を促進した。巨額の国際資本移動が起きるようになり、アメリカには経常収支の赤字を上回るような資本流入が生じた。これらの資金は、アメリカ国内で急成長を遂げつつあったフェッジファンド等をてことして、エマージング・マーケットに還流するという資金循環を生み出した。

こうして新興国はバブルに沸いた。だが、実体経済の微妙な変化に市場は敏感に反応するようになり、為替の下落とこれをきっかけとする短期資本の流出が新興国経済を直撃した。各国政府は、ドル売りで対抗したが、最終的に外貨準備が底をつき、為替の暴落、金融・資本市場の崩壊、インフレ・財政破綻という連鎖を生んだ。[39] 一九九〇年代の半ば以降、通貨危機は相次いで勃発した。アジア通貨危機もこの一環であった。このように、financialization は世界経済の不安定性を強めていったが、それはさておき、新たな国際資金循環の形成と企業の金融市場への依存、コーポレートガバナンスの変容が、時には因となり、時には果となりながら、冒頭に述べた労働分配率の低下の素地となっていたのである。

こうした労働分配率に対する金融市場からの圧力、コーポレートガバナンスの新たな展開は、日本の財界をも翻弄していった。そのターニングポイントとなったのが、一九九五（平成七）年五月に日経連が作成した『新時代の「日本的経営」』である。この報告書では日本的経営の刷新が訴えられ、終身雇用慣行、年功序列賃金、企業別労働組合の見直しの必要性が声高に叫ばれた。日本企業が直面する課題として、経済成長の鈍化、中長期的な労働者不足、高コスト体質の改善、競争原理による産業構造の転換とこれに即した労働移動、高賃金と国際競争が生み出す産業の空洞化等が指摘され、日本的経営の抜本改革を迫った。そして、総額人件費管理の徹底、成果主義の導入、法定外福利の抑制等の方向性が示され、アジア通貨危機による経済の落ち込みを背景に、まさにこれらの施策が、一九九七－九八年以降、実践されていくのである。

小泉構造改革と民主党政権の歴史的意味

このように一九九七－九八（平成九－一〇）年というのは日本経済にとって明確な転換点だった。小泉政権の誕生と格差社会問題、そしてその政治的反動としての民主党政権の誕生という一連の政治的な動きが、日本経済の激動を基礎としていたことは注目されてよい。端的にいえば、日本の経済構造が大きく変わり、少子高齢化や女性の社会進出という社会構造の変化、そして所得水準の恒常的な低下が新たな財政ニーズを生み出していくなかで、勤労国家に変わる新たな経済政策のレジームが求められていた時代、それが第三期、とりわけ二〇〇〇年代だったのである。

小泉構造改革の最大の特徴、それは勤労国家レジームの中核にあった諸制度が解体したことである。まず、公共投資は明確な抑制方針が打ち出された。じつは、小渕政権の末期から公共投資の抑制は始まっているのであるが、森政権の編成した二〇〇〇（平成一二）年度予算から小泉政権末期の二〇〇六年度予算にかけて、公共投資（一般政府総固定資本形成）の対ＧＤＰ比は、三割以上減少した。また、この過程で族議員政治が命脈を絶たれたことも見逃せない。(40)

三位一体改革も印象的である。地方への税源移譲が三兆円実施されたが、九・八兆円に達する地方交付税と補助金の削減が行われた。名称的には「三位一体」とされたが、そのアンバランスさは際立っていた。結局は、財政再建を錦の御旗としつつ、地域間の格差を是正するための地方への財源移転が大胆に削減されたわけである。(41)

この財政再建は「増税なき財政再建」でもあった。戦後最長の好景気、強い政治的リーダーシップ、空前の財政赤字という条件が整いながらも、増税による財政収支の回復は回避された。ただし、まったく増収努力が行われなかったわけではない。年金控除、老年者控除、配偶者特別控除の縮小・廃止が行われ、小渕政権下で行われた恒久的減税も廃止された。したがって、減税による中間層の宥和という前提も大きく軌道修正されたわけである。

もう一点つけ加えておけば、財政投融資の急激な圧縮も進められた。財政投融資の計画額をフローで見ておくと、上述の公共投資と同じ時期に三七・五兆円から一五兆円へと半減した。ちなみに財政投融資改革が議論されたのは橋本政権である。住専問題以降、大蔵省に対する世論の批判が強まり、財政と金融の分離が求められていくなかで、財政投融資も抜本的な修正を余儀なくされたのであった。この改革が実施されたのが二〇〇一(平成一三)年度であり、その後、急激な財政投融資の圧縮が進んだのである。(42)

ただし、注意しておくべき点がある。それは、中央銀行による政策補完という勤労国家の柱のひとつは明確に維持・強化された点である。小泉構造改革では、上げ潮派やトリクルダウン理論が少なからぬ影響を持った。これらは、規制緩和や小さな政府が経済成長を生み出すという前提に立ち、成長のもたらす所得の増大が低所得層への再分配を可能とするという議論である。だが、当の再分配を支えている財政が圧縮するのであるから、格差が広がるのは自明のことであった。そうした論理の矛盾を糊塗したのが、緊縮財政と経済成長の両立を図るべくフル回転した日本銀行であった。

二〇〇一年三月、日銀は量的緩和を開始した。量的緩和とは、消費者物価上昇率が安定的にゼロ以上となるまで、国債買入れによって日銀当預残高を増大させようとする政策である。一九九五年に日銀が政策転換に乗り出したことは既に指摘したが、それを強化して、金利政策そのものからの離脱を決定したわけである。これ以降、日銀による国債購入は速やかに強化され、月額四〇〇〇億円、当預残高目標五兆円から出発し、最終的には月額一・二兆円、残高目標三〇－三五兆円程度にまで拡充された。年間一四・四兆億円の買入れは当時の予算で発行された国債の五割弱にあたる。

日銀はこれを物価の上昇、すなわち経済成長を支えるための金融緩和として説明したが、実態は、明らかに国債価格の維持、良好な国債発行環境の整備のための施策であった。すなわち、中央銀行政策がさらなる国債の発行を可能にしていたのである。

もう一点、量的緩和の特徴として強調しておきたいのは、所得「逆」再分配の効果である。日銀の実施した低金利政策は一九九一（平成三）年から二〇〇七年の間に、約三〇〇兆円以上の金利収入を喪失させた[43]。この金利負担の低下は、確かに企業の投資コストを激減させたが、同時に預金者の利子収入も激減させた。家計部門から企業部門への所得移転がおきたわけである。加えて、家計部門の中でも住宅ローン等で借入が可能な世帯と、そうではない低所得層との間での格差が生じた。このように、量的緩和は企業への暗黙の補助、所得「逆」再分配効果を持った。しかも、量的緩和期に、政府は緊縮政策を実施し、公共事業や公的扶助の削減に乗り出した。財政の再分配効果が弱まるなか、金融政策はこれを加速させる効果を持ったのである。

こうして勤労国家は解体され、唯一生き残った財政と金融の政策協調は、債務の累積、格差社会の原因を作っていった。確かに雇用の非正規化やワーキングプア問題、そして中間層の所得低下は深刻な問題である。だが、本章が着目するのは、統治のメカニズムである。政府がリスクテイクし、債務を抱え込みながら利益分配を行ってきたのが勤労国家レジームであった。小泉構造改革とは、債務の削減のために利益分配を量的に減らすのではなく、従来型の利益分配メカニズムそのものを否定し、破戒した点にその本質があったのである。

小泉政権期の経済成長の全貌を解明することは私の能力を超える。だが、少なくとも、実質GDP成長の寄与度を見る限り、一九九六（平成八）年度までのように消費や公需が成長を支えたわけではない。むしろ両者の停滞が継続するなかで、中国・アジア経済の成長による外需が設備投資を牽引したことが成長の理由である。[44] したがって、勤労国家に続く、新たな政策レジームの問題は依然として懸案事項のままであったし、所得水準の下落を伴う緩やかな成長が、結局は二〇〇九年の民主党政権の誕生という歴史のダイナミズムを生み出していくこととなる。

では、民主党政権は新たな政策レジームを提示しえたのだろうか。同政権のもとでは、子ども手当の導入、高校授業料の無償化、そして実現はしなかったが最低所得保障年金といった普遍主義的な政策が追求された。たしかに、この方向性が実現されれば、西欧型福祉国家のレジームに向けた新たな利益分配メカニズムが構築されたかもしれない。だが、民主党政権の政策には明確な限界があった。[45] それを象徴的に示していたのが、「コンクリートから人へ」というキャッチフレーズである。

公共投資から社会保障へというメッセージが、人びとの財政ニーズを的確につかんだものだった点は間違いない。だが、民主党の基本理念は、限られた予算制約を肯定したうえで、その財源の「再配分」を目指した点にあった[46]。公共投資の削減じたいは小泉政権期以前に始まっていた。また、公共投資には利益分配のメカニズムだけではなく、地域共同体の維持、域内の資金循環、農業の再生産といった社会経済機能も備わっていた[47]。何かを削り、何かを増やす「再配分の政治」という点で、民主党政権の基本的枠組みは、小泉政権期を踏襲するものでしかなかったし、公共投資を社会保障に置き換えることによって、どのように新たな社会経済的な循環を生み出していくのかが論じられたわけでもなかった。

一方、歳入面を見てみると、画期的な変化がおきていた。社会保障・税一体改革をつうじて、二〇一四（平成二六）年四月に五％から八％へ、翌年一〇月に一〇％へと消費税率を引き上げることが決定されたのである。もし、予算の分配のパイを増大し、新たな給付の全体像、その社会経済的インパクトを系統立てて議論できていれば、きわめて重要な政治決断となっただろう。だが、現実には、この税制改革にはさまざまな限界があった。

まず、そもそも民主党政権は、歳出の削減や埋蔵金の活用で一六・八兆円の資金が捻出できると訴えて、政権を獲得した。しかし、目玉政策の事業仕分けによって生み出された財源はごくわずかであり、結局は、公約になかった消費増税へと舵を切らざるを得なかった。この「公約違反」への反発はとても強いものだったが、それどころか、増税分五％のうち、四％が事実上の財政再建の財源として用いられることとなった。一％のサービス拡充のために五％の増税という組み合わせである。人びとの税への反発はいっそう強まり、消費増税の実施時期も続く自民党政権のもとで二度延期されることとなった。

このように見てくると、民主党政権のもとでは、新たな経済政策のレジーム構築どころか、財政健全化に強く引きずられながら、従来型の「再配分の政治」が全面に押し出される結果に終わった。納税者の強い反発は、二〇一二（平成二四）年の政権交代を生み出す原動力となっていった。この点においても、戦後のマクロ・バジェッティング（総額重視型の予算統制）が生み出す財政ニーズと政策のミスマッチは明らかだったといえよう。

おわりに――世界金融危機、アベノミクス、そして消費税の使途変更へ

最後に世界金融危機とアベノミクスの歴史的位相を確認しつつ本章を閉じることとしよう。二〇〇七年のサブプライム・ローン問題、〇八年のリーマン危機によって、世界経済は新たな歴史局面に移行しつつあるように思える。だが、重要な点は、九〇年代から二〇〇〇年代にかけて進展した金融のグローバル化、コーポレートガバナンスの変質、そしてアメリカを中心とする新たな資金循環構造の形成が以上の危機の基底をなしていた点である(48)。

一九九二年以降、ニュー・エコノミー論、すなわち、情報通信技術の革新を原動力として生産コストが縮小し、在庫循環が消滅するという議論が登場するまでに米国経済は好調を維持し続けた。ところが二〇〇〇年にＩＴバブルが崩壊し、〇一年には大幅な成長の鈍化が明らかになったことで、各国経済に深刻な景気後退がもたらされた。一方、ＦＲＢ（アメリカ連邦準備制度理事会）は、日本のようなデフレ長期化への懸念を強めた。そして、〇一年から〇三年にかけて大恐慌期以来ともいわれる大胆な金融緩和に踏み切った。これが波及し、欧州中央銀行を含む欧州の各中央銀行も利下げに転じていった。

だが、アメリカの金利は相対的に高いものであり、国際金融市場に滞留していた流動性が米国経済に流入した。不動産、住宅、債券等の急激な価格上昇が問題となり、二〇〇四年から〇六年にかけてＦＥＤは一五回もの利上げを行った。ところが、アジア資金が米国債を中心とする安全資産に向かったことから、アメリカの中長期金利は安定的に推移した。これを背景に、欧州の金融機関は、資産性担保証券を軸にさらなる投資に乗り出していった。

一九九〇年代から二〇〇〇年代の半ばにかけて、世界的に経常収支の不均衡が拡大していた。だが、経常収支赤字のほとんどをはじき出していたのはアメリカ経済であった。これをファイナンスしたのは、日本、中国、ロシア、中東諸国である。いわゆるグローバル・インバランス問題である。注意したいのは、確かに経常収支の不均衡の大部分を占めたのはアメリカ経済であったが、同時に、イギリスやユーロ圏も純流入が増えており、ヨーロッパを経由してアメリカへの資金流入が支えられた点である。ヨーロッパでも、資産担保証券等の新たな金融商品の発行・購入、クロスボーダーＭ＆Ａ等が活発化し、商業銀行部門の資産規模や国際的な貸出残高は、アメリカを大きく上回って成長していた[49]。

以上を背景に、アメリカでは二〇〇二年から〇五年にかけて前年比五〜一〇％という高い住宅投資の伸びが記録された。だが、〇六年に入ると住宅価格の上昇に陰りが見え始め、〇七年の夏頃、ついに住宅バブルは崩壊した。いわゆるサブプライム危機である。担保価格の下落は信用リスクを一気に表面化させ、〇八年にベア・スターンズの救済買収、アメリカ政府支援機関フレディマック、ファニーメイの事実上の破綻、そしてリーマン・ブラザーズの経営破綻へと危機は連鎖していった。さらにこうした金融危機は欧州の金融機関にも決定的な打撃を与え、各国のソブリンリスクと直結し、欧州債務危機へと発展していった。

興味深かったのは、日本の金融機関が以上の流れから一定の距離を取っていた点である。一九八〇年代に急増したアメリカの経常収支赤字を支えたのは、じつは、日本と西ドイツの金融機関であった。両国の抱える対外純債権はドル建てであったから、大きな為替差損リスクが存在していた。西ドイツでは、日本と反対の「長期借り・短期貸し」のポートフォリオを構築しており、ＥＣ域内におけるマルクの主導的地位も手伝って、為替リスクを日本よりもはるかに容易にコントロールできた(50)。一方、こうした条件を備えていなかった日本の金融機関は、プラザ合意以降の急激な円高によって、巨額の為替差損を経験した。さらに、九〇年代にはジャパン・プレミアムによってドル建ての投資が難しかったし、不良債権問題による投資の慎重化も重なった。こうして日本の金融機関は証券化商品等への投資を控えていたのである。

しかしながら、以上の危機が経済に与えた影響という点では、日本はもっとも深刻な被害を受けた。輸出依存度という点から見ると、日本経済は、先進国のなかでも低い方に属していた。輸出依存度が高かったのはヨーロッパ諸国である。だが、これらの国々は、域内貿易のウェイトが高く、単一通貨のため貿易に対する為替変動の影響がはるかに小さかった。さらに日本の輸出はアメリカ経済に依存している。同国の景気後退による輸出減はもちろんのこと、アジア向けに輸出される中間材も加工されアメリカに輸出されたことから、アメリカ経済の萎縮は直接、間接に輸出の減少を生み出した(51)。

さらに不幸は重なった。二〇一一（平成二三）年三月一一日に起きた東日本大震災である。震災による直接的な人的、経済的被害に加え、原発問題が発生したことにより、被災者の生活不安と貿易収支の赤字化が同時進行する事態が発生した。民主党政権の崩壊、自民党・安倍政権の復位という政治のうねりは、世界的な経済危機、国内的な閉塞状況、そして勤労国家レジームの解体とが重なり合う、複合的な危機において実現されたものであった。

こうした歴史状況に制約されながら、安倍政権はユニークな経済政策へと踏み出していった。第二次安倍晋三政権のもとでは、大胆な金融政策、機動的な財政政策、民間投資を喚起する成長戦略の「三本の矢」からなる「アベノミクス」が実施された。だが、これらの政策群を見ればわかるように、勤労国家からの脱却とは、反対のベクトルを持っていたことがわかる。量的・質的緩和に象徴される金融政策への依存、震災復興から東京オリンピックへと目的を変えながら増大した公共投資、そして、勤労国家の前提ともいうべき経済成長への強い志向、むしろ第二次安倍政権では、民主党政権以上に勤労国家への「回帰」が進んでいくこととなった。

小泉政権における新自由主義的な政策は、政府を小さくし、民間活力や市場原理を導入することで、経済を成長の軌道に乗せることが主張された。これが、第二次安倍政権のもとでは、空前のスケールで金融政策を総動員しつつ、公共投資を民主党政権以前の水準に戻し、イノベーションや構造改革といった成長戦略を押し出すことで、経済が成長し、人びとの所得が増え、貯蓄が可能となるというイメージが示されたのである。手法は違えども、成長＝所得増＝貯蓄増＝将来不安の解消という勤労国家のフレームを超えるものではなかった。第二次安倍政権が「景気回復、この道しかない」というキャッチフレーズを採用したのは、象徴的なできごとだった。

だが、以上のプロセスにおいて、こうした成長への強い志向が段階的に修正されていった事実を見逃すわけにはいかない。例えば、「新三本の矢」では、子育て支援や社会保障といった分配面に重点がシフトした。さらに、こども保険をめぐる一連の議論に象徴されるように、分配と負担の関係が問われるようになっていった。

そして、二〇一七（平成二九）年一〇月に実施された衆議院議員総選挙において、第二次安倍政権は方向転換をくわだてることとなる。消費税率を八％から一〇％に上げる際の税収の使途を変更し、幼保の無償化、高等教育の負担軽減に財源を用いることとしたのである。増税によって得られた財源を現物給付の無償化、負担軽減に用いるというのは、社会民主主義的な政策路線に近い。戦後における自民党の政策との対比で見ても、あるいは増税を前提に国政選挙を行い、これに圧勝したという結果を見ても、歴史的な決断だったといってよい。

こうした自民党の軌道修正は、勤労国家からの脱却につながるだろうか。少なくとも「平成史」という時期区分のなかで論じるとするならば、答えは否定的たらざるを得ない。二〇一九（平成三一）年一〇月に実施が予定されている消費増税による景気の落ち込みがクローズアップされ、二兆円規模の経済対策が同年度予算に盛り込まれた。そのなかでは、軽減税率にくわえて、キャッシュレス決済におけるポイント還元、プレミアム付き商品券、自動車税の負担軽減、住宅ローン減税の延長など、バラマキと紙一重の政策が並んでいる。少なくとも、旧民主党政権期に示されたような、社会民主主義的な政策への本格的な傾斜とは異なる、選挙対策としての「使途変更」とみる方が近い。

他方、先に示した衆議院議員総選挙において、民主党の後継団体である民進党が分裂・消滅し、政権交代への道のりもまた、険しい状況に置かれている。勤労国家にかわるレジームを野党が提示できるのか、否か。あるいは、与党が本格的に新たな国家レジームを提示するに至るのか。平成史において実現されなかったこの大きな政策課題が、次の時代の政治に引き続き課されていることだけは、間違いない。

この点を確認するために、最後に、**図5**を見てもらいたい。この図は、本章の中身を総括し

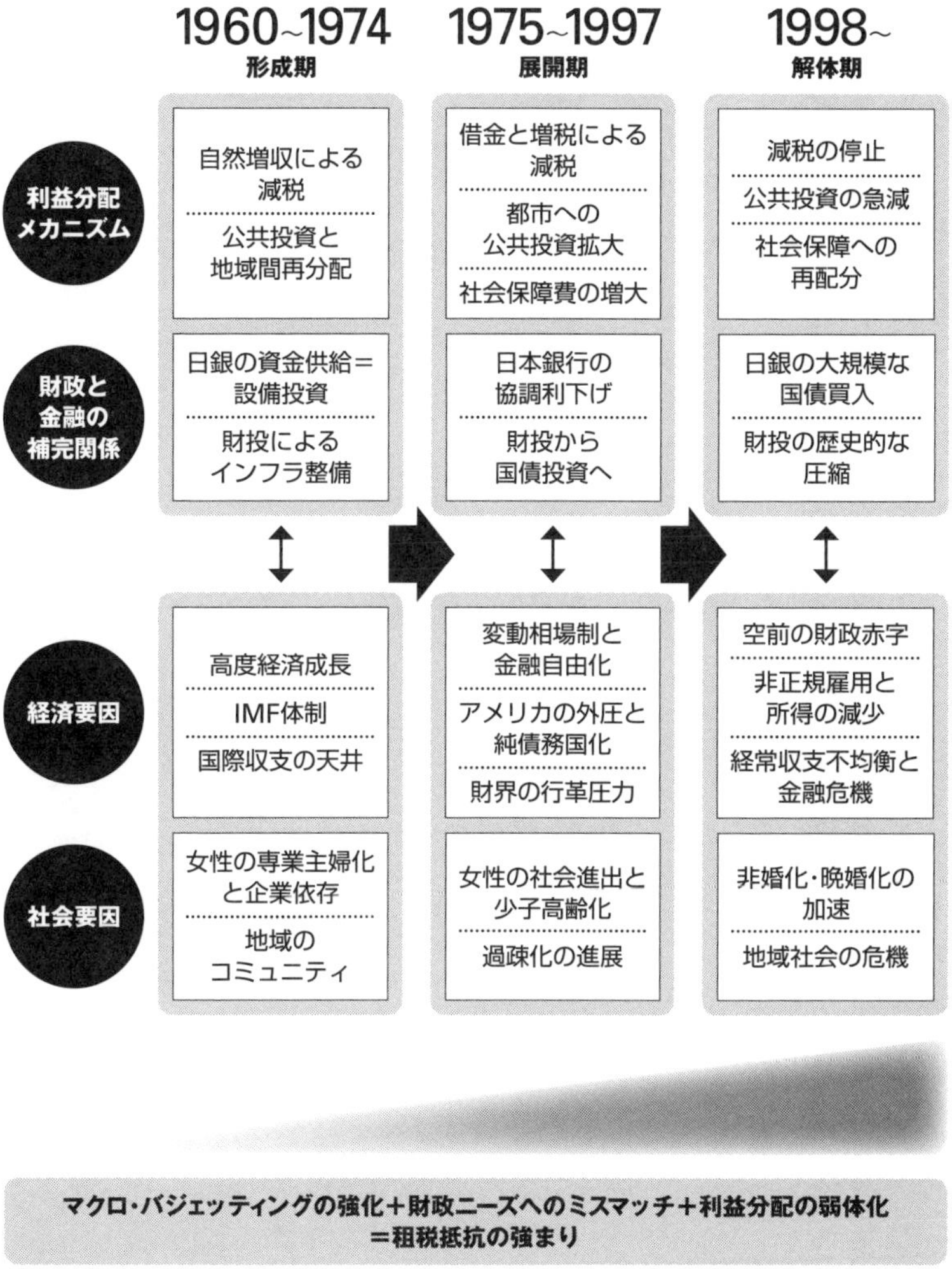
1960~1974
形成期
1975~1997
展開期
1998~
解体期
利益分配メカニズム
自然増収による減税
公共投資と地域間再分配
借金と増税による減税
都市への公共投資拡大
社会保障費の増大
減税の停止
公共投資の急減
社会保障への再配分
財政と金融の補完関係
日銀の資金供給＝設備投資
財投によるインフラ整備
日本銀行の協調利下げ
財投から国債投資へ
日銀の大規模な国債買入
財投の歴史的な圧縮
経済要因
高度経済成長
IMF体制
国際収支の天井
変動相場制と金融自由化
アメリカの外圧と純債務国化
財界の行革圧力
空前の財政赤字
非正規雇用と所得の減少
経常収支不均衡と金融危機
社会要因
女性の専業主婦化と企業依存
地域のコミュニティ
女性の社会進出と少子高齢化
過疎化の進展
非婚化・晩婚化の加速
地域社会の危機
マクロ・バジェッティングの強化＋財政ニーズへのミスマッチ＋利益分配の弱体化
＝租税抵抗の強まり

図5

たものである。経済政策を基点として、平成年代の日本の経済を眺めたときに浮かびあがって来るのは、大恐慌期から占領期にかけて形成され、高度経済成長期とオイルショック後の低成長期を経て構築されてきた日本の利益分配モデルが破綻してしまったということである。小泉政権期という破戒の時代を経て、新たな模索期に移行しつつあるのが、経済の平成史の「いま」であり、その新たなレジームの構築こそが経済の平成史「後」に突きつけられた課題なのである。

新しいレジームを探す旅は続く。産業革命でさえ七〇年もの時を費やし、勤労国家の形成・定着にも四〇年以上の時間を必要としたことを思えば、それは当然のことである。[52] だが、何十年という年月の果てに、歴史家は社会の転換を語り始めるに違いない。そんな歴史の只中にあって、私たちにできることは、可能な限り望ましい方向に進めるよう、絶えず出発点を確認しながら歩みを進めることだけである。日本の統治メカニズムがいかなる理念や枠組みのもとで構築され、それが社会の変動とともにどのように制度疲労を起こし、統治の困難を生み出したのか——これらの問いを繰り返し見つめ直しながら、将来の日本経済を展望し、構想することが、「観察者」たる以前に「まず歴史的存在である」私たちの使命なのではないか。

註

（1）戦後日本の福祉国家レジームをこれまで土建国家として位置づけてきた。しかし、公共投資にくわえて、もうひとつの政策的柱であった減税がこの表現からはこぼれ落ちること、さらに公共投資と減税を政策の柱に据えるうえで重要な思想的契機となった「通俗道徳」を分析の射程に収めるため、井手英策・古市将人・宮崎雅人『分断社会を終わらせる』（筑摩書房、二〇一六年）以降、勤労国家という表現を用いている。

（2）税務署の汚職問題とあいまって、当時、大規模な反税闘争が展開されていた。村松怜「占領期日本における税務行政と所得税減税」『三田学会雑誌』104（2）、二〇一一年。なお、シャウプ税制の問題点については、井手英策『財政赤字の淵源――寛容な社会の条件を考える』（有斐閣、二〇一二年）第2章を参照せよ。

（3）池田勇人『均衡財政　附・占領下三年のおもいで』（実業之日本社、一九五二年）

（4）マクロ・バジェッティングの形成過程については、前掲『財政赤字の淵源』第1章〜第3章を参照。

（5）井手英策『幸福の増税論――財政はだれのために』（岩波書店、二〇一八年）第1章を参照。

（6）福祉施設整備等、公共投資は社会保障政策の一環としてさえ位置づけられていた。宋宇・井手英策「基盤整備の担い手から機関投資家へ――戦後財政投融資の機能と限界」（井手英策ほか編『日本財政の現代史　第一巻　土建国家の時代』有斐閣、二〇一四年）。

（7）日本の社会保障政策の基本的性格およびその終焉については、仁平執筆「社会保障」を参照せよ。

（8）男女の労働力比率のこうした関係は現在でも同様である。ただし、二〇歳から五九歳までの女性の労働力率を取ると、昭和五〇年以降、明確な上昇傾向に転じている（経済企画庁『平成9年　国民生活白書』）

（9）こうした支出が税の控除の対象となっていたため、企業はこうした支出を拡充した。いわゆるフリンジベネフィットの問題である。フリンジベネフィットについては、石島弘「フリンジ・ベネフィット課税について」（山田二郎先生古稀記念論文集『税法の課題と超克』信山社、二〇〇〇年）、碓井光明「フリンジ・ベネフィットの課税問題」（金子宏編『所得課税の研究』有斐閣、一九九一年）等を参照。

（10）井手英策『日本財政　転換の指針』（岩波書店、二〇一三年）および宮本太郎『福祉政治』（有斐閣、二〇〇八年）。

（11）財政投融資の原資は郵便貯金等からなる資金運用部資金であり、この資金のうち、財政投融資に用いられない部分を計画外資金と呼ぶ。

（12）内閣府『地域経済レポート2001――公共投資依存からの脱却と雇用の創出』。

（13）勤労国家という用語が登場したのは一九八〇年代前半のことだが、それが言論界に浸透するようになるのは、大蔵省の財政危機宣言を経て、財政健全化への機運が高まり始めた一九九七年以降のことである。

（14）公共投資にはいくつかの定義が存在する。主なものとして行政投資と総固定資本形成とがある。前者では後者と異なり、用地取得費を含むといった違いが存在するが、ここでは資料上の便宜から前者を用いた。

（15）『労働力調査』によれば、二五歳から三四歳の女性の女性の労働参加率は平成二年の五六・六%から一二年の七二・三%へと増大した。

（16）福田赳夫政権期には、カーター政権から強力な政治圧力を加えられ、ボンサミットにおいて実質七%成長という国際公約を発表するに至った。これ以降、急激に公共投資および一般会計の公債依存度が増大する。カーター政権の政治戦略については、Carl Biven, W., *Jimmy Carter's Economy: Policy in an Age of Limits*, (Chapel Hill, 2002) を参照。

(17) 財務省財務総合政策研究所編『平成財政史　第2巻　予算』(大蔵財務協会、二〇一三年) 三三三頁。

(18) 財務省財務総合政策研究所財政史室『平成5年6月から同年5月までの主税局長当時の諸問題について』。

(19) 当時事務次官であった篠沢恭助は、一一億ドルという巨額損失に関して、そういう事件が起こったという事実を公表することは、金融不安をさらに増幅させるという懸念があったと回顧している。前掲『平成財政史　第2巻　予算』四六三－四六六頁。

(20) 後者は全額を母体行が負担する完全母体行主義を主張し、前者は、株主代表者訴訟等で経営者責任の追及につながるとして、これに強く抵抗した。銀行局は母体行三・五兆円、一般行一・七兆円、農林系一・一兆円強の負担を軸に、財政資金を投入しない方向性を模索したが、農林系が反発し、交渉は難航した。前掲『平成財政史　第2巻　予算』(大蔵財務協会、二〇一三年) 四六四頁。

(21) 当時官房長であった涌井洋治は、この住専処理のまずさが財政金融分離論の基礎となり、後に金融監督庁の創設へとつながっていくと語っている(財務省財務総合政策研究所財政史室『平成7年5月から同9年7月官房長当時の諸問題』)。

(22) この点については、菅原執筆「政治」を参照されたい。

(23) 例えば、経団連の『財政民主主義の確立と納税に値する国家を目指して――財政構造改革に向けた提言』(一九九六年)や『わが国の高コスト構造の是正――新たな経済システムの構築を目指して』(一九九七年)を見よ。

(24) 以下の設備投資に関する記述は、花崎正春・Tran Thi Thu Thuy「規模別および年代別の設備投資行動」(財務省財務総合政策研究所『フィナンシャルレビュー』六月号、二〇〇二年)を参照のこと。

(25) その代表的理論としてエージェンシー理論がある。エージェンシー理論については、前掲「規模別および年代別の設備投資行動」を参照せよ。

(26) 昭和三六年の時点では設備投資の約五五%を製造業が占めていたが、平成期には六割以上が非製造業へと転じることとなる。

(27) 住専問題において、公的資金の導入へと政府が踏み切った背景には、住専問題の先送りがジャパンプレミアムに跳ね返ることへの強い懸念があったと言われている(財務総合政策研究所財政史室『平成7年5月から同9年7月までの主計局長当時の諸問題』)。

(28) ちなみに、政府の労働規制緩和は、派遣労働に限定したものである。したがって、政府の規制緩和によって非正規雇用化が進んだというよりも、企業行動を後押ししたというのが正確な表現である。

(29) 労働者派遣にはふたつの形態がある。派遣元に常用雇用される常用型派遣と、あらかじめ派遣元事業主に登録し、一定の期間を定めて派遣、雇用される登録型派遣とである。特に増大が目立ったのは、後者である。登録型派遣では、就労期間が二か月を超えない場合、社会保険の適用除外となる。それゆえ、登録型派遣をふやせば、従業員給与とともに、社会保険料の事業主負担も軽減することが可能だったわけである。

（30）以上、厚生労働省『国民生活基礎調査の概況』各年版より。

（31）以上の具体的な内容に関しては、前掲『日本財政　転換の指針』第3章を参照せよ。

（32）以上、厚生労働省『雇用動向調査』各年版より。

（33）ILO, *Global Wage Report 2012-2013*, 5.3.

（34）一九七〇年代の投機的な資金移動に対して日本やドイツが協調的な資本規制を主張したものの、アメリカは資本規制の撤廃を各国に働きかけていた。Helleiner, E., *States and the Reemergence of Global Finance: From Bretton Woods to the 1990s* (Cornell University Press, 1994) pp.102-122.

（35）経済企画庁『昭和63年　世界経済白書　本編』第2章。

（36）一九八〇年から八七年にかけてアメリカ、イギリス、西ドイツ、日本から構成される国際金融市場、資本市場は、約三倍に膨らんだ（前掲『昭和63年　世界経済白書　本編』第2章）。

（37）先に見たクリントン政権の日本に対する圧力もこうした問題を背景としていた。

（38）いわゆるISバランス問題である。経常収支の黒字＝民間部門の貯蓄超過＋財政黒字という恒等式がこの考え方の背後にある。

（39）佐藤滋・井手英策「財政金融政策の国際的展開」（片桐正俊編『財政学』東洋経済新報社、二〇一四年）。

（40）ただし、本書の菅原論文が指摘するように、族議員政治の衰退は小選挙区制の導入、政治資金規制法の影響が大きかった。その意味で、一九九〇年代から進んできた派閥の軟化が小泉政権期に決定的な打撃を受けたと見るべきであろう。

（41）この問題、特に地域間格差是正の問題に関しては、中澤執筆「地方と中央」を参照せよ。

（42）郵便貯金等は資金運用部に預託され、財政投融資の原資とされていたが、改革後、資金運用部は廃止され、財政投融資債および財政投融資機関債によって政府及び特殊法人は自ら資金調達を行うようになって行った。だが、すでに指摘したように、財政投融資のなかでも国債投資に運用される領域が大きくなっており、郵便貯金資金が財政投融資に運用されなくなったかわりに、国債投資を急増させた。したがって、正確にいえば、財政投融資の機関投資家が徹底されたと見るべきであろう（前掲「基盤整備の担い手から機関投資家へ」）。

（43）「衆議院決算行政監視委員会」における福井日銀総裁の国会答弁。

（44）内閣府『平成23年度　年次経済財政報告』長期経済統計および経済産業省『通商白書　２００９』第

2章を参照。
(45) この問題については、井手英策「『コンクリートから人へ』何が正しく　何が誤っていたのか」(別冊『世界』岩波書店、二〇一三年)を参照せよ。
(46) 一時はシーリングの廃止が試みられたが挫折し、それどころか向こう三か年度にわたって一般歳出等に七一兆円という上限を課す中期財政フレームが導入されることとなった。
(47) この問題についても、前掲「『コンクリートから人へ』何が正しく　何が誤っていたのか」を参照せよ。
(48) 天羽正継・井手英策「国債累積を支える金融メカニズム」(持田信樹・今井勝人編『ソブリン危機と福祉国家財政』東京大学出版会、二〇一四年)および前掲「財政金融政策の国際的展開」。
(49) 内閣府『世界経済の潮流　2008年　I』第1章、第1節。
(50) 前掲『昭和63年　世界経済白書　本編』第2章、第1節および第3節。
(51) 前掲『通商白書　2009』第1章。
(52) 前掲『財政赤字の淵源』および『日本財政　転換の指針』。

地方と中央

中澤秀雄

「均衡ある発展」という建前の崩壊

はじめに——「中央」対「それに含まれないもの」

「地方の時代」と言われ始めたのは昭和四〇年代であるが、それが今日まで言われ続けているのだから、地方の時代は来なかったのか？　と疑いたくなる。政治の世界では平成に入ってから「地方分権」、民主党政権になってからは「地域主権」がキーワードであったが、これらの政策体系も現実を大きく変えたとは評価できないままスローガンとして色褪せつつあるように見える。実際、多くの人が見ないふりをしてきた大都市圏とそれ以外の地域との歪んだ関係は、民主党政権になってから政策課題として突然可視化され、「周辺」「辺境」地域の出来事が国政で論じられる中心課題となったが、国政で論じられて現実が変わったかと言えばＮＯであった。もちろん沖縄普天間基地問題や八ツ場ダム問題の話をしている。

このような歪みを、まさに爆発的に顕在化したのが、福島第一原発事故であった。東北人は「白河以北一山百文」と明治以来言われてきた屈辱を、再び反芻する立場に置かれてしまった。植民地という言葉を、あえて使う人もいる。もはや誰も否定できないように、原子力発電所とは周辺地域を、国家中枢と大都市に従属させるような国家性（statehood）の象徴なのである。

付け加えれば、原子力災害と津波に襲われた南北五〇〇㎞の海岸線は、そもそも二〇一一年三月一一日以前から高齢化・過疎という災害に苦しめられてきた。これは東北沿岸に限らず、三大都市圏（日本列島に数少ない広大な平野部）以外の、あるいは三大都市圏でも周辺部分には存在する、「山と海」に共通することだ。「限界集落」という言葉が二〇一一年以前の数年間で一気に普及して普通名詞化したことは、このような過疎化傾向に人々がリアリティと危機感を抱いていることを示している。様々に批判のあった平成の大合併政策が、政府側の観点からすれば大成功して昭和期に三三〇〇あった基礎自治体数が、二〇〇八（平成二〇）年までに約半分の一七〇〇に減少したのも、過疎化に怯える住民が「合併しないと生き残れない」と焦った結果である。原子力関連施設が立地するのは、まさにこのような場所ばかりだった。

それに対して世界都市・東京（とそれに続こうとする中京圏など）だけは膨張を続けており、Urban Locational Policy（都市圏立地政策、後述）とも言われる大都市重視経済政策によって人口を国内外から吸引している。この側面では、明治いらい言われている「過密と過疎」「太平洋ベルトと裏日本」というトレンドが、平成に入ってさらに拡大強化されているようにも見える。

上記してきたような文脈において多様な意味の揺らぎを持ちながら使われる「地方」「山と海」「周辺」「辺境」「過疎」「裏日本」、これらの言葉の対語はすべて「中央」であり、この対極だけは明確かつ唯一だ。本稿の中では記述が進むにしたがい、「地方」という大雑把な言葉の使用回数を次第に減らし、より適切な言葉を使うようにしていくが、しばらくは「中央」の対語として非常に多様な文脈を持つ諸々の事柄を総体的に指し示すものとして、「地方」という言葉を使う。それにしても、たかだか明治から一四〇年の歴史しか持たない中央集権がこれだけ頑強であることが、近代日本という国家の特質をよく示しており、だから議論はしばしば開発主義（土建）国家（昭和後期）に遡ることがある。

ただし、平成において中央－地方関係を取り巻く外部環境は激変した。冷戦終結に伴う中央政府の再編と未完の（財源委譲なき）地方分権政策。小選挙区制導入に伴う、五五年体制の崩壊と大義なき市町村合併。経済成長期の終焉に伴うNew Public Management（後述）の浸透と、基礎自治体内での中心周辺対立の顕在化。バブル崩壊と高齢化の時代における国土開発政策と公共事業の限界。過去五〇年間無視されてきて突然、情報産業のお気に入りになった「普天間」「八ツ場」「フクシマ」という固有名詞——これは周辺地域への犠牲構造を伴うstatehoodのあり様が中央政治課題としてせりあがってくる、平成特有の現象である。こうした平成期における地域政策（Regional Policy）・地方自治関係の主要な出来事を年表にしておけば**表1**のようになる。

平成の中央‐地方関係

さて『平成史』というタイトルの本であるから、ここでこの年表を参照しつつ、平成における中央‐地方関係を概説して読者の見通しをよくしておきたい。

政治の世界で流行語になった「地方分権」のスタートが、中曽根政権時代の行政改革の流れをうけて設置された第三次臨時行政改革推進審議会にあったことは偶然とはいえ象徴的だ。そのメンバーとして当時熊本県知事だった細川護熙が参加しており、中央省庁に手足を縛られる知事としての経験から、行政改革の一環として中央政府のスリム化が必要と問題提起したところから話が始まる。たしかに地方自治法が制定されてから五〇年以上が経過し、安定していた中央政府と地方政府の関係に様々な問題点が生じていた時期ではあった。細川はいかに自治体の手を縛る規制が多いかという「たとえ話」をいくつか提示して世論を説得した。どこにいっても児童遊園の遊具が滑り台・ブランコ・鉄棒の三点セットになっているのは文部省が全国画一に設定した基準の結果だとか、運輸省の許認可事項である路線バス停については一〇〇m動かすのに申請書類を持って東京に行かねばならないとか。

年	出来事
1990(平2)	第3次臨時行政改革推進審議会開始(〜1993)。
1993(平5)	細川護熙連立内閣誕生、「地方分権」がキーワードに。
1995(平7)	村山富市内閣のもとで地方分権推進委員会設置。
1996(平8)	橋本龍太郎内閣成立、 「金融ビックバン」や「中央省庁制度改革」などを手がける。 地方債起債による大規模公共事業を奨励。
1998(平10)	参議院選挙で自民党が大敗、 「惰性的な地方重視からの転換」が党内で議論される。
	小渕恵三内閣が成立、景気対策として大規模公共事業を手がける。
1999(平11)	地方分権一括法成立。
	東京都知事に石原慎太郎が当選、都市改造を進める姿勢を前面に。
2000(平12)	地方分権一括法施行、合併特例債(地方債)導入。
	東京都が構想文書「千客万来の世界都市をめざして」を発表。
2001(平13)	小泉純一郎内閣が成立、「官から民へ」をスローガンに規制緩和を主導。
2002(平14)	「骨太の方針」によって「国庫補助負担金、交付税、税源移譲を含む 税源配分のあり方を三位一体で検討」とされる。
	第27次地方制度調査会において、今後の基礎自治体の目安を おおむね1万人以上とする「西尾私案」が示される。
	構造改革特別区域(特区)制度導入、都市再生特別措置法成立。
2004(平16)	三位一体改革の具体化として、 地方交付税・財源対策債あわせて約2兆9000億円が削減される。
2005(平17)	市町村合併特例法(旧法)が失効。
2006(平18)	新まちづくり三法 (都市計画法、中心市街地活性化法、大店立地法の改正)が成立。
2009(平21)	民主党が政権党となり、「地域主権」を掲げる。
2010(平22)	沖縄の普天間基地問題をめぐる失政を契機にして鳩山由紀夫内閣が総辞職。
2011(平23)	東日本大震災および福島第一原発事故。

表1　平成期における地域政策・地方自治関係の主要な出来事

村山内閣になって「地方分権推進委員会」が設置されたのち、地方自治体を国の「下請け」と位置付けて国の事務を代行させる「機関委任事務」が問題視された。福祉分野（たとえば年金関係の実務）から対外関係（パスポートの交付）まで、この種の「国の事務事業のはずだが実際には自治体が行っている繁雑な実務」は非常に多い。

一九九九（平成一一）年に成立した地方分権一括法は、この機関委任事務を廃止し、自治体と国は対等な立場にあるという法的建前を創造した。この議論を主導したのが東京大学で長く行政学を担当し、中央省庁に多くの教え子を持つ西尾勝であった。しかし、権限関係を整理するのが地方分権推進委員会の仕事の大部分となってしまい、中央から地方への財源委譲についてはほとんど手つかずに終わってしまった。

この未完の課題を引き継ぐとされたのが、小泉政権下の二〇〇二（平成一四）年から手がけられた「三位一体改革」であった。中央政府に入ってくる税源を地方自治体に回し、その代わりに地方交付税や補助金を削減するという内容だ。ほんとうに地方分権を進めるならば、自治体側の取り分が増加しなければならなかったが、その後三年にわたる交渉の結果はそうならなかった。東京都以外の道府県は国富の再配分の受け取りを大きく減らすことになったのである（後述）。そもそも、二一世紀に入るころから、グローバリゼーションの中で国境を越えて各都市圏（例えば東京・川崎・横浜は連担しているので、国連統計などでは一つの都市圏 City-Region として扱われる）が国際的に競争するような状況が生まれていた。世界都市と呼ばれる東京（二一世紀に入ってからは、自ら政策文書でそう謳うようになった）や世界的な自動車メーカーを抱える愛知には多くの超国籍企業が立地し、東京都・神奈川県・愛知県などは豊富な税収を誇るが、それ以外の自治体では、国際競争の中で工場が海外移転するなど産業空洞化が進む状況が生まれていた。したがって、小泉政権の末期からはこうした「地域格差」がメディアで話題となり、政治課題ともなっていく。

しかし、平成に入ってからの一〇年間に景気対策として大量の国債・地方債を発行してきた政府（中央・地方とも）には、もはや財政的な余力は残っておらず、苦境をいかに脱するかは各地域社会に任されることになった。しかも、二一世紀に入ってから日本全体の人口は減少局面に入り、人口高齢化も著しくなったが、この新しい課題は交通が不便な「周辺」「僻地」の町村から顕在化してきた。地域社会の存続が危ぶまれるほど高齢化・人口減少が進んだ「限界集落」と呼ばれる場所は、山間地や島嶼部に集中している。

これに対する自治体側の処方箋は大きく分けて三つある。

一つは、やはり小泉政権期にせり上がってきた平成の市町村合併政策に乗り、有力な他都市と合併する道を選ぶことだ。先述のように、取り残される脅迫感にさいなまれた多くの町村がこの道を選んだが、合併されたあとは市の中心部と周辺部との格差が顕在化しており、問題の根本的な解決とはならなかったように見える。

第二の選択肢は、自治体の減量経営を進めることで、これは昭和末期から New Public Management という政策体系として地方自治の世界に入ってきた考え方である。この場合には施設経営の民間委託・市場化などに象徴される「小さな政府」的な費用対効果重視の政策を進めることになるが、コスト削減が優先されるためにトータルの地域経済が縮小に向かう傾向がある。

第三の選択肢は、「小さくても輝く自治体」として自らの足下と地域資源を見つめ直し、独自のまちづくりの道を進むことである。これらの先進まちづくり自治体は、二〇〇六（平成一八）年に成立した「新まちづくり三法」や、小泉政権期に導入された「構造改革特区」など国の新しい制度をフルに活用するしたたかさを示している。こうした少数の町村の事例を、本稿の後半で紹介していくことになる。

政治学的には、平成に入ってから政党の大都市圏シフトが顕著になっている。過密地域と過疎地域の「一票の格差」が問題視されるようになり、選挙区割りの再編が頻繁に行われ、そのたびに過疎地の政治的代表力は低下した。さらに細川連立政権が導入した小選挙区制が政治を流動化させる上で劇的な効果をもたらし、とくに小泉純一郎が都市部の浮動票を大量動員して圧倒的な勝利を収めた「郵政選挙」（二〇〇五年）以降、永田町政治は都市部世論に過敏なまでに反応しつつ営まれるものとなった。自民党も一九九八参議院選挙での敗北（これによって橋本龍太郎首相が退陣）ののち、都市部重視戦略に舵を切ったと言われる。戦後史のなかで大都市圏を地盤とする首相は比較的珍しかったが、菅直人・野田佳彦など過密地域を地盤とする首相が、とくに民主党政権になってからは目立つ。平成の市町村合併により、自民党の草の根選挙を支えてきた保守系の町村議会議員が減少した結果が二〇〇九（平成二一）年の政権交代であるという解説もある。平成という時代は政治史の上でも大きな転換点だったのである。

以上の簡単な概説はあくまで現象を並べてみたものだ。この本の眼目は、むしろこうした現象の背後にある構造を摘出するところにある。そこで、以下展開される本論部分では、ちょっとした理論図式を導入してから、上記のようなストーリーラインをさらに深めていきたい。

1　空間ケインズ主義と都市圏立地政策

地理学者のニール・ブレナー（Neil Brenner）は、欧州とりわけドイツにおける地域政策を分析した結果、第二次大戦後から二一世紀初頭までに三つの支配的なレジーム（政策の背景にある思想と実践）が交替してきたという[1]。一九六〇年代までの「空間ケインズ主義」（Spatial Keynesianism）、一九八〇年代までの「内発的発展」（Endogenous Development）、それ以降の「都市圏立地政策」（Urban Locational Policy）である。空間ケインズ主義とは、国内のすべての空間に投資し平等に発展させる政策、都市圏立地政策とは、特定のスケール（とくに大都市圏）だけに投資しそれを成長のエンジンにしようとする発想である。内発的発展については後に述べる。

この三区分に沿って言えば、昭和後期から平成にかけての日本では「空間ケインズ主義」の発想が信じられた時代が長く続いたと言える。地域間の均衡ある発展が叫ばれ、「国民総中流」という幻想が普及していた。「努力すれば個人は中央で出世できる。その集積で地方は東京に追いつけるのではないか」と見なされてきた。学問的にも社会学のＳＳＭ（Social Stratification and Mobility）調査団は「どの地域に生まれたかによって機会の不平等はない[2]」と結論づけてきた。また、耐久消費財や所得など都市型生活様式の普及という観点から言えば、高度成長期に農村は都市にほぼ追いついたとも見える[3]。このように「キャッチアップ（の希望）」をごく最近まで提供してきた社会は、先進国としては珍しいといわねばならない。

このように「追いつけるのではないか」という希望は、**表2**のような階級構成表からも観察可能だ。この階級構成表はマルクス主義の立場から作られたものだが[4]、それにもかかわらず、

地帯区分	年次	就業者構成比 工業	就業者構成比 農業	労働力人口	資本家階級	中間層 商工自営	中間層 農漁民	労働者階級 計	労働者階級 「生産的」	労働者階級 「サラリーマン」	労働者階級 「不生産的」
全国	1955	100	100	100/100	2.0	14.3	37.7	44.0	22.4	12.5	6.8
全国	1965	100	100	100/100	2.8	14.8	23.0	57.4	29.4	17.0	9.3
全国	1975	100	100	100/100	5.9	16.5	12.7	63.3	28.3	21.3	11.5
四大工業地帯	1955	50.4	14.1	30.7/100	3.5	16.8	15.0	62.3	30.5	17.7	11.3
四大工業地帯	1965	51.0	12.8	38.2/100	4.0	15.9	7.1	70.6	34.7	21.2	12.9
四大工業地帯	1975	44.1	12.6	38.9/100	7.6	17.8	3.6	69.4	28.3	24.8	13.9
周辺工業地帯	1955	27.3	33.4	27.9/100	1.6	15.2	43.0	38.8	21.3	10.7	5.2
周辺工業地帯	1965	28.3	31.9	26.9/100	2.3	15.0	27.1	53.7	29.5	15.3	7.8
周辺工業地帯	1975	30.6	31.0	28.2/100	5.3	16.9	13.4	63.1	30.1	20.4	10.7
主農地帯工業地帯 東日本	1955	14.5	32.3	26.2/100	1.3	12.7	50.5	33.8	18.2	9.8	4.7
主農地帯工業地帯 東日本	1965	14.6	34.9	23.0/100	2.0	13.1	36.2	46.8	24.7	13.9	7.3
主農地帯工業地帯 東日本	1975	17.9	35.1	22.0/100	4.6	14.3	22.5	57.1	27.7	17.9	9.6
主農地帯工業地帯 西日本	1955	7.8	20.2	15.5/100	1.2	10.4	51.8	34.4	15.7	9.6	4.6
主農地帯工業地帯 西日本	1965	6.1	20.5	12.0/100	1.8	13.8	38.8	43.7	21.5	13.6	7.0
主農地帯工業地帯 西日本	1975	7.1	20.3	10.9/100	4.2	15.7	23.7	55.1	25.0	18.0	9.3

（単位：%）

表2　経済地帯別階級構成変化（1955〜75）

「労働力人口」は、全国比率／諸階級比率計を示す。ただし、軍人・警官・保安サービス員を除いているので諸階級の合計は100%にならない。
出典：註4参照

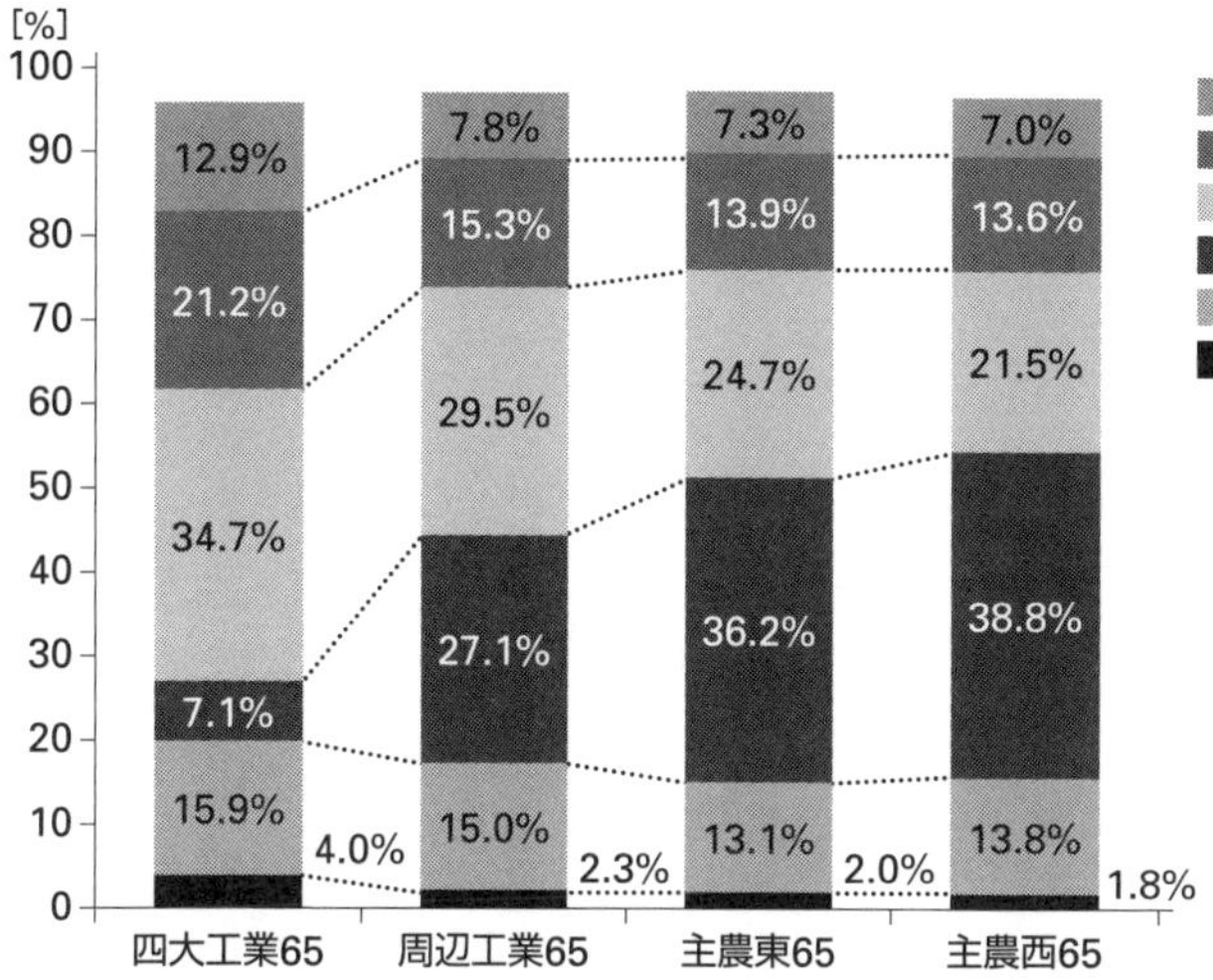

図1　表2の1965年の数値をグラフにしたもの

たとえば一九六五（昭和四〇）年時点のグラフを地帯別に見ると（**図1**）、あたかも四大工業地帯に分類された都府県がそれ以外の地域の未来像を示すように見えてしまう。つまり、周辺工業地帯・主農地帯東・主農地帯西の順で、農漁民が減りサラリーマン・資本家が増えるという都市化現象を示しているように見える。これを時系列に置き直して推測すれば、もっとも「遅れている」主農地帯が、やがて「進んでいる」四大工業地帯に追いつくように思えてしまうのだ。

この図式からは中央に搾取される周辺という見方はなかなか出てこない。あたかも東南アジア諸国やＮＩＥｓ（Newly Industrializing Economies）諸国が日本の経済発展に追いつくキャッチアップ型近代化が、国内においても同型で進んでいるように見えてしまう。このような幻想が昭和三〇～四〇年代の日本全体に共有されていたことは、ほとんど論証の必要がないだろう。

地域開発の二つの顔

しかし本音の部分では、地域開発政策には当初から二つの顔があった。全総（全国総合開発計画）はスローガンとして「国土の均衡ある発展」と言いながら、太平洋ベルト地帯に大企業や生産機能を集中立地させて日本経済のエンジンとし、それ以外の地域は公害やリスクを負担してもらえば良いという経済官庁の本音が、しばしば顔をのぞかせる。

たとえば次の発言は、全総をはじめとする国土政策全般の策定に深くかかわってきた都市計画学者・伊藤善市によるものだ。「東京は人が集まりすぎているから分散しなければならない、といわれるが、これだけでは解答にならない。ここで強調すべきは、東京にいなければ高度の機能を発揮しえないような本社機能や中枢管理機能は積極的に東京に集中させ、土地利用や資本効率の面から不適切な第一次産業や公害をはじめとする社会的費用を負担できないような工場を、他の地域に分散させ、地域的分業関係を合理化することが大切だ(5)」。このような発言を聞くと、マスメディアで使われなくなった「裏日本」という表現を言葉狩りすれば済むという話ではない。

本社機能・ハイテク生産機能が集積する「表日本」に対して取りのこされる「裏日本」とは政策的裏付けを持ちながら実現されてきたものだ。「太平洋側に比して日本海側が差別され、格差があるという実態は、実はここ百年あまりの日本の近代化のなかで歴史的に醸成され、蓄積されてきたものであった。それを表現するものが……『裏日本』である(6)」と歴史学者の古厩忠夫は言う。「近代百年の間に東京の人口は七倍になっているが、北陸・山陰諸県の人口は横ばいであり、北陸・山陰諸県の自然増分に近い人口を、表日本側の工業地帯が吸収したことを示している」[7]。実際には、太平洋ベルト地帯の経済発展は裏日本からの人材供給によって支えられてきた。

国土開発は、このような実態を隠蔽し、「空間ケインズ主義」が貫かれているかのような偽装として機能した側面がある。本音の部分では日本の国家政策には最初から「都市圏立地主義」しかなかったのかもしれないのだ。

だから地域社会学者の福武直らは昭和三五年、『地域開発の構想と現実』[8]において、このような二重基準(二枚舌)を厳しく批判していた。彼らの表現をかりれば、「相克を見(せ)ないようにして吸い上げられる地方住民の『期待』、そのもとで進められる計画の『欺瞞』」こそが全総の本質だった[9]。また、国民経済的な投資効率の観点からみれば、太平洋ベルト地帯への生産機能の集中的配置が望ましいのだから、自治体の期待と膨大な投資は裏切られる可能性が高いとも指摘していた[10]。この指摘は、新全総の目玉になるはずだった「苫小牧東部(苫東)」(北海道)「むつ小川原」地区(青森県)が、こんにち巨大な債務[11]を抱えたり「核燃基地」化[12]している現状を見ると、実証されてしまったと言える。肝心の雇用も期待したほど生まれなかった[13]。

経済学者の山崎朗も次のように言い切っている。「『地域間格差の是正』、『国土の均衡ある発展』は、計画の目標たりえない。できるだけ反対者を少なくするための計画のデコレーション(装飾)にすぎない」[14]。しかし、こうした学者たちの指摘が常識化したとはとても言えず、「裏日本」も含めた地方自治体は、何とか大都市圏の成長に追いつこうと工場誘致に血道を上げ続けてきた。

「裏日本」を選挙区とする数少ない総理大臣[15]である田中角栄は、こうした幻想をはぎ取るのではなく、逆に工場誘致よりもさらに手っとり早い交通網や箱もの整備といった政府主導の土建開発によって関連業界を潤し、完全雇用を維持する仕組みを導入した。「一九七〇年代に入ったころからは、産業構造転換への調整よりも、むしろ公共事業で地元に雇用を創出し、労働力移動を抑制する方法が浮上していく」。田中の政策の背景には「公共事業による雇用の提供で地元に支持層をとどめるねらいがあったこと、選挙の際には地元の建設業界がマシーンとして活用されたことは、『土建国家』という言葉とともに広く知られている」[16]。社会学者の町村敬志も次のように指摘する。「開発主義とは、経済成長が絶えず生み出していく『周辺部』（非成長部門）がその内部に不満を蓄積し、支配的システムから離反していかないように、それを『中心部』へとつなぎ止めていくための統合様式（制度とイデオロギーのセット）としてもっぱら作動してきた」[17]。

角栄式リスク補償政治

この仕組みの極めつけとして、角栄はリスクをとった周辺地域に対する補償を国家財政によって確保すべく、「電源三法」を制定した。太平洋ベルト集中投資政策の結果として「周辺」とさせられた地域の立地的不利について、リスクを取ったことに対する金銭的補償という理由付けでカバーする仕組みであり、利益誘導政治の変形としての「リスク補償の政治」ともいうべきものだ[18]。この仕組みは福島第一原発事故以降に、ひろく「原発交付金」として知られるようになった。

電源開発促進税法・電源立地促進対策特別会計法・発電所周辺地域整備法という三法は一九七四（昭和四九）年、田中内閣の末期に成立した。これにより、たとえば世界最大の出力をもつ原子力発電サイトである柏崎市・刈羽村には莫大な財源がもたらされることになり、最盛期には単年度で百億円以上になった。しかし、それでも電源地域が内発的に発展したとは言い難い。一九九八（平成一〇）年八月に柏崎市において開催された原発誘致三〇年記念シンポジウムで、柏崎刈羽原発の地元有力者たちは次のように述べた。「原発によって地元が豊かにならないということになれば、一層立地は進まなくなる。国に対しては、さらなる振興策を求めたい」（刈羽商工会長・加藤氏）、「（原発交付金によって建設された）生涯学習施設『ラピカ』建設で地元企業が受注したのは、自動販売機一台だけであります」（刈羽村議・武本氏）。

こうしてみると、以下のような巨大ダム開発に関する指摘は原子力発電所にも該当する。「発電所で作られた電力は大都市圏へと送電され、太平洋ベルト地帯における工業化を直接支える役割を果たしていく。その結果、海岸平野部は近隣の山村からも膨大な労働力を引き寄せて成長を遂げる一方、山村の衰退には拍車がかかる」。しかし、「外発的な開発という経験は、地域の中に『待ち』の姿勢を蔓延させ、内発的な努力を阻害する結果をもたらした。一時的なブームの下でアンバランスな形で肥大化した商業・サービス業は、ブームが去った後も外部依存的な特色を持ち続ける[19]」。

この「待ち」の姿勢は真の地域発展を目指すとき厄介である。破局が訪れたとき、それに対応する準備がないからだ。福島第一原発事故のあと、地元の双葉町・大熊町は、これまでとは異なる方向性での地域発展の担い手をすぐには見つけられない悩みと向き合っている。そもそも故郷にいつ戻れるかもはっきりしない。何がいけなかったのか。

「全国総合開発計画は、産業主義・高度成長主義、中央主権・『地域分業』主義にもとづく地域特性無視の画一的プロジェクト主義、および税制・補助金・財政投融資などの財政誘導主義であり、さらにはハードウェア・産業基盤施設中心の生産至上主義などを特徴としていた」[20]。しかし、社会が成熟したならば既存ストックのメンテナンスや保存、さらには人材やソフトウェアへの投資に重点が移るべきではなかったか。「新規なもの、目先を変えるものを作る」フォーマットしか持っていない開発政策の限界こそ、一九九〇年代後半からの「失われた一五年」の正体だったのではないか。

この橋本・小渕政権の時代に、地方債に依存する形でハード中心の公共事業が景気対策の意味も込めて膨大に展開されたが、その効果は限定的だった。地域内で経済は循環せず、マネーの地域外への漏出（leakage）が著しく、したがって完全雇用維持・経済波及効果は小さかった（経済学的に言えば、公共事業の乗数効果が小さくなった）。角栄方式の賞味期限は、せいぜい昭和後期までだったのだ。

「都市圏立地政策」への静かな転換

このように角栄方式の政治が効かなくなる中、平成に入ると地域政策体系としては転換が図られないまま、これまで「国土の均衡ある発展」という幻想に集票を頼ってきた自民党自身が、都市へと大きく軸足を移すことになる。町村部が人口減少して国会議員定数の変更（大都市を抱える都府県への議員定数委譲）が行われ、手足となる市町村議員も高齢化する中で、大都市を票田とせざるを得ないと認識されたためだ。

その契機は一九九八年の参議院議員選挙で、このとき自民党は、定員三人の大都市圏の選挙区（東京・神奈川・埼玉・愛知・大阪）で完敗した。選挙後の党内議論[21]によると、「都市住民が納めた税金は（都市に）ほとんど還元されていない。その怒りが爆発したのが参議院（選挙）だ」

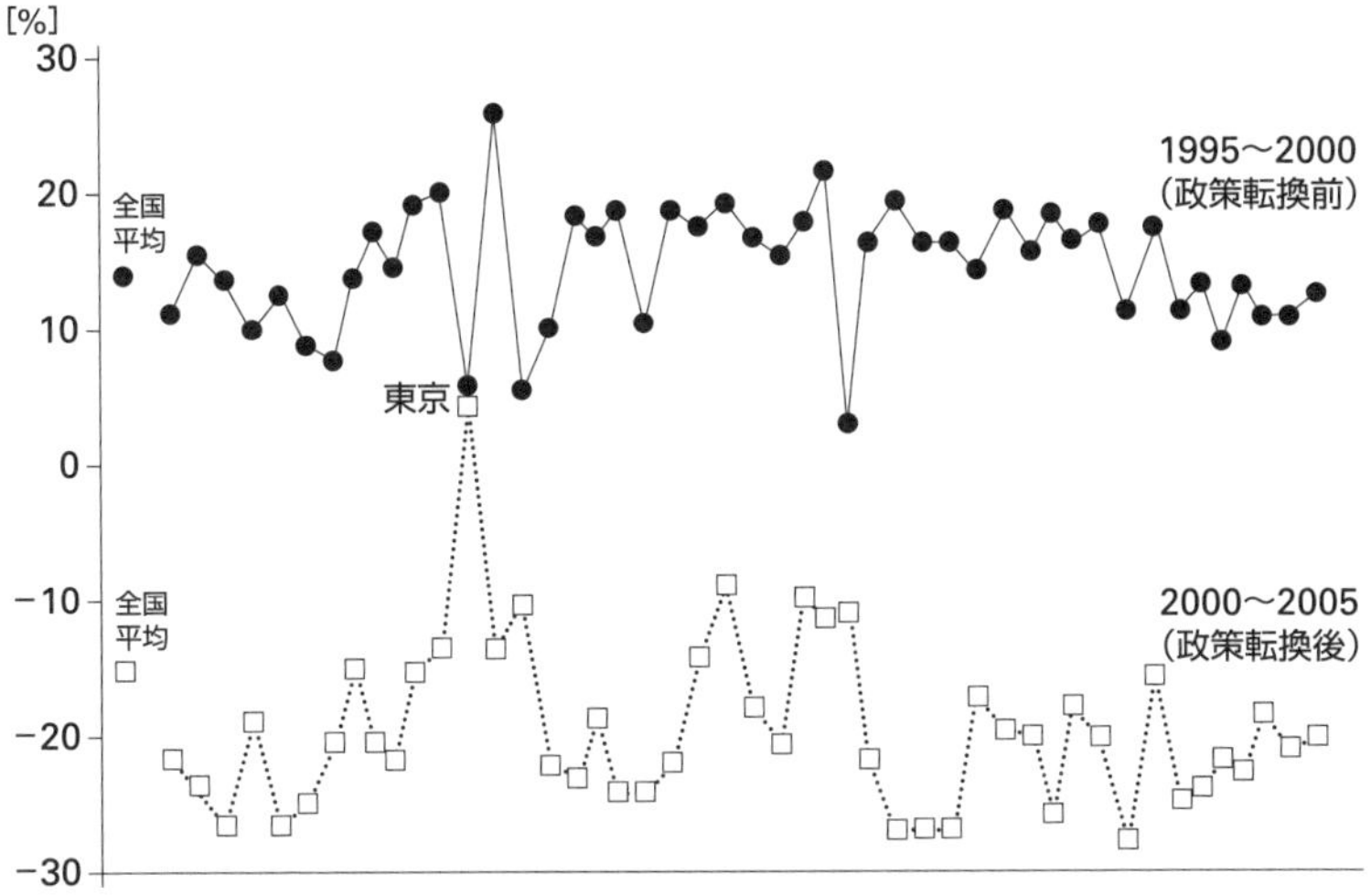

図2　21世紀を境にした都道府県別の分配構造の変化

出典:註23参照

「都市は放置されたまま、地方は過度に公共事業に依存する経済をつくってしまった」というような意見が出たようだ。

こうして自民党内には「惰性の地方重視転換」の論理が生まれ、選挙対策や政策の軸足を農村から都市へと移していくことになる。すでに山崎朗が次のように予言していた通りになったのだ。「今回の国土計画（五全総のこと、引用者註）がこれまでの国土計画と異なるのは、『地域間配分計画の放棄』という点にもある」「日本全体の人口減少、工業生産の低迷などで、絶対的に低下していく地域が増える。…（中略）…これから激しくなる地域間対立を国土計画は調整できないであろう」[22]。こうして平成に入ってしばらくすると、ふたたび都市圏立地政策という本音がせり出してくる。

一九九八年のみならず二〇〇一年参議院選挙によっても、都市の有権者の気持

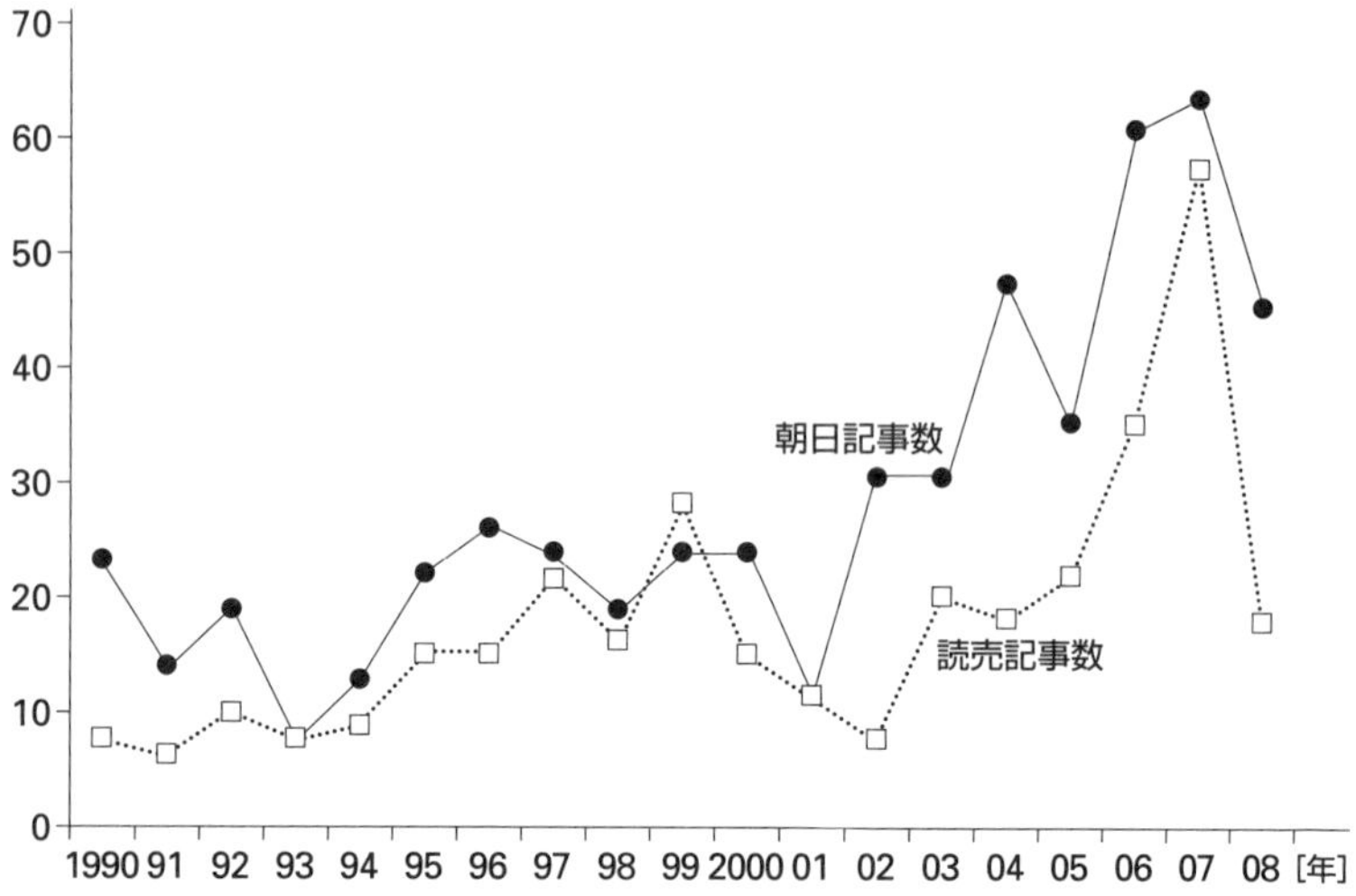

図3　「地域間格差」の新聞記事登場数

ちを摑まなければ政権が危ういと悟った自民党政権は、露骨な都市重視シフトをとるようになった。その流れを受けて誕生したのが小泉政権であり、**図2**に示されている都道府県別の財政再配分パターンの変化を見ると、その変化は劇的である。これは、ブレナーのいう「都市圏立地政策」へと、(東京以外の地域に配分する公共投資を削減した結果として)静かに日本の地域政策が転換したことを意味している。なお、この図は横軸に四七都道府県がとられており、東京だけに明示的なマーカーがついているが、まさにこの東京都だけが時系列で見て変わらない国富配分を受けていることが分かる。それ以外の道府県は「地方税、補助金、地方交付税の合計」を計算したとき、二一世紀を境に露骨なまでに富の配分を減らされたのだ[23]。

「地域間格差」の諸側面

こうした動きの結果、「地域間格差」が小泉政権期に入って、はじめて政治的争点に浮上してきたことが、新聞記事の見出し検索結果（図3）からも確認できる。

このように政権党が優先順位を下げた周辺地域の政治的ポテンシャルに野党（民主党）勢力が着目し、「国民の生活が第一」を掲げて地方中心の選挙戦を実施したのが二〇〇四（平成一六）年からの二回の参議院選挙だった。人口が少ない県では議員定数が一つしかない。このような「一人区」で民主党が二回とも大勝したことが、この戦略の妥当性を裏書きすると同時に、都市型の政党として出発したはずの民主党が非都市的な地方を政権奪取の拠点にするという捻れた関係も見て取れる。

こうした捻れ現象の背景には当然、「地方」に住む人々の間に鬱屈する心情がある。第一に日本列島が封建社会いらい維持してきた凝集性の高さや国土内の連帯関係(24)（もっとも、それは常に島嶼や北方の周辺地域を切り捨ててきたが）の基盤となっていた公正感が全般的に失われることに、人々が不安感を持っていると思われる。第二に、小泉政権いらい地域政策全般に導入されている「選択と集中」の新自由主義的政策によって周辺地域が放置されることに、不公正感を抱いているからではないか、と推察される。(25)じっさい「むらおさめ」「都市への集中」を主張する人々も、新自由主義的な経済学者を中心に二一世紀には目立ってきた。(26)

このように「ルールがいつのまにか変わった」ことが格差の一つ目の側面である。国との交渉力（パイプ）に頼ってしまうこれまでのモデルは、土建福祉国家の弱体化に対して脆弱であり、本来の体力差が一気に顕在化しているが、代わりのやり方を地方自治体は知らない。そもそも国に頼るほど自治力やリテラシーが落ち、環境変化に対応する柔軟性も失われる。この自治力の格差こそが、第二のより目に見えにくい格差であり、即効薬がないだけに深刻だ。

名の知れた、自治力のあるまちづくり運動は、新しい環境の中でも一定の補助を受け、また国に対して提案力を持ち、新しい関係や市場を開拓している。「おばあちゃんの葉っぱビジネス」の徳島県上勝町、ゆずという単一商品を様々な形態に加工して村イメージとともに売り出す戦略で年商三〇億円の高知県馬路村、農村の原風景そのものを売りにした新潟県高柳町の「じょんのびの里づくり」(後述)などは有名だ。一方、昭和後期に国に対する単一の陳情ルートへの依存を強めていた地域でむしろ凋落ぶりが著しいことを、本章ではのちに夕張市を事例に見ていくが、その極北にあるのが福島第一の地元地域である双葉町・大熊町ではないか。三月一一日の事故の前に、さらなる原発交付金を獲得するために七号炉・八号炉の誘致を決議済みだった。福島大学副学長(三・一一当時)の清水修二氏は、「まるで麻薬漬け患者のようだ」と以前から警告していた。

そして福島第一原発事故から一年後、一貫して原子力発電所立地を推進し支持してきたはずの井戸川隆・双葉町長(当時)は、ドキュメンタリー映画“Nuclear Nation”の最後の場面で、過去の発言の流れからは考えられない、重大な転向表明をする。「原発は双葉町にとってマイナスだったのかもしれない。でも、そうして作られた電気を消費していたのは東京の人たちなんですよね。」

このように「空間ケインズ主義」の装飾のもと電源三法に象徴されるリスク補償の政治によって「麻薬漬け」になった周辺部の自治体が裏切られる形で「都市圏立地政策」がせり出してくる昭和後期から平成までの地域社会の姿を、次節では具体的に見ていきたい。著者がフィールドにしている北海道夕張市などの例が中心にはなるが、多くの非大都市圏地域でもこれほど極端ではないにせよ、同じようなストーリーが展開していたことにも、注意を促しておきたい。

2　中央－地方関係の昭和・平成史

昭和後期の中央－地方関係

平成における中央地方関係を振り返るためには、それ以前の昭和後期から話をはじめなければならない。

一九七八（昭和五三）年の地方自治セミナーで長洲一二神奈川県知事（当時）が使ったのが「地方の時代」という用例の初出と言われている。「地方の時代、それは政治や行財政システムをこれまでの委任型集権制から参加型分権制に切り替えるだけでなく、生活様式や価値観の変革をもふくむ新しい全体的社会システムの探求でなければならないでしょう」[27]。長洲の神奈川県も含む「革新自治体」にはたしかに、公害行政や福祉行政を筆頭に新しい手法や制度を生みだし、のちの地方分権につながる発想がある。

しかし、こうした用法はその後に受け継がれたとは言えない。むしろ「地方の時代」の、より普及した用法は、抽象的に地方への注目を訴える意味合いである。一九七九（昭和五四）年統一地方選挙のスローガンとして自治省がこの用語を広め、「地方の時代と地域経済」「地方の時代と都市」というようなシンポジウムが各所で開催されることとなった[28]。そして、大分県の

「一村一品運動」に象徴される、「まちおこし」「むらおこし」宣言がその具体的な動きとして注目された。しかし今日の目から見たとき、これらは中央重視の裏返しという以上の意味を持たず、具体性に乏しいことは否めない。そもそも革新自治体は、まさに高度成長下だったからこそ可能だったという指摘もある[29]。じっさい、「善政主義」「ばらまき」批判も打ち出され、一九六〇年代後半には多数成立した革新自治体も、低成長期に入ると退潮していった[30]。

その後をおそったのは「都市経営」と「都市間競争」というトレンドであった。東京都知事が学者出身の美濃部亮吉から、内務官僚上がりの鈴木俊一に代わったのは、この転換を象徴している。鈴木も関与した日本都市センターの報告書である『新しい都市経営の方向』では次のようなことが提言されている。①コスト意識の徹底　②ボトム・アップによる内部の参加意識の向上　③負担意識をもつ自立した市民の育成　④地場産業振興・リゾート政策・交通政策などとのリンケージ。米国のシティ・マネージャー制度の影響や株式会社とのアナロジーが見られ、自治体をあたかも会社のように経営し、政策をコストベネフィットで評価する態度が主流となる。会社とのアナロジーが導入されれば、補助金や人口を獲得するために自治体が競争することも当然となる。

しかし、ここでいう「都市間競争」は自由市場における競争ではなく、制約の厳しい地方財政制度のなかで、それでもなおいかに国から財源を引き出すか、という「補助金さきどり競争」でしかなかった。欧州統合の流れのなかで、国家の庇護が弱くなった欧州都市圏が生き残りのために「都市間競争」（これによりブレナーのいう都市圏立地政策がせりだしてくる）を闘うのとは訳が違う、日本独自の文脈である。昭和後期日本は、自治体の世界を見ても、しょせん国家とそのドメスティックな制度に守られた「仕切られた競争」「仕切られた多元主義[31]」であり、グローバル要因から相対的に独立したコップの中の争いであった。

ただし、この「補助金さきどり都市間競争」が闘われる昭和末期は、いわゆるバブル経済のなかで資本の再編成が進んだため、グローバリゼーションの極として世界都市化してゆく東京地域と、旧来の産業構造を維持する非東京地域が、まったく異なる経済圏を形成していることが露わになりつつあった。

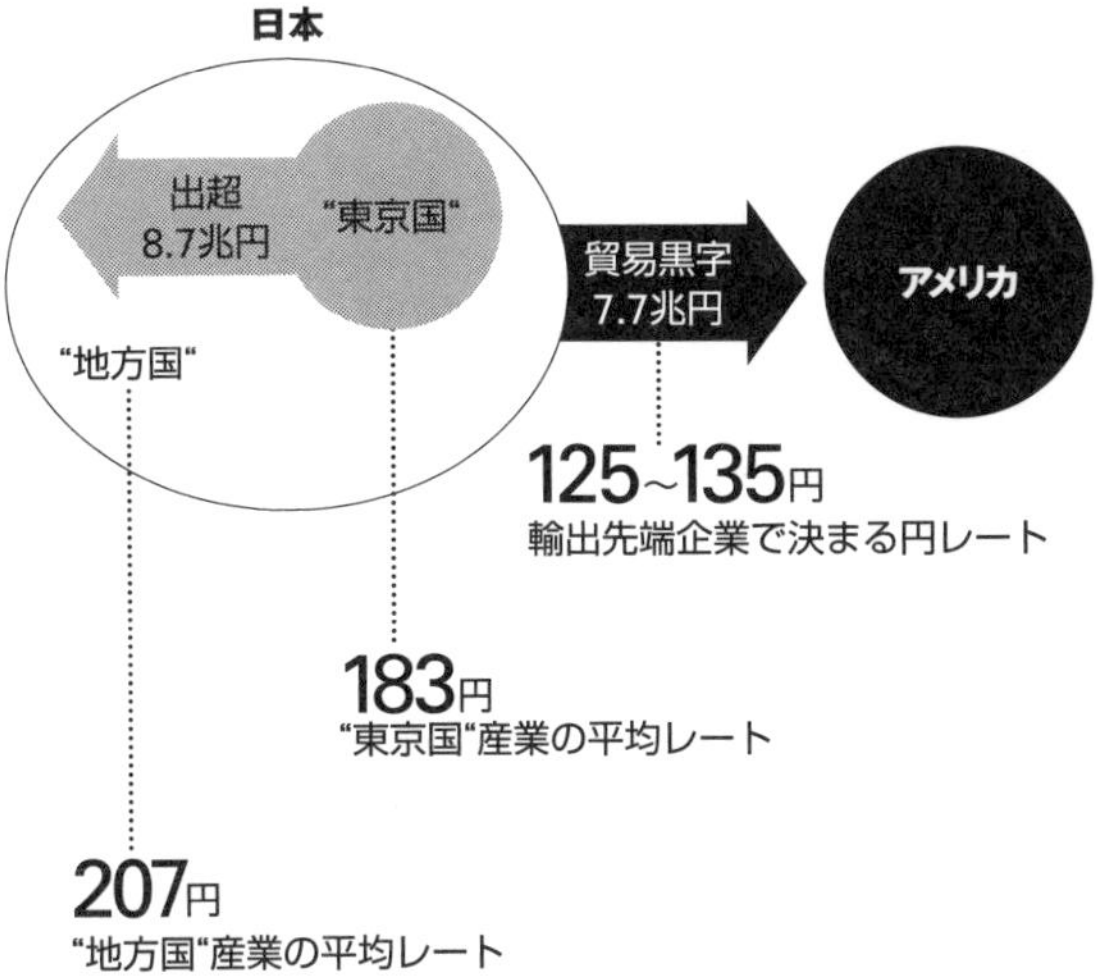

図4　「東京国」と「地方国」
出典:註32参照

図4は茂木敏充が一九八〇年代後半の時点で作った図[32]だが、世界に製品を輸出して最先端で国際競争を闘っている企業の競争力だけで日本経済が構成されていると仮定して為替レートを決めようとすると、当時の円ドル交換レートよりも遥かに円高の一ドル一二五～一三五円だろうという。それに準じた形で東京都および埼玉・千葉・神奈川だけを「東京国」と見立てて立地産業から国際競争力を計算すると、それでも当時の為替レートよりも円高の一八三円だろう。一方、それ以外の道府県で構成される「地方国」は立地産業の国際競争力が小さいため、為替レートは当時の水準よりも円安の二〇

七円くらいだろう、という話だ。そして地方交付税を含め東京国から地方国に移転されている経済規模（「輸出超過」）は八・七兆円に達するという。イタリアにおいて主要企業が北部に集中し、南部はそのおこぼれにあずかっているという「南北問題」がよく指摘されるが、それに類似した構図が日本にもあると指摘したものである。

このような状況において、スーパーパワーの東京都だけは、「仕切られた競争」には片足だけ突っ込んでおいて、もう片足では「世界都市東京」としての自らの国際的価値を高めるためUrban Locational Policyを取り入れ、超国籍企業とりわけ金融・商社の集積地を目指して都市基盤の再整備を進めた[33]。石原慎太郎知事下の平成期に入ると、「千客万来の世界都市をめざして」（平成一二年）というように計画文書タイトルにも、この政策転換が明記されるようになる。

昭和後期の「地方国」

いっぽう、それ以外の地域、とりわけ「地方国」に分類される平野以外の地域は、この時期に打ち出された国策である「リゾート開発」の波に乗りながら「さきどり競争」を闘って「出超」の分け前に与ろうとした。後に紹介する夕張市の事例が典型である。このような流れの中で「分権」が地方の側から要求される必然性はさほど無く、実際に知事会や市町村長会がこの時期に「地方分権」「地方制度改革」を要求していた事実はない。

しかし平成への転換期になってから突如、「地方分権」が流行語として浮上してくる。この言葉の源流は、細川護熙熊本県知事（のちに首相）が参加していた第三次行革審（一九九〇〜一九九三年）にあると言われる。前年の一九八九（平成元）年は東欧革命や天安門事件によって新しい国際秩序が形成されてゆく年であり、日本が国際社会から役割分担を求められ始める年でもあった。中央－地方関係の観点からも、平成史を語ることに大きな意義があることが、改めて分かる。

中央政府がより国際的な要因に目を向けざるを得なくなるとき、子細な内政事項は省庁にとって負担となり、地方分権を進めざるを得ない。また政治的には、金丸信スキャンダル（一九九二年）に始まる政治改革の流れのなかで、細川氏がスターとなり、彼の主張する「地方分権」もまた政治改革の一手段と観念された部分もある。[34] したがって「地方分権」は上からの改革として始まったという矛盾を最初から抱え込んでいた。

一九九五（平成七）年の地方分権推進委員会設置を経て、一九九九年の地方分権一括法の成立によって、機関委任事務（自治体が国の下請け機関として機能させられる行政事務）が廃止されるなど国と地方自治体との権限関係に一定の変化が生まれたことを、政治学者たちは大々的にアピールした。しかし一部の大都市圏や政令指定都市を除き、平均的な自治体の現場で劇的な変化が生まれたとは認めがたい。国が地方に様々な行政事務を担わせる実態は相変わらずであるし、自治体のほうも県・国の出方待ち体質が変わらないとは、東日本大震災の現場である三陸沿岸で現在でも繰り返されている指摘だ。

分権推進委員会に中心的にかかわった行政学者の西尾勝自身、この改革が「未完」に終わったことを認めねばならず、[35] 彼は分権改革の時計を進めるために地方制度調査会副会長として「分権の受け皿」となる広域自治体の整備、すなわち平成の市町村合併を推進する決意をする。平成大合併のたたき台となった「西尾私案」について語る前に、ここで北海道夕張市の現場に視点を移して、昭和後期から平成までの趨勢を裏付けてみよう。

夕張の事例

昭和三〇年代までは日本を代表する「炭都」として繁栄をきわめた夕張市（ピーク時の人口は一二万人近く、また昭和三〇年代の出炭量は単一都市としては日本トップクラス）だったが、日本のエネルギー転換の中で炭鉱の競争力は急速に失われ、昭和五〇年代以降には雪崩閉山となった。決定的だったのは一九八一（昭和五六）年の北炭（北海道炭礦汽船株式会社、三井傘下）夕張新鉱ガス突出事故で九三名の犠牲者を出したことである。最初のガス突出のあと坑内に入った救護隊も二次災害に巻き込まれ、坑内火災が発生するなか地下に取り残された炭鉱夫たちは生存絶望と見なされ、七日目には鉱夫の家族が泣きながら同意印鑑を捺して坑内注水が行われた。こうした悲惨な状況は大きく報道され「日本の石炭産業はもう持たない」というイメージを日本全体に植え付けることになった。夕張には谷深い炭鉱以外に雇用を創出できる目立った産業がなく、あっという間に人口は激減して平成に入ると三万人を切る水準に落ち込む[36]。

事故当時、市の幹部職員から市長になったばかりだった中田鉄治氏（故人）は「ペンペン草のイメージからの脱却」を目指して観光開発を進め、「炭鉱から観光へ」をスローガンとした。「石炭の歴史村」が炭鉱跡地に建設され、ＳＬ館・石炭博物館・世界の動物館・ロボット館・ジェットコースターといった施設が建ち並んだ。市の試算によれば、これら後始末と新規事業立ち上げのためにかかった費用は五〇〇億円を超える。

この観光開発はほんらい企業誘致の前提だったようだが、企業は思うように立地しなかったため、観光施設を運営する第三セクターである「石炭の歴史村観光」が市内唯一といってよい雇用受け皿となっていく。市役所が炭鉱資本と同じパトロン的な振る舞いをすることになってしまったのだ。もちろん夕張市にも言い分があり、他の炭鉱会社はきちんと後始末をしたのに、北炭は借金を踏み倒し、整理もせずゴミだけを遺していったという。たしかに福田赳夫元首相との個人的関係などをフルに活かして暗躍した「政商」萩原吉太郎をトップとする北炭の企業文化は特異ではあった。

あたかも萩原なきあとの夕張の後見人のように活躍する中田市長には、昭和六〇年代に自治大臣表彰・フジサンケイ広告賞・パリ市長特別賞などが与えられた。「市長は、夕張は国のエネルギー政策の犠牲になったのだから国は責任を持つべきだと堂々と論じ、官僚もかなわないという様子だった」という証言がある。(37)

こうして中田を止められる人はいなくなった。六期二四年間のとりわけ後半には、市長選挙に有力な対立候補が出ない無風状態となって自治力は低下し、市役所職員への野球選手採用や映画コレクションの公費落札に見られる市政の私物化、個人的な趣味としかいえない「シネマのバラード」「ロボット館」の建設などが行われる。詐欺師にだまされた「世界の動物館」建設の経緯も有名だ。(38)こうした状況下で国への補助金要求はエスカレートし、地元選出の中沢健次衆議院議員とともに中央省庁じゅうを陳情に回る姿は「中中コンビ」として役人からおそれられた。

一方、市が設立した第三セクター「石炭の歴史村観光」の雇用も一本調子で拡大を続け、市の観光特別会計の規模が一般会計を上回るという異常な状況になっていった。当然、市の借金も雪だるま式にふくらんでおり、二一世紀に入ってすぐから、前の年度の借金を次年度に付け替える不正な帳簿操作が始まっていた模様だ。当時の助役が「『大丈夫ですか』というと市長はいつも『俺に任せておけ』という調子だった」という。中田市政の最盛期はバブル経済に日本全体が酔った時期、それに続き国が地方債をベースにした公共事業を地方自治体に奨励した時期と重なるから、誰も止めなかったのだ。

しかし、もはや中田のトップダウン開発は粗雑な計画に基づき、東京の業者のみが潤う公共事業に堕していた。先述の「世界の動物館」を受注したのは、法外な利益率を貪った東京の内装業者であり、せっかく国の補助金を得ても、その金は夕張市のなかには環流しない。また、住所としては夕張市内のはずのシューパロ湖ダムの掛け替え工事（国営）を担当できる業者は市内には存在しない。市内の年金受給者はしばしば、毎朝やってくる隣町の温泉施設の送迎バスに乗り、隣町で一日を過ごす。本町通り商店街の再開発は、市役所職員自身が「金をかけて過疎を作り出している」（二〇〇六年五月、筆者のインタビュー）と吐露していた。

その反面でソフトウェアや人材への投資はなかった。たとえば石炭博物館の学芸員に与えられた予算は、消耗品費程度でしかなく社会教育とよべる事業を立案することはできなかった。そもそもこの学芸員自身が、中田の命により石炭の歴史村全体のマネージメントに奔走せざるを得なかったのだ。

中田治世のあいだ、市民発の動きとして希少種ユウパリコザクラを守ることを掲げた夕張岳スキー場建設反対運動があったが、この運動は市当局側の拒否にあい市内で孤立ぎみであった。[39]つまり、せっかく存在していた内発的運動の芽も生かすことができなかったのである。

次の指摘はダム開発に関するものだが、この町にもそのままあてはまる。「開発に依存した経験をもつ地域社会は、それに合わせて地域の自然的条件と経済的循環を変化させ、社会構造と住民の価値意識を変容させていく。こうした一連の再編の結果として、産業構造の幅は狭くなり、『開発依存』の意識と構造を内蔵した地域社会が形成されていく。そして、一度このような意識と構造が作り出されると、もはや外来の開発を抜きにしては、将来の構想を描くことが出来ないような状況が累積的に作られていったのである」[40]。

たしかに夕張は極端だ。二〇〇六(平成一八)年当時には日本全国で「まもなく第二の夕張(破綻自治体)が出る」と言われながら、その後一〇年以上経過しても財政再生団体になった自治体が存在しないことからも、夕張の特異さは確認できる。ただし一方で、夕張の現場で起こっていたことは一般的な日本の地方自治体において、程度の差はあれ起こっていたことでもある、と注意喚起しなければならない。問題点・悪い点を極端に引き延ばすと以上のような事例になるということで、夕張という極限事例から昭和後期日本の歪みを教訓として導くことが可能なのである。

ハコモノ中心主義、補助金への画一的な依存、市民の内発的取組みの不在、人やソフトウェアへの投資の不在。同時代において、これらの指摘から自由であると胸を張れる自治体は、日本全体でいったいどれくらいあったというのだろうか。少数の先進まちづくり自治体以外には共通する病弊だったはずだ。

補償政治の終焉

ここで最終的に「(リスク)補償の政治」が破綻したことも認識しておく必要がある。夕張に限らず旧産炭地に対しては、エネルギー転換の犠牲を補償するために、産炭地域振興臨時措置法をはじめ多様なメニューが用意され、膨大な国家補助が注ぎこまれ、だからこそ中田の拡張路線も可能だった。これは五五年体制下において、労働組合・社会党勢力に対する政権側の対応としてよく見られるパターンであり、周辺部の不満に対する対応と票の確保という意味を持

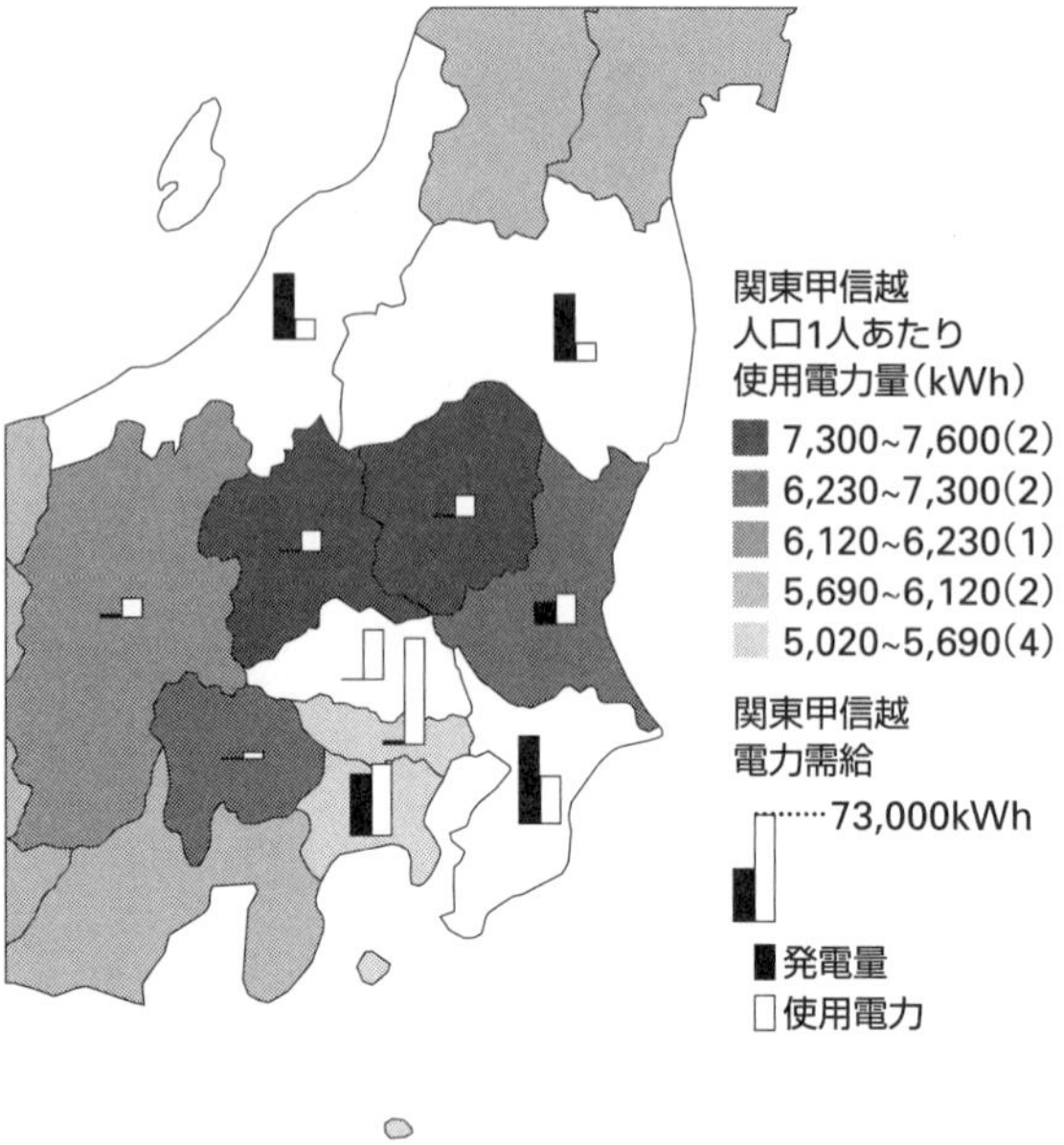

図5　首都圏における電力需給関係と1人あたり使用電力量(平成7年度の例)

『電気事業便覧』『東京エネルギービジョン』等により作成。

ってきた。原発立地と同じ構造である。

しかし、都市圏立地政策が突出する平成に入って、日本全体では東京、地方圏では中心都市、合併自治体においては中心部だけが繁栄するという「格差」は人々の生活実感の中で可視化されている。周辺部は縮小し、存続すら危ぶまれる場所も多い。もはや問題は多少の金銭的補償では対応できない構造的なレベルに達していると言えよう。一方で中心部の人々は、周辺での生活経験を持たなくなり、「リスク補償の政治」を利権政治ととらえて批判するようになった。昭和の開発主義を支えてきた「補償の合意」「地域間連帯感」は崩壊したと言える。

図5に示されているように、東京に対してエネルギー・人材・水源などを供給してきた新潟側から見ると、この変化は突然だった。

一九九八（平成一〇）年冬の時点では、柏崎市に呼ばれた青島幸男・東京都知事（当時）が「地方は東京の犠牲になっている」と発言して西川正純市長（当時）から「犠牲になっているつもりはない、役割分担をしているだけだ」と訂正されている。同年夏に訪問した都議会議員は電源三法の存在を知らず参加者の失笑を誘った。これは首都圏が拡大しすぎ、維持システムが巨大化しすぎて、それを統御するはずの人間の「合理性の限界」を超えたことを示すが、それにしても東京側は「地域間連帯感」に依拠し、周辺地域に対する感謝を表明しようとはしていた。

しかし一九九九年の都知事選挙では、どの候補者も東京の財政再建の方策として「東京から収奪され地方に回されている富を取り戻す」ことを訴えた。さらにさきの青島知事訪問を引き継ぐ形で、東京で二〇〇二年に開催された「エネルギーにっぽん国民会議」においては、「山手線の電気は新潟で発電されている」と発言した平山征夫新潟県知事（当時）に対して、石原慎太郎都知事（当時）は「それなら熊しか通らない高速道路は誰のカネで出来ているんだ」と応えた。これ以降、この国民会議は二度と開催されていない。

ちなみに、二〇〇七年に財政再生団体に指定されて正式に「破綻」と認定され制度的には国の管理下に入った夕張市であるが、現在はあたかも東京都直轄地のような外見になっている。二〇一〇年に当選した鈴木直道市長が、その直前まで都から夕張市に出向していた若手職員であることは知られているが、彼のもとで夕張市の幹部となっている二人もまた、東京都からの出向である。

脱工業化時代が本格化し、東京一極集中傾向を強めている。このような「東京一人勝ち」状況の中で、「もはや生き残れない」と考えた過疎町村が頼った政策の一つが市町村合併であった。

平成の市町村大合併

そこで話を中央政府の政策に戻す。

地方分権推進委員会から一貫して分権政策を手がけてきた西尾勝は、地方制度調査会長の求めに応じて二〇〇二（平成一四）年に「おおむね人口一万人以上となるように市町村合併を進める」という内容の「西尾私案」を発表、地方自治業界に衝撃が走った。

西尾の意図は分権の受け皿を先行して整備し、自治体にはまだ実力が不足しているという反対論を抑えるところにあったようだ。しかし西尾私案は政府の既定方針と受け止められ、合併した自治体への有利な財政的誘導を目玉とする合併特例法（二〇〇〇年）が制定されていたこともあって、世紀をまたいですぐに、三大都市圏以外の諸県で市町村合併はブームの様相を呈した。「合併しないと取り残される」という意識で前のめりになった町村も多い。

この平成大合併は大筋で国家主導であることは間違いないが、地域ごとにビジネスマンや知事が主導的役割を果たし、平成一〇年代には市町村合併ラッシュが列島を吹き荒れた（三大都市圏や北海道をのぞく）。たとえば浜松の場合はスズキやその会長が大きな役割を果たした[41]。

新潟の場合には平山征夫知事（当時）の示した合併パターン案に乗らないと「取り残される」という理解で、二〇〇〇年時点で一一二あった市町村が、二〇〇七年までに三五に再編されたので、市町村数は三分の一に減少したことになる（都道府県の中で自治体減少数としては最大である）[42]。平山氏自身は、国と「呉越同舟」[43]しながら地域の自立と分権に向けて制度を食い破っていく意図があったと言っている。しかし、個別の地域で、合併後の実態についての理解があったとは言い難い。

新潟市西蒲区（旧巻町）では今になって「合併するんじゃなかった」「でももう戻れんじゃろ」という嘆きがきかれる。地域経済は冷え込み、新潟市中心部に対抗できる要素は何もなくなったので、合併推進派だった元町議のうち数人が破産状態にあるという皮肉な現実が生まれている。合併後自治体運営のモデルケースと見なされてきた上越市の地域協議会でも、市中心部と周辺部（吸収された旧町村）間で、資源配分をめぐる紛争になっている。[44]

このように平成の市町村合併とは財政の論理が突出したまま、ローカルな主体が恐怖ないし漠然とした期待に基づいてリスケーリング（スケールの再編）を進めた「大義なき合併」「政治的合理性なき合併[45]」であったと総括せざるを得ない。

大都市起点のリスケーリング

合併の熱狂が過ぎた現在、地方分権論議は次第に、既存制度を前提にしつつ制度の運用改善方法を議論する「自治体政策法務[46]」論議へと移行している（民主党政権になってから設置された地域主権戦略会議の議論が典型である。だから報道される機会は減少した）。国の制度の大枠は変わらないが、巨大化した基礎自治体の担当者は大きな権限を入手しつつある。

要するに、旧町村のエコノミーと権限を合併後の自治体中心部が吸い上げた構造であり、こうした中心都市がその勢いを駆って提案したのが「大阪都」「中京都」「新潟州」といった構想だ。「都構想はまさしくリスケーリングのビジョンであり、国家空間の再編をめざす地政言説として吟味される必要がある[47]」と地理学者の山崎孝史は指摘する。じっさい大阪都構想を掲げる橋下徹大阪市長はそののち国政政党の共同代表となった。

このように大都市を起点にしながら密やかに国家性（statehood）が再編される傾向は、まさに平成に入ってからの特徴である。再掲を厭わず例示しておこう。①地方分権政策が、現実には中央政府の財政的撤退として機能し続けてきた（三位一体改革やコスト削減策としての市町村合併）。そのため、受け皿として大きな基礎自治体が必要とされた。②地域間で競わせる政策が普遍的なものになり、「選択と集中」が合言葉になっている。これらの政策体系においては、上位の統治機構が、政策受益競争に勝った狭域の「ホット・スポット」に選別的に投資する傾向が強まっている。具体例として、構造改革特区（二〇〇二年～）、都市再生特別法に基づく都市再生緊急整備地域（二〇〇二年、その指定は東京都心などに限定され都市圏立地政策の典型と受け止められた）の導入、地域再生法（二〇〇五年）に基づく地域再生計画などが挙げられる。[48]これらはすべて、すでに各種の開発計画が作られ勢いのある主体の連合が形成されている「ホット・スポット」に国の予算をさらに投入するやり方である。③世界と競争するGlobal City-Region（GCR）としての性格を強める東京圏・中京圏が独立した政府としての動きをますます強め、中央政府もそれを黙認するところがある。

こうしたリスケーリングの結果、もはや覆い隠せない「分裂にっぽん」[49]が生じたのが平成という時期である。「GCR国としてのニッポン」と「山と海で暮らしをつなぐニホン」との間に、様々な意味で亀裂が走っている。

この亀裂の由来は、空間ケインズ主義政策という装飾が持っていた限界のほころびにある、というのが、これまで一貫して論じてきたことである。そもそも本音を隠した政策であったものが、本音としての都市圏立地政策がいよいよ本格化してきた。低成長経済の時期、アジア諸国も日本経済を追いかけてくる中で、GCRも国際競争に本気にならざるを得なくなっている。

「山と海」の自治力

このような本音をある日突きつけられても、「山と海」の側にはしばしば準備が整っていない。それは、昭和期の外来型開発と「待ち」の姿勢に慣れていた場合には、グローバルからローカルまで様々なレベルでしたたかに渡り合う人材やソフトウェアが育っていないためである。（昭和後期の）「政策事業では、確かにモノはつくったが、村の老人たちが近代的なものを抵抗なく受けとって、それに感情移入していく力、農家が非農家や都市住民と対等にしかも堂々と話し合える力、過疎地の住民が補助金ブローカー的政治屋にだまされない力、すなわち住民の知的力をつくるようなことは、今まではほとんどやってこなかった」[50]。さらに、市町村合併政策も含めて、上からの一律の地域政策が繰り返された。「地方は、自分自身の運命を左右する未来像をえがくにも、国のえがいたグランドデザインの範囲のなかで、ただその一部を担う歯車の一つでしかない。新時代のレジャーやリゾートの設計においてさえ、中央から地方への『下賜』の思想が消えていない。地方活性化への知恵もバイタリティも、夢も参画意識の育成も、このような配給型プログラムによって可能だろうか。地域活性化のアイデアと方向性は、すべて全国画一、四角四面の鋳型のなかに閉じこめられる」[51]。

このように自治力を落としてきた「地方」の一般的状況とは異なり、少数のまちづくり先進自治体は違う道を選んだ。

日本の原風景のような環状集落と鄙びた温泉施設を核にして、何も資源がないと思われていた人口二〇〇〇人の山間の町への集客を年間二七万人にして注目された「じょんのびの里」新潟県高柳町（現在は合併して柏崎市の一部となった）の取り組みを昭和末期から主導してきた春日俊雄氏（元柏崎市観光交流課長）は、「我々はソフトウェアに投資してきました」とあっさり言う。「行政から何か提案して動かそうとするよりも、何かやりたいことがある人がいたときに、そこに投資するほうが合理的で無駄がないでしょう」。春日氏は、のちに触れる「観光カリスマ」に認定された百人のうちの一人であるが、夕張市の中田体制がリゾート構想に乗って狂奔していた時期に、自らの足下の集落の風景を守り、ときには議会や有力者と衝突しながら先進地視察および開催回数二〇〇回におよぶ「ふるさと開発協議会」での議論などを進めてきた。「ソフトウェア事業で一千万使うというのは大変ですこて。それだけ人を動かさなきゃならないということだから」と笑う。春日氏は、同時期の旧産炭地で中田鉄治が浪費してしまった国の補助金を、額としては二～三桁少ないままに有効に使い、ソフトウェアとハードウェアの組み合わせ遺産として形にし、次世代に伝えたのである。

春日氏が常に判断の根拠として参考にしていたのは、安達生恒氏（故人・島根大学名誉教授）らが組織していた「過疎問題調査会」であったという。「周囲からは私が独断でやっているように見えたかもしれんけど、いろんな人に相談しながら進めていたから、確信があったんです」。新潟の豪雪地帯の山村で、世界的な水準の学習を積み重ねてきたからこそ、リゾートやバブルの時代にも高柳はブレることがなかった。自ら問題意識を持ち学習することの重要性は「小さくても輝く自治体」の担い手が共通して語ることだ。

ここで想起しよう。欧州を念頭において作られた冒頭のブレナーの三分法には、「内発的発展」という段階があった。各地域に固有の資源を発展させようという発想だが、日本では高柳町のような「小さくても輝く自治体」が目立たない形で取り組んできた政策にすぎない。だから全国的に見渡したときには、内発的発展政策が十分に展開され意義と限界が検討されたとはとても言えない。であるならば、欧州とは異なり、日本の希望の一部はこの部分に見いだされるのではないか。ただし、このような取り組みは量的に十分なボリュームを持っているわけではないから、次節は統計的には捉えられない「運動」として記述されることになる。

3　まちづくり運動の水脈

「日本の地域には、地表面からは見えにくいが、地域づくりの豊かな水脈が流れている。しかし、その水脈が互いに結びつき、大きなネットワークになることが難しく、それぞれに孤立した取り組みになっているケースが多い[52]」。私も過疎と呼ばれる多くの地域を調査する中でこのコメントに強く共感する。そのような「水脈」の中で、私が調査した事例を、二つほどご紹介したい。

まずは二〇一二（平成二四）年に五回目の開催を迎え、一夏のあいだに四〇万人が訪れると見こまれている新潟県十日町市・津南町の「大地の芸術祭」である。

この芸術祭を担当しているNPO法人越後妻有里山協働機構の関口正洋氏は以下のように述べる。「このあたりの集落は四〇〇から五〇〇年までは遡れる歴史がある。山間地・豪雪・地滑りのなかで暮らしを立ててきた。それが、金にならないということで切り捨てられてきた。棚田の労賃は、計算すると時給四〇〇円くらいにしかならない。東京が最大で妻有が最小というスケールになってしまう。しかし見方を変えれば、この地域だって豊かだ。これまで、『地方は変わらなければならない』とか『ここに出て東京にいかなきゃダメ』とか言われ続け、人々はその気になってしまった。見方を変えれば豊かであるということをどう共有するか。そのためには外部の人の見方、外部の人のかかわりが重要。いろんな世代の人が関わったほうがいい。アートを入れたのもそのため。外縁にいながら問題提起をやってきた人たちだから」。そもそもこの芸術祭を構想し、アーティストや行政・企業と交渉しながら奇想天外とも言うべきプロジェクトを実現させてきた総合プロデューサーの北川フラムはさらに過激で、次のように断言する。「都市に希望がないというのははっきりしていましたから。二〇世紀というのは都市の時代で、美術も都市の時代だったんです。そして都市が傷んできて美術も傷んできましたね。だけど僕らは都市の美術しか知らないわけ。でも都市の美術というのはほんとに世迷いごとだと思ったんです[53]」。

このように農村の価値を捉え直そうとする動きは、たとえば「日本で最も美しい村連合」の形成といった形で少しずつ目に見えるようにはなってきている。

政策面では、一九九四年の農山漁村休暇法を皮切りに、いわゆるIターンや都市農村交流を進める政策が次々に打ち出された。農業基本法も改正されて、一九九九年に「食料・農業・農村基本法」となり、二年後には「まちむら交流きこう（都市農山漁村交流活性化機構）」も設立されている。これらの政策は、棚田オーナー制度、クラインガルテンや定年帰農、セカンドライフへの取り組みや、若者農業塾などIターンを支援する取り組みをふくんでいる。税制面では、都道府県によっては直接支払制度や水源税などの新しい財政制度を導入するようになった。また集落協定の支援、集落支援員の設置といった政策も、ときに効果が疑問視されるとはいえ、とられるようになった。

このような政策展開と共鳴する事例として、千葉県鴨川市大山に定住した林良樹氏（インタビュー当時は鴨川自然王国理事）の例を紹介しよう。ただし政策の力によって以下のような展開が起きたのではなく、ヒトの移動と意思（知的力）があり、たまたまそれを政策がサポートできたに過ぎないことは見過ごしてはならない。以下は筆者自身が二〇一一年夏にインタビューした記録からの抜粋である。

「一九九九年に僕はここに来たんですが、あの…当時まだ移住ブームでもなく、こう農村に若者が住むってのはまだそんなにあの…ムーブメントしてなかったので。で…僕は飛び込みで空き家を見つけると住まわして下さいって農村に回って言ってたんですが、なかなか飛び込みでは、農村では貸してくれなくって、その時に丁度、一九九九年に鴨川市が空き家対策ってのを始めて、それに応募したんです。で、三〇〇名の応募があって、六件の物件が出て。そして…最初に見た家に僕は一目ぼれして…まぁラッキーに、僕を選んでいただいて、今の農家に、古民家に移住しました」。「この村では、僕の住んでる村では、毎月一回寄り合いがあるんです。もう今では、こんな寄り合いのある密度の濃い集落は、もううちの村だけだと思うんですが、そこで二八日の夜に定例ミーティングというか寄り合い。そこに僕は初めて参加した時に、まぁ、村の洗礼を受けたんですね。その六〇代七〇代八〇代の家長のおじいちゃん達が縦一列に、あ、二列にずらっと並んで、上座に長老が座り、だんだん下に向かって、年齢順に、完全に縦社会で、そこに僕が入って『よろしくお願いします』って挨拶すると穴の空く程みられるわけです。で…話し合い、寄り合いの話し合いが終わると、あの…大体一升瓶が出てきて飲み会が始まるんです。そうすると、その村で一番眼光の鋭いおじいさんが、一升瓶を持って僕の前にドンって座って『おいっ、おめぇオウムだろ?』って」。…「『絶対違います』って。でもそうやって信頼関係を築いていって『おぉ、そうか!』って、『じゃあ飲もう!!』って。で、まぁ飲みながら『なんでここに来た』って。働き盛りの若者がこんなとこに来る理由が分からない。『ここにいちゃ駄目だって言って俺達の息子をみんな都会に出したんだぞ』って、『ここには仕事もないし、農業なんかでは喰っていけない、みんな都会に出て、学校に行って、良い大学を出て、良い就職をして、サラリーマンになって、そうしなさいって戦後、俺達は子供たちを出したんだ』って『それなのに、なんで来た?』って(笑)。『いや、僕はここが素晴らしいって思うから来たんです。ここが美しいと思うから来たんです』って…」(54)

ここにも越後妻有と同じストーリーがあることが分かる。「これまで、地方は変わらなければならないとか、ここに出て東京にいかなきゃダメとか言われ続け、人々はその気になってしまった」と越後妻有の関口さんは言い、世界とつながりながら逆の動きを仕掛けている。同様に鴨川の林さんも、「ここにいるとものすごく忙しいです」と言う。「大きな政治的な枠組みをもちろん変えなきゃいけないんだけど、それは物凄いエネルギーと時間がかかるので、そこに人生を費やすよりかは、こういうところから先に僕は小さなモデルを、雛形を作っていって、それを下から広げて行きたい」と言う。

東日本大震災の三陸被災地においても、農山漁村だからこそ創出できる新たな価値を表現しようとする動きは多く報告されている。比較的有名な事例として、陸前高田市の老舗醤油醸造店「八木澤商店」の例を挙げておこう。二〇〇年以上にわたり地域に定着していた企業だったが、3・11の津波直撃によって従業員一人を失ったほか、全ての資産・設備が流失した。被災時点で社長だった八代目の河野和義氏は廃業も考えたが、九代目社長に就任し社業継続の意思を示した通洋氏は、地元中心だった取引先の再編を目指し従業員も解雇しなかった。八木澤にとって勇気づけられた出来事は、釜石の水産試験場に預けられていた麴が流失しようとしている様子をテレビで確認した市民たちが、その救出に向かってくれたことだった。こうして確保された麴を元に八木澤は隣町の一関市に暫定的な営業所を作り、業界他社に生産を委託して震災の年の五月には営業を再開した。寄せられた数千通に及ぶ励ましの手紙やeメールによって「本当の財産とは設備や資産ではなく、人との絆だという当たり前のことに気づかされました」と述べる（再開初期の発送製品パッケージに同封されていたメッセージより）。

河野通洋社長は陸前高田の同志と語らって、社会的企業（起業）を進めるためのプラットフォームも作った。若い人々を地域に留めるべく新事業の立ち上げを支援する「なつかしい未来創造株式会社」である。二〇一二年三月二九日付のブログにおいて、通洋氏は次のように述べている。「ある方が「これからの社会を担うのは『人と人』『人と自然』『人と未来』、この関係を築きながら生きていける人なのではないか」とおっしゃいました。私は『陸前高田にはその関係性を感じたり学ぶ場としてなんて適しているのだろう』と思います」。こうして同社は二〇一二年内に本社を陸前高田市内に戻し、暮れには一関市に自社工場を再建した。「なつかしい未来創造」のコンセプトに共鳴するように、椿ハンドクリームやリハビリテーション事業・りんごビール製造など、地域資源に新しいコンセプトを掛け合わせて新事業・新会社を興す外部者や若者も少しずつ表舞台に登場している。なお、会社名にある「なつかしい未来」という言葉は、ヒマラヤ山麓ネパールのラダック地方における持続可能なコミュニティの姿を描いた人類学者ヘレナ・ノーバーグ＝ホッジの書籍タイトルから採用したという。

ここにも様々なボーダーを越えネットワーキングする地域再生の姿を読み取ることができる。関満博が「世界で最も熱い『現場』は東日本大震災なのです。そこに身を置き、暮らしとは何か、生きるとは何かを考え、自らの進むべき道を見定め、そこに向かっていくことです(55)」と述べるようなダイナミズムは、震災から三年が経過して中央メディアでは報道されなくなったが、陸前高田のみならず多くの被災地で観察できる。すべて、巨大投資やハード作りから始まるのではなく、地域資源の編み直しから始まる動きである。

環境学者の佐藤仁は言う。「成長・拡大路線の中では、不足は外から新たな資源をもってくることで補うことがまずもって優先される。公共機関の予算獲得に向けたメンタリティーは典型的である。新しいことをするためには、それを可能にする予算の確保が必要という発想である。この発想に疑問すらもたせないのが、成長路線の残影に生きるわれわれの呪縛である。しかし、少ない予算でやり繰りすることを強いられたとき、資源は物質よりも人的な工夫の割合を増すことによって、すでにある『手ごま』を活用させ、そこから思わぬ創造性が引き出されることがある(56)」。上記した三つの事例はこのコメントを裏付けるし、必要ならもっと多くの類似事例を引くこともできる。

高畠通敏が看破したように明治以来、日本政治の裏テーマはいわば日本国内の南北問題(57)だったにもかかわらず、この社会的亀裂は、昭和後期には巧妙に覆い隠されてきた。そのほころびが顕在化してきたのが平成期であると考えることができる。一方で論じてきたように、日本には「豊かな地域づくりの水脈が流れている」。その水音を、耳を澄ませば聞き取ることができるようになったことも、また平成の特徴である。これらの水脈はしばしば、グローバルな場ともつながっている。リスク補償の政治とも無縁の動きである。

この新しい動きとは、一言で言えば「なつかしい未来」を目指す動きを「つなぎなおし」(リワイアリング)していくものだ。大分県湯布院のまちづくりの担い手として有名な中谷健太郎が、早くからこのような構想を語っている。「僕らは湯布院という生活圏を固持して、『ここにいらっしゃいよ』と訴えてきた。湯布院という特定の空間を色濃くするために、生活圏はできるだけ顔見知りの空間でありたいのですが、当然、そこで生産されるものだけでは生活できませんから、必要なものを外から入れます。……みんなでどうやってこの地域を盛り立てていくかという産業計画のようなものが、観光とか農業とかいった枠にとらわれずに見えてくる。……『農村にとって都市はすごく大事だし、農村があってこそ都市がある』という関係を築き上げていかなければと思うのです[58]」。

中谷および溝口薫平ら、昭和後期に旅館経営の後継者だった湯布院の若手は欧州に長期滞在することで、このような「なつかしい未来」の予兆を読み取り、開発主義真っ盛りの一九七〇年代の時点で自衛隊誘致という国策に反対し、ゴルフ場計画を断念に追い込んで、なつかしい温泉町の価値を守り通した。いまは中央政府(国土交通省)から「観光カリスマ」と呼ばれている。中谷のように自治体 - 県 - 国 - 国際社会という既存の固定スケールを自在に飛び越え、リワイアリングできる主体を増やすことが、地方の側が主体性を取り戻す一番の道であり、それをサポートできる学問と社会でなければならない。上からのリスケーリングではなく、「東京が最大で妻有が最小」というスケールを問い直すような価値観の転換ができる下からの主体を育てる必要がある。

このような主体育てに加えて、新しい福祉国家の道を探ることも必要だ。前節で紹介した「じょんのびの里づくり」も、国の補助金を合理的に使い地域の人々のやる気を引き出した結果達成されたものである。夕張のケースと異なり、補助金を使ったと言っても成果に文句を言う人は少ないだろう。だから地方自治体の側に財政自主権や行政権限を与える分権改革はさらに必要であるが、分権が単なる国の財政負担回避の口実に陥ってはならない。

地域経済学者の安東誠一郎は言う。「個人・家族への一定の生活保障のシステムの確立のうえで、個人・家族がともに暮らし、ともに仕事をする地域という一番身近な世界が、その特性を活かし、ニーズに応じて自ら運営していく権限と一定の財源を国家が保障することが必要である。『地域による地域政策』の制度的保障である」(59)。筆者も改めて、新しい自治単位が福祉国家の構成員として、地域再生にふさわしいだけの財政再配分を受ける必要があることを強調しておきたい(60)。

実際、競争的政策の本家のように見なされながらも「腐っても福祉国家」といわれるイギリス(連合王国)にはこのような構造がある。イングランドに併合されて八世紀以上を経てもなお独自の文化を育むウェールズは、一九九九年にウェールズ議会の設置を認められ、二〇一一年には国民投票によって法律制定権まで与えられ、イングランドの諸制度から距離を置いている。その一方で金融・不動産業で栄えるロンドンのような都市を持たないウェールズは、雇用の三分の一を公務セクターに頼っている(61)。サッチャー政権下の炭鉱閉山・製造業根絶政策によって悲惨な時期を経験したあと、中央政府による統制から独立する道を進みながらも、要するに連合王国の福祉国家体制から再配分を受け続けているのだ。

「転んでもただでは起きない」したたかさを、日本の農山村自治体はもっと学んでよい。したたかさを養い、主体を育て、再配分を勝ち取るために、これまでに記述してきた「水脈」に耳を傾けることがとても大事だ。

土建国家という空間ケインズ主義が、平成に入って破綻したことは明らかだ。一方で、New Public ManagementやGCR政策のように、これまでの再配分政策を破壊し生産性の高い（と計算される）大都市圏の平野部に富を集中させる選択肢が二〇〇〇年代に取られたが、こちらも成功したとは言い難い。温帯のなかで最も降水量が多く、しかもそれが植物の生育する夏に集中する、世界的にも奇跡と言えるような気候条件をもつ日本列島における人々の創造性と活力は、煎じ詰めれば「山と海」から運ばれている。長い時間軸のなかでこの真実を認めれば、角栄方式土建主義でも都市圏立地政策でもない、第三の回答を探すしかないのだ。その動きはすでに始まっている。

4　追補――「地方創生」政策と地域の豊かさ

筆者が本書の初版/増補新版で以上のように論じた後、二〇一四（平成二六）年に成立した第二次安倍政権が「地方創生」政策を打ち出し、メディア等でも改めて中央と地方の関係が問題となった。元総務大臣の増田寛也氏らの「日本創成会議」が「消滅可能性自治体」八九六自治体を名指しして人口減少への危機感を喚起し（二〇一四年五月八日）、メディアで大きく取り上げられたという一連の顚末が[62]、この政策過程を後押しした面もある。そこで再増補版（完全版）では二〇一八年までの平成最後の四年間について補足するが、結論を先取りしておくと、これまでに提示した基本的論理を修正する必要は感じない。「地方創生」政策も結局は一時的なブームとして消費され、各自治体に徒労感を残しただけで収束した[63]。第三次・第四次安倍政権では「働き方改革」「人づくり革命」「入管法改正」等、別のスローガンが次々に打ち出され目先が変えられ続けている。地方創生担当大臣も第四次政権まで任命されてはいるが、多くの場合は兼任職であり、初代大臣の石破茂以外は、政策内容についての発信力も乏しい。石破大臣時代にまとめられた地方創生法（「まち・ひと・しごと創生法」二〇一四年）では各自治体が地方版総合戦略を作るべきことが定められた。これも、地方分権の時代なのに中央からの指令で地方自治体が手足のように動くという、平成時代の典型と言える論理矛盾政策である。補助金がつくというので多くの自治体では国の指定した仕様に従って（会議体に誰を含めるかまで決まっており、地元の金融機関幹部や大学教員が動員された）何度かの会議を開いて、多くのアイデアを論じたが、結局、地方創生政策に関連した一般予算は先細りで、自治体版「総合戦略」に盛り込まれた政策のほとんどが有耶無耶に終わったことは、どの自治体であれ発表された文書群を検討すれば誰でも確認できる。もっと悪いことに、一部の自治体では地方創生政策に関連した競争的予算に応募し、一時的に多額の予算を獲得したが、木下斉らが指摘するように、その大部分は次に続かない、投資として意味のない打ち上げ花火に終わった。ここでも儲かったのは、ほとんど全ての自治体が雇った政策コンサルタント（大都市の総合研究所等）だけである。こうなってみると、国に夕張を批判する資格があるのか大いに疑問である。

グローバル都市・東京と地方の間に横たわる格差構造は何も変わっていないと言えよう。そもそも論じてきたように、小泉政権を境目に自民党政治は大都市部に軸足を移したのであり、「一票の格差是正」もあって大都市圏の政治的発言力が高まっている現在、いくら花火のようにスローガンを唱えたところで大都市中心政治の基本線が変わることはないだろう。

その一方、3節の後半で論じたような、「なつかしい未来」を先取りする動きが、更に加速していることも事実だ。これは、状況を把握し学習している自治体関係者にとってはもはや隠れた水脈ではなく、既定事実であり、先述した「地方創生」政策に関与した高級官僚や政治家の一部はむしろ、この新しい方向性に肩入れしている。

ここで、突然脈絡が変わるように見えるが、**表3**を示したい。各種歴史的統計を駆使して、世界史上の四時点について、世界十大都市を掲げたリストである（本当は、日本列島全域人口と世界人口を、超長期で比較するのが本論文の主旨上よいのだが、さすがに精密な歴史データは取れないので、大都市人口リストで代用する）。ユーラシア大陸の端っこにへばりついている日本列島の都市が、どの時点でも必ずトップ10に入っていることは、驚異的と言わねばならない。日本列島は世界史の概念でいう「世界帝国」の拠点であったことがないのに、世界人口との比較で無視できないほど多くの人口を養う豊かさを、少なくとも最近千年において一貫して有していたことを意味する。

東京・京都の人口集積は、それを支える地方の農業生産力の豊かさによって初めて達成されることは、言うまでもない。都市部以外の日本列島に永続的集落が多いことは、ウェブサイト「千年村プロジェクト」（http://mille-vill.org/）の地図を一瞥すると納得できる。酒蔵・醤油蔵をはじめ、日本には数百年も続いてきた伝統企業が世界一多いと言われるのも、このように千年続いてきた集落と都市を基盤にしているからこそである。初版（本版では3節）の末尾で「温帯のなかで最も降水量が多く、しかもそれが植物の生育する夏に集中する、世界的にも奇跡といえるような気候条件をもつ日本列島における人々の創造性と活力は、煎じ詰めれば『山と海』から運ばれている」(64)と述べたことを、再度強調したい。「田園回帰」を唱えて近年注目される藤山浩は、各地での講演の締め括りとして、かりに「今だけ・金だけ・自分だけ」という精神

西暦1000年		西暦1800年		西暦1900年		西暦2000年	
コルドバ	0.45	北京	1.10	ロンドン	6.5	東京	26.4
開封	0.40	ロンドン	0.86	ニューヨーク	4.2	メキシコシティ	18.1
コンスタンチノープル	0.30	広東	0.80	パリ	3.3	ボンベイ（ムンバイ）	18.1
アンコール	0.20	江戸	0.69	ベルリン	2.7	サンパウロ	17.8
京都	0.18	コンスタンチノープル	0.57	シカゴ	1.7	ニューヨーク	16.6
カイロ	0.14	パリ	0.55	ウイーン	1.7	ラゴス	13.4
バグダッド	0.13	ナポリ	0.43	東京	1.5	ロサンゼルス	13.1
ニーシャープール	0.13	杭州	0.39	サンクトペテルスブルグ	1.4	カルカッタ	12.9
ハサー	0.11	大阪	0.38	マンチェスター	1.4	上海	12.9

注：単位百万人。1000年〜1900年のデータについては、Tertius Chandler, 1987, Four Thousand Years of Urban Growth : an Historical Census(2nd ed.), Lewiston: Edwin Mellen Pressによる。2000年のデータについては、United Nations, 2001, World Urbanization Prospects: 1999 Revision, United Nationsによる。なお「東京」の数字は東京都のみならず南関東3県の人口を足し合わせたものとなっている。

表3　世界史上の4時点における世界10大都市

で日本人が生きてきたならば、地域社会は現状の豊かな姿になっていない、という話をすることが多い。日本の原風景と言われて多くの人が想起する里山里地、里から都市へと連なる民家集落、集落を拠点に継承されてきた生活文化は、「将来世代を見据え・金だけに換算されない価値を大事にしながら・他者を尊重する態度のもとで」維持されてきたのである。

　このような日本列島の「地方」の豊かさは、経済学的にはどのような仕組みで千年以上続いてきたのだろうか。藤山浩が所属していた[65]島根県中山間地域研究センターが継続してきた諸研究は、それが地域内経済循環によって成立していたことを説得的に明らかにしている。逆にいうと、現代では地方の自然資源は貨幣化された瞬間に、大都市や国外に漏出しているのである。中山間地で漏出している貨幣を何割か取り戻すだけで地域内雇用が創出できることを家計調査データや、それに基づく経済モデルの開発を通じて説得的に明らかにしている。藤山も参考にしている英国New Economic Foundation は“Plugging the Leaks”というパンフレットを出し、このように貨幣が漏出する「バケツの穴」を塞ぐことの意義を直観的に分かりやすく示しているが[66]、この図の日本語版も、最近藤山が編んだ入門書に掲載されている[67]。そもそも、自前の産業連関表などを活用して地域の経済循環構造を把握した上で、地域特性に根ざした産業を育成して貨幣漏出を防ぐ取り組みは、たとえば先進自治体として知られる北海道下川町では早い段階から取り組まれていた[68]。

産業連関表等を活用し、地域内の貨幣循環を再検討する実践、地方創生政策の一環として推奨された柱の一つだったはずである。そのためにこそ、全自治体の各種経済統計を網羅するweb サイトRESAS（resas.go.jp）も開発されたのである。しかし、地方創生政策の執行過程における内部矛盾は大きく、結局はプレミアム商品券など派手な「票になる」政策が優先された。第二次地方創生政策の一環として環境省が全自治体の産業連関表を作成した試みは、自治体やシンクタンクにも殆ど知られていない[69]。しかし、「地方創生」政策に未来に向けた意味が僅かでもあったとすれば、こうした知的基盤を創造した部分である。

最後に筆者自身も、こうした取り組みの顰みに倣い、地味な取り組みを続けてきたことを報告しておきたい[70]。岩手県奥州市役所と協働して二〇一七（平成二九）年秋に七八世帯を対象とした家計調査を実施したが、じつに家計消費の九割が市外に漏出していることが判明した（**表4**）。また産業連関表から検討すると同市は、確かに建設業や機械工業などの製造業で稼いではいるが（東北新幹線・東北自動車道という幹線沿いのため、大都市に本社をもつ製造業工場が多く立地している。有名なものとして、例えばデサントの「水沢ダウン」がある）、平場地帯なのに農業も域際収支としては赤字であり、食料品に至っては年二〇〇億円以上の域際収支赤字を出していることが確認できた。全産業をトータルすると、年間四〇二億円の域際収支赤字となっている。

この調査結果を踏まえ未来に向けた提案として、市内調達率が一〇%上がったらどうなるかを計算してみたのが**表4C**である。食料品分野で家計の市内調達率が一割増加すれば七六人の雇用が生まれる。医療関係だと一〇%増加すれば三三人、趣味等でも三四人、固定費では五八人と、トータルで二〇七人分の雇用を生み出せると試算できる。いま地方都市では二〇〇人規模の企業誘致は困難である。それよりも域内調達率を一割上げることは、現実的で達成可能な政策目標たりうるのではないだろうか。筆者としては、地域経済循環の形成に向けて住民の意識改革を図るだけではなく、事業者ともコミュニケーションをとり、市民のライフスタイルにあった地域産品の循環構造を作り上げていくことを長期的に目指していきたい。

市内産品購入	率
¥375,524	10.0%
¥0	0.0%
¥78,568	5.7%
¥165,207	11.6%
¥91,983	14.4%
—	—
¥1,020,548	10.0%
¥1,020,548	4.9%

市内産品購入	率
¥146,705,964	7.4%
¥0	0.0%
¥34,228,130	4.6%
¥88,377,273	11.6%
¥42,392,181	14.5%
—	—
¥545,940,844	10.0%
¥857,644,392	7.5%

A＊「趣味等」については便宜的に市内資本店購入額をそのまま市内産品購入に代入して算出した。
＊交換経済（贈答・お裾分け）分は除外して計算している。
B＊10の家計類型毎に平均値を積み上げて算出しており、単純にA表を41726/78倍した数字ではない（耐久財・固定費を除く）。
C＊波及市内総生産額および雇用者誘発量は、岩手県産業連関表経済波及効果簡易分析ツール（http://www.pref.iwate.jp/toukei/toukei/044488.html）によって算出した。

A.家計消費総括表(家計簿票・世帯員票・耐久消費財票・固定的支出票の合計)**78世帯分・1ヶ月あたり**

	総額	市内資本店	率	県内資本店	率
食品	¥3,937,373	¥689,757	16.9%	¥1,708,365	46.1%
燃料	¥852,093	¥273,898	31.7%	¥108,332	12.8%
消耗品	¥1,488,262	¥149,372	10.8%	¥234,845	16.2%
耐久財	¥1,428,085	¥691,760	48.4%	¥270,000	18.9%
医療等	¥638,561	¥469,301	73.5%	¥102,050	16.0%
趣味等	¥2,281,893	¥468,044	20.5%	¥559,743	24.5%
固定費	¥10,224,679	¥2,196,453	21.5%	¥2,388,317	23.4%
計	¥20,850,946	¥4,938,585	23.7%	¥5,371,652	25.8%

B.上表を奥州市41726世帯(h27国勢調査)**分に増幅した表・1ヶ月あたり**

	総額	市内資本店	率	県内資本店	率
食品	¥1,981,188,527	¥415,104,967	21.0%	¥866,735,814	43.7%
燃料	¥415,967,645	¥203,451,838	48.9%	¥40,880,677	9.8%
消耗品	¥746,360,000	¥98,400,619	13.2%	¥118,714,173	15.9%
耐久財	¥763,952,240	¥370,056,125	48.4%	¥144,436,154	18.9%
医療等	¥292,197,940	¥211,960,905	72.5%	¥52,916,228	18.1%
趣味等	¥1,759,601,436	¥349,421,585	19.9%	¥654,245,901	37.2%
固定費	¥5,469,678,923	¥1,174,989,717	21.5%	¥1,277,627,118	23.4%
計	¥11,428,946,711	¥2,823,385,757	24.7%	¥3,155,556,065	27.6%

C.B表から全カテゴリーについて市内調達率が10%増加した場合

	総額	市内産品購入	率	波及市内総生産額	雇用者誘発量
食品	¥1,981,188,527	¥344,726,804	17.4%	¥238,684,410	76人
燃料	¥415,967,645	¥41,596,765	10.0%	¥48,252,678	8人
消耗品	¥746,360,000	¥108,968,560	14.6%	¥33,177,668	0人
耐久財	¥835,339,968	¥180,433,433	21.6%	¥35,815,678	0人
医療等	¥292,197,940	¥71,588,495	24.5%	¥62,243,793	33人
趣味等	¥1,759,601,436	¥526,120,829	29.9%	¥380,811,829	34人
固定費	¥6,771,983,428	¥1,354,396,686	20.0%	¥1,024,919,258	58人
計	¥12,802,638,944	¥2,627,831,572	20.5%	¥1,823,905,314	209人

表4　筆者と市当局の協働で実施した岩手県奥州市家計調査の結果

このように、自然資源に恵まれた日本の「地方」では、小さな集団から始まる取り組みによって地域の未来を創れるということを、増補新版からの四年間で筆者としても実感しつつある。劣化してしまった都市社会からの恢復の道として、中央に惑わされない「まちづくり」に着手することが、平成末期には日本の最後の希望となりつつある。初版／増補新版の末尾で記した「新しい胎動」は、次の時代を見据えて、ますます同時多発化している。ただし、昭和‐平成が残したノイズは大きく、耳を澄ませて胎動を聞き取れるかどうかは地域によって、人によって異なる。

註

（1）Neil Brenner, *New State Spaces* (Oxford University Press, 2004).
（2）原純輔「社会階層研究と地域社会」（『地域社会学会年報第18集』二〇〇六年）四五‐六一頁。
（3）土山希美枝『高度成長期「都市政策」の政治過程』（日本評論社、二〇〇七年）。
（4）大橋隆憲の階級分類を参考に、酒井恵真が作成したもの。出所は、布施鉄治・鎌田とし子・岩城完之編『日本社会の社会学的分析』（アカデミア出版会、一九八二年）三八頁。
（5）伊藤善市『都市化時代の開発政策』（春秋社、一九六九年）八一頁。伊藤は東京女子大教授として、人口問題審議会、産業構造審議会、工場立地及び工業用水審議会委員、国土審議会特別委員、道路審議会専門委員、自治大臣地域づくり懇談会座長などを務めた。
（6）古厩忠夫『裏日本——近代日本を問いなおす』（岩波新書、一九九七年）六頁。
（7）同上書九頁。
（8）福武直編『地域開発の構想と現実』第3巻（東京大学出版会、一九六五年）。
（9）「地域住民……の期待によって開発政策に対する支持と協力がえられるということもでき、それがもし地域社会に果実をもたらすことを考慮しないものであるならば、地域住民を欺瞞しつつ開発政策がすすめられているともいえるのである。地域開発という言葉の……曖昧さそのものが一つの政治的役割を果たすことさえ考えられるのである」（同上書二〇九頁）。
（10）「地方自治体が工場誘致に血道をあげる大きな理

由の一つが、税収の増大にあることはすでにふれたが、これも現行の地方税制度さらには地方自治制度のあり方と関連している」(同上書二一六頁)。
(11) すでに同上書の中に次の指摘あり。「すでに投じた7億の先行投資は、効率どころか完全に無駄になってしまった。それも三菱側の採算がとれないという一片の理由説明だけである。その場合、この見通しの失敗がもたらしたマイナスを集中的にかぶってしまうのは、弱小財政の総力をあげて投資にふりむけた地方自治体である」(二四四頁)。経済学者による以下の本も参照。増田壽男・今松英悦・小田清編『なぜ巨大開発は破綻したか——苫小牧東部開発の検証』(日本経済評論社、二〇〇六年)。
(12) 舩橋晴俊・長谷川公一・飯島伸子『核燃料サイクル施設の社会学』(有斐閣、二〇一二年)。
(13)「こうした企業が立地したところで、それによって増大する雇用はけっして大きいものではない。しかもその多くは、地元から採用されるのではなしに、当該企業の他工場から配転されるものや高度な学歴や技術を必要とするもの」(同上書二一九頁)。
(14) 山崎朗『日本の国土計画と地域開発』(東洋経済新報社、一九九八年) 四頁。
(15) ちなみに戦後昭和期に限れば、裏日本出身者はもう一人だけいる。島根県の竹下登である。竹下が全自治体に一億円を配分する「ふるさと創生」政策を看板としたのは偶然ではない。いうまでもなく竹下は田中派出身でもあった。
(16) 宮本太郎『福祉政治』(有斐閣、二〇〇八年) 七六頁。
(17) 町村敬志「「平成の大合併」の地域的背景」(『地域社会学会年報第16集』二〇〇四年) 七頁。
(18) このことは、以下の国会議事録(中曽根通産相による答弁)から明らかである。「電源開発を促進して国民の要求する電力の需要に合うように供給体系をつくっておくということは通産省の責任でございますが、いまの情勢を見ますと、電源をつくるという場合に、ダムをつくるとか、あるいは原子力発電所をつくるとか、そういうところの住民の皆さんは、かなりの迷惑を実は受けておるところでございます。家を移転させるとか、あるは公害の危険性が出てくるとか、そういうようないろいろな非難がございます。しかしそれで迷惑を受けて発電所がつくられても、電気代が別に安いというわけではない。そういうような面から住民の皆さんに非常に迷惑もかけておるところであるので、そこで住民の皆さまにある程度福祉を還元しなければバランスがとれない。また電源の開発も促進されない。そういうバランスの意味もありまして、今度の周辺整備法の上程にもなってきているわけでございます」(衆議院商工委員会議事録、一九七四年五月一五日)。
(19) 町村敬志編『開発の時間　開発の空間』(東京大学出版会、二〇〇七年) 第7章。
(20) 古厩前掲書一八一頁。
(21)「自民「都市風」になれるか」(『朝日新聞』一九

九八年一〇月一六日付）などに出ている。
（22）山崎前掲書二〇五頁。
（23）この図は、ノース・カロライナ大学のツカモト・タカシの作図によるもの。Takashi Tsukamoto, "Neoliberalization of the Developmental State: Tokyo's Bottom-Up Politics and State Rescaling in Japan." (*International Journal of Urban and Regional Research*, 36(1), 2012) pp.71-89.
（24）「なぜ東京に原発を作らないんだという反対派の論理はやめたほうがよい。われわれ国土の助け合いを重視する年寄りには受け入れられない」（巻町の山賀小七元町議）。「同じ日本人の血を分けた人間が住宅で困っているのに、住宅建設に反対して、自分だけよければいいって［いうのはおかしい］」（多摩市落合の農民だった峰岸松三氏・元多摩市商工会議所会頭）。なお、後者は林浩一郎のインタビューによる。
（25）こうした政策は国レベルのみならず、平成合併後の市町村においても、旧町村区域どうしを「基本計画」策定や補助金配分などで競わせる政策として、すっかり定着している。
（26）後述の夕張や旧産炭地に関しては、「もともと炭鉱によってできた町なのだから、炭鉱がなくなったら無人に帰るべき」という主張がある。
（27）長洲一二「『地方の時代』を求めて」（『世界』一九七八年一〇月号）、日本都市センター『新しい都市経営の方向』（ぎょうせい、一九七九年）。
（28）日本都市学会『地方の時代と都市（日本都市学会年報16）』（ぎょうせい、一九八三年）、長洲一二・中村秀一郎・新野幸次郎編『地方の時代と地域経済』（ぎょうせい、一九八二年）。
（29）内仲英輔・坂東愛彦『美濃部都政——その到達点と限界』（朝日新聞社内資料、一九七九年）一六三頁。
（30）革新自治体数の推移については、中澤秀雄・成元哲・樋口直人・角一典・水澤弘光「環境運動における抗議サイクル形成の論理」（『環境社会学研究』4号、一四二—一五七頁）という論文中で検証したところ、一九七四年がピークであった。
（31）猪口孝『現代日本政治経済の構図』（東洋経済新報社、一九八三年）。
（32）出所は茂木敏充『都会の不満　地方の不安』（中央公論社、一九八八年）七七頁。茂木はのちに自民党代議士となり、二一世紀に入ってからは自民党政調会長や経済産業大臣を務めるなど有力議員となった。
（33）町村敬志『世界都市東京の構造転換』（東京大学出版会、一九九四年）などに詳しい。
（34）新藤宗幸『地方分権』（岩波書店、一九九八年）。
（35）西尾勝『未完の分権改革』（岩波書店、一九九九年）。
（36）なお、平成二五年には人口一万人を切ったことが報道されている。
（37）元衆議院議員の中沢健次による。北海道新聞取材班『追跡・「夕張」問題』（講談社文庫、二〇〇九年）一二三頁。

(38) 破綻前後の夕張市の経営の問題については多くのリポート・報道・文献がある。たとえば読売新聞北海道支社夕張支局編著『限界自治　夕張検証』（梧桐書院、二〇〇八年）。その他、筆者の知る限りで、一〇〇本以上の論文が二〇〇六年からの数年間で書かれている（大部分は似たような内容・論旨だが）。

(39) 小川裕文・下村恭広「旧産炭地の地域変動――北海道夕張市における地域開発と社会運動」（浦野正樹研究代表『地域における安全志向型コミュニティ活動の可能性と地域文化の変容に関する研究』科学研究費補助金研究成果報告書、二〇〇三年）。

(40) 町村編前掲『開発の時間　開発の空間』一九二頁。

(41)「ローカルな産業空間とlocal stateの領域を一致させることで、より綿密な産業政策（やそれを支えるインフラ整備）を展開させるよう、自治体行政に要求した」（丸山真央「国家のリスケーリングと都市のガバナンス」『社会学評論』62巻4号、二〇一二年、四七六－四八八頁）。

(42) 羽貝正美監修／新潟県自治研究センター『平成大合併　新潟県の軌跡』（新潟日報事業社、二〇〇七年）。

(43) 平山氏自身が次のように書いている（同上書、四三－四四頁）。「国による大合併の動きがいよいよ具体化してきた時、知事としての合併に対する私の考えは決まっていた。それをまとめれば次のようなものだった。①国の財政対策として国の地方財政負担軽減の犠牲にされるのはかなわないが、地域の自立という最終目標を達成するためには、基礎的自治体として合併によって財政力改善する必要はあるわけで、この際国とは県も同舟の面もあるが、合併に積極的に取り組むことも正しい選択である。②成熟した社会において、地域の自主的な個性ある地域づくりができる分権化をせず、いつまでも中央集権による画一行政手法で縛るのは最早無理であり、地域自らが分権に向けて行政能力を強化するべきである。③前述のような厳しい地域を取り巻く環境を乗り越えるには、自らが地域としてのあらゆる力を結集していくしかないが、それには一定の地域力（受け皿づくり）が必要で、合併もそのための一つの方法である。④本県の場合、過疎地域等が多くこれら地域では昭和の合併の時にはまだ地域の一体感がなく、合併が進まず結果として他県に比し市町村数が多く（当時112市町村、全国3位）、しかも行政として今後十分に高度化する住民ニーズに対応し難い小規模市町村が多く、これら市町村では、これからの人口減少の本格化に対し単独での自立的対応は困難化していくであろう、など」。

(44)「地域事業費　上越に溝」（『朝日新聞』二〇一一年三月三日、新潟県版）。

(45) 今井照「平成の大合併をどのように検証するか」（地域社会学会二〇一〇年度第四回研究例会報告、二〇一一年三月）。

(46) 北村喜宣・山口道昭・出石稔・礒崎初仁編『自治体政策法務』（有斐閣、二〇一一年）。

(47) 山崎孝史「知事・市長意見交換会の言説分析からみた大阪都構想」（『市政研究』173号、大阪市政調査会、二〇一一年）八四頁。

(48) こうした政策の詳細については、平山洋介『東京の果てに』（NTT出版、二〇〇六年）などを参照。

(49) 朝日新聞「分裂にっぽん」取材班『分裂にっぽん』（朝日新聞社、二〇〇七年）。

(50) 乗本吉郎『過疎再生の原点』（日本経済評論社、一九八九年）。

(51) 内橋克人『共生の大地――新しい経済がはじまる』（岩波新書、一九九五年）。

(52) 安東誠一のコメント。中村剛治郎編『基本ケースで学ぶ地域経済学』（有斐閣、二〇〇七年）三三五頁。

(53) 『木の建築』二〇〇五年一二月[illegible]タビュー記事「山村の蘇生、協働の芸[illegible]―大地の芸術[illegible]越後妻有アートトリエンナ[illegible]レ」より。

(54) このインタビュ[illegible]は中央大学三年生（当時）の三上尚武さん・[illegible]正子さんと共同で行われたものであり、文[illegible]こしは両君が担当してくれた。

(5[illegible]) [illegible]満博『地域を豊かにする働き方――被災地復興から見えてきたこと』（ちくまプリマー新書、二〇一二年）。

(56) 佐藤仁『持たざる国の資源論』（東京大学出版会、二〇〇九年）。

(57) 高畠通敏『地方の王国』（岩波書店、一九八二年）。

(58) 中谷健太郎「いまこそ「村のいのちを都市の暮らしへ」」（『現代農業増刊　なつかしい未来へ』農文協、二〇〇四年）四四－四五頁。

(59) 中村編前掲書三三六頁。

(60) ここで、地域間再配分の一つの試みとして「ふるさと納税」制度（二〇一二年から導入）に触れる必要があるかもしれない。総務省ホームページによれば同制度は「今は都会に住んでいても、自分を育んでくれた『ふるさと』に、自分の意思で、いくらかでも納税できる制度があっても良いのではないか」（「ふるさと納税研究会」報告書）という問題提起から始まったという。しかし制度上は、自分が選んだ任意の自治体への寄付相当額を居住自治体の税額から控除する仕組みである。理論的には大都市から大都市への税移転になる可能性もあるが、東京特別区は二〇一六年度には一二九億円の減収となる（二〇一七年九月、特別区長会の試算）など、報道によれば東京大都市圏の自治体が軒並み減収となっている。すなわち見かけ上は、個人[illegible]性に基づく都市から地方への税の再配分制度として[illegible]能している。これで話が済むならば本稿の趣旨からは[illegible]すべき制度であるが、巨額の税移転が起きるイン[illegible]ティブの大部分は、寄付の対価としての返礼品であ[illegible]、つとに指摘されている。自治体によっては寄付額[illegible]部分を返礼品として寄付者に還付したり、自らの自[illegible]体と全く関係のない豪華返礼品を用意したりしている。すなわち、平成末期には本制度は、「返礼品を選り好み[illegible]きる上に免税効果が得られるお得な隠し球として、富[illegible]層が最大限活用する仕組み」

に化けている。そして自治体側にとっては返礼品の買入や準備に、実際の寄付額の半分以上が割かれる結果となっている（総務省の「平成三〇年度ふるさと納税に関する現況調査結果」によると、全自治体合計で受入額の五五・五%がこれら経費に使われている）。やや刺激的に言うと、この制度が導入されて一番の勝者は、「ふるさと納税」返礼品関連ウェブサイトを運営する東京の旅行代理店である。ただし一方、この制度の趣旨に則り、返礼品なしで特定目的寄付を集める事例もあることは強調しておきたい。二〇一八年七月に起きた西日本豪雨災害で甚大な被害を受け自宅を失った岡山県倉敷市真備町の一五－一八歳住民の多くは隣接する矢掛町にある県立矢掛高校生だった。しかし、離散した避難先から矢掛高校までは極めて遠く、保護者に毎日クルマで送迎してもらうわけにも行かない。矢掛町としても、通学を支援するスクールバスを出してあげたいが、矢掛町は被災地ではなく特別な予算はない。結局、認定ＮＰＯ「カタリバ」の仲介でふるさと納税制度を利用して寄付を募ることになり、九〇日で目標額を上回る七八〇万円以上を集めることができた。このようなグッド・プラクティスはあるものの、基本的に不安定・不確実で目的にストレートに結びついていない仕組みが「ふるさと納税」であり、地方と中央の適切な再配分制度になっているとは言い難いというのが、平成末期における筆者の評価である。総務省も返礼品に関する制限の導入など、制度の微修正は実施している。

(61) 二〇〇九年のデータでいえば、全労働力人口一三一万人のうち、「公務、防衛、教育と医療」(public administration, defence, education and health) 分野の雇用が四一万人に達する。http://www.statswales.wales.gov.uk/TableViewer/tableView.aspx?ReportId=3049

(62) 日本創成会議「ストップ少子化・地方元気戦略」。最終的には増田寛也編著『地方消滅』（中公新書、二〇一四年）としてまとめられた。この「増田レポート」に対する反論は多く出されたが、代表的なものとして小田切徳美『農山村は消滅しない』（岩波新書、二〇一四年）、山下祐介『地方消滅の罠』（ちくま新書、二〇一四年）がある。

(63) もう一つ、平成合併をしたばかりの自治体の疲労感を増した事実がある。「地方創生政策」が始まるにあたり首相官邸の「まち・ひと・しごと創生会議」メンバーは先進自治体を視察し、これら自治体は称賛され諸文書や国会答弁にも多く引用された。それら先進例というのが、島根県海士町や徳島県神山町など、「平成の大合併」を拒否した「小さくても輝く自治体」ばかりだったのである。大合併を推進した当の国が「合併しなかった自治体を見習え」と一〇年後に推奨するという矛盾。これも平成を象徴する出来事である。

(64) 藤山浩『田園回帰1%戦略』（農文協、二〇一五年）。

(65) 藤山自身は二〇一七年から一般社団法人「持続可能な地域社会総合研究所」（島根県）を設立し、その所長となっている。

（66）http://www.pluggingtheleaks.org/

（67）藤山浩・有田昭一郎・豊田知世・小菅良豪・重藤さわ子編『「循環型経済」をつくる――図解でわかる田園回帰1％戦略』（農文協、二〇一八年）。

（68）枝廣淳子『地元経済を創りなおす』（岩波新書、二〇一八年）。

（69）地方創生政策の一環として開発された国のＲＥＳＡＳ（Regional Economy Society Analyzing System）のうち、第二期開発として環境省が平成二七年に発表した「地域経済循環分析」プロジェクトである。全市町村について産業連関表を作成したとのことだが、素データの提供をうける権利を持つのは市町村のみ、かつ有料である。「『地域経済循環分析用データ』の提供開始について」http://www.env.go.jp/press/files/jp/28652.pdf

（70）詳細については、中澤秀雄「家計調査から展望する域内経済循環――岩手県南・奥州市の課題――」（『法学新報（中央大学法学会）』１２５巻９・10号、二〇一七年）に記述したので、ご参照いただければ幸いである。

仁平典宏

社会保障

ネオリベラル化と
普遍主義化のはざまで

1

はじめに――課題と枠組

「喪失の喪失」のあとで

二〇〇〇年代はじめ、昭和三〇～四〇年代ブームがあった。そこではしばしば夕日が描かれている。映画『ALWAYS 三丁目の夕日』をはじめ、映画『クレヨンしんちゃん オトナ帝国の逆襲』やマンガ『20世紀少年』でも黒幕がフィクショナルに作る高度経済成長期的街並みのシーンでは、いつも夕暮れが広がっている。「夕焼けは人を振り返らせる。だからここはいつも夕方だ。[1]」

夕焼けの中に浮かび上がる「昭和」とは、例えば保守派にとっては、強く、かつ安らぎをくれる日本だ。敗戦の中から立ち上がり、強い企業を背景に経済大国を成し遂げた。同時にその国は、家族と地域における伝統的なつながりに満ちていた。一方で革新派にとって、「昭和」は運動と連帯の記憶にも結びついている。一九六〇年代は経済成長だけではなく学生運動の時代でもあり、一九七〇年代は住民運動と革新自治体の時代でもあった。理想を語る言葉が直進した連帯の時代。そして、どちらでもない大多数の人々にとって、「昭和」という言葉が結びつくのは、生き甲斐と多少の心労の源である職場の光景だったり、家族と営んだ平凡だけどささやかな幸せの記憶ではないだろうか。

「平成」の間に「失われた」とされるのは、そういうものたちだ。経済的な優位性のみならず、安定した職場や家族といった確固たる中間集団が崩れ、個人がバラバラな形で外部に放り出される。社会は中心を失い融解していく。これは単に安定の喪失というだけでなく、集団主義やタテ社会といった――擁護／批判いずれの対象にしろ――日本社会の自画像が失われたことをも意味する。

もっともその意味において「平成」は、逆光に浮かぶ「昭和的＝日本的なもの」をまなざす影として、否定的に自己を構築できていた。だが「平成」の終焉は、というより〈昭和／平成〉という二項図式の終焉は、夕日を憧憬する場所すらも無くすことを意味する。喪失の喪失。夜の闇の中では自分の輪郭も見失いがちだ。

だがそれは、〈昭和／平成〉という図式から自由になれることでもある。実際には、上述の中間集団の解体と個人化という変化は、近代化の亢進に伴う各国共通の経路である。そこには複数の波動があり、その組み合わせによって様々な福祉国家類型が生まれ転形している。〈昭和／平成〉という時間軸の中で日本社会が経験したのもその一パターンに過ぎない。

本章では、「平成」を喪失の時代として捉える頽落史観と、構造改革の進展として言祝ぐ発展史観を共に避け、個人化に対応するべく複数のベクトルがせめぎ合いながら社会の再構築を目指した時代と捉える。それらの挙動は「昭和」「平成」の中にさらに複数の切り込みを刻みながら、人々の生活の条件を変容させていった。

社会保障を対象とする本章の「平成史」は、〈昭和／平成〉という区分を踏まえつつも、各項を微分化することで失調させ、そこから越え出て進む諸ベクトルを把握・記述するためにある。それを通して、次の局面の社会保障の形を考える材料を提示していきたい。

日本に「ネオリベラリズム」概念は使えるか

はじめに概念の整理をしておきたい。

平成に生じた社会変動を捉える概念としてよく用いられるものに「ネオリベラリズム（新自由主義）」がある。これが昭和の仕組みを壊した主犯格とされることも多い。ネオリベラリズムとはひとまず、①経済システム内部では、資本・労働に対する規制の撤廃と自由市場の創出を志向し、②経済システム外部に対しても、その志向性を、社会のあらゆる範囲に拡張していく政策潮流と捉えられる。(2) ①については古典的リベラリズムとの相同性も大きいが、強権的に②の人工環境を作りだす、つまり社会全体を市場のイメージのもとで再編するという点に、ネオリベラリズムの種別性をみることができる。また、①の結果、資本の自由な移動は可能になるが、それによって税負担が少ないところへ資本が逃避し、それを防ぐために政府は税率を落とすことで、社会サービスや再配分機能の低減を帰結し、それを補完するために②の公共サービスの準市場（quasi-market）化が進められる。ネオリベラリズムは、一九六〇年代のチリで実験的かつ苛烈に進められ、先進国でも一九八〇年代のアメリカとイギリスを典型として、その後多くの国で取り入れられていった。(3)

だが、「平成」をネオリベラリズムの時代と捉えることについては、いくつかの批判がある。その有力なものは、日本ではそもそもネオリベラリズムという概念は妥当しないというものだ。確かに日本の「ネオリベラリズム」は、一九八〇年代の英米のものとは異なる。(4) だが、ネオリベラリズムが絶えず理念型から逸脱しながら作動することを踏まえるなら、その逸脱を理由に「日本にはネオリベラリズムはない」とする議論はナイーブすぎる。日本の経路依存性を踏まえて、いかなる逸脱があるかという点こそが重要である。これは本章を貫く問いでもある。

上記の点に関連して確認しておきたいのは、ネオリベラリズムには二つの用法があるということだ。都市社会学者のボブ・ジェソップは、先進国は経済のグローバル化に伴い、ケインズ型福祉国家からシュンペーター型ワークフェア・ポスト国民国家レジーム（ＳＷＰＲ）へと変化していると述べる。ＳＷＰＲとは、技術革新と賃金の抑制を通じた経済競争力の強化を図り、福祉機能を労働市場に委ねようとする国家モデルである。これをネオリベラリズムと等置する人も多い。だが、彼はこのＳＷＰＲの形態の一つとして「ネオリベラリズム」という下位類型を置く[5]。つまりここでネオリベラリズムは二重化しているのだ。先進国共通の収斂傾向（ＳＷＰＲ化）としてのネオリベラリズム（ネオリベラリズムⅠ）と、その下で各国の選択の結果浮上してくるネオリベラリズム（ネオリベラリズムⅡ）。Ⅰは不可避な趨勢だが、Ⅱは各国の選択の下にある類型概念である。

このように整理した場合、日本は狭義の類型Ⅱとしては、確かに「ネオリベラリズム」と呼びにくい。ネオリベラリズムは、福祉国家を解体し人々を個人化して市場に放逐するものだが、日本では、ヨーロッパ諸国と同じ意味で福祉国家が成立したことはなく、総説や後の記述に見るように、企業や家族などの中間集団に社会保障機能を代替させてきたからである（日本型生活保障システム[6]）。この仕組みは、強固なジェンダー分業に基づいていた。平成に入り、日本でも先進国共通の変容圧力（Ⅰ）を被るようになるが、それは福祉国家からではなく、中間集団からの個人化という形を取ることになった。この含意は両義的である。個人化したあとの再包摂先に、「市場」と「普遍主義的な社会保障」の両方があるからだ。

このうち市場での包摂は、「商品化」という概念で捉えられる。これはエスピン＝アンデルセンの概念であり[7]、人々の生活が市場に依存する度合いが高くなることを意味する。ここでは社会（福祉）サービスは、通常の市場取引と同様に、利用した分だけ支払う応益負担が原則となる。一方で、生活を維持する上で、市場への依存が低くなることは「脱商品化」と呼ばれ、ここで社会サービスは、多く支払える人が多く負担する応能負担の原則で提供される。このうち特に後期近代に生じた商品化の動きを、ジェミー・ペックらの概念を用いて「ネオリベラル化（neoliberalizing）[8]」と呼びたい。ネオリベラル化とは、その国の既定値から商品化の動きが見られることを示す変化の概念であり、国家類型とは独立に用いられる。よって日本に対しても、類型概念ではなくベクトル概念としてなら「ネオリベラリズム」概念を用いてよい。とはいえそれが唯一の変化ではなく、その対極にある「脱商品化」や、後述の「脱ジェンダー化」など複数のベクトルと競合・並存関係にある。

本章の枠組

以上を踏まえて、本章の枠組を提示する。社会政策学者の武川正吾は、エスピン＝アンデルセンらの議論を踏まえて生活保障システムを包括的に捉える枠組を構築したが[9]、本章ではそれを下敷きに、次のように整理したい。

まず重要なのが、社会保障諸制度を取り巻く下部構造である。ここには、産業構造や労使関係、労働市場のあり方といった「生産レジーム」と、ケア労働の供給構造（家族形態や人口構造も含まれる）を意味する「再生産レジーム」が含まれる[10]。社会保障制度はこれらに規定されると同時に、影響を与えていく。

社会保障制度のパフォーマンスには、脱商品化／商品化と、脱ジェンダー化／ジェンダー化がある。「脱商品化」については繰り返しになるが、労働や生の再生産活動（育児や介護など）において、市場から自律することを意味し、具体的には、雇用規制や失業規制の強化や必要に応じて応能負担的に給付を得られるようになることである。逆に「商品化」は、規制緩和・民営化・応益負担化を意味する。「脱ジェンダー化」は、生産／再生産レジームにおいて性別役割分業を弱めること、またそれを通して再生産労働における家族への依存を減らすことを意味する。逆に「ジェンダー化」は、ジェンダー関係を強め、家族への依存を高める。また、脱商品化と脱ジェンダー化の同時進行については「普遍主義化」と呼びたい。

なお、これらパフォーマンスを生み出す上で、社会保障制度は「給付」と「規制」という手段を持つ。給付には、現金給付と現物給付（施設やサービス）の両方を含む。

時期区分について

現在の元号は言うまでもなく、社会構造的変化と無関係に推移する。だが偶然にも、昭和は日本型生活保障システムの成立の時期と、平成はその揺らぎ・再編の時期と重複している。とはいえそれは単線的な変化ではない。本章では、**図1**に示された戦後の社会保障費の対国民所得比の推移に応じて、次のように区分する。

昭和は四つに区分する。昭和Ⅰ期は、戦前・戦中の一九二六（昭和元）年から一五年戦争が終わる一九四五（昭和二〇）年まで。昭和Ⅱ期は、日本型生活保障システムの成立期である終戦から一九七〇年代初頭まで。昭和Ⅲ期は、社会保障制度が拡充する一九七三（昭和四八）年頃から一九八一（昭和五六）年頃まで。昭和Ⅳ期は、社会保障の抑制・削減期であり一九八一年頃から「昭和」が終わる一九八九年までとなる。

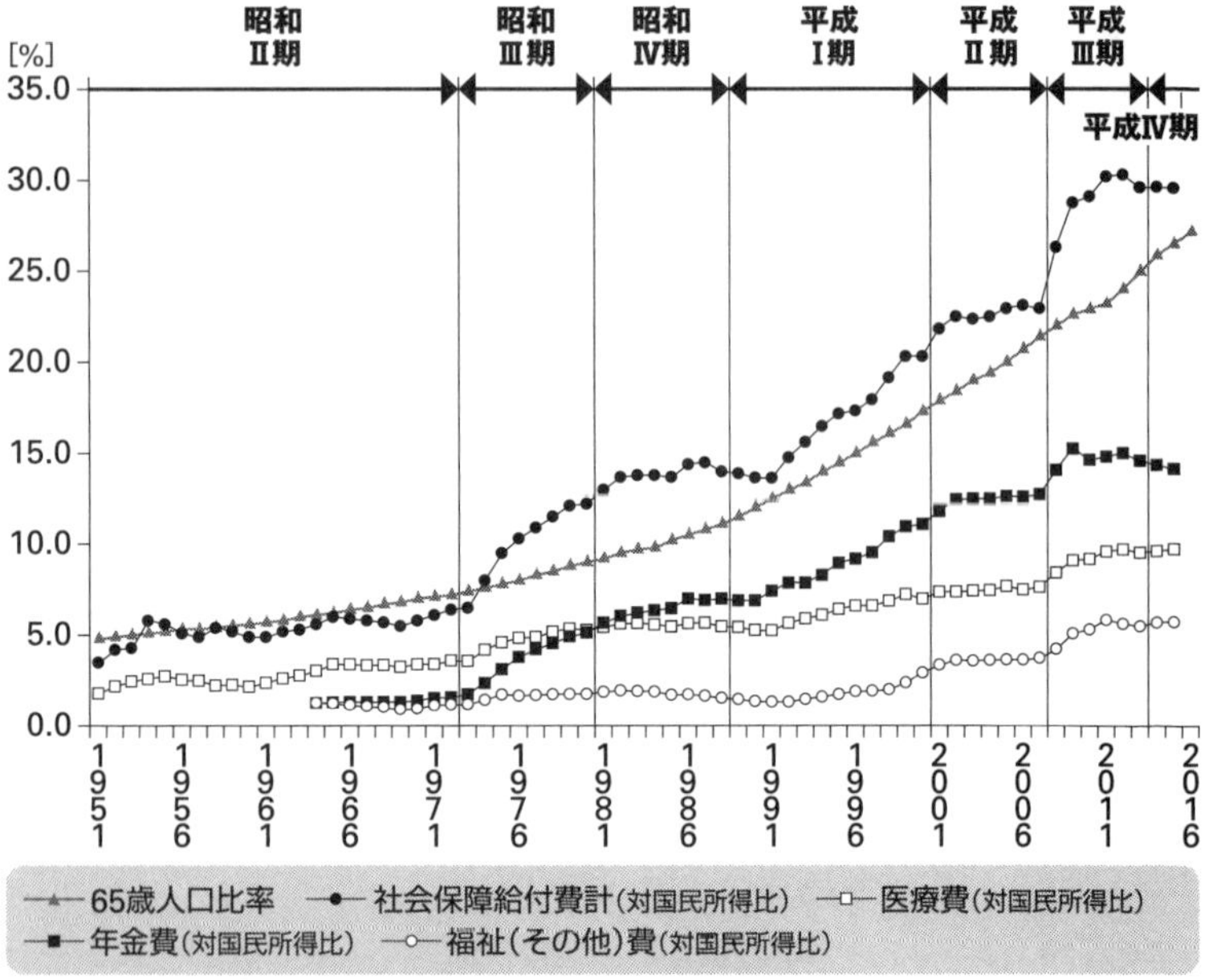

図1　社会保障費（対国民所得比）の推移と時期区分

国立社会保障・人口問題研究所「社会保障費用統計」（平成27年度）、「人口統計資料集」、総務庁「労働力調査長期時系列データ」より作成。

平成も四つに区分可能である。平成Ⅰ期は一九八九年から二〇〇〇（平成一二）年前後まで。実はバブルが崩壊する一九九二（平成四）年までは「昭和的なもの」が継続しているが、それ以降は、社会保障費は伸びるものの、日本型生活保障システムは急速に崩れていく。平成Ⅱ期は、小泉政権が誕生する二〇〇一（平成一三）年から二〇〇七（平成一九）年頃までで、日本版のネオリベラリズムが顕著になり、社会保障が削減されていく時期である。平成Ⅲ期はネオリベラル化への反省を踏まえて再度社会保障が伸びを見せる二〇〇八年から民主党政権が終わる二〇一二年までである。そして、平成Ⅳ期は第二次安倍政権の二〇一三年から平成最後までとなる。

なお、これらは特定の時点／年で明確に区切れるわけではなく、各境界は前後の時代の両方の性格を持つ。

以上で準備は整った。それではまず、「前史」としての、昭和の生活保障システムを再訪しよう。

2 昭和と日本型生活保障システムの成立

昭和Ⅰ期（一九二六年〜一九四五年）

私たちがもつ「昭和」のイメージは、往々にして「戦後」と重なる。だが福祉に関しては——戦前／戦後だけでなく——昭和以前／以後という区分も重要である。昭和に入って、日本の社会保障制度の原型が成立していくためである。

昭和が始まった一九二〇年代後半は、震災の余波と生活危機という、ある意味で「現在」を思わせるような問題を抱えていた。インフレに伴う不況が長期化し、一九二三（大正一二）年に生じた関東大震災は、第一次大戦終結に伴う景気回復の兆しを吹き飛ばした。国民は窮乏化し労働争議は激しさを増していった。これに対し、当時の救貧制度は明治に成立した恤救規則である。これは、老齢者や困窮者の救済を家族やコミュニティの「情宜」（絆！）に委ね、公的保障を「例外」的と位置づけるもので、近代国家の社会保障制度とは言い難い。実際、当時五五万人と言われる窮民数に比して恤救規則が対象としたのはわずか一万人であり、機能不全は明らかであった。これに対し、一九二九（昭和四）年に成立した救護法は、救貧を国の責任で行う事を明記し、初めて公的扶助義務を確立した点で画期的だった。[11]「昭和」に入って、ようやく日本は近代的な社会国家の形式を整え始めたと言える。

さらに一九三一年からの一五年戦争の中で、社会保障制度は次々と成立していく。[12]一九三八（昭和一三）年には健康保険の対象を被用者以外にも広げる国民健康保険ができ、一九四一（昭和一六）年には労働者年金保険制度も成立した。

戦争国家（warfare state）と福祉国家（welfare state）が同時に成立するということは――イギリスやドイツも同様だが――珍しいことではない。戦争国家は、やがて死に至らしめる労働力に対し、その瞬間までは、優良な身体として生きることを求め、また遺族の生活保障の約束を通して、兵士の死後の憂いを取り除いておく必要があるからだ。厚生省が陸軍の主導で設立されたことは、社会保障制度は戦争のための社会的投資でもあったことをよく示している。これらの社会保障制度は、戦後形成されたものに規模や水準の面では遠く及ばないものの、その出発点は硝煙臭するこれらの社会政策群にある。

昭和Ⅱ期（一九四五年～一九七三年頃）

戦後はいよいよ日本型生活保障システムが本格的に形成されていくわけだが、はじめに生産レジームと再生産レジームの特徴を確認しておこう。

戦後日本の生産レジームの特徴は、強力な経済規制（産業の育成と保護）と、大規模な公共事業などを通して、低失業率を実現していくことにある。[13] 特に一九六一（昭和三六）年から開始される所得倍増計画は、追いつき《キャッチアップ》型近代化を背景にした輸出主導型の経済によって、完全雇用の実現を目指したが、この中には格差縮小のための仕組みも含まれていた。中小企業の生産性を向上させ、低生産部門の産業も保護する産業政策によって、失業率や産業間格差を低く抑えたのである。また「地方と中央」の章で見るように、地方への開発拠点の分散や公共投資を通して地域間格差の縮小も目指した。このようにして一九七〇年代まで、二％未満の低失業率が実現され、それは日本型生活保障システムの重要な柱になる。

経済成長は社会変化を促す。第一次産業（農林業）から第二次・第三次産業への人口移動が進み（**図2**参照）、雇用の受け皿となった企業では「日本型経営」が発展していく。日本型経営とは終身雇用、年功賃金制、企業別組合の「三種の神器」を備えた経営構造であり、企業のメンバーシップを獲得した男性正社員に対して「企業福祉」の機能を提供した。終身雇用は被雇用者から失業リスクを取り除き、年功賃金制は家族を扶養する生活給としての役割をもつ。企業別組合はそのような正社員の「権利」を守る。一方でこれらの「権利」と引き換えに、正社員は無限定の職務命令に服することになる。そこで身につくスキルはその企業に特化したスキルのため、労働力移動も起こりにくい。トーベン・アイバーセンは、雇用保護（解雇からの保障）と失業保護（失業に伴う所得減少からの保護）の強弱を基準に、日本を――地中海－南欧モデルのイタリアと並んで――雇用保護が高く、失業保護が低い類型に位置づけている（**図3**）。[14]
実際に日本の雇用保険（失業保険）は、支給期間は短く給付額も低く、職業訓練など積極的労働市場政策への支出もＯＥＣＤ平均を下回っている。男性正社員が一つの会社の内部でキャリアを積んでいくことを通して、自身と家族の生活を養う一方、その「標準」から外れた場合の

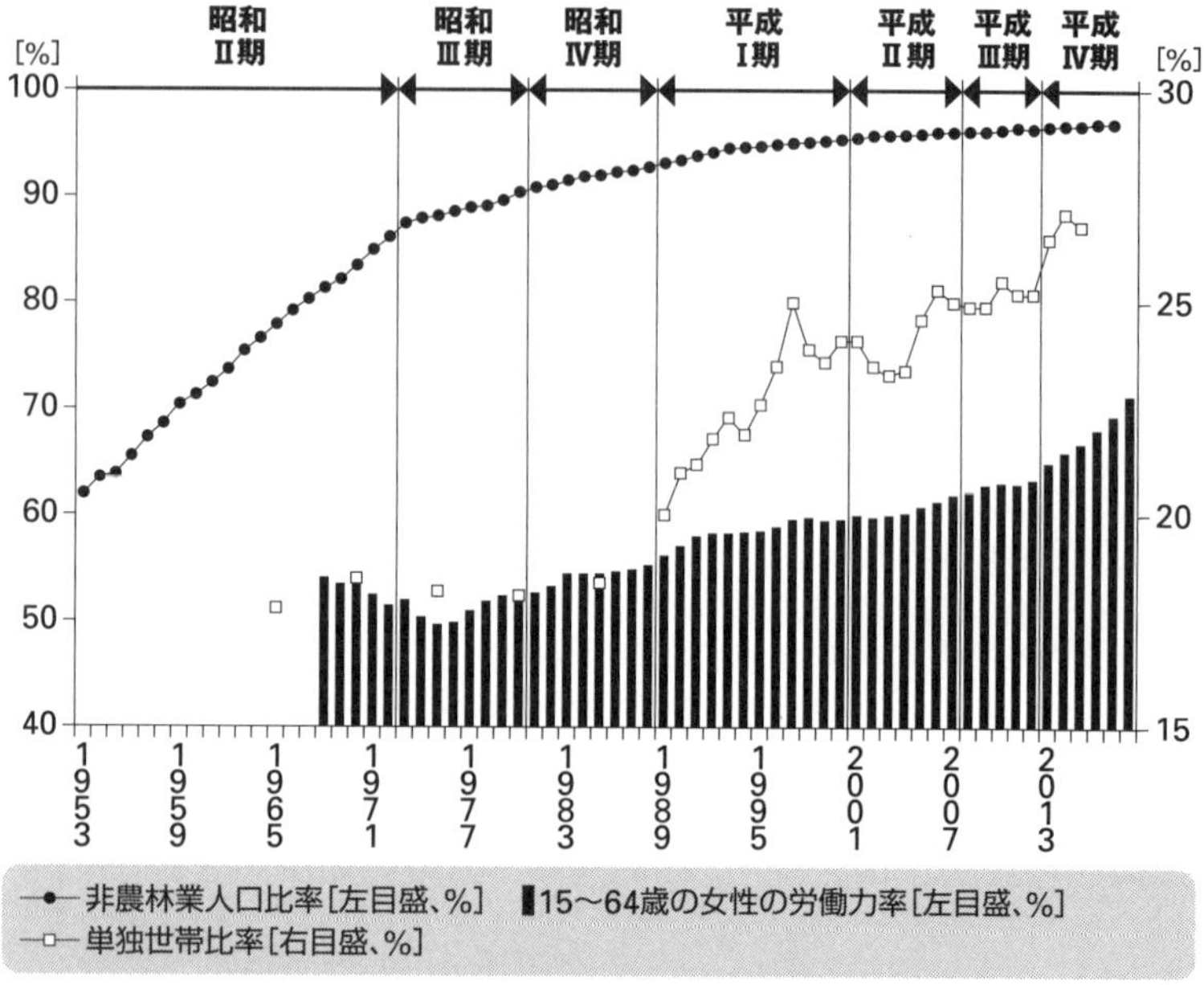

図2　非農林業人口比率・女性労働力率・核家族世帯比率の推移

総務省「労働力調査長期時系列データ」、「労働力調査年報」、
国立社会保障・人口問題研究所「社会保障統計年報データベース」より作成。

リスクが高い仕組みができあがっていく。

だが、「標準」の外部は小さくない。「三種の神器」を全て十分な水準で配備していたのは「大企業」のみであり、「大企業」と呼べる従業員三〇〇人以上の事業所は、全事業所のわずか一%未満でしかなかった[15]。中小・零細企業の被雇用者、自営業、農民層の多くはこの仕組みから排除されており、相対的に貧困転落リスクも高かった[16]。パートやアルバイトなどの「非正規雇用」も同様である。非正規雇用者は、昇進の機会や雇用保護、雇用保険から除外され、賃金も抑制されてい

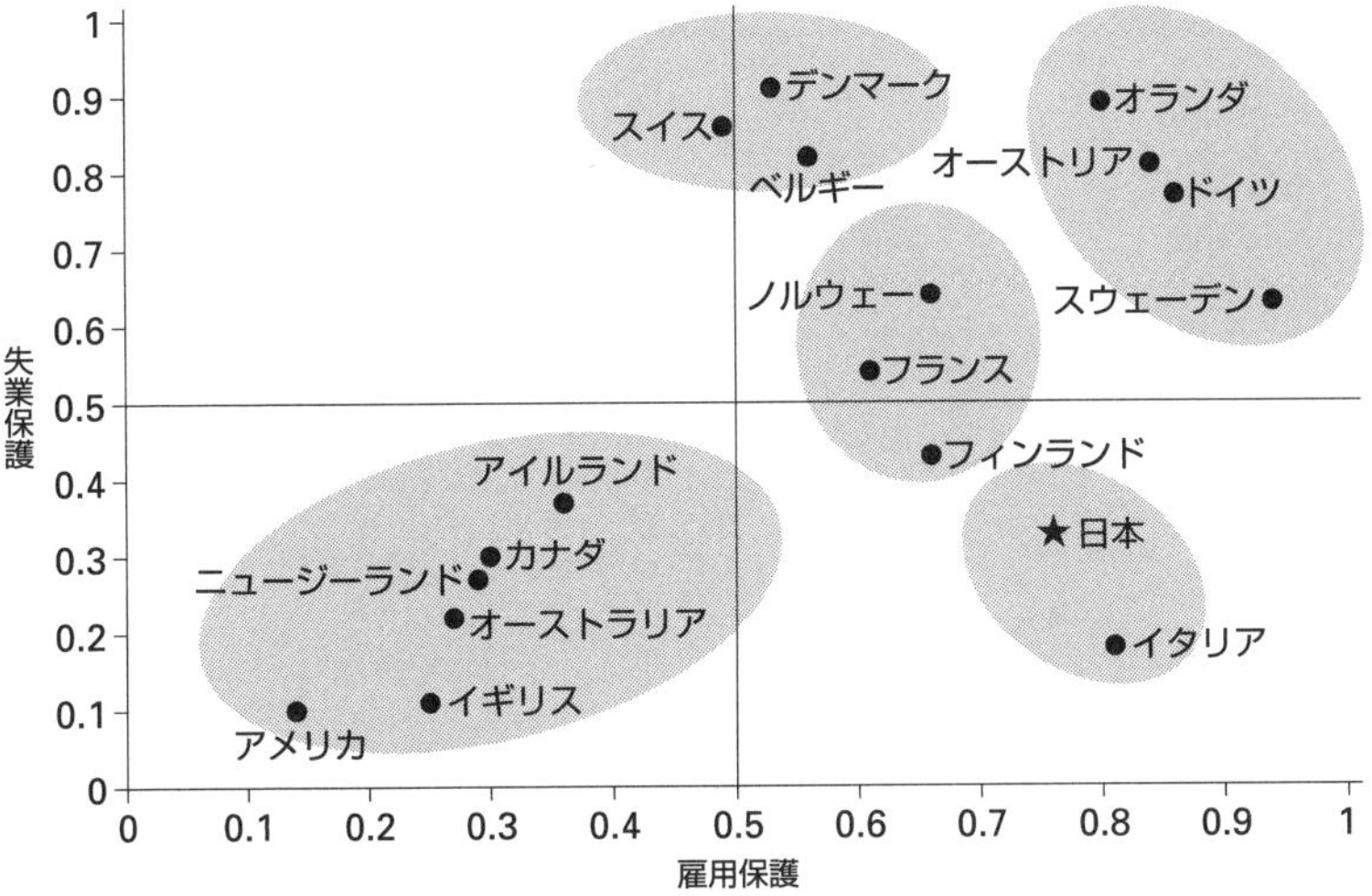

図3　生産レジームにおける日本の位置

Torben Iversen, *Capitalism, Democracy and Welfare* (Cambridge, 2005) Figure 2.1より作成。
ただし元の図ではベルギーとオランダの位置が逆のため、ここでは修正してある。

た。これは、非正規雇用の主要な担い手とされる主婦や学生が、主要稼得者でなく家計補助的存在と見なされていたためである。

再生産レジームも、上記の生産レジームと相関的にできあがっている。

産業構造の転換は、被用者世帯の増大を意味し、都市部に「核家族」を中心とした新しい家族が叢生していった（**図2**参照）。この近代家族は、終戦直後の出生率の急落以降[17]、平均二名の子どもと性別役割分業を有することを期待される。この性別役割分業のもと、女性が「主婦」として無償で行う育児・介護・家事などを「家族福祉」と呼ぶ。**図2**の女性の労働力率を見て分かるように、非農林業人口比率の急上昇（＝サラリーマン化）が一段落する一九七〇年代半ばまで、女性の労働力率は低下し続け、専業主婦の割合が上昇していた。女性は労働市場から閉め出され、非正規労働者として周辺化されるのである。[18] また、この近代家族は「若い」ことも特徴であった。**図1**に見るように、六五歳以上人口の比率は一九七〇年まで七％に届かなかったが、これは、再生産レジームに負荷をかけず、生産レジームには「人口ボーナス」を提供する点で機能的である。

以上の企業福祉と家族福祉に支えられた仕組みを「日本型生活保障システム」と呼ぶ。これに社会保障制度はいかなる影響を与えるのだろうか。

戦後は、社会権の保障が国の責任となり、社会権を保障した憲法二五条を中心に福祉六法[19]などの社会保障制度が形式上は整っていく。特に特筆すべきは社会保険の領域であり、国民皆保険と国民皆年金が、一九六一（昭和三六）年という世界でも早い時期に実現した。[20] これは農民や自営業者などのそれまでの無保険者・無年金者も制度に包摂するものである。職域ごとに分立し単一の制度にはなっていなかったが、全国民を対象とした意義は大きい。

高齢者向けの制度が先に発展したのは、彼らが生産レジームの外にあるため、社会保障による対応が必要と見なされたためである。だがその実質は伴っていない。まず年金の給付水準が低かった。介護サービスも同様である。一九六三年の老人福祉法によって、特別養護老人ホームが新設され、形式上は所得に関わらず入居が可能になるが、整備は進まなかった。在宅介護に関しては、老人家庭奉仕事業が一九六二年に国庫事業化され、対象も経済的な貧困層から一般へと拡大していくが、[21] 奉仕員は低い賃金や不安定な身分に抑えられていた。このような不十分な高齢者向けの社会保障制度は、家族福祉への依存を高め、ジェンダー化を進めていく。

育児についても、家族福祉での対応が期待され保育所の供給も進まなかった。その一方で、家族福祉を強化するために、就業しない既婚女性のための保障は拡充する。[22] これもジェンダー化の動きである。

高齢者、乳幼児と並び、同じく生産レジームの外部に置かれていたのが障害者である。障害者福祉も実質的に極めて不十分であり、家族に頼って生活するか生活保護施設しか選択肢がなかった[23]。障害児を持つ親たちの運動などで、徐々に障害者福祉は拡充していくが[24]、多くの障害者施設は人員や設備も十分でなく、過度の管理や劣悪な処遇の温床になった。在宅介助については、一九六七年から身体障害者福祉法による「家庭奉仕員派遣事業」が実施されていたが、常時介助を必要とする重度障害者の日常生活を支えるためには不十分だった[25]。これもまた家族による介助を前提とするものだったのである。

一方で、生産レジーム内部で就労可能と見なされる存在に対しては、さらに限定的だった。その典型が生活保護制度である。**図4**は、被保護世帯数・被保護人員・保護率の年次推移を示したものだが、終戦直後に高かった保護率・被保護人員は、昭和Ⅱ期に行われた二回にわたる大規模な生活保護の削減（「適正化」と呼ばれる）によって、一九七〇年までに大きく減少している。

これは単なる量的な減少ではなく性格も変わっていく。最初は被保護世帯の中でも、働いている人がいる世帯（稼働世帯）の方が多かったが、徐々に減少していき、一九六五年以降は非稼働世帯が中心となっていく。高齢者、傷病者、障害者世帯の割合が増えていくのもこの頃からである[26]。高齢・傷病・障害者以外の「その他世帯」の割合は、一九六五年に三四%、七〇年に二二・四%、七五年に一二・九%となる[27]。つまり貧困問題は、身体や年齢の点で「働ける」と見なされる限り、生産レジーム内部で解決すべきと見なされていくのだ。逆に言えば生活保護制度は、働く貧困層（ワーキングプア）のためではなく、働けない人のための制度へと特化し

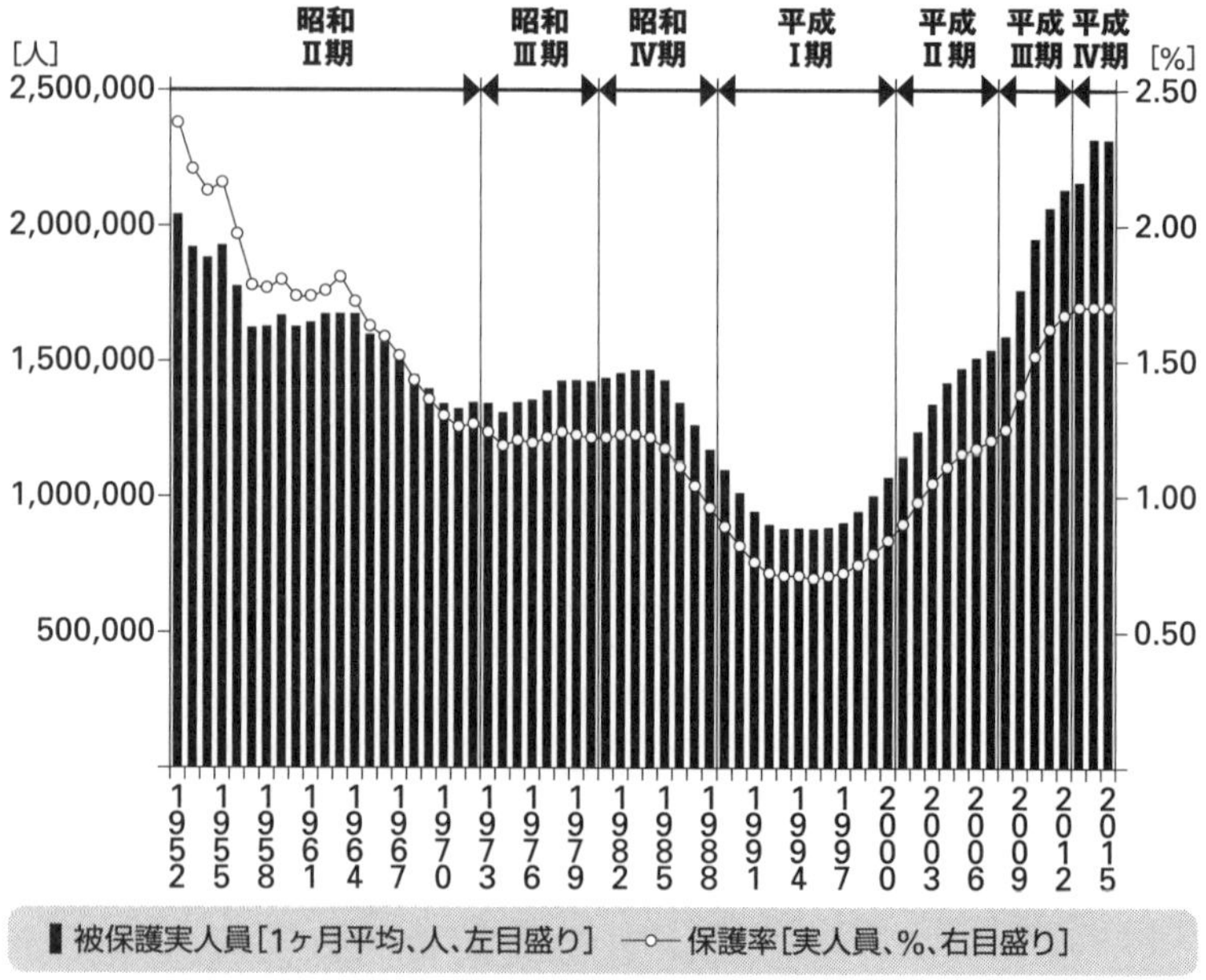

図4　出生数、合計特殊出生率、婚姻率、離婚率の推移

社会保障・人口問題研究所「被保護実人員・保護率の年次推移」

ていく。

このような脆弱な生活保護制度は、商品化の度合いが高いと同時に、世帯単位で要否判定する点で、家族福祉への依存度も高い。

現在にまで影響を及ぼすこれらの日本型生活保障システムの特徴は、この昭和Ⅱ期に成立した。

昭和Ⅲ期（一九七三年頃〜一九八一年頃）

一九六〇年代後半から、公害や地方の過疎化といった高度経済成長の逆機能が顕著になっていく。また高度経済成長も一九七三（昭和四八）年末のオイルショックで終わった。この中で台頭した住民運動や革新自治体は自民党の基盤を脅かしていく。
この危機の中で、首相の田中角栄は「日本列島改造論」を提唱し、公共事業や産業保護を通した雇用の安定を図る。だがこれは生産レジームにおいて、高生産部門／低生産部門を区分し、更にそれぞれが企業・業界ごとに細分化して労働力を囲い込む「仕切られた生活保障」を強化することにもなった[28]。

再生産レジームの中核にあった家族福祉にも、重要な変化が見られる。図5で見るように、婚姻率と出生率の減少、離婚率の増加というトレンドが顕著になっていく。また、一九七五年に底を打った女性の労働力率も、七〇年代後半から上昇に転じていく（図2）。その一方で一九七〇年には六五歳以降人口比率が高齢化社会の基準である七％を初めて超えるなど（図1）、介護ニーズも増大していく。つまり、ジェンダー化された家族福祉が完成すると共に、その機能不全が始まるのが昭和Ⅲ期である。

このような中で、ようやく社会保障制度の拡充がはじまる。「福祉元年」とも呼ばれる一九七三年から——オイルショックが終わるギリギリのタイミングで——社会保障費が飛躍的に伸びていくのである（図1）。

自民党の選挙対策の観点から、特に伸長したのが年金と医療であった。一九七三年に年金改革が行われ給付額が増大するが、そのポイントは物価の上昇で受給額が目減りしない賃金再評価制と物価スライド制の導入である。だがその高い給付水準は、拠出との関係で——その後少子化が進まなかったとしても——到底維持できないものだった[29]。また、同じ一九七三年には老人医療費の自己負担無料化が全国で実施された[30]。

児童福祉も伸びが見られる。一九七一年に児童手当が成立し、翌年から施行された[31]。所得制

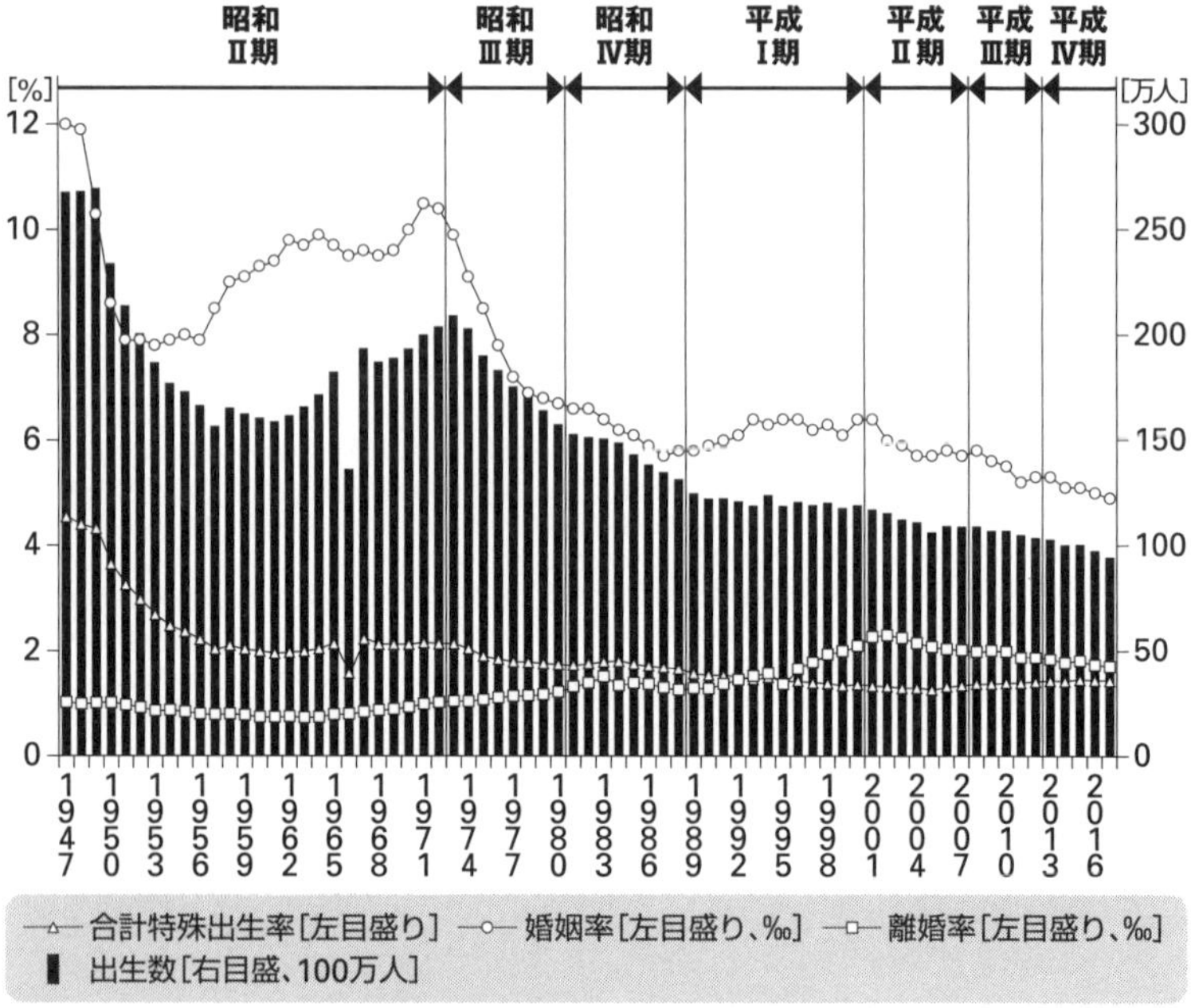

図5　出生数、合計特殊出生率、婚姻率、離婚率の推移

厚生労働省「平成29年度　人口動態統計」より作成。

限はあったものの支給率は九割に達しており、さらに対象年齢も徐々に拡大していく。保育所も幼稚園も、第二次ベビーブームに伴い、一九八〇年代前半まで増加していった。とはいえ、共働き世帯が保育所、専業主婦と男性稼得者の世帯が幼稚園という慣行自体、「仕切られた生活保障」そのものではあった。

　障害者福祉については、脳性マヒ者の当事者団体である青い芝の会などを中心に、障害当事者の運動が盛んになっていく。ここでの焦点となったのは家族と施設からの自由であり、地域での自立生活という第三の選択肢であった。青い芝の会の横塚晃一は「泣きながらでも親不孝を詫びながらでも、親の偏愛をけっ飛ばさなければならないのが我々の宿命である」[32]と述べたが、彼／女らが闘ったものこそ、公的な支援も周囲の理解も得られない中で愛情のみを賭金に親（特に母親）がケア労働を一手に担い、時に「本人のためを思って」命を奪うような、家族福祉の矛盾に満ちた形であった。[33]障害者の運動によって一九七四年に東京都で「重度脳性麻痺者等介護人派遣事業」ができ、一九七五年には生活保護の中に他人介護料加算制度もできる。[34]同時に、車いすでのバス乗車運動や、エレベーター設置運動などを通して、バリアのない地域環境を少しずつ作り出していった。

このように福祉元年は、生産レジームの外部にある人々の保障を拡大する面はあったが、生産レジーム内部においては「仕切られた生活保障」が強化された。さらに拡充した社会保障も、家族福祉や企業福祉からの解放を十分に進めるものではなかった。児童手当の導入には企業福祉からの解放を目指すベクトルもあったが、[35]対象は限られており効果は限定的だった。また、年金や医療の面で高齢者福祉における脱商品化は進めたものの、介護・保育施設の拡充は進まず脱ジェンダー化の効果は微弱だった。

昭和Ⅳ期（一九八一年頃〜一九八九年）

「福祉元年」は長く続かなかった。高度経済成長の終焉と、公共事業や社会保障費の増大とが重なり、一九七〇年代半ばから公債・借入金が急増する。財政引き締めが求められ、消費税導入が一九七九（昭和五四）年の選挙によって否定されると、一九八〇年代は歳出削減を通した「増税なき財政再建」が基調となる。これを主導したのが一九八一年に発足した第二臨調であり、公共事業は拡大する一方、社会保障が削減の対象となった。これは同時期に英米で進められたネオリベラリズムの日本版というより、日本型生活保障システムの強化という性格が強い[36]。これを政策理念として正当化した文書が、一九七九年に自民党が発表した「日本型福祉社会」[37]である。男性正社員と専業主婦からなる「標準」世帯内部の助け合いで「自立」することを称揚する一方、社会保障制度は「例外」的なものと否定するもので、明治期の「恤救規則」的な言説が回帰したかのようだ。

まず社会保障削減のターゲットになったのは、高齢者福祉であった。一九八三年には、財政危機を理由に老人医療費の無料化は廃止され、初診・入院時に定額の自己負担が導入される形で商品化が進む[38]。この時駆使されたのが過剰医療批判の論理だった[39]。介護サービスの供給が抑制されていたため、社会的入院が広がっていたのである[40]。だがこの問題は、介護サービス不足に起因していたわけで、高齢者の自己負担によってニーズを抑える方向で対応することは本来筋違いだった。だが鍵となるはずの介護サービスも同様に抑制された。家庭奉仕員の行う在宅ケアや家事援助サービスは、本来家族成員相互で行うべきものとされ、地域のボランティアでも担えるものとされたのである[41]。この文脈で「ボラントピア政策」(一九八五年〜)などのボランティア活動推進政策も進んでいく[42]。

一方で、家族福祉の強化のために、配偶者特別控除などの性別役割分業を強化しようとするジェンダー化政策が次々と導入された[43]。特に、一九八五(昭和六〇)年の基礎年金改革によって、厚生年金加入者の配偶者で一定未満の収入・労働時間の者(典型的には正社員の専業主婦の妻)は第三号被保険者となり、保険料を払わずに年金を受給できることになった。ここには被用者/それ以外を区別する「仕切られた生活保障」の考え方が刻印されている[44]。

だが再生産レジームにおける変動を見れば、もはや家族福祉の維持が不可能なことは明らかだった。女性の労働力率の上昇（図2）、婚姻率の低下（図5）、出生率の低下（図5）、そして単独世帯比率の増大（図5）が趨勢であり、法的にも実態に即して離婚要件が実質的に緩和された。(45) 以上は先進国共通の動きでもあり、上記のジェンダー化政策でも逆転は困難だった。逆にこの時期は、脱ジェンダー化を進める政策も進められる。一九八五年には、不十分とはいえ、男女の均等な取り扱いを事業主に求めた男女雇用機会均等法が成立した。(46) つまり、ジェンダー化と脱ジェンダー化が同時に進められ、女性の就業と家族福祉の強化が同時に追求されているのである。

この混乱が、矛盾として先鋭化したのが育児の領域だった。社会保障抑制の中で商品化のベクトルが前景化する。児童手当は所得制限が厳格化され、支給対象児童数は一九七四年度から、給付総額は一九七七年度から減少していく。(47) さらに母子世帯の子どものために支給される児童扶養手当も一九八五年に改編され、シングルマザーの「自立促進」のために、手当額や所得制限限度額が大きく引き下げられることになった。保育サービスについても、保育予算の国庫負担率が八割から五割に削減され、保育所新設原則抑制という状況に入るが、潜在的には、大量の保育サービスのニーズが存在していた。(48) 育児休業についても、男女雇用機会均等法では、使用者の努力義務に留まり強制力はなかった。一方で、同法は女性の深夜労働・残業を解禁するなど女性の就業を促進したが、その代わりにケア労働をどう社会的に創出するのかについては、全く無策だったのである。(49) この矛盾は、当然のように少子化を進行させる。平成が、「一・五七ショック」の年（一九八九年）からはじまるのは偶然ではない。(50)

同様の矛盾は高齢者介護にも見られる。通常、高齢化率が進行すると自然に社会保障費も上昇するが、その世界的な鉄則が通用しないのが昭和Ⅳ期である。[51] その代替を期待されたのは家族福祉だが、高齢者の平均寿命の伸びと、子ども世代のきょうだい数の減少に伴う家族介護の供給力の低下により、既にその基盤は失われていた。この中で、家族介護を「伝統」として規範化することは、多くの困難を引き起こした。[52] 高齢者の自殺率が、一人暮らし世帯よりも子どもとの同居世帯の方が高いことは、その象徴である。[53] これについては後に政府でさえ、次のように述べることになる。「本来孤独感が少ないと思われる同居世帯の方が一人暮らしの高齢者よりも自殺率が高くなっているということは、精神的には一人暮らしよりもむしろ同居の中での距離、孤立感を感じる場合も多いということがうかがえよう[54]」。

生活保護制度も劣化の一途をたどる。**図4**に見るように、昭和Ⅳ期は、三度目の大規模な生活細削減期にあたるが、ここでは保護を申請段階で事前に拒否するいわゆる「水際作戦」の手法が定着した。この中で、幾多の生活保護訴訟が行われた。[55]

昭和Ⅳ期は、日本が経済的な成功を謳歌し、特徴的なモデルが賞賛された時期であるが、その根幹を蝕む地殻変動は確実に進行していた。そのひずみは、平成期に地表を破って噴出していくのである。

3　平成Ⅰ期――日本型生活保障システムの終焉

生産／再生産レジームの変容

一九八九年から始まる平成Ⅰ期（二〇〇〇年前後まで）は、開始直後から「戦後からの転換」を強く意識させる出来事が続出した。再生産／生産レジームにおいても大きな構造変動が進行する。

まず、再生産レジームの変化から見ていこう。高齢化は着実に進行し、一九九四（平成六）年には六五歳以上人口が一四％を超え「高齢社会」に突入した（図1）。離婚率はこの時期に急増し、単独世帯比率も上昇していく（図5）。女性の職場進出は漸増する一方（図2）、合計特殊出生率は一九八九年の「一・五七ショック」のわずか一〇年後に一・三四になり、危機的なペースで少子化が進んだ（図5）。

生産レジームにも重要な変化が生じていた。昭和Ⅳ期の一九八五（昭和六〇）年に締結されたプラザ合意は、円高への対応のために製造拠点の海外移転を進めていた。同時にサービス業の割合も増大し、市場の需要に即応するフレキシブルな生産が求められるようになっていた。このなかでバブル崩壊以後の長期不況が襲い、失業率が増大していく。これまで見てきたように、低失業率は、日本型生活保障システムの要と言える位置にあった。だが図6に見るように、平成Ⅰ期において失業率は一九九一年の二・一％から二〇〇一年の五・〇％へと急伸し、特に若年層が大きな影響を受けた。

雇用の流動化も加速していく。一九九五（平成七）年には、日本経営者団体連盟が「新時代の「日本的経営」」という報告書を出し、終身雇用や年功賃金制の否定や、パート・派遣といった「雇用柔軟型」の拡充が主張された。その後、デフレ不況の労働コスト削減圧力の上に、一九九九年以降労働者派遣法改正などの労働市場のネオリベラル化が加わり、非正規雇用者数は増大していく。

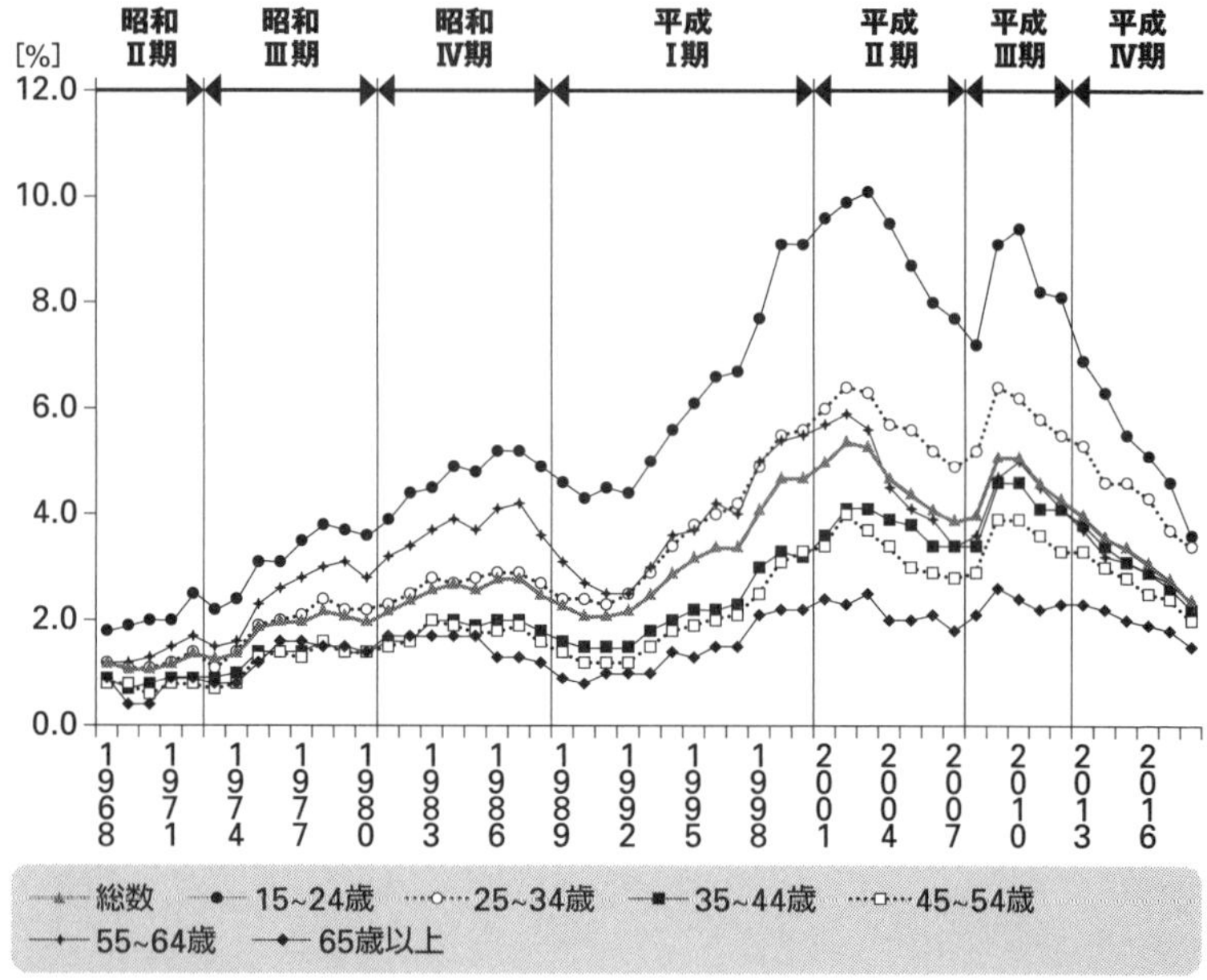

図6　完全失業率の推移

総務省「労働力調査長期時系列データ」より作成。
1972年まで沖縄県のデータは含まれていない。

図7は、男性の非正規雇用者の推移を示したものだが、平成Ⅰ期とⅡ期で増加のパターンは異なっていることが分かる。平成Ⅰ期には、「新時代の「日本的経営」」が発表された一九九五年頃から三四歳までの若年層の非正規率が上昇した。これに対し、平成Ⅱ期の二〇〇一年からは、中高年層でも上昇していく。これは、はじめは若年層の新規採用の抑制によって中高年正社員の雇用を守っていたが[56]、平成Ⅱ期には労働削減圧力を吸収しきなくなってきたことを示す。

また、日本の生産レジームの重要な柱である公共事

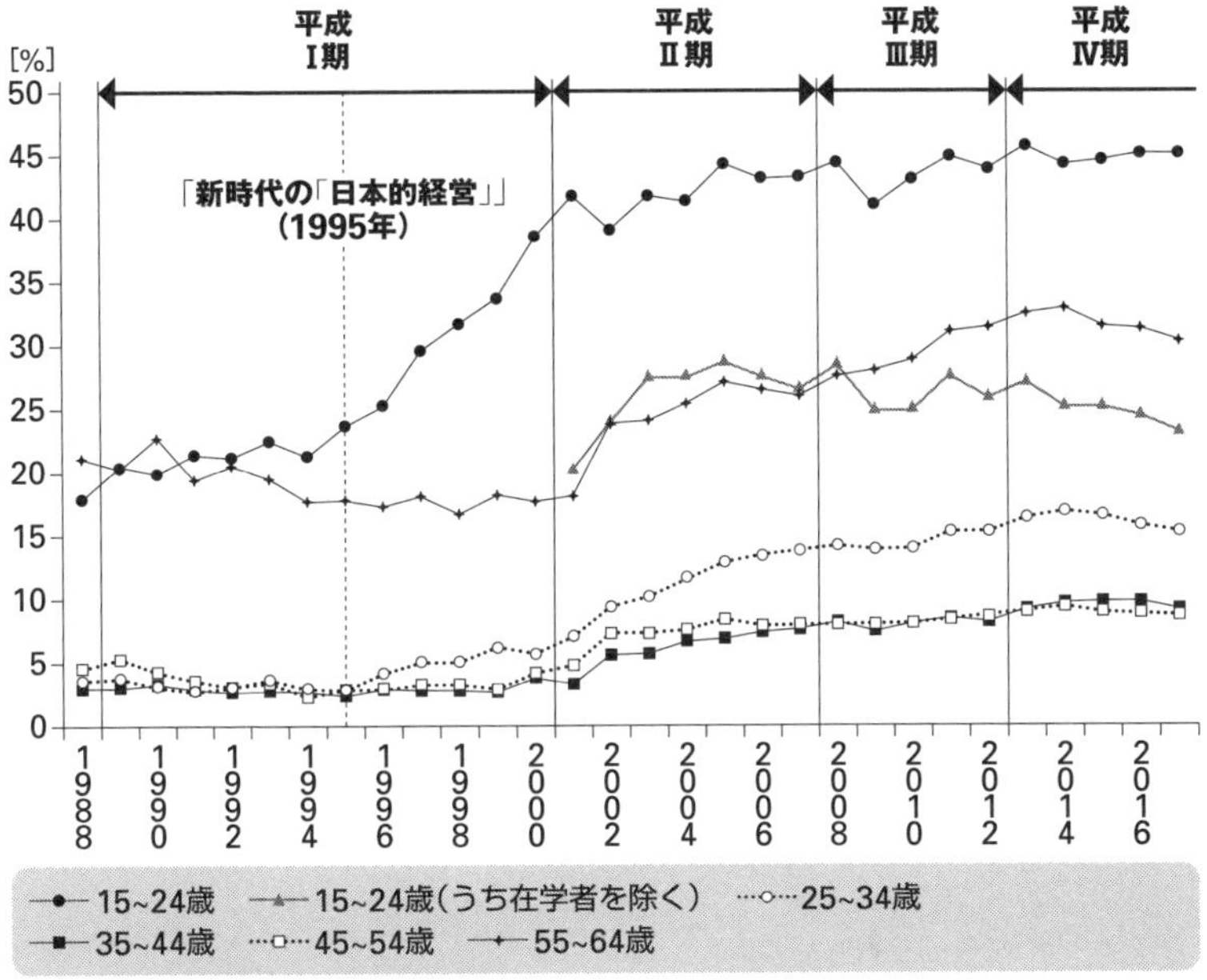

図7　非正規雇用者の推移（男性）

総務省「労働力調査長期時系列データ」より作成
2001年までは各年の2月の値が、2002年からは年平均の値が用いられている。

業も十分に機能しない。平成Ⅰ期には国土開発・保全を目的とした支出が伸びていくが、景気浮揚や雇用創出に結びついていかないのである(57)。

以上のような再生産／生産レジームの変化は、先進国に共通するもので、「新しい社会的リスク」とも呼ばれる。特に家族福祉が揺らぐ中での少子高齢化の進行と、企業福祉が揺らぐ中での失業と非正規雇用の増大は、既存の日本型生活保障システムでは全く対応できないものであり、新たな対策が求められた。それでは平成Ⅰ期には、いかなる社会政策が展開したのだろうか。

平成Ⅰ期の社会政策

まず、昭和Ⅳ期における抑圧から解放されるように、社会保障費が増加していく（図1）。その一方で、その増大の中にはネオリベラル化のベクトルも混在していた。日本においてネオリベラル化の影響が顕著になるのは次の平成Ⅱ期だが、平成Ⅰ期では理念面と制度面で準備が進む。それは、様々な行き詰まりを見せる昭和／戦後的な仕組みの変革の方向として捉えられたのだ。例えば一九九三（平成五）年に当時自民党議員だった小沢一郎が『日本改造計画』（講談社）で展開したのは、規制緩和や民営化、労働市場の流動化という方向性であった。非自民で革新色の強い細川・村山内閣も労働市場の規制緩和などの方向性を共有しており、一九九八年の橋本内閣下における構造改革や社会福祉基礎構造改革へと引き継がれていく[58]。ネオリベラル化の必要性は、この時期においては政治的立場を超えて支持されていた面がある。

その一方で、平成Ⅰ期には脱ジェンダー化／脱家族福祉化も志向されていた。それがネオリベラル化といかなる水準で接合するのだろうか。以下で検討していく。

少子化対策としての育児政策

まず主要な政策課題となったのは育児である。言うまでもなくここには「少子化」という問題系との接合がある。女性の就業化が進む中で、育児の担い手の確保が課題となった。主な政策領域は、保育と雇用環境における脱ジェンダー化である。

保育については[59]、昭和末期から既にニーズは潜在していたが、一九九〇年代の大都市圏への人口流入に伴い、待機児童問題が一挙に顕在化した。[60] これに対し、一九九四（平成六）年に、「今後の子育て支援のための施策の基本的方向について」（エンゼルプラン）が発表され、「緊急保育対策等5か年事業」が開始される。さらに一九九九年には、「少子化対策推進基本方針」が示され、その実施計画である「新エンゼルプラン」も発表された。だがこれらは、認可保育所の増設ではなく、既存の保育所に低年齢児の受入れや延長・休日保育を行うことを通して対応するものだった。つまり、最低限の公的コストしかかけられていない。

重要なのは、財政支出を抑えつつ量的供給を目指すというこの方向が、育児のネオリベラル化／商品化へと持続した点である。一九九〇年代末から、保育の準市場化によって供給量の増大を目指す動きが加速し、職員配置、施設環境、安全衛生などの国の保育所最低基準が、過剰な規制と見なされるようになっていく。各地で公立保育所の民営化が進み、二〇〇〇（平成一二）年には認可保育所の企業参入も認められた。さらに東京都は、二〇〇一年から国の最低基準を下回る都独自の基準を満たした民間託児施設を「認証保育所」として認める制度を発足させた。またベビーホテルも含め認可外保育所も増えていく。これがいかなる帰結に繋がったのかは、平成Ⅱ期において確認したい。

育児に関してもう一つ重要な点は、ジェンダー化された雇用環境の改善である。一九九一（平成三）年には育児休業法が制定される。子どもが一歳になるまで一定の給付を受けながら休業することを可能にするこの制度は、形式的には男女を対象としている。だが実際には、男性の取得率は著しく低く、ジェンダー化された雇用環境自体を変えない限り意味がないのは明らかだった。一九九七年には男女雇用機会均等法が改正され、労働における男女差別はより強く規制された。[61] 前述の「新エンゼルプラン」では、「働き方についての固定的な性別役割分業や

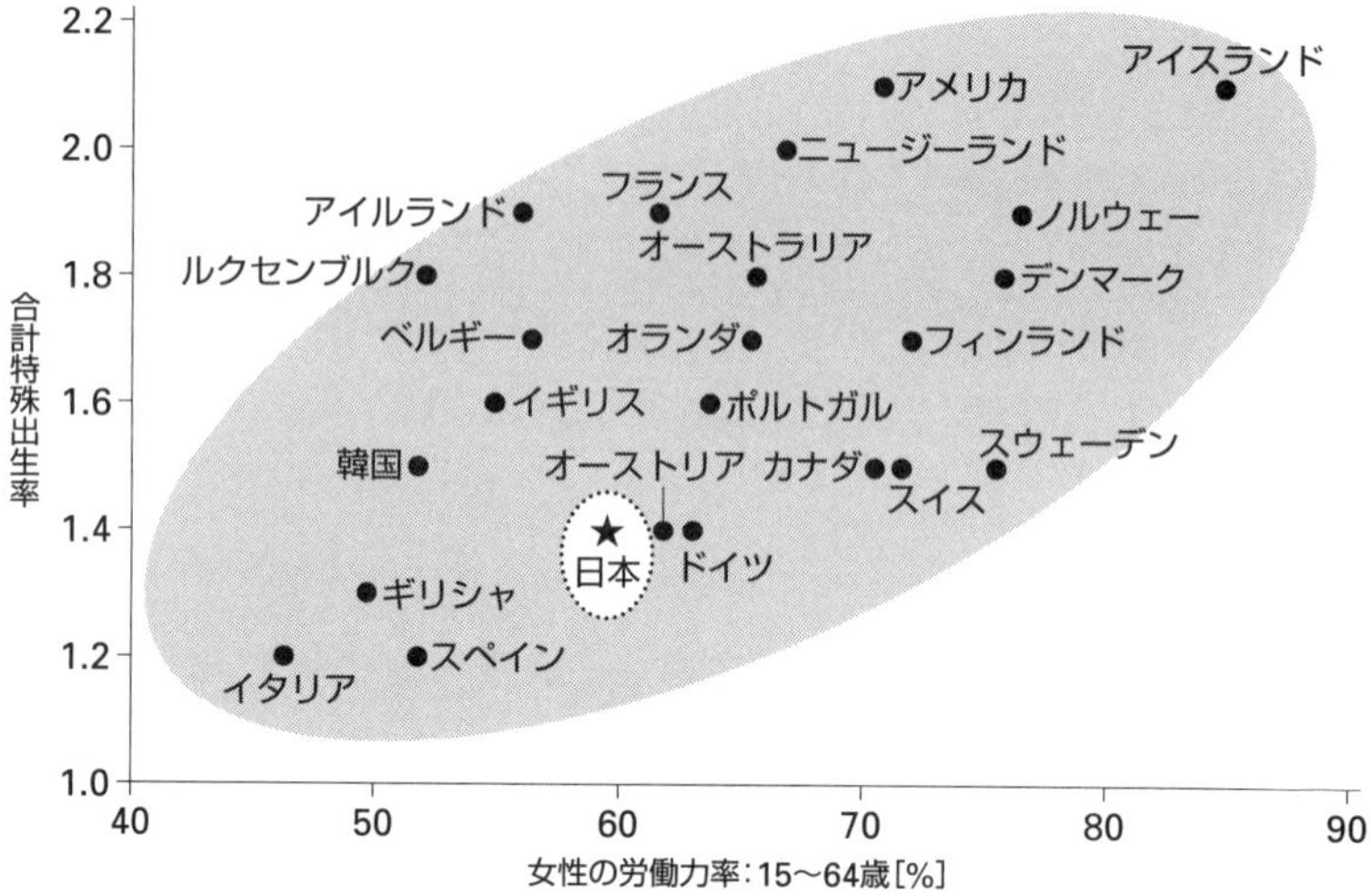

図8　女性の労働力率と合計特殊出生率の相関（2000年）

男女共同参画会議・少子化と男女共同参画に関する専門調査会『少子化と男女共同参画に関する社会環境の国際比較報告書』（2005年）図表1-3-1より作成。

職場優先の企業風土の是正」も掲げられ、同じ一九九九年には男女共同参画社会基本法が成立する。二〇〇一年の内閣府男女共同参画会議も男性中心の雇用システムの改善を主張し、それが小泉政権の目玉である「骨太の方針2001」にも反映されるなど、雇用環境における脱ジェンダー化は政策的な基本線となっている。

　脱ジェンダー化と少子化の関係には興味深い変化が指摘されている。OECD加盟国において、女性労働力率と合計特殊出生率の相関係数は、一九七〇（昭和四五）年にはマイナス〇・三九であり、女性が職場進出している国ほど出生率が小さいという負の相関関係が成り立っていた。ところが一九八五（昭和六〇）年には無相関（R=-0.00）になり、二〇〇〇（平成一二）年は図8の通りとなる[62]。相関係数は〇・

五五であり、正の相関が見られる。つまり女性の労働力率が高い国ほど出生率も高い。だが日本は――保守主義レジームや南欧－地中海モデルの国々と同様に――労働力率も出生率も低い状態にある。女性の就業率も徐々に上昇したとはいえ先進国の中では低く、給与水準の男女差や管理職の女性比率なども含めると、先進国中で最も男女格差が著しい国の一つのままである。(63)

以上のように少子化対策という文脈で育児への政策的関心は高かったが、給付と規制の両面で不十分だった。給付面では、現金給付（児童手当）と現物給付（保育所の増設）のいずれも拡充は進まず、規制面でも、職場環境の脱ジェンダー化は罰則などの強制力が伴っていなかったため（註62も参照）、効果は十分に上がらなかった。少子化が止まらないのは自明だったと言える。

介護保険と年金

少子化対策と並んで、急激に進む高齢化への対応も、平成に入ってから本格的に取り組まれていく。

一九八九（平成元）年には高齢者保健福祉十か年戦略（ゴールドプラン）が設定され、特別養護老人ホームやデイサービスなどの整備やホームヘルパーの養成が目標化された。一九九四（平成六）年にはゴールドプランの目標値を上方修正した新ゴールドプランが制定され、(64) さらに一九九九年のゴールドプラン21へとつながっていく。

この流れの中で特に重要なのが、社会的入院を解消し地域での介護を促進するために二〇〇〇（平成一二）年から施行された公的介護保険制度である（成立は一九九七年）。これは第一に、個人を単位とし家族福祉ではなく社会で高齢者を支えることを目指す点、第二に、行政による措置ではなく、利用者が事業者を選んで契約することで「利用者主権」を実現しようとする点で画期的な意義を持つ。また、この制度の前提として一九九八年に特定非営利活動促進法が成立しＮＰＯ法人が誕生したが、これは市民セクターが社会保障の領域に参入し、福祉多元主義を実現させていく上での前提にもなった。

その一方で、次の点においてネオリベラル化／商品化のベクトルが指摘されている。[65] 第一に、利用においては一割の自己負担を払うという応益負担の要素がある。第二に、社会保険の形を取ることで公費の抑制が図られている。[66] 第三に、民間の多様な事業者の参入を促すことで供給量の安定を目指す一方、自治体の責任が限定されている。

この両面を持つ介護保険の推移と影響については平成Ⅱ期において検討するとして、ここでは、介護サービスの供給量の増大が規制緩和と準市場の形成を通して図られている点で、前述の保育サービスをめぐる状況とパラレルであることを確認しておきたい。

年金については、一九九一年に国民年金基金が創設され、自営業（第一号被保険者）と被用者（第二号被保険者）との格差をなくすために、国民年金の二階部分を設けられた。これは制度の拡張といえる。だが、少子高齢化の進行は年金制度への信頼を揺るがしていく。一九九〇年代は繰り返し――他ならぬ政府によって――年金制度の危機が語られた時代でもあった。国民年金基金が創設された一九九一年には学生が強制的に加入となり、一九九四年には老齢厚生年金の定額部分が、二〇〇〇年には同じく比例報酬分が、支給開始を六五歳に引き上げられることが決まった。前者については二〇〇一年から、後者についても二〇一三年から段階的に実施される。

平成Ⅱ期への助走

ここまで平成Ⅰ期の社会政策について概観してきた。この時期は、育児と高齢者介護が主要な問題となり、その社会化＝脱家族福祉化が追求された。それは、既存の制度の拡張（保育）や包摂的な制度の新設（介護保険）、雇用環境における脱ジェンダー化のベクトルも伴うものだった。だが絶対的に量が足りないサービスは、公的な責任で創出されるのではなく、規制緩和による民間事業者の参入で準市場を通して提供することが目指されている。第Ⅰ期の終盤にそのための制度的準備が整い、ネオリベラル化／商品化の芽が植えられることになった。つまり小泉改革が始まる以前に、ネオリベラル化の布石は敷かれていたのである。

一方で現金給付は抑えられていた。児童手当は低水準のままで、年金も抑制基調にあった。生活保護制度も失業率が急上昇しているにもかかわらず、昭和Ⅳ期の低い捕捉率から回復していない（**図4**）。

平成Ⅱ期は、Ⅰ期に制度的に準備されたネオリベラル化／商品化が、いかなる帰結を生んだかという観点から見ていく必要がある。

4　平成Ⅱ期——日本版ネオリベラリズムのゼロ年代

劣化する雇用

平成Ⅱ期（二〇〇一年〜二〇〇七年頃）は、平成という時代を彩色する上で大きな意味をもった。二〇〇一（平成一三）年に発足した小泉政権は、国債発行額を三〇兆円以下に抑えるために徹底した歳出削減を行い、社会保障関係費に関しても、二〇〇二年度から二〇〇六年度まで（実際には二〇〇七年度も）、国の一般会計予算ベースで約一・一兆円（毎年二二〇〇億円）の抑制を行った。これが平成Ⅱ期の絶対的な制約条件となる。

まず特に問題が顕著な生産レジームの変化から見ていこう。前述のように、非正規雇用者の上昇は、平成Ⅱ期は若年層を中心としつつも、全年齢層で見られるようになった。この背景には労働市場の規制緩和がある。派遣労働の適用可能業種や期間を広げる労働者派遣法の改正は、(67)一九九九年、二〇〇四年、二〇〇六年と立て続けに行われ、(68)雇用と収入の点で不安定な派遣労働者の増加をもたらした。この問題については、「教育」の章も参照頂きたい。

自営業をめぐる状況も厳しさを増していった。他の先進国では自営業の成長が顕著で、雇用劣化に対する切り札とも考えられてきたが、日本では自営者数が減少しており、「自営業ルネサンス」の例外となっている。(69)特に、大型店の出店を規制していた大規模小売店舗法（旧大店法、一九七三年制定）が、アメリカからの要請で一九九一（平成三）年に改正、さらに二〇〇〇（平成一二）年に廃止されるなかで、大型ショッピングセンターの進出が進み、廃業に追い込まれる小規模小売店が増加する。その一方で自営と雇用の「あいだ」とも言うべき雇用的自営業者が増加する。平成Ⅱ期は、外食や小売のフランチャイズチェーン店における「雇われ店長」や「名ばかり管理職」の働き方が問題となった。

正規雇用の劣化も激しい。非正規雇用に比べると、正規雇用の雇用保護が制度的に弱められたわけではないが(70)、雇用代替圧力は正規雇用の労働環境も蝕んでいく。整理解雇やより狡猾な自己都合退社への誘導という形で(71)、職場から追われるケースが増え、残った人も長時間労働や過労に襲われている(72)。更に近年は、形式上は正社員とされながら、実質的には不安定かつ過酷な労働を強いられる「周辺的正社員」の問題もある。これは、雇用保障がないにもかかわらず無限定な指揮命令に置かれるという、非正規雇用と正規雇用の困難を併せ持つ労働者である(73)。いわゆる「ブラック企業」には、このような就労を強いるケースが多い。

雇用規制の弱体化は雇用保護だけでなく、失業保護でも見られた。平成Ⅰ期から上昇していた失業率はピークの二〇〇二年まで上昇するが、これは雇用保険の受給者を増大させた。その結果、雇用保険は支出超過が続いて積立金が枯渇し、二〇〇〇年には雇用保険制度改革が行われる(二〇〇一年度から実施)。これは、失業理由によって給付に格差をつけるもので、具体的には、解雇や倒産でなく「自己都合退職」とされた人の給付が削減・廃止させられた。前述のように、解雇すらせず自己都合退職に追い込む企業が増える中で、この変更は失業者にとって大きな打撃となった。さらに二〇〇三年の改編では給付額の上限が下げられ、二〇〇五年の改編では受給資格を得るための加入期間が大幅に延長された。このような厳格化の結果、二〇〇六年平均で失業手当を受給できない失業者の割合は七七%となり、アメリカの五九%を上回り、先進国最悪となっている(74)。

いるのである。

以上に加え、雇用創出や地域間格差縮小のための公共事業も、緊縮財政のもとで縮小していく[75]。正規雇用と公共事業による雇用創出を軸とした生産レジームが、完全に機能不全に陥っているのである。

雇用の「ネオリベラルルート」とその影響

このように雇用の劣化の指標に事欠かない。だがこの中で、失業率が興味深い動きを見せる。先述のように失業率は二〇〇二（平成一四）年にピークを迎えるが、その後低下していくのである（図6）。これをどう考えればよいのだろうか。

総説で述べられたように福祉国家を三つのレジームに分類したエスピン゠アンデルセンは、その後、各レジームが経済のグローバル化の中でいかなる対応をしているかについての議論を展開している[76]。企業福祉と家族福祉に依存する保守主義レジームは、正規雇用を保護する一方で、そこから漏れた人々（特に若年層）は雇用自体から締め出され、失業率を大幅に高めることになった。これは「労働削減ルート」と呼ばれる。これに対しアメリカに代表される自由主義レジームは、労働市場の規制緩和を通じて、失業率を相対的に低く抑える一方で、低賃金職種に就かざるを得ない非熟練労働者を大量に生み出した。これが「ネオリベラルルート」と呼ばれる。日本の平成Ⅱ期は、このうちネオリベラルルートと似た軌道を描くことになる。

雇用保護を弱めて失業率を低下させるこの方向性は、いかなる帰結につながったのか。まず確認したいのは、労働市場の流動化自体が常に問題というわけではないことである。例えばデンマークは、労働市場の流動化と社会保障の両立を図るフレキシキュリティ（flexicurity）という仕組みを発展させた。だが日本型生活保障システムは、非正規雇用者が中心的な稼得者となる事態を想定してこなかったため、その増大が個人と社会の危機に直結した。主婦や学生など家計補助者の労働と見なされてきた非正規雇用者は賃金水準も低い上、社会保険や雇用保険に関しても、正規雇用と同等の制度利用ができないことが多く、大きなリスクを抱えることになりやすい。

さらに、劣化した雇用の広がりは、就業それ自体からの撤退も促す。二〇〇〇年代以降「ニート」と呼ばれる、仕事にも教育・訓練にもついておらず求職活動もしていない若者の増加に注目が集まった。これは働く気がない（＝やる気のない）者としてスティグマ化されることになったが、本田由紀は、そのイメージが歪曲に満ちたものであり、実際にはその多くは働く意欲を持ち、失業者や非正規雇用者と同じ問題系にあることを明らかにした。[77] 更にいえば、「働く意欲がない」者の中には、悪化した就業環境の中で、「働く意欲」すら剝奪されていった者も多く含まれる。[78] この「ニート」という問題系が指し示すのは、ネオリベラルルートによって失業率は下がったものの、別の形で劣化した労働からの撤退が進む可能性である。**図9**は、二五〜五四歳までの男女別の非労働力率の推移を示している。女性は職場進出が進んで非労働力率は下がっているが、男性は平成Ⅱ期に入って――大学院進学率上昇の効果を差し引いても――伸びている。

以上の雇用の劣化が生み出す効果は、当事者にとってのリスクのみならず、社会システム上のリスクにも転化される。[79] 特に再生産レジームに与える負の影響は大きい。例えば、低収入は国民年金の保険料未納に直結し、また未婚化や少子化の進行などにも繫がる。後者に関していえば、未婚者にとって「経済的な問題」が結婚への大きな障壁となっている。[80] 二〇〜三〇代で「恋人・配偶者がいない」もしくは「交際経験がない」と答えた人の割合の合計は、非正規雇

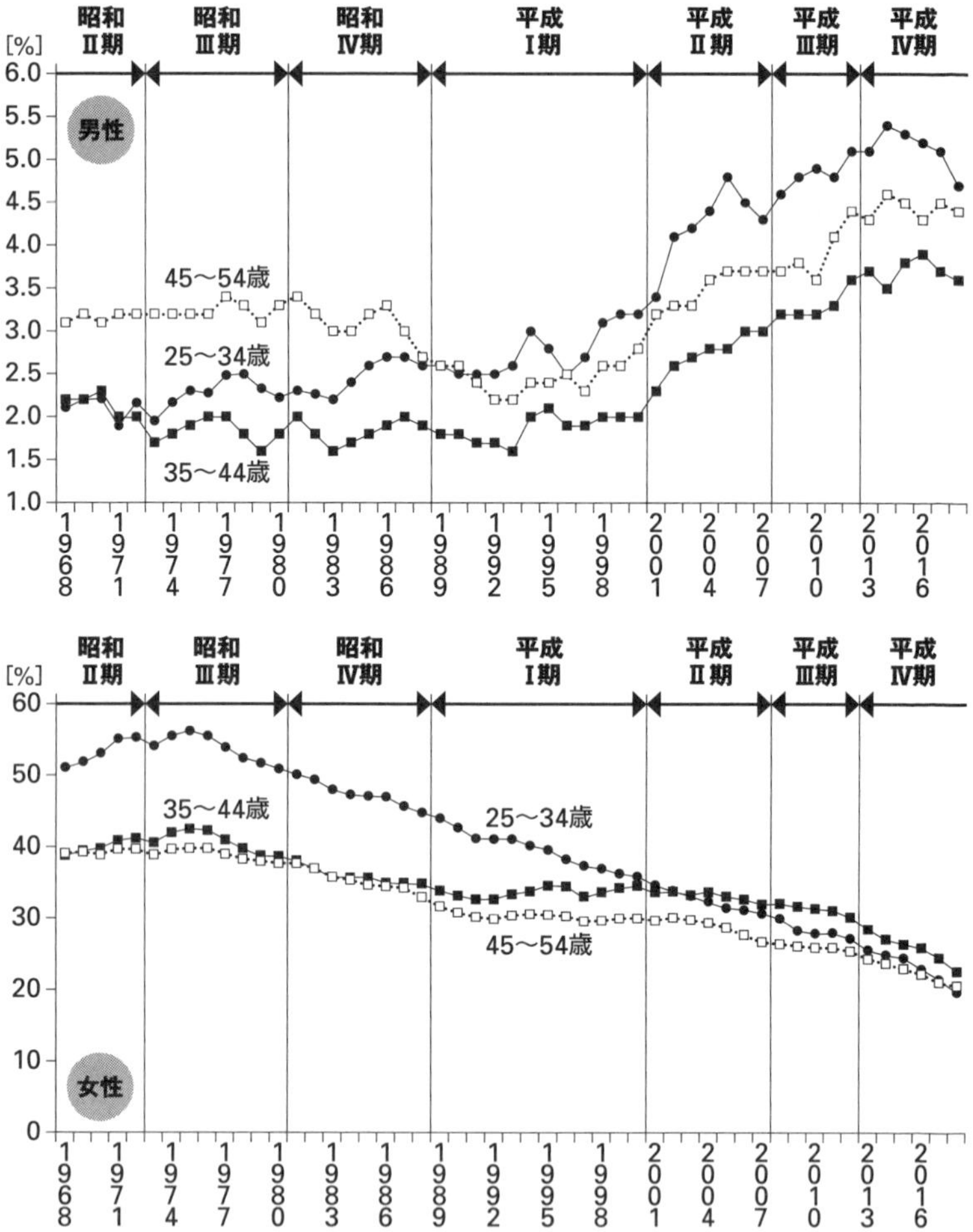

図9　男女別の非労働力率の推移(25〜54歳)

総務省「労働力調査長期時系列データ」より作成
1972年までは沖縄県は含まれていない。

用者の方が正規雇用者より高い。特に男性の場合、正規雇用者で四五％に対し非正規雇用者は八〇％と大きな差がついているが、同様の傾向は女性でも見られる。[81]このように雇用の劣化は、単に経済的な問題だけでなく、関係性や承認の問題にもつながっている。[82]また結婚後も、子どもを希望しても持てない理由として、「子育てや教育にお金がかかりすぎる」ことが一位に挙げられているように、出産に対する障壁にもなっている。[83]

ゼロ年代の育児政策――ネオリベラル化と脱ジェンダー化の交錯

続いて再生産レジームに目を移そう。脱ジェンダー化とネオリベラル化が交差した平成Ⅰ期の育児・介護政策は、平成Ⅱ期においてその帰結が顕著になっていく。

前述のように育児政策は不徹底だった。そのため少子化に歯止めはかからない。二〇〇一（平成一三）年には育児休業と介護休業の給付率が引き上げられたものの、二〇〇二年一月には、将来の合計特殊出生率が一・三九と下方修正された。これを受けて、二〇〇三年には「少子化対策社会基本法」「次世代育成支援対策推進法」[84]が成立した。ここで重要なのは、脱ジェンダー化に向けた提言と同時に、多様な働き方の推進という文脈と接合していく点である。[85]これは雇用の規制緩和／ネオリベラル化とも合致している。

この中で浮上してくるキーワードが「ワーク・ライフ・バランス」であった。これはそれ以後の政権にも引き継がれ、二〇〇七年一二月には、政労使合意での「仕事と生活の調和（ワーク・ライフ・バランス）憲章」と「仕事と生活の調和推進のための行動指針」が策定された。萩原久美子はこれらのワーク・ライフ・バランス政策について、脱ジェンダー化が志向されているることを評価する一方、性別役割分業体制のなかで男女の選択が構造的に異ならざるを得ないにもかかわらず、自律的な労働者像が前提にされることで、個人の選択の結果としてジェンダー化された雇用関係が結局正当化されてしまう点を指摘している(86)。

保育に関しては、平成Ⅰ期に財政コストをかけず、規制緩和によって保育サービスの供給量を増やす方針が採られた結果、公立保育所の民間委託・民営化、事業主体の多様化、認可外保育所の増加が進む(87)。公立保育所も、民間委託・民営化によって、私営へと切り替わっていく。特に二〇〇三年に公立保育所運営費が一般財源化され、市町村の負担が増えた結果、多くの自治体が民営化を選択していった。二〇〇七年には私営保育所数が公営を逆転した(88)。また、認可外保育施設の数は一九九七年に四七〇一カ所だったのに対し、一九九九年頃から上昇し始め、二〇〇八年には七二八四カ所となっている(89)。保育環境が問題視されがちなベビーホテルも、一九九七年の六四九カ所から二〇〇八年の一七五六カ所へと増加している。

この帰結は多岐にわたる。供給量を増やす一方、保育環境の劣悪な施設が生み出された。保育士の雇用環境も悪化し、短時間保育士の職員比率制限の撤廃や労働コスト削減圧力のなかで、保育施設で働く雇用者の非正規率は、一九九六年の二八%から二〇〇六年には四一%まで跳ね上がった。なおその臨時・非正規職員の九八%が女性である。女性保育士の年収も二〇〇七年には三二二万円で、一九九五年から三四万円減少している(90)。

一方で幼稚園は、毎年一〇〇以上が廃園する現状にある。三歳以上を対象とし、日中しか開かれない幼稚園は、もともと専業主婦のいる世帯を主要な対象としていた。だが共働き世帯が増える中で、保育園が供給不足で待機児童を抱える一方、多くの幼稚園は定員割れを起こし、活動が維持できなくなるケースが相次いでいる。

このような育児サービスをめぐる問題が顕在化する一方で、現金給付（児童手当）の領域では若干の脱商品化のベクトルが見られる。給付総額が、二〇〇〇年以降、急激に増えていくのである。[91] これは公明党が連立政権に入り、選挙協力と引き換えに児童手当の拡充を迫ったことが大きい。[92] その後、三歳までだった児童手当の対象は、二〇〇〇六年度以降小学校卒業までとなり、二〇〇七年度には手当額も部分的に引き上げられた。[93] 所得制限についても、支給率が二〇〇一年度に七割、二〇〇四年度に八・五割、二〇〇六年度に九割台にまで引き上げられた。若干のネオリベラル化のベクトルも見られるものの、[94] 全体として増大していることは間違いない。

児童手当については、このほか、脱ジェンダー化のベクトルも存在する。実は二〇〇四年時の改正では、その増額分は、配偶者特別控除の縮減による増税分によって補われた。[95] 配偶者特別控除は、男性稼得者型の「標準」的な家族のみを対象としているが、児童手当は家族形態を問わない点で脱ジェンダー化していると言える。

このように平成Ⅱ期の育児政策は、商品化、脱商品化、脱ジェンダー化のベクトルが混在している。その結果、二〇〇五（平成一七）年に合計特殊出生率は一・二六という底を打ったあと、反転というトレンドを見せた。だがその上昇幅がわずかなものに留まっている。保育環境が不十分なことに加え、前述のように若年層の雇用の不安定化と収入の減少が結婚や出産の障壁になっている状況は変わらないためだ。その結果として生じた重要な帰結が、「第三次ベビーブーム」の不成立という事態だった。前述の**図5**のグラフで出生数の棒グラフを見てほしい。第一次ベビーブームが一九四七年をピークに、第二次ベビーブームが一九七三年をピークに生じている。ところが、第二次ベビーブーム世代が出産適齢となる一九九〇年代後半から二〇〇〇年代に同様の出生数の山は見られない。このいびつな年齢構造は、超少子高齢社会の到来を決

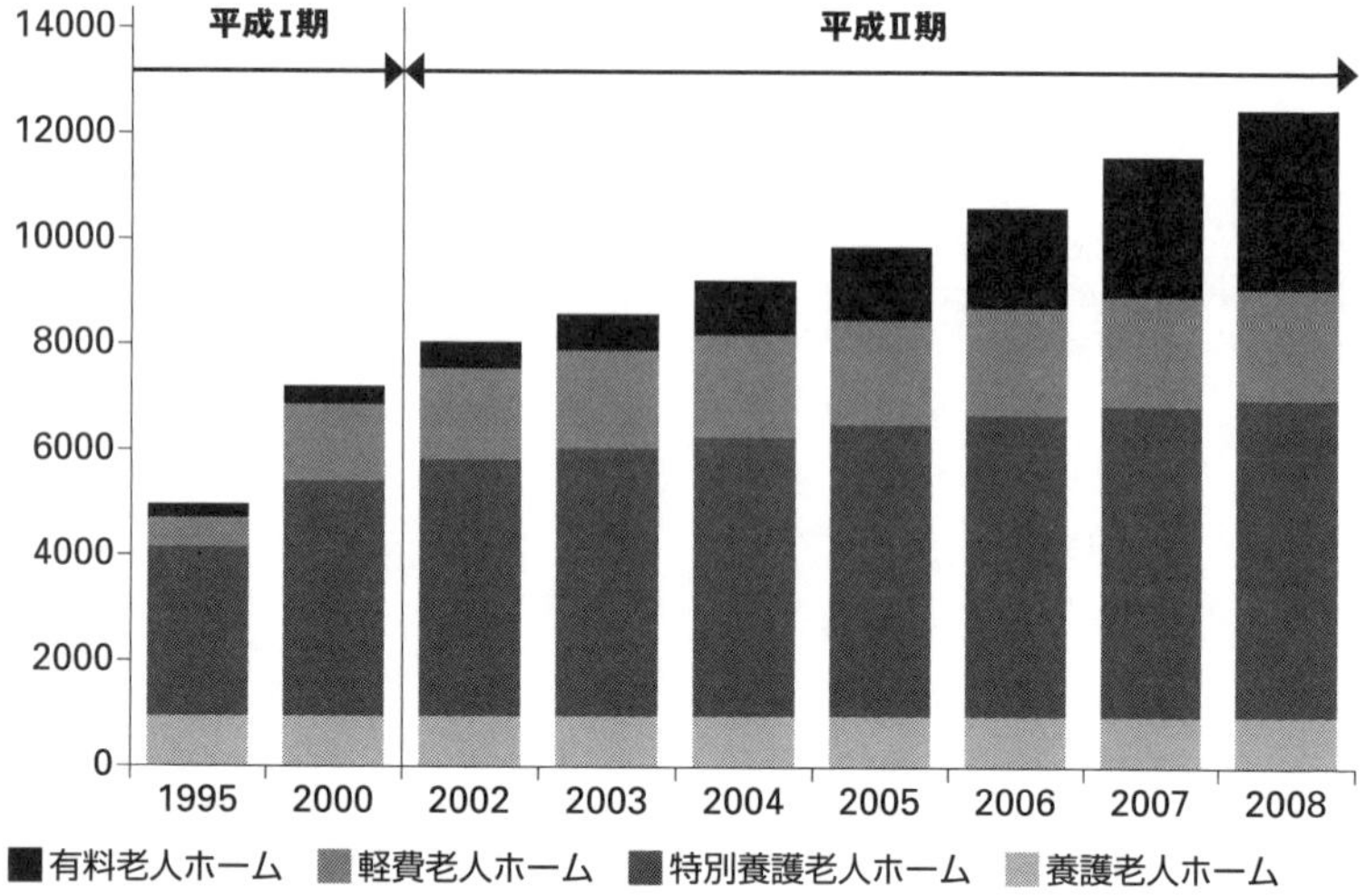

図10　老人ホーム施設数の推移

厚生労働省「社会福祉施設等調査結果の概況」平成18年、19年、20年から作成（それ以降は、調査方法が異なるため、直接比較は困難）。
「特別養護老人ホーム」については、2000年以降は、厚生労働省「介護サービス施設・事業所調査」において、介護老人福祉施設として把握した数値である。

定づけることになる。

リスク化する高齢者福祉

二〇〇〇（平成一二）年に鳴り物入りで始まった介護保険制度は、株式会社など民間の多様な事業者の参入を促し、老人ホームの施設数は増えていった。だがその内訳を見ると、特別養護老人ホームの供給が伸び悩む一方、[96] 有料老人ホームの占める割合が急増していることがわかる（**図10**）。この有料老人ホームは、特別養護老人ホームと異なり応益負担的であるため、入居や生活維持における自己負担が一般的に高い。また料金によって質の分散が高いのも特徴で、非常に高額かつ環境が整ったものがある一方で、経営困難に陥るところや、安全管理やサービスの面で著しく低水準なところも多い[97]。公的コストを抑えて、介護サービスの量的拡大を進めた結果、生じた帰結である。

介護保険制度自体も、二〇〇五年に改編が行われ、予防重視型システムの導入と認定区分の見直しで、要介護度の判定が低く抑えられやすくなった[98]。だが介護サービスが十分に利用できないと、結局、家庭内のケア労働に依存せざるをえなくなる。もともと介護保険は、家族福祉から解放するには不十分だったが、この改革は、さらなる家族への依存を進めることになる。ネオリベラル化とは「再家族化」[99]や再ジェンダー化でもあるのだ。保険料の上昇が続く一方、事業所に入る介護報酬は減り続けており[100]、介護労働者の生活の困難を生み出している[101]。一方で地域包括支援センターができ、予防という観点から各専門家が連携して高齢者をサポートする仕組みができた。

公的コスト削減の圧力は、年金、医療にもかかる。

年金制度では、二〇〇四(平成一六)年に大きな改編が行われた。保険料水準が固定化され[102]、基礎年金の国庫負担割合が三分の一から二分の一へと引き上げられる一方、マクロ経済スライド調整率が導入された。最後の点については、賃金や物価が上昇しても年金の支給水準が上がらないように抑制する仕組みである。さらに、この調整率の設定は政府の裁量で決められるため、法改正をしなくても支給水準の引き下げができることになった[103]。もっとも、これらの改革も十分でなく、さらなる保険料の上昇や、一定の経済成長と少子化の改善を前提にしないと維持できないという指摘もある[104]。また、前述の国民年金の納付率の低下だけでなく(註79参照)、厚生年金でも空洞化が進んでいる[105]。これは日本の社会保障制度の最大のリスクの一つである。

またこの時期、年金の支給開始年齢が上がっているが、雇用と年金の間を埋めるべく、二〇〇四年の改正高年齢者雇用安定法によって、二〇〇六年度から定年の引き上げ、継続雇用制度の導入、定年制の廃止のいずれかの実施が義務付けられた。ただし、継続雇用制度の対象とする従業員を限定できる仕組みのため、希望者全員が雇用を継続できるわけではない。

医療についても、二〇〇六年に医療改革関連法が成立し、二〇二五年までに八兆円の医療費削減を目指す広範囲な医療制度改革が行われた。[106] これにより、七五歳以上の高齢者を対象とする後期高齢者医療制度の創設、七〇歳から七四歳までの高齢者の窓口負担の引き上げ（一割→二割）、七〇歳以上で現役並みの所得がある高齢者の窓口負担の引き上げ（二割→三割）が定められた。この中で、十分に支払いができない高齢者は、医療から事実上排除される状況になっている。

格差と再分配

ここまで見てきた基本的な動きは、雇用の縮小・劣化や年金給付の縮小などで収入は減る一方、社会サービスに関しては応益負担の導入で支出が増大するというものだった。

平成Ⅱ期に格差問題が注目されていくのはこの文脈においてである。経済学者の橘木俊詔は一九九八年にジニ係数の分析を通して、経済格差が拡大していることを主張し、格差論議に火を付けた。[107] ジニ係数とは、ローレンツ曲線を用いて完全に平等な時は〇、完全に不平等な時は一となる指標である。**図11**に見るように、一九九〇年代後半以降、当初所得と再分配後所得の両方でジニ係数が上昇している。日本は先進国の中でも、自由主義レジームや地中海－南欧モデルの諸国と並んで、格差が大きい国となった。[108]

これについては、この格差拡大は高齢者世帯の増加や単独世帯の増加による「見かけ上」の

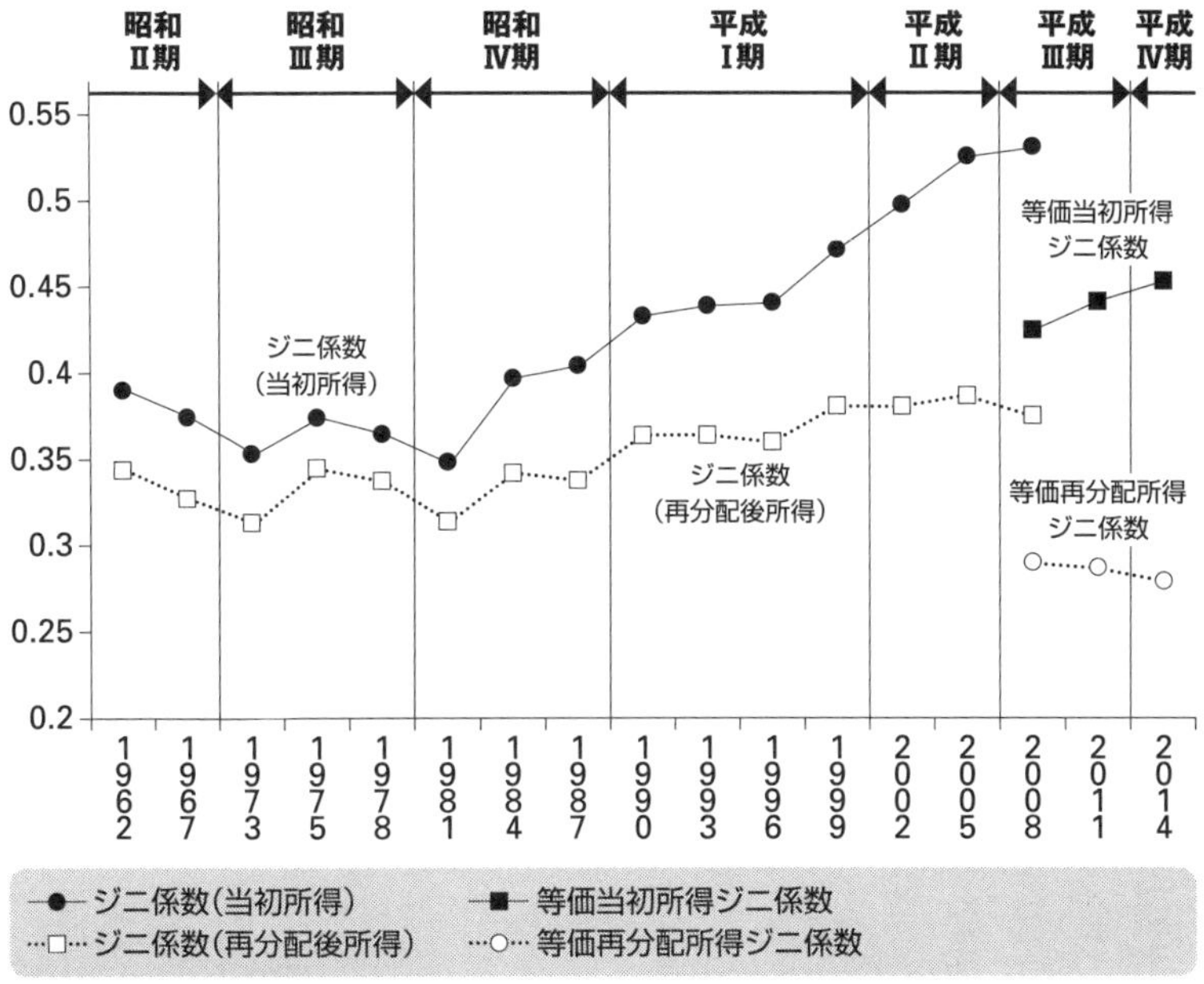

図11　ジニ係数の推移

＊等価所得は世帯の所得を世帯人数の平方根で割ったものである。
厚生労働省「所得再分配調査」より作成。

ものだという主張もなされた。[109]確かに、高齢者の年金収入は当初所得に含まれないため、年金以外の収入がある者とない者の間の格差が大きく出やすい。当初所得における著しい格差拡大の多くは、これによって説明できる。

　とはいえ、格差拡大自体が「見かけ上」とは言えない。年金受給者を除外した五九歳までの勤労者においても、一九九七年からジニ係数が上昇しているのである。[110]現役世代における再分配後のジニ係数は、一九八一年の〇・三一四から二〇〇八年の〇・三七六へと上昇している。特に雇用劣化

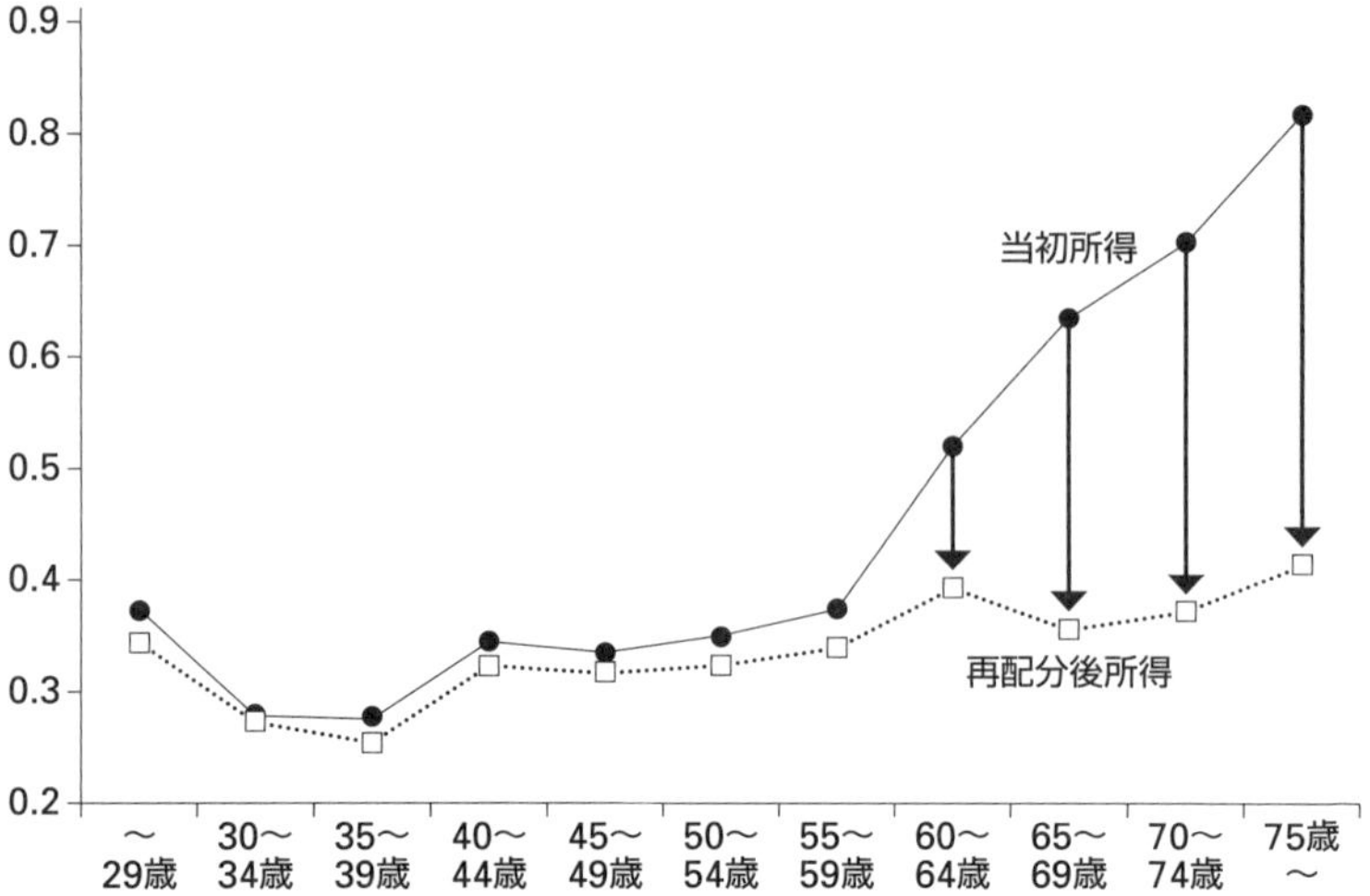

図12　年齢層別ジニ係数（2008年）

厚生労働省『平成20年所得再分配調査報告書』より作成。

の煽りをまともに受けた若者層は、その内部においても格差が拡大している[111]。この生産レジーム上の変化に加えて重要なのは、税制という再生産レジーム上の変化である[112]。税による所得再分配効果は、一九八〇年代以降立て続けに行われた最高税率の低下や段階の減少[113]、地方税のフラット税制化[114]などにより、縮小している。

一方で高齢者層は、**図12**に見るように、再分配政策による格差縮小効果を集中的に享受している（とはいえ、高齢者層の貧困も先進国で最悪の水準なのだが[115]——）。一方現役世代では再分配効果は限定的である。つまり年金を通した格差縮小効果は、低所得者層も含めた現役世代からの所得移転によるところが大きい。日本における所得移転は、所得水準の高低以上に、年齢が重要なメルクマールになっているのである[116]。

この点は、生産レジームの外部にある

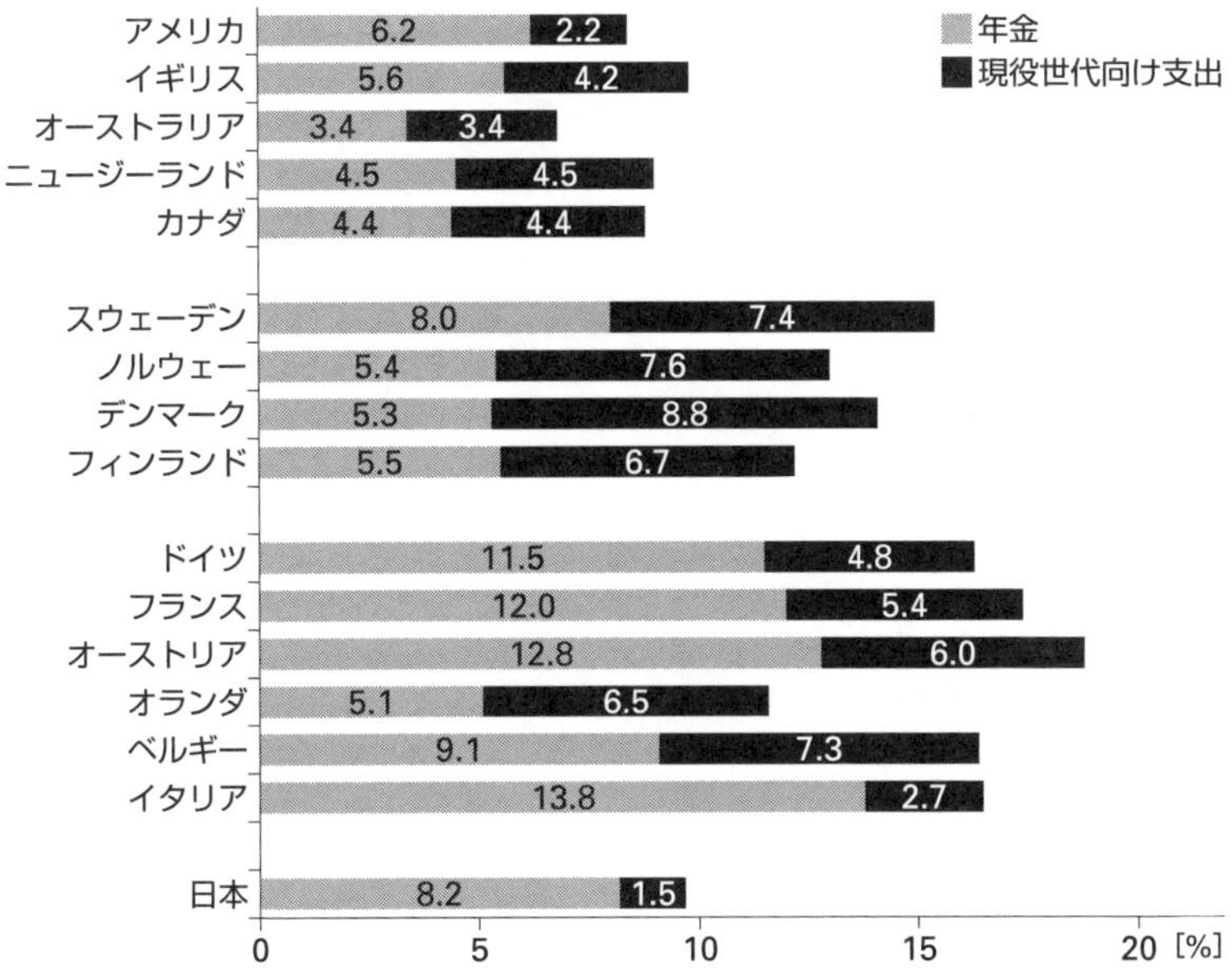

図13　対GDP比の現金給付の割合

出典:宮本太郎『生活保障――排除しない社会へ』(岩波新書、2009年)78頁。

高齢者のための福祉を先行的に発展させてきた日本の社会保障制度の強みであると言える。だがその反面、生産レジーム内部にあるとされてきた現役世代がリスクを抱えた時、社会保障制度が吸収しにくいということでもある。**図13**に見るように、日本は、社会保障の支出が低いだけでなく――イタリアと共に――地中海－南欧モデルのイタリアと共に――現役世代向けの給付が著しく少ない点で、極めて特徴的である。

格差論にはもう一つの水準がある。ここまで取り上げてきた格差は「結果の不平等」であるが、これに加え、親の階層が子どもの地位達成に影響する「機会の不平等」も問題視された。この議論に火を付けたのは二〇〇〇年に社会学者の佐藤俊樹が、「社会階層と社会移動全国調査」（SSM調査）を分析をもとに発表した議論であり、一九五五年から一九九五年の間に、管理職や専門職出身の子どもが親と同じ地位に就きやすい傾向（階層の閉鎖化）が強まっていることを示した。[117] また苅谷剛彦は、階層の閉鎖化のメカニズムについて教育システムを媒介項として説明し、当時進行中の教育改革を批判した。[118]

佐藤の議論に対しては様々な批判が寄せられ、[119] 特に石田浩は二〇〇五年までのSSMデータで追試を行い、佐藤のいう傾向が生じてないことを示した。だが「機会の不平等」が存在しないわけではない。むしろ日本には、以前より米英以上の「機会の不平等」があったことは実証的には否定しようがないし、[120] 機会の不平等の「拡大」についても、佐藤と異なる分析手法を用いた研究では実証されており、誤りとは言えない。[121]

これらの議論の中で重要な点は次の通りである。第一に、問題が集中するのは生活保障が生産レジームに委ねられてきた現役世代であり、特に近年は、その崩れの中で若者層における――結果のみならず――機会の不平等化が高まっている。第二に、機会の不平等は結果の不平等をもたらし、結果の不平等は機会の不平等を生み出すという循環関係にある。前者は結果の不平等が「自己責任」でないことを意味しており、後者は結果の不平等の放置がその再生産、特に貧困の再生産を生み出すことを意味する。

「格差ではなく貧困の議論を」

平成Ⅱ期は格差論が注目を浴びたが、「格差拡大が見かけか否か」という論争により問題の焦点がぼやけた面もある。政府や保守系のメディアは格差拡大虚像論にコミットすることも多かった。その議論を尻目に、二〇〇〇年代後半は、生活困窮者の増大が深刻な問題として浮上してくる。まさに「格差ですまされない現実」[122]であった。その認識の転換の中心となったのが、長年生活困窮者の支援に関わってきた湯浅誠である。湯浅は、二〇〇六（平成一八）年に「格差ではなく貧困の議論を」[123]という文章を発表し、以後、実践と発言の両面で貧困問題をリードしていく。彼が主導する「反貧困」運動は、反貧困という一つのイシューで立場の違いを超えてつながるもので、平成Ⅲ期において大きな影響力を持つことになった。

二〇〇四年のＯＥＣＤの報告によると日本の貧困率は一五・三％で、これは先進国ではアメリカとアイルランドに次いで高い[124]。また二〇〇九年には相対的貧困率は一九八五年以降最悪の一六％となっている[125]。「ワーキングプア」や「ネットカフェ難民」という表象が、メディアに取り上げられるようになる。平成Ⅲ期に入った二〇〇八年にはリーマンショックが生じ、それがもたらした雇用危機を告発した「派遣村」は、日本で長い間顧みられることのなかった貧困問題を一気にメジャーな問題にした。

昭和Ⅳ期から抑制されてきた生活保護受給者数も、一九九〇年代半ば以降上昇してくる（図4）。これは単なる量的な増加ではない。前述のように一九六〇年代に、生活保護制度は「働けない人のための制度」へと特化していたわけだが、二〇〇〇年代の終わりには再び稼働世帯層の受給者が激増していくのである[126]。貧困とは、まさにワーキングプア（働く貧困層）の問題として浮上しており、生産レジームを通した生活保障システムの機能不全を端的に示している。とはいえ、生活保護の捕捉率は低いままであり、抑制の試みは継続されていた。二〇〇五年には生活保護の「適正化」によって削減が決定され、二〇〇六年には生活保護の老齢加算が廃止される。二〇〇七年に厚生労働省で開かれた「生活扶助基準に関する検討会」でも給付水準の引き下げが検討され、平成Ⅲ期の二〇〇九年における母子加算廃止へとつながる（ただし政権交代後に復活している）。生活保護行政では相変わらず「稼働能力」の有無が重視され、この過程で水際作戦など様々な抑制・削減の手法が試みられる。その結果、北九州市などで餓死事件が連続するなどの悲劇が相次いだ。

ワークファーストの失敗①――ホームレス／ネットカフェ難民

貧困は、特に生産レジームにおいて周辺化されていた人々を襲った。ここで焦点を当てるのは、日雇い就労からホームレス状態になった層、母子世帯、障害者である。この三者には、政策介入においてワークフェアの論理が採用されたという共通点がある。ワークフェアとは、就労と社会保障の連携を目指す政策であり、福祉受給者に対して、労働や職業教育・訓練プログラムへの参加を通して、就労「自立」を促すものである。しかし、実際にアメリカなどで展開されるワークフェアは、ワークファーストとも呼ばれ、就労を義務づけることで社会保障費を抑制する点に主眼がある。就労「自立」につながらずに福祉を削減された場合も自己責任とされ、国の責任は回避される。[127] これは社会保障のネオリベラル化の典型的な手法である。これは日本においていかなる効果を見せたのだろうか。

ホームレス状態の人は、平成Ⅰ期に、寄せ場から都市部・郊外へと広がっていくなかで注目された。二〇〇三（平成一五）年には、厚生労働省が初めて全国調査を行い、大阪や東京等の大都市を中心に二万五〇〇〇人以上が確認された。その多くは、高度経済成長期に上京し、寄せ場を中心に生計を立ててきた建設業や製造業の日雇い労働者が、バブル崩壊以降、高齢化に伴って長期失業に追い込まれる中から生じたものである。彼らは雇用と社会保障制度の「例外」に置かれ、失業リスクに対し極めて脆弱であった。[128] このような状況を前に、二〇〇二年に「ホームレスの自立の支援等に関する特別措置法」(ホームレス自立支援法)が制定され、各都道府県で就労自立支援のシステムが構築されたが、厳しい雇用環境の中で十分に機能しなかった。[129] このワークフェア政策の不発を受けて、東京都では二〇〇四年度から、ホームレス状態の人に対してアパート入居を促進させる政策を開始する。[130] この政策や、一時的な建設業の活況もあり、目視で捉えられるホームレスの数は年々減り、二〇〇七年には約一万八〇〇〇人、二〇一二年には約九五〇〇人となった。だがこれは空間の管理の厳格化でテントでの「定住」ができなくなったり、いわゆる貧困ビジネスによって排除的に包摂された結果であるところが大きい。

その一方で、新たなタイプの「ホームレス」が注目されるようになった。より不可視化された「ネットカフェ難民」である。若年層が目立ち、家族も含め幾重もの排除によってホームレス状態に至っているケースが多い。[131] 平成Ⅱ期に進んだ雇用の流動化のなかで、既存の日雇い労働者を取り巻くリスクが、空間的にも年齢的にも拡大していったのである。「ネットカフェ難民」に突出して多い年齢層は二〇代と五〇代であったが、[132] これは新旧の「ホームレス」の置かれた構造が実質的に重なっていることを示している。この問題に対しては、住居保障、生存保障、実効的な職業訓練と雇用保障という三方向からの支援が必要である。二〇〇八年からネットカフェ難民対策のために給付つきの職業訓練が構想され、二〇〇九年七月から後述の緊急人材育成支援事業が開始された。だが、より切実な住居や雇用の提供は十分に行われず、逆に治安の観点からネットカフェでの宿泊に対する規制が強まっている。

ワークファーストの失敗②――母子世帯

母子世帯も、社会保障制度のネオリベラル化のダメージを一番被った層の一つである。母子世帯数は、離婚率の上昇に伴い増加しており[133]、母子世帯向けの児童扶養手当受給者も二〇〇〇年から二〇〇八年の間に三〇万人近く増え、二〇〇八年には一〇〇万人を突破した。

日本の母子世帯に関して特筆すべきこととして、母親の就業率が諸外国に比べて非常に高いということがあり、一九四九年から一貫して八割を超えてきた。とはいえ、性別役割分業を標準とする日本型生活保障システムの中で女性の就労環境は厳しく、有償労働に従事する時間が長い一方、育児に費やす時間が短く[134]、世帯収入も他の子育て世帯と比べて低水準である[135]。さらに非正規雇用化が進む中で、一九九〇年代後半以降母子世帯の貧困率は高まっている[136]。

その一方で、**図14**に見るように、日本の社会保障制度は、子どもの貧困を全く改善しない。むしろ先進国では世界で唯一、政府が介入した方が子どもの貧困率が悪化するという異常な状況の中にある。先に、日本の社会保障制度は、現役世代に対する格差縮小・貧困削減効果がないことを見たが、母子世帯にはそれに加え、育児政策の不備や、ジェンダー化された労働市場などの矛盾が集中する[137]。

だが、平成Ⅱ期に母子世帯を襲ったのは、ただでさえ脆弱なセーフティネットすら取り上げていこうとする動きであった。二〇〇二年には、厚生労働省が、「母子世帯等自立支援対策大綱」を出し、児童扶養手当法が改正された。ここには普遍主義化につながるベクトルも見られるが[138]、「母の自立に向けての責務を明確化する」ために、受給期間が五年を超える場合、最大半額まで減額されることとなった。この流れは二〇〇九年の生活保護の母子加算廃止にもつな

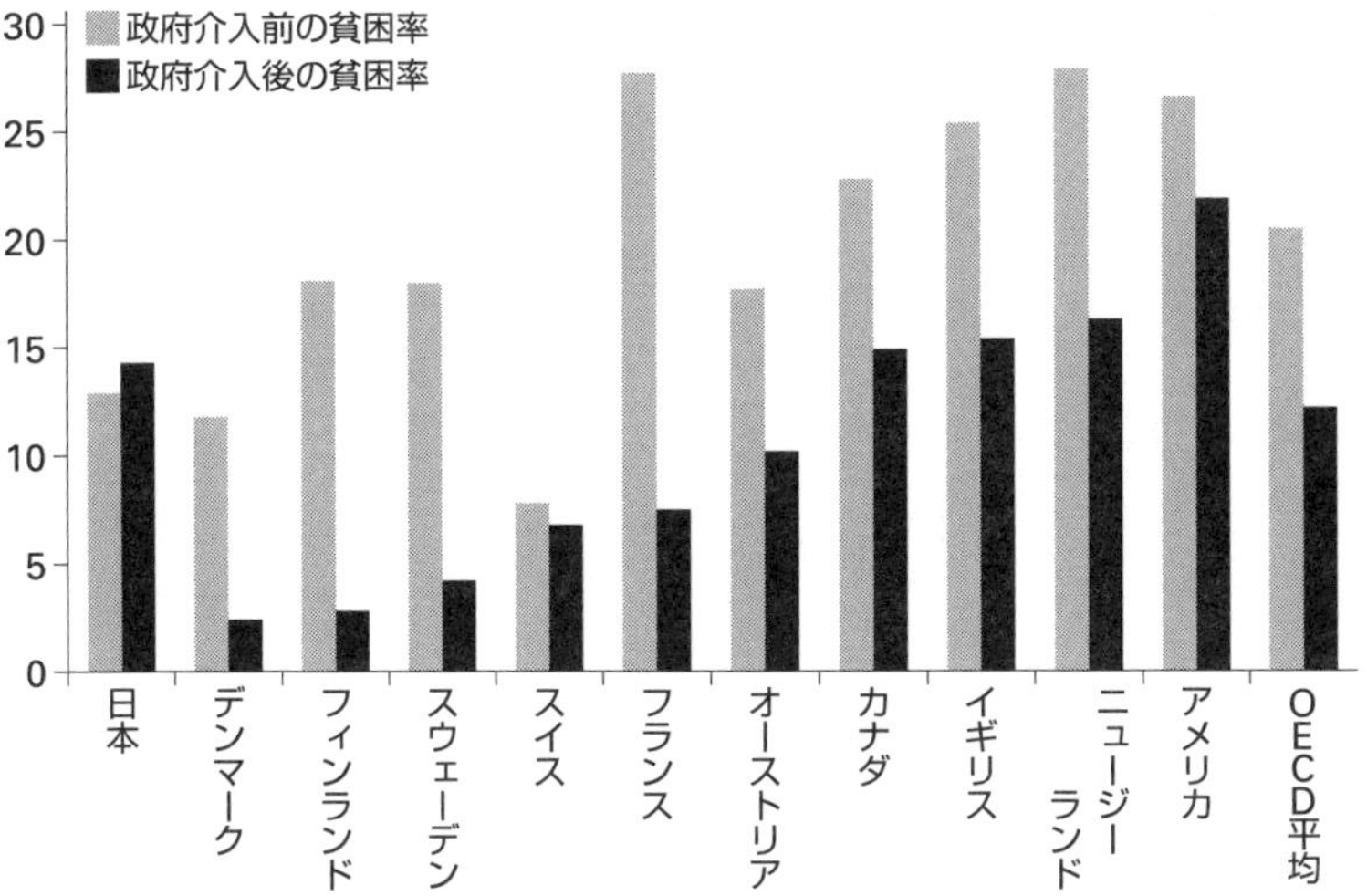

図14　政府による子どもの貧困率の削減効果（主要OECD11ヶ国およびOECD全体の平均）

出典:UNICEF, 2005, “A Child Poverty in Rich Countries 2005”

がる。ここには、母親に職業訓練を提供して就労自立させようとする狙いがあったが、そもそも前述のように日本の母子世帯の母親の就業率は極めて高く、直接給付から就労自立へという枠組自体、当初から破綻していた。結局、児童扶養手当の減額は凍結、母子加算は政権交代後に復活となった。ここでも、就労「自立」を強いるスキームは不発に終わっている。

ワークファーストの失敗③——障害者自立支援法

障害者は、前述のように昭和Ⅲ期から徐々に地域で自立生活をする動きが高まっていた。二〇〇三（平成一五）年からスタートした支援費制度は、身体障害者と知的障害者が支援費の支給を受け、事業者との契約に基づいてサービスを利用できる制度であり、障害者の自己選択・自己決定を前提とした脱商品化の度合いが高いものだった。また、障害の「社会モデル」の考え方も広がっていく。それは、「障害」を個人の特性と社会との相互作用の中で生じると把握するものであり、健常者を「標準」にした社会が孕む障害／障壁（disability）こそが、多様なニーズを持つ人々を、「無能力化された人々（disabled people）」にすると捉える。ここから障害者が能力を発揮できるように社会が責任を持って必要な配慮（合理的配慮）を行うことが要請される。この観点の下に、二〇〇六年にはバリアフリー法が制定された。

以上が脱商品化のベクトルだとしたら、支援費制度に換えて二〇〇五年に成立した障害者自立支援法（二〇〇六年四月施行）は、商品化／ネオリベラル化のベクトルが前景化したものであり、公費抑制を目的としている[139]。

障害者自立支援法のポイントは、応能負担から応益負担への転換であり、障害者が受けるサービスに原則一割の自己負担を求めるものである。これは、特に多くの介助が必要な重度障害者にとって大きな負担を強いるものだった。同法が施行される直前の三月に、負担増を悲観して障害一級の娘を母親が無理心中を図って殺害するという事件も起きた[140]。また同法は、意志の外部にある障害に対して自己責任として負担を求める点で基本的人権を侵害しており、七一件の違憲訴訟が起こされた。

この法律も「自立」を就労自立の意味に限定し、その旗の下でサービス抑制を正当化する。だが、労働市場に規制をかけることなく、障害者の就労が進むわけがない。それどころか、それまで作業所での就労が、福祉サービスの利用と見なされることになり、賃金よりも利用料の方が上回るケースが頻発した。その結果、作業所での就労を諦めざるをえなくなる。こうなるともはやワークファーストの名にすら値しない。

平成Ⅱ期とは何だったのか——〈神学なきネオリベラリズム〉の両義性

これまで、社会保障の領域における「日本版ネオリベラリズム」について概観してきた。本章のはじめに述べたように、それは理念型的なネオリベラリズムからの逸脱型であった。だが、いかなる「逸脱」だったのだろうか。ここでその特徴について検討したい。

昭和に形成された日本型生活保障システムは、企業と家族が生活保障機能を代替するものだった。保育施設や介護施設などは、国の基準によって質の保証はされていたが、あくまで補完的で限定的であり、その外部には広大な空白地帯が広がっていた。

平成に入り、生産／再生産レジームの変容によって日本型生活保障システムが崩れていくと、それまでその中で充足されていたニーズが空白地帯にあふれ出していく。それは、雇用の縮小に伴う失業率の上昇、待機児童や介護難民の増加といった形を取った。ネオリベラリズムが採用されるのは、この文脈においてである。つまり、日本型生活保障システムの外部＝空白地帯に流れ込んだ新たなニーズに対応するために、規制緩和による供給量の増大という方向が進められたのだ。

その結果、平成Ⅱ期になると、正規雇用／非正規雇用、認可保育園／認可外保育施設、特別養護老人ホーム／有料老人ホーム、医薬品／ジェネリック医薬品……などといった様々な二項図式が広がっていく。後者が規制緩和によって作られた領域であり、これまで「標準」とされていた領域に比べ、質の分散が大きく、質が低くリスクが高いサービスを甘受しなくてはならないことも多い。市場はいずれ悪貨を駆逐するにしても、例えば子どもが一度きりの生を送る保育・教育施設で、そのような悠長な「神の手」は適さない。また前者も、後者の水準に合わせて公的コストを削減するよう、民営化・商品化の圧力を被ることになる。

以上の動きは、一見、他の先進国のネオリベラリズムと同じように見える。だが、他のヨーロッパ諸国では、包摂的な社会保障制度を削減するためのものだったのに対し、日本では、それが未形成のうちにネオリベラリズムを迎えたという重要な違いがあった。日本の「後発」ネオリベラリズムは、日本型生活保障システムの崩れへの対応という課題を有していたため、社会サービスの削減のみならず、その創出に貢献しているという自己意識も強かった。一九九七年から進んだ社会保障基礎構造改革が、観察地点によって、ネオリベラル化と見えたり、新たなニーズの社会化と見えたりするのはそのためである。

前述のジェミー・ペックらによると、イギリスの場合、一九八〇年代には福祉国家を破壊する撤退型（roll-back）ネオリベラリズムが吹き荒れ、それが様々な問題を引き起こすと、一九九〇年代には政府がＮＰＯや企業などを活用して、空洞化したコミュニティや福祉に積極的に介入する動員型《ロールアウト》（roll-out）ネオリベラリズムが主流となった。福祉国家なき日本の場合、はじめから動員型ネオリベラリズムの性格が前景化していたといえる。

だから日本版ネオリベラリズムは、実は広範な支持も得やすい。反対者が、規制緩和や民営化によって作られたものが、これまでの「標準」と比べていかに質が低いか説いても、失業者や待機児童や介護難民のために、まずは規制を緩めて量を確保するべきだという声の前に空転する。特にこれまで「標準」の外部に排除されていた人にとっては、規制緩和に伴う自由度の増大や選択肢の拡大は福音である。実際に供給量が増える中で、反対者は不当な「既得権益」を護持する立場とすら見なされるだろう。この文脈ではネオリベラリズムを正当化する上で、「市場競争が質の高いものを生み出す」云々という教義を持ち出す必要すらない（派遣労働の

「質」や、市場化された多くの保育／高齢者施設の「質」の分散を見れば、誰がそれを信じるだろう）。平成Ⅱ期に日本版ネオリベラリズムを普及させる上で、「思想」や「神学」は不要だった。卓越したネオリベラリズムの理論家もいなかったが、自己責任論と「困っている人の声」の双方を、文脈に応じて駆使できる言説磁場があった。だからこそ様々な立場とも接合しえたとも言える。

しかしそれは、年間二二〇〇億円の社会保障費抑制という大前提の枠内で与えられた限りでの「自由」だった。だから「ワークファースト」の強制という形で、再度新手の「標準」的な生き方を召還することになる。その代償として生み出された貧困状態の拡大や社会サービスの空洞化といった帰結は、個人と社会にとっての大きなリスクとなった。自由と保障を両立させるための転換が求められていた。

5　平成Ⅲ期——脱ネオリベラリズムへの模索

平成Ⅲ期とは何か

平成Ⅲ期には、脱ネオリベラル化が基調になる。

それが明確になるのが二〇〇七（平成一九）年九月に福田内閣である。新たに設置された「社会保障国民会議」のもとで、構造改革が引き起こした問題への解決が重要な課題とされ、社会保障の拡充が目指された。消費税一〇％という数字は、財源の確保という観点から、この時に初めて示された。二〇〇八年九月からはじまる麻生内閣は「安心社会実現会議」を設置し、さらに脱ネオリベラリズムの方向を進める。ここでは、社会保障抑制からの転換が図られ、小泉時代から続いた年間二二〇〇億円の社会保障費抑制の方針も放棄された（**図1**）。

このように漸進的に脱ネオリベラル化が進んでいたが、二〇〇八年九月のリーマンショックに端を発する世界同時不況が、その動きを加速させた。日本経済は輸出産業を中心に大きな打撃を受け、派遣切りに象徴されるように、非正規労働者を中心に雇用が奪われていった。この状況に対し、既存の企業別組合では対象別とされてきた非正規労働者を中心とするユニオン系の労働組合が、労働問題と生存保障問題の両方に取り組む「生存／労働組合」として、大きな役割を果たしていく[141]。また二〇〇八年末には、前述の湯浅誠らが雇用を失った人々と大規模な越年闘争を行う「派遣村」を敢行し、生活保障の危機をスペクタクル的に可視化した。この流れの中で、ネオリベラリズムを主導してきた人々からも反省や「転向」が表明されていく[142]。二〇〇九年九月には政権交代が生じ、民主党が政権の座についた。

民主党は、社会保障の拡充を中心的な主張に据えているが、開発主義やネオリベラリズムなどの混成体である[143]。ただ、社会保障政策の基本線は、福田内閣以降の方向性の延長線上にあると言ってよい。それを体系的に示したものが、菅内閣のもとでまとめられた「社会保障・税一体改革」であった。これは消費税増税を軸に、財政再建と社会保障の拡充を「一体」として進めようとするもので、そこには普遍主義化のベクトルも一部見られる。

だが、その社会保障改革に二〇一一（平成二三）年三月に東日本大震災が起こると、緊急支援と復興のための財源確保が急務となり、社会保障拡充の動きは鈍化した。その一方で、税収確保を目指す動きは強く、二〇一二年八月には自民党の合意も取り付けた野田内閣のもとで――低所得者への補償を欠いたまま――消費税増税を核とする社会保障・税一体改革関連法が成立した。

社会投資国家

このように、平成Ⅲ期はすでにめまぐるしく状況が動いている。以下では、脱ネオリベラル化をめぐる理論的ポイントを押さえた上で、実際の動きについていくつか検討する形をとりたい。

まず注目したいのは、平成Ⅲ期における社会保障支出拡大の正当化の論理である。民主党政権では、社会保障を経済成長のための社会投資と捉えるという図柄が目立つ。この考え方のもとにあるのは、イギリスの新しい労働党（ニューレイバー）が掲げる「社会投資国家」である。ブレア元首相のブレーンである社会学者のギデンズによると、社会投資国家とは、ワークフェアを基軸に据えた人的資本形成を通して、生産性の向上と社会保障の充実とを両立させるものである。[144] またここには、福祉の直接給付がかえって社会への参加を阻害し社会的排除につながるため、教育・訓練・仕事への参加を通して社会的包摂を図ろうとする意図もあった。

以上の考え方に基づく国家モデルを、ニューレイバーは、市場至上主義とも福祉国家とも異なる「第三の道」と呼んだ。民主党の「コンクリートから人へ」というスローガンも、社会投資の方向性を公共事業から人的資本形成に転換することを示したものだ。だがこれを上首尾に遂行したのは、ギデンズの想定と異なり、旧来の福祉国家と呼ばれる社会民主主義レジームの国々だった。スウェーデンは、徹底的な教育投資・職業訓練と、産業政策と連動させた労働力移動と、個人の保障とを同時に実現していくアクティベーションと呼ばれる社会政策を中心に行い、二〇〇〇年代には、経済成長と財政収支の両面で、アメリカを上回る高いパフォーマンスを見せた。[145]アクティベーションはワークフェアの中でも、日本型平成Ⅱ期で失敗したワークファーストとは異なるとされる。

日本の民主党においても、「新成長戦略」(二〇一〇年六月)や「社会保障・税一体改革成案」(二〇一一年六月)などで、社会保障は経済成長や財政健全化に寄与するものと位置づけられている。これまでと異なる戦略的布置に置かれた社会保障であるが、依然その重要なポイントは、非正規雇用への対応、社会的包摂への取り組み、少子高齢化への対応である。

非正規雇用の就労支援――アクティベーションへの細道か

非正規雇用については、まず派遣労働の規制が問題となった。既に麻生政権時に、日雇い派遣の禁止を掲げる改正案が提出され、民主党政権下でも、製造業派遣・登録型派遣を禁止する改正案が提出された。だが財界の反対が強く、結局二〇一二(平成二四)年三月末に成立した改正労働者派遣法は、三〇日以内の短期派遣が禁止されたものの、製造業派遣・登録型派遣は禁止されなかった。

規制は骨抜きにされたが、そもそも製造業派遣の禁止だけ求めることに大きな意味はないという指摘もある。[146]ここで重要なのは、同じ仕事をする正規/非正規雇用の間に、待遇や社会保障の利用資格に関する差異を撤廃すること、特に企業内教育訓練の機会から排除される非正規雇用者に、その場を提供することである。

この点については、福田政権下の二〇〇八年四月に改正パートタイム労働法が施行され、正社員と職務や契約期間などの面で同じパート労働者に対する待遇の差別が禁止され、それ以外のパート労働者に対しても、教育訓練の機会や福利厚生施設の利用機会を提供することが努力義務化された。さらに、正社員への転換を推進するための措置を講じることも義務化された。また同じく二〇〇八年四月から実施されたジョブ・カード制度は、正社員経験が少ない人に対して、これまでの職務や訓練経験などの情報をもとにしたコンサルティングを通じて職業訓練を受講させ、正規雇用への就職を促進するものである。これらの流れの中で、二〇一二年八月には改正労働契約法が成立し、二〇一三年四月からの施行が決まった。これによって、連続五年を超えて働いた有期雇用労働者が申請すれば無期雇用に転換しなければならない「無期転換ルール」が導入された。

失業者のための雇用保険についても重要な変化が見られる。まず麻生政権下の二〇〇九年度からその適用範囲が拡大され、半年以上の雇用見込みがある労働者の加入が可能になった[147]。さらに二〇一〇年度からは、一ヶ月以上の労働者も適用となった。一ヶ月未満の雇用の場合は日雇雇用保険があるため、制度的には包摂されたことになる。

さらに雇用保険が適用されない失業者に対しても、麻生政権下の二〇〇九年七月から緊急人材育成支援事業が開始され、二〇一一年一〇月からは求職者支援制度として恒久化された。これは、無料の職業訓練を提供し、収入や資産が一定以下の場合は、職業訓練の受講を容易にするために月一〇万円の給付金を支給するもので、第二のセーフティネットと位置づけられる。また若年者向けのトライアル雇用制度（ハローワークが紹介した就職困難な人に対し試行雇用を行う企業に助成金を与える制度）も、二〇一二年度から対象が四五歳未満になり、中高年向け制度とあわせ、形式上は全年齢が包摂されることになった。

社会的包摂への四つのポイント

以上の動きは、平成Ⅱ期のワークファーストと十分に切断されているだろうか。ここでは次の四つの論点を示す。

第一に、職業訓練による人的資本形成だけで安定した雇用が保障されるわけではない。北欧のアクティベーションは、産業政策との連動と同一労働同一賃金の雇用形態を前提とした円滑な労働力移動がその要にある。これに対し、日本のメンバーシップ型雇用を前提にする限り、正規／非正規の間の壁は強固なままである。労働法学者の濱口桂一郎は、職務によって雇用契約される「ジョブ型正社員」への移行を進め、待遇上・社会保障上の正規／非正規の区別を改善していく必要があると指摘するが、これはネオリベラル化した日本型生活保障システムに対する最も重要な処方箋の一つであろう[148]。

第二に、職業訓練の重視が、無条件で生きる権利（生存権）とトレードオフになってはならない。人的投資＝教育・訓練は――「景気浮揚による貧困改善」論と同様に――確率論的な失敗を孕む上、雇用が十分でない限り不可避的に「失敗」が作られる。よって、その外部に厚みのある生存保障の論理／制度を伴っていないと、容易にワークファーストに転化する。二〇一二年には、生活保護の厳格化を求める声があがったが、毎年二〇〇〇人前後の栄養失調死・餓死が起こっている現実と適合しない。生活扶助の捕捉率は先進国で最低であるが、もはや生産レジームでの包摂が困難な中で、生活保護制度の脱商品化を徹底することと、家族が揺らぐ中で、他の先進国にはない成人間扶養義務を撤廃し、制度の脱家族化を図ることが必要である。全ての個人に十分な現金給付を求めるフル・ベーシックインカム論が出てきた背景もここにある。

第三に、承認や孤立といった関係性の問題と向き合う必要がある。特に平成Ⅲ期にはＮＨＫなどが主導し「無縁社会」や「孤独死」がフレームアップされた。この背景には雇用や家族という既存の生活保障と承認の基盤が崩れる中で、「孤立」が構造的な問題になったことがある。だがここで重要なのは、孤立の背景には経済的な要因があるということである。先述のように雇用形態は恋人・配偶者の有無に影響を与え、高齢者においても低収入は外出を控える傾向を生む。[149]社会学者の石田光規が指摘するように、「無縁」の問題は人間関係の問題である以前に、社会的排除の問題である。[150]よって孤立の問題にもまずは経済的な保障が重要である。その上で、精神面の対応も含めた包括的な取り組みが不可欠になるだろう。この点に関して、政府の社会的包摂推進室が進めたパーソナル・サポート・サービス事業は、様々な問題を抱える人に対して、総合的な問題対応の知識をもったパーソナル・サポーターが個別的かつ包括的な支援を行うものである。二〇一二年には、二四時間体制の電話相談窓口を設ける「社会的包摂ワンストップ相談支援事業」も実施された。以上は細分化した生活保障の「仕切り」を超えようとする動きでもあるが、まだ未成熟の段階にある。

第四に、雇用が縮小する中で、賃労働への参加のみを承認や社会権保障の基盤として特権視できない。ここから、これまで無償とされてきた家事・ケア労働、コミュニティワーク等の活動を評価し、支払いの対象にするという議論が登場する。これは参加所得や市民労働等と呼ばれ、参加を新たな社会契約の手段と捉え、[151]社会的包摂と生存保障の両立を目指すものである。福士正博はこれを、誰もが何らかの労働や活動に参加し力を発揮できる「完全従事社会」としてモデル化している。[152]民主党の「新しい公共」や、「社会保障・税一体改革」に記された「全員参加型社会」の理念は、この地平に届くなら新たな包摂の形と言えるが、社会保障抑制・削減の前提条件としても機能しうる両義的なものである。

少子高齢化への対応――医療と介護の抑制・子ども手当・保育制度改革

高齢者については、現在平成Ｉ期に決まった厚生年金の支給開始年齢の引き上げが進行している。一方で、雇用と年金の間の空白を埋めるべく、二〇一二年には、希望者全員の雇用継続を義務付ける形で高齢者雇用安定法の改正が行われ、翌年度からの実施が決まった。医療や介護については、後期高齢者医療制度が継続している上に、「社会保障・税一体改革」では、二〇二五年を目標に一般・長期療養病床と介護施設の抑制・削減が掲げられており、地域の受け皿が十分にできない限り、医療・介護からの実質的な排除が進むリスクが高い。多くの介護労働者・事業所も依然厳しい労働・経営環境を強いられている。だが少子高齢化が進む中で、取り得る選択肢が限定され、ネオリベラリズムの文脈から離脱できていない。

一方、少子化に関連して、政権交代を象徴する政策が行われた。児童手当に代えて二〇一〇年度から開始された子ども手当である。[153] 子ども手当は、所得制限の廃止ばかり注目されたが、むしろ重要な含意は次の二点である。[154] 第一に、その財源は配偶者控除と扶養控除の廃止分で充当することが想定されていた。配偶者控除は、男性稼得者型家庭以外には適用されない一方、所得に関係なく適用される点で公正さを欠く。だが子ども手当は家族形態に関係なく支払われ、控除の廃止が高額所得者にとって増税となるので、実質的な所得制限の効果をもつ。[155] より普遍主義的なのである。第二に、企業福祉への依存度を減らすことで、正規雇用／それ以外の区別を縮小し、同一労働同一賃金の雇用形態を実現していく上での前提となる。[156]

この政策は高い注目を浴びたが、平成Ⅱ期の児童手当の拡張の延長線上にあるとも言える。結局、東日本大震災の復興の財源確保のために、真っ先に子ども手当が廃止され、二〇一二年度四月から児童手当に戻された。新しい児童手当も、所得制限額は比較的高い上に、減額幅も小さく[157]、喧伝されているほど大きな変化があるわけでもないが、子ども手当が有していた理念は後退した。

保育サービスについては、民主党は、二〇一〇年六月に「子ども・子育て新システムの基本案要綱」を出した。この中心的な主張は「幼保一体化」にあり、全ての保育所と希望する幼稚園を総合施設（こども園）に再編すること、事業指定者制度を導入し多様な事業主体の参入を認めること、市町村の保育実施義務をなくし施設との直接契約に切り替えること、公定価格を基本にして利用に応じた負担（応益負担）も導入することなどが目指されている[158]。だがこれらは、子どもの安全を脅かす劣悪な保育施設の増加や、親の所得による育児格差の進行など、平成Ⅱ期に進められてきた保育施設環境の悪化を進めるリスクが懸念されている[159]。また、育児ニーズに低コストで対応するため、託児所の整備や「保育ママ」制度の活用が図られているが、これは母親の就労を十分に支援するものにならない。

つまりこの領域も、未だネオリベラル化のベクトルが見られる。だが保育環境の改善は子どもや親にとって重要であるのみならず、少子化を介して年金制度や経済活動など生産／再生産レジームにも大きな影響を与える。ＯＥＣＤ平均に比して貧弱な乳幼児保育への公的支出を改善しない限り、量の拡大と質の保証を両立させることは困難だろう。

この流れの中で、二〇一二年八月には、文科省・厚生労働省・内閣府が共同で提出した子ども・子育て関連三法（子ども・子育て支援法など）が成立する。これによって、二〇一五年の施行に向けて認定こども園の改善、保育施設の量の増加、保育の受け皿の多様化などが決定した。

どんな論理で「一元化」するか

ここまで平成Ⅲ期の主だった社会保障政策を概観してきたが、そこに共通する要素があるとしたら、「一元化への志向」ではないだろうか。正規／非正規の差異の縮小、所得制限のない子ども手当、社会保障・税の「一体」改革、包括的なパーソナル・サポート・サービス、幼保「一体」化など、恣意的な区別を拒否し一元化を求めるベクトルが目立つ。また理論的な可能性に過ぎないものの、所得制限なき給付である「ベーシックインカム」も左右を超えた支持を得ている。

日本型生活保障の特徴が「仕切られた生活保障」によって「標準」型のライフコースを強いるものだったことを考えると、超克の方向として「一元化」が対置されることには意義がある。それは生の多様性を区別なく受け入れる基盤になり得るからだ。

だが問題は、一元化された制度をいかなる理念で貫くかということである。例えば、徹底的な規制緩和と市場化によって実現される「一元化」は、全体的な水準低下や所得による利用格差を帰結する。平成Ⅱ期ではこの種の「一元化」が、社会保障の社会保険化という形で進んだ。[160]「介護保険」がそのモデル的な位置にあるが、応益負担と自己負担の増大による公費抑制、措置から契約の転換に伴う政府責任の否定が基調になる。障害者自立支援法がモデルにしたのもこの介護保険である。民主党政権下で同法の廃止は決まったが、二〇一二年六月に新たに成立した障害者総合支援法も――「制度の谷間」にいた難病患者を包摂した意義はあるが――原則一割負担の応益負担が残るなど、基本的な枠組は継承された。現在、保育制度も同じ方向の改革が目指されている。しかしこの方向が様々な問題を孕むことは既に見た通りである。

日本型生活保障システム（昭和期）と日本版ネオリベラリズム（平成）の両方の問題点を超えるためには、多様な生のニーズに対応できるような社会サービス上の多様な選択肢を――NPOや企業も含め――提供しつつ、その質は社会権が十分保障される水準（ナショナル・スタンダード）以上に設定し、それを国が給付と規制を通して保証するような意味での「一元化」が必要になる。それは、必要原理と応能負担原理で貫かれた普遍主義的な福祉多元主義と言える。[161]

だがそこにつながる回路はどこに存在するのだろうか。

ユニバーサルな社会

平成Ⅱ期からⅢ期にかけて、上記のものとは異なる「一元化」の思想が障害学の分野から提起されてきた。先に述べた障害の社会モデルであり、これは個人と社会／環境との相互作用によって「障害」が構築されると捉えるものである。これは健常者と障害者を実体的に区別しない点で、恣意的な分断を拒否している。誰もが、環境によっては「障害」を持つ者として構成されうるし、特に「標準」が狭く設定された社会では――かつての「左利き」がそうであったように――多くの人が「障害者」と見なされる。さらに「使えるやつ」（＝標準）を狭く設定する過酷な職場環境が、実際に「うつ」を生み出すのは、何の比喩でもない。逆にユニバーサルな物理環境は車いすの人を「障害者」として浮上させることなく、全ての人の効用を高める。これは二〇一一年の東日本大震災の教訓でもある。[162]

これは制度利用に関しても同様である。生活保護制度の厳格化は、利用者をスティグマ化しアクセスを困難にするが、生活上のリスクが広がっている状況では、必要な人が利用しやすい

（そして脱却しやすい）制度にしておく方が、多くの人にとって合理的である。さらにいえば、貧困削減・格差改善はそれ自体、社会にとってプラスの意味を持つ。リチャード・ウィルキンソンらは、格差が大きい社会は犯罪率が高く、社会の信頼が低い傾向があることを指摘する。日本では格差の拡大が凶悪犯罪の悪化につながっていないが、自己の殺人――自殺――の増大と相関している。つまり格差改善は、貧困に苦しむ人のためだけではなく、社会全体の効用を高めるのである。阿部彩はここから「ユニバーサルな社会」を展望する[163]。

これは重要な含意を持つ。すでに見たように、平成Ⅲ期の反貧困運動は、格差ではなく貧困に照準を合わせることで大きな力となった。だが一方でそれは、貧困を――保守にせよリベラルにせよ――自分と異なる一部の人の問題と捉える傾向を導かなかっただろうか。メディアが好んで取り上げた、自己責任論がつけいる隙のないような「絶対弱者」の表象は、同情を呼ぶ一方、多くの人に「自分と異なる世界の出来事」と認識させることになった。また、それより状態がマシとされる人々の訴えを「甘え」として退ける基準としても機能した[164]。かつて劇症型の水俣病患者の表象が、慢性型の患者を「ニセ患者」視する誤解の基になったり、病気という自覚すら本人から奪ったのと同じように――。だが今やリスクは、中間層も含め広く瀰漫している。また上述のように、格差の拡大は一部の人のみの問題ではなく、全ての人の効用を下げる。この文脈では、湯浅の先の言葉をもう一度転回し、「貧困だけではなく格差の議論を」と問うことが重要になる。

平成Ⅲ期が提起したこと

ここまでの議論をまとめよう。ジェンダー化された雇用と家族に依存することで社会保障を抑制してきた「昭和」の日本型生活保障システムは、「平成」期に進行した産業構造の変容や個人化の中で崩れていく。それは標準化・画一化圧力を軽減させる一方、これまで包摂・充足されていた多くのニーズを空白地帯に放逐し、生産／再生産レジームの根幹を揺るがすことになった。「平成」の社会政策の基本線は、その新たなニーズを規制緩和に伴う準市場の創出によって対応しようとするものだった。だが社会保障費の抑制が続く中で、それは、保障なき雇用の流動化と応益負担的な福祉制度を生み出すことになった。脱ジェンダー化は若干進み、制度上の選択肢は増えたものの、商品化／ネオリベラル化が進み格差・貧困問題が深刻化した。平成Ⅲ期には、社会保障を拡充するベクトルも若干伸長するが、自由と保障を両立させる普遍主義的なシステムは未だ遠点上にある。

「昭和」の末期は、日本モデルの成功ゆえにその後の問題への対応が遅れた。逆に問題が噴出した平成は、問題の改善のために直進できる好機のはずだった。だが、そのポテンシャルは十分実現されないまま、めまぐるしく、われわれを異なる統治性の下へと運ぶことになる。

6　平成Ⅳ期――「平成的なもの」の終わりと反復

転位される対立軸

二〇一三（平成二五）年一二月六日、国会の衆議院本会議で改正生活保護法が成立した。これは、扶養義務の強化や申請手続きの厳格化を通じて受給を抑えるもので、生活保護法施行後六三年ぶりの制度改変にして、過去最大の削減となった。

前年一二月一六日の衆議院選挙で、自民党が政権党に返り咲き、第二次安倍政権がスタートして一年。社会保障の拡充を目指した平成Ⅲ期とは、異なる文脈が浮上している。折しも同じ国会では、特定秘密保護法案が強引に可決される。縮小する社会保障（ソーシャルセキュリティ）と膨張する国防（ナショナルセキュリティ）。ネオリベラリズム――それは多くの場合、新保守主義を伴う――による、見事な「倍返し」が実現したかのようだ。

政権再交代から始まる平成Ⅳ期を、このように、普遍主義化のベクトルに対するネオリベラリズムによる「反動」の時代と捉えることは、決して無理な想定ではない。安部首相自身が、平成Ⅱ期に日本型のネオリベラル化を推進した主導者の一人であり、第二次政権においてもその方向性は様々な形で見られる。**図1**の社会保障費の対国民所得比の推移を見ても明らかに停滞している。

とはいえ、平成Ⅳ期を、単に悲劇（もしくは喜劇）の反復として捉えることは、どこまで適切なのだろうか。ここでは少し異なる側面に目を向けてみよう。

第一に、安倍政権を成立させ、高い支持率を可能にするのは、ネオリベラル化への支持ではない。そもそも、政権再交代を成し遂げた二〇一二年の衆議院選挙でも、ねじれ国会を解消した二〇一三年夏の参議院選挙でも、社会保障や財政再建はほとんど争点にならなかった。安倍政権に対する高い支持の背景にあるのは、金融政策と財政政策によって演出された株価上昇・円高緩和と、それに伴う景気回復に対する期待である。

第二に、社会保障制度の拡充も見られる。二〇一三年六月には子どもの貧困対策法と障害者差別解消法が、一二月には国連の障害者権利条約の承認案が、それぞれ可決された。二〇一七年には生活困窮者自立支援法がスタートした。雇用に関しても、最低賃金の引き上げや賃上げが、政府によって呼びかけられている上、国土強靭化の名の下に進められる公共事業には雇用創出の効果が期待されている。消費税増税も、増税分は社会保障に充てられることが決まっている。

第三に、安倍政権の社会政策に影響を与える立場は、ネオリベラリストだけではない。確かに、安倍政権の経済・労働政策の基本方針を検討する規制改革会議や産業競争力会議には、竹中平蔵をはじめとする名うてのネオリベラリストが集っている。その一方で、介護や医療、年金、保育の制度改革の方向性づくりに大きな役割を果たした社会保障制度改革国民会議は、宮本太郎や神野直彦、西沢和彦など第Ⅲ期の社会保障論を特徴付けるメンバーが中心となっていた。安倍政権はその指針に基づき、具体的な実施の道筋を示すプログラム法案を二〇一三年一二月に成立させている。

以上の三点は、第二次安倍政権がネオリベラル化という枠組だけでは捉えきれないことを示唆する。むしろ、〈ネオリベラル化 対 普遍主義化〉という平成の社会保障政策を主導してきた枠組自体が機能不全に陥っている点にこそ、平成Ⅳ期の固有の特徴があるのではないだろうか。この時代には、ネオリベラル化と普遍主義化という両方のベクトルが「保存」されているのだが、にもかかわらず、政治の意味論を主導する対立軸は、〈デフレ容認 対 脱デフレ〉という異なる位相へと転位させられている。これが示唆するのは、日本型生活保障システムの「次」を巡って二つのベクトルが領有権を争ってきた「平成的なもの」自体が、失効しつつあるということなのかもしれない。この仮説に基づいて、第二次安倍政権の時代を見ていきたい。

脱デフレという問題系

まず、平成Ⅳ期に前景化した社会観察のモデルに注目したい。それまでの一〇年間は、支持するにせよ批判するにせよ、「構造改革の進展（≒ネオリベラル化）」が準拠枠になっていたのに対し、この時代は「デフレーション（デフレ）」がその位置にある。デフレにおいては物価が低下し、賃金の減少や雇用の縮小をもたらす。また、貨幣価値の上昇が予想されるため、借り入れがしづらくなると同時に、貨幣を保有するインセンティブが高まるため、投資や消費は減退することになる。日本では一九九五年以降、長期のデフレによって、経済活動や社会生活が大きなダメージを受けているというのが、そこでの基本的な認識であり、「平成」の「本質」をデフレ不況と捉える総括と、(165) それを乗り越えることこそが真の変革だという枠組を前景化させた。

デフレを脱却するためには、実質金利を下げ、投資や借入をしやすくすることが必要とされる。換言すれば、緩やかなインフレによって貨幣価値が下落するという「予想」を介し、貨幣を使用するインセンティブを広範に作り出すことである。実質金利は名目金利から予想インフレ率を引いたものとして表されるため、予想インフレ率、つまり好景気への予期／期待が高まれば、定義上、実質金利はゼロ以下にまで下がる。ここで「期待」とは、単に自己成就するはずの予言にとどまらず、予言がそれ自体帰結でもあるような二重性を帯びる。リフレーション（景気浮揚）派が脱成長を主張する議論に不寛容なのは、「経済成長への予期／期待」の形成こそが掛け金だからである。

安倍政権は物価上昇率を二％にすることを目標にするインフレターゲット政策を掲げ、いわゆる「アベノミクス」とよばれる経済政策を展開する。その中心にあったのが、ゼロ金利政策・量的緩和・長期国債買入などの「金融政策」、公共投資を中心とする機動的な「財政政策」、そして「規制緩和」を中心的な手法とする「成長戦略」「三本の矢」である。[166]それぞれの政策は決して目新しいわけではない。例えば金融政策についていえば、既に一九九九年にゼロ金利政策と量的緩和が導入され、二〇〇六年に解除されたがすぐに復帰し、二〇一〇年にはリスク資産の買入れも加えた「包括的な金融緩和」が行われている。その意味で従来の枠組内にあるが、二年間という期限を切って目標を達成する公約を掲げたことと長期国債買入れに従来の制約を外した点は驚きをもって捉えられた。機動的な財政政策についても二〇一三年以降公共投資の名目額は増加しているとはいえ、その額は年平均六兆円半ば程度であり、ネオリベラリズム以前の一九九〇年代の年平均一〇兆円以上には届かない。[167]だが公共投資の削減を至上命題としていた二〇〇〇年代とは明らかに異なると受け取られた。

新規性の質はともかく、景気浮揚に強くコミットするという姿勢自体は一定の効果を生んだ。二〇一二年一一月に〇・七%だった予想インフレ率は、一二月の総選挙で自民党が勝利した後は〇・八%となり、二〇一三年三月に黒田東彦が日銀総裁に就任してからは一・三%になった。[168]株価も、野田首相が衆院解散を表明した二〇一二年一一月一四日の日経平均株価の終値が八六六四円だったのに対し、翌年一一月の終値は一万五六六二円と大幅に上がっている。為替についても、二〇一二年一一月のドル／円レートが平均八〇・八だったのに対し、二〇一三年一一月は平均九九・八と円安に推移した。このような中で、企業の景気判断も概ね良好なものとなった。失業率も二〇一二年は平均四・二%だったのに対し、二〇一三年七月には三・八%まで改善した。後に見るようにこれらの評価は過大なものがあった。それにもかかわらず、株価の急上昇が演出した経済成長への「期待」は、一種のポジティブなショック・ドクトリンとして機能し、安倍政権に高い支持率とそれに基づく強い政治的実行力を与えることになった。この脱デフレという問題系は、社会政策においても無視できない影響をもつことになる。まずこの点から見ていくことにしよう。

賃上げ・ブラック企業対策・消費税増税——デフレ脱却と社会政策

アベノミクスに対しては、当初から、実体経済や雇用の回復につながらないのではないかという疑念が示されていた。実際に、円高が進行し株価が上昇したものの、企業の設備投資や労働者の賃金上昇は期待ほど伸びなかった。企業の内部留保が過去最大規模になっているにもかかわらず、労働分配率が過去最低水準という矛盾が背景にある。[169]

これに対し、政府は二〇一三年以降、企業の業績改善を賃金上昇に反映させるよう再三にわたり求めてきた。賃上げした企業に対する減税制度を設けたり、[170]政労使協議の場を設けるなど積極的な役割を果たしてきた。

これと並行して政府は、ブラック企業対策に積極的な動きも見せる。平成Ⅱ期でも触れたブラック企業の問題は、運動側の精力的な告発や問題提起もあり、[171]マスメディアが広く取り上げるようになっていた。これに後押しされるように、厚生労働省は、二〇一三年九月に過重労働や法令違反の疑いのある企業を対象に調査を行い、電話相談の窓口も設けるなど対策に踏み出した。後述のように労働政策にはネオリベラル化のベクトルもあったが、労働環境の改善を求めることは、景気の好循環の創出を至上とするアベノミクスと、両立するものだった。

一方で、脱デフレにとって最大のリスクの一つが消費税増税であった。これは民主党政権時代に、自民党、公明党の三党合意によって決定していたが、実施の時期については安倍政権の判断に委ねられていた。結局、参議院選挙での与党の圧勝や、企業の景況感が好調であることを背景に、二〇一三年一〇月に翌年度からの八％の消費税増税を行うことを決定した。

この増税分は、社会保障制度の維持と拡充に充てることが定められている。とはいえ増収が見込まれた五兆円のうち、大半は年金などの現行の制度維持（＝赤字の穴埋め）のために使われ、拡充に充てられる額は限られている。食料品などの生活必需品に対する低減税率の導入は見送られたため、特に低所得者に対して大きな負担増になった。しかし政権がもっとも恐れたのは好景気への「期待」が縮小することだったため、行われたのは企業向けの大規模な景気対策であった。具体的には、復興法人税廃止の前倒し、設備投資を促す減税の導入、さらに賃上げ企業に対する減税の適用条件の緩和があげられる。ここに公共事業や震災復興事業などの公共投資が加わる。減税と公共投資を合わせて五兆円を超える財政政策が行われることになるが、これは消費税増税分を相殺する規模である。

このようななりふり構わぬ景気浮揚政策は、にもかかわらず、後述のように思ったほどの効果をあげなかった。その中で、後景に退いていたように見えるネオリベラル化と普遍主義化というベクトルは、消えることなく社会保障をめぐる選択に大きな意味を持ち続けている。

社会保障制度改革と普遍主義化の困難

平成Ⅳ期における社会保障制度に関する大きな決定が、二〇一三年一二月に成立したプログラム法（持続可能な社会保障制度の確立を図るための改革の推進に関する法律案）である。これは二〇一二年八月に民主党、自民党、公明党の三党合意で決定した「社会保障・税一体改革」の実現に向けたものであり、原案を作ったのは、前述のように平成Ⅲ期と連続性を持つ社会保障制度改革国民会議である。

だがプログラム法は単純な普遍主義化ではない。底流にあるのは、経済成長の鈍化と少子高齢化の中で、巨額の後代負担を生みながら財政運営を行っている現行の制度を改革し、現在の世代で財源を確保できるようにすることである。そのためには「給付の重点化・効率化と負担の増大の抑制」が必要であり、それを（高齢者中心ではなく）「全世代対応型」かつ（年齢別ではなく）「負担能力別」の社会保障制度への転換によって実現しようとする。

その方向性のもとで、少子化対策（子育て）、医療・介護分野、医療保険制度、年金に関して「負担能力別」への転換を軸にする改革案が目立つ。例えば、介護保険に関しては、高所得者の利用料の自己負担を一割から二割へと引き上げる一方、低所得の保険料を軽減することが提案された。医療保険についても、高所得者の国民健康保険料の引き上げ（低所得者の引き下げ）のほか、国民健康保険の赤字穴埋めを実質的に大企業の健康保険組合などに肩代わりさせることが盛り込まれている。また医療についても、高額医療費の自己負担分の上限額を高所得者の場合は引き上げること（低所得者は引き下げ）や難病の医療費助成が挙げられている。

これらを応能原則や再分配の強化といった脱商品化の枠組で捉えることもできるかもしれない。しかし、それ以上に社会保障費の全体的な抑制という志向が強い。

第一に、ここで負担増加の対象とされている高所得者層が、必ずしも豊かとは限らない。[172]例えば介護保険の場合、年収二八〇万～二九〇万円以上の高齢者が対象であり、物価の上昇や様々な負担の増加が増える中で、生活が圧迫されるという指摘もある。[173]

第二に、軽度とされる人のサービスも抑制される。例えば、介護保険において、要介護認定において最も軽いとされる「要支援1・2」の人向けサービスは、同制度から切り離し市町村事業に移すことが提言された。移管後は地元のボランティアやNPOがサービスを担い、コストを抑えることが期待されている。しかし、地域に十分に受け皿があるとは限らない。また実際には要支援でも五割前後の人が認知症と判定されており[174]、本来、重度化を防ぐ意味でもそのケアは決して軽視できない。また特別養護老人ホームへの入居も、要介護度が3以上の人のみに限ることも提言されている。医療においても、軽症の患者が大病院で受診することを抑制するため、紹介状のない大病院の受診者に対する定額負担の導入も求められている[175]。

第三に、負担の増大は高所得者のみならず全体に及ぶものも多い。医療については、先送りされていた七〇~七四歳の医療費の窓口負担を一割から二割に引き上げることが早急な課題として求められている。入院給食費も保険給付から外すこととされた。年金については、団塊の世代が七五歳になる二〇二五年頃に向けた中長期的課題として、受給開始年齢の引き上げや年金課税における控除額の縮小、支給額を抑えるマクロ経済スライドをデフレにおいても実行できることなどが提案されている。二〇一三年度から三年かけて一兆円の年金給付が削減されることも重なり（二〇一二年一一月の国会で決定済み）、負担はどんどん大きくなるだろう。

このためプログラム法案には社会保障の縮小であると批判も行われた。とはいえ、これを自民党＝安倍政権の持つ保守性という観点からのみ捉えることもできない。ここまで見てきたように、その原案は平成Ⅲ期との連続性の中で作られてきたものであり、プログラム法案は年金改革を避けるなどむしろ「骨抜き」になっている部分すらある。これは、日本の財政状況と少子高齢化を前提として、後代世代の負担を考えた時に、普遍主義化に向けた政策的選択肢が狭まりつつあることを示唆しているのかもしれない。

過去最大の給付削減となった生活保護「改正」

安倍政権の保守性が顕著に現れたのは、むしろ二〇一三年の生活保護制度「改正」の方である。これは生活保護バッシングの文脈で注目を浴びることになった。平成Ⅲ期の二〇一二年四月にお笑いタレントの母親が生活保護を受けていたことを週刊誌が報道したことを契機に――それ自体は違法ではないにもかかわらず――強い批判が湧き上がった。何人かの自民党議員がその急先鋒となり、民主党政権下でも生活保護基準の引き下げや家族の扶養義務強化などの検討が開始された。自民党が政権に復帰してからはその動きは加速し、二〇一三年一月には厚生労働大臣が生活保護「基準」と生活保護「制度」の見直しを行うという方針を示した。

基準の見直しでは、二〇一三年度から三年かけて生活扶助を実質六・五％減らすことが掲げられ、これによる六七〇億円の財政削減が強調された。制度創設以来、引き下げは二〇〇三年度の〇・九％減と二〇〇四年度の〇・二％減の二度しかないことを考えると、削減の「異次元」さが分かる。根拠とされたのはデフレによる物価下落だが、算定方法に対して生活保護世帯の消費実態を反映していないという問題が指摘された[176]。そもそも岩永理恵が述べるように、保護基準の決定方法には万人が納得する決め手がなく、「じつのところ政策過程、ひいては民主主義制度の問題」である[177]。つまりこの決定を後押ししたのは、「給付水準の原則一割カット」を求める自民党の意向であり、削減を支持する世論だったというべきだろう。基準の決定は、厚生労働大臣が権限を持つため、二〇一三年八月からの削減があっさり確定した。

一方、制度の見直しは、「生活保護法の改正」と「生活困窮者自立支援法の創設」から成る。前者の内容は、不正受給対策の強化、後発医薬品を用いた医療扶助の抑制、就労自立給付金[178]の創設である。後者は自立支援のための事業を行うもので、具体的には、自立相談支援事業、住居確保給付金、就労準備支援事業、中間的就労の確保、貧困家庭の子どもへの学習支援などが挙げられている。このうち自立相談支援事業と住居確保給付金は国から四分の三の補助が出る必須事業で地方自治体に実施義務が課されるが、残りは実施義務のない任意事業で国からの補助率も二分の一から三分の二である。

これらの法案は、生活保護制度の根幹に関わるものであり、いくつもの重要な批判が寄せられた。生活保護法改正では、「不正受給対策の強化」のため、申請の際に判断材料となる必要書類の提出が義務付けられたが、これは違法な「水際作戦」を合法化するもので、障害を有していたり緊急避難的に保護を求める人の申請を抑制することが懸念される。さらに、家族・親族による扶養義務が強化されたが、これはＤＶ被害などで家族との連絡を避けたい人にとって、生活保護申請の断念を促すことになる恐れがある。[179]

一方、生活困窮者自立支援法案は、平成Ⅲ期に萌芽が見られた社会的包摂政策とも踵を接しており評価できる面もある。だが、任意事業については、特に財政力の弱い地方自治体において実施しない恐れがあり、必須事業についても、不十分になったり保護費抑制のための受け皿として用いられることが懸念されている。[180] ＮＰＯ法人もやいの大西連は、これらの問題の背景として本制度が、多様な「自立」の形を想定せず就労自立に特化している点や、「生活保障」という視点がない点を指摘している。[181] これに加え自立支援員自体が、ほとんど一年任期の非正規雇用であり、不安定・低収入な生活を強いられているという矛盾もある。[182]

以上のような反対もあり、二〇一三年一二月に附帯決議付きの可決となった。この附帯決議では、口頭での申請も可能であり水際作戦につなげないよう地方自治体に周知徹底すること、申請書を窓口に配備すること、「扶養」は生活保護の前提や要件にしないことを明確化すること、扶養調査において申請の躊躇や家族関係の悪化につながらないように十分配慮することなどが、政府が尊重するべきこととして盛り込まれていた。そのような鈍化の側面はあるにせよ、第二次安倍政権においてネオリベラル化がもっとも顕著に出た政策であることには変わりない。生活保護世帯数が過去最高になるなど、貧困問題が深刻化する中での決定だった。

貧困者対策は相対的に中間層の支持を得にくく集票にも繋がらないため、社会保障費抑制の標的になってしまった。対照的に、中間層の利害にも関わる雇用政策ではネオリベラル化が十分に進展しない。次にこの点を見てみよう。

雇用政策の曲折と「平成的なもの」の挫折

雇用のネオリベラル化を進める議論は、主に規制改革会議と産業競争力会議によって進められた。前者は内閣総理大臣の諮問に応じた審議会で、平成Ⅱ期にも、ホワイトカラーエクゼンプションや労働ビッグバンなど労働の規制緩和の旗振り役であった。後者は日本経済再生本部の下に置かれたもので、やはり大企業の経営者や竹中平蔵などがメンバーである。両者の提起する論点には重複も多く、紙幅の都合もあるのでここでは一括して扱っていく。いずれも大きな目的は、「失業なき円滑な労働移動」という名の下に、雇用の流動化と規制緩和を進めることである。ここでは、いくつかポイントを挙げよう。

第一に、「限定正社員」の促進である。これは正規労働者と非正規労働者の間にあると捉えられるもので、職務、勤務地、労働時間が特定されている正社員をいい、無限定な職務命令に服する必要がない代わり、企業内にその仕事がなくなれば雇用が終了するという働き方をいう。

現行の制度においても、実質的に限定正社員としての働き方をしている労働者は多くいる。しかし二会議は、限定正社員を広げるために、解雇規制を緩和するという方向性に進んでいく。第二に、解雇規制の大幅な緩和である。例えば、解雇権の乱用を禁止した労働契約法一六条を見直して整理解雇の四要件を緩和することが求められ、具体的には、解雇の金銭解決制度の導入が提案される。これは、再就職支援金を払えば整理解雇の要件にかかわらず解雇できるというものである。第三に、派遣労働の規制緩和であり、日雇い派遣の原則禁止の抜本的見直しや専門職型の派遣労働者の創出が求められた。第四に、労働時間規制の実質的な緩和・撤廃が求められている。その目玉とされる高度プロフェッショナル制度は、高い専門知識を持ち一定水準以上の年収を得る労働者を労働時間規制の対象から除外するもので、解雇の金銭解決制度と並んで労働基準法に風穴を開けることを目指すものだ。これらの方策は、労働規制の緩和を通じて「世界で一番企業が活躍しやすい国にする」と謳う安倍政権の基本方針とも重なっていた。

この中でまず実現したのが派遣労働の規制緩和だ。二〇一五年九月には労働者派遣法に対する五度目の改正が行われた。その最大の特徴は、全ての業務で派遣労働の期間制限を撤廃したことである。改正前は二六種の専門業務だけが制限がなかった。これによりどの業務も、派遣先企業は三年ごとに人を入れ替え、過半数労働組合等から意見を聞くことで、永続的に派遣労働に委ねることができるようになった。この改正が重要なのは「専門業務」という枠組み自体をなくしたことである。[183] 一九八五年の労働者派遣法制定時から、労働者保護のために派遣の対象は専門業務のみという原則が設けられていたが、改正のたびにその範囲を広げられ、この改正でついに原則自体が放棄された。

だが、ネオリベラル化が順調に進んだわけではない。労働者派遣法改正にしても、派遣元事業主に対する監視強化や、労働者の雇用安定やキャリアアップのための措置の義務づけを行うなど規制強化の要素も見られる。安全保障関連法案等をめぐって政権への批判と不信が高まった後は、二〇一六年の参議院選挙も意識しつつ、ネオリベラル化の動きを一時封印する。例えば選挙直前の六月に閣議決定された「ニッポン一億総活躍プラン」では、「同一労働同一賃金など非正規労働者の待遇改善」と「長時間労働の是正」が強調され、「非正規という言葉をこの国から一掃する」と唱えるまでになる。二〇一八年六月には八つの労働法を改正する「働き方改革関連法」が成立したが、同一労働同一賃金と長時間労働の是正も重要な柱になっている。

他方、ネオリベラル化のベクトルも消滅したわけではない。例えば、時間外労働の上限規制を強める一方で、その除外を可能とする「高度プロフェッショナル制度」[184]は、紆余曲折をたどりながら関連法の中に盛り込まれ、二〇一九年四月から施行されることになった。[185]このように安倍政権の労働政策には、賃金上昇へのコミットメントという特徴的な要素の他、規制緩和や同一労働同一賃金など平成の各時期に出自を持つ政策が混在している。その意味で「安倍首相には国家主義以外に一貫した政治理念や政策的知見がない」と言えるかもしれない。[186]しかしここで確認したいのは、人々が求めていたのはそのいずれでもなかったかもしれないという可能性だ。

図15は、日本型雇用慣行の特徴とされる三要素の支持割合の推移を示したものである。[187]図では示していないが、全ての年齢層でこの傾向は見られ、特に若年層の上昇が著しい。日本型雇用慣行とは「昭和」に形成された日本型生活保障システムの重要な柱であり、「平成」ではそのゆらぎの中で新しい方向を巡って諸ベクトルが争ってきた時代だった。だがネオリベラルな規制緩和はもちろん、雇用の流動化を前提に企業福祉を包摂的な社会保障に置き換える普遍主

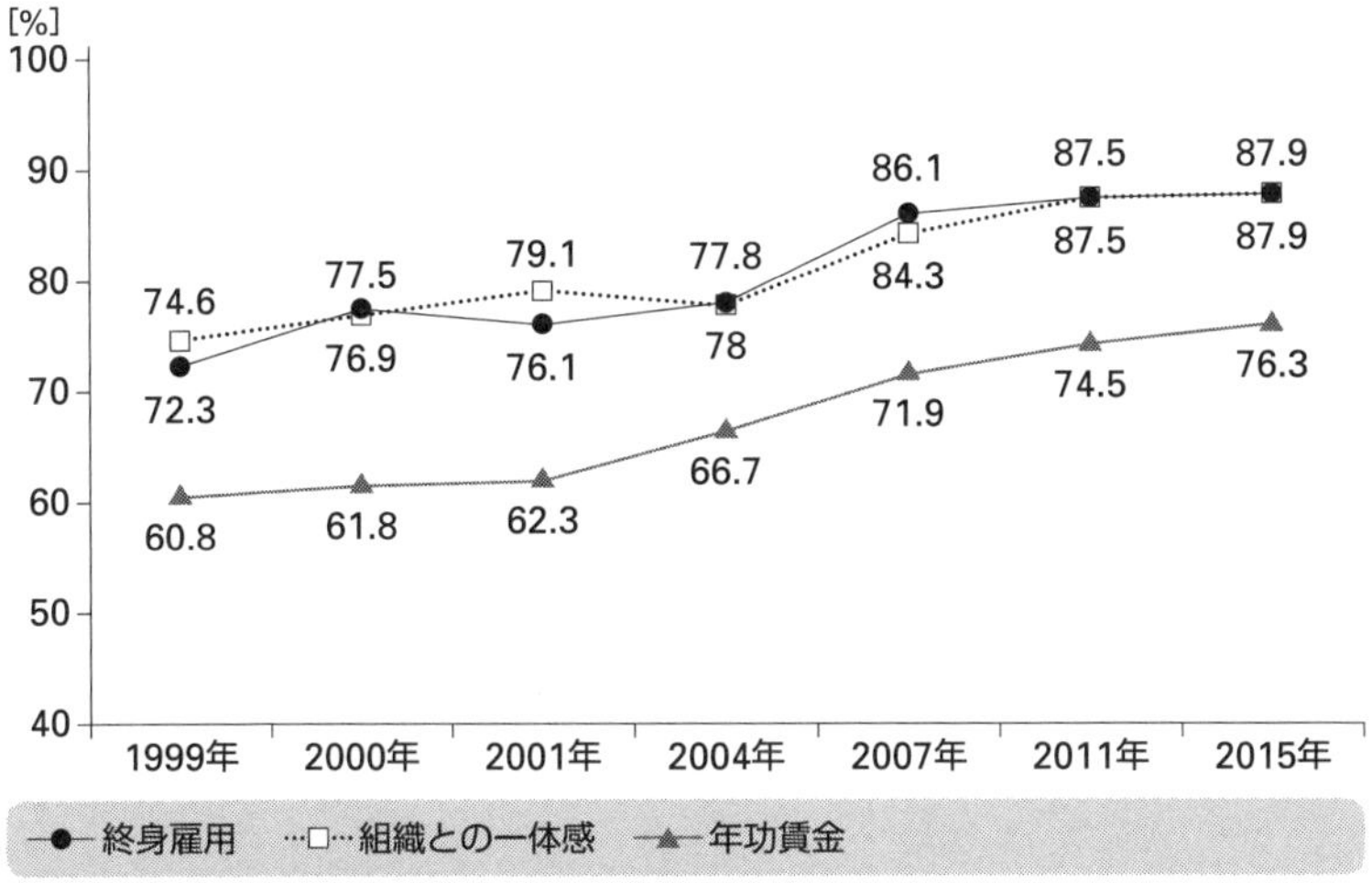

図15　日本型雇用慣行の支持割合の推移

労働政策研究・研修機構『「第7回勤労生活に関する調査」結果』(2016年)より作成。

義的な方向も、生活保障の新たなモデルになれなかったことをこのグラフは示唆する。「平成」の種々の試みの果てに、結局人々が求めたのは今や希少になった「昭和的なもの」であるかのように。

社会的投資の論理と「悪魔」の反転

さて、第Ⅳ期を特徴づけていた安倍政権の経済政策も、徐々に雲行きが怪しくなっていった。物価上昇率は二〇一三年には一時上向いたものの、目標に到達しないまま成長率も低迷し、消費税増税のマイナス分を差し引いても投資・消費ともに回復したとはいえない。雇用は増えたと言われるが、増加分の多くは非常勤雇用であり、特に定年退職を迎えた団塊世代の再雇用の影響が大きいと指摘されている。この中で黒田日銀も二〇一六年九月にそれまでの異次元緩和の失敗を事実上認めるに至った。[188]

だが、景気への期待が自分の支持の源泉であることを知る安倍政権は、景気浮揚の姿勢を崩すわけがなく、予定されていた消費税増税を二度延期した。これは次の二つの点で問題とされた。第一に社会保障の財源確保である。前述のように増税分は社会保障に充当することになっているため、増税延期はそのまま社会保障政策の実行可能性を歪める。第二に財政再建である。安倍政権は当初、基礎的財政収支（プライマリーバランス）を二〇二〇年までに黒字化するという目標を掲げていたが、この延期により実現困難となった。その過程でアメリカの格付け会社は日本国債の評価を一段階下げた。はじめは政権に「忖度」していたかのような財務省も強く緊縮を求めるようになっていく。このように、景気浮揚、社会保障財源の確保、財政再建はトリレンマの関係にある。

増税延期と緊縮圧力によって、社会保障費の毎年度の増加を高齢化に伴う「自然増」程度に抑えることが決められ、二〇一六年度以降は年五千億円程度の伸びに抑えられた。そのため社会保障の中の何かを拡充するためには、別の何かを削減するしかない。この選択において重要な基準とされたのが、労働供給の確保と人的資本の向上を通じた生産力の維持である。安倍政権には「人づくり革命」「ニッポン一億総活躍プラン」「働き方改革」など人的投資・活用を掲げる標語が多い。単なる野党の争点つぶしという見方もあるが、少子高齢化の中で労働力と生産力を確保することは国家主義的な観点とも整合的である[189]。

例えば安倍政権の「女性活躍政策」はジェンダー平等政策というより経済政策の意味が強いことが指摘されている。配偶者控除や第三号被保険者制度の廃止を検討するなど、保守政治家という印象とは異なり、個人を単位とした普遍主義化を志向するかのような側面も見せる。しかし女性の労働力化に積極的というだけで、それとは無関係の夫婦別姓には消極的であるなど保守的な家族観が放棄されたわけではない。三世代同居支援税制を構想したりするのも、女性の労働力化と伝統的家族主義を両立させる試みと捉えられる。[190]

子育て支援も将来に向けた労働力の確保という観点から積極的だ。二〇一三年に安倍政権は、保育の受け皿を五年間で増大することを目標にした「待機児童解消加速化プラン」を掲げたが、消費増税の二度の見送りにもかかわらず、当初目標を上回る五〇万人分を超える受け皿を作った。[191] また借金抑制に充てる財源を年に二兆円減らしてまで、幼児教育・保育の無償化の財源に回す姿勢も見せている。生活保護の給付削減・厳格化を行う一方で、「子どもの貧困」の改善に対しても前向きで、「子どもの貧困対策法」（二〇一三年）、「子供の貧困対策大綱」（二〇一四年）を中心に、様々な取り組みを行っている。[192] 消費増税分を充て給付型奨学金を創出することを掲げる大学無償化の動きも人的資本投資の一環と見ることができる。以上は平成Ⅲ期の民主党政権下で掲げられたアクティベーションや社会投資国家の理念と重なっており、まさに野党のお株を奪っている。

対照的に削減が目立つのが「投資」という側面の小さい高齢者の介護・医療費である。介護保険におけるサービス抑制と負担増大については前述のとおりだが、高齢者の医療費も自己負担額の上限が引き上げられた。さらに消費増税延期の結果、無年金の人を減らすなどの年金弱者対策や低所得者の介護保険料の軽減は棚上げされている。

この政策上の優先順位と並行して、生産力につながる「子ども・若者」と負担になる「高齢者」という構図が、様々な言説・表象に浸透しつつあるように思える。例えば、二〇一七年に経済産業省の若手が発表し異例の一〇〇万以上のダウンロードを記録したペーパーでは、[193] 子ども・若者・母子世帯などに対する社会的投資の重要性が説かれ、高齢者に対しては「患者が望

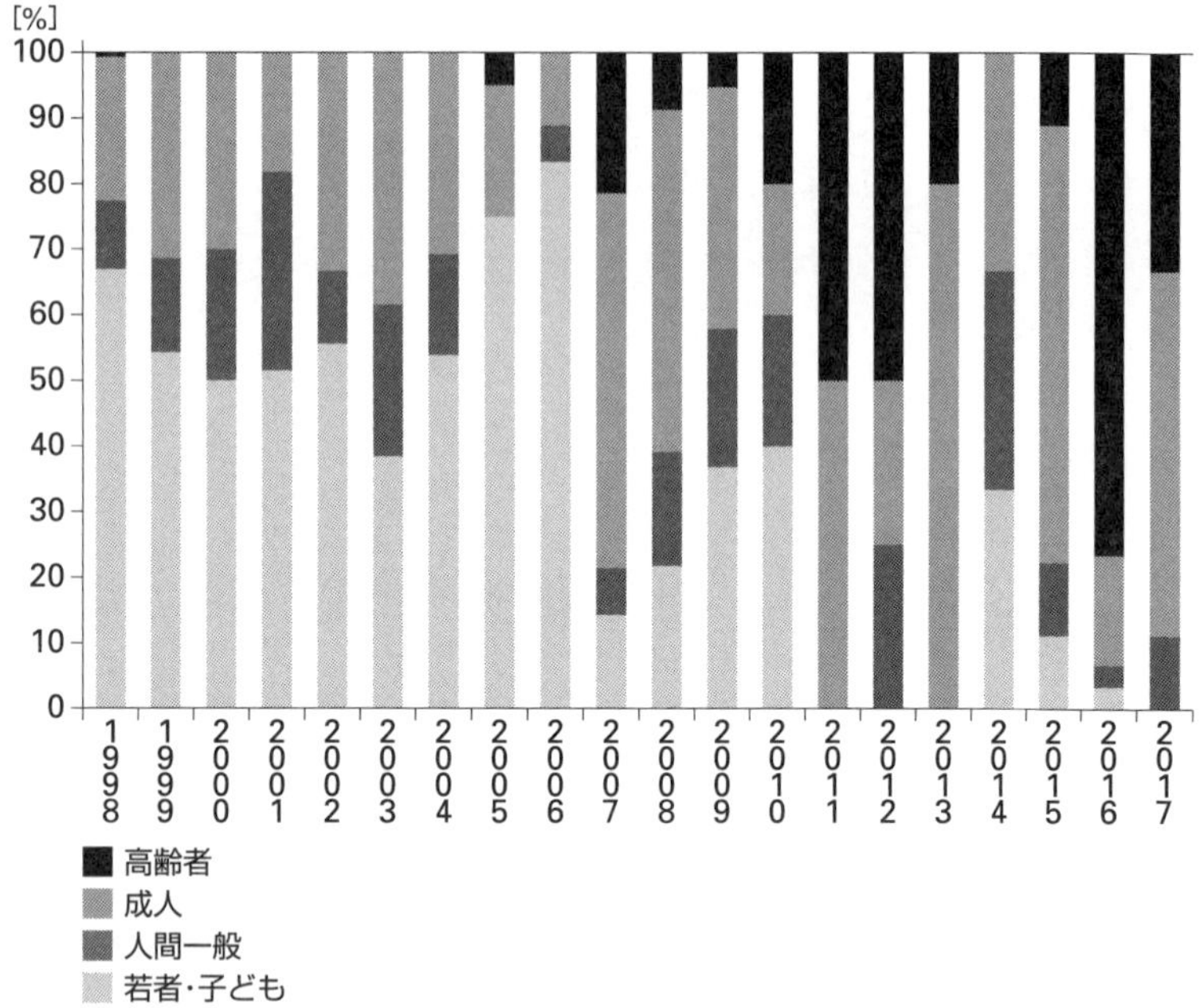

図16 「キレる」をタイトルに含む雑誌記事の主体別比率の推移

出所：大宅壮一文庫 雑誌記事索引検索

む自然な死」の実現を通じて終末期医療のコストを下げることが含意されている。

世代間対立を強調する言説はこれまでもしばしば見られたが、現在の議論の構図は一九九〇年代後半～二〇〇〇年代半ばとある意味で反転しているように思われる。当時は若年層の非正規雇用の増大などを背景に、若者が「劣化」し社会・経済の活力を奪っているといった若者批判が多かった。若者・子どもの「凶悪化」や「心の闇」が実態面の裏付けがないまま「問題」化したのも、彼らを社会のリスクとして他者化・悪魔化(demonize)する社会的反応であった。だが現在、社会の潜在的な敵意は「高齢者」に向かいつつあるのではないだろうか。例えば、**図16**は「キレる」という語をタイトルに含む雑誌記事を、その主体ごとに分類し割合の推移を示したものである。平成Ⅱ期までは若者・子どもの割合が大きく、高齢者がほとんど含まれていなかったのに対し、二〇一〇年代に入ってから高齢者の割合が目立つようになってくる。超少子高齢化と資源の縮小というリアリティがせり上がる中で、高齢者が社会のコストとリスクとして構築され始めているのかもしれない。これが何を示唆するのか、最後に論じたい。

夢の出口で

平成期は、経済的な低成長に特徴づけられる一方、日本型生活保障システムの再構築を目指す高揚感を伴う時期でもあった。その方向性として、平成Ⅱ期はネオリベラル化の方に大きく振れ、平成Ⅲ期は普遍主義化の方に大きく振れた。しかし今、そのいずれの記憶も、どこか失敗したという苦い感覚を伴う。二つの「夢」から覚めた時に登場した平成Ⅳ期の経済政策は、株価上昇という数値的な「効果」を伴うことで、現状を打破するための最後の夢というべき位置を占めることになった。安倍政権が他の政策領域でどんな問題を抱えていようとも、そこから覚醒することだけを恐れているかのようだ。だが、その祭りのような高い支持率をもってしても次の生活保障のモデルは見えてこない。

それでも平成最後の一〇年間、リベラル政権（民主党）と保守政権（自民党）が対立とは異なるレイヤーで、包摂のための政策群を萌芽的に生み出していったことは若干の希望になるだろう。日本型生活保障システムによって周辺化されてきた人々が社会で力を発揮できるようになることこそ、本来追求すべき未完の〈夢〉だからだ。これを支えるのは、社会保障を生産に寄与する「社会的投資」として捉える思想であり、北欧の社会民主主義レジームを駆動させてきた一つでもある。

しかし一方でそれは、「生産力」の有無が人の社会的価値を決めるという見方や、それを「持たない」とされる人を社会のコスト／リスクと見る視線とも共振しうる。二〇一六年に施設で重度障害者を大量殺害した犯人や、二〇一八年にＬＧＢＴを「生産性がない」と公言した自民党政治家がいる場所とも地続きではないかという不安が拭えない。平成最後に起きたこの二つの事件は、社会的投資という理念が他者を抑圧／排除する論理に転化しうる危険性を露呈させたのではないだろうか。

団塊の世代が後期高齢者になる二〇二五年、さらに団塊ジュニア世代が後期高齢者に達する二〇五〇年に向けて、年に三兆円ずつ社会保障費が増大していくと言われる。「高齢」化という点では、日本中の老朽化したインフラの補修にも年に五兆円ずつかかる。ついでに述べるなら、今後次々と寿命を迎えていく原発の廃炉にも約三兆円かかると言われている。このように、これまで生産の文脈で重要な役割を果たしてきたものを、「看取り」に向けて「ケア」するという問題系が、今後未曾有の規模で発生していくだろう。この中で、生産／投資とは関係なく無条件に生を肯定・擁護する論理と仕組みを社会保障の中に埋め込んでいけるかが、社会の分岐点になると考えられる。

様々な夢に翻弄されながら選択肢を摩耗させていった「平成」——だが、その時代が格闘した課題からは今後も逃れることはできないし、残された資源を偏狭な国家主義のような当てのない夢に空費する余裕はもはやないだろう。少子高齢化とグローバル[194]化という巨人に翻弄されつつ、今を生きる人々と後代世代という二つの声に同時に応える道を探すことが、昭和／平成から現在へと継承された課題である。

註

（1）映画『クレヨンしんちゃん　嵐を呼ぶモーレツ！オトナ帝国の逆襲』（二〇〇一年）の中で、昭和三〇～四〇年代的世界の再現を通して、「黄金の二〇世紀」を甦らせることを企てる組織（その名も「イエスタデイ・ワンスモア」）のリーダーの言葉。

（2）古典的リベラリズムとの政治思想的な種別性については、酒井隆史『自由論――現在性の系譜学』（青土社、二〇〇一年）1章を参照のこと。

（3）シカゴ大学のネオリベラリスト（シカゴボーイズ）たちによるネオリベラリズムの「実験」と「輸出」については、次の文献を参照。Naomi Klein, *The Shock Doctrine: The Rise of Disaster Capitalism* (Metropolitan Books, 2007). ＝幾島幸子・村上由見子訳『ショック・ドクトリン――惨事便乗型資本主義の正体を暴く』上・下（岩波書店、二〇一一年）。

（4）David Harvey, *A Brief History of Neoliberalism* (Oxford University Press, 2005). ＝渡辺治監訳『新自由主義――その歴史的展開と現在』（作品社、二〇〇七年）。

（5）他に三つはネオステイティズム、ネオコーポラティズム、ネオコミュニタリアニズムである。（Bob Jessop, "Liberalism, Neoliberalism, and Urban Governance: A State-Theoretical Perspective," *Antipode* 34(3), 2002, pp.452-472).

（6）とはいえそれは日本の「伝統」とは関係ない。生活保障において家族、会社、地域社会の役割が大きいのは「東アジア型福祉国家」の特徴でもあるし、更にいえば、「地中海－南欧モデル」（イタリア、ギリシャ、スペイン、ポルトガル）との共通性も高い。むしろ、後発福祉国家の特徴であると言える（宮本太郎、イト・ペング、埋橋孝文「日本型福祉国家の位置と動態」、G・エスピン－アンデルセン編（埋橋孝文監訳）『転換期の福祉国家――グローバル経済下の適応戦略』早稲田大学出版部、二〇〇三年）。

（7）Gøsta Esping-Andersen, *The Three Worlds of Welfare Capitalism* (Polity Press, 1990). ＝岡沢憲芙・宮本太郎監訳『福祉資本主義の三つの世界――比較福祉国家の理論と動態』（ミネルヴァ書房、二〇〇一年）。

（8）J. Peck and A. Tickell, "Neoliberalizing Space," *Antipode*, 34(3), 2002, pp.452-72.

（9）武川正吾『政策志向の社会学――福祉国家と市民社会』（有斐閣、二〇一二年）第5章など。ただし、本章では、商品化／脱商品化概念を狭義の労働力だけに適用するのではなく、生全般を支える仕組みに適用できるものとして捉える。

(10) 生産とは財やサービスの生産を意味し、再生産とは労働力や人の再生産を意味する。

(11) 緊縮財政と昭和恐慌の混乱の中で、実際に施行されたのは、一九三二年になった。

(12) この期間に、母子保護法（一九三七年）、軍事扶助法（一九三九年）、医療保護法（一九四一年）が成立している。

(13) 武川前掲書。

(14) Torben Iversen, *Capitalism, Democracy and Welfare* (Cambridge University Press, 2005).

(15) 尾高邦雄『日本的経営――その神話と現実』（中公新書、一九八四年）。

(16) 仁平典宏「三丁目の逆光／四丁目の夕闇――性別役割分業家族の布置と貧困層」、橋本健二編著『家族と格差の戦後史』（青弓社、二〇一〇年）。

(17) 戦後直後の食料不足への懸念から産児制限が試みられた。避妊技術の導入に加え、一九四八年には優生保護法が制定され人工妊娠中絶が可能になる。より構造的には、第二次・第三次産業への転換に伴って、子どもが「労働力」ではなく「消費財」へと意味を変え、子どもを多く持つことの合理性が喪失していったことが大きい。

(18) 不景気の時には都合よく非労働力化され、日本の「低失業率」実現のための調整弁とされていた。大沢真理「逆機能に陥った日本型生活保障システム」、東京大学社会科学研究所編『「失われた10年」を超えて〔I〕――経済危機の教訓』（東京大学出版会、二〇〇五年）。

(19) 福祉六法は、児童福祉法（一九四七年公布・四八年施行）、身体障害者福祉法（一九四九年公布・五〇年施行）、生活保護法（一九五〇年公布・施行）の「福祉三法」に加え、一九六〇年代の次の三法が加わる。精神障害者福祉法（一九六〇年）、老人福祉法（一九六三年）、母子福祉法（一九六四年）。

(20) 皆保険は世界で北欧などに次いで四番目、皆年金は一二番目の成立だった。

(21) 一九六五年に要綱が改訂されて派遣対象が拡大され、派遣世帯のうち被保護世帯の占める割合は、一九六五年が八三・七％だったのに対し、一九七一年には四七・一％となっている（渋谷光美「在宅介護福祉労働はいかに担われてきたのか――1950年代後半～1980年代の家庭奉仕員による労働実践を中心に」、天田城介・北村健太郎・堀田義太郎編『老いを治める――老いをめぐる政策と歴史』生活書院、二〇一一年）。

(22) 一九六一年には配偶者控除制度が扶養控除から独立して創設される。ここには、ケア労働の担い手としての専業主婦の貢献を評価するという位置づけがあった（税制調査会『当面実施すべき税制改正に関する答申（税制調査会第一次答申）及びその審議の内容と経過の説明』一九六〇年、四五頁）。さらに一九六五年の遺族年金制度の改正により、夫が死亡した場合、妻は年齢に関わらず遺族年金が支給されるようになる。
(23) 身体障害者に対しては、傷痍軍人支援を目的にできた身体障害者福祉法が、知的障害については児童福祉法が対応していた。だが知的障害児は一八歳までしか施設を利用できず、その後は自宅で生活するか、生活保護施設に入所するしかなかった。
(24) 一九五〇年代後半に、知的障害児の親たちが、成人用の入所施設の整備を要望していく。一九六〇年には、一八歳を過ぎた知的障害者のための精神薄弱者福祉法(一九九八年に知的障害者福祉法に改称)が制定され、一九六三年には、重度の知的障害と肢体不自由が重複する「重症心身障害児」の療育について公費負担が行われるようになった。さらに一九六〇年代には重度障害者の施設が建設されていく(杉野昭博「「障害」観の転換と福祉」、平岡公一・杉野昭博・所道彦・鎮目真人著『社会福祉学』有斐閣、二〇一一年、二五〇頁)。
(25) 杉野前掲論文、二五一頁。
(26) 岩永理恵『生活保護は最低生活をどう構想したか――保護基準と実施要領の歴史分析』(ミネルヴァ書房、二〇一一年)一四七-一四八頁。
(27) 社会保障・人口問題研究所「世帯類型別被保護世帯数及び世帯保護率の年次推移」。
(28) 宮本太郎『福祉政治――日本の生活保障とデモクラシー』(有斐閣、二〇〇八年)八二-八三頁。
(29) 盛山和夫『年金問題の正しい考え方――福祉国家は持続可能か』(中公新書、二〇〇七年)。
(30) 老人医療費無料化は自治体が先行していた。一九六一年の岩手県沢内村を皮切りに次々と実現し、一九七一年には、東京都が美濃部都政のもと無料化に踏み切った。なお、その対象者は所得税非課税世帯だが、当時の高齢者の九割に該当する。
(31) 五歳未満の第三子以降に対し、月額三〇〇〇円が支給されるというものだった。
(32) 横塚晃一『母よ! 殺すな』(生活書院、二〇〇七年)二七頁。
(33) 一九七〇年には、横浜市で二人の障害児の母親が下の子をエプロンで絞殺する事件が起こり、しかも地元を中心に母親の減刑嘆願運動が起きた。
(34) 杉野前掲論文、二五一頁。
(35) 濱口桂一郎「「ジョブ型正社員」という可能性」、神野直彦・宮本太郎編『自壊社会からの脱却――もう一つの日本への構想』(岩波書店、二〇一一年)。
(36) ただし国鉄や電電公社の民営化は、同時期のネオリベラリズムの影響下にある。
(37)「日本型福祉社会」構想は、まず一九七五年に、村上泰亮と蠟山昌一による『生涯設計計画――日本型福祉社会のビジョン』(日本経済新聞社)からスタートし、「グループ１９８４年」による「日本の自殺」(『文藝春秋』二月号)で取り上げられる。これが、臨調を主導する土光敏夫が気に入ったことはよく知られている。さらに一九七六年には村上泰亮、佐藤誠一郎、公文俊平、堤清二、稲盛和夫らが率いる「政策構想フォーラム」が、「新しい経済社会建設の合意をめざして」という提言を出し、北欧の福祉国家を批判する。福祉国家批判は、一九七八年に香山健一『英国病の教訓』（ＰＨＰ研究所）などでも展開される。この流れの中で、一九七九年五月に経済審議会が大平首相に答申し、閣議決定された「新経済社会７カ年計画」に日本型福祉が盛り込まれ、さらに同年九月に自由民主党研修叢書が「日本型福祉社会」を出版した。一九八二年には「日本型福祉社会の構想」も出されている（社会保険研究所「デマと「日本型福祉」」『介護保険情報』二〇〇四年五月号）。

（38）その後、一九八四年には特例許可老人病棟が創設されると同時に、老人診療報酬制度が整備され、供給の抑制が図られた。また一九八六年には、社会的入院の緩和のために老人保健施設が創設される。

（39）一九八二年に三郷中央病院事件が起こり、「悪徳老人病院」批判さらに「過剰な医療」批判が、この流れの中で喧伝されていた（天田城介「老いをめぐる政策と歴史」、天田・北村・堀田編前掲書）。

（40）一方で医療保険・生活保護の財源を目的に「老人病院」が増加していく。現在も病院のベッド数は、先進国で図抜けて高い。

（41）引用部分は、全国社会福祉協議会『在宅福祉サービスの戦略』（一九七九年）。なお、この認識が、一九八〇年代以降の奉仕員の外部委託や非正規雇用化に繋がっていく。渋谷前掲論文も参照のこと。

（42）仁平典宏『「ボランティア」の誕生と終焉――〈贈与のパラドックス〉の知識社会学』（名古屋大学出版会、二〇一一年）。

（43）たとえば、所得税の配偶者控除のための年収の限度額が再三ひきあげられ（一九八四年、八七年、八八年、八九年）、配偶者特別控除も導入されるなど（八七年）、妻の所得が一定限度額以下の世帯にたいする減免税が繰り返された。また八五年の年金改革では、遺族厚生年金も拡充された（大沢真理「福祉国家とジェンダー」、大沢真理編『福祉国家とジェンダー』明石書店、二〇〇四年、三一頁）。

（44）基礎年金改革によって年金は単一の制度になったが、正規の被用者以外の人（自営業・農業や非正規雇用など）が定額の保険料を納める第一号被保険者、正規の被用者対象で使用者と折半して保険料を納め相対的に多くの給付を得られる第二号被保険者、正規の被用者の無職もしくはパートで働く配偶者で保険料を納めずとも給付を受けられる第三号被保険者と、三つのカテゴリーに分けられ、「標準」型の世帯が相対的に有利な設計となっている。

（45）一九八七年の最高裁判決以来、有責主義から破綻主義への転換が進んだ。これによって、離婚原因を作った有責配偶者からの離婚請求も認められるようになった。

（46）不十分な点は次の通りである。募集・採用、配置・昇進において男女の均等な取り扱いを事業主に求めたが努力義務規定にとどまった。教育訓練、福利厚生、定年、退職、解雇に関する差別的な取り扱いは、禁止規定となった。採用については、露骨な男女別の採用はなくなったものの、総合職／一般職というコース別採用の形で維持された。またこのとき、女子保護規定が緩和されるが、重要なのは男性並みに女性に長時間労働を高めるのではなく、男性も含めた全労働者の労働条件を緩和することだった。

(47) 北明美「児童手当政策におけるジェンダー」(木本喜美子・大森真紀・室住眞麻子編『社会政策のなかのジェンダー』明石書店、二〇一〇年) 一〇二－一三五頁。また、北は、児童手当には、被用者と非被用者の間の非合理な格差も存在していたことを指摘している。

(48) 政府は、新設抑制の根拠として定員充足率の低下を挙げていた。だが、萩原久美子によると、それは一九六〇年代以降の入所要件の厳格化、保育料の引き上げのためでもある。むしろ、一九八四年の保育所定員数二一二万四〇〇〇人に対し、保育に欠ける児童数は二二八万九五九七人であり、潜在的に保育サービスのニーズを抱えた母親の数は三八九万人にのぼっていた(萩原久美子「「両立支援」政策におけるジェンダー」、木本・大森・室住編前掲書)。

(49) 萩原久美子は、ここには均等法、保育サービス、育児休業の政策間の内部連関の矛盾があることを指摘している。にもかかわらず、その矛盾は女性個人の問題として個人化された(萩原前掲論文)。

(50) 一・五七ショックとは、民間伝承によって、多くの人が出産を控えた「ひのえうま」の年(一九六六年)の出生率を下回ったことに伴うショックを示す。

(51) 武川正吾『社会政策のなかの現代——福祉国家と福祉社会』(東京大学出版会、一九九九年)。

(52) 春日キスヨ『介護問題の社会学』(岩波書店、二〇〇一年)。

(53) 一九九二年のデータをもとにすると、人口一〇万人当たりの自殺率は、一人暮らし三六人、高齢者のみ世帯一一・四人、子ども等との同居世帯四四・八人である(経済企画庁『国民生活白書』一九九四年)。

(54) 経済企画庁前掲書。

(55) 小林勇人「ワークフェアと生存権」、山森亮編『労働再審6——労働と生存権』(大月書店、二〇一二年)。

(56) この点については、玄田有史『仕事の中の曖昧な不安——揺れる若年の現在』(中央公論新社、二〇〇一年) などを参照。

(57) 総務省統計局「日本の長期統計系列」(二〇〇三年度まで) と総務省統計局「日本統計年鑑 平成24年」(二〇〇五年～二〇〇九年度) による。

(58) 濱口桂一郎『新しい労働社会——雇用システムの再構築へ』(岩波新書、二〇〇九年)。

(59) 下記の記述も、萩原前掲論文の議論を参考にしている。

(60) 一九九七年には待機児童が四万人を突破した。

(61) それまでは事業主の努力規定だった募集、採用、配置、昇進における男女の差別的処遇は禁止規定に改められた。ただし、罰則が付くわけではない。

(62) 男女共同参画会議・少子化と男女共同参画に関

する専門調査会『少子化と男女共同参画に関する社会環境の国際比較報告書』（二〇〇五年）。
（63）井上輝子・江原由美子編『女性のデータブック――性・からだから政治参加まで〔第4版〕』（有斐閣、二〇〇五年）。
（64）そこでは在宅介護の充実が謳われ、ヘルパー一七万人確保、訪問看護ステーション五〇〇〇箇所設置などが目標とされた。
（65）伊藤周平『保険化する社会福祉と対抗構想――「改正」された障害者・高齢者の法と社会保障・税一体改革』（山吹書店、二〇一一年）。
（66）介護サービスの充実が保険料や利用料の値上げと繋がることで、負担は利用者・被保険者に転嫁され、公費支出を抑制できる仕組みとなっている。
（67）ただし濱口は、一九九九年の労働者派遣法の改正によって、ポジティブリスト方式からネガティブリスト方式に変わったのは、ＩＬＯの勧告を受けて、派遣労働者保護の意図があったと指摘している（濱口前掲書、八九－九〇頁）。
（68）労働者派遣法が成立したのは一九八五年であり、これは派遣の対象は専門的な「13の業務」（ソフトウエア開発など）に限って解禁するものだった。その後、徐々に対象業務が増え、最終的には「26の業務」が対象となる。一九九九年に同法が改正され、危険な「除外業務」以外、原則どの業種にも派遣できるようになる（ネガティブリスト方式）。このときの期間は一年であり、それ以上働かせる時は正規雇用にすることが求められた（上記「26の業務」については三年）。その結果、二〇〇〇年代に日雇派遣、スポット派遣が盛んになる。二〇〇四年に再び同法は改正され、期間は最長三年に、上記「26の業務」については無制限になる。それ以上働かせる時は、正規雇用にすることが義務づけられているが、偽装によって守られない状況が続いた。セーフティネットについては、何も盛り込まれず、派遣切りが横行する。二〇〇六年に再び「労働者派遣法」が改正され、再度期間が延長された。
（69）大沢真理『現代日本の生活保障システム――座標とゆくえ』（岩波書店、二〇〇七年）一一〇－一一三頁。
（70）OECD Employment Outlook 2004, chap.2.
（71）今野晴貴・川村遼平『ブラック企業に負けない』（旬報社、二〇一一年）。
（72）年に二〇〇日以上就業している男性の中で、週六〇時間以上働く人の割合は、一九九七年から二〇〇七年の間に全ての年齢層で増加している（福祉国家と基本法研究会・井上英夫・後藤道夫・渡辺治編著『新たな福祉国家を展望する――社会保障基本法・社会保障憲章の提言』旬報社、二〇一一年、七二頁）。さらに二〇〇〇年代半ばには労働時間の規制緩和を目的とし、不払いの長時間労働の合法化にもつながるホワイトカラーエグゼンプションの導入が試みられた。
（73）今野晴貴「若年非正規雇用問題の焦点――非正社員と正社員を包括した「限定」の課題」（『労働調査』二〇一二年四月号）。

(74) ILO, *The Financial and Economic Crisis: A Decent Work Response*, 2009.
(75) 総務省統計局「日本の長期統計系列」(二〇〇三年度まで)と総務省統計局「日本統計年鑑 平成24年」(二〇〇五年~二〇〇九年度)による。
(76) G・エスピン-アンデルセン編前掲『転換期の福祉国家』。
(77) 本田由紀・内藤朝雄・後藤和智『「ニート」って言うな!』(光文社新書、二〇〇六年)所収の本田論文を参照のこと。
(78) 湯浅誠・仁平典宏「若年ホームレス――「意欲の貧困」が提起する問い」、本田由紀編『若者の労働と生活世界――彼らはどんな現実を生きているか』(大月書店、二〇〇七年)。
(79) 国民年金の納付率は、一九九〇年代前半には約八五%だったが、二〇〇九年には六〇%にまで下がっている。その理由として、第一号被保険者の所得水準の低下があげられる(厚生労働省年金局・日本年金機構「平成21年度における国民年金保険料の納付状況と今後の取組等について」二〇一〇年)。また就労状況に注目すると、かつて第一号被保険者の加入者は、自営業が想定されていたが、今や非正規雇用者が多くを占めている。一九九六年には、第一号被保険者のうち、自営業主が二四・九%、臨時・パートが一三・八%だったのに対し、二〇〇八年には、自営業主が一三・八%、臨時・パートが二六・一%になっている(田宮遊子「年金権の国際比較からみた貧困とケア労働」、山森亮編『労働再審6――労働と生存権』大月書店、二〇一二年、一二九頁)。ただし未納が、すぐにシステムの破綻につながるわけではない(盛山前掲書)。
(80) 結婚に対する不安理由として、男性の一位、女性の二位を占める(内閣府『平成23年版 子ども・子育て白書』二〇一一年)。
(81) 女性の場合、正規雇用者が四四・一%、非正規雇用者で五一・九%となる。以上、データの出所は、内閣府『結婚・家族形成に関する調査報告書』(二〇一一年)。
(82) 逆に、雇用の劣化は、リスク化した家族から離脱することも困難にする。ドメスティックバイオレンスの被害を受けた女性が、加害配偶者と別れられなかった最大の理由は経済的な不安であり、三割近くを占めている二八・四%(内閣府男女共同参画局『男女間における暴力に関する調査』二〇〇九年)。
(83) 以上、内閣府前掲書。
(84) 次世代育成支援対策推進法は、労働者に職業生活と家庭生活との領域が可能な雇用環境の整備を事業主に求め、三〇一人以上を雇用する事業主に対しては、その方策と目標値を示す行動計画策定を義務づけた(萩原前掲論文)。
(85) 萩原前掲論文。
(86) 萩原前掲論文。
(87) 認可保育所の利用率も上がっている。三歳未満児の保育所(認可)利用率は二〇〇二年の一六・三%から、二〇〇八年には二一%へ上昇している(萩原前掲論文)。
(88)全国保育団体連絡会・保育研究所編『保育白書2011』(ひとなる書房、二〇一一年)六三頁。
(89)同上書、七二頁。
(90)萩原前掲論文。
(91)北前掲論文。
(92)公明党案は、所得制限を撤廃し、全額国庫負担により第一子・第二子月額一万円、第三子以降二万円の児童手当を義務教育終了まで支給するというものだった。一方で、政権に入ってからの公明党は、むしろ、児童手当や保育料の社会保険化を志向し、拠出しない親は手当や給付を受けられなくすることまで掲げるに至った。この動きを止め、国庫負担の増大を既成事実化していったのは、むしろ自民党による(北前掲論文)。
(93)二〇〇〇年度には小学校入学まで、二〇〇四年度には小学校三年生まで、二〇〇六年度には小学校卒業までとなり、二〇〇七年度には、三歳未満の第一子・第二子についての手当額の改正が行われ、その額は従来の月額五〇〇〇円から一万円に引き上げられた。なお手当額の引き上げについては、与野党の保守系が、保育サービス偏重を批判し、出産退職した母親の支援を求めたためだという(北前掲論文)。
(94)二〇〇五年には、三位一体改革の一環として、児童扶養手当と児童手当の費用負担割合が、国1に対し地方が2とされた。
(95)北前掲論文。
(96)特別養護老人ホームの事業主体は、社会福祉法人・市町村などの公益法人または公的機関であり、建設・運営は税金によって運営されているため、利用者の自己負担は安い。ただし多くの待機者がいるために、新しい入居者は要介護四～五等の高齢者に限定されている。
(97)福祉国家と基本法研究会他編著前掲書八四頁。
(98)それまで要支援と要介護度1～5だったのが、要支援1・2と二つに分かれ、これまでの要介護度1が要支援とされるケースが出てきた(結城康博『介護――現場からの検証』岩波書店、二〇〇八年)。
(99)藤崎宏子「介護保険制度と介護の「社会化」「再家族化」」(『福祉社会学研究6』二〇〇九年)。
(100)月額保険料は、二〇〇〇年に約二九〇〇円だったが、二〇〇九～二〇一一年度は四一六〇円であり、二〇一二年から全国平均で五〇〇〇円を上回る。一方事業所への介護報酬は二〇〇三年にマイナス二・三%、二〇〇六年にマイナス二・四%になり、軽度の利用者が多い訪問介護は、二〇〇六年改正で、事業所収入が四～五割減になった。これがコムスン事件などの背景になったと指摘されている(結城前掲書)。
(101)ケア労働をめぐる問題については、仁平典宏・山下順子編『労働再審5 ケア・協働・アンペイドワーク――揺らぐ労働の輪郭』(大月書店、二〇一一年)の、特に山根純佳論文、井口高志論文、山下順子論文などを参照のこと。
(102)二〇〇五年度以降の国民年金保険料は法的に決められ、二〇一七年度以降は月額一万六九〇〇円に固定されることになった。第二号被保険者の保険料率も同様で、二〇一七年度以降は一八・三％に固定されることになる。支給水準の大幅な切り下げもなかった。

(103) 盛山前掲書一一一頁。

(104) 同上書。

(105) 大沢真理「空洞化する社会的セーフティネット——社会保障改革の失われた15年」、東京大学社会科学研究所編『「失われた10年」を超えて〔Ⅱ〕』（東京大学出版会、二〇〇六年）。

(106) この改革自体、混合診療の制度枠組上の解禁（実質的には制限）、保険料未払い者に対する受診抑制、私保険の加入拡大など、ネオリベラル化のベクトルが見られる（福祉国家と基本法研究会他編著前掲書八五－八六頁）。

(107) 橘木俊詔『日本の経済格差』（岩波新書、一九九八年）など。

(108) OECD, *Income Distribution and Poverty in OECD Countries in the Second Half of the 1990s*, 2004.

(109) 大竹文雄『日本の不平等——格差社会の幻想と未来』（日本経済新聞社、二〇〇五年）。なおこの見解は内閣府にも引き継がれていく（内閣府「月例経済報告等に関する関係閣僚会議 平成18年1月資料」二〇〇六年、内閣府『平成18年度年次経済財政報告』二〇〇六年など）。

(110) 菊池英博「財政と格差問題」、宇沢弘文・橘木俊詔・内山勝久編『格差社会を越えて』（東京大学出版会、二〇一二年）。

(111) 内閣府の『平成18年度年次経済財政報告』は、一九九九年から二〇〇四年にかけて、二五歳未満の若年層でジニ係数が大きくなっていること、その背後に若者の雇用情勢が影響していることを指摘している。

(112) 橘木俊詔編著『封印される不平等』（東洋経済新報社、二〇〇四年）、菊池前掲論文など。

(113) 所得税率は、一九八六年には一五段階で最高税率は七〇％だった。だがその後、一九九九年までに四度の改編が行われ、四段階で最高税率は三七％となっている。二〇〇七年からは六段階となるものの、最高税率は四〇％である。

(114) 二〇〇七年から一律一〇％となっている。

(115) 二〇〇〇年代半ばの日本の六六歳以上の人の貧困率は二一％であり、ＯＥＣＤ平均の一三％に比べ、かなり高い（OECD, *Growing Unequal? : Income Distribution and Poverty in OECD Countries* ,2008）。月収一〇万円未満の高齢者は四割おり、収入が低いほど外出することもない。つまり、経済的貧困は、孤立にも繋がっていく（民医連「高齢者医療・介護・生活実態調査」二〇〇六年）。

(116) 小塩隆士「税・社会保障と格差社会」（宇沢・橘木・内山編前掲書）。

(117) 佐藤俊樹『不平等社会日本——さよなら総中流』（中公新書、二〇〇〇年）。

(118) 苅谷剛彦『階層化日本と教育危機——不平等再生産から意欲格差社会へ』（有信堂、二〇〇一年）。

(119) 盛山和夫「中流崩壊は「物語」にすぎない」

(『中央公論』編集部編『論争・中流崩壊』中公新書ラクレ、二〇〇一年)二二一－二三七頁。

(120)石田浩「学歴と社会経済的地位の達成―日米英国際比較研究」(『社会学評論』159号、一九八九年)、原純輔・盛山和夫『社会階層――豊かさの中の不平等』(東京大学出版会、一九九九年)など。

(121)SSM調査を用いて階級分析を通した閉鎖化の実証は、橋本健二『新しい階級社会 新しい階級闘争――[格差]ですまされない現実』(光文社、二〇〇七年)。石田自身も、階層の閉鎖化を検証している(石田浩「世代間移動への生存分析アプローチ」、渡邊勉編『2005年SSM調査シリーズ3 世代間移動と世代内移動』二〇〇八年、五五－七四頁)。

(122)橋本前掲『新しい階級社会 新しい階級闘争』。

(123)湯浅誠「格差ではなく貧困の議論を(上)」(『賃金と社会保障』第一四二八号、二〇〇六年一〇月下旬号)、湯浅誠「格差ではなく貧困の議論を(下)」(『賃金と社会保障』第一四二九号、二〇〇六年一一月上旬号)。

(124)OECD前掲書。

(125)二〇一一年七月、厚生労働省発表。

(126)小林前掲論文、一八六頁。なお、急増していくのは二〇〇九年の末からであり、政権交代の効果が見られる。

(127)小林前掲論文、一七三頁。

(128)以下を参照のこと。西澤晃彦『隠蔽された外部――都市下層のエスノグラフィー』(彩流社、一九九五年)、岩田正美・川原恵子「ホームレス問題と日本の生活保障システム」(『ソーシャルワーク研究』27(3)、二〇〇一年)、岩田正美・西澤晃彦編著『貧困と社会的排除――福祉社会を蝕むもの』(ミネルヴァ書房、二〇〇五年)、岩田正美『ホームレス/現代社会/福祉国家―「生きていく場所」をめぐって』(明石書店、二〇〇〇年)、仁平典宏「生－権力のたわみ――ホームレスの生の視点からみた死生学」(『死生学研究』二〇〇五年秋号)。

(129)北川由紀彦「単身男性の貧困と排除――野宿者と福祉行政の関係に注目して」、岩田・西澤編前掲書。

(130)二〇〇四年度から開始された地域生活移行支援事業は、都が借り上げたアパートを、月額三〇〇〇円で二年間提供するというものである。

(131)湯浅・仁平前掲論文。

(132)厚生労働省職業安定局「住居喪失不安定就労者等の実態に関する調査」(二〇〇七年八月報告書)。

(133)厚生労働省「全国母子世帯等調査」(二〇〇六年)により、母子世帯となった理由別に見ると、死別世帯が九・七%、生別世帯が八九・六%(離婚七九・七%)である。一九八三年には、生別が六三・九%であり、生別世帯が増加している(厚生労働省『平成21年版 厚生労働白書』)。

(134)田宮遊子・四方理人「母子世帯の仕事と育児」(『季刊社会保障研究』43(3)二〇〇七年)。

(135)藤原千沙「ひとり親世帯をめぐる社会階層とジエンダー」(木本・大森・室住編前掲書)。

(136) 阿部彩・大石亜希子「母子世帯の経済状況と社会保障」、国立社会保障・人口問題研究所編『子育て世帯の社会保障』(東京大学出版会、二〇〇五年)。なお、貧困率は、母子二人世帯で三一・八%、幼児を含む場合三八・一%にのぼる(室住眞麻子『日本の貧困――家計とジェンダーからの考察』法律文化社、二〇〇六年)。
(137) 山野良一『子どもの最貧国・日本』(光文社新書、二〇〇八年)、阿部彩『子どもの貧困』(岩波新書、二〇〇八年)。
(138) 母子世帯の保育所への優先入所や、放課後児童クラブの拡充、公営住宅の借上げ制度の活用の推進などが含まれている。
(139) 支援費制度の時は漏れていた精神障害者を包摂した点では意義がある。
(140) 『西日本新聞』二〇〇六年四月一三日。
(141) 橋口昌治『若者の労働運動――「働かせろ」と「働かないぞ」の社会学』(生活書院、二〇一一年)。
(142) 中谷巌『資本主義はなぜ自壊したのか――「日本」再生への提言』(集英社、二〇〇八年)など。中谷は、小渕内閣下の「経済戦略会議」の議長代理を務め、構造改革を推進した一人である。
(143) 例えば政治学者の渡辺治は、民主党は、ネオリベラリズム的な構造改革を進める頭部、開発主義的利益誘導政治を行う胴体部、社会保障の拡充をめざす手足部から三つの構成部分を持つと指摘する(渡辺治・二宮厚美・岡田知弘・後藤道夫『新自由主義か新福祉国家か――民主党政権下の日本の行方』旬報社、二〇〇九年)。
(144) Anthony Giddens, *The Third Way: The Renewal of Social Democracy* (Polity Press, 1998). = 佐和隆光訳『第三の道』(日本経済新聞社、一九九九年)。
(145) 宮本太郎『生活保障――排除しない社会へ』(岩波新書、二〇〇九年)、高端正幸「反「小さな政府」論のその先へ――合意的課税が支える強靱な財政システム」(神野・宮本編前掲書)など。
(146) 濱口前掲書。
(147) これに加え、受給資格の加入期間が一年以上から六ヶ月以上に戻された。さらに倒産・解雇による失職の場合、条件付きで、給付日数が六〇日延長されることになった。
(148) 濱口前掲書。
(149) 民医連前掲書。
(150) 石田光規『孤立の社会学――無縁社会の処方箋』(勁草書房、二〇一一年)。
(151) フランスのEMIがその一つである。だがこれは生存できる水準ではなかった点に問題がある。EMIも踏まえた上で、保険原理に代えて参加を社会契約の中核に位置づけよう議論についてはピエール・ロザンヴァロンの『連帯の新たなる哲学――福祉国家再考』(北垣徹訳、勁草書房、二〇〇六年)を参照のこと。
(152) 参加所得論については、福士正博『完全従事社会の可能性――仕事と福祉の新構想』(日本経済評論社、二〇〇九年）や仁平・山下編前掲書なども参照のこと。
（153）金子勝・武本俊彦『民主党政権への緊急提言――日本再生の国家戦略を急げ！』（小学館、二〇一〇年）。
（154）二〇一一年から所得税における一五歳以下の年少扶養控除が廃止された。配偶者控除の廃止は実現されなかった。二〇一二年度からの子ども手当廃止に伴い、年少扶養控除は復活することになる。
（155）控除が完全に廃止される二〇一三年度には、年収一五〇〇万円の世帯の場合、増税分は月約一万三〇〇〇円となり、子ども手当分は相殺されるはずだった（『朝日新聞』二〇一一年二月二三日朝刊）。
（156）濱口前掲書。
（157）所得制限は、夫婦いずれかの年収が九六〇万円以上である。支給額は三歳未満に月一万五〇〇〇円、三歳から小学生の第一子と第二子に月一万円（第三子以降は月一万五〇〇〇円）、中学生に月一万円である。
（158）『現代と保育』七九号（ひとなる書房、二〇一一年）。
（159）全国保育団体連絡会・保育研究所編前掲書。
（160）伊藤前掲書。
（161）ラルフ・クレイマーやマリリン・テイラーは、福祉多元主義を、経済格差や社会的排除を防ぎつつ、人々の多様性を保障するモデルとする。それは、財源は国家が保証し、供給をＮＰＯなど民間セクターを含めた多様な主体が担うものである。
（162）これは東日本大震災の教訓でもある。東日本大震災では、障害者の犠牲率は健常者よりもずっと高かった。また「標準」＝健常者のために設計された避難所は、障害者を排除した。これらは、体の不自由な高齢者や妊婦、傷病者にとっても同様である。誰もがヴァルネラブルな存在になりうるリスク社会においてこそ、普遍主義的に環境を設計しておくことは重要である（仁平典宏「〈災間〉の思考――繰り返す３・11の日付のために」、赤坂憲雄・小熊英二編著『辺境からはじまる――東京／東北論』明石書店、二〇一二年）。
（163）阿部彩『弱者の居場所がない社会――貧困・格差と社会的包摂』（講談社現代新書、二〇一一年）。
（164）仁平典宏「世代論を編み直すために――社会・承認・自由」、湯浅誠・冨樫匡孝・上間陽子・仁平典宏編著『若者と貧困』（明石書店、二〇〇九年）。
（165）例えば、武田淳「平成の間に日本経済が失ったもの」（『ＷＥＢＲＯＮＺＡ』二〇一八年一二月二九日）。
（166）三者の一般的な言説布置は次のとおりである。財政政策派から見ると、ネオリベラリストが行う公的支出の削減はデフレを容認・促進しかねない（中野剛志『レジーム・チェンジ――恐慌を突破する逆転の発想』ＮＨＫ出版、二〇一二年）。逆にネオリベラリストからすると、財政政策派は、無駄な公共事業などを通じ財政赤字を増大させる存在である。金融政策派と財政政策派はお互いに否定はしないにしろ、景気浮揚に本質的なのは自らの政策だと思っている。なお安倍政権内部においては、金融政策派とネオリベラリストとの関係は良好のようである（髙橋洋一『アベノミクスで日本経済大躍進がやってくる』講談社、二〇一三年）。

(167) 竹田茂夫「安倍政権の経済政策——アベノミクスの危険な坂道」（『大原社会問題研究所雑誌』七〇〇、二〇一七年）。

(168) 髙橋前掲書。

(169) 片野幹・山下裕介「春季労使交渉——その社会的役割の変遷と２０１８年労使交渉の歴史的意義に関する検証」（『ファイナンス』二〇一八年七月号）。

(170) 給与総額を前年より五％以上増やした企業に、給与増加分の一〇％（中小企業は二〇％）の税金を控除できる仕組みである。

(171) 特に大きな影響を与えたのは次の著作である。今野晴貴『ブラック企業——日本を食いつぶす妖怪』（文春新書、二〇一二年）。

(172) この額は社会保障国民会議の報告を受けて、厚生労働省がまとめた案である。二八〇万円以上の人は、住民税を払っている高齢者のうち上位二割にあたる。

(173)「「所得多い高齢者」どう線引き？　介護保険、２割負担の対象巡り」『朝日新聞』二〇一三年一〇月二二日朝刊。

(174)「要支援でも５割前後が認知症、要介護は平均９割以上」（http://www.joint-kaigo.com/social/pg128.html 二〇一三年九月二六日）

(175) これは一方で、地域の「かかりつけ医」の役割を増大させるという意味もある。

(176) 白井康彦「生活扶助相当ＣＰＩの謎を解く」（『賃金と社会保障』第一五八五号、二〇一三年）。

(177) 岩永理恵「生活保護基準引き下げについての「解説」」（『ＳＹＮＯＤＯＳ』二〇一三年二月一二日 http://synodos.jp/welfare/497）。

(178) 受給中に働いて収入を得た場合、それまでは減額されていた生活保護費の一部を「貯金」と見なして、保護から抜けた時に現金で渡すものである。

(179) 伊藤周平「生活保護制度改革から医療・介護制度改革へ」（『賃金と社会保障』第一五八八号、二〇一三年）。

(180) 森川清「生活困窮者自立支援法は、生活困窮者を支援するのか」（『賃金と社会保障』第一五九〇号、二〇一三年）。

(181) 大西連「新たな支援制度の実態とは——生活困窮者自立支援法の問題点」（『ＳＹＮＯＤＯＳ』二〇一三年九月三日　http://synodos.jp/welfare/5308）。

(182) 大川昭博「「自立支援プログラム」で福祉事務所現場はどう変わったか」（『大原社会問題研究所雑誌』七一七、二〇一八年）。

(183) 鵜沢由美子「派遣労働における旧「専門業務」の現状と課題」（『大原社会問題研究所雑誌』七一八、二〇一八年）。

(184) 高度プロフェッショナル制度の問題の本質は、残業代がゼロになることではなく、一部のホワイトカラー対象とはいえ、労働基準法の労働時間規制を完全に撤廃し、やり方によっては際限なく長時間労働させることを可能にすることにある（浜村彰「安倍政権下の労働法制・雇用政策」『大原社会問題研究所雑誌』七〇〇、二〇一七年）。

(185) 一〇七五万円以上の年収、本人の同意、各企業の労使委員会による決議などを条件とし、高度プロフェッショナル制度対象者に年一〇四日以上かつ四週で四回以上の休日を取得させることなどを企業に義務付けた。また、本制度を導入した職場に対する労働基準監督署の立ち入り調査などの附帯決議もついた。ただしその法的拘束力は無い。

(186) 浜村前掲論文、二六頁。

(187) 層化二段系統抽出法で抽出した全国二〇歳以上の男女四〇〇〇人を対象に調査されたものである。

(188) 竹田前掲論文。

(189) 浜村前掲論文。

(190) 堀江孝司「安倍政権の女性政策」（『大原社会問題研究所雑誌』七〇〇、二〇一七年）

(191) もっとも、保育の受け皿として認可保育園ではなく、認可外保育施設など多様な主体の参入を活用したもので、平成Ⅱ期の日本版ネオリベラリズムのベクトルを多分に含んでいる。実際には、認可外保育施設は保育環境が整っていないところが多く、二〇一二年の保育施設における児童死亡率を比較すると、認可保育園が児童一〇万人あたり〇・二八に対し、認可外保育園は六・四五と極めて高い（dojin「認可保育園と認可外保育園における児童死亡率の差の検証」二〇一三年 https://sites.google.com/site/dojinsites/dojin20130709_ver3.pdf）。よって認可保育園を増設すると同時に、認可外保育施設に対する公的援助も必要である。また、三年間の育児休業についても、非正規労働者への対応、休業中の所得保障、男性の育児休業取得に向けた取り組みなど課題は多い。

(192) その功罪については、鳫咲子「安倍政権下における子どもの貧困対策」（『大原社会問題研究所雑誌』七〇〇、二〇一七年）などを参考のこと。

(193) 経済産業省次官・若手プロジェクトペーパー『不安な個人、立ちすくむ国家――モデル無き時代をどう前向きに生き抜くか』二〇一七年。

(194) 本節では、ネオリベラル化のベクトルが十分に貫徹していない点を強調したが、今後も同じとは限らない。むしろ経済のグローバル化は、資本の海外逃避に対する恐怖を通じて、未だに大きな減税と規制緩和の最大の圧力となっている。これはＩＭＦや世界銀行によっても推進されてきた。また他方で、国境を越えた労働力移動を増大させ、外国人労働者の社会権保障という新しい課題も浮上させる。

よって、ポスト平成における社会政策の一つの課題は、それを国民国家を超えた形で策定することになるだろう。武川正吾は、グローバル・ミニマムと国民所得比例の部分からなる二階建ての「コスモポリタニズムの社会政策」を提案する。グローバル・ミニマムには、国際人権規約の諸権利、ＩＬＯ条項、ＢＨＮ（人間としての基本的必要）などが含まれ、そのためにトービン税などを用いた所得再分配や原生的労働関係の禁止などの規制が手段として用いられる（武川正吾『連帯と承認――グローバル化と個人化のなかの福祉国家』東京大学出版会、二〇〇七年）。換言すれば、国家類型としてのネオリベラリズム（Ⅱ）だけではなく、グローバルな趨勢としてのネオリベラリズム（Ⅰ）も統制の対象に据えることであり、グローバルレベルの格差・貧困を正面から問題化することでもある。それが国内の社会保障制度の脱商品化に再帰的につながるだろう。

教育

貴戸理恵

子ども・若者と「社会」とのつながりの変容

ほんの少し誇張すれば、教育システムのなかの、失業に見舞われた部分が、今日ますます幽霊駅に似てきていると言うことができる。その幽霊駅では、列車は、もはや時刻表に従って行き来していない。それにもかかわらず、すべての事柄が、古い基準に従って行われている。旅立とうと思っている者がいるとしよう。家にとどまることが、未来がないことを意味している場合に、家にとどまりたいと思う者がいるだろうか。彼は、列車の切符が売り渡される窓口に、長蛇の列をなして並ばなくてはならない。列車は、たいていどのみち満杯である。あるいはもはや、すばらしい目標の方向にむかっては発車しない。あたかも何も起こらなかったかのように、文部省の役人は、切符売り場の後ろで、それが官僚組織上の非常な浪費であるにもかかわらず、どこへも行くあてのない切符を配っている。そして、彼らの目の前にできている長蛇の列を「威嚇」して追い立てる。「切符がなければ、列車に乗ることは決してできませんよ」。そしてひどいことに、彼らの言うことは正しいのだ（ウルリヒ・ベック『危険社会——新しい近代への道』東廉・伊藤美登里訳、法政大学出版局、一九九八年、二九五－二九六頁）

はじめに——日本的移行過程における「メンバーシップ主義」

本章では、戦後日本社会における学校教育の特徴と「平成」以降の変化を、子ども・若者と「社会」とのつながりという観点から論じる。本章に与えられた主題は「教育」であるが、以下では「教育」を独立した対象と捉えるのではなく、子ども・若者が社会的存在となる契機のひとつとして捉え、若者雇用や移行システムとの関係性のなかでこれを見ていくことにしたい。

日本社会では、子ども・若者が社会的存在になることは、「学校に行くこと」「企業で働く

（人の妻になる）こと」と重ねられてきた。学校のクラスにうまく溶け込む子どもは「社会性がある」とされ、学卒で企業に就職する若者は「新社会人」と呼ばれる。逆にいえば、クラスになじめない子や不登校の子は「社会性がない」とされ、学卒後に無業でいれば「社会からはじき出された人」と見られやすい。(1)

学校と企業こそが「社会」であり、「社会」に参加するとはすなわち、学校に行き、企業に就職する（人の妻になる）こと――こうした見方は、主として戦後の高度成長期を通じて形成されてきた。開放的で高い均質性・統合性を達成した学校教育と、長期雇用を前提に新卒者を採用し能力開発機会と家族給を提供する日本型雇用が、新卒学卒一斉採用システムによってスムーズに結びつく。それは、学力形成、職業的スキルの獲得、入職時マッチング、雇用保障といった、子ども・若者が社会的存在となるプロセスで必要とされるほぼすべての事柄が、学校と企業という二つのアクターによってのみ担われ、公的サポートを必要としない、言わば「学校と企業が成功しすぎた社会」だった。

しかし、こうした仕組みは一九九〇年代以降、急速に崩れてゆく。この時期、学校は多様化・個性化の名のもとに平等性を手放し始め、企業は「男性正社員」モデルを切り崩して雇用の非正規化を推し進めていった。正社員のパイが縮小するなか移行は揺らぎ、フリーターや失業者・無業者といった「漏れ落ちる人」が多数現れるようになった。そのうえ、構造的な問題把握がなされないまま自己責任論や若者バッシングが巻き起こり、対策は遅れ、あるいは的を射ないものとなった。

今日では少なくない若者が、スキルアップが望めて「それなりの誇り」の持てる仕事を得、家族を持ち子どもを産み育てるという、それまでであれば「普通」とされたはずの人生の可能性から疎外されるようになっている。「学校から企業へ」という移行ルートからの漏れ落ちは「社会」とのつながりの喪失に重なり、さまざまな「生きづらさ」が膨張している。

そこでは何が壊れはじめ、何が持続しているのだろうか。子ども・若者と「社会」とのつながりを保つために、いま何を変革し、何を維持するべきなのだろうか。ここで答を出すことは困難だが、九〇年代以降の社会を八〇年代までの「学校と企業が成功しすぎた社会」との関連のなかで把握することで、これらの問いにアプローチする土台を提供したい。

その際、本章では、特に学校と企業を貫く「メンバーシップ主義」の揺らぎという点に着目する。

労働法学者の濱口桂一郎は、日本型雇用システムと呼ばれるものの本質が、「メンバーシップ契約」というべき雇用契約の性質にあることを明らかにしている。(2) すなわち、日本型雇用システムでは、雇用契約において職務が具体的に設定されておらず、組織内の地位のみが設定されており、このことの論理的帰結として、日本型企業に固有とされる終身雇用制度、年功賃金制度、企業別組合といった諸特徴が生み出されるのだという。

このような「組織に入って何をするか」よりも「組織のメンバーであること」そのものを重視する傾向は、企業だけでなく、「学校から企業への移行」全般に共通して見られるだろう。以下ではこれを援用し、子ども・若者が社会的存在となる一般的なプロセスにおいて、組織内で個人が関わる事柄の具体的内容や個人ベースの技能・資格に比して、組織ベースの威信や所属・在籍していること自体がより大きな意味を持つ事態を、日本的移行システムの「メンバーシップ主義」と呼びたい。

「メンバーシップ主義」のもとでは、ある組織のメンバーであることが次の組織にメンバーとして招きいれられることの必要条件になるような仕組みが生まれていく。これは、いま属している組織における個人の品質保証である「出口管理」が、実質的に次の組織の「入口管理」（どれほどの「狭き門」に入れるか）に代替されており、「次の入口」が「いまの出口」に後ろから覆いかぶさってくることで機能する。

このような仕組みから、以下の点が派生してくると考えられる。

第一に、個々のキャリア展開戦略のうえで、「入ってから」より「入るまで」が重視されるため、エントリー競争が激化する一方でレリバンス（関連性・有意味性）は希薄になる。たとえば大学受験では、多くの場合、受験勉強で得た知識はその後の大学生活や社会生活で役に立たない。しかし「どの大学に入るかで人生が決まる」と認識されるため、受験生はそれを了解していながら、多くのエネルギーを受験勉強に投入する。大学に入学した若者がその後情熱を傾けるのは、次なるエントリー競争としての「就職活動」である。

第二に、権利保障は組織の正規メンバーであることを通じてなされ、組織を離れた個人に対する保障は原則としてない。学ぶ者は学校に、仕事をする者は企業に所属することにより、学習や生活が保障される。正規メンバーと非メンバーのあいだには、しばしば部分的に権利を剝奪された非正規メンバーが存在している。

第三に、組織を超えて共有される普遍的な基準が存在せず、権利保障の程度は組織の威信や規模に依存する。学位の価値や賃金水準は、所属する学校や企業によって変わる。各組織は、「有名大学」や「有名大企業」を頂点に半ば公式的に序列化されている。

第四に、「いまの出口」と「次の入口」のあいだに何らかの理由でブランクができた場合、リカバリーが利きにくい。「正規メンバーでありつづけること」は規範的価値を帯び、経歴上の空白は「ゼロ」である以上に「マイナス」と見なされる。メンバーシップからの離脱はしばしば逸脱・不適応と見なされ、道徳的な非難の対象となる。

本章で見ていくように、こうした「メンバーシップ主義」は、「学校と企業が成功しすぎた社会」の支柱であった。ただし、それは学校と企業の「成功」を導くために自覚的に導入されたものではなく、さまざまな歴史的文脈のなかで、学校、企業、行政、個々の子ども・若者といった諸関係者の立場のせめぎ合いやすれ違いを通じて、結果として、偶発的に形成されてきたものだったといえる。それは、明確に制度化されてはいないにもかかわらず、実質的に存在し、ある種の均衡や統合の達成を支えていたと考えられる。

一九八〇年代までの状態を、単に「学校と企業の成功」ではなく「成功しすぎ」と呼ばなければならない理由のひとつは、このように、それが意図せざる結果として達成されたことである。そこでは「成功」の成立条件が反省的に把握されることは少なく、「成功」が揺らいだあとも明示的な転換がはかりづらくなった。

こうした無自覚さやナイーブさは、文化的説明とも親和性が高く、八〇年代にはさまざまな日本人論・日本型特殊論が書かれることとなった。だが、「成功」の揺らぎを経由したいま、文化的説明によって納得することはできない。以下では、近代日本において「メンバーシップ主義」が歴史・社会的に構築されてきたプロセスに着目し、「学校と企業が成功しすぎた社会」がいかなる文脈のもとに成立し、いかに揺らぎつつあるかを見ていく。そのうえで、二〇一〇年代末の今日、子ども・若者と「社会」とのつながりを、「学校か企業に所属すること」に限定されないかたちで構想する、必要性と可能性を論じたい。

1 学校と企業が成功しすぎた社会

はじまりの明治

日本の学校教育の「成功しすぎ」は、明治時代から始まっている。

欧米に後発して近代国家建設に乗り出した明治政府は、一八七二（明治五）年、「学制」を発布し、立身出世主義・国民皆学・受益者負担を掲げて初等教育の義務化を行った。初期には学校焼き打ちや就学拒否など民衆の抵抗があったものの、その後義務教育は急速に普及した。一九〇〇（明治三三）年に授業料が廃止されたことで普及にラストスパートがかかり、まもなく小学校の就学率は九割に達した。明治一〇年代ごろまでは混沌としていた学歴主義も、明治三〇年代ごろには、庶民に学歴の重要性が納得されるまでになる。今でいう大学入試に当たる高等学校の入試倍率は、明治二〇年代には二倍に満たなかったものが明治四〇年代には四～五倍に達し、局所的ではあるが、「厳しい受験競争」が出現するに至った。(3)

学校制度が急速に浸透した背景には、後発近代化国であった日本における国家統制の比重の大きさがある。たとえば、義務教育の普及プロセスを当時の先進工業国イギリスと比べると、大きな隔たりがある。イギリスでは一八世紀以来の工業化の流れを受けて、まず民間の宗教団体などが労働者に必要な読み書き算を教え始めた。国家介入は遅く、一八三三年に学校建築費の半額を国庫負担とするところからスタートしており、それも、この時にはまだ教育担当の行政機関も国立の学校も存在せず、すでに展開していた民間の学校に大蔵省から補助金を出すに止まっていた。国家による法制化は一八七〇年の初等教育法であり、実質的な就学義務化は未就学者の就労を禁じた一八七六年教育法を待たねばならず、この年度だけを見れば、日本の学制の方が先行している。[4] イギリスでは、まず工業化による教育ニーズに基づいて民間が近代的な初等教育を推し進め、国家がそれを事後的になぞりつつ段階的に制度化が行われたのに対し、日本では、教育ニーズに先行して国家が強権の発動により義務教育制度を敷き、そのうえで工業化が進められていった。

この近代化過程における後発性と圧縮性という歴史的条件のもとで、日本の学校や学歴主義のあり方には、次のような特徴が生まれていった。[5]

第一に、帝国大学を頂点とする学歴競争が全体を席巻するという、高い開放性と競争性が生まれた。性急な近代化の要請のもとで、高等教育は、外国人教師を招聘し西欧語で西欧的知識を教授させる機関としてスタートした。他方、中等教育は内実を持たず、初等教育後の教育段階としてのみ消極的に位置づけられた。西欧では中等教育は、イギリスのグラマースクール、ドイツのギムナジウム、フランスのリセなど、高等教育に接続する中産階級の子弟のための学校であった。しかし日本では、貴族や武士などの旧・支配階級が勢力を削がれており、産業化のなかで力を付けるべき中産階級は未熟であったことなどから、中等教育が、中産階級の文化的・職業的再生産を促す古典教養伝達の場として位置づけられなかった。結果として、伝統的な上流・中産階級向けの私学が発達せず、学校における旧支配者層の文化的優位性が比較的乏しく、帝大中心の一元化された競争が成立した。

第二に、「卒業資格の取得」よりも「入学試験への合格」が上級学校への進学を決定づける仕組みが成立した。日本における学歴は、学校ごとに付与される卒業証書によって個別的に規定されていた。ドイツのアビトゥーアやフランスのバカロレアなどは、中等教育修了を証明する資格試験であり、これに合格すれば一律に高等教育への門戸が開かれた。他方、日本ではそうした一定の教育内容の修得に対する普遍的資格が存在せず、個々の高等教育機関が実施する入学試験がこれを代替した。そのため同じ「大卒」であっても、どこの学校を出たかで威信が大きく異なった。また入学試験は、内容習得の有無を問うより受験生に順位を付ける選抜機能に特化してゆき、自己目的化された競争的なものとなった。

ほんらい卒業試験より入学試験が優位であるのは、学校系統が未整備である制度の構築段階や、教育内容が多様であるため一元的な卒業認定が困難であるなどのケースにおいて、ばらつきの多い入学者の学力水準を統制する必要が生じる場合である。にもかかわらず日本では、一元的な学校制度が一定の成熟をみた明治二〇～三〇年代以降も、入学試験が優位であり続けた。背景には、①欧米レベルを予め設定された大学と現実の初等・中等教育とのあいだに学力水準の大きなギャップが残り続けたこと、②庶民の進学熱の急激な高まりに対し財政的制約を抱える国家が高等学校や帝国大学の収容力を強化できず即応できなかったこと、があった。(6)

第三に、政府・専門職のみならず、企業においても学歴主義が浸透した。近代化に学校制度が先行した日本では、近代部門の担い手となる人材はもともと存在せず、学校において養成されなくてはならなかった。特に、実業界がアカデミズムから明確に隔たっていた西欧とは異なり、企業も学歴主義になったことは、その後、日本の学歴主義が社会全域に広がっていく重要な契機となった。(7)明治期には官僚と専門的職業人の養成を主な役割とした高等教育は、大正期から昭和にかけて、産業化のなかで拡大してきた企業の職員層を輩出する役割をも担った。明治末期から財閥系大企業が大卒ホワイトカラーの新卒採用を開始し、そこでは学歴・学校歴と給与や昇進可能性といった企業内での地位が密接に結びつき、そうした仕組みが企業部門の拡大とともに広まっていった。

大企業の職員は、性別および学歴・学校歴別に明確に仕切られており、男性では高等教育修了者は「社員」、中等教育修了者は「準社員」、初等教育のみの者は「職工」「労務者」、女性では高等教育修了者の採用はなく、中等教育修了者は「女事務員」、初等教育のみの者は「女工」「工女」となった。こうした「会社身分制」が、一九二〇年代ごろまでに広く浸透していった。(8)

厳密にいえば、これらがどこまで日本の歴史・文化的特徴の反映であり、どこから「後発効果」という一般性に回収できるのか、切り分けは難しい。(9) ここでは差し当たり、これらの条件が、その後「メンバーシップ主義」を基礎づける下地となるものであったことを確認しておきたい。

このような、明治期の日本で形成された学校や学歴主義の諸特徴は、近代の「理想」が孕む両義性を示唆していた。近代学校教育制度は、人材配置の原理を属性主義から能力主義（メリトクラシー）へと転換させる要である。能力主義とは、ある人が「誰であるか」（属性）ではなく「何を達成したか」（能力／業績）によって社会的配置が決まる仕組みであるといえる。学校ならば成績によって進路が決まり、企業ならば職業的達成によって昇任や報酬が決まる。先進工業諸国では、基本的な人材配置原理として能力主義が採用されていると考えることができる。

しかしこれはあくまでも「理想」にすぎず、「現実」には、学校を通じて身分や地位が再生産されることは、西欧においては自明であった。すでに述べたように、高等教育に接続する中等教育の内容が中産階級の文化的素養と強い関連性を持っていたため、そのような文化を身につけていない他の階級出身者は、「能力」云々のまえに、すでにその時点で不利な立場に置かれることを余儀なくされていたからである。

日本においても、初期の学歴主義の体現者が政府や専門的職業に参入した元士族たちであったように、この傾向と無縁ではない。だが、日本における立身出世主義や教養主義は、農業出身者や地方出身者を疎外せず、むしろこれらの人びととの文化的親和性を保持しつつ広がりを持ったことが知られている。[10]その意味では、前時代からの早期脱却を迫られた後発性が、結果的に、かえって西欧よりも「開かれた能力本位の選抜」という近代の「理想」により近いものを現実化したといえる。しかしそれは、他方で、教育内容の空洞化や学歴主義の全域性、苛烈な競争と表裏一体だった。多くの人に学歴を通じた地位達成の可能性を開く平等性は、ある意味では、ひとりの人間の生まれ育ちに刻まれた生活や歴史と、学校において身につける知識や教養の有機的な結合が切断され、教育内容が「どのような生まれ育ちの人間にとっても同じ程度に疎遠」と見えるまで形骸化しきることで、成立する。

とはいえ実際には、この当時はまだ学歴による立身出世は一部の上流階級や富裕層のものであり、庶民にとっては身近ではなかった。

第二次世界大戦後の「平等＝画一的」な中等教育の整備

日本において、後期中等教育や高等教育への進学が、多くの庶民にとって現実的になってくるのは、第二次世界大戦後の高度成長期を通じてである。これに先立ち、学校教育制度は、敗戦直後、明治のつぎに大きな転換点を迎える。明治期には「近代国家建設の基礎」であった学校は、今度は「民主国家建設の基礎」として再スタートする。

一九四七（昭和二二）年、ＧＨＱ主導で教育改革が行われ、日本国憲法と教育基本法に基づいて、平等で民主的な教育制度が整備された。義務教育はそれまでの六年から九年に延長され、現在も続く六・三・三・四制が確立した。男女共学校がすべての教育課程において主流となり、「職業・家庭科」を除いてカリキュラムが男女で統一され、戦前にはほとんど閉ざされていた大学教育が女子に開かれるようになった。

このとき新設された中学校は、戦後日本の学校制度の大きな特徴のひとつである。戦前のように小学校を卒業するとすぐに子どもたちを進路別に振り分ける「複線型」とは異なり、新制中学校は卒業後の進路の就職・進学にかかわらずすべての子どもが通うものであり、分岐を先送りする平等主義的な「単線型」の学校系統を形成した。

当時としては、世界的に見ても「最先端」のシステムである。この時期、西欧では、中産階級向けの高等教育に接続する中等教育機関と労働者階級向けの職業教育機関に早いうちから分岐する「複線型」の学校系統になっていた。[11]

このようにすぐれて平等主義的な理想のもとにスタートした日本の教育だったが、理想と現実のギャップは大きかった。戦後の財政難、劣悪な教育環境、インフラやカリキュラム・教員における大きな地域間・学校間格差を前にして、ＧＨＱ占領下における理想主義的な民主的教育制度をいかに実現してゆくか。一九五一年、サンフランシスコ講和条約の調印によって日本の独立が回復されると、文部省はこの課題に取り組み始めた。

苅谷剛彦は、義務教育費の配分に着目しながら、一九五〇年代を通じて、文部省が「義務教育の平等化」を「学級や地域という集団単位での単一規格化」として推し進めたことを明らかにする。[12]一九五二年には公立義務教育学校の教職員給与を国と都道府県が二分の一ずつ負担する義務教育国庫負担制度ができ、一九五四年にはへき地教育振興法が制定された。一九五八年には学習指導要領が改訂され、はじめて全国一律の学習内容と学習時間が規定された。さらに同年、義務教育標準法が制定され、学級定員の上限を定めそれに基づいて必要な教員数を算出するという、義務教育平等化の具体的な手続きが示された。

苅谷によれば、ここには日本という文脈に固有な「平等」の捉え方が表現されているという。二〇世紀初頭から一九三〇年代にかけて、欧米では「生徒時間」という単位に基づいて教師の労働コストを計算する手法が採用されていった。これは、教育労働の負担を「教える生徒数×教える時間」で捉える方法であり、「一人の子どもがその教師のもとでどのくらいの時間学ぶか」という個人を基準とする考え方だ。他方、日本の「標準法」的な考え方のもとでは、「一つの学級が何人の教師を必要とするか」とクラス単位で考えることになる。そこでは「平等」とはまず「生徒たちが同じ教育を受けていること」と見なされやすく、「個々の生徒や親のニーズに合った多様な教育の提供」を「平等」とする発想は出てきにくい[13]。

このように、学級が標準化の単位となったことは、日本の学校制度の歴史性に照らせば、単に効率的である以上の意味があったと考えられる。標準化は、規格を同じくすることで、逆説的ではあるが、差異を際立たせるという効果を持つ。そして学級とは、何よりも個々の子どもや教師が日常的に身を置く場であり、個人と学校制度が出会うインターフェイスである。つまり標準化の単位となった学級は、「クラスで何番」という競争の舞台にもなるのであり、ともすれば統合性に亀裂を入れる不穏さも秘めている。これを際立たせることなく統合性のうちに回収しえた背景には、「班活動」「クラス仲間」といった学級をめぐる現場的な力が働いていた。制度の外部である教育現場の自律性が、結果として制度に貢献し、全国の学校の標準化という国家プロジェクトを補完した。日本の学級は、戦前から効率的な一斉授業・生活近代化・集団的規律化の単位として独自に機能していたことが知られているが、戦後において、標準化達成という「上からの」要求と学校を通じた平等志向や上昇志向という「下からの」要求を奇妙に接ぎ木する役割を担った。

こうした一連のプロセスを通じて、一九六〇〜七〇年代にかけて、PT（Pupil・Teacher）比の改善や地域間格差の縮小など、一定の標準化・平等化が進行していった。背景には、高度経済成長下における第一次産業から第二次産業への転換[14]と高校進学率の急速な上昇[15]、およびベビーブーマー世代（一九四〇年代後半〜一九五〇年生まれ）の義務教育通過があった。

多くの子どもたちが同じ条件の学校に通い、似たような内容を勉強して、一斉に高校受験を経験する——そうした社会が、政策的意図、現場の意図、人口動態、経済的・産業的背景といった諸要因の絡まり合いのなかで、実現していったのである。

新卒者の「学校から仕事への移行」の整備

「平等＝画一」的な中等教育は、均質なノンエリート労働力を毎年生み出すことになった。そこでは、新規学卒者の初職への入職を効率的に達成する仕組みが重要な役割を担った。

苅谷剛彦・菅山真次・石田浩は、新規学卒者の就職に対し、職業安定所と学校が「未成年者の保護・教育」という非市場的価値に基づく介入を行ったことで、結果的に人材配置がスムーズに行われたことを明らかにする[16]。

まず、一九四七（昭和二二）年の教育改革と新制中学校の設置により、義務教育終了年齢が工場労働に参入する年齢に接続し、一定の教育を受けた新規中卒者が毎年大量に輩出されるようになった。この人びとと高度成長期の旺盛な労働力需要をマッチングさせるうえで、一九五〇年代から六〇年代にかけては職安と学校が連携し、新規中卒者の「集団就職」などを後押しした。一九七〇年代からは、高学歴化により新規学卒労働市場が中卒者から高卒者へと移り変わるとともに、「就職協定」「実績関係」「一人一社主義」など個々の学校と企業の関係性に基づく「学校経由の就職」がさかんに行われるようになった。一九八六（昭和六一）年の「青年の職業適応に関する国際比較調査」では、初職への入職経路が「学校の紹介」である者の割合は、アメリカが八・四％、イギリスが九％であるのに対し、日本は四九・二％（中等教育出身者五五・五％・高等教育出身者三七・六％）であった[17]。

学校が介在することで、高卒就職には「教育的配慮」という独自の論理が持ち込まれることとなった。それは結果として、生徒の在学中に学校と企業が一定の法則性に基づいて「ふさわしい」入社先を決定することで、入職時のマッチングを円滑に運んだ。市場の外部である教育の論理の介入は、市場の均衡を崩すのではなく、むしろそれに貢献したのである。

現場の教師たちは、企業の人材要請と生徒の進路希望という異種の事柄を、進路指導というミクロな相互作用場面で調整していった。それは一方で「学校からすると、希望する生徒の中で、むこう（企業）で多少採ってくれるような生徒を上げなければなりません[18]」としつつも、他方で「基本的には、なんていうのかな、生徒の希望を尊重するというのがたてまえなので、それをやっぱり実践しています[19]」とする、ある種のアクロバットを意味した。多くの教育現場で行われたに違いないこのようなすり合わせが、スムーズな移行を陰で支えていたと想像できる。

他方、大卒者の就職はまた異なる歴史を持つ。大卒者では、一九一〇年代半ばごろ、第一次世界大戦中の好景気下において、より優秀な学生を他に先んじて獲得したい大企業の採用戦略から、「卒業前に就職・採用活動が行われ、就職先が決まる」という慣行が定着していった。これは定着当初から批判されており、「学生は学校卒業期になると就職運動にばかり狂奔して遂にその学業を捨てて顧みないといふ風を生じ…（中略）…甚だしきに至つては、就職運動はどうやら奏功して就職口は決定したが、そのために学業を疎かにし成績が悪くて卒業出来なかつたなどと云ふ弊害をさへ生じてきた」などと指摘されていた。[20] しかしこうした慣行は、いったん成立してしまえば廃止が困難である。卒業前採用を禁止したり遅らせたりする企業間の「紳士協定」は、罰則を設けるのが難しく、「厳守する企業が馬鹿を見る」ものとなりやすい。大卒者の卒業前採用は戦後も継続し、戦後の教育改革による大学の増加や高度成長期の企業の成長を背景に、規模的に拡大していった。

こうして達成されたスムーズな移行システムは、一九八〇年代まで日本の若者失業率を低く抑えることに貢献した。一九九〇年における一五歳から二四歳までの先進工業諸国の失業率は、アメリカ一一・二%、イギリス一〇・一%、フランス一九・一%であったのに対し、日本は四・三%だった。[21]

このように新規学卒者の定期採用の広がりを通じて、「メンバーシップ主義」――学校という組織への所属が、企業という組織に所属するための必要条件となるような仕組み――が広範に成立していく。このことは、いかなる意味を持ったのだろうか。

野村は、企業の側から見た定期採用の意味を次のように列記している。①学校の教育内容の軽視、②職種限定的な専門性の軽視、③高卒／大卒を明確に区分する学歴主義、④職種別賃金の不在が前提、⑤大卒では男性のみが対象（八五年均等法まで）、⑥「同期」という同質集団の形成、⑦長期雇用が前提、である。[22] この指摘に見られるように、企業の人材選好は、年齢・性別という属性と「現役の学生である」という学校への所属に基づいて規定されていた。個々の若者が仕事に役立つ知識や技術を持っているかは問われず、「○○校出身」というタグを付けた「白紙」状態の若年男性こそが求められた。

若者の側にとっては、学校は「学ぶ場」であるよりまず「所属する場」となり、教育に意味を見いだしがたいにもかかわらず、ドロップアウトを避け在籍し続ける誘因がはたらく。通常、組織への在籍は手段であり、そのなかで学んだり仕事をしたりする内容こそ目的であるところが、逆転し、「いい会社に就職するために、いい大学に進学するために、いい高校に進学するために、勉強する」という具合に、内容の手段化と在籍の自己目的化が、純度の高いかたちで起こってくる。

このように、「メンバーシップ主義」は、教育内容の空洞化と仕事内容の曖昧化の、結果であり、原因であった。

これは必ずしも、企業と若者の双方にとって、良いことばかりをもたらしたわけではなかった。企業にとっては「白紙」状態の若者は、活用の柔軟性が高いというメリットをもたらすが、その一方で、職業スキルを企業内で時間・労力・金銭コストをかけて養わなければならない。また、若者は、内容に意味を見いだせないまま学校に行きつづけることに、多かれ少なかれ、苦痛や疑問を抱いていたはずだ。だが、企業は経済成長のなかで長期雇用と人材養成のコスト負担が可能であり、若者は高校の進路指導に従ったり「いい大学」を出ることによって実際に条件のよい就職口を得ることができたため、基本的に問題とされなかった。

能力主義における学校と企業の連続性

もうひとつ、これに関連する日本的特徴の別の側面に触れておこう。それは、学校と企業に連続する能力主義的な競争の全域性と持続性である。

能力主義のもとでは、個人はみずからの才能と努力によって他より一歩抜きん出ようとする。それは、たゆまぬ勉励によって地位上昇を目指す「ガンバリズム」の精神をもたらす。だが能力主義的な競争は、やがて「勝者」と「敗者」を生む。「勝者」は更なる「ガンバリ」へと動機づけられるが、「敗者」は「これ以上やっても無駄だ」と競争から下りてしまいやすい。

西欧では、能力主義的な価値を内面化するのは主として中産階級であり、労働者階級はそこから疎外されるとともにそれを相対化する自律性を持つことが明らかにされてきた(23)。労働者階級には、中産階級とは違って、競争による個人的な一抜けを牽制し、連帯のなかで支配階級に対抗していく文化がある。一方、日本の能力主義にはそのような分断は希薄であり、「誰でもやればできる」という価値のもと、多くの人びとを競争に巻き込んでいった(24)。

日本の学校においては、中学校は先述のとおり熟練技術職への参入ルートを分岐させない普遍的なものであり、高校進学後も細分化されたランク別の仕切りのなかで「それなりの競争」が持続するため、成績下位者も競争を放棄することなく「ガンバリ」続ける仕組みになっていた。学校経由の就職は、学校成績を基準に生徒を企業に推薦するため、就職希望の者にも学校成績を維持する誘因を与えた。

このような仕組みのもと、子どもたちは高い学力パフォーマンスを見せた。一九六四年IEA(国際教育到達度評価学会)の第一回国際数学比較調査では、中学二年生の数学が参加一二カ国中二位（英五位、米一〇位）。一九八一年第二回調査では、中学一年生の数学で参加二〇カ国中一位（英一一位、米一四位）となり、平均正答率は、二位オランダの五七・四%を引き離して六二・三%と突出して高かった。諸外国からは、全体的な水準の高さとばらつきの少なさが注目された。

この競争の全域性と持続性は、企業においても同様だった。「横並び一斉昇進」などと評されることのある日本的企業だが、実は優れて能力主義的であり、広く個人査定が行われてきたことが知られている。[25] もっとも、査定対象となる「能力」は、日本的な「メンバーシップ雇用契約」のもとでは、「生活態度」や「適応力」といった潜在能力であったが。能力評価の柱となったのが、戦後のいわゆる「電産型賃金体系」のような年齢給システムに代わって一九六〇年代半ばごろから台頭してくる「職能資格給」という人事考課システムだった。これは、一定の年齢・勤続階級による仕切りのなかで繰り返し個人査定が行われるもので、ブルーカラー労働者にも適用された。ここにも学校と同様に、細かい仕切りのなかで「それなりの競争」が全体において継続する仕組みを見てとることができる。個人査定を行う企業は一九七六年には全体の七六%、五〇〇〇人以上規模では九八%に達している。[26]

さらに、学校と企業は、学歴・学校歴が入社後のキャリアに強く影響する「学歴身分制」を介して接続しており、「この人は有名大学卒だから、昇進が早いのも納得する」という具合に、価値の共有によるノンエリートの合意を調達していた。ブルーカラー労働者の質が高く、小集団活動などを通じた職場へのコミットメントが大きいことも日本企業の特徴とされた。

七〇年代の世界的な不況ののちも、日本は、製造業の現場作業員や主婦パートの人員整理をはじめ、残った社員に「何にでも対応し無駄を省く柔軟な働き方」をいっそう要請する「JI

T（ジャスト・イン・タイム）方式」の適用など、独自の経営合理化により経済成長を続けた。八〇年代まで諸外国から「成功例」と見なされ、数々の日本型特殊論や日本人論が生まれることになった。

能力が「高い」とされる者も、「低い」とされる者も、皆が自分の所属集団のなかで精一杯がんばる。それが長期間にわたって継続することで、全体の底上げが達成されていく。——こうした仕組みは、基本的に、「クラスメイト」「同期」などの均質な中間集団をベースとして成立している。細かく仕切られた中間集団は、その中で序列づけが行われる競争の舞台であると同時に、その微細な差異を互いに了解しうる「仲間」としてのまとまりを持つ。「平等」と「競争」の両立というアクロバットが中間集団の力に支えられて成立していくさまは、学級単位で平等＝画一化を達成していった五〇～六〇年代の義務教育の整備のプロセスにも通底するだろう。日本型能力主義は、「面の平等」に見られる日本的な平等主義を別の角度から見たものであり、それは中間集団の重要性という中核を共有しながら、学校と企業にまたがって存在していたと考えることができる。

そこでは、「メンバーシップを得る」ということは、組織の構成員としての権利や義務を担うだけでなく、こうした中間集団に埋め込まれることを意味する。その埋め込みは、長時間を過ごす生活空間においてなされる点で身体・生理的であり、忠誠心やコミットメントが求められる点で精神的であり、「何のために私はここにいるのか？」という自己省察をあらかじめ封じる点で完全性を持つ。すなわち、組織のメンバーになるとは、学校のクラスや会社の同期集団、配属された職場といった具体的な場のなかで、まるごとの存在を没入させるような競争と協調の求めに応じていくことに他ならない。

そう考えれば、「学校という組織への所属が、企業という組織への所属の前提条件となる」理由のひとつが理解できる。新しく採用する人間が、中間集団への適応力をそなえているかどうか。その極めて重要だが尺度化の難しい事柄を判断するうえで、「いま現にその人間が中間集団に適応していること」以上に適切な情報は、存在しないからである。

「学校・企業＝社会」の誕生

以上から見えてくるのは、主として高度成長期を通じて形成され、八〇年代まで持続した「学校と企業が『成功』しすぎた社会」の姿である。

学校は平等で開放的であり、欠席や怠学が少なく、学力は高く且つばらつきが少ないなど顕著な統合性・均質性を達成した。企業は学校経由の新卒一括採用によって質の高い労働力を確保するとともに、若者にＯＪＴで職業的スキルを身につけさせ、長期雇用と年功賃金によって男性正社員とその家族を支えた。競争の広汎性と持続性は学校と企業を貫き、学び続ける就職希望学生や質の高いブルーカラー労働力を生み出した。

本章では深く論じることができないが、本来ならば、これに家族の「成功」がつけ加えられなくてはならない。転勤や残業に積極的に応じるなど生活態度そのものが「能力」として評価される男性正社員の存在は、介護や育児などのケアを主として家庭のなかで女性に担わせ、それを「当然」と見なすことで成り立っていた。七〇年代を通じて日本の家族は突出した「安定性」を見せ、離婚率は約一割（二〇一〇年代には三～四割）、生涯未婚率は男性約二％・女性約四％（上昇が大きく二〇一五年では男性二三・三七％、女性一四・〇六％）、婚外子出生率は約一％（二〇一〇年代には二％強）と、軒並み低かった。厚生労働省「国民生活基礎調査」によれば、母子世帯数は一九七五（昭和五〇）年には三七万四〇〇〇世帯と、二〇一六（平成二八）年の七一万二〇〇〇世帯の半数強だった[27]。

このような社会の質的特徴として、以上では「メンバーシップ主義」に着目してきた。「メンバーシップ主義」は、組織への所属それ自体を組織内で行う内容よりも重視することによって、メンバーを平等に扱いながら競争を促進し、かつ内容を空洞化させる。それは、日本の置かれた歴史的文脈や、固有の能力主義・平等観、制度・政策、さらにはその仕組みのなかに生きる人びとの実践によって、結果的に形成されたものだった。

「メンバーシップ主義」は結果的に、子ども・若者にとっての「社会」なるものを、学校と企業の複合体に狭く限定していったといえる。普遍的な技能・資格基準が存在しない以上、「社会のなかの自己の位置」は、所属する組織を通じてしか、明かすことができない。そして組織への所属は、高い同質性を持つ中間集団における競争と協調への参入を通じてなされる。そこでは、日常的に身を置く具体的な場である「クラス」や「職場」への順応こそが、「社会への適応」と見なされていく。

これは全体としてみれば、平等＝画一化の達成であり「成功」であったかもしれないが、個々の子ども・若者は、選択性の低い中間集団のなかで強い同調圧力に晒されることになった。

対抗言説の存在

日本的移行システムの「メンバーシップ主義」は、子ども・若者と「社会」とのつながり方だけでなく、そこからの漏れ落ち方をも規定した。組織への所属から漏れた人びとは強く逸脱視されたが、その過酷さは一方で、対抗言説として高度に普遍化された脱学校言説を生みだしていくことになった。

このことを象徴的に示すのが、不登校という現象である。「学校・企業＝社会」とする風潮のもとでは、「学齢期の子どもが、貧困や疾病といった合理的な理由がないにもかかわらず登校しないこと」としての不登校は、すなわち「社会」への不適応であり、「社会」からの脱落であるとされていた。八〇年代、文部省の不登校に対する公式見解は、「本人や養育者の性格傾向に問題がある」というものであり[28]、学校による登校の強制がさかんに行われ、入院や投薬による治療も一般的だった。八〇年代に不登校をしていた人の手記には、小中学校年齢の子どもが「このままでは将来ホームレスになってしまう」と案じる記述が散見される[29]。既存の学校は「社会」に出るためのほとんど唯一の道筋であり、子どもや親にオルタナティブな教育を選ぶ余地は極めて少なかった。

そうしたなか、八〇年代半ば以降、全国に親の会や「フリースクール」「フリースペース」と呼ばれる不登校の子どもの居場所が作られ、相互がネットワークでつながり、不登校を病理・逸脱だとする見方に対抗する社会運動が巻き起こっていく。不登校運動は、環境運動や女性運動、障害者運動ともゆるやかに連携し、「学校・企業＝社会」に対するオルタナティブを構想するなど、対抗言説としての普遍性を持った[30]。

対抗言説においては、「不登校は子どもの人生の選択のひとつだ。学校に行かなくても社会に出ていける」という主張がなされていった。メンバーシップからの漏れ落ちとして否定的に扱われていた不登校は、それを経験した子どもや親、支援者らによって「オルタナティブな教育の選択」という積極的な意味を付与されていった。それは個別の子育て方針やキャリア選択を超えて、「学校・企業＝社会」なるものの根本的な問い直しを含むものであった。

これはある意味で「日本的」な事態であった。欧米では、学校からのドロップアウトは主に低学歴の貧しい子ども・若者に見られる一般的な逸脱形態であり、他方、フリースクールやホームエデュケーションといったオルタナティブ教育は、独自の価値観に基づいて子どもを教育したい比較的階層の高い親たちが選ぶ「もうひとつの学校」である。この二つは別個の事態であり、「社会の問い直し」として土台を共有することは直接的には起こらない。たとえば、日本の不登校の子どもたちが「世界フリースクール大会」[31]に参加した際、「僕は不登校で、フリースクールに通っています」と言ったところ、他国のフリースクール関係者に「えっ、フリースクールに通っていることは登校しているということではないか」と驚かれたというエピソードがあるが、ここでは、「画一的な学校が社会全体を覆っている」という日本的感覚の固有性が顕在化していた[32]と言える。

「学校と企業が成功しすぎた社会」を成立させていた社会的条件は、九〇年代以降、急速に解体していくことになる。それは、こうした対抗言説が一般に受け入れられる素地が整っていく一方で、そもそも対抗言説が拠って立つ土壌自体が、揺らいでいくことも意味していた。この点については後述する（「4　結論」）。

2　新規学卒就職の揺らぎと若者労働市場の悪化

綻びの発生

九〇年代以降の若者をめぐる日本の社会的状況の変化は、よく指摘されるように、①先進工業諸国が共通に直面する問題、②その現れの日本的特徴、という二つの側面から理解できる。

第一は、グローバリゼーションによる市場競争の激化と産業構造の転換に伴う、若者の雇用状況の悪化とアイデンティティ不安の増加である。この点で、九〇年代以降の日本社会の変容は特異なものではなく、欧米の先進工業諸国が八〇年代から向き合ってきた問題に、日本もまた一〇〜一五年遅れで直面したにすぎない。

第二は、人口構造の変化と日本的慣行や制度の残存である。九〇年代以降、それまで企業の成長を支えてきた団塊世代が中高年となり、バブル期に大規模採用された団塊ジュニアと併せて人件費を圧迫するようになった。中高年の雇用を守るために新規採用を抑制する「置換効果」が働き、一九九四（平成六）年には「就職氷河期」という言葉が流行語大賞を受賞するに至った。

そして八〇年代までの日本の「成功」を支えてきた理念や制度は、新たな状況への対応を鈍らせた。すなわち、それまで、学力形成・職業的スキルの獲得・入職時マッチング・雇用保障といった子ども・若者が社会的存在となるプロセスで必要とされるほぼすべての事柄が、学校と企業という二つのアクターによってのみ担われ、しかも「うまくいっていた」ため、公的サポートへのニーズが顕在化されなかった。子ども・若者の社会的自立は「個人的なこと」であり、制度・政策的課題として捉える視点は希薄であり続けた。

以下ではまず、「失われた一〇年」と呼ばれる九〇年代初頭から二〇〇〇年代初頭を中心に、実際に何が起きたのかを、具体的なデータを参照しながら確認しよう。

誰もが漏れ落ちうる

実際に、何が起きたのか。この問いに対して以下に三つの点を指摘したい。すなわち、①誰もが漏れ落ちうるようになった、②特定の存在が漏れ落ちやすくなった、③特定の存在は漏れ落ちやすくなっただけでなく、問題化されにくいという差別を被った、という点である。それぞれについて見ていこう。

第一に、全体的に見て若年層の雇用が急速に不安定化し、「学校から仕事への移行」が揺らぎ、「誰もが漏れ落ちうる」状況になった。

まず、九〇年代半ば以降、規制緩和により新卒労働市場と一般労働市場の浸透性は高まっていく。一九九五（平成七）年、日経連は「新時代の「日本的経営」：挑戦すべき方向とその具体策」を発表し、労働者を「長期蓄積能力活用型」「高度専門能力活用型」「雇用柔軟型」に分ける方向性を示した。これは、従来の男性正社員モデルを絞り労働力を「弾力化」することで、総人件費の低コスト化をはかるものだった。翌一九九六年には、同じく日経連主導でいわゆる「就職協定」が廃止され、採用スケジュールが早まるなど採用活動が多様化した。一九九九年には労働者派遣法が改訂され、一九八五年以来特定の一三業務のみに限って認められていた労働者派遣が、製造業や建設業、医療関係などの特定業務を除いて原則自由化された。二〇〇四年にはさらに製造業派遣などが解禁となり、雇用劣化がますます進行した。

こうしたなか、若者の所得は減った。**図1**が示すように、一九九七年には二〇代の所得階級で三〇〇万～四〇〇万の者の割合が最も高かったが、二〇一二年にはこれが減少し、二〇〇万未満の割合が増加している。同様に、一九九七年には五〇〇万～七〇〇万の割合が最も高かっ

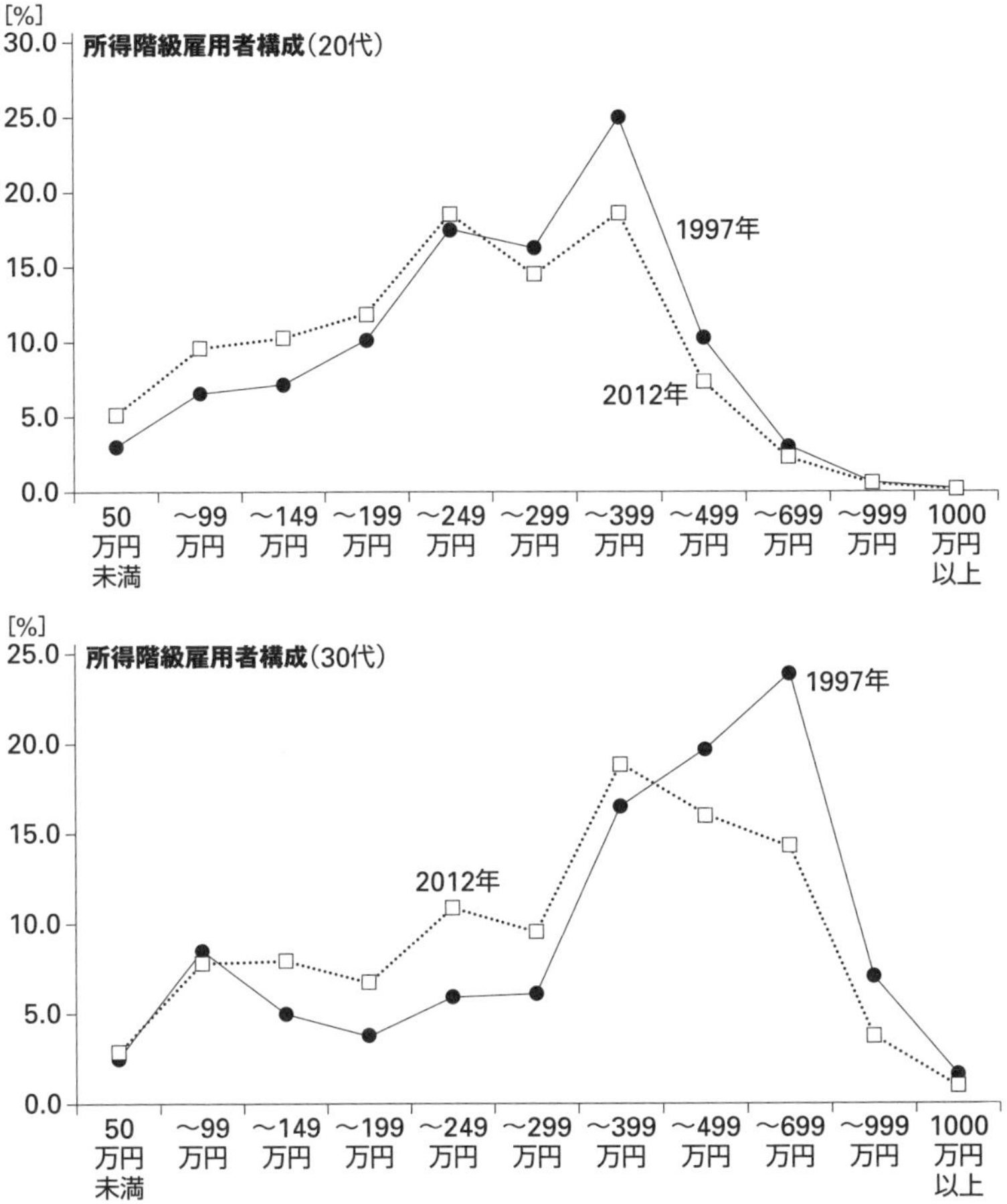

資料：総務省「就業構造基本調査」
注：所得が不詳の者は除いて算出している。

図1　20代・30代の所得分布

出典：内閣府「平成30年版　少子化社会対策白書」（2018年）22頁

た三〇代は、二〇一二年には三〇〇万～四〇〇万にピークが下方移動したうえ、三〇〇万以下の厚みが増した。

諸外国に比べて低いとされてきた若年失業率（一五～二四歳）は、八〇年代から九〇年代初頭まで四～五％代を推移していたが、二〇〇〇年代初頭には一〇％を超え先進諸国に並んだ。一五～二四歳の非正規雇用率（在学含む）は、一九九〇（平成二）年には女性二〇・九％・男性二〇・〇％だったのが、二〇〇一（平成一三）年には女性四四・九％・男性四二・一％となった。「フリーター」（厚生労働省定義、一五～三四歳の学生と既婚女性を除くパート・アルバイトおよび失業者）は、九〇年代初頭に約一〇〇万人であったのが、ピークとなった二〇〇三年には二一七万人に達した。学卒・独身・無職の一五～三四歳の者は、一九九二年の一三一万人から二〇〇二年には二一三万人となり、そのうち失業者に含まれない「非求職者」の八五万人が「（日本版）ニート」と呼ばれ問題化された[33]。さらに、八〇年代まで安定した水準を保っていた新規学卒就職者の比率は、九〇年代から二〇〇〇年代前半にかけて顕著に低下していった[34]。正社員のパイが縮小するなかで、限られたパイの奪い合いが加速し、漏れ落ちる人びとが発生・増加していった。

特に日本のパートタイム労働は、雇用が不安定であるばかりでなく賃金が著しく低い。これは、「メンバーシップ雇用契約」のもとで同一労働・同一賃金の原則が成立せず、非正規雇用者の賃金が自活を想定しない「家計補助」レベルに抑制されてきた経緯に関係する。従事する者が「女性（男性正社員の妻）」と「若者（いずれ男性正社員になる者）」であるかぎりにおいて問題化されずにきた雇用形態別の賃金格差は、フリーターというそのいずれでもない者にも、適用された。二〇一六（平成二八）年の「賃金構造基本統計調査」によれば、正規と非正規の賃金格差は、男性が一〇〇対六七・四、女性が一〇〇対七二・〇。フリーターの年収は正確な把握が困難でばらつきも大きいが、おおむね年収は約一四〇～一五〇万ほどとされる。(35)「年収三〇〇万円時代」(36)との指摘に対して「そんなに稼げねーよ」(37)と言い放つ非正規雇用者の発言にはリアリティがある。

これは単独世帯を持ち自活することが困難な賃金水準である。親と同居する若者の割合は九〇年代から二〇〇〇年代にかけて増加し、最多だった二〇〇九年では、実に男性では二五～二九歳で六四・二％、三〇～三四歳で四七・九％、女性では二五～二九歳で六〇・三％、三〇～三四歳で三六・五％が親と同居していた。(38)ＯＥＣＤ諸国と比較すると、二〇〇〇年代前半で親と同居している二五～二九歳の割合は、イタリアなどに比べれば低いが、ほとんどの西ヨーロッパ諸国や北米より高かった。(39)

所得や雇用形態は、結婚や親になることの可能性とも相関を持つ。内閣府「結婚・家族形成に関する調査」（二〇一一年）によると、二〇代・三〇代の男性で既婚者である割合は、年収三〇〇万円未満では八～一〇％であるが、年収三〇〇万円以上では二五～四〇％である。また、労働政策研究・研修機構の調査「若者の就業状況・キャリア・職業能力開発の現状②」（二〇一四年）によれば、二〇一二年の時点で男性の就労形態別有配偶率を見ると、正社員では二五～二九歳で三一・七％、三〇～三四歳で五七・八％が配偶者がいるのに対し、「非典型雇用」ではそれぞれ一三％・二三・三％と、正社員の半分以下となっている。(40)女性もまた、二五歳時にフリーターであった人と正社員であった人を比較すると、フリーター経験者ではその後の有配偶率が低下するとの指摘がある。(41)「学生から社会人への移行」とともに、「子どもから夫／妻・親への移行」もまた揺らいでいる。

結果的にフリーターは「一人前の社会の構成員」というアイデンティティから疎外される。彼ら・彼女らは働いているが、その仕事内容は工場労働・事務職・販売職の下層に偏っており、たとえば、半日ろくな休憩も取らずにひたすらベルトコンベアで流れてくる果物のヘタを取る、電子部品を組み立てる、膨大な数字や文字をパソコンに打ち込む、ウエイター／ウエイトレスや各種受付などマニュアル化された接遇を行うなど、技能向上の範囲が狭い単純作業が多い。多くの職場で非正規雇用と正規雇用のキャリアパスは断絶しており、一般的に一度フリーターを経由すれば正規雇用への転身は難しい。『労働経済白書』(二〇〇五年)によれば、非正規雇用者に対して「積極的に正規従業員として採用して育成したい」と答えた企業は一・四%でしかなく、「正規従業員としても、非正規従業員としても採用するつもりはない」が四一・八%となっており、フリーター経験は「ゼロ」よりむしろ「マイナス」と見なされることが明らかにされた。二〇一二(平成二四)年の就業構造基本調査は、転職者を前職・現職の雇用形態別に見ているが、それによると、前職が正規職員であれば現職は正規五九・七%・非正規四〇・三%であるのに対し、前職が非正規職員であった場合、現職は正規二四・二%・非正規七五・八%だった。

昇給や技能向上の展望はなく、短期雇用のため職場の連帯も築きにくく、年齢とともに生活不安や孤独が増していけば、「私はいったい何をしているのだ」という自尊心の傷は深刻である。

二〇〇〇年代後半に注目された、団塊ジュニア世代のフリーター経験を持つ書き手の文章を引用しておこう。前者は赤木智弘、後者は雨宮処凛である。

夜遅くにバイト先に行って、それから八時間ロクな休憩もとらずに働いて、明け方に帰ってきて、テレビをつけて酒をのみながらネットサーフィンして、昼頃に寝て、夕方頃目覚めて、テレビを見て、またバイトに行く。この繰り返し。月給は一〇万円強。北関東の実家で暮らしているので生活はなんとかなる。だが、本当は実家などで暮らしたくない。両親とはソリが合わないし、車がないとまともに生活できないような土地柄も嫌いだ。ここにいると、まるで軟禁されているような気分になってくる。できるなら東京の安いアパートでも借りて一人暮らしをしたい。しかし、今の経済状況ではかなわない。三〇代の男が、自分の生活する場所すら自分で決められない。しかも、この情けない状況すらいつまで続くか分からない。年老いた父親が働けなくなれば、生活の保障はないのだ。「就職して働けばいいではないか」と、世間は言うが、その足がかりはいったいどこにあるのか。大学を卒業したらそのまま正社員になることが「真っ当な人の道」であるかのように言われる現代社会では、まともな就職先は新卒のエントリーシートしか受け付けてくれない。(42)

一番自殺願望が強かったのは、フリーターの頃だ。…（中略）…仕事は誰にでもできるつまらないもので、単純作業をすればするほど自己否定につながっていくという悪循環のなかにいた。しかし、社会が私に必要としているのはその程度の単純労働だけで、それに疑問を持ったところで「お前の代わりはいくらでもいる」とクビになる。不安定な生活は不安定な心を生み、社会から必要とされていないという気持ちは簡単に自己否定につながる。誰にでもできることしかできない自分にどうやってプライドを持てばいいのかそもそもわからない。そしてそんなフリーター生活を一、二年も続けてしまうと社会への入り口はきっちりとガードされていて、そこから抜け出す道などないのだ。[43]

特定の存在が漏れ落ちやすい

第二に、「誰もが漏れ落ちうる」状況と同時に、「なかでも特定の存在が漏れ落ちやすい」状況が並行して出現した。

後期近代における予測可能性や確実性の揺らぎを「危険（リスク）社会」として概念化したウルリヒ・ベックは、「階級社会と危険社会の間には重なり合う点が多い」として、リスクが上層階級よりも下層階級に集中していることを指摘する。[44] だがそれは、従来の階級社会と同じではなく、新たに再編成されたものである。「危険に曝されたことと危険に曝されなかったこととは、所有と非所有のように対極的ではない。このことから、危険に曝されなかった『階級』は、危険に曝された『階級』と対立しているわけではない。危険に曝された『階級』に対立するとすれば、危険にまだ曝されていない『階級』だろう」[45]。漏れ落ちる危険性はどこにでも「遍在」するが、同時により弱い、恵まれない存在のもとに「偏在」する。

日本において特に不安定化が進行したのは、母集団の大きなところでは、非大卒者と女性においてであったといえる。

新規学卒就職市場で最も変動が大きかったのは、高卒層のそれだった。九〇年代を通じて、高卒求人は、一九九二（平成四）年三月の約一六八万件から二〇〇〇（平成一二）年三月には約二七万件へと、およそ六分の一以下に減少した。同時に若年人口の減少や大学進学率の増加によって求職者数も減少し、高卒労働市場自体が縮小するなか、九八年には新卒市場のマジョリ

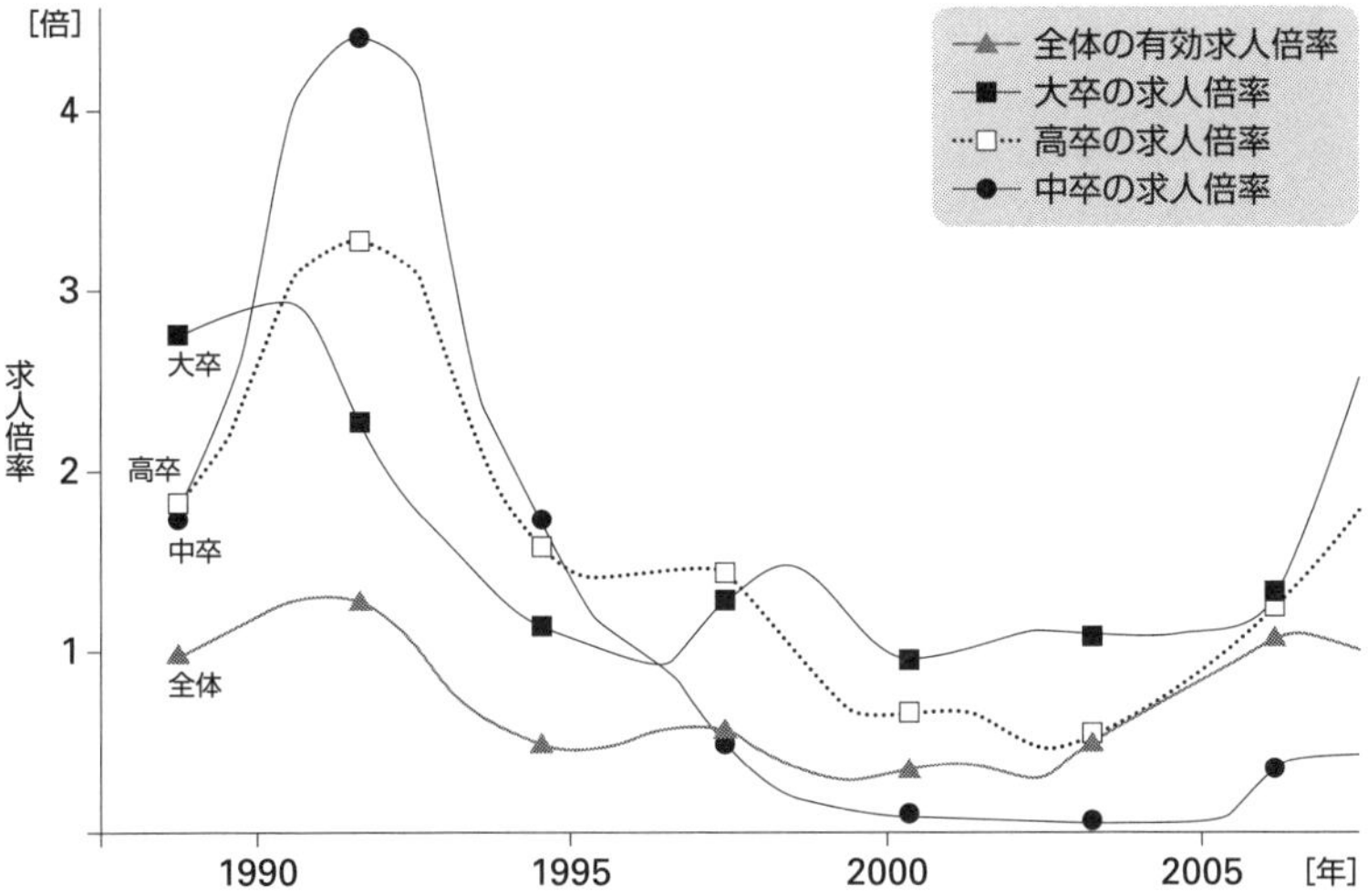

図2　学歴別の求人倍率の推移

出典:太郎丸博『若者非正規雇用の社会学――階層・ジェンダー・グローバル化』(大阪大学出版会、2009年)133頁

ティは高卒から大卒へと移っていった。九〇年代以降の学歴別の求人倍率を見ていくと、九〇年代初頭には中卒・高卒・大卒の順で高かったのが、二〇〇〇年前後では反転していることが確認できる(**図2**)。わずか一〇年のあいだに「高卒就職」が社会的自立に向けたひとつの「王道」であった時代は終わり、「高卒以下学歴ではまともに就職できる可能性が少ない」という新たな状況が出現したのだ。

そうした状況は、高卒者に進学への誘因を与えた。一九七〇年代初頭から一九九〇年代初頭にかけて約二〇年のあいだ三〇%台を保持してきた短大・大学進学率(浪人含む)は、その後上昇を続け、二〇〇四年以降は五〇%台に乗った。

実際に、知識経済化のもとで、大卒であることと所得の優位性との結びつ

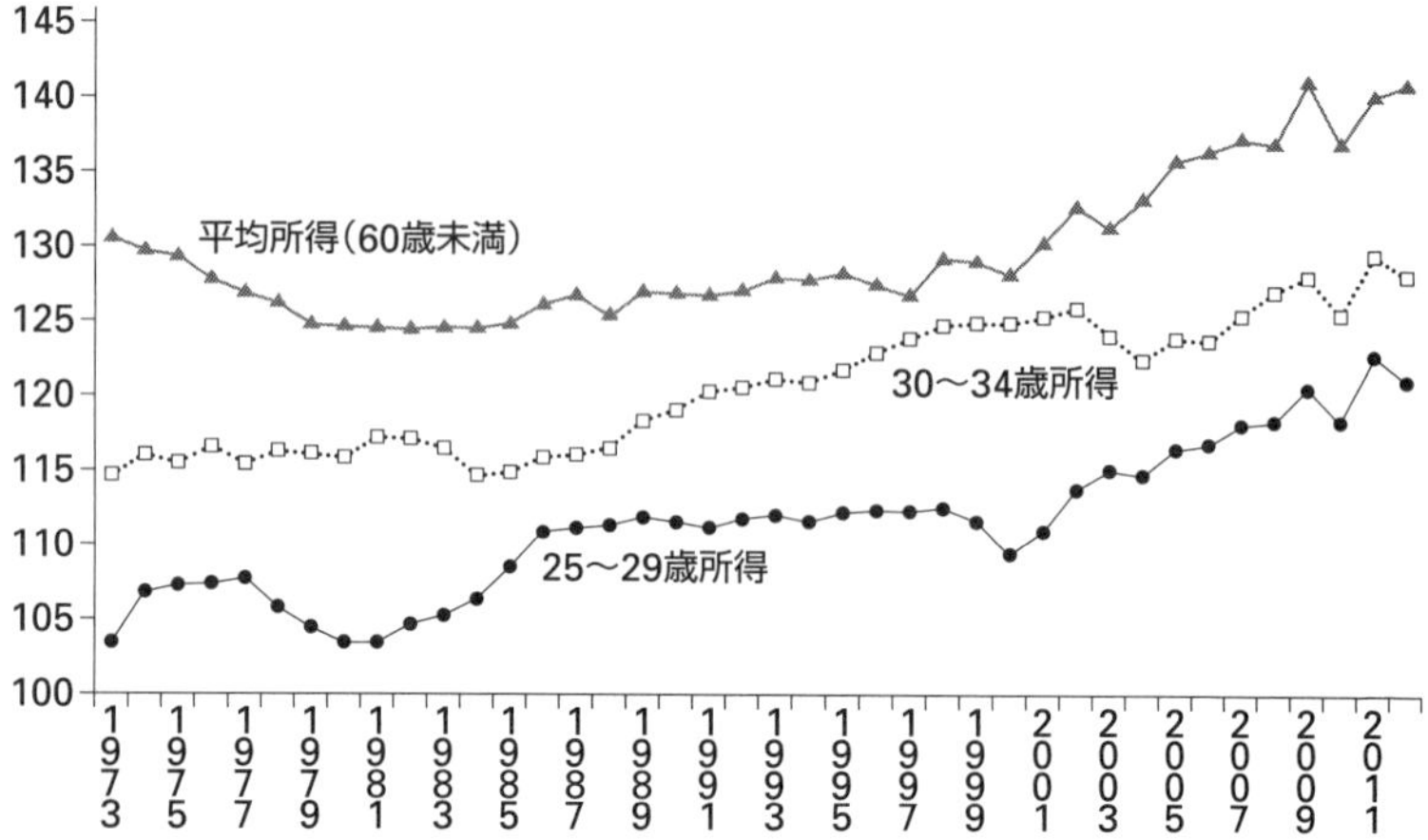

図3　大卒男子の相対所得（高卒＝100）

出典：矢野眞和・濱中淳子・小川和孝『教育劣位社会——教育費をめぐる世論の社会学』（岩波書店、2016年）177頁

きは増大していった。**図3**では、高卒男性を一〇〇とした場合の大卒男性の所得を示している。二〇〇〇年代以降、二〇代の若い世代において特に顕著に大卒者の相対所得が上昇しているのが分かる。こうした格差の拡大を、**図1**に見た全体的な傾向としての低所得化と合わせて考えれば、二〇〇〇年代以降の社会で大学に進学することは、優位性への志向というより、劣位に置かれる可能性の回避という側面が強いのではないか。

並行して、大学入試をめぐる状況は急速に変化していった。団塊ジュニア世代の通過とともに一九九三（平成五）年から一八歳人口が減少に転じる一方で、大学の入学定員および入学者数の増加傾向は継続した。結果的に、「厳しい受験競争」が例外的局所を残して消滅した。定員割れを起こす大学の数・割合は増加し、二〇〇〇年代後半には私立大学の約四〜五割にのぼっている。

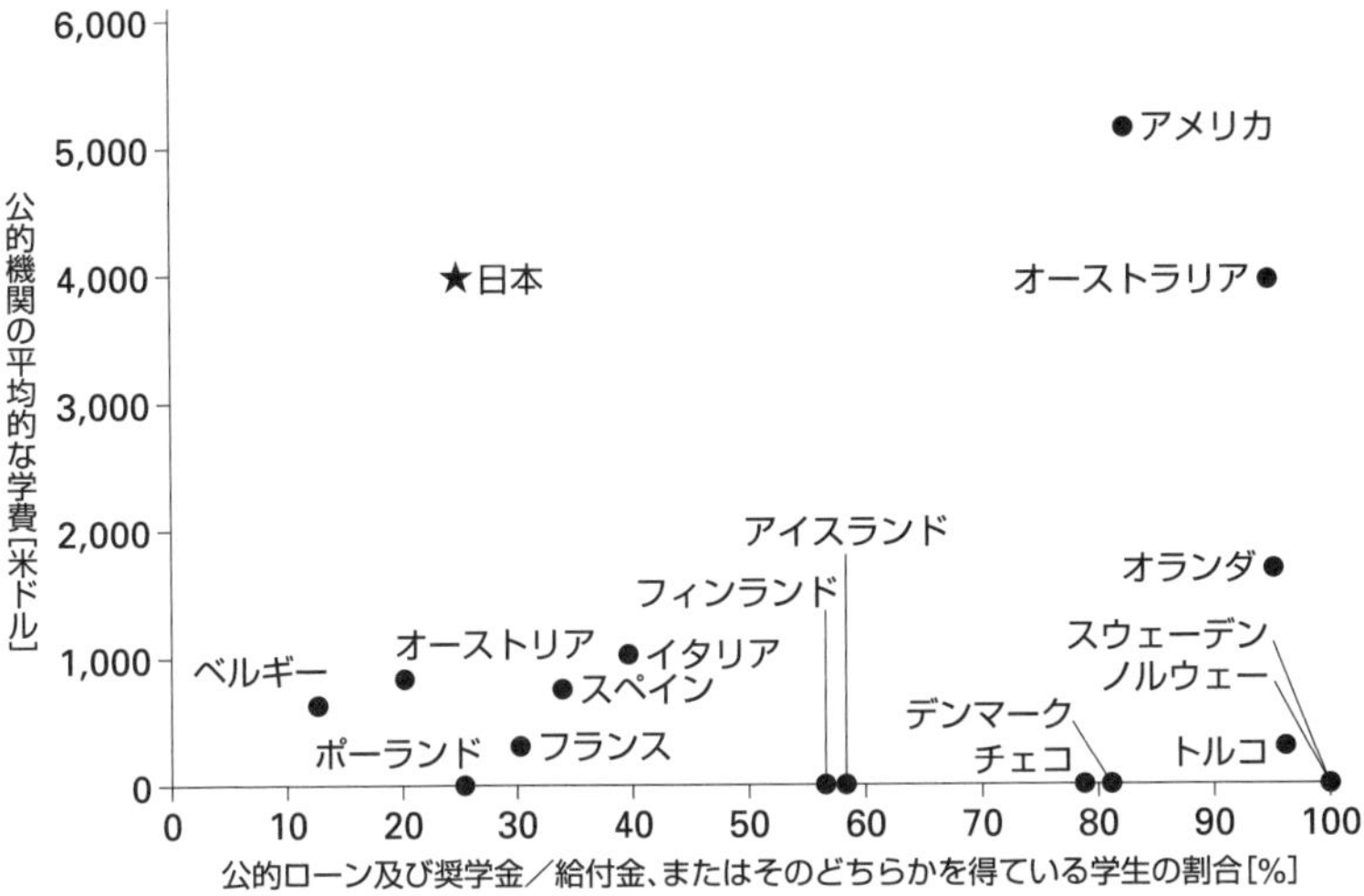

図4　OECD諸国（一部）における平均的な学費と奨学金等を得ている学生の割合（2004～05年度）

出典:OECD編著（濱口桂一郎監訳）『日本の若者と雇用—— OECD若年者雇用レビュー:日本』（明石書店、2011年）75頁

入試の多様化が進行し、二〇一七（平成二九）年には、私立大学におけるAO入試による入学者割合は一〇%、その他の各種入試による入学者を差し引いた一般入試による入学者は四七・九%となり、私立大学生の半数以上が「ペーパーテストによる入試」を経験することなく大学に入学した(46)。

こうした状況を、「大学受験がかつてに比べて楽になっている」と見るのは適当ではない。そこでは「進学可能性が家庭の経済状況に大きく左右される」という新たな困難が出現している。まず、日本では高等教育の授業料は他国と比較しても高額で、その負担は「私事」と見なされている。**図4**によれば、日本の国公立大学の学費はアメリカやオーストラリアとともに最も高額な部類に属

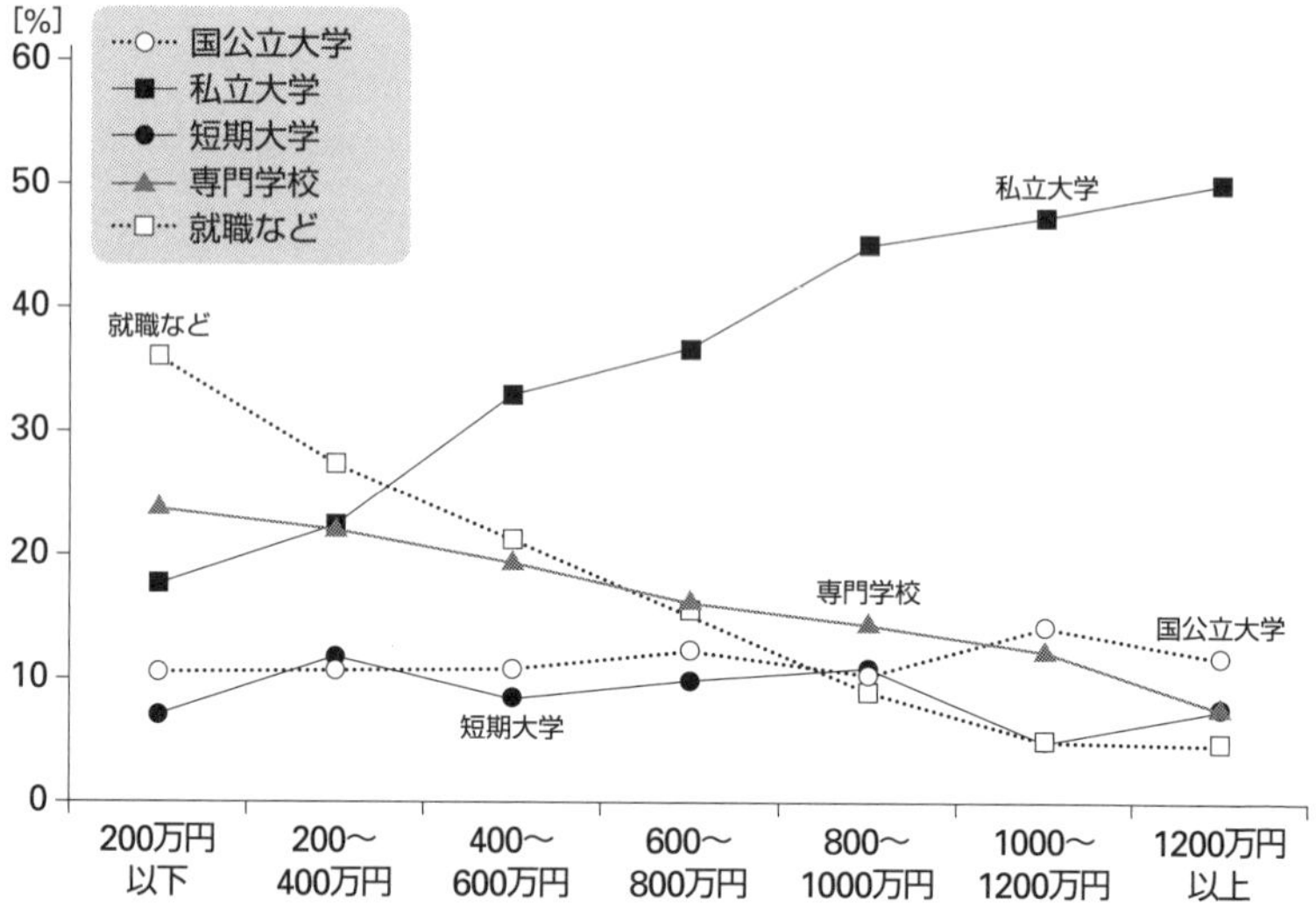

図5　両親年収別の高校卒業後の進路

東京大学大学院教育学研究科 大学経営・政策研究センター「高校生の進路と親の年収の関連について」(2009年)より
出典：大内裕和『奨学金が日本を滅ぼす』(朝日新書、2017年)225頁

するにもかかわらず、公的ローンや奨学金・給付金を得ている学生の割合は最も低い部類に属す。大学生の七〜八割を占める私立大学の学費は、さらに高額である。

したがって日本では、高額な高等教育費用の主な負担者は保護者であり、OECD平均では公的負担70%、家計負担21%、その他私的負担9%であるのに対し、公的負担35%、家計負担51%、その他14%となっている[47]。結果的に進学機会は不平等であり、親の年収は高校生の進路に大きな影響を与えている(**図5**)。一定以下の成績の子どもに大卒学歴を「買い与える」かどうかは、家庭の経済状況によるのだ。

そもそも、子どもの「学力」が家庭の経済状況と密接に関係していることは、さまざまな論者によって指摘されてきた。耳塚寛明と牧野カツコは、世帯所得や学校外教育費支出が高いほど子どもの学力が高まることを明らかにした(48)。苅谷剛彦と志水宏吉の調査によれば、八〇年代から九〇年代にかけて子どもたちの学習時間は減ったが、その減少には階層差があり、格差は拡大傾向にある(49)。

このような状況のもと、高卒・中卒学歴の若者において、フリーターは一般的な「進路」の一つとなった。二〇〇一(平成一三)年と二〇〇六(平成一八)年の二時点間で比較調査を行った堀有喜衣は、この間、低学歴・低年齢の若者を中心にフリーターを経験する者が増え、「大都市(東京・引用者)の若者においては、一八〜二九歳層のフリーター経験率は二〇〇一年の約三六%から二〇〇六年には五割を超え、若い低学歴者においては、フリーターを経験しない方が珍しくなった」と指摘した(50)。

さらに、フリーターへのなりやすさには性差が大きく影響する。フリーター率は八〇年代以降男女ともに増加傾向にあるが、男性では一九八二(昭和五七)年の二・四%から二〇〇二(平成一四)年には九・三%になったのに対し、女性は七・三%から二一・九%になっており、上昇幅が顕著に大きい(51)。背景には、非正規雇用が女性労働と密接に結びついている現実がある。非正規雇用には女性が多く(二〇一七年度平均では約二〇三六万人のうちおよそ七割にあたる一三八九万人が女性)、女性には非正規雇用が多く(二〇〇三年以降五〇%超が非正規、男性は二〇〇〇年代を通じて一〇〜二〇%)、非正規雇用は女性においてより増加している。八〇年代以降の全体的な非正規雇用率の増加幅も女性の方が大きい(一九八九年から二〇一七年のあいだに、女性は三六・〇%から五五・四%となり一九・四ポイント増、男性は八・七%から二一・八%で一三・一ポイント増)(52)。

学歴との関係で見れば、大学進学率は男性よりも女性において低い。短大より大学に進学す

不安定雇用のあり方	扶養	問題化
男性フリーター	×	○　（妻子を養えない）
主婦パート	○	×　（夫が扶養してくれる）
女性フリーター	×	×　（結婚すれば大丈夫）

る女性が増え短大進学率が下がり始める九〇年代末からその差は縮小傾向に向かうが、二〇一七年ではなお、依然として男性の方が高くなっている[53]。大学進学率（浪人含む）は、男性五六・三％、女性五〇・一％であり、依然として男性の方が高くなっている[53]。二五〜六四歳の二〇〇九（平成二一）年の教育レベルを見ると、日本における大卒・院卒割合は男性三四％、女性は一五％であり、OECD諸国と比較すると男性はOECD三四カ国中トップだが女性は低い方に位置し、男女格差がもっとも大きい[54]。

同じ若者であっても、より不安定な状況に追い込まれやすいのは、低学歴者、低所得家庭出身者、女性であることは明白だ。

「問題化されない」という差別

第三は、「漏れ落ちやすい特定の人びと」が、社会経済的不利益に加え、「問題と見なされない」という認識上の不利益を二重に被ってきたことである。若者の非正規雇用は「大卒男性フリーター」が出現して初めて問題化されたのであり、あくまでも「一家の稼ぎ手となるべき立派な大卒男性が、一人前の労働者たりえない」というきわめて「昭和的」な問題意識に根差していた。

この点を、特に「女性フリーター」という問題構成から見てみよう。上記に見たように、フリーターに新規参入する可能性が高いのは女性であり、非正規雇用は女性労働の問題に他ならない。にもかかわらず、私たちはしばしばフリーター問題の主人公として「若い男性」をイメージしがちだ。そこには、「女性は結婚すれば安泰だから、雇用が不安定でも問題ない」と見なす、旧来の男性正社員モデルと家族の安定性を前提した女性差別が存在している。

フリーター定義は先に見たように、そもそも「女性のみ既婚者を除く」というジェンダー非対称性を含んでいる。既婚女性の非正規労働は夫という扶養者がいるため問題化されず、単身女性の非正規労働は扶養者の不在という結婚問題にすり替えられて、やはり問題化されない。女性の非正規労働についてはフェミニズムや労働論が論じてきたが、それは主として「家庭の主婦」である既婚女性が労働市場で二流の扱いを受けるという「パート主婦問題」であり単身者のそれではなかった。

栗田隆子は、このような「問題化されないという問題」を提起するために、「女性フリーター」という新たなカテゴリーを立てる。[55]栗田は、NHKの『フリーター漂流』というドキュメンタリー番組が男性のフリーターにのみスポットを当て、同じ工場のなかで同じ制服を着て働く女性の姿が映っていてもそれには注目せず、女性が登場するのは「男性フリーターの妻」としてのみであった事実を指摘し、単身の女性非正規労働者が社会構造的に「ないものとされている」点に注意を促す。

「女性フリーター」が被る認識上の不利益は、右の表のように示すことができる。問題と見なす把握枠組みが存在しなければ対策は生まれず、改善は見込めない。そればかりか、問題化を通じて共闘していく当事者の連帯も生まれない。

このように、問題化の枠組みから外されてきたのは、「女性フリーター」だけではない。低学歴者や低所得家庭出身者、学校中退者、不登校者らと、社会経済的不利益の結びつきは、既存のシステムからの個人的逸脱としてのみ捉えられ、社会的課題としては十分に位置づけられないか、位置づけられるまでにひどく時間がかかった。

総じて、一連の変化への社会的な反応は、その要因を個人の意欲や家庭のしつけの問題と見なす「若者バッシング」が先行したといえる。九〇年代後半ごろから、「自立しない若者」を批判的に名指す「パラサイトシングル」「ひきこもり」などの語が広まりをみせるが、特に「ニート」という語は「若者の意欲のなさ」に照準することで「自己責任」を強調し、二〇〇〇年代半ばを中心に大きなバッシングを引き起こした。若者の社会的自立を、経済・雇用という社会的課題として位置づける視点は、二〇〇七〜二〇〇八（平成一九〜二〇）年ごろからようやく広まり始める「貧困」の議論を待たなければならなかった。

変化のまとめ——メンバーシップ主義の揺らぎと残存

以上に見たように、九〇年代以降、「学校から企業へ」の移行モデルは揺らいでいった。そこでは、「いい学校に行ったからといっていい会社に就職できるとは限らない」という「誰もが漏れ落ちうる」状況が生じた。それと同時に、女性、低学歴層、低所得層など社会的弱者グループで特にリスクが増大し、「特定の人がより漏れ落ちる可能性が高い」状況になった。

移行ルートは多様化・細分化し、将来の見通しが不透明になるなかで、若者の社会的自立は、それに向き合うひとりひとりが、個別のネットワークや資源を活用しタイミングをはかって行動を起こすことで「何とか達成する」ものとなっていった。

そうしたなか、「誰が漏れ落ちやすいか」については社会的要因が色濃いことは明らかであ

るにもかかわらず、それが認識されにくく、「自分で何とかするしかない」「自己責任」と見なされていった。(56)

こうした事態は、他の先進工業諸国においても同様である。本来「弱者」と見なされるべき存在が「敗者」とされることで、経済的にだけでなく、アイデンティティ的にも剝奪が起こり、社会のなかに居場所をなくしていく。これは西欧で「社会的排除」と呼ばれていた状況であり、それが日本においても出現したといえる。

日本に特徴的だったと思われるのは、「学校と企業が成功しすぎた社会」が自明でありすぎたために、制度政策的課題としての位置づけが大幅に遅れたことである。西欧各国では、若者雇用の悪化が即座に失業手当など若年社会保障費の大幅な負担増となって現れたことで、対策を急がざるをえなかった。しかし若年層への国家的な保障システムがもともと手薄であった日本では、皮肉なことにそのような事態に至らず、即座には問題が財政的に顕在化しなかった。

さらに、日本的な「メンバーシップ主義」は揺らぎつつも、残り続けた。正規雇用の減少と非正規雇用の増大により、メンバーシップの適用範囲は縮小した。だが、雇用保障は正規雇用のみにあり、非正規雇用はその調整弁として使用者の都合で使い捨てられるという、メンバーシップの有無による分断は揺るがなかった。正規雇用への主な参入ルートは依然として新規学卒採用に限られていた。非正規雇用から正規雇用への参入ルートは閉ざされており、両者の格差は大きいままだった。

そうしたなかで、「学校から企業へ」という移行ルートから漏れ落ちる者がどれほど増えようとも、それはあくまでも「少数の例外」と見なされ、変化の実証的な把握は後回しにされた。

3　対策

若者雇用対策

では、このような変化に対して実際にどのような対策が取られたのか、若者雇用をめぐるものから見てみよう。若者雇用の改善への公的な取組みが始まるのは、二〇〇〇年代に入ってからである。以下に主なものを列記してみる。

二〇〇一（平成一三）年には「若年者トライアル雇用事業」（ハローワーク登録の若者を雇用した企業に月額四万円を三カ月まで助成）がスタートした。二〇〇三年には文科省・厚労省・経産省・内閣府が共同で「若者自立・挑戦プラン」を取りまとめ、これに基づいて「ジョブカフェ」（若者向けの地域のワンストップ雇用支援センター）、「日本版デュアルシステム」（民間職業訓練機関での教育と企業の職場内訓練の組み合わせ）、「若者自立塾」（民間施設による「ニート」を対象とした三カ月程度の合宿プログラム）などが展開していった。二〇〇六年には、地方自治体が設置・運営するキャリア開発や相談などの支援ネットワーク拠点である「地域若者サポートステーション」がスタート。二〇〇八年には「ジョブ・カード制」が始まり、ハローワークなどでジョブ・カードを交付されたあと職業能力形成プログラムに参加し、職業能力評価シートが交付されカードに登録されるという仕組みができた。二〇一〇年（平成二二年）には子ども・若者育成支援推進法が施行され、個別分野で縦割り的に対応されていた諸施策を総合的に推進していく方向性が確認された。

これらの制度に課題は多く、専門家からは、①解決すべき問題に比して予算規模が小さすぎる、②「人間力を高める」「勤労観の育成」など個人の意志・意欲の問題を強調しすぎている、③あまりに包括的であり多様なニーズ把握ができていないといった不備が指摘されている。[57]とはいえ、明らかにないよりはましであり、行う意義はあるだろう。

ただ、まずは、何が問題であり、どのような方向性が望ましいかという包括的な実態把握とそれに基づく展望を明らかにすることが必要であるように思われる。

支援を受ける側から見れば、若者雇用をめぐる制度・政策には一貫性がない。たとえば、上記の支援プログラムと並行して、雇用の規制緩和が進行していた。増加する非正規雇用は、ある意味では、制度・政策を通じて意図的に作り出された「官製ワーキングプア」であった。また、正規雇用と非正規雇用に「家族を養う仕事」と「それだけでは自活できない仕事」を割り当て、後者を前者の雇用の調整弁にすることで両者を明確に分断する態勢は、厳然と存在し続けた。総じて、支援を受ける側にとっては、非正規雇用を意図的に増やし、非正規雇用では自活できない状態を放置しながら、「正社員就業」を後押ししたような状況が生じた。「移行」(パイプ)のみを再構築しても、「仕事」(着地点)が切り崩されているならば、なお多くが「向こう岸」に渡ることができないのは明白だ。

問題はすでに「漏れ落ちた人」にではなく、「漏れ落ちたら自活できない制度」にある。ますます希少化するメンバーシップの獲得をゴールとするのではなく、メンバーシップの有無による雇用の分断自体を問題化するべきだろう。若年層の社会的包摂を意図する制度・政策は、「漏れ落ちた人」という例外的存在を対象とするのではなく、「誰もが漏れ落ちうる」という認識のもと、理念レベルでは普遍的に、すべての子ども・若者を対象としていく必要がある。

一方で、具体的な実践のレベルでは、多様化する支援ニーズに対応できるよう、対象を細かく限定することが重要だろう。

移行の揺らぎのなかで、「漏れ落ち方」もまた一様ではなくなってきている。制度の窓口や民間の支援現場などでは、個人が抱える困難が多様化・複雑化しており、対応の労力コスト・時間コストが増していることがしばしば指摘される。ひとりの若者が働けない・働かない状態に至るまでには、低所得、低学歴、病、障害、発達障害、不登校、ひきこもり、家族関係の失調、援助やチャンスをくれるネットワークの不在、漠然としたメンタル不調、事故や自然災害などさまざまな要因が複雑に関わっており、一様に有効な支援制度があるわけではない。たとえば、一口に「フリーター」と言っても、任期付きでない研究職を探すいわゆる「ポスドク」「高学歴ワーキングプア」と呼ばれる人びとと、進学機会を閉ざされた中高卒の一〇代フリーターでは、必要なサポートは当然異なる。関係性をめぐる問題においても同様で、たとえば発達障害や精神疾患が背景にあるケースと、そうではない不登校・ひきこもりのケースを同じように扱うことはできない。迂遠ではありコストも大きいが、そのひとつひとつに丁寧に対応するよりほかに術はなく、そうしたノウハウと稼働力を持つ現場支援者の活用が課題である。とはいえ実際には、民間ＮＰＯなどでは支援者自身の仕事が安定的ではなく、生活不安や過重労働を抱えている場合が少なくない。(58)

端的にいえば、「理念は普遍的に、実践は特殊的に」ということだ。しかし現状はこの逆で、いまだ理念上は「漏れ落ちた人」という特殊例外的存在を対象とする視点が色濃い一方、実践上は無選別に包括的な「就労支援」を施すに留まっているように見える。

教育改革

一九九〇年代〜文部省主導の「ゆとり」改革

若者雇用政策が二〇〇〇年代に入ってからスタートしたのに対し、教育政策は九〇年代を通じて試行錯誤が重ねられてきた。主として一九八九（平成元）年と一九九八（平成一〇）年の学習指導要領の改訂によって打ち出された、いわゆる「ゆとり教育」である。

「ゆとり教育」路線は、一九八四（昭和五九）年から一九八七年の中曽根臨教審において、学校設置主体の多様化や学校選択の自由化といった個性化路線が打ち出されたのが実質的なスタートとされる。[59]背景には、八〇年代当時の厳しい受験競争と「子どもたちのゆとりが奪われている」とする社会認識、および大きな貿易黒字を抱え輸出型から内需拡大型への転換を迫られていたバブル崩壊前までの経済状況があった。当時、国内消費を拡大させる必要性のもと、政府・財界・労働界は一致して週休二日制と学校週五日制を推進していた。[60]これらを背景に一九八九年に学習指導要領は改訂され、その後九〇年代以降は、主に中央教育審議会における文部省の主導のもと、独自の理念に基づくテーマ学習の導入などが漸次進められていくことになる。

ところがまもなく、バブル崩壊と財政の悪化によって時代状況は大きく変化した。「厳しい受験競争」についても、すでに見たように、一八歳人口の減少と大学入学率の拡大により一般的な現象とは言えなくなった。財界は一変して労働者の質の低下を懸念するようになり、九〇年代半ば以降、大学関係者からも学力低下や学力格差などの批判が寄せられるようになった。

一九九八年に改訂され二〇〇二年から全面実施された学習指導要領は、「ゆとり・生きる力」を全面的に打ち出し、教科書内容の「三割削減」、学校週五日制、総合学習の実施などを盛り込んだ。しかし、各方面からの批判に加え、現場でも、国立教育政策研究所による二〇〇二年の教育改革に関する意識調査に中学教師の九七％が「もっと中学校の教育現場の現実をふまえた教育改革にしてほしい」と回答するなど、当初からすでにその方向性は大きく疑問視されていた。[61] その後、二〇〇八年の学習指導要領の改訂で「ゆとり」路線は改められ、「生きる力」重視は継続しつつ、授業時間数や学習内容を充実させ、基礎学習重視の方向に舵が切られた。

「学力低下」をめぐっては、『分数ができない大学生』[62]を皮切りに、二〇〇〇年代以降実証的なデータが積み上げられていく。苅谷剛彦と志水宏吉による「東大関西調査」は、一九八九（平成元）年と二〇〇一（平成一三）年の二時点で同一問題を用いた小中学生の学力比較を行い、平均点の下降と「家庭文化階層が低いほど下降傾向が強い」という二極化を明らかにした。[63] そこで確認されたのは、受験競争への社会的圧力が弱まると家庭の文化的背景が学習への動機づけを左右する余地が高まるという「事実」であり、そうした「事実」を確認しないまま格差拡大傾向に拍車を掛けうる公教育の削減を志向した教育改革の、政策論的視点の希薄さであった。

また、二〇〇二年の文科省による「全国学力・学習意欲調査」においても、小中学生の算数／数学・社会の学力が全学年で低下していること、学年が上昇するに従って「勉強嫌い」が増えることなどが示された。文科省は「全体としてみればおおむね良好」としつつ「緊急アピール・学びのすすめ」を発表し、学習指導要領を「ミニマム・スタンダード」と位置づけるなど、同年から全面実施された改訂学習指導要領に留保を付けた。[64] さらに、二〇〇三年度には二つの国際学力比較調査が行われ、ＰＩＳＡでは「読解力」の低さと低学力層の厚さが、ＴＩＭＳＳでは八〇年代には一位であった中学の数学が五位となったことがそれぞれ指摘され、「学力低下」を裏付けるものとされた。[65]

ただし、「学力低下」については留保が必要である。国際学力調査のその後の状況を見ると、PISA二〇〇三で指摘された「低学力層の厚さ」は二〇〇九（平成二一）年には消滅しており、格差拡大の傾向は見られない。TIMSS二〇一五の中学数学は、二〇〇三（平成一五）年、二〇〇七（平成一九）年、二〇一一（平成二三）年と同じく「五位」であり、学力低下傾向が継続しているとはいえない。

そもそも日本の順位低下の背景には参加国の増加があり、近年の上位国は九〇年代以降に新規参加した新興国が多い。日本が一位であったTIMSS一九八一に参加した国と地域は二〇であったのに対し、二〇〇三年には四五の国・地域が参加しており、二〇〇三年に五位の日本より上位にいたシンガポール、韓国、香港、台湾のうち、一九八一年時点ですでに参加していたのは二位の香港のみである。

また、日本は人口規模でみれば依然としてトップだ。日本の人口が約一億二七〇〇万であるのに対し、たとえばPISA上位国のフィンランドは約五四〇万人、TIMSS上位国のシンガポールは約五〇七万人、韓国は約四八〇〇万人と桁違いである。

さらに、「新学力観」との関係で「学習意欲の低さ」が問題化されることがある（「旧学力」が低下したばかりか「新学力」である意欲も低いではないか」）が、それはおおむね成績上位国に共通の現象だと考えることができる。TIMSS二〇一五の中学二年生の結果を見ると、最上位グループの台湾、韓国、シンガポール、香港、日本では、「数学の勉強が好き」に「強くそう思う」と答える子どもの割合は軒並み低い。参加五〇カ国・地域中の学習意欲を比較すると、ベスト三は一位トルコ、二位オマーン、三位カザフスタンであり、ワースト一位は韓国、二位が台湾、日本は三位となっている。

ところで、日本はGDPに占める公財政支出学校教育費の割合が低く、OECD平均が五・八％であるのに対し三・八％となっている。[66]これは日本において教育が「私事」であることの証左のひとつであり改善すべき点ではあるが、一方では「コストパフォーマンスがよい」と捉えることも可能だろう。

少ない費用で、多くの国民に、高い学力を身につけさせる教育。誤解を恐れずにいえば、八〇年代までの「成功しすぎ」は、学校教育に関してはなお、九〇年代以降も健在であった。これはたとえば、『危機に立つ国家』[67]などで示された八〇年代のアメリカの教育改革をめぐる議論が、明らかな学力低下という緊要の課題を背景としていたことなどと比べて大きく異なる。実証性を欠く現状認識に基づくナイーブな問題意識が教育政策に持ち込まれたこと自体、社会経済的な危機の希薄さが背景にあったといえば、皮肉に過ぎるだろうか。

そうしたなか行われた「ゆとり教育」は、どのような状況を帰結したのだろうか。現時点で評価するならば、次の点が指摘できるのではないかと思う。

第一に、それまで日教組や子ども中心主義的な市民運動、研究者の論理であった詰め込み教育批判や管理教育批判を文部省が主張することで、「制度VS非制度」という二項対立を失効させた。教育をめぐる言説空間は多様化・複雑化し、文部省、財界、アカデミズム、教師、保護者といったさまざまなアクターがせめぎ合う状況が生まれていった。

第二に、詰め込み教育批判、管理教育批判という左翼的な教育言説と、教育の多様化・自由化という市場原理の導入を抱き合わせることで、八〇年代までの「昭和の教育」とその後の新自由主義的潮流とを接ぎ木した。二〇〇〇年代以降、「ゆとり」路線が退潮してゆく一方で、多様化・自由化の流れは無傷で残され、増殖していくことになった。

二〇〇〇年代〜新自由主義の教育改革

次いで、この教育における新自由主義的潮流について、二〇〇〇年代以降を中心に見ていこう。

新自由主義的な教育改革は、一般的に、次の三つの側面を伴うといえる。

第一は、市場競争の原理の導入である。規制緩和により学校や教育内容を多様化し、利用者の選択肢を増大させ、学校間の競争を促進する。具体的には学校選択制の拡大、学校設置主体の多様化、教育バウチャーの導入などを行う。

第二は、統一的評価によるランク付けや資源配分である。規制緩和によっておびやかされる「品質」管理は、全国一斉学力テストや外部評価によるランク付けと、それに基づく予算配分や利用者の選択による淘汰によってなされるとされる。

第三は、新保守主義的な政治的立場との高頻度の結びつきである。市場競争による個人化や格差拡大などを背景に、国家主義による国民統合が図られる。たとえば教育における「愛国心」や「国旗国歌」の強調などがこれに当たる。

二〇〇〇年代の教育改革は、省庁再編で強い権限を持つ内閣府が誕生したことで、教育政策における文科省のプレゼンスが下がり、政権党や財界の主張が内閣府を通じてダイレクトに政策に反映されるようになった点に特徴がある。教育改革は独自の論理を持つ自律的領域ではなくなり、行政改革の一部分として位置づけられていった。大まかな政治的な流れは以下のとおりである。

二〇〇〇（平成一二）年、小渕内閣のもとで開始され森内閣に引き継がれた「教育改革国民会議」では、「教育の原点は家庭」「全員が奉仕活動を」「学校での道徳教育」「職業観、勤労観を育む教育」といった保守的色彩の強い主張とともに、「学校に組織マネジメントの発想」「新しいタイプの学校の設置」といった多様化・自由化路線が示された。

二〇〇三年、小泉内閣のもと、構造改革の一環として設置された教育改革特区では、学校設置主体の多様化が認められ、株式会社やＮＰＯ法人が学校設置に乗り出した。

二〇〇六年には安倍内閣で「教育再生会議」がスタートし、全国学力テストの導入と結果の公表、学校選択制、教員評価制度などによる教員間の競争原理の導入、「不適格教員」排除のための教員免許更新制度、民間出身校長・教員の活用、企業型経営体制の学校への導入、教育バウチャー、六・三・三・四制の弾力化（小中一貫校）などが議論された。二〇〇六年にはまた、教育基本法が改定された。これは「自由化・多様化」の法的根拠を示すと同時に、「愛国心」や「伝統文化」を強調するなど旧来の保守勢力の主張を盛り込んだものだった。

二〇〇九年からの民主党政権では、教員免許更新制度の見直しや、二〇〇七年より悉皆式でスタートしていた全国学力テストを抽出式にする[68]など新自由主義路線の部分的な修正や、高校無償化などの公教育の再構築が検討されていった。

二〇一二年一二月に発足した第二次安倍内閣は、二〇一三年一月には「教育再生実行会議」を発足させた。この会議は二〇一七年までに一〇の提言を発表し、いじめ問題等への対応、教育委員会制度の改革、大学のガバナンス改革、小中一貫教育の制度化、専門職大学・短大の制度化、教師の養成・採用・研修の一体改革、給付型奨学金[69]の創設などを進めていった。

二〇一一年に起きた大津市のいじめ自殺事件を受けて、二〇一三年には教育再生実行会議の第一次提言に道徳の教科化が盛り込まれた。これは、二〇一五年の小中学習指導要領一部改訂により、「特別な教科　道徳」の設置を帰結した。しかし、いじめは個々の道徳心の欠如というより教室とそれを取り巻く社会環境の問題だとの知見は蓄積されており[70]、道徳教育がいじめ解決につながるとの根拠は薄い。ちなみに、大津市のいじめ自殺事件が起こった中学校は、文部科学省の「道徳教育実践推進事業」に指定されており、道徳教育の目的にはいじめのない学校づくりが掲げられていた[71]。

二〇一五年には、教育再生実行会議が第六次提言において「学び続ける社会」を強調し、フリースクールや夜間中学など学びの場を柔軟に捉えなおす施策に言及した。これを受け、二〇一六年には教育機会確保法が成立した。

のちの議論につながるため、この法律について少し補足しておきたい。教育機会確保法は、学校復帰を前提とする従来の不登校対策を見直し、「多様で適切な学習活動」を行う学校外の場の重要性を指摘するとともに、不登校状態にある子どもたちに「休養の必要性」を認めるものだった。国と自治体に対しては、民間のフリースクールを含む学校外の教育機会を確保する施策を実施することや、必要な財政支援行うことが求められた。

この法律の成立過程では、フリースクールの運営側において「学校外の学び・育ちの場が法的に認められた」と歓迎する声があった一方で、警戒する不登校の親・支援者・専門家らから声が上がるなど運動内部に葛藤が生じた。また、全体では、自民党・保守層の「不登校を助長する」との根強い反発や、「公教育が担うべき責任の範囲を切り崩す」との野党などからの慎重論があり議論は錯綜した。そこでは、「選択の自由」「管理・統制」「ミニマム・スタンダードの確保」という諸価値がせめぎあっていたといえる。法制化に積極的であった不登校・フリースクール運動の一部は、ここにおいて、「選択の自由」を支持する姿勢を示した。この点については後述する（「結論」）。

では、これらの動きはいかなる事態を帰結したのか。

まず指摘できるのは、実際に学校の多様化や教育課程の弾力化が進んだ事実である。非教員出身公立校長の数は、二〇〇〇年には一名であったのが、二〇〇二年には二五名、二〇〇四年には九二名となり、二〇一六年には一二三名となった。一九九九年、四校からスタートした中高一貫教育校数は、二〇〇四年には一五三校、二〇一一年には四二〇校、二〇一六年に五九五校と急速に増加している。

他方で、さまざまな問題も見られる。一連の教員の資質向上策は、教員の業務の多忙化や、指導力不足の教員の排除と能力の高い・努力している教員への評価といった競争原理の浸透を伴っており、教員のストレスは多くなっている。ＯＥＣＤ国際教員指導環境調査（二〇一三年）によれば、日本の中学校教員の一週間あたりの平均仕事時間は、ＯＥＣＤ平均の三八・三時間を大きく上回る五三・九時間でトップだった。公立学校の教職員の精神疾患による病気休職者数は、二〇〇〇年代を通じて上昇し、二〇〇〇年代末以降は年間五〇〇〇人前後と高止まりしている。[72] また、新自由主義的な教育改革の先行モデルとなった東京都では、品川区、荒川区、足立区を中心に、学校選択制、学力テスト、小中一貫校、二期制などを全国に先駆けて実施した。その結果、人気校への集中・固定化、学校間格差、学校統廃合によるコミュニティの変容など問題が指摘されている。たとえば山本由美は、足立区の事例について次のように述べている。

足立区では、従来、問題を抱えた子どもに対して、教職員が地域に出て保護者や地域住民と共同していく伝統があったが、離れた地域からの通学が増加し学区単位の子ども集団が拡散したことにより、そのような関係が形成されにくくなった。一方、学区を超えた子どもたちのつながりが問題行動を引き起こしても、指導がおこなわれることなく、警察の補導や鑑別所送致など取締りの対象とされていく事態が出現している(73)。

さらに指摘されるべきなのは、これらの改革が教育における格差拡大を進行させる可能性である。マクロ的な実証は事後的に行われるほかなく長い期間を要するが、先行事例を検討すれば、これが格差・不平等を促進することは容易に推測がつく。八〇年代から新自由主義的な教育改革を導入してきたアメリカ、イギリス、ニュージーランドなどでは、その後、学力格差や所得格差の拡大、管理化に伴う学校の自律性の縮減などの問題が明らかになり、多かれ少なかれ、方向転換を迫られている。

世取山洋介によれば、新自由主義的教育改革は、その「第一段階」において教育の規制緩和と選択肢の多様化として推し進められる一方で、「第二段階」では国家統制が強まり、「国家が設定した教育内容基準に基づく学校間競争へとその意味を変容させられ、新しい管理のテクノロジーとして位置づけなおされ」るという(74)。世取山は日本の教育改革について、大まかに、九〇年代までの改革を「第一段階」、二〇〇〇年代以降を「第二段階」と位置づけ、「自由」と「管理」は新自由主義において内在的に結びつくとする。

そうした見方は確かに可能だろう。だが同時に、二〇〇〇年代の教育改革に関しては、九〇年代の教育改革に引き続き、問題把握と方向性の展望およびそのための方途といった政策的視点が希薄なまま、詰め込み・管理教育批判という理念すら不在になり、財政難という背景のもとで政権党や財界の主張を場当たり的に教育に投影している感は否めない。若者雇用政策は「ないよりまし」であろうことは明白だが、教育政策に関しては、それすらも怪しげに見える。

4　結論――学校と企業に限定されない「社会」の展望を

「メンバーシップ主義」における利点・欠点のまとめ

以上では、「学校と企業が成功しすぎた社会」の成立と揺らぎを、日本的移行システムの「メンバーシップ主義」という観点から見てきた。

「学校と企業が成功しすぎた社会」とは、たとえば、「意図せざる絶妙なもたれ合いの結果、なぜか二者で三人分の荷物を持ち得ていた状態」であったといえる。そんな二者が、時代の波に足を取られてバランスを崩し、全部の荷物を落としてしまったらどうか。「それは二人の仕事だ」と認識してきた周囲は、「ちゃんとやれ」と文句を言うばかりで助ける術を知らない。しかし一度バランスを崩した以上、三人分の荷物など二度と持てない。いや、もたれ合いに慣れた体では、ひとりが一人分の荷物すら、持てないかもしれない。――そうしたなか、ますます多くの若者が、「仕事をして自活し、パートナーを得て子どもを産み育てる」という人生の可能性から疎外されるようになっている。

この学校と企業の相互乗り入れ的なもたれあいを基礎づけていたのが、「メンバーシップ主義」という日本的な移行システムであった。

	利点	欠点
1	予測可能性の高さ	予測外の多様性への不寛容
2	移行がスムーズ	教育と仕事の内容が空洞化
3	「組織の一員」として多くの権利保障	「個人」としての無保障
4	均質性の高さとしての平等	画一性・管理性
5	共同性に基づくコミットメントの大きさ	同調圧力の強さ

「メンバーシップ主義」の特徴は、角度によってそれぞれ「利点」にも「欠点」にも見える。この二面性は、上の表のようにまとめることができる。それぞれについて検討してみよう。

第一の点は、「予測可能性の高さ」（利点）と「予測外の多様性への不寛容」（欠点）である。「メンバーシップ主義」のもとでは、「いい学校に行き、いい企業に就職する（いい人と結婚する）」というライフコースの予測がある程度可能である。それは人びとに「いま」を耐え将来に向けて頑張る意味を与え、安心や安定をもたらす。

一方で、予測から外れた多様なライフコースは、「病理」「逸脱」と見なされ、貶められる。不登校や中退をする子ども、ホームレスや日雇い労働者、結婚しない女性や共働き家庭、ひとり親家庭などは「規格外の存在」と見なされる。

第二の点は、「学校から企業へのスムーズな移行」（利点）と「教育と仕事の内容の空洞化」（欠点）である。学校と企業は、「出口」と「入口」において手を携え、メンバーシップ保持者を組織間の信頼に基づいてやり取りする。結果としてジョブマッチングは「メンバーシップの空白」を招くことなくスムーズに行われ、若者の失業率は低く、安定性が高い。

他方、「入口」と「出口」のあいだに位置する「中身」は空洞化する。学校と企業が提供するのは、組織ベースの威信や所属にまつわる諸権利であって、個人ベースの技能・資格ではない。学校で学んだ内容は受験が終われば忘れてしまい、仕事の役には立たないが、それは折り込み済みであり、メンバーシップを保持しているかぎり問題視されない。また、これは「いったん漏れ落ちたらもとに戻れない」ことをも意味する。メンバーシップを得るための条件は、あくまでも「すでにメンバーシップを持っていること」であり、「一定の技能・資格を持っていること」のように個人的努力によってカバーできるものではないからである。

第三の点は、「『組織の一員』としての多くの権利保障」（利点）と、「『個人』としての無保障」（欠点）である。個人はメンバーシップを獲得することによって、学習、雇用、職業訓練、生活など、社会の成員としての広範な権利を保障される。ただし、これらの権利保障はあくまでも組織を通じてなされ、所属を持たない「個人」を直接的に保障するものではない。学校にも企業にも属さず、「妻」「母」といった位置づけも持たない人は、ほとんど無保障状態に置かれる。

第四の点は、「均質性の高さとしての平等」（利点）と、「画一性・管理性」（欠点）である。均質化された所属集団のなかで多くの人が努力し続けるという「日本型能力主義」が、学校と企業にまたがって存在していた。「誰でもやればできる」という価値のもと、人びとは「みんなと同じように」振舞いながら「みんなより一歩先んじる」ことを目指し、結果として全体のレベルが底上げされ、平等＝均質性の高さが達成された。それが可能であったのは、舞台となった学級や職場という中間集団が、メンバーシップという個人が社会的存在として生きるうえで欠くことのできないものを提供する、唯一の場だったからであろう。だがそれは、微細な差異にこだわる形式的な競争に恒常的に追われ続けることや、競争の基準を一定に保つための画一性や管理性と、表裏一体であった。

第五の点は、「共同性に基づくコミットメントの大きさ」（利点）と「同調圧力の強さ」（欠点）である。第四の点とも密接に関わるが、メンバーシップの拠り所としての中間集団は、単に仕事をしたり教育を受けるための手段的な場であるのみならず、生活や価値を共有する共同体でもあった。それは個人にとって「居場所」となるとともに、組織にとっては高い忠誠心やコミットメントを調達する源となった。他方、価値を共有しない者にとっては、同調圧力の強さや私的生活面への介入という不自由をもたらした。

失われる「利点」、顕在化する「欠点」

こうした「メンバーシップ主義」は、「学校と企業が成功しすぎた社会」の揺らぎとともに、どのように変化したのだろうか。

まず、第一の点と第二の点については、「利点」が失われ、「欠点」がそのまま残った。「平成」以降、キャリアに関する予測可能性は失われ、不確実性が増大するなか、多くの子ども・若者がスムーズな移行から漏れ落ちるようになった。にもかかわらず、いまだに新卒学卒採用は「真っ当な就職先」を得るためのほとんど唯一のルートであり、それ以外のルートは「いばらの道」であり、実質的に個々の努力、才能、ネットワーク、運などに任されている。また、一度漏れ落ちた人は、単に正規の仕事から疎外されているだけでなく、「王道を歩む真っ当な人生」からの脱落という意味を付与される。フリーターの採用に消極的な企業は、職業的スキルの低さを嫌うばかりでなく、「（いい年をして）フリーターをやっているような人間」を遠ざけている。履歴書の空白は「ゼロ」より「マイナス」である。このような規範的文脈が存続するかぎり、学校と企業の外で職業訓練制度を整えたとしても、それはあくまで「二流」の証明にしかならない。

第三の点は、「利点」が縮小され、「欠点」が拡大された。すなわち、権利保障されるメンバーシップ保持者は切り崩され、メンバーシップを持たない無権利状態の人が増えた。メンバーシップを持たない人はもはや「例外的少数」とはいえない規模に膨れ上がり、メンバーシップを持つ人と持たない人のあいだの格差・不平等が顕在化した。

そうなると、もともと「利点」であったものを、もはやそうは呼べなくなってくる。縮小する正規雇用者の権利をこれまでどおり保障するために、拡大する非正規雇用者の権利が犠牲にされている。同時に、「少数精鋭」化される正規雇用者は、厳しいノルマや長時間労働がますます求められ、一概に望ましいものとはいえなくなっている。そこでは、メンバーシップの有無によって「家族を養える仕事」と「それだけで自活できない仕事」を振り分ける分断自体が、不合理になっている。

第四の点と第五の点は、「利点」が失われ、「欠点」が再編成された。日本的文脈において、平等は均質の普及として達成されたため、「平等であること」は「均質であること」と重ね合わされてきた。「平成」以降の教育改革では、均質性から多様性へ、標準から個性へと教育を駆動する価値が変化するなかで、平等が実質的に犠牲にされていった。「ガンバリズム」の精神や競争へのコミットメントは全域的なものではなくなり、低学歴・低所得家庭の子どもたちを「個性」の名のもとに取りこぼすようになった。

諸外国における新自由主義的教育改革においても、格差・不平等は出現している。だが、「画一性」と「平等」が切り分けされていない日本では、「平等」を切り崩していることに対する明確な認識が生まれにくく、「自覚」が難しい点に特徴があったように思われる。「出る杭は打たれる」風潮への批判が「結果の平等を求めすぎた」と表現されたように[75]、画一性との決別はしばしば格差・不平等の拡大に重ね合わせられ、しかもそれは「新しい時代の現実ゆえに仕方ない」と容認されていった。

同様に、均質性は「クラスの和に溶け込む」というように共同性とも重ね合わされており、「同じであること」が否定されるとともに「共に在ること」もまた否定されがちとなった。多様性の導入は、多様な共同性の模索にはつながらず、「教育における個人の選択肢の増大」という市場化の論理へと容易に水路づけられていった。

そうしたなか、画一性・管理性は、従来のように中間集団をベースとするものから、市場をベースとするものへと再編成されているように見える。一連の変化のなかで、学校はわずかながらも多様性へと開かれるようになり、不登校の子どもが行くことのできる学校外の場もかつてよりは多数存在するようになった。働き方やライフスタイルの多様性は、確実に容認されやすくなった。だが、代わって台頭しているのは、「どう在ってもいい、ただし買い手のつくかぎりは」という市場的価値への一元化ではないだろうか。この新たな同調圧力から逃れることは、中間集団におけるそれにもまして、難しい。

「必要最低限」の確保へ

「メンバーシップ主義」は、もはやその「利点」のほとんどを失っており、「欠点」ばかりを顕在化させている。「利点」を根幹から支えていた、かつての経済成長や人口構造といった社会的条件を意図的に再現することはできない。そして「欠点」は、生じている問題をさらに深刻化し、解決を妨げている。そうであれば、「メンバーシップ主義」の再構築よりはその解体を、選んでいく方がいい。

「学校と企業が成功しすぎた社会」が「二人で三人分の荷物を持ち得ていた状態」であったならば、今後は一人が一人分の荷物を可不足なく持てるよう調整を図ったうえで、はみ出した分を担う仕組みを制度的に整えてゆくことが必要だろう。「メンバーシップ主義」のもとでは相互浸透的であった学校と企業の役割を切り分け、どこまでが学校の「荷物」であり、企業の「荷物」であるかを明示すること、さらにそのうえで、教育と仕事を、「子ども・若者と社会とのつながりの確保」という包括的な課題との連関において再配置していくことが重要だ。こうした自覚的な切り分けは、「二人が二人分の荷物を持てない状態」、すなわち「学校と企業が失敗しすぎる社会」にならないための歯止めとして、ぜひとも要請される。

そのなかで、教育をいかに位置づけるかは、特に困難な課題である。教育はそもそも、「善きもの」であることが前提の規範性を帯びた用語であり、輪郭が曖昧であると同時に、多くの人が自らの経験を通じて語ることが可能であるため、さまざまな意味を引き寄せるブラックボックスになりやすい[76]。教育が担うべき役割の範囲は、仕事が担うべき役割の範囲よりも、明示するのが難しい。

それを踏まえたうえで、可能なかぎり、多方面から「必要最低限」と合意されうる内容を確定していく必要があるだろう。たとえば、「メンバーシップ主義」のもとで日本の学校が達成してきた重要な「利点」に、平等と共同性があった。これは人口構造や経済成長とは異なり、選択とコミットメントを通じて保持してゆくことができるものだ。

すでに見てきたように、八〇年代までの枠組みのなかで、平等と共同性は画一性と分かちがたく結びつけられてきた。しかし本来、平等の表現が画一性の形態を取る必然性はない。多様性へと開かれることは、平等を手放すこととは別のことである。同様に、画一性は共同性とも同じではないだろう。個々の学び育ちの在り方に多様性を認めることが、必ずしも「教育における選択肢の増大」という個人化を招く市場の論理とイコールである必要はないはずだ。平等や共同性の具現化にはいくつもの可能性がある。個性を尊重し多様性へと開かれながら、平等や共同性を実現していく方向は、論理的に展望可能だ。

それがどのようなものになるかについて、ここで深く立ち入ることはできない。ただ、教育の制度的な側面において、出身階層による格差を助長することのないよう、初等教育における基準は相対的にリジッドに設定し市場化による切り崩しから守ること、また奨学金や公的ローン制度を整備して高等教育の学費における家庭負担を減らすことなどは、最低限度の保障として必要だと考えられうるだろう。さらに教育の内容についても、確定できる範囲を丁寧に探っていくことはできるかもしれない。たとえば本田由紀は、後期中等教育以上の教育段階において、職業と関連性を持つ具体的な知識や技術を一定の割合で組み込むことで「教育の職業的意義」を高めるべきだとしており、そうした方向性のひとつの在り方を示している。(77)

対抗言説の可能性

同様の課題は、従来の「対抗言説」の側にも、突き付けられている。最後にこの点を論じておこう。

平等と共同性が「画一性」と結びついていた八〇年代までの、「子ども中心主義」を基礎に置く左翼的な教育言説は、しばしば管理主義や同調圧力への対抗として「選択肢の多様化」の望ましさを語ってきた。先述した不登校運動は、「不登校は病理・逸脱である。学校に行かなければ将来社会に出ていけない」とする支配的な立場に対抗して、「不登校は子どもが選んだ人生のひとつだ。学校に行かなくても社会に出ていくことはできる」と主張していた。

「平成」以降のメンバーシップ主義の揺らぎは、こうした対抗言説にも影響を与えた。

まず、多様化・個性化のもとで、運動側の主張であった「従来の学校以外のさまざまな道」が一定の制度的認知を得るようになった。九〇年代初頭には、文部省が不登校を個人の病理・逸脱とする公式見解をひるがえし、「どの子どもにも起こりうる」とした。対応の基本方針は登校強制から「見守る」というものになった。民間のフリースクール・フリースペースなどと呼ばれる居場所への通所が「出席」扱いされる可能性が開かれ、通学定期の使用が認められるようになった。二〇〇〇年代には、規制緩和の流れのなかで行政と民間の連携が進み、従来いわゆる「一条校」とは認められなかった民間のフリースクールが、一部中学や通信制高校のサポート校に転化するなど、柔軟化する学校制度のなかへ進出していった。

こうした傾向は、基本的に望ましいだろう。たとえば、「いじめ」「不登校」という義務教育段階における主たる二つの「教育問題」現象は、中学一年生の時点で小学校時に比べて発生件数が大幅に増加することが知られている[78]。中学校は、現在も、少なくない子どもたちにとって閉塞感や同調圧力の大きい場となっている。そうしたなかで「生きづらさ」を覚える子どもたちにとって、参加しやすい学び育ちの場が多様に準備されることには大きな意義がある。

ただ一方で、「選択肢の多様化」という「子ども中心主義」の言葉が、新自由主義のキーワードと親和的であり、市場化へ水路づけられやすいことは、ゆとり教育や教育機会確保法の例でみたとおりであり、注意する必要がある。画一性・管理性の対抗として模索される「多様な選択肢」が、「一部の恵まれた人」にしか開かれず、格差・不平等化の流れと足並みを揃えて現実化していくとき、それは結果として「多様化」よりもむしろ「個人化」に近くなってしまうだろう。市場化と財政のスリム化という圧倒的な足場を持つ新自由主義に対して、「多様化・個性化」を共有しつつ、いかに平等や共同性を打ち出してゆけるか。メンバーシップ主義における平等と画一性の結びつきという土台自体は、対抗言説の側にも共有されており、これを切り離して未来を展望する想像力が問われている。

不登校運動の出発点には、学校と企業こそが「社会」であり学校に行かないだけで「社会性がない」とされる文脈のなかで、子どもが学び育つ新たな共同性を模索する実践があった。その意味で、対抗言説の内部には、「学校・企業＝社会」とする「メンバーシップ主義」の根底を揺るがす射程が確かに孕まれていた。従来の主張を新たな状況にふさわしいものへと変化・修正していく対抗言説の更新が求められている。それは学校と企業にとらわれない、別の「社会」を模索していく作業にほかならないだろう。

註

（1）たとえば、一九八四年の文部省初等中等教育局の『生徒の健全育成をめぐる諸問題：登校拒否問題を中心に』という文書は、「登校拒否」になる子どもの特徴として「社会性の欠如」を挙げている。また、一九八九年に青少年問題審議会が出した意見書「総合的な青少年対策の実現をめざして」は、「ひきこもりや不登校」を「非社会的な行動」と位置づけている。

（2）濱口桂一郎『新しい労働社会——雇用システムの再構築へ』（岩波新書、二〇〇九年）一‐四頁。

（3）竹内洋『立志・苦学・出世——受験生の社会史』（講談社現代新書、一九九一年）七七頁。

（4）柳治男『〈学級〉の歴史学——自明視された空間を疑う』（講談社選書メチエ、二〇〇五年）六六‐一〇五頁。

（5）以下、明治日本の学校制度の諸特徴については、主に教育社会学者の天野郁夫の下記の研究成果を参照。『学歴の社会史――教育と日本の近代』（平凡社ライブラリー、二〇〇五）、『教育と選抜の社会史』（ちくま学芸文庫、二〇〇六）、『増補　試験の社会史――近代日本の試験・教育・社会』（平凡社ライブラリー、二〇〇七）。

（6）天野前掲『増補　試験の社会史』三五三―三五六頁。

（7）天野前掲『教育と選抜の社会史』二七一頁。

（8）野村正實『日本的雇用慣行――全体像構築の試み』（ミネルヴァ書房、二〇〇七年）、六―七頁。

（9）ロナルド・P・ドーア（松居弘道訳）『学歴社会――新しい文明病』（岩波書店、一九七八年）。

（10）竹内洋『教養主義の没落――変わりゆくエリート学生文化』（中公新書、二〇〇三年）。

（11）たとえばイギリスでは、一九四四年の教育法のもと、子どもたちは「十一歳試験（イレブン・プラス）」によって、「グラマースクール」（高等教育進学予定者）、「テクニカルスクール」（それに準ずる者）、「セカンダリー・モダン・スクール」（大多数の就職予定者）へと振り分けられた。この早期選別・分化は、中等教育が「総合制中学」へと統合される一九六〇～七〇年代まで残った。

（12）苅谷剛彦『教育と平等――大衆教育社会はいかに生成したか』（中公新書、二〇〇九年）。

（13）同上書一二六―一三五頁。

（14）各産業の就業者比率は、一九五五年では第一次産業四一・二%、第二次産業二三・四%であったのが、一九七〇年には第一次産業一九・三%、第二次産業三四・一%となっている。

（15）一九六〇年には五七・七%であった高校進学率は、一九七〇年には八二・一%となり、一九七四年に九〇%を超えた。

（16）苅谷剛彦・菅山真次・石田浩編『学校・職安と労働市場――戦後新規学卒市場の制度化過程』（東京大学出版会、二〇〇〇年）。

（17）雇用職業総合研究所『青年の職業適応に関する国際比較研究――学校から職業への架橋』（職研調査研究報告書、一九八九年、№86）。

（18）苅谷剛彦『学校・職業・選抜の社会学――高卒就職の日本的メカニズム』（東京大学出版会、一九九一年）、六五頁。

（19）同上書九六頁。

（20）壽木孝哉『就職戦術』（先進社、一九二九年）六六頁、野村前掲書五八頁。

（21）『Employment Outlook』（ＯＥＣＤ、一九九〇年）。

（22）野村前掲書五五―五七頁。

（23）Basil, Bernstein, *Class, Codes and Control*, Vol. I (Routledge & Kegan Paul, 1971)、ポール・ウィリス（熊沢誠・山田潤訳）『ハマータウンの野郎ども――学校への反抗・労働への順応』（筑摩書房、一九八五年）。

（24）苅谷剛彦『大衆教育社会のゆくえ――学歴主義と平等神話の戦後史』（中公新書、一九九五年）、竹内洋『日本のメリトクラシー——構造と心性』（東京大学出版会、一九九五年）。
（25）熊沢誠『能力主義と企業社会』（岩波新書、一九九七年）。
（26）労働省『雇用管理調査』、熊沢前掲書三〇頁。
（27）ただし、「女性にとっての子育てと仕事の両立の難しさ」については、変化は遅れた。第一子出産後の妻の就業経歴を見ると、八〇年代から二〇〇〇年代の二〇年間を通じて、一貫して、出産前に有職であった妻のうち約六割が出産を機に退職していた（内閣府『子ども・子育て白書』平成二三年度、三七頁）。これは二〇一〇年代になって変化し、二〇一〇年から二〇一四年に第一子を出産した女性で就業継続した人の割合は五三・一％に上昇した。
（28）「本人の性格傾向」として「不安傾向が強い、優柔不断である、適応性に欠ける、柔軟性に乏しい、社会的、情緒的に未熟である、神経質な傾向が強い」などが挙げられ、「養育者の性格傾向」としては、「父親の社会性が乏しく、無口で内向的であり、男らしさや積極性に欠け、自信欠如」「母親が不安傾向を持ち、自信欠如、情緒未成熟、依存的、内気」などとされていた（文部省初等中等教育局『生徒の健全育成をめぐる諸問題——登校拒否問題を中心に』一九八四年、生徒指導資料）。
（29）常野雄次郎「馬鹿な心配」（東京シューレの子どもたち編『学校に行かない僕から学校に行かない君へ』所収、教育史料出版会、一九九一年）一〇四頁、上山和樹『「ひきこもり」だった僕から』（講談社、二〇〇一年）四〇頁など。
（30）S. F. Wong "Reframing futoko (school non-attendance) in Japan : a social movement perspective." Thesis (Ph.D), University of Adelaide, 2008.
（31）「International Democratic Education Conference」、一九九二年より年に一度開催される、世界各地のオルタナティブ教育関係者が交流する場。
（32）東京シューレIDEC記録編集委員会『子どもが創る・子どもと創る——第8回世界フリースクール大会記録集』（東京シューレ発行、二〇〇〇年）一二五頁。
（33）もっとも、本田由紀によれば、就職を希望せず求職行動を起こさない「非希望型」ニートは、一九九二年から二〇〇二年のあいだではほとんど増えておらず、「働く意欲のない若者が増えた」という事実はない（本田由紀・内藤朝雄・後藤和智『「ニート」って言うな！』光文社新書、二〇〇六年）。
（34）乾彰夫『〈学校から仕事へ〉の変容と若者たち——個人化・アイデンティティ・コミュニティ』（青木書店、二〇一〇年）四五頁
（35）橘木俊詔『格差社会——何が問題なのか』（岩波新書、二〇〇六）七七頁、熊沢誠『格差社会ニッポンで働くということ——雇用と労働のゆくえをみつめて』（岩波書店、二〇〇七年）一四二頁。
（36）森永卓郎『新版　年収３００万円時代を生き抜く経済学——給料半減でも豊かに生きるために』（知

恵の森文庫、二〇〇五年）。

（37）有限責任事業組合フリーターズフリー『フリーターズフリー01号』（人文書院発売、二〇〇七年）五頁。

（38）国立社会保障・人口問題研究所「世帯動態調査」二〇〇九年。二〇一四年の同調査では同居の割合は高止まりしている。

（39）OECD編著（濱口桂一郎監訳・中島ゆり訳）『日本の若者と雇用――OECD若年者雇用レビュー：日本』（明石書店、二〇一〇年）五二頁。

（40）内閣府「平成三〇年度版　少子化社会対策白書」二〇一八年。

（41）樋口美雄・太田清・家計経済研究所編『女性たちの平成不況――デフレで働き方・暮らしはどう変わったか』（日本経済新聞社、二〇〇四年）七八頁。

（42）赤木智弘「「丸山眞男」をひっぱたきたい　31歳フリーター。希望は、戦争」『論座』（二〇〇七年一月号、朝日新聞社）。

（43）雨宮処凛『生きさせろ！――難民化する若者たち』（太田出版、二〇〇七年）一二頁。

（44）U. Beck, *Risk Society: Towards a New Modernity* (Sage, 1992) = 東廉・伊藤美登里訳『危険社会――新しい近代への道』（法政大学出版局、一九九八年）邦訳四八頁。

（45）同上書、邦訳五七頁。

（46）螢雪時代編集部『大学の真の実力　情報公開BOOK』（旺文社、二〇一七年）。

（47）OECD, *Education at a Glance 2016* (http://download.ei-ie.org/Docs/WebDepot/EaG2016_EN.pdf). 今野晴貴『ブラック奨学金』（文春新書、二〇一七年）。

（48）耳塚寛明・牧野カツコ編著『学力とトランジションの危機――閉ざされた大人への道』（金子書房、二〇〇七年）。

（49）苅谷剛彦・志水宏吉編『学力の社会学――調査が示す学力の変化と学習の課題』（岩波書店、二〇〇四年）。

（50）堀有喜衣編『フリーターに滞留する若者たち』（勁草書房、二〇〇七年）一二三頁。

（51）堀編前掲書、四頁。

（52）総務省「労働力調査」。

（53）内閣府「男女共同参画白書」平成二九年版。

（54）OECD, *Education at a Glance 2011* (OECD, 2011).

（55）栗田隆子「〝ないものとされたもの〟これくしょん（前篇）」、有限責任事業組合フリーターズフリー前掲書、一五〇―一六九頁。

（56）ファーロングとカートメルは、こうした「客観性と主観性の分裂の拡大」を〈認識論的誤謬〉と呼び、「後期近代のもっとも大きな特徴」と位置づける。A. Furlong & F. Cartmel, *Young People and Social Change: New Perspectives*, 2nd edition (Open University Press, 2006) = 乾彰夫・西村貴之・平塚眞樹・丸井妙子訳『若者と社会変容――リスク社会を生きる』（大月書店、二〇〇九年）邦訳一八頁。

（57）OECD編著前掲書一一三―一一四頁、乾前掲書五五―五六頁など。
(58) 内閣府『困難を有する子ども・若者の支援者調査』(平成二四年度)によれば、支援者たちの「現在所属している法人の職員になってから今までの給与の変化」は、「上昇傾向」一四・六%、「下降傾向」七・二%、「ほとんど変化なし」五六・九%であった。また、「処遇や職場の状況において解決すべき最も重要な課題」としては、「土日祝日や夜間の仕事があること」を挙げた人が二三・三%と最も多く、「賃金など処遇面が十分でないこと」が次いで二二・四%を占めた。
(59) もっとも、ある意味では「ゆとり」路線は七〇年代からスタートしている。一九七七年の小中学校の学習指導要領の改定ではすでに「学校生活におけるゆとりと充実」という言葉が見られる。小学校六年間の主要四科目の授業時間数は、一九七一年に三九四一時間であったのがその後削減され、一九八〇年に三六五九時間、一九九二年に三四五二時間、二〇〇二年に二九四〇時間となった。この方向性は二〇一一年に見直され、授業時間数は三二四二時間とやや増加した。
(60) 文部省は当初、「ゆとり」を強調する立場から「週五日制」には反対の立場を取っていた。授業時間数が削減されれば内容消化を圧縮せねばならず、「ゆとり」はなくなる。
(61)『朝日新聞』二〇〇二年九月二二日付。
(62) 岡部恒治・西村和雄・戸瀬信之編著『分数ができない大学生――21世紀の日本が危ない』(東洋経済新報社、一九九九年)。
(63) 苅谷・志水前掲書。
(64) Programme for International Student Assessment、生徒の学習到達度調査。OECD加盟国を中心に一五歳を対象に「数学的リテラシー」「読解力」「科学的リテラシー」「問題解決能力」(二〇〇三年のみ)を問う。二〇〇〇年(三二カ国)、二〇〇三年(四一カ国・地域)、二〇〇六年(五七カ国・地域)、二〇〇九年(六五カ国・地域)に実施。
(65) Trends in International Mathematics and Science Studies、国際数学・理科教育動向調査。IEA(国際教育到達度評価学会)が小四と中二を対象に一九六四年から四年ごとに実施。
(66) OECD編著(徳永優子他訳)『図表で見る教育――OECDインディケータ2013年版』(明石書店、二〇一三年)。
(67)「教育の卓越性に関する全米審議会」が提出した報告書。橋爪貞雄『危機に立つ国家――日本教育への挑戦』(黎明書房、一九八四年)。
(68) 第二次安倍政権で二〇一三年より再び悉皆式に戻った。
(69) 日本の奨学金制度はもともと貸与中心だったが、九〇年代後半以降、有利子枠の拡大や返還免除の廃止、取り立ての強化など制度の切り崩しが進んでおり、奨学制度というより金融事業としての性質を強めていた。二〇〇〇年代以降、家計所得の悪化と学費の値上がり、高等教育進学率の伸びなどから奨学金を借りる学生の数が増加する一方、学卒後の雇用状況は不安定化し、多数の返済困難者を生み出していった。二〇一〇年代に入り、教育社会学者の大内裕和らの問題提起により（全国奨学金問題対策全国会議編『日本の奨学金はこれでいいのか！』〔あけび書房、二〇一三年〕、大内裕和『奨学金が日本を滅ぼす』〔朝日新書、二〇一七年〕）、返済困難者の過酷な状況や彼ら・彼女らを追い込む制度の不備が社会問題化した。それを受け、二〇一七年に日本学生支援機構法が改正され、業務としてこれまでの「貸与」に「支給」が加えられ、二〇一八年度から給付型奨学金が創設された。

（70）森田洋二・清水賢二『いじめ——教室の病い』（金子書房、一九九四年）、内藤朝雄『いじめの社会理論——その生態学的秩序の生成と解体』（柏書房、二〇〇一年）。

（71）荻上チキ『いじめを生む教室——子どもを守るために知っておきたいデータと知識』（ＰＨＰ新書、二〇一八年）七八頁。

（72）文部科学省「平成28年度公立学校教職員の人事行政状況調査について」。

（73）山本由美「新自由主義教育改革が先行する東京都」（佐貫浩・世取山洋介編『新自由主義教育改革——その理論・実体と対抗軸』所収、大月書店、二〇〇八年）六六頁。

（74）佐貫・世取山編前掲書一一頁。

（75）たとえば小渕恵三首相のもとで設置された「21世紀日本の構想」懇談会の報告書では、次のように主張された。「残念ながら、日本の社会には個人が先駆性を発揮するのをよしとしないきらいがある。日本人のもつ絶対的とも言える平等観と深く関わるが、『結果の平等』ばかりを問い、縦割り組織、横並び意識の中で、〝出る杭〟は打たれ続けてきた。『結果の平等』を求めすぎた挙句、『機会の不平等』を生んできた」（河合隼雄監修『日本のフロンティアは日本の中にある——自立と協治で築く新世紀』講談社、二〇〇〇年）四〇頁。

（76）広田照幸『教育には何ができないか——教育神話の解体と再生の試み』（春秋社、二〇〇三年）。

（77）本田由紀『教育の職業的意義——若者、学校、社会をつなぐ』（ちくま新書、二〇〇九年）。

（78）岩永雅也「教育の病理」、岩永雅也・稲垣恭子編著『新版　教育社会学』（放送大学教育振興会、二〇〇七年）一二六–一二八頁。

情報化

濱野智史

日本社会は
情報化の夢を見るか

1　問題意識と本論の構成

　本章の主題は、平成における情報化の歴史を描くことにある。平成元年＝一九八九年以降、最も急速な変化が起こったのは「情報化」の領域であるということは、おそらく論を俟たないであろう。パソコン、インターネット、携帯電話、検索エンジン、ウィキペディア、動画サイト、ブログやSNSなどのソーシャルメディア、スマートフォン……。この三〇年というもの、次々とめまぐるしく新たな情報メディアが登場してきては、私達のコミュニケーションやライフスタイルを大きく変えてきた(1)。

　しかしその変化のめまぐるしさ（≠情報量の多さ）ゆえか、情報化の「通史」というものはこれまできちんと作成されずにきたきらいがある。そもそも情報社会論の分野で「歴史」というと、かつてA・トフラーが唱えたような壮大な文明史観（情報革命は人類がこれまで迎えてきた農業革命・産業革命に次ぐ『第三の波』である云々(2)）こそ目立ってきたが、では情報化がいかなる具体的な変化を社会にもたらしてきたのかに関する俯瞰的な仕事は少ない。情報・コミュニケーション技術（ＩＣＴ：Information and Communication Technology）は「ＧＰＴ（General Purpose Technology）」、すなわちさまざまな産業分野・生活分野において利用される汎用的技術なので（およそコミュニケーションが全く必要のない社会領域は考えられない）、その影響範囲を記述しようにも見渡す範囲があまりにも広いのである。

　しかも後述するように、ＩＣＴの中でもインターネットはオープンなイノベーションを惹起する「生成力（generativity）」の高い技術基盤であるゆえに、[3]ほんの数年単位でサービスやビジネスモデルの趨勢が大きく書き換えられてしまう。さらに情報領域では、政治や教育や社会保障のように、制度的な土台もない。つまり、情報化の歴史を記述しようにも安定したフォーカスの置き場所が見当たらないのである。

情報社会論は歴史記述に関する別の困難も抱えている。それは佐藤俊樹の見立てによれば「技術決定論」と「社会決定論」の対立である。[4]情報社会論においては、めまぐるしく登場する情報技術が社会を新たに変える、といった「技術決定論」的な言説が次々と登場し、世の中を賑わせる。しかし実際には、「情報技術が社会を変える」といった言説だけがえんえんとこの数十年繰り返されており、社会のあり方そのものは何も変わっていないと佐藤は指摘する。これを説明するのが「社会決定論」の立場だ。技術社会学のセオリーでは、技術はあくまで社会の一要素に過ぎず、技術のあり方は社会的に構築されるとみなされる（SCOT：Social Construction Of Technology）。

ただしこうした社会構築主義的なものの見方は、遠い過去の技術発展史を見通す場合には有効でも、なかなか目まぐるしく変化するリアルタイムの情報社会の現在を見通す場合には、それほど有効とはいいがたい。そもそも社会が技術のあり方を変えるといっても、複雑な社会を捉えること自体が困難だ。そこでかつて筆者は「アーキテクチャ」と呼ばれる情報サービスの「設計構造」に分析のフォーカスを絞り込むことで、二〇〇〇年代の日米ネット社会の歴史的展開を読み解く作業を行ったことがある。[5]これは筆者なりに、「あるウェブサービスなりアプリケーションなりのアーキテクチャは人の振る舞いに影響を与えるが（＝技術決定論）、どのようなアーキテクチャがその社会において普及し受容されるかは社会ごとに異なる（＝社会決定論)」という形で、技術決定論と社会決定論の関係を整理しようとする試みだった。

しかし今回は、記述対象を絞ることで情報量を縮減するアプローチは取らない。あくまで本論の狙いはこの約三〇年間におよぶ日本社会の情報化通史を描くことにある。そこで以下本論では、情報化の動向を「インフラ層」と「アプリケーション層」の二層に切りわけた上でそれぞれの変化を見ていくこととする。これはインターネットという技術がもともとこの二層に分けられていることに着想を得たものである。よくある一般的な誤解として、「インターネットといえばYahoo!やYouTubeなどのウェブサイトのこと」というものがあるが、実際には「TCP/IP」と呼ばれる通信プロトコルがインターネットの基盤としてあり(インフラ層)、それを活用してつくられたアプリケーション(適用例)の一つとして「WWW(World Wide Web)」がある。電子メールもskypeもファイル共有ソフトも、同じこの「TCP/IP」をベースに開発されたアプリケーションである。

これと同じ構図が情報化にも見いだすことができる。パソコンやインターネットといったICTは、汎用的な情報インフラとして普及する(インフラ層の変化)。その結果、政治・経済・法といった各領域になんらかの変化・影響がもたらされる(アプリケーション層の変化)。あくまで比喩的な見取り図に過ぎないが、以下本論では「インフラ層」→「アプリケーション層」の順に情報化の平成史をたどっていくことにしよう。

2　インフラ層の情報化

日本の平成期におけるインフラ層の情報化の歴史において、とりわけ重要と思われるのは以下の点である。それはブロードバンド・インフラ（固定網）と、「i-mode」に代表されるモバイル・インフラ（無線網）の比較的早期における安価な普及である。

平成の約三〇年間を通じて、パソコンとインターネットの普及率の変化はめざましいものがある。総務省が継続して行っている調査結果（「通信利用動向調査報告書」）によれば、平成元年＝一九八九年には一一・六％にすぎなかったパソコンの世帯普及率は、二〇〇九（平成二一）年には八七・二％に達している。またインターネットについては一九九六（平成八）年に三・三％にすぎなかったものが、二〇〇二（平成一四）年以降は八〇％以上を超えている。九〇年代にはパソコンもインターネット（ないしはパソコン通信）も一部のマニア層（普及理論でいうところのイノベーター層やアーリーアダプター層）が利用するものでしかなかったが、いまでは日本人の八割以上が利用する、ごく当たり前の情報手段となった。これは後述するYahoo! BBやi-modeなどの普及によるところが大きかった。

また他国と比較しても、日本はブロードバンド・インフラの整備という点で成功した部類に入っている。OECDが二〇一一年に調査した結果によれば[6]、日本のブロードバンド普及率は、人口一〇〇人あたり二七・四人。これは米国の二七・七人に次ぐ一六位である。この数字だけを聞くと「日本のブロードバンド普及率は低い」と思われるかもしれないが、このランキングは一位スイス（三九・九人）、二位オランダ（三九・一人）、三位デンマーク（三七・九人）など、ヨーロッパの小国が続く。確かにここ数年は他国に追い越されている状況となってはいるが、特に二〇〇〇年代初頭のブロードバンド普及率の急速な向上という点で日本は成功した部類であり、むしろ日本のような急峻な国土を持つ国でブロードバンド網が広く提供されていることは評価できる。また総務省の別の評価レポートによれば（総務省「日本のＩＣＴインフラに関する国際比較評価レポート」二〇〇九年）、価格や速度の面では世界トップクラスの位置にあるとの自国評価がなされている。これには当然自国が有利なようにと働く認識バイアスがかかっているともいえるが、大筋で日本の情報インフラは優れたものであるとの評価は固い。

日本は、携帯電話端末でのインターネット利用環境が極めて早くから提供されていたことでも知られている。その代表的なサービスとして、ＮＴＴドコモが一九九九年に開始した「i-mode」が挙げられる。この年以降、各通信キャリアはあいついで携帯インターネットサービスを開始したが、翌二〇〇〇年には二六〇〇万人超、翌々二〇〇一年には四八〇〇万人超と、飛躍的に利用者を拡大した（総務省「ＩＣＴインフラの進展が国民のライフスタイルや社会環境等に及ぼした影響と相互関係に関する調査」二〇一一年）。実はこれに類したサービスが他国で提供されるようになるのは（韓国のような一部の例外を除き）、だいぶあとのことである。たとえば米国の場合、携帯端末でウェブサイトが見られるようになるのはiPhoneなどのスマートフォンが普及して以降のことであり、実はつい最近になって提供されたにすぎない。

さらに日本では、二〇〇三年を境に「パケット定額」と呼ばれる料金体系（どれだけ利用しても月額定額で済む料金体系）も導入され、これがモバイル・インターネットの利用を押し上げた。その結果日本では、携帯電話さえ所有していれば、ほぼインターネットにアクセスできる環境が提供されるような状況が早くに生み出された。実際インターネット利用率の調査でも、「自宅にインターネットの固定回線は引いていないが、携帯電話のみでインターネットを利用している」という「モバイルのみネット利用者」も大きな比率を占めており、日本のネット利用率を底上げしていた。

つまりここで確認したいことは、日本は「インターネット・インフラの普及」というインフラ面での情報化には成功した部類の国である、ということである。しかし現在の位置は決して盤石なものではなかった。むしろ、日本ではインフラの普及に失敗していたかもしれない歴史も、十分にありえたのである。以下次項では、日本のネットワークインフラの変遷過程について簡単に見ていくことにしよう。

平成以前

まず、平成史以前のネットワークインフラの背景・経緯について簡単に概観しておく。ネットワークインフラといえば「電話」という時代が長らく続いていた。電信・電話は近代化を目指す国家にとって必須のインフラ（中央集権体制の基盤）であり[7]、それゆえ近代化を達成した国は例外なく国策として（国営企業による）固定電話網の整備を行ってきた。

しかしインターネットはこれとは全く異なる出自の技術である。電話の通信アーキテクチャは、「回線交換」といってちょうど糸電話のように交換器を通じてノード間のパイプラインをつなぐ方式である。一方のインターネットは、情報をパケットに分断してぶつ切りに送る「パケット交換」方式であり、必ずしも特定の（一極に集中した）交換器を経由する必要がない。よく知られているようにそれは一九六〇年代に、米国国防総省の対核戦争用ネットワーク（ARPANET）として、中央の基地が殲滅しても持続可能な分散ネットワークとして構想された[8]。

だが、実際にその後インターネットの主要なアプリケーションを実装・具現化したのは、主に米国の軍の研究機関や大学などに所属していた研究者たちだった（「ハッカー」と呼ばれる者も多く含まれていた[9]）。ハッカーたちは学術用ネットワークとしてインターネットを開発・利用していたが、このとき実装されたものが、いまでもインターネットの基盤技術として用いられている。

ただその一方、ハッカーたちがインターネットの基盤技術を開発していた主に八〇年代から九〇年代にかけて、先進諸国は国をあげて新たなネットワークインフラの開発に名乗りをあげており、当時はそちらのほうが「次世代ネットワーク」の有望株とみなされ、脚光を浴びていた。それは日本も例外ではない。現ＮＴＴ（日本電信電話公社）が一九八四（昭和五九）年からサービスを開始していたキャプテンシステム（CAPTAIN System：Character And Pattern Telephone Access Information Network System）などがその一例である。文字通りそれは、「文字とパターン（画像）」を電話回線を通じてやり取りし、テレビモニターに表示するというサービスで、ファクシミリなどと並んで「マルチメディア」ないしは「ニューメディア」と鳴り物入りで喧伝されていたのである。

キャプテンシステムのようなマルチメディア通信サービスは「Videotex（ビデオテックス）」と総称され、欧米圏でも各国の電話会社がこぞって展開していた。中でも有名なのはフランステレコムの「Minitel（ミニテル）」である。最盛期の一九九九（平成一一）年には同国の人口の約四割にあたる二五〇〇万人が利用していたとされ、それがあまりにも普及していたがゆえに同国でのインターネットの普及が遅れたといわれるほどである（ちなみに二〇一二年まで同サービスは継続されていた）。

フランスのような例外はあるが、ビデオテックスのような「マルチメディア」「ニューメディア」は、その後九〇年代に入ってインターネットに駆逐された。その原因にはさまざまなものがあげられるが、各国の電話会社が開発したそうした次世代ネットワークは、電話会社が仕様を握り、オープンなイノベーションが起きにくいものだったからだ。ハッカーたちが自分たちの学術研究用につくった通信システムは、仕様もすべてインターネット上で公開されたオープンなもので、誰もが自由にTCP/IP上のアプリケーションの実装を提案することができた。その汎用性・拡張性の高さゆえに、インターネットは世界的な次世代通信インフラの「フォーマット」として普及しえたのである。(10)

平成以降

前項で見てきたように、八〇年代までは、先進諸国で国策主導のポスト電話網（マルチメディア／ニューメディア）の整備が進められていた。その裏ではハッカーたちがインターネットの基盤技術を開発していた。八〇年代末から九〇年代初頭にかけて、学術利用だけではなく商用利用への道が開かれるようになると（米国では一九八九年、日本では一九九三年）、ほどなくしてインターネットに対応した「Windows95」が爆発的なヒットを飛ばし、後に一九九五（平成七）年はインターネット元年とも呼ばれるようになった。

だが九〇年代の時点では、日本のインターネット・インフラは極めて高価であり、充実したものとはいえなかった。当時はダイアルアップ接続といって電話回線網を利用してプロバイダまで接続することでインターネットが利用できたが、電話代が極めて高価だった。一九九九年当時、東京とニューヨークでは電話では電話料金に二倍以上の差があったとされる（内閣府「構造改革評価報告書」二〇〇四年）。そのため、日中、常時接続でインターネットを利用するというのは、企業や大学といった専用線を引いた環境でない限り、個人として利用するのはコスト的に厳しかった。

またＮＴＴでは一九九五年より「テレホーダイ」という定額課金サービスを展開していた。これは深夜早朝の時間帯（二三時〜翌日八時）であれば、特定の電話番号とどれだけ通話しても定額で利用できるという、当時としては画期的なものだった。そのため、当時まだ先進的だったインターネットを利用するユーザーは、二三時になるとこぞってインターネットに接続し、深夜まで掲示板などに入り浸りする傾向を強めた。これは、特にインターネットの利用が始まったばかりの九〇年代後半という時期において、「インターネットといえば深夜に夜な夜な利用するもの」というある種の「脱社会的」なイメージを定着させる結果にもなった（後述する「夜」の領域としての日本のインターネット文化）。

こうした状況は、二〇〇一（平成一三）年にYahoo! BBというＡＤＳＬサービスが安価に展開されるようになったことで一気に変わることになる。ＡＤＳＬとは、それまでのダイアルアップ接続とは異なり、ブロードバンドで高速ネット利用が可能、常時接続で定額制という特徴を備えていたが、当時は1.5Mbps接続で月額四〇〇〇〜六〇〇〇円程度が一般的な相場であった。これに対しソフトバンクグループの孫正義が鳴り物入りで始めたYahoo! BBは、8Mbps接続で月額約三〇〇〇円という「価格破壊」を実現し、多くの利用者が飛びついた。結果、同業他社は利用価格の引き下げを迫られ、一気に日本のブロードバンド利用環境は低価格化が進んだ。これによって、日本のブロードバンド普及率は急速に向上したのである。

なぜ急速なインターネット・インフラの整備に成功したのか？

しかし、なぜYahoo! BBのような急速なブロードバンド・インフラの整備が進んだのだろうか。世間的なイメージとして、孫正義の経営手腕が徹底的な「価格破壊」を実現したように記憶されているかもしれないが、そこには制度的な背景があった。

ここでは詳述する余裕はないが、大きなメルクマールとなったのは、二〇〇一年に内閣ＩＴ戦略本部（高度情報通信ネットワーク社会推進戦略本部）が策定した「e-Japan戦略」である。そこでは「２００６年までに３０００万世帯が常時接続可能な環境整備を目指す」と明記されたが、具体的には、ＮＴＴが抱える通信インフラ（ダークファイバや機器設置スペース）を、他の通信事業者が安価に借り受けて通信事業を展開できるルール整備が進められたのである。これによってYahoo! BB等のＡＤＳＬサービスは、ＮＴＴが保有する通信インフラをそのまま間借りすることで、安価なサービスの展開が可能になったのである。Yahoo! BB以前もＡＤＳＬ事業者は存在していたが、ＮＴＴ側の抵抗もあり（たとえば配線工事の申し込みを紙のファクスでしか受け付けないといった牛歩戦術）、なかなかＡＤＳＬの導入が進まない背景があったが、「e-Japan戦略」がこうした状況を変えたとされている。

また当のＮＴＴ自体は、光ファイバを用いたＦＴＴＨへの移行を長期的に計画しており、ＡＤＳＬにはそれほど本腰を入れていなかったとされる。ＮＴＴから見れば、既存の電話回線（銅回線）を用いるがゆえにノイズも大きく安定的なスピードも出ない（電話局との距離に応じて著しくスピードに差が出る）ＡＤＳＬは、光ファイバ移行に至るまでの過渡期的な技術でしかなかった。むしろより高性能な光ファイバへの移行を邪魔するものに見えたといっても過言ではない。しかし「e-Japan戦略」は、こうしたＮＴＴが描いていた「長期的なインフラ整備の青写真」をいわば破壊し、よりハングリーな新規事業者を呼び込むことで、苛烈なコスト競争をもたらしたのである。

もしこれがなければ、いまでも日本のインターネット利用はとても高価で、誰もが安価に使えるインフラというよりは、せいぜい一部のマニア層や一部のビジネスユーザーが利用するものにとどまっていた可能性がないわけではないだろう。少なくとも、五年から一〇年は遅れていた可能性は高い。「価格破壊」という言葉が流行語となったのは一九九四年から九五年にかけて、まさに平成に入ってからのことだったが、「e-Japan戦略」は情報化における「価格破壊」をまさに実現したといってよい。

もちろん、政府が主導するだけで価格破壊が実現できたわけではない。先に見たように、もともとインターネットという技術が、従来の電話通信に比べて、ハードウェア・コストや管理・運営コストが安くつく（電話交換機よりもインターネットルーターのほうが技術的に高度な制御が要求されない）という点が大きかった。従来の電話網の場合、電話端末よりもネットワーク（交換器）のほうが「賢い」制御が必要であったが、インターネット網の場合はパソコンのような端末側のほうがどんどん「ムーアの法則」にしたがってCPUの性能が進化していくため「賢く」、ネットワークはTCP/IPという極めて単純で「バカ」なプロトコルで動けばよかった（元AT／Tの研究所に在籍していたデイヴィッド・アイゼンバーグの言葉を使えばインターネットは「Stupid Network＝バカな通信網」である）[11]。だからインターネット網は、ファイバ網のような物理インフラさえ借りることができれば、NTTのような高度な官僚機構でなくても、新規参入のベンチャー企業で十分に提供可能なものだった。また「e-Japan戦略」の成功は、こうしたインターネットの技術的特性に明るい村井純慶應大教授（「日本のインターネットの父」と呼ばれる人物で、日本の学術インターネット網の整備につとめた人物）[12]などがIT戦略本部に参加したことも大きかったとされる。

まとめると、情報化の平成史をインフラ面の整備という観点から見ていくとき、この

「e-Japan 戦略」の功績は大変に大きかった。国が主導する形で、官営企業としての性質を強く残した巨大通信企業NTTの思惑を退け、ソフトバンクのような新興プレイヤーの参入と自由競争の活発化をもたらした「e-Japan 戦略」。それは官主導の形で（「e-Japan 戦略」）、民主導の情報化（「Yahoo! BB」）を推進したという点で、平成に数々なされた「構造改革」の中でも最も成功した部類のものと評価してよいだろう。

3 アプリケーション層の情報化

さて、となると問題はアプリケーション層の情報化である。下部構造としてのインフラ層の情報化が、安価で高速なブロードバンド網の整備という点で成功したのはよいとしよう。それでは果たして、その優れた恩恵としての情報インフラを、私達の社会は有効に使いこなせているのだろうか？　インフラ層の上で展開されるアプリケーション層の情報化は、果たしてどの程度豊かに成功しているといえるのだろうか？　これが次に見ていくテーマである。

「夜」の領域とインターネット

そのために、ここではインターネット利用に関する調査を簡単に見ていくことにしよう。橋元良明編『日本人の情報行動２０１０』（東京大学出版会、二〇一一年）を見ると、「ＰＣインターネットのサービス利用頻度」と題された質問項目がある。利用頻度の高いものから見ていくと、「検索（サーチエンジン）」「他の人のブログ・ホームページを見る」「掲示板を読む」「メールマガジンを読む」「ネットショッピング」「音楽を聴く」「ＳＮＳを読む」などが続く。

ここでは、その利用頻度の具体的な数値の高低を読むことは重要ではない。そもそも「インターネットのサービス利用頻度」を聴くとき、どのような選択肢があらかじめ想定されているかが肝要である。他に列挙されているのは、「オンラインゲーム」「ネットバンキング／株式」「チケット予約」「チャット／メッセンジャー／スカイプ」などである。筆者が見る限り、こうした質問項目は、おおよそ他の調査と比べても大差はない。

つまりここから浮かび上がってくるのは、インターネットは要するに「情報収集」「消費行動」「娯楽」「おしゃべり」といった用途にほぼ収斂されている、ということである。もっと具体的にいえば、こういうことになろう：インターネットが普及したことで、辞書や百科事典を買わなくても簡単に情報が検索できるようになった。新聞や雑誌を買わなくとも、ニュースサイトやブログやメールマガジンやツイッターを通じて、無料で情報収集ができるようになった。ＣＤやＤＶＤを買わなくとも、YouTubeなどで無料で音楽や動画を視聴することができるようになった。電話代を払わなくとも、メッセンジャーやskypeでいくらでも長電話的なおしゃべりができるようになった。わざわざお店を複数出歩いて比較しなくとも、検索一つで安売りしているお店を探してボタンひとつでショッピングできるようになった。——結局のところ情報化の恩恵とは、こうした諸々の消費行動の低コスト化にほかならないのである。それは後に使う言葉でいえば、「夜」＝私的領域にしか情報化は影響を及ぼしていないということでもある。

これはインターネットという技術の特性を考えれば、当然の帰結である。前節で見たように、インターネットの普及が「情報インフラの価格破壊」として進展するとき、情報インフラを通じて提供される情報財（コンテンツ）やサービスの低コスト化もまた進む。インターネットという技術は、前節でも見たように、TCP/IPという単純な通信プロコトルの上にどんなデジタル情報でも扱えるアプリケーション（サービス）を構築可能である。文字情報だろうと、音楽だろうと映像だろうと、おしゃべりだろうと、およそそれがデジタル化できる情報である限り自由自在な、「generativity（生成力）」の高い環境である。[13] だからインターネットはありとあらゆる既存の「メディア」や「チャネル」で提供されたものをより安価なシステムとして置き換え可能にする。

しかもこのことは、平成期における日本社会の経済状況を考えるとき、また別の意味合いをもつ。バブル崩壊以降、「失われた二〇年」ないしは「失われた三〇年」とも称される長い経済低迷期を迎えた日本社会において、インターネットはなぜ普及に成功したのか。それは要するにデフレ経済とマッチしたからだ。これまでと同じものが安く（ともすれば無料で）手に入るのであれば——同じ情報、同じ音楽、同じ動画、同じ商品、同じサービスが得られるのであれば——人はよりコストの低いほうを選択するに決まっている。旧来のアナログメディアのほうが「味があって良い」などというのは、「違いの分かる」ごく一部のマニア層だけに限られる。これは社会全体の合理的選択として、不可避の趨勢といえる。

さらに重要なのは、経済成長も人口拡大も停滞し、社会全体のパイが拡大していないとき、インターネットを背景とした新興勢力の登場が何を意味するのかという点である。これは後述するように、マスメディアやアナログメディアに依存した旧来勢力との「パイの奪い合い」を意味することになる。逆にいえば、日本では情報化が社会全体の経済的パイの拡大に繋がっていないということでもある。本書総説でも触れられるとおり、情報化社会とは「ポスト工業化社会」を意味し、そうした経済構造へのシフト／適応を意味しなければならないはずなのにもかかわらず、である。これはどういうことか？

そしてインターネットははたして私的な「消費」行動という「夜」の領域だけではなく、新しい価値の「生産」という「昼」の領域にも影響を及ぼしえているのだろうか？

次項では、こうした観点にそって日本の経済領域において情報化がもたらした諸点について見ていくことにしよう。

「昼」の領域その1：情報化と経済領域

本項では、情報化と経済領域を見ていくにあたって、まず「インターネット・ビジネス」の内側を概観し、その次に日本経済全体との関わりという形で、スコープをじょじょに拡大していく道のりをたどることにする。

ミクロ視点：日本のインターネット・ビジネスは「タイムマシン経営」

まず控えめにいっても、インターネット・ビジネスの分野に限っていえば、この「失われた二〇年／三〇年」といわれた低成長時代の中でも、いわゆる「バブル」的な経済成長が断続的に発生してきたことで、経済的な活況を享受してきた。この分野は数年単位で新興事業が出てくるため、まとまった経済統計や指標に乏しく客観的にそのことを示すのは存外に難しい。

ただ記憶に残る名称を挙げていくだけでも、九〇年代中盤から後半にかけては「Windows95バブル、インターネットバブル（ドットコムバブル）、i-mode バブル（着メロ／着うたバブル）、二〇〇〇年代前半には Web 2.0（Google）バブルやブログバブル、さらに後半になるとクラウドバブル、ソーシャルメディアバブル（ツイッター／フェイスブック）、iPhone（スマートフォン）バブル、ソーシャルゲームバブル……と数年に一回のサイクルで、何らかの新しいサービスが登場しては、急速に多くのユーザーを獲得する現象が起こる。ここでは各現象をつぶさに紹介する余裕はない(それこそ検索してもらえば無数の解説がネット上にある)。ただいずれも共通しているのは、各新規サービスが登場しては、そこが何かモノを売り買いするマーケットプレイスなり、ユーザーに広告を表示させる広告プラットフォームとなる。そして一般企業の側はこぞってこの新興市場に飛びつく。この繰り返しである。

筆者は主にこうしたインターネット・ビジネスの現場に直接関わるというよりは、そこからやや引いた言説の側を中心に見てきた側の人間だが、こうした新興市場が登場しては、その新規性を語る「バズワード(buzz word:流行語)」も大量に生み出されてきた。収穫逓増理論、プラットフォーム戦略、ネットワーク外部性、バンドワゴン効果、チープ革命、ロングテール、フリーミアム戦略、多面市場……。ここでは逐一解説することはしないが、常にその新規なビジネスモデルの特徴を捉えるための造語がなされてきたのである。

しかし筆者が見る限り、こと日本におけるインターネット・ビジネスの展開を歴史的に一言で圧縮して捉えるのであれば、「タイムマシン経営」と呼ばれる言葉だけで十分に説明可能であると考える。「タイムマシン経営」とは孫正義が命名した言葉で、海外(主に米国)で成功したビジネスモデルを、数年遅れで日本国内に取り込むという経営戦略のことである。何のことはない。情報化で先行する米国の状況を数年遅れで追いかけている日本では、ただアメリカの真似をするだけで最先端のビジネスが成り立つ。ただそれだけのことにすぎない。

実際のところ、Yahoo! や livedoor のようなポータルサイトビジネスにせよ、楽天のようなEコマースサイトにせよ、ミクシィのようなSNS/ソーシャルメディアにせよ、gree/モバゲーといったSNS上でのソーシャルゲームにせよ、日本で著しく成長したネットサービスは、いずれもその先行事例は海外にある。どれだけそれが新規なビジネスモデルであろうと、基本的な仕組みは海外の模倣にすぎない。もちろん、米国と日本では諸々の社会条件が異なるため、ただの猿真似では成功せず、若干の改変は加わるものの、である。

また日本発の先駆的な事例というものがないわけではない。たとえば前節で触れた「i-mode」などは、通信キャリアが運営する第三者向けのプラットフォーム／マーケットプレイスとして、むしろその後Apple社がiPhone向けのApp Storeを展開する際に参考したといわれるように、非常に先駆的なビジネスモデルではあった。しかし、NTTドコモが運営する以上、「i-mode」のビジネスモデルは国の外に打って出る、といった性質のサービスではなかった。

いま述べたように、日本のインターネット・ビジネスの特徴は、「国内市場に閉じている」点にある。そもそも米国の真似だから、海外に打って出ようもないので当然である。またそもそも日本の国内市場が十分に大きいため、海外に出ていく動機づけにも乏しい。

そしてそれはいいかえれば、先ほども触れたように、「国内の既存ビジネスのパイを奪う」という形でしか、日本のインターネット・ビジネスは構造的に成長できないことを意味する。その顕著な例が広告市場におけるネットメディアの成長比率である。

電通が毎年発表している「日本の広告費」（二〇一一年）によれば、二〇〇一（平成一三）年の総広告費は六兆五八〇〇億円（これはGDPの約一・二％にあたる）。このときインターネットに投入された広告費は七三五億円と、全体の約一・二％に過ぎなかった。これが一〇年後の二〇一一年になると、総広告費は五兆七〇九六億円（GDP比約一・二二％）と、日本社会における広告費の市場規模はほぼ横ばいであるのに対し、インターネット広告費は八〇六二億円、全体の一五%を占めるにまで成長している。ちなみに新聞は五九九〇億円と、すでにインターネットに追い抜かされている。「全体のパイは成長していないが、新興勢力のインターネットにパイが食われている」という構図がまさにこの一〇年で浮き彫りになっている。

さらに付け加えるならば、こうして国内市場で既存のパイを食って稼いだ金が、どこへ向かっているか、である。これは象徴的な議論になってしまうが、日本の場合、成長したネット企業が最終的に巨額を投じるのが、既存のマスメディアないしはそれが運営するプロ野球球団の買収なのである。たとえば二〇〇四年から二〇〇五年にかけてライブドアが仕掛けた、近鉄バッファローズ買収やニッポン放送/フジテレビへの株買収騒動は記憶にもまだ新しいが、周知のとおりこれは極めて強い抵抗にあい頓挫してしまった。またその後、楽天やDeNAがプロ野球球団の買収に成功してはいるが、ここで触れておきたいのは、「インターネット・ビジネスで稼いだ金が球団買収に向かう」ということのある種保守的な図式である。つまり、インターネット・ビジネスが既存のパイを食うというとき、メディア・コングロマリットの象徴であるところの球団ビジネスに食い込むことが、ある程度の巨額を稼いだ企業にとって最適解であるようなメディア環境が、まだこの社会には残存している。

以上本項では、いささか乱暴すぎる形ではあるが、日本の情報化と経済領域の関わりについて、主にインターネット・ビジネスというミクロな分野に照準をあてて概観した。それは一言で「タイムマシン経営」という点に特徴が見られる。これは情報化の「歴史」を見るという観点でいえば、実に皮肉な結論を意味せざるをえない。なぜなら米国の後追い=タイムマシンで済むというのなら、そこには日本固有の「歴史」がない、ということを意味してしまうからだ。

またさらに視点を変えるならば、「タイムマシン経営」とは日本の明治近代化以来一貫して繰り返されてきた、海外のモデルを真似してキャッチアップするという歴史的形式の反復でもあるということもできよう。

もちろん、日本のインターネット・ビジネスは「米国の猿真似」などと一言で圧縮できるようなものではなく、そこには無数の固有の歴史的展開がある。しかしそのことを記述するには紙幅の限界がある。何より、これから後述する「なぜ日本の情報化は日本経済のパイの全体的な拡大に寄与しないのか」という点を鑑みるとき、日本社会には、固有の発展を拒む土壌があるといわざるをえないのである。

マクロ視点：なぜ日本経済は情報化の恩恵を蒙らないのか？

なぜ日本のインターネット・ビジネスは、既存のパイを食らうしかないのか。逆にいえば、なぜ日本の情報化は、日本経済全体のパイの拡大に繋がらないのだろうか。

筆者は経済学の専門家ではないし、情報化と経済成長（特に生産性）に関する研究は多岐にわたっており、その確定的な答えがあるわけではないようだ。そのためここでは、筆者が見る限りでの、ごくごく仮説的な見取り図を提出するにとどめたい。

まず、よく挙げられる象徴的な事例からみていこう。情報化以前の、つまり工業化時代における日本の経済成長を支えたのが、「ものづくり」企業の栄華である。それは端的にいえばソニーのウォークマンのような先端的製品に象徴される。しかし、情報化以降、日本の製造業は、ウォークマンに続くような画期的な製品を生み出せていない。それこそAppleのiPodやiPhoneのような、世界中で大ヒットを遂げる製品を生み出せていないのだ。しかもよく知られるように、iPodやiPhoneの内部部品には、日本メーカーの開発したものが数多く採用されている。

つまり、部品レベルでいえば決してiPodは製造できないものではないのである。しかし、現状、日本の家電メーカーは部品メーカーの位置に留まっている。また、韓国や中国のような労働力の安い新興国の家電メーカーに世界中のマーケットシェアを奪われているのが現状だ。

さらにいえば、日本は前節でも見たように、「i-mode」のような先進的なモバイルインフラを早期に生み出し、これに対応した数々の先端的な携帯電話端末を開発してきた。しかし、「i-mode」の規格やビジネスモデルは基本国内に閉じたものでしかなく、iPhone／スマートフォンが登場したこの数年、日本の携帯電話は「ガラパゴス化（狭い範囲で独自の進化を遂げてしまったことの比喩）」の象徴例となってしまっている。

これらの象徴的事例は、抽象的にいいかえれば、日本経済が「情報化」の波を受けても「ポスト工業化社会」へと産業構造をうまくシフトできていないことを、意味している。たとえばAppleのiPodやiPhoneに関していえば、それは単に「工業製品」としての成功を意味していないのである。それはどういうことだろうか。

それは第一に、よく指摘されるようにデザイン性や操作性（ユーザーインターフェイス）に優れている。それは工業製品のスペックというよりは、「かっこよさ」「使っていて気持ちいい」といった価値が世界中の消費者に受け入れられている。これは一部では、「クリエイティブ・エコノミー（創造経済）」論の文脈から語られる。[14] つまり、安価で高性能な工業製品があふれる現代社会においては、クリエイティブなセンス・発想に満ちたクールな要素がなければ受け入れられない、といった程度の意味で捉えてもらえればよい。ある種のブランドビジネス論でもある。それは実にあやふやで根拠のないものではあるが、少なくともいま、日本の製造業からはこうしたセンスを発揮するものが生まれていない。

第二に、iPodやiPhoneは、その製品を売ることがビジネスモデルの中心にあるのではなく、「iTunes Store」での音楽販売や、「App Store」でのアプリ販売マーケットからの収益込みでの製品である、ということだ。これは「プラットフォーム」や「エコシステム」などと一部では呼ばれる議論である。[15] つまり、製品単体を売るのではなく、その製品の先に、ユーザーもお金も動く仕組みや環境を整備し、自社だけではなく第三者が次々と魅力的な商品やアプリを付け加えてくれるような状況を生み出すことで、初めて世界中に受け入れられる製品になるということだ。

ここではごく簡単にしか触れないが、第一の点も第二の点も、既存のものづくりには見られない発想である。もはやある特定の技術の性能を極限まで突き詰めるといった「職人魂」の世界とは、全くかけ離れているからだ。

なぜ日本では、こうしたポスト工業化時代のイノベーションが生み出されてこないのだろうか。この点について、経済学者・経営学者たちから様々な議論が提出されているが、日本型企業組織の特性が、情報化時代における「多様な要素/プレイヤーの柔軟な結合によるイノベーションの創出」に向いていない、という仮説が立てられるように思われる。

ここでは、経営学における「モジュール化」の議論を参照しておこう。[16] モジュール化とは、複雑で巨大な製品やシステムを設計(デザイン)するにあたって、全体を機能的なまとまりをもった「モジュール(構成要素)」に切り分けることを指す。なぜこうしたことをするのかといえば、大きなシステムを設計する際、モジュールごとに開発を分担し、かつそれを統合する際の「すりあわせ」を円滑にすすめるためだ。そのためには、各モジュールの独立性は高く設定され、モジュールどうしを接続する際の規格化・標準化を定めておくことで、モジュール間の相互依存性を減らすのが狙いとなる。そして、情報化時代のものづくり——インターネットやPCやスマートフォンなどのハードウェアや、ネットサービスやアプリケーションなどのソフトウェアといった情報通信技術一般の製造開発——は、いずれもこのモジュール度が極めて高いことで知られている（IBMのシステム360に始まるPCのアーキテクチャから、インターネットのレイヤー構造、そしてプログラミング言語における「オブジェクト指向開発」に至るまで、情報通信技術の発展は「モジュール化」とともにあるといっても過言ではない）[17]。

そして経営学の世界では、モジュール度の高い製品でイノベーションを起こすには、モジュール度の高い組織・業界構造のほうが向いていると考えられている。なぜなら、ものづくりをする組織の側があらかじめモジュール度が高いほうが、新しい製品やサービスを生み出す際の「新結合」（シュンペーター）が生み出されやすいからだ。

モジュール度の高い組織・業界構造というのは、要するに組織間の独立性が高く、「ドライ」な関係であるということを意味する。たとえばアメリカのビジネス慣習は、よく契約書ありきで「お付き合い」のずるずるべったりな契約慣行は少ないとされる。たとえばAppleのような企業は、ファブレスといって自社工場を持たないかわりに、日本・中国・韓国などのメーカーと流動的な契約をかわし、使える部品を逐次集めて製品化を行っている。これが、自社の固定資本に左右されずに、柔軟な製品展開を可能にしているというわけだ。

また組織内部を見ても、流動性の高い雇用慣行と権限・役職の区分けが明確である。労使協調・終身雇用・長期的取引といった日本型組織の特徴は見られず、経営陣による迅速な意志決定・資本投下が可能だ。よく知られる、スティーブ・ジョブズのような「独裁政権」によるスピーディでクリエイティビティあふれる経営判断も可能になりやすいというわけだ。

さらにここに、シリコンバレー特有の流動性の高い＝イノベーションの生まれやすい気風が加わる。シリコンバレーでは、ベンチャー企業が無数に生まれては新たな技術やサービスの開発に試行錯誤を繰り返しており、チャレンジングな成功者が生まれやすい環境／モチベーションが整備されている。Appleのスティーブ・ジョブズもGoogleのラリー・ペイジ／サーゲイ・ブリンもFacebookのマーク・ザッカーバーグも、みな学生そこそこの年齢でこの地でビジネスを立ち上げた。そこにはこうした若者に投資する環境と気風があるからだ、というわけだ。[18]

これに対し、日本はどうか。日本型企業組織の特徴とは、系列取引・長期的関係（お付き合い）、終身雇用（流動性の低い雇用慣行）・労使協調・株主ガバナンスの不徹底などである。現場が強い権限を持ち、部門・部署間で水平的なコーディネーション（要は調整・根回し）が展開されなければものごとが進まず、経営陣は「空気」を読むだけのお飾りといったことも少なくない。

こうした日本企業の特徴は、かつては「日本型経営」として、一九八〇年代に盛んにアメリカで研究され、むしろ日本の製造業の強みだとされてきた。その代表であるトヨタ式生産方法の「カイゼン」「カンバン方式」「ジャストインタイム」などは、まさに組織間／組織内の独立性が低く、非常に密な関係性がつくられているからこそ可能な経営手法である。じっさい日本では、トヨタがリーマン・ショック直前の二〇〇八（平成二〇）年に過去最高益を叩きだしていたことからも分かるように、この強みは持続されていたとみることができよう。つまり、日本型企業組織は自動車のような典型的な工業化時代の製造業には「強い」が、情報化時代＝ポスト工業化時代のものづくりには「弱い」のである。

これを説明するのが、藤本隆宏の図式である。[19] 日本型組織が自動車製造に強みを発揮するのは、日本組織も自動車製品も、ともにモジュール度が低い（モジュール間の相互依存性が高い）アーキテクチャだからだ。自動車というのは、例えば「どれだけ強いエンジンをつくってもそれにシャフトがついていかなければ機能しえない」というように、部品間の相互依存性が高い。よって製造前の設計段階で、相互依存性を慎重にすり合わせる必要がある。これを藤本は自動車は〈設計→製造〉に至る「情報転写」の難しい製品と表現する。そしてこうした「すり合わせ」の作業は、企業組織間の綿密な打ち合わせと長期的な関係性が必要となるというわけだ。

以上が、日本の産業界が「工業化社会」の段階では強みを持ち、「情報化＝ポスト工業化社会」の段階で強みを持たなくなってしまったことの仮説的枠組みである。その理由は、情報通信技術はモジュール度が高く、日本型企業組織のモジュール度が低いという特性とはマッチしない。よって日本企業からは、情報化時代における「多様な要素／プレイヤーの柔軟な結合によるイノベーションの創出」が起きにくくなっている。だから日本からは、かつてのように、世界に打って出るような――日本経済のパイを拡大するような――力強い製品やサービスが出て来なくなってしまっているのではないか。これが本項のさしあたっての結論である。

もちろんここで俯瞰したのは、情報通信業と自動車製造業を例に、大変大まかな図式の元で議論をつなげたものに過ぎず、非常に荒い説明となってしまっている感は否めない。また、筆者が実際にインターネット・ビジネス業界で働く限り、インターネット登場以降に新たに生まれてきたネット関連企業は、米国のそれと同じような、流動性の高い雇用慣行・組織慣行にならっており、「日本型経営」のような特徴が強く現れているとは思われない（もちろんこの点は今後まとまった研究が必要である）。だからここで述べたような図式は、決して「日本社会では永遠に日本型組織のような特徴が現れる」といったようなことを意味していないはずだと筆者は考えている。

また、ここで論じたような問題は、何も日本だけに限ったことではないかもしれない。アメリカでは、GoogleやAppleのような国外に輸出できるイノベーションが生まれ、金融経済にもうまくまわったために、経済のパイを拡大した。しかし、こうした成功例はアメリカくらいのものであり、他国との比較は今後必要である。

「昼」の領域その2：情報化と政治領域

さて、ここまでに見てきたのは、情報化が経済領域にもたらした影響であった。それはひとことで要約すれば、日本社会は情報化に（インフラ整備の面やビジネスモデル追従の面で）「キャッチアップ」することはできても、（ポスト工業化社会に適した経済社会へ）「シフトチェンジ」することはできていない、ということができる。

とはいえそれは、しょせんは「経済合理性」の世界の話にすぎない。つまりは新聞も音楽も無料で得られるようになったという点では、消費者に対する「経済合理性」をインターネットは確かにもたらした。安価なインフラの整備によってである。しかし、果たしてそれだけなのか？　という問いが立てられうる。そしてもしそれだけなのだとしたら、情報化というのは「スカだった」といわれても仕方がないだろう。要は日本社会全体がデフレへの対応を――といえば聞こえはいいが、要は「ケチくさくなった」ということ――可能にした、という一点につきてしまうからだ。

一方、社会システムを大きく構成する「政治領域」における、情報化の影響はどうだろうか。そこは消費のような私的領域＝「夜」の領域ではなく、社会における公的領域＝「昼」の領域である。はたしてコミュニケーション技術の浸透は、日本社会の公共性なり市民的民度なり熟議なり理性なりを向上させるのに、役だったのだろうか。

この点に関して、筆者が見る限り、まとまった実証的な研究はほとんどないように思われる。規範的な議論（べき論）がほとんどである。よって本項では、ごく簡単に平成における情報化と政治領域をめぐる議論を概観するにとどめよう。

電子公共圏という夢、匿名サイトとの戦い

日本における情報社会論は、政治領域に関し、一言でいえば「電子公共圏」の夢を追いかけてきたということができる。インターネット（電子ネットワーク）という双方向メディアを通じて、市民同士がフラットに理性的な対話（熟議／討議）を通じて、日本の「政治」を立て直すこと。ほぼこの一点で日本の情報社会論の規範的なトーンは統一されてきたといってよい（吉田純『インターネット空間の社会学』［世界思想社、二〇〇〇年］、木村忠正『ネットワーク・リアリティ』［岩波書店、二〇〇四年］といった研究者による著作から、梅田望夫『ウェブ進化論』［ちくま新書、二〇〇六年］といったベストセラー新書に至るまで、このトーンは共通する）。もちろんこのトーンから離れて情報社会の夢を構想した仕事もなくはないが（東浩紀『一般意志2・0』［講談社、二〇一一年］など）、決してポピュラーなものではない。

紙幅の都合もあるため、ここではその言説を逐一分析していくことはできない。ただしポイントとして、いわゆるここでいう「電子公共圏」論はハーバーマスを読み込んだ結果として出てきているというよりは、実は「アメリカのネット社会論（高尚な言説）」をそのまま輸入するとそうなる、というパターンが見受けられるということだ。

アメリカでは、しばしばインターネット上での表現の自由や情報の自由（ハッカー倫理）が脅かされるような事件が起きては、それに対する市民的自由を称揚する言説や運動が巻き起こる（古くは通信品位法の策定にハッカーたちが抵抗し、ジョン・ペリー・バーロウによって「サイバースペース独立宣言」がネット上で公開された件など）[20]。あるいはブログなどの新しい「双方向メディア」が出てくると、市民の手による草の根のジャーナリズム運動が起こり、既存メディアの「浄化」が叫ばれる。しかしこれは佐藤俊樹なども前掲書で指摘するように、なにも情報化社会におけるアメリカに限ったことではなく、建国以来の市民的伝統として、市民の自由が脅かされると「建国の父」たちの理念が呼び出される国なのだ、と捉えるほうが自然だ[21]。つまりアメリカにおいては、こうした理念は伝統として根付いている。

だが日本ではそうではない。とはいうものの、いや、むしろそうだからこそ、日本で近代社会思想なり政治思想を少しでもかじった者は、アメリカでこうした市民的伝統が生き残っていることに感銘を受けてしまう。なぜ日本ではなかなか根付いていないような市民社会のあり方が、米国のネット空間では実現しているのだろう、と興味が湧いてしまう。そして羨望してしまう。そして、「ハッカーは表現の自由をどこまでも貫く」「ブログで草の根のジャーナリズムを実現する」というアメリカ人発の生きられた言説に触れると、「日本でもブログが普及すれば電子公共圏が実現するかもしれない」という夢をそこに見てしまう。本稿で最初に用いた言葉を使えば、「情報技術で日本社会を変えることができるかもしれない」という「技術決定論」の夢である。

しかもなおさら日本特有の条件もある。一九九九（平成一一）年以降、「2ちゃんねる」という匿名掲示板が大きなユーザー規模を獲得し、ネット上の議論のある種典型的なイメージを植えつけてしまった。それは公共圏のような理性的討議とは程遠い、匿名ユーザーたちの罵詈雑言に満ちた「便所の落書き」である。そのため日本の情報社会論は、いかに「2ちゃんねる」のような匿名的言説空間を、新しいコミュニケーション・サービスで払拭できるか、という点に傾けられてきたきらいがある。筆者が見るに、ブログもミクシィもツイッターもフェイスブックも、すべて「2ちゃんねるよりは匿名性が低いので理性的討議が可能なはず」という期待を込めて語られてきたサービスといっても過言ではない。しかし、こうした技術決定論の夢は脆くも破れざるをえない。なぜなら、サービスの普及当初は意識もリテラシーも高いユーザー同士で、比較的閉じられたサロン的議論が可能だが、ユーザーが拡大するにつれて行儀の悪いユーザーが増加し、たちまち雰囲気は「2ちゃんねる」化してしまう。ミクシィもツイッターも、これと全く同じ道を歩んできた（このあたりの事情については、宇野常寛との共著『希望論』〔NHK出版、二〇一二年〕で詳しく論じたため、これ以上は深追いしない）。

さてしかし、ここに見てきたような構図は、筆者が前項で使った言葉を再び持ち出せば、「タイムマシン経営」となんら変わらないのではないだろうか。アメリカで語られている夢を、日本にそのまま持ち込むこと。夢を右から左に移し替えること。それでは実効性がありようもない、ただの規範的な議論にとどまるのも仕方がないところである。

情報化と政治領域の実際

かといって、ただこの状況を放置するわけにもいかない。規範的な議論から目を外して、情報化と政治領域の関連を見ても、両者はあまりにも遠く隔たっている。電子公共圏の実現云々はともかくとしても、である。

政治はあいかわらずテレビや新聞が政局を追いかけることに終始している。政策主導の選挙といっても、マニフェストの揚げ足取りになり、まともな政策論議になっていない。本来であれば、インターネットのようなメディアを通じて、政治家と有権者の側が、より開かれた議論と合意／信頼形成を行うことができてもよさそうなものである。ブログやツイッターを開設する議論は増えたが、そうした政治家と有権者の間の双方向チャネルが、比較的有望な政治勢力にまで繋がるような動きはほとんど見えてこない。それどころか、選挙期間中のブログやツイッターの更新すら許されないというルールがいまだに撤廃されていない始末だ（二〇一三年の四月、インターネット選挙に関わる公職選挙法の一部が改正され、この点はようやく是正された。同年七月の参院選では初の国政選挙での「ネット選挙」解禁となり、社会的に注目されたが、右に書いたような文脈で着目すべきめぼしい事例はなかったように思われる）。

またネット上で大きな「政治的主張」を上げている集団といえば、それこそ匿名掲示板を中心に見られる「ネット右翼」のような差別的発言を繰り返すものが目立ってしまい、公にはまともに扱えた代物ではない（扱われるようではまずいのだが）。（ネット右翼がネットだけでなく現実の街路空間で「政治的」主張を展開している例として、近年注目される存在に「在日特権を許さない市民の会」［通称「在特会」］がある。「朝鮮人は出て行け」など過激なヘイトスピーチを大音量でまくしたてる彼らの活動は目に余るものとして問題視されてきた［が、こうした過激な活動を大きく報じるのは彼らの思惑通りとなってしまいよくないとして、あまりメディアでは公的に扱われてこなかった］。）

また、経済領域との兼ね合いという点でも、情報化によって出てきた新興勢力と政治領域は接点が乏しい。たとえば二〇〇九（平成二一）年の医薬品ネット通販の規制（薬事法改正）や、二〇一二年の著作権法改正などは、言い方は悪いが、既得権益の保護ないしは新興勢力の阻害としての意味合いがあまりにも強い（二〇一三年一月、医薬品のネット販売規制は憲法違反であるとの最高裁判決が下り、事実上のネット販売解禁が実現した。しかしその後、同年一一月に閣議決定された薬事法改正案では、副作用リスクのある薬品や劇薬の一部に制限がかけられ、「九九％解禁」となった。これにはネット販売解禁を訴えてきた楽天の三木谷浩史らを中心に反発の声が上がっている）。他の論文でも使われている言葉をもじれば、「仕切られた社会保障」ならぬ、「仕切られた業界保護」がいまだ横行しているのだ。さらに一部の報道では、ほとんどネット側の意見が聞き入れられることなく、既得権益側だけの声が突き通されたかのような状況もあるという。この点はきちんとした検証・研究が必要だが、新興勢力である以上、政治に声を届けるインターフェイスを持たないのは大きな弱点・課題であることは間違いない。

さらに行政改革という点でも、情報化はかんばしい成果をあげていない。世界各国では電子政府化によるデータベースの一元化や紙を介した手続きの撤廃が進んでいるが、日本ではまだまだである。この点は「e-Japan 計画」に続いて発表される国のＩＴ戦略、たとえば「e-Japan 戦略Ⅱ」などでもたびたび明記されてきているが、制度改革は進んでいない。これはかつて「住民基本台帳ネットワーク」の導入が、プライバシーに配慮した結果、データの効率的管理という点では骨抜きになってしまったからだとの見方も強い(22)。もちろんこの点については、国による監視の強化に断固反対すべきという監視社会論の立場も根強く、一筋縄では議論が決着を見ることもないだろう。しかしこの点については効率管理派と監視反対派が原理的に対決を見せるのではなく、技術的「仕様」のレベルで議論を「止揚」させるよう努めるべきだと筆者は考えている。

以上、筆者は政治領域における見識に乏しく、到底歴史的記述としては、客観性や公平性をはなはだしく欠いたものとなっていることを読者にはお許し頂きたいと思う。しかし、「GPT」であるはずの情報通信技術の普及と発展が、これほどまでに政治という領域において無力な状況であることに、さすがに憂慮せざるをえないのである。それは日本だけに固有に現れている歴史的傾向なのかは、今後より冷静に分析していく必要はある。アメリカならば「電子公共圏」がうまく立ち上がっているのかといえば、必ずしもそんなことはないのかもしれない。しかし本稿では、あくまで問題を提起しておくに留めたい。

4　まとめ――日本社会は情報化の夢を見ることができるか

以上、筆者の力不足もあり、情報化の平成史を到底客観的にカバーできたとはいいがたいけれども、少なくとも筆者が抱いているイメージを素描することはできたと考えている。それはひとことでいえば、日本の情報化は、インフラ層の普及・整備という点では成功したが、アプリケーション層（特に経済／政治領域）においては、さしたる変化ももたらしていないということ、これである。それは、変化を望まない既存勢力にとっては「成功」であろう。しかし日本社会全体にとっては、少なくともグローバルな規模でポスト工業社会への移行は進んでいることは明らかである以上、「失敗」であろう。せいぜい成功しているといえるのは、インフラの価格破壊を実現し、百科事典や音楽やアニメを無料でダウンロード可能にするという、デフレ消費を推し進めたくらいのものである。

こうした見立ては、「日本の情報化はスカだった」という印象を与えかねないかもしれない。

しかしこれはあながち間違いではない。前節の冒頭でも見たように、結局のところ情報化は、情報収集や消費行動といった「消費」の領域（私的領域）に影響を強く及ぼしている傾向が強い。イノベーションを生み出す、政策をつくる、公共的議論を立てるといった「生産」の領域（公的領域）では、まだまだ情報化ないしはネットワーク・メディアはさしたる影響を及ぼしているとは言いがたい。つまり何度も使った比喩をいまいちど繰り返すならば、インターネットはいまだ「夜」の世界のメディアなのだ。社会の実権を握り、動かしている政治や大企業の「昼」の世界は、いまだにマスメディアとハイアラーキー（階層型組織）によって動いている。日経新聞を読んで組織内のうわさ話に聞き耳を立てる。それがいまだに日本社会の中核を縛っている。

これはあくまでデータの裏付けを欠いた想像にすぎないが、インターネット（特に匿名掲示板）がしばしばオタクたちのしがない遊戯空間だと思われていたのにも、それなりの構造的背景があるのかもしれない。実社会ではまともにコミュニケーションのできない、正規雇用にもついていないからこそ時間の有り余った、引きこもり気味のオタクが、匿名空間で息巻くという姿が、戯画的にこれまで抱かれてきた。これに実証的根拠はない。2ちゃんねるの場合、匿名サイトという制約上、まともな社会調査の対象にすらなりえないからだ。

しかしこれは少し引いた目線で見れば、平成期において、それまでの昭和的枠組み（大企業での正規雇用といったメンバーシップ）が温存され、そこから「漏れ落ちた人々」（貴戸論文）たちが、「生きづらさ」の解消と承認欲求を求めて、インターネット空間を夜な夜なさまよっている、という図式ではないのか。あるいは自分たちの怒りや不満が既存の政治勢力やメディアには通っていない不満を抱える人々ではないだろうか。彼／彼女らは、昭和期から強固に残存する「昼」の世界の諸制度なり組織なりにぶつかり、それが変えられるという希望を失っている。だからこそ、誰もが肩書きを外して自由に発言し自由に暴れまわることのできるインターネット空間に夜な夜な出没するしかない。つまりは「昼」の世界への失望と無気力が、「夜」の世界での熱量に転換させられるほかないのである。はなはだ客観性は欠いているけれども、もし平成期における日本のインターネットがどうしようもなく「ダメ」で「厄介」なものに見えるとしたら、そうした下部構造が背景にあるのではないか。

しかし、もし仮にそうなのだとしても、私達はそろそろ情報化の空間を夜の領域にとどめておくのをやめる時がきている。そこが「夜」の領域だというのならば、私達はアメリカ社会の借り物ではない、しごくまっとうで正しい「夢」を見なければならない。本書に収められた各論文は、インターネットを使って私達が何をすればいいのか、何の制度改革に向かって声を集め、それをどこに届ければいいのかを、これ以上はないというほどに明らかにしている。社会保障、教育、労働政策に悩む者たちが、ネットで声を集め、知恵を出しあい、団結しあって、それを何らかの政治勢力に伝え、有効な「票集団」として結集すること。インターネットという自由で双方向なメディアがあれば、既存の政治を縛ってきた「地方」や「組織・団体」の枠を超えて、そうしたコミュニケーションと団結が可能なはずだ。それは胸躍るような「革命」の夢とは違うかもしれないけれども、現にいま、私達の社会が共有すべき夢であるように思われる。

＊　＊　＊

本章「情報化」を執筆したのは二〇一二年のことだった。その後増補新版が刊行されたが、筆者の諸事情もあり、加筆を行うことはできなかった。

しかし、筆者は今回改めて自らの原稿を読み返して確信した。特に付け加えるべきところはない、と。もちろん、情報化の「歴史」と呼びうるべき分厚い記述はできていない。ただし、日本の平成期に訪れた〈ポスト工業化⊪情報化〉に関する最小限度の「見取り図」は素描できたと自分は考えている。そのため、今回のさらなる増補にあたっても、本文に大きな修正を加えることはしていない。文中で言及した統計項目についても最新版に置き換えるべきだったが、筆者の見る限り、本論の構成に大きな影響を与えるような大きなトレンドの変化はなかった。各自、インターネットで検索いただければ、すぐに最新版の数字を得ることができるはずだ。

よって今回の増補版では、主に本章の第3節で扱ったテーマについて追記を行う。そのテーマとはすなわち、情報化（インターネットの普及）という「インフラ層」での変化が、日本社会の「アプリケーション層」、特に「昼」の世界としての経済・政治領域にいかなる影響を与えたかについて、これである。

補遺　「昼」の領域その1：情報化と経済領域

それでは本章の構成に沿って、まずは経済のほうから見ていこう（「『昼』の領域その1：情報化と経済領域」）。筆者が概括したのは、「日本では〈情報化⊪ポスト工業化〉時代の変化に対応した、新たな情報通信／サービス産業や『ものづくり』の隆盛は起こっておらず、米国を始めとする情報化先進国の後追いをする『タイムマシン経営』の段階に留まっている」というものだった。

この見立てに大きな変更を加える必要はなさそうだ。GDP比率や情報通信業・第三次産業の各種統計を見ても、日本の情報産業が日本の経済成長に寄与していることを示す望ましいデータは見つけることができない。生活実感レベルでも、そうであろう。二〇一二年よりスマートフォンは大きく普及を遂げたが、日本では相変わらずiPhoneの利用者が多く、Android端末についても日本メーカーは次々と撤退を余儀なくされている。

またこれは今後の平成以降の話題になってしまうが、近年のIT領域ではAI（人工知能）、VR／MR（バーチャル・リアリティ／ミクスド・リアリティ）、IoT（モノのインターネット）、自動運転、ブロックチェーン（仮想通貨）、RPA（Robotic Process Automation）といった分野が次々と現れ、ある種のバブル的注目を集めているが、少なくともこれらの分野で日本が突出した研究成果や先端的取り組みを行ってはおらず、むしろ後塵を拝している状態だ。

またこれは「経済」や「社会保障」と大きく関わってくるが、平成期を通して日本の労働環境を覆ってきた問題として、いわゆる過剰なサービス残業の横行や、これに伴う過労死の多発といったいわゆる「ブラック企業」の存在があった。これについては日本政府も「働き方改革」と称して平成末期から検討を始め、二〇一八（平成三〇）年の六月には「働き方改革法案」が成立した。その内容は、長時間労働の抑制、有給休暇の取得義務、同一労働同一賃金など多岐にわたるが、こと情報化の観点からいえば、ITツールやサービスによる「生産性の向上」というテーマはほぼ無視されているに等しいのが懸念点としてある。なぜなら誰でもわかるように、生産性（効率性）が向上しないままに労働〝時間〟を減らせば、労働〝強度〟はより過酷になり、その結果終わらない仕事はサービス残業として処理せざるをえなくなる。つまり、ブラック企業の「アンダーグラウンド化（地下潜伏化）」を推し進めてしまうことが容易に想像される。

もちろん生産性の向上については、ＩＴを活用したリモートワーク（在宅勤務）による通勤時間の削減や、業務プロセスの電子化により紙・電話・ＦＡＸに依存した働き方を改善するといった道もあるにはある。しかし大企業であればあるほど、（社内に残る大量の抵抗勢力によって）こうした「デジタル・トランスフォーメーション」に適応できないケースが散見される。具体的にいえば、高齢者はＰＣ・スマートフォンなどを活用した新しい業務プロセスには抵抗する。だからといって若者（デジタル・ネイティブ）であればＩＴに強いのかといえば、そんなことはない。かつてインターネットの普及草創期には「デジタル・ディバイド」といって、年代によるＩＴリテラシー格差が問題視されたが、いまや平成生まれの世代は中学・高校の頃からスマートフォンに慣れ親しんでおり、かえってＰＣやキーボードの操作には疎くなっている（大学で教えている者であれば、もはや学生たちがＰＣではなくスマホでレポートを書いていることが大半であることを肌身で感じていることだろう）。いまやデジタル・ディバイドは、情報化のスピードが進むにつれてさらに複層化しつつあるといえる。

また本章では、情報化は結局のところ「夜」の領域、すなわち娯楽や消費の領域においてしか新たな産業（経済価値）を生み出していないと述べたが、執筆時点の二〇一二年以降、スマートフォンの普及によってこの傾向はますます加速した。いわゆるソーシャルゲーム（ソシャゲ）の隆盛により、ＴＶには大量のゲームの宣伝が流れるようになった。また「メルカリ」のようなフリマアプリも成長した。新聞の発行部数は落ち込む一方、ニュースアプリは無数に登場し、Twitter・Facebook・Line といったＳＮＳ（ソーシャルメディア）を通じて瞬時に拡散されるようになった。出版産業も凋落の一歩をたどっているが、電子書籍、特にコミックアプリも無数に利用されている。またTVの視聴率も全体的に低下の一途を辿るなか、動画もスマートフォンで視聴する習慣が一般化してきた。たとえば二〇一〇年後半から日本でも本格的に進出・展開が始まった、Netflix や Hulu や Amazon Prime Video などの定額制動画サービス、通称SVOD（Subscription Video on Demand）もそうであるし、無料動画サービスの YouTube では日本でも YouTuber／VTuber（ヴァーチャル・ユーチューバー）らの動画が一部で熱狂的な人気を集めている。またIT企業が地上波TV経営企業と二〇一六年から共同で運営する AbemaTV のように、フル・インターネットでのIPTVサービスも登場している。音楽についても、すでに世界を席巻している Spotify（無料での音楽視聴サービス／月額定額で広告を消去したりできる）がようやく二〇一六年に上陸し、音楽もインターネット経由で、CDやmp3のような電子媒体／データを所有することなく、ただ「アクセス」するだけでよい娯楽へと変化した。

それゆえ二〇一九年現在、もはや電車の社内でスマートフォン／タブレット以外のデバイスを見ることはなくなった。たまに忙しそうにするサラリーマンがラップトップPCを叩いているくらいのものである。すべての娯楽、いいかえれば余暇時間の消費は、手のひらの中で済まされるようになった。

そしてそれらのアプリには国産のものも多いが、一部のソーシャルゲーム・フリマアプリ・コミックアプリなどを除くと、余暇時間を潰すためのアプリは海外発のサービスが大半となっている。これが意味しているのは、二〇一二時点でも書いたように、日本独自の情報産業／サービスは、日本市場の内側でパイを食い合うカニバリゼーションを起こすにとどまり、たとえば海外進出に成功するといった形で日本経済全体の「パイの拡大」を実現するには至っていない。むしろ現実として起こっているのは、日本が保有していたコンテンツである映画やドラマやアニメや音楽を、Amazon や Netflix や Hulu や Spotify といった海外の配信プラットフォーム経由でわざわざ視聴しているという構図である。日本のコンテンツ業界から見れば、これは「海外進出がしやすくなった（海賊版対策を取らずに海外の消費者にリーチしやすくなった）」というメリットはあるものの、情報化時代のビジネスの要である「プラットフォーム・ビジネス」の点で日本は大きく後塵を拝したままである。

補遺　「昼」の領域その2：情報化と政治領域

次に、もうひとつの昼の領域、政治領域についても追記しておこう。二〇一二年の執筆時点では、本テーマについての丁寧な記述を行うことができなかった。ただし今回も、年表的に制度面での変化を緻密に追いかけることはしない。本来であれば、インターネット上での「表現の自由」（具体的には炎上・デマやヘイトスピーチ、ポルノなど）や著作権をめぐる問題（不正コピー対策問題）、そして個人情報の漏洩・保護をめぐるトピックスなど、触れるべき論点は多数あるが、筆者は残念ながら法制度の専門家ではない。ここでは個別のこうした法的制度をめぐる議論は避け、追記すべき論点をひとつに絞ろうと思う——それは本章でも前回使用した「電子公共圏」という夢、いいかえれば「インターネットによる草の根の市民ジャーナリズムや政治運動」をめぐって繰り返されてきた、希望と失望の反復史である。ここではある種の知識社会学的なアプローチとして、平成期における情報化と政治をめぐる概念的総括を行いたい。

そこで本節では、平成期を主に三つの時代に区切る。

まず、①九〇年代後半〜二〇〇〇年代初頭、インターネット一般利用の黎明期である。具体的にはまだインターネット（Web）といっても、主に「ホームページ」と「（匿名）掲示板」に限られていた。そもそも利用者自体も少なく、双方向的（インタラクティブ）なコミュニケーションの要素も薄かった時代だ。いわゆる「Web 1.0」の時代である。

次に、②二〇〇〇年代前半（具体的には二〇〇二～三年頃）～同年代終盤までの「ブログ＆SNS」黎明期。SNS・ソーシャルメディア（mixiやTwitter）が登場し、それまでに比べ格段に情報発信のハードルは下がり、双方向性も向上した。いわゆる「Web 2.0」時代の到来と当時もてはやされていた時期でもある。

そして最後に、③二〇一〇年代。日本ではi-modeに代表される携帯電話で利用できるインターネットがすでに普及していたとはいえ、それが次第にスマートフォンへと移行していった。筆者が指摘するまでもなく、もはや電車内でスマートフォン以外のメディアを利用している人はいない。かつての「電車内で新聞や雑誌を開く」といった光景を見るのは皆無に等しくなり、それらはすべて読まれているとしてもスマートフォンの中である。そしてコンテンツはSNS上のコミュニケーションの「ネタ」として消費され、拡散される時代が到来した。しかし、この時代は「Web 3.0」と呼ばれるような新たな変化は特に起きていない。基本的には第二期に出揃ったツールが、スマートフォンの普及とともに「アプリ」として普及していく時期に相当する。

本論の構成はこの時代区分に沿っていく。ただし一点、上の区分を見て「平成元年＝八九年～九〇年代前半が省かれているのはなぜか」という疑問を感じる読者もいるかもしれない。もちろん筆者も、この時代にパソコン通信が存在し、プロトコルこそインターネットとは違えど、掲示板的コミュニケーションが花開いていたことは知っている。ただし私自身が世代的にリアルタイムで利用しておらず（もちろんパソコン通信に関する研究書や論文は知悉しているつもりだが）、かつインターネットの現状の展開に比べれば社会的影響力は小さかった。よってこの時期については割愛する。

① 「Web 1.0」期

この時期の特徴は「理想だけが先行していた」と要約できる。

その理想とは何か。インターネットは世界中のネットワークをつなぐものであり、「自律・分散・協調」の自由なアーキテクチャで、誰もそこを独占的に支配するものはいない。その技術的特徴から、「マスメディアと国境に縛られることのない、草の根の世界的な市民間コミュニケーションが広がるのではないか」といった夢が抱かれたのは、ある種必然だった。例えば古瀬幸広＋広瀬克哉『インターネットが変える世界』（岩波新書、一九九六年）などには、そうしたインターネットにかける希望と熱意が込められていた。「これから世界は変わるのだ」と、インターネットに関わるものは誰もが大なり小なり感じていた牧歌的時代でもある。

これには理論的背景もあった。それが二〇一二時点の本稿でもすでに触れたキーワードである「公共圏」だ。これはドイツの哲学者・社会思想家であるユルゲン・ハーバーマスが『公共性の構造転換』（原著は一九六二年）の中で展開したことで知られるが、この中のひとつの概念（理念型）が、インターネットに夢を抱く人々にある種の理念的な目標を付け加えた。

ごく簡単にいえば、それはこういうことだ。ハーバーマス曰く、かつて一七〜一八世紀の市民革命前夜、市民の間で「公共圏」が生み出されていた。それは具体的には、喫茶店のような場所で新聞を読み、市民たちが政治について議論するというものだった。その開かれた議論の場こそが、民主主義の原型である世論を形成してきた（いわゆる「熟議民主主義」を唱える政治学者たちの発想も、こうした発想をベースとしている）。しかし、当然ながらこうした「市民的公共性」は続かない。これはむしろハーバーマスの研究に触発されて様々な論者が指摘したことだが、要は国家権力とマスメディアが、市民間の双方向的な議論がまとまっていくのを遮断してしまったからだ。公共性は誰もがカフェのように入れる「公共圏」ではなくなり、いわばテレビや新聞を通じて市民に一方的に見せつける「公共ショー」のようなものになりはててしまった。

　実際にはハーバーマスおよび公共性をめぐる議論はここまで単純なものではないが（このあたりは吉田純『インターネット空間の社会学――情報ネットワーク社会と公共圏』〔世界思想社、二〇〇〇年〕などに詳しい）、ここでは本点だけを押さえておけば十分だ。つまり、インターネットに夢見る人々はこう考えたのだ。――インターネットであれば「公共圏」、つまり市民間の双方向な自由な言論空間は再興し、いわゆる「熟議民主主義」も可能になるのではないか、と。このいわば「電子公共圏の夢」は、その後もリベラル――最近、この言葉も定義が曖昧になってしまったが、ここでは端的に「言論の自由」を愛するという意味で用いる――志向を持つ人々の心を摑み続けたのである。

　しかし右のような理念を実現するには、当時のWebの仕組みはまだ貧弱過ぎた。本章第二節「インフラ層の情報化」でも見たように、そもそも通信環境の物理的限界もあった。九〇年代はまだモデムを通じて電話回線でダイヤルアップし、プロバイダにつなぐという時代である。しかも日中は電話と同じ利用時間に基づく課金がなされた。そこで日本のインターネット・ユーザーが飛びついたのが「テレホーダイ」だった。一九九五年よりＮＴＴ東西が開始したこのサービスは、二三時から翌八時までは月額定額というもので、事実上、この時期のインターネットのいわば「ゴールデンタイム」はこの時間単に限られた。

そして本稿でも触れたように、この「テレホーダイ」こそが、日本のその後のWeb空間とその文化に大きな影響を与えたと考えている。考えてみてもほしい。この時代、インターネットのヘビーユーザーになろうとすれば、それは二三時以降、それこそ深夜に時間を割り当てられるような社会階層の人間に〈偏る〉ことを意味するからだ。本稿の「まとめ」でも使った表現をすれば、「夜な夜なインターネットを徘徊する住人」というステレオタイプなネットユーザーのイメージは、このとき、通信環境の物理的制約から発生したといえる。

実際九〇年代後半のこの時期、インターネットは公共圏が花開くどころか、「アングラ文化」を謳歌するための場として機能していた側面が強い。その一つが匿名掲示板である。ユーザー名が表示され、モデレータが仕切るパソコン通信的な「不自由な空間」への反動として登場した匿名掲示板が当時数多く存在したが、その後日本では一九九九年に西村博之が設立した「2ちゃんねる」が最も知名度・ユーザーを獲得していくことになる。

その2ちゃんねるが広めた、ある種の「草の根のジャーナリズム」的運動の一つが、同掲示板設立と同年に起きた「東芝クレーマー事件」である。簡単にいえば、あるユーザーが東芝側に不具合を問いただしたところ、「お宅さんみたいのはね、お客さんじゃないんですよ、もう。ね、クレーマーっちゅうのお宅さんはね。クレーマーっちゅうの、もう。」といった暴言が返された。この一部始終は録音され、ネットで公開された。まだナローバンドの時代に、同音源を公開したサイトは一〇〇〇万アクセスを超えたとも言われるほど、当時はネット界隈では話題となった事件だった。だが、マスメディアはほぼこの事件を報じなかった。

ここから、「2ちゃんねるとそれを無視するマスメディア」という構図が次第に生み出されていく。それを決定的にしたのが二〇〇〇年に起きた「西鉄バスジャック事件」であろう。この事件は、犯行に及んだ当時一七歳の少年が、「ネオむぎ茶」というハンドルネームで2ちゃんねるに犯罪予告を書き込んでいたことで、2ちゃんねるのイメージを極めて悪いものにした。マスメディアは当然この事件自体は報じたが、2ちゃんねるは「某巨大掲示板」と名を伏せて紹介され、匿名で書き込める「便所の落書き」的な場である、といったラベリングが行われた。

しかしこれにより、当時の2ちゃんねるユーザーたちにはこうした自意識が生まれたのは間違いない——「そう、俺たちは便所に住まう、自由に動き回るゴキブリのような存在だ」というアイロニカルな意識である。これはまた、日本のオタク文化的なものとも共振した。そこはまじめで大人なコミュニケーションの場にはなりえなかった。全てを叩き、シニカルにあざ笑い、誹謗中傷をぶつける、児戯的なネタ的コミュニケーションの空間と文化が育まれたのである（参考として、鈴木謙介『暴走するインターネット』［イーストプレス、二〇〇二年］や北田暁大『嗤う日本の「ナショナリズム」』［NHKブックス、二〇〇五年］を挙げておく）。その「ネタ」の対象の一つがマスメディアだった。のちに「マスゴミ」などといった蔑称が生まれたように、明確に「アンチ・マスメディア」への敵対意識が定着したのである。

少し長くなったが、日本のインターネット史を考える時、この草創期に芽生えた「文化」は重要である。ここでいう文化とは、サブカルチャー的な意味合いではなくむしろ文化人類学的なニュアンスを込めている。なぜなら、ある社会集団にとって忘れられないほどに強く刻印されたトラウマ的感情は、文字通りの「スティグマ」として記憶され、継承されていくものだからだ。

とはいえ、要はここで起きたのは極めてシンプルな対立の構図である。すなわち、朝から昼にかけて新聞を読む人間と、夜な夜な匿名掲示板で語り合う人間。どちらが公共的に見えるのか？　少なくともどちらが公共性を作り出しているように見えるのか？　ただ、それだけのことである。ピエール・ブルデューの言葉を借りれば、こうした文化的な「階層格差（ディスタンクシオン）」は、その後の日本のインターネット空間を分断し続けていくこととなる。

ちなみに他の「先進的」な民主主義国家であれば、マスメディアに「敵対意識を持つ」ことが重要なのではなく、「市民による監視」こそが民主主義には必要だ、と普通に学校で教えるだろう。パブリック・ジャーナリズム運動（市民ジャーナリズム）やメディア・リテラシー教育といったものである。マスメディアは「第四の権力」であり、市民が「下からの監視」を行うのは当然だという考えが浸透しているからだ。

しかし日本では、こうした活動や教育も十分に行われないまま、先のような構図がインターネット黎明期から歪な形でセットされてしまった。あくまで本来は民主主義社会を健全に維持するための、フラットな関係性における市民活動のはずが、「マスゴミVS〝便所の落書き〟」と2ちゃんねる」というある種のプロレス的な対決の構図が生まれたのである。

そしてこれが日本のインターネット空間を捉える際の通奏低音となっていく。

② 「Web 2.0」の時代

この時代はひとことでいえば、いまでいうソーシャルメディア（ブログやSNS、つまりTwitterやFacebook）といった基盤が出揃っていく黎明期にあたる。掲示板くらいしか「公共圏」の礎となる双方向コミュニケーションのための場がなかったところに、様々なサービスが登場し、次々と各種サービスはユーザーを増やしていった。

ただし日本では、特にインターネットに「電子公共圏の夢」を抱いていた者たちにとって、これらのサービス群は特別な意味を持っていた。それは2ちゃんねるとは別の「公共圏」が築ける、あるいはそれを終わらせる可能性が出てきたということ、これである。「やっと『2ちゃんねる』以外のインタラクティブなコミュニケーションの場ができた。よし、ここが日本の『公共圏』の出発点だ!」というわけだ。

その代表的な論者の一人が梅田望夫である。同氏はベストセラーとなった『ウェブ進化論』(ちくま新書、二〇〇六年)で、ブログのようなWeb 2.0的サービスは「総表現社会」をもたらすとポジティブに未来を語っていた。

しかしその結果はどうだったか。

たとえばブログ。二〇〇〇年代初頭、米国では新たなジャーナリズムのツールとして注目を集め始めていた。問題は日本ではどうだったかである。日本のブログカルチャーは、現MITメディアラボ所長の伊藤穰一が、「日本の言説空間の風通しをよくするため」との理念からブログツールのMovable Typeを日本に持ち込んだ(日本語化した)ことから始まった。だが結果的に帰着したのは、ひとつに「アメブロ(アメーバブログ)」に代表されるような芸能人ブログ的なもの。あるいは二〇〇〇年代中盤頃から登場してきた「2ちゃんねるまとめブログ」系(2ちゃんねる的なものとは別のものとして期待されたはずのブログが、まさか2ちゃんねるのために使われるとはなんたる皮肉だろうか)。さらには、ブログなのに匿名で投稿できるのがウリの「はてな匿名ダイアリー」のようなものばかりである(ちなみに二〇一六年に話題になった「保育園落ちた日本死ね!!!」は同サービスに投稿されたものである)。

以上の例を出して、筆者は決して「ブログはスカだった」とまでは言わない。ちなみに先ほど紹介した梅田望夫氏は、早くも二〇〇九年には「日本のWebは『残念』」とネットメディアのインタビューで発言し、物議を醸した。また同年には、中川淳一郎の『ウェブはバカと暇人のもの』（光文社新書）といった書籍も登場し、実際にネットメディアを運用している立場から、いかにブログなどを利用している普通の人間が低レベルかを主張した。

筆者は決してWebはバカと暇人のもの「だけ」とは思わないが、少なくともWeb 2.0的なサービスが、市民間での活発な政治的討議が行われる「公共圏」を築いたとはいえない。たしかに普通の市民は、ブログを書くことはないし、あってもおおっぴらには書くことはない。日本社会の慣習的に、「組織ではなく個人の見解です」といくらブログに掲げても、人々はそうは受け取らない。結果的にその矛先は、個人が特定されることのない匿名サービスへ向かうしかないのだ（実際、そういって2ちゃんねるを見たり書いたりしている社会人の例を筆者は嫌というほど見てきた）。

そして嫌韓・嫌中的なもの、いわゆる今でいうネット右翼（ネトウヨ）的なものの芽が育っていったのも、ブログが出始めた二〇〇二年前後からのことである。直接のきっかけは同年の日韓共催W杯での韓国の不正疑惑だったが、ポイントはこれが前節で述べた「アンチ・マスメディア」的姿勢とブレンドされた形で育っていった点にある。「なぜマスゴミは××を報じないのか？　反日的だ」と。もちろんメディア側はそんな意見を相手にするはずがない。こうしてますます両者の溝は自然と広がっていった。

さて、Twitterはどうだったか。二〇〇六年に登場した同サービスについての紹介等は不要だろう。ブログやmixiといった空間よりも、一四〇字という短文で自由に手軽に呟けること（そして読む側としても、一四〇字なので手軽に読み飛ばしていける）。そして特にRT（リツイート）という仕組みで、情報が次々と「拡散」し、発信力がより強いこと。一見、一四〇字しかないという不便さにしか見えない点が逆にメリットとなり、同サービスはユーザーを集めていく。そこは当初、平和な言論と新たな繋がりを生む空間として楽しまれていた。

しかしこれも黎明期の話である。黎明期のユーザーはイノベーター層が大半である。だから幸福な「公共圏」が形成されるかのような夢が見られる。

その帰結は次節にてみていくことにしよう。

③二〇一〇年代以降

二〇一〇年代の始まりは、二〇一一（平成二三）年に起こった東日本大震災の影響が極めて大きかった。もちろん被災者が直接携帯電話で撮影した津波の映像が大々的に報じられた点も大きな変化だった。ただし被災地以外でも、計画停電や原発報道をめぐってマスメディアだけでは情報を十分に確認できないと感じた市民たちが、Twitterへ次々と流れていき、ユーザーはさらに膨らんだ。

そして同年より、大規模な脱原発デモ運動が起こる。これもまたTwitterの影響は大きかった。ここでさらに筆者が注目したいのは、この年は「アラブの春（チュニジア・エジプトなど）」「ウォール街占拠運動（OWS：Occupy Wall Street）」など、国も内実も全く違うけれども、大規模な市民デモが各地で同時多発的に起きたことだ（詳しくは津田大介『動員の革命』〔中公新書ラクレ、二〇一二年〕）。

それはここでいうソーシャルメディアの影響力というものが、情報の拡散力というだけではなく、「いつもフォローしているあの人に会ってみたい」というフレンドシップの感覚をともなっていたのが大きいと考えられる。「公共圏」とは違う形ではあるが、もはやインターネットは家の中で夜な夜なこもってやるものではなく、外へ出て、デモという形で団結・連帯するためのツールとなることを証明したのである。

しかし、一方の「議論」の場としての Twitter はどうなったか。これについては、Twitter のメリットが全て裏目に出た印象だ。問題は、一四〇字ゆえの終わらない議論と誤解の連続である。しかもこれはかつてキャス・サンスティーンが『インターネットは民主主義の敵か』（毎日新聞社、二〇〇三年）で指摘したように、人は自分の見たいものしか見ないため、その状況を放置すると必ず集団は「分極化」する。つまりサヨクはサヨク、ウヨクはウヨクとしか繋がらず、不愉快な人間はブロックする。そうした分断が出来上がってしまった。

その結果として、Twitter は次第に炎上が日々連続する場所となった。——しかも炎上するほうが注目を集めフォロワー数が伸びるため、いわゆる「炎上芸人」的ユーザーも増えていく。その世界最高の成功者が、皮肉なことに現米国大統領のドナルド・トランプだ。筆者は二〇一二年の本稿で、「アメリカならば『電子公共圏』がうまく立ち上がっているのかといえば、そんなことはないかもしれない」と書きつけたが、それは「かもしれない」どころか、リベラルの夢を強烈に打ち砕く形で具現化してしまった。

さてもちろん日本のネット右翼的なユーザーも、一部は主戦場を2ちゃんねるだけではなく Twitter にも移し、片っ端から「反日」だなどとマスコミや知識人を日々叩いているのは衆目の一致するところであろう。いうなれば2ちゃんねるの「文化的遺伝子（ミーム）」が、完全に日本のTwitterユーザーの一部にも継承された形である。先に指摘したように、一度生まれた文化はしぶとく残り、継承される。

ともあれこれでは、「電子公共圏」や「熟議民主主義」どころではない。どだい一四〇字のサービスに「熟議」を求めるほうが間違っているとはいえ、Twitterはすでに普及しすぎた。Twitter以外に「公共的（＝誰でも入れるオープンな言論領域）」で、かつ「情報拡散力」を持つソーシャルメディアは出てきていない（InstagramやTikTokのように、「画像」や「動画」に限定すれば「拡散力」の点で影響力の大きいものはあるが、しかしそれは「言説空間」とは呼べない）。

もちろんヘイトスピーチ問題については、日本のみならずこの数年いよいよ「社会問題化」してきた――つまり、リアルとは異なるネット上で起こる〈片隅〉の問題として軽視できなくなってきた――ことにより、大手ソーシャルメディアも対策の手をかなり入れるようになってきた。しかし、そこでの規模はもはや「人間」の目と手に余るものであり、ＡＩを駆使したものへとシフトしつつある。つまり、投稿内容がヘイトスピーチかどうかを機械学習で判定するといった試みが行われているのだ。

たとえばFacebookは二〇一八年五月、同年一～三月の間、規定に違反した不適切投稿（スパム等も含む）は八億六〇〇〇万件に上ったと発表し、うちヘイトスピーチは約二五〇万件だったという[23]。スパムはもともと数も多いため機械学習でほぼ確実に判定できるとのことだが、人間が書くヘイトスピーチは不適切かどうかの判定が難しく、三八％に留まったという。ジョージ・オーウェルが『１９８４年』で描いた「真理省」ではないが、まだまだ「ビッグブラザー」の認識精度――いや、「検閲精度」というべきか――は低いままのようだ。

さて、こうした各種サービスの試みはまだ途上についたばかりといえる段階であるが、その過程でより大きな問題も露出してきている。それはサービス側によるヘイトとの誤判定／誤認識や、ヘイトスピーチに抗議する者たちによる集団的通報により、強制的に凍結／削除されてしまうアカウントが増大していることだ。前者のサービス側による誤判定であれば、「なぜ自分が凍結されたのかわからない」といった不可解さを感じ、サービス側にその理由を問い合わせるなり抗議するなりすればいい。しかし後者の「集団通報による凍結／削除」となると、ことは問題である。もちろん「表現の自由に抵触する」という問題もあるが（そしてそのほうがはるかに近代社会の自由原則にとっては大事なのは百も承知だが）、どちらかといえば筆者が危惧しているのは、この手でヘイトスピーチを潰していけば、かえって社会的対立とヘイト（憎悪）が増幅していくだけではないかという点だ。

たとえば平成末期の日本のネット空間では、「#Youtubeのネトウヨ動画を報告しまくって潰そうぜ」などの動きにより、実際にYouTubeから次々と著名人も含むYouTube動画やアカウントが次々と削除されている。ヘイトスピーチを社会悪だと考える人は、これをもって「スッキリ」するだろう。しかし振り返ってみれば、もともと「ネット上で集団的行動を取って相手を潰す」といった振る舞いは、まさに旧2ちゃんねるのような匿名掲示板で育まれてきた「ネットリンチ」的行為でもあり、実に皮肉なことではないだろうか。もちろん参加しているユーザーの中には、「いままでネトウヨがやってきたことをやり返しているだけだ」と義憤を隠さない者も少なくない。この点については、結語にてまた触れることにしたい。

そしてソーシャルメディアと関連して触れざるを得ないのが、二〇一六年の米国大統領選を発端として大きく注目されることとなった、フェイクニュース／ポストトゥルース問題である。

残念ながらフェイクニュースの登場は構造的な必然だった。まず、インターネットの普及と検索エンジンにより、情報財（コンテンツ）の限界費用（複製コスト）はゼロに近づいている（ネットでググってコピペするだけで、誰でもそれらしい「まとめ」記事は作れてしまう。専門的知識を持ったライター／記者は必要ない）。さらにいえば、著作権のオリジナリティにはもともと虚構（フィクション）としての性質がつきまとっている（どこからどこまでが「引用」にあたるのかという線引きが曖昧である）。そしてクラウドソーシング・サービスの普及により、思わずクリックして読みたくなるような記事を「大量生産」する体制も整備された。あとはそのフェイクニュースサイトにWeb広告やアフィリエイトリンクを設置すれば、立派な集金装置が安価に濫造可能である。

フェイクニュースが生み出される経済学的なメカニズムは以上のとおりであり、起こるべくして起こった現象ともいえる。日本では特に医療・健康関連のニュースまとめサイト「ＷＥＬＱ」がこうしたフェイクニュースを濫造していたことが社会問題化し、運営会社の親会社にあたるDeNA社は二〇一七年に同サイトの閉鎖と、同様の類似手法で作られていたサイト群の閉鎖するに至った。

ただし、当然フェイクニュースは日本だけの問題ではなかった。二〇一六年の米大統領選挙期間中、特にトランプ支持派にとって都合のいい（排外主義的感情などを掻き立てる）フェイクニュースが、単なる金儲けの目的でマケドニアの若者たちによって捏造・拡散されていたという事実が明らかになると、全世界的にこの問題は注目を浴びることとなった。「ポストトゥルース」とは、もはやニュースが果たすべき客観的事実（真実）の報道が求められなくなってしまった時代の趨勢を受け、オックスフォード英語辞典が二〇一六年を象徴する言葉として選んだものである。

フェイクニュースはなぜ拡散してしまうのだろうか。実態調査のひとつを挙げよう。コロンビア大学とフランス国立情報学自動制御研究所の研究によれば、Twitterでシェアされるﾕ RLの五九％はクリックされていないという。[24] つまりほとんどのネットユーザーは、その中身の記事を読まずに、見出しだけで「拡散」に加担している。新聞が誇ってきた「見出し」の力が、ここでは奇しくも悪用されてしまっているというわけだ。

こうしたネットユーザーたちを「なんと愚かな」と見下すのは容易い。しかしこれまでの社会科学の噂をめぐる研究が指摘するように、人間は欲望と不安をかきたてる情報には敏感に反応してしまい、それが噂やデマという形で根拠がないまま拡散する。あるいは清水幾太郎が『流言蜚語』（一九三七年）で喝破したように、「知識の断片と断片との間に溝があり矛盾があって、到底それだけでは首尾一貫した報道として万人を満足させることが出来ない」という〝やきもき〟した状態にこそ、人々はウソでもいいから真実である「かのようなもの」を簡単に求めてしまうのだ。フェイクニュースを求めてしまうのはまさに人間社会の「トゥルース（真理）」である、とまでは言わなくとも、社会的動物として根深い「心理」的傾向であることは認めざるをえない。

結語

筆者は二〇一二年に本稿を締めくくるにあたって、ある種の「夢」を込めた言葉を書き付けた。「社会保障、教育、労働政策に悩む者たちが、ネットで声を集め、知恵を出しあい、団結しあって、それを何らかの政治勢力に伝え、有効な『票集団』として結集すること。インターネットという自由で双方向なメディアがあれば、既存の政治を縛ってきた『地方』や『組織・団体』の枠を超えて、そうしたコミュニケーションと団結が可能なはずだ。それは胸躍るような『革命』の夢とは違うかもしれないけれども、現にいま、私達の社会が共有すべき夢であるように思われる」と。

しかし、筆者はもはやこの夢からとうに醒め、冷めきった目で今後を見るしかないと考えている。平成のインターネットを振り返るに、もはや「電子公共圏」の夢、つまり「市民たちによる草の根のジャーナリズムと政治運動」の実現可能性を見るのは無理である。特に日本のインターネット空間の黎明期に刻まれてしまった「クリーヴィッジ（溝）」としての、「マスメディアVSインターネット」という対立の構図は、インターネットによる日本社会の「再民主化」を大きく阻んでいる。本来であれば両者は手をつなぎ合って、それこそ「権力機構の監視」という民主主義社会の機能を果たすべきはずだが、現実はそうなるばかりか相互不信を強めていく一方だ。

ネット上でのヘイトも炎上も拡散する一方である。このまま日本経済が衰退していけば、「漏れ落ちた人々」が増えていき、ますます「敵を見つけて叩く」というヘイト的空気は強まるだろう。平成が終わり、二〇二〇年代以降にどのような動きが生まれるのか。普通に考えれば、未来は明るいとはいえない。他の先進国同様、ポピュリズムと排外主義・極右志向とヘイトスピーチに満ちた、荒れ果てた言論のアリーナがインターネット上を覆うだろう。

完全版の本稿を締めくくるにあたって、あるひとつの事件について触れておこう。平成最後の二〇一八年六月の夜、福岡で起きた有名ブロガーことHagex氏が殺害されてしまった事件である。

事件の詳細はここでは省くが、簡単に経緯を記しておく。同事件の被害者は、Hagexというハンドルネームで、主にネット上の炎上トラブル等をまとめるブログを運営し、『2ch、発言小町、はてな、ヤフトピ　ネット釣り師が人々をとりこにする手口はこんなに凄い——ネットで人々をとりこにする40の手口』（アスキー新書、二〇一四年）といった著書も刊行。この日も福岡市で行われたITセミナーにて講師を務めていた。しかしセミナー終了後まもなく、Hagex氏は刺殺されてしまった。

本件について出頭・自供した容疑者は、「はてなブックマーク」というサービス上で「低能先生」等と揶揄されていた人物であった。他人を「低能」と必ず罵倒する言動からついたそのあだ名は、何度もはてな運営に通報されアカウントを凍結されても、アカウントを取り直しては他人に対する誹謗中傷を続けていた、いわゆる「厄介」な人物として知られていた。そして、いわゆる「通報厨」によってイジられ、揶揄される存在でもあったのである。

問題はここにある。今回、Hagex氏を殺害した動機は「ネット上で揶揄され恨みを抱いていた」と報じられているが、問題はその恨みは決してHagex氏だけに直接向けられたものではなかったであろう、ということだ。というのも当のHagex氏は、事件直前の二〇一八年五月、自身のブログ上で低能先生について二回ほど言及しているに過ぎず、直接的にはてな上で舌戦を繰り広げたり、Hagex氏が通報を煽ったりもしていなかった。これに対し容疑者が犯行後に書き込んだと思われる「はてな匿名ダイアリー」の投稿からは、自分がネット上だけで暴れる「ネット弁慶」ではないと証明するために、リアル空間での凶行に及んだと読める部分があった。だとすると実際には、「たまたま容疑者の生活行動範囲内に、個人が特定できる有名ブロガーのHagex氏が現れたことで殺害の標的にされてしまった」というのが真相ではないか。こうした推察が広がると、この事件をよく知る人々の間では、ある種のいいしれようのない恐怖が広がった。要するに、相手は誰でも良かったのであり、自分もいつかこうした標的になるのかもしれない、と。

以上が事件の概略だが、この点こそが、先述した「ソーシャルメディアのヘイトスピーチ対策」の箇所で筆者が触れた懸念に直結してくる。確かにヘイトスピーチは悪であるし、仮にそこに人種差別などの要素が入っていなかったとしても、他人を罵詈雑言で傷つける「言葉の暴力」は許されるべき行為ではない。しかし、それをまさにネットリンチさながらに潰してしまう（集団通報を繰り返し、アカウントを凍結させる等）と、かえって相手のヘイトを増幅させてしまう。今回の事件は、まさにその蓄積された怨念がリアル空間にまで噴き上がった結果として起こってしまったのではないか。

筆者が、そして今回の事件で少なからぬネットユーザーが恐れたのは、これによってネット上での言論活動がますます縮退してしまうのではないかということだ。「厄介で粘着的なネットユーザー等とは無視して関わらなければよい」といっても、もはや現状のソーシャルメディアではそうはいかない。こうなってくると、ネットとリアルを連動させた（言論）活動をすることについては、躊躇せざるを得なくなるのが実情だろう。

こうした傾向が進むと、起こるのは次のような二極化ではないだろうか。インターネット上でオープンにアクセスできる公的領域、つまりブログやTwitter・動画サービス等では匿名／ハンドルネームを貫き、その言論活動や露出はネット上に制限する（リアルには「はみ出さない」）。

そして私的領域、つまりクローズドなFacebookやグループチャット等のサービスでは、限られた友人・知人とのプライベートな会話や談義のみに興じる。――従来もこうした傾向はあったものの、右のような事件が起これば、ますますインターネット上における公/私の分断、ないしは棲み分けが進んでしまう可能性が高い。その結果として、インターネット上で公的かつ顕名的に発言できるのは、新聞やテレビといったマスメディアでも顔を出している、いわゆる著名人や評論家・コメンテイターといった人々だけになっていく。

それに何か問題でもあるのかと問われれば、筆者にも明確な答えはない。だが当初のインターネットやソーシャルメディアの可能性の魅力は、こうした公/私の区別が曖昧に混ざり合い、新しい社交空間・言論空間が立ち上がろうとしていた点にあったと筆者は考えていた。そうした考えを持っていた人間からすれば、右のような事態は、ある時代の終焉を予感させるに十分である。

そもそも近代社会においては、「公（パブリック）」と「私（プライベート）」を切り分け、前者（マスメディアなど）では実名・顔出しをした形で責任ある主体が発言を行い、後者（家庭など）ではプライバシーが守られる（匿名性が担保される）というのが常識的な構図だった。しかし右に見た図式ではこれが見事に反転し、インターネット上の公的空間では匿名的に振る舞うことに徹し、私的空間ではリアルの知人・友人同士である種のサロン的おしゃべりに興じるという構図が成立することになる。もしそうだとすれば、少なくとも「電子公共圏の夢」は完全に潰えるほかない。だからといって、（かつてフランス革命以前の啓蒙的文化や文芸的公共性の萌芽となったサロン文化ではないが）そうした「電子親密圏」になにがしかの可能性がないともいえない。

未来の話をしすぎてしまった。あくまで本書は『平成史』である。ひとことで総括するならば、平成という元号には「国の内外、天地とも平和が達成される」という意味が込められていたが、こと情報化の分野において当てはまることはなかったといえる。

それでも最後に未来への問いを投げかけておくとすれば、次のようになる。

私達は、諦めることなく「電子公共圏」の夢を見続けることができるだろうか。それとも私達は「タイムマシン経営」さながらに、他国を追随するような形で情報化の「悪夢」――ヘイトスピーチとポピュリズムにまみれた荒廃した世界――を見ることになるのだろうか。あるいはユートピアでもディストピアでもない、予想だにしない「第三の夢」が待っているのだろうか。それは分からない。ただ筆者は、最後に『GHOST IN THE SHELL / 攻殻機動隊』（一九九五年）の主人公、草薙素子が最後につぶやいた有名な台詞を引用するに留めたい。

「ネットは広大だわ……」

註

（1）小熊英二「総説」もいうように、それは工業化時代の想像力からは変化として見えづらいのだが。

（2）アルビン・トフラー（徳岡孝夫訳）『第三の波』（中公文庫、一九八二年）。

（3）ジョナサン・ジットレイン（井口耕二訳）『インターネットが死ぬ日』（ハヤカワ新書juice、二〇〇九年）。

（4）佐藤俊樹『社会は情報化の夢を見る――［新世紀版］ノイマンの夢・近代の欲望』（河出文庫、二〇一〇年）。

（5）濱野智史『アーキテクチャの生態系――情報環境はいかに設計されてきたか』（ＮＴＴ出版、二〇〇八年）。

（6）OECD　http://www.oecd.org/internet/broadband telecom/oecdbroadbandportal.htm

（7）吉見俊哉『「声」の資本主義――電話・ラジオ・

蓄音機の社会史』（河出文庫、二〇一二年）。

（8）「国際環境とナショナリズム」の章における「ピラミッド型」が電話、「フォーマット化」がインターネットに相当する。

（9）スティーブン・レヴィ（古橋芳恵・松田信子訳）『ハッカーズ』（工学社、一九八七年）。

（10）この点については東浩紀・濱野智史編『ised情報社会の倫理と設計　設計篇』（河出書房新社、二〇一〇年）所収の「第一回講演　石橋啓一郎　情報社会と二つの設計」を参照のこと。

（11）David S. Isenberg “RISE OF THE STUPID NETWORK”, 1997. 同論文は以下のＵＲＬで公開されている。<http://isen.com/stupid.html>

（12）村井純『インターネット』（岩波新書、一九九五年）。

（13）ジットレイン前掲書。

（14）ダニエル・ピンク（大前研一訳）『ハイ・コンセプト――「新しいこと」を考え出す人の時代』（三笠書房、二〇〇六年）。

（15）アナベル・ガワー／マイケル・A・クスマノ（小林敏男監訳）『プラットフォーム・リーダーシップ――イノベーションを導く新しい経営戦略』（有斐閣、二〇〇五年）、マルコ・イアンシティ／ロイ・レビーン（杉本幸太郎訳）『キーストーン戦略――イノベーションを持続させるビジネス・エコシステム』（翔泳社、二〇〇七年）。

（16）カーリス・Y・ボールドウィン／キム・B・クラーク（安藤晴彦訳）『デザイン・ルール――モジュール化パワー』（東洋経済新報社、二〇〇四年）、藤本隆宏『能力構築競争――日本の自動車産業はなぜ強いのか』（中公新書、二〇〇三年）など。

（17）青木昌彦・安藤晴彦『モジュール化――新しい産業アーキテクチャの本質』（東洋経済新報社、二〇〇二年）。

（18）若者に投資する環境と気風を構造的に知ることができる実証的研究として、二〇〇〇年代以降のものではないが、金井壽宏『企業者ネットワーキングの世界――ＭＩＴとボストン近辺の企業者コミュニティの探求』（白桃書房、一九九四年）を挙げておく。

（19）藤本前掲書。

（20）古瀬幸広・広瀬克哉『インターネットが変える世界』（岩波新書、一九九六年）。

（21）この点については、ローレンス・レッシグ（山形浩生・柏木亮二訳）『ＣＯＤＥ――インターネットの合法・違法・プライバシー』（翔泳社、二〇〇一年）の、翻訳者山形浩生による解説が参考となる。

（22）前田陽二・松山博美『国民ＩＤ制度が日本を救う』（新潮新書、二〇一一年）。

（23）規定違反に対する措置件数を初公表｜Facebook ニュースルーム https://ja.newsroom.fb.com/news/2018/05/enforcement-numbers/

（24）Maksym Gabielkov et al. “Social Clicks: What and Who Gets Read on Twitter?” ACM SIGMETRICS / IFIP Performance 2016

外国人・移民

ハン・トンヒョン

包摂型社会を経ない排除型社会で起きていること

1

はじめに

人は移動する、人は生活する

『平成史』という本書のタイトルは、筆者にとってひどくよそよそしく感じられるものだった。自分が生を受け、家族の生年もそれで記憶している――身体感覚として少しは共有している――昭和ならまだしも、平成というくくりで何かを語るリアリティはほとんどない。

思えば元号にあまり馴染みのない生活をしてきた。在日朝鮮人として生まれ、初級部から大学校まで朝鮮学校に通い、卒業後は朝鮮総連系の新聞社で記者をしていたのだが、こうした場で元号が使われることはなかった。退職して進学した大学院でも西暦で事足りていたため、文科行政や地元自治体ともかかわることの多い現在の職場で、慣れない元号を使用して記入する書類を前に、いつも計算ができず苦労している。

わざわざこんなことから書き始めたのは、この日本社会にも、当たり前のことながら様々な出自の人々がいて、様々なコミュニティがあって、多様な価値観や文化があるというひとつの事例になりうるかもしれないと思ったからだ。同じ時代に同じ国で生きていても、そこで生きられた経験はかくも違う。

土地的な領域と、文化の重なりは必ずしも自明なことではない。そこから様々な問題が説き起こせるだろうが、その大きなひとつが、「人の移動」という問題だろう。様々な要因で人は動く、動き続ける。ひいては、土地的な領域、その線引き自体も動く、動き続ける。そのような「動き」の上に、人々の生活があり、文化がある。

本章のテーマはそのようなものとしての外国人・移民問題だ。ここ日本ではもしかするとイメージしにくいかもしれないが、そう遠いことではない。たとえば二〇一一（平成二三）年三月一一日に起きた東日本大震災を思い出してほしい。暮らしていた土地や生活が壊れ、汚染され、避難せざるをえない人々が、いた。今もいる。時空をもう少し広げてみると、日本にもかつて生活の場を求めて、アメリカ大陸や当時の満州、朝鮮に移住した人たちがいた。同様に日本に移動してきたかつての大日本帝国の臣民たちもいた（私のルーツだ）。

世界に目を向けると、今や生まれたところで暮らし続ける人は少ない。経済的な理由や政治的な理由、個人的な理由、様々な理由で、人は動く。国境も越える。ひとりの人間の一生の間に、災害が起きたり戦争や政変が起きることもある。そして国境線の変更すら起きうるので、自ら動かなくても「移動」は生じる。そうした様々な「移動」のなかでも、国境を越えた移動はひとつの国家の中に外国人・移民という存在を生み出す。それは国家に、社会に何をもたらすのか。国家や、社会はどのように対応するのか。

本書の総説で小熊は「『平成』とは、一九七五年前後に確立した日本型工業社会が機能不全になるなかで、状況認識と価値観の転換を拒み、問題の『先延ばし』のために補助金と努力を費やしてきた時代であった」と指摘した。(1) 本稿では、そのような「先延ばし」が外国人・移民という対象をめぐっていかに行われ、帰結したのかについて、振り返る。そのため、本章で扱う対象は外国人・移民当事者の側ではなく、その存在をどのようにみなし、処遇してきたかという主に政府、ときに地方自治体などの側となる。

今回、「完全版」を出すにあたり本章のタイトルを「外国人」から「外国人・移民」に変更した。移民の明確な定義はないが、国連では通常の居住地以外の国に移動し、そこで一年以上居住すれば移民とみなしており、ここに照らせば日本については観光などの短期滞在を除く、合わせてすでに全体の四割を超えている永住者や定住者はもちろん、留学生や技能実習生なども含む現在の在留外国人すべて（二〇一七年末現在で二五六万一八四八人）が移民に該当すると解釈することもできる。第4節で述べるが、二〇一二年から始まった新たな在留管理制度によって、これらの外国人には住民票が発行されるようになっている。

近年、技能実習や留学の在留資格による事実上の外国人労働者が急増するなか、生活者としてこの社会で生きて暮らす外国人住民を含意する移民という呼称が広がり、名実ともに外国人労働者を受け入れるために改定されこの四月一日に施行される二〇一九年入管法をめぐる議論においても——政府はそれを否定するものの——外国人政策よりも移民政策という言葉が目につくようになった。詳細は第5節に譲りたいが、移民という呼称の拡大には、二〇一九年入管法による政策転換も「外国人労働者受け入れであって移民政策ではない」と強弁する政府の姿勢への批判も込められている。タイトルを変更したのは、以上のような理由からだ。

「多文化主義なき多文化社会」としての「平成日本の排除型社会」

総説で小熊は日本における工業化時代からポスト工業化時代への変化のストーリーとして「平成史」を描いた。この変化は、先進諸国でほぼ共通して起きたことである。

本稿の課題である外国人・移民問題を検討するうえで、欧米におけるポスト工業化時代への変化が、同化と結合を基調とする「包摂型社会」から分離と排除を基調とする「排除型社会」

への移行でもあったとする、ジョック・ヤングの議論[2]を参考にしよう。ヤングは、欧米において一九六〇年代後半から始まったフォーディズムからポストフォーディズムへの変化のなかで労働市場が変容し、コミュニティが解体され個人主義が台頭したことで、物質的にも存在論的にも成員を統合し、逸脱者や異常者を同化させようとする社会が、物質的にも存在論的にも極端に不安定で、逸脱者を分離し排除する社会に変容したと述べた。

ヤングによると、包摂型社会は、近代的な同化主義を経て多文化主義という処方箋を生み出したが、移民の増加と社会秩序の解体による不安により「他者」をリスクとみなして排除する傾向が強まり、多文化主義は敗北を余儀なくされるとともに、そのパラドクスでもある本質主義が台頭する。「他者」のスケープゴート化と偏在化が進み、レイシズムは人種的なものから文化的なものへと変化し、「他者」を作り出し忌み嫌うことによってマジョリティの共同体意識を強める、いわばゼノフォビアとしてのナショナリズムが台頭する。一九九〇～二〇〇〇年代以降、欧米各国でヘイトスピーチやヘイトクライムが目立つようになり、移民・外国人に対する排外主義的な政策を掲げる極右政党が支持を拡大するなかで、多文化主義の限界や敗北、そのバックラッシュとしてのレイシズムへの回帰や新しいレイシズムの登場が議論されるようになった背景を、排除型社会への移行として説明しているのだ。

さて日本ではどうか。敗戦後、米軍の占領期を経て厳格なエスニック・ネイション[3]として再出発した日本では、とくに外国人においては前述したような意味での「包摂型社会」になったことはないと言っていいだろう。一般的に外国人・移民政策は、外国人の出入国に関する政策と在住外国人の社会統合に関する政策の二本立てだが、日本には、事実上の多民族・多文化社会であることが明らかになった現在においても、(一部、地方自治体レベルの施策はあるものの)国

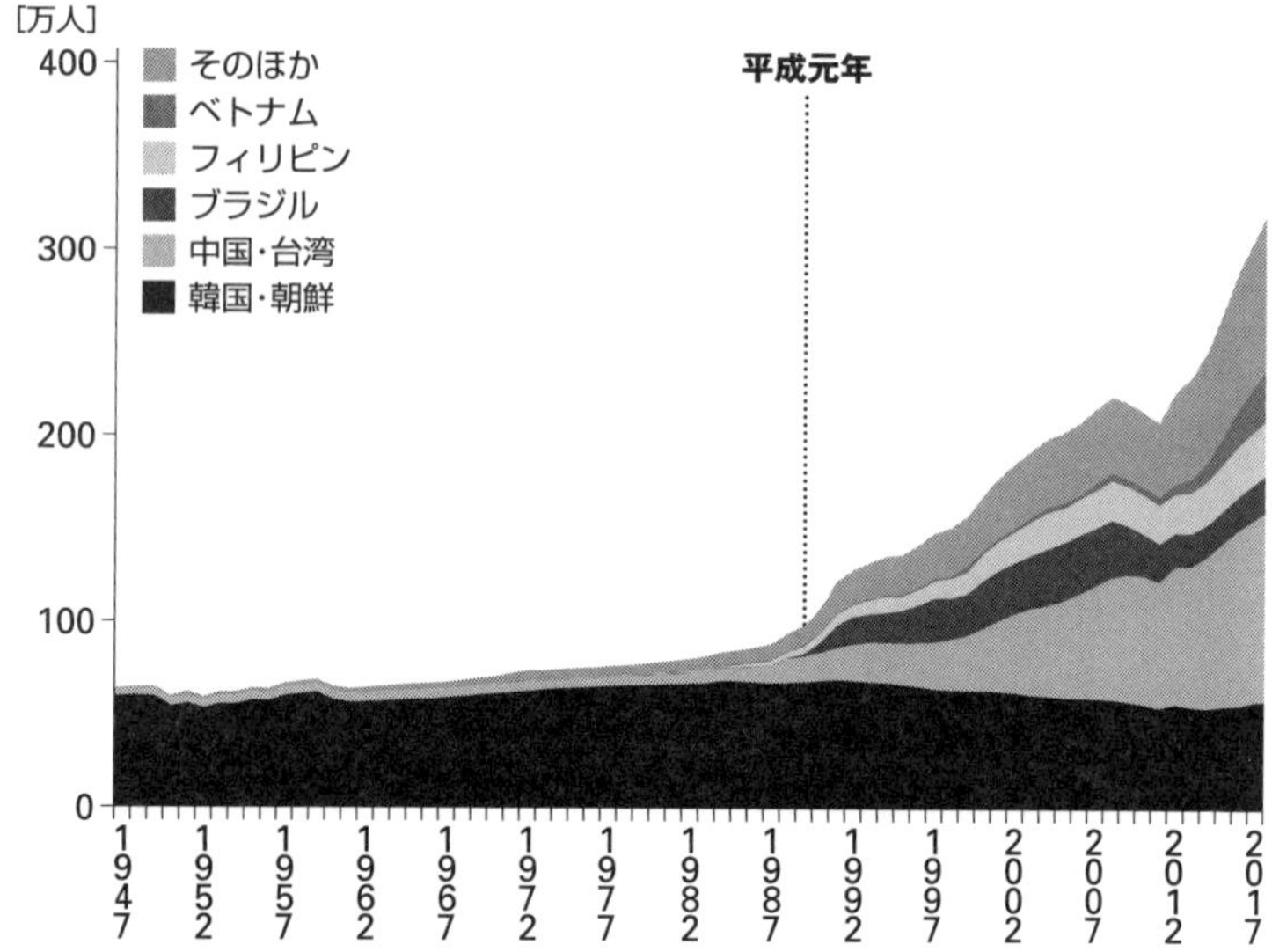

図1　在留外国人数の推移

――平成の30年間で在留外国人数は2.5倍以上に急増し、国籍も多様化した

出典：法務省「在留外国人統計（旧登録外国人統計）」

注：法務省の統計では2012年以降短期滞在者を除いて在留外国人数を算出しているが、ここではそれ以前の分と集計方法を一致させるため、2012年以降についてもすべての在留外国人についての数値を用いている（法務省による2017年末現在の在留外国人数は256万1848人だが、観光などの短期滞在者を含めると317万9313人となる。グラフの数値は後者）。

また同様の理由で、現在は分離して集計している「韓国・朝鮮」「中国・台湾」についても、一貫して合算した数値を用いている。

レベルの包括的な政策としては前者しかないと言っていい。

　二〇〇〇年代に入り、少子高齢化の進展による人口減少への備え、またグローバリゼーションへの対応や東アジア地域統合の観点から新たな外国人政策への模索が始まったものの、あっという間に忘却された。それどころか、いや、にもかかわらず近年では欧米同様、政府レベルでも大衆レベルでも、目に見える形の排外主義が顕在化、横行している。

この状況を、どのように考えればいいだろうか。もちろん、表面的には二〇〇〇年代末からの不況のあおりもある。だが、日本でも一九九〇年代から徐々に始まっていたヤングの言う意味での「排除型社会」化が進んでいるとみなすことができるのではないだろうか。ただし、「包摂型社会」を中途半端にしか経由せず、そのためその処方箋である多文化主義も経由せずに、にもかかわらず「バックラッシュ」が来ている、という形で、だ。

このような認識を出発点に、戦後からの経緯を前史として振り返った上で、「平成」におけるその帰結を見てみよう。

2　平成前史――冷戦下での支配責任放棄、外圧による「開国」

「多民族帝国」から「国民国家」へ――一九五二年体制

時の政治家がたびたび「失言」してきたような、「単一民族国家」だというセルフイメージはさすがに明らかな間違い、思い込みだと否定されるにしても、現在の日本が国籍やエスニシティという面で、とくに先進諸外国に比べて相対的に均質性が高い国だとイメージしている日本人は少なくないだろう(4)。

しかし、脱亜入欧をはかり欧米列強を目標にした戦前の帝国主義体制は八紘一宇のスローガンのもと、多民族帝国を目指すものであった。一九一〇(明治四三)年の日韓併合はそのような「実践」の最たるものであろう。内鮮一体のスローガンが掲げられ、朝鮮半島の人々はすべて日本の臣民となり、「日本」国籍となった（このように「国籍」で包摂される一方で「戸籍」には内地籍と外地籍の区別が設けられ明確に序列化、排除されていた）。それは当然の帰結として、植民地となった朝鮮半島の人々の日本列島への移住を促した。一九〇九年、日本「内地」にいた朝鮮人はたった七九〇人だったが、一九一〇年代の一〇年間で約二八万人、一九二〇年代には約三〇万人、一九三〇年代には約九六万人と、年を追うごとに急カーブを描くように増えていき、一九四五（昭和二〇）年の日本敗戦時には二三〇万人以上になっていた。

もちろん、このような大規模な移動の直接的な要因は植民地支配である。土地調査事業などによる農民の離農をはじめ、朝鮮での生活が破壊され生活できる場を求めて流れてきたというプッシュ要因と、第一次大戦後の日本の労働力需要によるいわば出稼ぎ、さらに日中戦争勃発後の戦時体制での労働動員（募集や官斡旋、徴用）という、時期ごとのプル要因があった[5]。もちろんこれだけではないだろうが、こうした大きな流れのなか、人々は様々な事情を抱えて海を渡り、生活した。

一九四五年の終戦後、日本にいた二三〇万人のうちの多くが帰国した。だが、GHQは帰国の際に財産持ち出し制限等を課したうえ、一九四六年一二月には在日朝鮮人の帰還計画を打ち切った。また本国の政情不安は続き、一九五〇（昭和二五）年には朝鮮戦争が勃発する。一方で、すでに日本に生活の基盤がある人々も少なくなかった。こうしたなか、帰国を見合わせ日本に残った朝鮮人は、およそ五〇～六〇万人ほどであった。

この間、日本政府は在日朝鮮人をどのように扱い、位置づけたのか。一九四五年の敗戦当初は、旧植民地（朝鮮、台湾）の人々は講和条約を結ぶまでは引き続き日本国籍を持つものとするという立場を取ったが、一九四七年には日本国憲法施行の前日に、旧帝国憲法下の最後の勅令として「外国人登録令」を制定し、「当分の間、外国人とみなす」とした（外国人登録の国籍欄には出身地域としての「朝鮮」と記載された）。こうして在日朝鮮人は、日本国籍を保持しながらも「外国人」とみなされる矛盾した存在となった。

一九五二年、サンフランシスコ講和条約が発効したが、日本政府はその前日、同条約の発効とともに旧植民地出身者は日本国籍を喪失すると一方的に宣言した。こうして、どこの国の国籍も持たず「朝鮮」という記号だけを持つ「外国人」という奇妙な存在となった在日朝鮮人は、戦争犠牲者の援護をはじめとした社会保障制度から排除され、様々な権利を失うことになった。またこれにより、一九五一年に制定され講和条約を経て法律として存続することになった出入国管理令の対象になったが、在留資格については先送りされ、不安定な状態のまま放置された。

さらに同一九五二年、外国人登録令に代わり外国人登録法が制定された。登録証には指紋を押捺し、携帯と更新の義務が課され、違反については行政罰ではなく刑罰対象とされたばかりか、指紋押捺拒否の制裁として再入国拒否も盛り込まれた。同法制定によって、前述した出入国管理令、一九五〇年に制定された父系血統主義を採用した国籍法合わせた三法からなる、外国人に対する「一九五二年体制」が確立したとされる。

敗戦から七年。このように日本は、旧植民地出身者の「国籍」を「はく奪」するような形で、かつ「国境」を越えたわけでもないのに彼らを「外国人」として扱い外国人登録法のみならず出入国管理令の対象とし、その諸権利を犠牲にすることで、多民族帝国から（「単一民族」を前提としたエスニック・ネイションとしての）「国民国家」へと急速に変化を遂げていった。

こうして始まった「一九五二年体制」は、ここまで述べてきたような歴史的経緯を持ついわゆる「オールドカマー」を排除しつつ同化を迫る圧力となってきた一方で外国人の入国や居住を厳しく規制するものでもあったため、七〇年代の終わりまでは、その後、新たに増えていくことになるいわゆる「ニューカマー」の流入も阻止した。当然ながら政府にも自治体にも、外国人を社会の一員としての「住民」とみなす発想は乏しかった。[6] 転機が訪れるのは、一九七五（昭和五〇）年のベトナム戦争終結によって生まれたインドシナ難民という「黒船」[7] によってだった。

転機をもたらしたインドシナ難民——一九八二年体制

朝鮮戦争に続いて東西冷戦の代理戦争となったベトナム戦争は、南ベトナムを支援した米軍が敗退し、ソ連と中国の支援を受けた北ベトナムがベトナムを統一するという形で終結した。そのため南ベトナムから、大量の難民が流出することになった。ボートに乗って脱出し、近隣諸国に漂着したインドシナ難民は、「ボートピープル」と呼ばれた。東西冷戦が続いていた当時、こうした経緯を持つボートピープルの受け入れは自由と人権を標ぼうする「西側」諸国にとって何よりのアピールであり、とくにベトナムで敗れたアメリカにとっては喫緊の課題であった。

ボートピープルは日本にも続々と漂着した。日本政府に彼らを受け入れる体制、そして心構えはなかったが、アメリカをはじめとする西側諸国はインドシナ難民を受け入れるよう強く求めた。折しもベトナム戦争の終結した一九七五（昭和五〇）年には主要国首脳会議、サミットが始まったが、西側先進国に並び、経済成長とともに国際社会における主要国としての地位を確立しつつあった日本もそのメンバーに名を連ねることになった。[8] インドシナ難民の受け入れ問題は、繰り返しサミットの議題となった。

こうした外圧を受け入れる形で、一九七八年に難民の一部定住を認め、翌一九七九年には毎年五〇〇人の定住枠を決定した日本政府は、同年に国際人権規約、一九八二年には難民条約を批准した。外務省のトップダウンで進められ、国内問題ではなく外交問題としての難民受け入れではあったが、これは日本の外国人政策にとって大きな転機となった。

一九七九年の国際人権規約批准後、建設省は公営住宅への外国人の入居を認めるよう通達を出した。また一九八二年の難民条約批准にしたがう国内法の整備として同年、出入国管理令を改正する形で出入国管理および難民認定法が制定され、国民年金法や児童手当に関する三法の国籍要件が撤廃された。こうしてこの時期、公営住宅、住宅金融公庫、国民年金、児童手当や家族手当など、社会保障制度に関してはほとんどの国籍条項がなくなった（後に国民健康保険も）。

また難民条約にしたがった新入管法は、在日コリアンの在留資格においても前進をもたらした。それまで韓国籍者のみが申請によって認められていた「協定永住」に加え、「朝鮮」籍の在日コリアンや台湾出身者にも新設された「特例永住」という資格が付与されることになった（外国人登録における国籍表示の問題については後述する）。さらに一九八五（昭和六〇）年には、同年の女子差別撤廃条約批准により、父系による血統主義から父母両系へと改められた改正国籍法が施行された(9)。

きっかけはインドシナ難民問題をめぐる外圧と先進国としてのプライドであり、日本政府に、移民の受け入れや在日外国人の処遇改善への興味があったわけではない。だが、国際人権規約と難民条約の批准による国際人権レジームへの参加は、新たな「一九八二年体制」への転換をもたらすことになった。それは、血統主義の国籍法を持つ日本が難民の定住を許可する政策を打ち出した以上、必然的な転換でもあった。このように、主体的な選択というより余儀なく整備させられた感のある、外国人をめぐる「一九八二年体制」のもと、日本は名実ともに経済大国となり、昭和の終わりから平成の始まりという時代の転換期を特徴づけたバブル景気へと向かっていく。

「一九八二年体制」への移行は、冒頭で示したヤングの言うところの、同化と結合を基調とする「包摂型社会」の進行としての変化だとみなすことができるかもしれない。しかし、それは外圧によって仕方なく選択されたものであって主体性もビジョンもなく、したがって人権意識も多文化主義への志向も明確ではない中途半端なものだった。その意味で、「一九五二年体制」で確立した包摂なき同化主義と排除の基調が大きな修正を迫られることはなかった。

3　平成①
——ニューカマーの台頭、一九九〇年入管法による「偽装の制度化」の始まり

「国際化」のかけ声とバブル景気

一九八五（昭和六〇）年に世界一の債権国となり、名実ともに経済大国化した日本。国際的なプレゼンスを自認した日本の、時代のキーワードは「国際化」だった。「外交青書」に「国際化」の推進という文言が大々的に登場したのは一九八五年版（初登場は一九八二年版）。外交の基本課題として国際化の推進を正面から取り上げた一九八六年版では「外なる国際化」とと

もに「内なる国際化」も掲げ、一九八九年には「日本社会の国際化」をうたっている。

ここでいう「内なる国際化」、「日本社会の国際化」は何より、グローバル経済に対応するための金融・サービス分野の自由化や市場開放、内需拡大を推進したい財界からの要求として登場したものであった。外国人労働者受け入れをめぐる活発な論争も起きたが、それが政策に結びつくことはなかった。またこの時期、まさに昭和から平成という時代の変わり目をまたぐ形で、一九八六年（昭和六一年）から始まり一九九一年（平成三年）に終わったとされるバブル景気が起きた。

こうしたなか、観光ビザで入国し、正規の在留資格を持たないまま非熟練労働に従事する南アジア、中東からの労働者が急増した。正式に受け入れる窓口がなくても、ニーズがあれば人は動く。興行ビザで入国し、風俗産業などで働くフィリピンをはじめとしたアジア各国からの女性たちが増えたのもこの時期だ。背景には、「興行ビザ」という窓口が存在し、国策として彼女たちを送り出していた送出国と受け入れた日本の双方に「メリット」があり、悪徳ブローカーの暗躍についてもなかば黙認だったことがある。

また、「一九八二年体制」の呼び水になったインドシナ難民や、一九八一年から厚生省が中心となって実施した終戦後の引き揚げ時の中国残留孤児の消息確認および肉親捜し事業によって日本で暮らすようになった「中国帰国者」といった存在もいた。さらに欧米各国からのホワイトカラーのビジネスマンも加わって、この時期、ニューカマー外国人が日本社会で存在感を持ち始めた。

こうして日本は、新たに登場したニューカマー外国人についての政策をとくに持たないまま、なし崩し的に「国際化」していった。一九八〇年代後半からは、現実的なニーズに即した地域レベルの下からの「国際化」を地方自治体が推進し、自治省が提唱し始めた。外務省や財界の「内なる」と言いつつ外向けかつ経済的なニーズ一辺倒のかけ声の一方で、地域での「国際化」は着実に進行していたのだから、何らかの対応が必要だったのは当然のことだろう。

次のように言い換えてもいい。日本は、外国人を受け入れるための社会統合政策——それは必然的に多文化主義をめぐる模索がともなう——を取らずに、事実上の本格的な多文化社会となっていった。それは同時に、外国人をめぐる「一九五二年体制」のもとで構築された「単一民族神話」——それは一九七〇年代に確立した「一億総中流」意識と表裏一体のセットだった——が揺らぎ始めたことをも意味する。

国際貢献と血の論理の嘘

何の政策もなかったとは言え、こうした状況は政府に対応を迫った。とくに、多様な人材を確保したいという財界の要求は強かった。同時に、正規の在留資格を持たない外国人労働者をそのままにしていいのかという問題もあった。こうして一九八九(平成元)年、出入国管理および難民認定法が改定され、翌一九九〇(平成二)年に施行された(以下、一九九〇年入管法)。

非熟練労働については認めないという立場のもと、専門職を中心に一〇種類の新たな在留資格を設け、専門・熟練職の外国人受け入れ範囲を拡大した。また非正規滞在の外国人労働者を雇用した者および仲介したブローカーには、刑罰を科すことになった。

とはいえ、この一九九〇年入管法による新制度には、非熟練労働者を受け入れないという表向きの建前とは大きく異なる側面が存在した。一般的に非正規移民を指す「バックドア」に対比して「サイドドア」と呼ばれるが、非熟練労働者、いわゆる移民を受け入れるための横道として非公式の扉を開いたのだ。正面からの公式的な道は開かないが、非公式的な横道を別の理屈で正当化して制度に盛り込んだということは、「偽装の制度化」に他ならない。

そのひとつが、この時新たに設けられた「研修」という在留資格だ。現在は、改定を重ねて拡大し、「技能実習」制度となっている。当初は一年間、現在では最長で五年間、日本で技術を習得することで開発途上国の経済発展に資する人材を育成する国際貢献事業だと位置づけられているが、周知のとおり、実際には人手が不足する中小零細の産業を支える低賃金の非熟練労働者の受け入れ窓口として機能している。「奴隷労働」という批判も多い劣悪な労働条件を招く元凶ともなっている建前と実際のかい離については、三〇年がすぎた現在も改められていない。

ふたつ目は、活動制限のない「定住」という在留資格の新設などを通じた日系人の受け入れだ。かつては日本も移民送出国で、とくに一九世紀末〜二〇世紀初頭、国策としてアメリカ大陸に多くの人が移住したという歴史を持つ。こうした日本にルーツを持つ日系人およびその三世までの子孫については、非熟練労働も含め就労に制限がなくなった。結果、とくにブラジル、ペルーから多くの日系二世、三世とその家族が、自動車関連企業が集中している愛知、静岡、神奈川の三県を中心に、事実上の「デカセギ」に来た。その数は、ピーク時の二〇〇七年には約三八万人に上った。エスニック・ネイション的な「選別」をルーツという美名で偽装して労働力不足の解決をはかったと言われても仕方ない政策だろう。

また現在にいたる「サイドドア」として、この時期に開かれたもうひとつのものが「留学生の資格外労働だ。一九八三年に中曽根内閣が提唱した「留学生一〇万人計画」によって留学生のアルバイトが解禁され、翌一九八四年には日本語学校の「就学」生についても入国手続きの簡素化がはかられた。二〇一〇年に「就学」は廃止され「留学」に一本化されたが、現在の「留学」のように当時の「就学」も週二八時間まで職種に制限なく就労が認められていたことから、日本語学校に通うという名目で多くの就学生が来日し、就労可能時間の上限を超えた非熟練労働に従事した。

一方、一九九〇年入管法によって非正規滞在の外国人労働者を雇用した者および仲介したブローカーに刑罰を科すことになったものの、徹底的に取り締まらずかなりの部分は見逃すという恣意的な運用が行われたことから「バックドア」も維持された。

いずれにせよ、外国人受け入れをめぐる平成の三〇年間を特徴づけ、後述するが、二〇一八年の入管法改定をめぐる議論にもつながる「偽装の制度化」は、このとき始まったのだ。

4　平成②——つかのまの共生への動きとバックラッシュ、二〇一二年体制による管理強化

「移民」受け入れへの熱気

繰り返し述べているように、人は動く。そして働き、暮らす。つまり、当然のことながら外国人も労働者であると同時に生活者である。生活の基盤ができ、家族を呼び寄せたり新たな家族ができたりもする。一九八〇〜九〇年代に日本にやってきたニューカマー外国人も日本に定住し始めた。こうしたなか、二〇〇〇年代を迎え、少子高齢化の進展や人口減少への憂慮[10]、グ

ローバリゼーションへの対応や東アジア地域統合への展望を背景に、遅きに失した感はあるものの、それまで欠けていた社会統合政策への模索が始まった[11]。

二〇〇〇（平成一二）年一月、当時の小渕首相の私的諮問機関「二一世紀日本の構想」懇談会は、最終報告書で「移民政策に踏み出す」ことを提言した。また同年三月に法務省は第二次「出入国管理基本計画」で、「日本人と外国人が心地よく共生する社会の実現」を目指すと初めてうたった。内閣府が二〇〇一年に設置した総合規制改革会議は、二〇〇三年一二月の第三次答申で、ＦＴＡ（自由貿易協定）推進のために「国境を越えた『ヒト』の円滑な移動のための条件整備」や「我が国で暮らす外国人の生活環境の整備」を掲げ、具体的施策を提言。それはほぼそのまま「規制改革・民間開放推進三か年計画」として二〇〇四年三月に閣議決定された。同年、日経連は「外国人受け入れ問題に関する提言」で、出入国政策の見直しと社会統合政策の構築の重要性を説いた。外務省は二〇〇一年と二〇〇四年に在日ブラジル人シンポジウム、二〇〇三年と二〇〇四年には人の移動に関するシンポジウムを開催している。

こうしたなか、総務省が二〇〇五（平成一七）年六月に設置した「多文化共生の推進に関する研究会」が翌二〇〇六年三月に作成した報告書は、「外国人住民もまた生活者であり、地域住民であることを認識し、地域社会の構成員として共に生きていくことができるようにするための条件整備を、国レベルでも本格的に検討すべき時期が来ている」として、労働力確保や治安維持ではない「生活者としての外国人」という観点を明確に打ち出し、国際交流と国際協力に加えた「第三の柱」として在住外国人にかかわる多文化共生の取り組みを位置づけ、関連する施策の全体像を示した。

総務省は報告書にもとづいた「地域における多文化共生推進プラン」も策定し、全国の地方自治体が多文化共生施策を総合的かつ計画的に推進するよう求めた。二〇〇一年五月、地方自治体の立場から外国人住民との地域共生の確立を目指し、国の受け入れ態勢整備を要求する外国人集住都市会議[12]を設立するなど、すでに現場のニーズに対応して「多文化共生」をキーワードに連携しながら独自の取り組みを進めてきた各地方自治体は、これを機に指針や計画の策定に続々と乗り出した。

当時の小泉政権が策定した「経済財政運営と構造改革に関する基本方針」（いわゆる「骨太の方針」）二〇〇六年版（七月に閣議決定）には「年内の生活者としての外国人総合対策策定等、多文化共生社会構築を進める」ことが含まれ、外国人問題関係省庁連絡会議が同年一二月、国として初めて、労働者や犯罪者としてではない「『生活者としての外国人』に関する総合的対応策」を策定した。二〇〇八年六月には参議院の少子高齢化・共生社会に関する調査会が「外国人との共生についての提言」を、自民党国家戦略本部プロジェクト・チームが当時の福田首相に対し、少子高齢化による人口減少問題の解決のために「総人口の一〇％を移民が占める移民国家」へ変身すべきだとする、かなり踏み込んだ提言を行った。さらに同年一〇月、経団連も「人口減少に対応した経済社会のあり方」と題した提言を発表し、「日本型移民政策」の本格的検討に向けた早期の議論が必要だと訴えた。

しかしこうした国レベルの多文化共生、移民受け入れへの「熱気」も、提言ばかりで具体的な施策への反映がないまま、二〇〇八（平成二〇）年秋のリーマンショックを契機とする世界的な景気後退によってしぼんでいく。製造業を中心に派遣・請負労働者の大規模な失業問題が発生し、その影響は日系人を中心とする外国人労働者を直撃した。政府は二〇〇九年一月、内閣府に定住外国人施策推進室を設置し、日系定住外国人に対する教育・雇用・住宅対策や帰国支援、国内外における情報提供などを進めていく。

多文化共生と治安維持、その矛盾の産物

二〇〇九（平成二一）年七月、「出入国管理及び難民認定法（入管法）」、「日本国との平和条約に基づき日本の国籍を離脱した者等の出入国管理に関する特例法（入管特例法。一九九一年に定められた「特別永住」者についての特例が定められている）」、「外国人登録法（外登法）」、「住民基本台帳法（住基法）」の四法が変わり、二〇一二年七月九日までにすべてが施行された。これまで入管法と外登法の二本立てだった在留外国人管理制度から外登法が廃止され、日本人住民に関する事項のみを住民基本台帳に記載していた住基法が外国人にも適用されることとなった。「二〇一二年体制」とでも呼んでいいような、在留外国人管理制度の大改定である。

新たな在留管理制度にいたる経緯にはまったく違う二つの文脈がある。ひとつは、定住外国人を生活者として位置づける多文化共生の観点、もうひとつは、外国人を犯罪予備軍として位置づけ管理強化をはかる治安維持の観点だ。

前者は先にも触れた、小泉政権による「骨太の方針」二〇〇六年版からの流れである。外国人集住都市会議や規制改革・民間開放推進会議からの突き上げもあった。一九四七（昭和二二）年に制定された外国人登録令から数えて六〇年あまりの歴史を持つ外登法が廃止され、外国人にも日本人と同じ住基法が適用されるようになったことは、この観点からの前進とも言える。だが、たとえば旧外登法の規定をわざわざ入管法および入管特例法に移すことで居住地変更の届出義務違反に対する重罰規定は温存、むしろ強化された。また住基法が定める住基カードの有効期間が一〇年であるのに対し入管法や入管特例法が定める在留カードや特別永住者証明書

の場合は最長でも七年であり、日本人と外国人の間にはきっちりと格差が設けられている。

一方で、二〇〇三年一二月に政府の犯罪対策閣僚会議が発表した「犯罪に強い社会の実現のための行動計画」は「犯罪の温床となる不法滞在者を、今後五年間で半減させ」ると明らかにし[13]、これを前後した時期から入管行政は、外国人をあえて「不法」状態におきながらいわば脱法的に労働力として利用するものから、法をより厳格に適用しその在留と就労を管理していくものへと転換した[14]。つまり、バックドアを閉じたのだ。さらに、二〇〇〇年代なかばからは非正規滞在者のみならず正規滞在者についても管理体制の強化がうたわれるようになり、二〇〇五年七月、犯罪対策閣僚会議のもとに「外国人の在留管理に関するワーキングチーム」が設置された。ここでの検討を受けて二〇〇七年二月には法相の私的懇談会である「出入国管理政策懇談会」のもとに「在留管理専門部会」がおかれ、新制度への議論が具体化、本格化し、この法改定へと結実していった。これが後者の流れである[15]。

その結果、それまでの二元的な管理から、法務省が在留外国人情報を一元的に、継続的に、正確に、管理することができるシステムが作られた。それまでは、法務省入国管理局が入国や在留更新の手続きを担い、市町村などの自治体が外国人登録証を交付して住所や世帯状況を把握してきたが、これが廃止され、法務省が正規滞在者だけに「在留カード」（特別永住者には「特別永住者証明書」）を交付する。届け出の遅れや虚偽の届け出には、罰金や懲役といった罰則規定や、在留資格の取り消しという厳しい行政処分が設けられており、広範な事実調査権も認められている。

また従来、在留資格の正規、非正規を問わず、自治体が医療や教育など最低限の行政サービス実施の根拠としてきた外国人登録がなくなることで、正規の在留資格を持たない外国人がそこから排除されるおそれがあるという事実も、この改定が「生活者としての外国人」目線のものでないことを裏づける。それどころか、この新たな在留管理制度は「非正規滞在者が存在しない」ことを前提に設計されていると言っても過言ではない。

この間、非正規滞在者に対する摘発が強化され、二〇一三年以降は強制送還にチャーター機まで動員されるようになった。軽微な「罪」で在留資格がはく奪されるようなケースも相次いだという。二〇一〇年頃からは、入国管理局における非正規滞在者への非人道的な扱いが問題化し始めた。もとより鉄格子のある部屋に五、六人が雑居し自由が奪われる刑務所のような収容施設に、未成年や難民申請中といった事情や逃亡可能性の有無に関係なく、退去強制の理由があれば入管だけの判断で収容する「全件収容主義」が取られ、収容には期限も設けられていないが、二〇二〇年の東京五輪を前にした運用の厳格化により、劣悪な収容環境や収容の長期化が懸念されている。[16]

前者、つまり多文化共生の観点から見た二〇一二年からの新制度は、不十分ではあるものの、ヤングの言うところの同化と結合を基調とする「包摂型社会」の展開に沿った初めての「意識的」な動きであったと言えるかもしれない。しかしその流れも後者、つまりは治安維持の観点に取り込まれていった。その背景にはゼノフォビア的な不安、体感治安の悪化という「空気」の急速な高まりがあった。この時期、やはりヤングの議論を当てはめると、分離と排除を基調とする「排除型社会」への歩みが明確な輪郭を持ち始めていたのだ。[17]

このように「二〇一二年体制」は、多文化共生への志向と治安対策強化への執着という矛盾する真逆の方向性の奇妙な共存、共犯関係の産物として始まった。より正確には、後者が前者を裏切る、飲み込むような代物になってしまったと言ってもいい。結局、外圧によるものとはいえ具体的な実りのあった「一九八二年体制」以上の大きな進展をもたらすことはなく、「一九五二年体制」以来の包摂なき排除と近代的、いや前近代的な同化主義の延長線上に、新たに後期近代的な分離と排除が接木されたようないびつなものになってしまった。

排外主義の台頭とヘイトスピーチ解消法

政策の展開という上からの動きとは別の話になるが、この時期のトピックとして触れておかなくてならないのが、下からの動きとしての、排外主義の台頭だ。その大きな転機となったのは、日韓共催のサッカー・ワールドカップが開かれ、平壌で行われた日朝首脳会談で北朝鮮側が拉致を認めた二〇〇二（平成一四）年である。表向きのムードとは裏腹にインターネット上における「嫌韓」ヘイトスピーチが爆発的に増加し、北朝鮮バッシングはマスメディアでもネット上でも同じように繰り返された。この時期から、韓国や朝鮮をめぐるネット上の風景は大きく変わっていった。

その後、二〇〇七（平成一七）年にネット上での呼びかけから生まれた「在特会」は二〇〇九年四月、日本生まれの中学生の長女に在留特別許可が下りた非正規滞在のフィリピン人一家の自宅や彼女の通っていた中学校周辺に押しかけ、「犯罪者一家を叩き出せ」と騒ぎ立てた。同一二月には、グラウンドがないため市や町内会との取り決めにより隣接する公園を長年にわたって利用していた京都朝鮮第一初級学校（当時）を、公園の「不法占拠」だとして襲撃し、やはり聞くに堪えない罵声を浴びせかけた[18]。彼らの直接的な攻撃の出発点となったのが、非正規滞在の外国人と朝鮮学校であったことは示唆的だ。

また二〇一三年からは東京・新大久保、大阪・鶴橋などのコリアン集住地域や街の中心部、繁華街をはじめとした全国各地で街宣活動を活発化させ、多いときは数百人が堂々とヘイトスピーチを連呼しながら練り歩いた。

こうした動きに抗議する街頭での市民運動から始まったヘイトスピーチに反対する世論は高まりを見せ、二〇一六(平成二八)年五月のヘイトスピーチ解消法[19]成立へとつながった。同法には制約も多く限界も露呈しているが、二〇一七年六月には法務省による初の外国人住民調査が行われるなど、少しずつではあるが成果も現れ始めている。二〇二〇年の東京オリンピックも見据え、条例制定に乗り出す地方自治体も出てきた。だが前述したように、オリンピックの開催は非正規滞在者に対する取り扱い厳格化の根拠にもなっている。

5 平成「後」へ——労働者としての受け入れへビジョンなき政策転換、二〇一九年入管法

開き続けたサイドドアと移民いないふりの限界

非正規滞在者への対応を厳格化してバックドアを閉じたものの、二〇一〇年代に入り、少子高齢化による労働力不足は一層深刻化した。二〇〇五年に二〇%を超えた高齢化率は二〇一六年には世界にかつてない二七%を超える水準となり、二〇二五年には三〇%を超えると推計されている。

こうしたなか、日本政府は移民政策どころか労働者の受け入れと明示することもなく、場当

たり的に様々なサイドドアを開き続けた。いわば包括的な政策なきまま、それぞれバラバラな正当化の論理で次々と偽装を制度化していった。思えばそれは、前節で述べたようなバックドアをふさぐ対策＝在留管理制度の厳格化とセットだからこそ可能だったのかもしれない。

もっとも早かったのが二国間経済連携協定（ＥＰＡ）にもとづく外国人看護師・介護福祉士の受け入れだ。インドネシア（二〇〇八年入国開始）、フィリピン（二〇〇九年入国開始）、ベトナム（二〇一四年入国開始）の順で始まり、二〇一八年八月現在で累計五六〇〇人を超える看護師・介護福祉士候補が来日した。来日前に現地で一定の日本語研修を受けた後、現場で就労しながら看護師は三年、介護福祉士は四年以内に日本語で国家試験を受験し、合格すれば引き続き看護師および介護福祉士としての在留資格が与えられ日本人と同等の報酬で就労できるが、不合格なら帰国しなくてはならないという制度である。

国家試験の合格率は入国者の二割に満たないが、合格者のうち六割以上が引き続き就労している。民間の仲介業者ではなく政府関係機関が斡旋したことや、政府主導で様々な対策が迅速に講じられたこともあって、比較的順調に受け入れが進んだ。今後も、介護人材の大幅な不足が見込まれることから、二〇一七年九月からは、介護福祉士養成施設に二年以上在籍し介護福祉士の国家資格を取得した留学生を対象にした「介護」という在留資格が新設され、同年一一月からは、技能実習制度も介護分野に拡大された。

技能実習制度でいえば、3節で述べたように一九九一年入管法で新設された在留資格「研修」がその発端だが、関連四省共管の国際研修協力機構（ＪＩＴＣＯ）が担当機関となり、製造業や水産加工、建設など主に中小企業が担う労働集約的産業が監理団体を設立し、始まったもので、名目は当時も今も、途上国への技術移転、国際貢献である。発足時は研修一年間のみだったが一九九三年に「技能実習」が新設されて実習一年が加わり、一九九七年には実習期間が二年間に延長された。二〇〇九年の入管法改定で研修期間が廃止され「技能実習」に一本化、実習期間が合計三年となった。

この間、国際貢献という建前をよそに低賃金の労働力を供給する日本社会にとってなくてはならないサイドドアとして定着し、拡大する一方で、人権侵害や劣悪な労働環境などの問題が相次いだ。そのため二〇一七年一一月から技能実習法が施行され、違反した監理団体や受け入れ企業を新設された外国人技能実習機構が立ち入り調査などを実施し取り締まることになったが、その一方で、受け入れ職種の制限がゆるやかになり、優良な受け入れ団体と企業では技能実習生の滞在期間が三年から五年に延長された。当初は中国を中心にインドネシア、フィリピンが主な送出国だったが、現在ではベトナムが最大となっている。

現在、技能実習生とともに日本経済を支える存在となっている留学生も、アルバイトが解禁されたのは一九八三年の「留学生一〇万人計画」からだ。この計画が達成されると二〇〇八年には当時の福田政権が「留学生三〇万人計画」を発表、二〇一〇年からは日本語学校等に在学する「就学」を廃止して「留学」に一本化し、大々的な増加策を取ってきた。

その名目は日本のグローバル戦略の一環だったが、留学生たちは現在、若年人口の減少で定員確保に苦しむ日本の大学を救う一方、日本語学校等に在籍しながら週二八時間の資格外労働時間でコンビニエンスストアや居酒屋チェーンなどのサービス産業を担う貴重なアルバイト要員となっている。国籍別では中国、ベトナム、ネパール、韓国、台湾、スリランカの順で、二〇一〇年代に入り、ベトナムとネパールからの増加が著しい。

一方、二〇一七年からは国家戦略特区による外国人家事労働者の受け入れが始まった。大阪、神奈川、東京、兵庫、愛知の五都府県限定で、家事労働者が仲介業者を経由して各家庭に派遣される仕組みだ。「家事支援外国人受入事業」と名づけられており、名目は「女性の活躍促進や家事支援ニーズへの対応、中長期的な経済成長の観点から」とされている。[20]

厚生労働省によれば二〇一八年一〇月末現在、日本で働く外国人の総数は一四六万四六三人だが、そのうち技能実習生が三〇万八四八九人、留学生アルバイトが二九万八四六一人で、合わせて六〇万人以上、実に四割を超える。こうしたなか、二〇一六年頃から新聞、テレビ、雑誌、新書、インターネットなどの各種メディアが主に技能実習生と留学生の労働や生活の実情について取り上げ、「移民」という言葉で語ることが目につき始めた。それは、かつての外国人労働者受け入れをめぐる議論とは異なり、「移民いないふり」の限界を示すものだったと言っていいだろう。

移民政策の否定を可能にする排除社会化のメリット

二〇一九（平成三一）年五月に天皇の生前退位によって平成が終わることになったが、それに先立ち新元号が公表される同年四月一日は、日本の外国人政策にとっても大きな転換点となる。同日、戦後初めて「中小・小規模事業者をはじめとした深刻化する人手不足に対応するため」「外国人を受け入れていく仕組みを構築」すると明らかにした[21]新制度が始まるのだ。とはいえ、場当たり的に開いてきたサイドドアをたたんで「フロントドア」を開くのかといえば、そうではない。

二〇一八（平成三〇）年一二月に成立し、二〇一九年四月から施行される改定入管法（以下、二〇一九年入管法）により、新たな在留資格「特定技能」が創設される。これまで、就労のための在留資格は医師や研究者などの専門的分野に限られていたが、「特定技能」は非熟練労働とされる分野でも人手が足りない介護、建設、農業、外食業などの一四業種が対象となる。[22] 非熟練労働のための在留資格を認めていなかった日本にとって、歴史的な政策転換であることは間違いない。政府は、五年間で最大三四万五一五〇人の受け入れを見込んでいる。

「特定技能」は一号と二号の二段階に分かれている。「一号」は、「特定産業分野に属す相当程度の知識又は経験を必要とする技能」および日常会話と業務に支障のないレベルの日本語能力を要し、各業種の所管省庁作成の試験に合格する必要があるが、技能実習生として三年間の経験があれば、試験なしで資格変更が可能だ。在留期間は通算で最長五年、家族帯同は認めない。「二号」は、「熟練した技能」を要し、より高い水準の試験に合格する必要がある。在留期間は更新可能で、家族帯同が可能だ。ただし、現時点では建設と造船の二業種しか活用の意向を示しておらず、試験も数年間は実施しない方向だが、詳細は四月に向けて取りまとめる省令任せで、法律では何も決まっていないに等しい。

ということは、制度開始時ただちに「特定技能一号」の対象になりそうなのは三年の経験がある技能実習生と考えるのが自然だろう。実際、政府も「一号」の五割は技能実習生からの移行と見込んでいる。つまりこれを、技能実習生の滞在を延長させるためのカテゴリーだとみなすこともできよう。とはいえ技能実習制度についてはここ十余年間、奴隷労働だという批判が絶えず、二〇一七年の法制化を経ても抜本的に改善されなかったことから、今回、廃止を求める声も上がっていた。国会では、慎重な審議を求める野党を押し切る形で与党が強行採決したが、審議の焦点はやはり、技能実習制度だった。

国会審議中に法務省が提出した、失踪した技能実習生の聞き取り調査の結果に虚偽が見つかったことから野党側が元データの公表を求め、コピーが許されなかったため書き写したうえで行った分析によると、対象者の六七％が最低賃金以下、一〇％が過労死ラインの月八〇時間を超える残業を強いられていた。さらに法案成立後に法務省が提出した資料によると、外国人技能実習生の死者数は、二〇一〇年からの八年間で一七四人（溺死二五人、自殺一二人、凍死一人）に上っていた[23]。

「特定技能」においては、日本人と同等の賃金がうたわれてはいるものの、技能実習制度の二の舞いにしないために不可欠な、職場を移る自由の保障と悪質なブローカー排除のための仕組みは不明確だ。また生活者として共生していくための体制づくりも、法案成立後に発表された総合対応策を見る限り、総花的かつ場当たり的で急ごしらえの印象が拭えない。その多くの実行主体となる地方自治体からは、早くも不安の声が上がっているという。

結局、歴史的な大転換となる重要な案件であるにもかかわらず、技能実習制度については何の反省もないまま、そこに接木するかたちで新たな在留資格が新設された。いわばガタガタのサイドドアを、無理やり表玄関に持ってきてフロントドアをこじ開けたような形だ。中長期的なビジョンは存在せず、またもや問題解決は先延ばしされた。偽装の制度化が始まった一九九〇年入管法と、さらにさかのぼれば在日コリアンの在留資格を先送りにした一九五二年体制と、その意味では何も変わっていない。

二〇一九年から始まる制度の新設が、野党のみならず専門家や関係者らの大きな批判を浴びながらも、拙速かつ強引に進められたのは、官邸主導だったからだ。二〇一八年二月、経済財政諮問会議において安倍首相が官房長官と法相に対し制度改定の検討を指示したのを発端に、一一月の法案提出、一二月の法案成立までわずか一〇ヶ月だった。

方向性の概要が明らかにされたのは、経済財政諮問会議での答申を経て二〇一八年六月に閣議決定された「経済財政運営と改革の基本方針二〇一八」(骨太方針)だった。七二頁にわたるこの資料のうち、「第2章　4. 新たな外国人材の受入れ」はたった三頁弱だが、そのなかで「移民政策とは異なる」という文言が二回も繰り返される。この一年間、保守強硬派対策なのか、安倍首相や菅官房長官も繰り返し同じ説明を重ねてきたが[(24)]、ここに現在の安倍政権のスタンスがよく表れている。

今回の法改定では法務省設置法も同時に改定され、これにより法務省の内局だった入国管理局が、四月から外局の出入国在留管理庁に格上げされることになった。これにともない法務省が、入国管理のみならず「外国人の在留の管理」も担当することになる。

ここで前節の二〇一二年体制のことを思い出してほしい。同年から始まった現行の在留外国人管理制度により、それまでは市町村などの自治体が担当していた住所や世帯状況の把握を移管することで、法務省入国管理局が在留外国人情報を一元的に管理できるようになった。それは、非正規滞在者に対する行政サービスからの排除と、収容および送還への締め付け強化とセットだった。ガタガタで接木のようなものではあるがまぎれもないフロントドアを開きつつも「移民政策ではない」ととなえ続けられるのは、このような流れと無縁ではないだろう。

報道によれば、入管の庁から省への格上げにともない法務省は、来年度予算の概算要求に計五八五人の増員を盛り込んだというが、その内訳を見ると、全国八つの地方入管局に配置されている入国審査官四〇〇人、非正規滞在などを取り締まる入国警備官一〇〇人だという。これを見る限り、格上げの主眼は生活支援ではなく入国管理の強化にあると言われても仕方ない。

オールドカマーはすでに戦前からの「同化」、自助努力によって包摂され、ニューカマーについてはオールドカマーのように生きるか、さもなければ排除する。ニューカマーが台頭してからすでに三〇年以上——外国人労働者を招き入れるための「偽装の制度化」が始まった一九九〇年入管法から数えてまさに平成の三〇年だ——が過ぎたが、子どもたちの教育をはじめとした生活支援は基本的に自治体や民間、現場任せだ。引き延ばし続けたことで、包摂へのコストを支払わなくて済むのが包摂型社会を経ない排除型社会の「メリット」なのだろう。すでに排除型社会となったバックラッシュの空気のなか、外国人の排除に目を向ける人がいったいどれほどいるのだろうか。このメリットを最大限に享受しようとしているのが現在の安倍政権なのかもしれない。(25)

6　おわりに

象徴としての「朝鮮学校」

平成日本の「排除型社会」を構成する分離と排除のベクトルが、もっとも象徴的に、そしてゆがんだ形で現れているのが、近年の「朝鮮」籍者と朝鮮学校をめぐる状況かもしれない。

法務省が在留外国人統計において朝鮮籍、韓国籍をひとつのカテゴリーとしてカウントしているように、そもそも一九一〇（明治四三）年の日韓併合によって日本の臣民となり、戦後、一九四七（昭和二二）年の外国人登録令によって全員に朝鮮籍という記号が付与され一九五二年には日本国籍を喪失、さらには朝鮮半島の南北分断と外交関係の変化により後に韓国籍への変更が可能になったというその歴史的経緯から、在日コリアンは在留管理制度上の「国籍」表示を問わず、ひとつのエスニック・グループとみなされてきた。在留資格においては一九六五年の日韓国交正常化によって韓国籍者のみ「協定永住」資格が可能になったが、一九八二年には朝鮮籍者にも同等の「特例永住」資格が認められ、一九九一（平成三）年にはこの両者が「特別永住」に一本化されたうえで、子孫にまで継承される安定した在留資格となった。

しかし、北朝鮮をめぐって東アジアで構築された一九九〇年代からの「擬似冷戦体制」[26]のもと、朝鮮籍と韓国籍の分断がはかられ続けている。新たな在留管理制度において、二〇一二（平成二四）年から在日外国人を一括管理することになった法務省は、同年から、それまで一括集計していた「韓国・朝鮮」籍の在留外国人数を「韓国」と「朝鮮」に分離して集計し始めた[27]。日本政府にとって、ほとんどが安定した在留資格を持ち、もはや「同化」したオールドカマーを「犯罪者」扱いする現実的なニーズはないはずだが、いざ「北朝鮮」との関係においてはそうはいかないという空気は根強い。いやむしろ強まっている。

九・一一以降のアメリカを中心とした世界的な「対テロ」のたたかいという文脈とも重なり合いつつ、「朝鮮」籍を事実上の「北朝鮮」国籍とみなす確信犯的混同のうえで、歴史的経緯はもちろん、日本政府自らが取ってきた政策的経緯や法的手続きすら無視、軽視し、「北朝鮮」と関連づけが可能な個人、集団に限っては、そもそも国内の外国人問題ではなく外交問題、政治問題として取り扱っている。この面だけに限れば、冷戦まっただ中、朝鮮戦争を前後した一九四〇〜六〇年代に逆戻りしていると言っても過言でないほどだ[28]。

最近はすっかり鳴りを潜めたものの、九〇年代になって外国人地方参政権法案[29]や国籍取得緩和法案が検討されるたびに議論になり、その実現のためのネックになってきたのは、北朝鮮との関係を口実にした朝鮮籍者の扱いであった。それは、二〇一〇（平成二二）年四月に当時の民主党政権が実施した高校無償化・就学支援金制度における朝鮮学校の取り扱いにおいてさらに露骨になった。

法的には就学支援金の支給が定められている各種学校の資格を持ちその条件を満たしていたにもかかわらず、北朝鮮との関係をことさら取り上げ拉致問題をめぐる「国民感情」などを理由に適用を遅らせ続けた。政権奪還に成功した自民党政権は二〇一三年、ついに省令（施行規則）改定で適用の根拠となっていた規定そのものを削除し、朝鮮学校を「正式」に除外するという行動に出た。(30)

日本政府は朝鮮学校に対し、戦後一貫して「各種学校」としてすら認めるべきではないという立場を取ってきた。一九四〇年代末には東西冷戦下におけるＧＨＱの圧力を背景に、強制的な閉鎖にまで追い込んでいる。(31)一九六〇～七〇年代には、一九五〇年代なかばから再建され始めた朝鮮学校を直接管理下において恣意的な弾圧を容易にする目的の「外国人学校法案」がたびたび国会に提出されてきたが、世論の反発もあって、同法案が成立することはなかった。むしろこの時期、各種学校の許認可権を持つ各地方自治体は政府の方針に反して次々と朝鮮学校を認可した。

そのため政府は一九七五（昭和五〇）年、学校教育法第八二条二において「我が国に居住する外国人を専ら対象とするものを除く」とわざわざことわりをつけた「専修学校」という新たなカテゴリーを設け、各種学校の上に位置づけた。つまり、朝鮮学校を排除する目的のために、同じ各種学校資格を持つ多くの他の外国人学校やインターナショナルスクールを丸ごと切り捨てることすらいとわなかったのだ。手続き上、そうせざるをえなかったからである。

しかし近年の高校無償化・就学支援金制度をめぐる動きは、こうした手続き主義的な「建前」すら忘れてしまったかのようだ。法のロジック的には切り離しがたいはずの朝鮮学校と他の外国人学校を、強引に、そしていとも簡単に切り離し、排除している。しかもその根拠は、「国民感情」といった「空気」だ。

「多文化主義なき多文化社会」の行方

本稿で述べてきたのは、この国の戦後史を特徴づける「先延ばし」が外国人問題をめぐっていかに行われ、それが平成の時代にどう帰結したのかということであった。欧米において「排除型社会」化は、多文化主義へのバックラッシュとしても語られる。しかし日本では二〇〇〇年代になって多文化共生というかけ声、お題目がとなえられるようにはなっても、多文化主義が法制度面で本格的に導入されたことはない。治安対策としての入国管理政策が強化されるばかりで、社会統合政策は完全に置き去りにされてきた。

日本には戦前の植民地支配という歴史的経緯によって日本に永住する在日コリアンをはじめとした五〇～六〇万人のオールドカマー外国人が戦後一貫して存在し続け、一九八〇年代の経済大国化を経て、留学生の誘致や一九九〇（平成二）年入管法により日系人対象の定住資格、現在の技能実習制度につながる研修生の資格が新設されたことで、ニューカマーと呼ばれる外国人もさらに増えた。

実際は多民族・多文化社会であるにもかかわらず、「一九五二年体制」によって作り上げられた「単一民族神話」を一九七〇年代に確立した「一億総中流」意識が補強する形で「移民、人種問題の不在」が続くなか、一九九〇年代、ポストフォーディズムによる労働市場の変容とコミュニティの解体が起きた。こうした状況のもと、一九九〇年代なかばからの「擬似冷戦体制」下で二〇〇〇年代に入り、「一億総中流」意識も「単一民族神話」もほころびを見せる一方で、中韓（そして朝）を一種の仮想敵とし、歴史認識や領土問題といった象徴的テーマに特化することを特徴とする戦前賛美型の右派ポピュリズムが台頭し[32]、それは日本型排外主義[33]に帰結した。

大日本帝国下で醸成された植民地主義的な同化と排除、さらに「一九五二年体制」のもとで新たに編成された単一民族神話にもとづく同化と排除、一九九〇年代なかばからの「擬似冷戦」下で再構築された後期近代的な同化と排除——。戦後の昭和から平成という時代を、国として一度も包摂のベクトルで「外国人」と向き合うことなく、包摂のコストを払うことなしに排除型社会となった日本では、これらがすべてシームレスにつながっている。

ヤングの議論を踏まえて次のように言い換えてもいい。包摂のベクトルはアンチテーゼとしての排除のベクトルを呼び込むが、日本の場合の包摂は「意図せざる結果」としてのものだったために社会的な雰囲気としても一時的できわめて例外的なものとなり、それは脆弱でわずかな実りしかもたらさなかった。それどころかむしろ、新たな排除への道を開くだけのものになってしまったのかもしれない。

二〇一七（平成二九）年末現在、短期滞在者を除いた在留外国人の総数は二五六万一八四八人（総人口の約二％）で、この平成の三〇年間で二・五倍以上に急増した。在留資格別に上位から見ると、永住者が七四万九一九一人（外国人全体の二九・二％）、特別永住者三二万九八二二人（同一二・九％）、留学三一万一五〇五人（同一二・二％）、技能実習二七万四二三三人（同一〇・七％）、技術・人文知識・国際業務一八万九二七三人（同七・四％）となる。永住者だけでも実に一〇〇万人超、全体の四割を超えているのが現実であり、留学、技能実習をはじめその他も中長期滞在者で、冒頭で述べたように、国際的な基準に照らせば二五六万一八四八人はすべて「移民」である。さらにこの数字の外に、日本国籍を取得したり継承した外国ルーツの人々もたくさんいる。

今後、改めて包摂のベクトルに向かい多文化主義の洗礼を受けることになるのか。それとも、まったく別の道が待っているのだろうか。すでに、いや平成以前からずっとここは多民族・多文化社会であり、平成「後」の時代、事実上の移民国家として多民族・多文化化はさらに進んでいくだろう。(34) 少子高齢化やグローバル化といった課題も、さらに加速しながらこの社会の前に立ちはだかり続けるだろう。

註

(1) 本書八七頁。

(2) ジョック・ヤング(青木秀男ほか訳)『排除型社会——後期近代における犯罪・雇用・差異』(洛北出版、二〇〇七年)第一章、第四章など参照。ただしヤングの議論は註(3)にあるスミス等の類型でいうところの欧米のシビック・ネイションを暗黙の前提にしており、とくに、「国民の大多数に完全な市民権を与えること」を企てた二〇世紀の近代主義のもとで成立したという「包摂型社会」の要素とされている「同化」を、戦後、厳格なエスニック・ネイションとして国民国家を立ち上げた日本において同じように位置づけるのは困難だ。

(3) スミスは、近代的なネイションを西欧モデルの「シビック・ネイション」と非西欧的モデルの「エスニック・ネイション」に類型化した。スミスによると、ネイションの標準的な西欧モデルの構成要素は「歴史上の領域、法的・政治的共同体、構成員の法的・政治的平等、共通の市民的文化とイデオロギー」である。一方で、東欧やアジアで生まれたこれとは異なる非西欧的モデルをネイションの「エスニック」概念と呼び、

「系譜と想定された出自の絆、大衆の動員、土着的な言語、慣習、そして伝統」がその構成要素だとした(アントニー・D・スミス〔高柳先男訳〕『ナショナリズムの生命力』晶文社、一九九八年、三五～三七頁)。またブルーベイカーは、フランスの、移民二世に自動的に国籍を付与する出生地主義的な国籍制度は、国家中心的で同化主義的なネイション理解の反映であり、ドイツの、非ドイツ人移民に対しては制限的だが民族的ドイツ人に対しては著しく拡張的な、血統主義的な国籍制度は、血統共同体として国民を定義していることの反映だとして、両国の国籍制度の成り立ちについて検討した(ロジャース・ブルーベイカー〔佐藤成基・佐々木てる監訳〕『フランスとドイツの国籍とネーション——国籍形成の比較歴史社会学』明石書店、二〇〇五年)。もちろん、先の分類では前者がシビック・ネイション、後者がエスニック・ネイションだが、日本は明らかに後者である。

(4) 二〇一七年末現在、在日外国人の総数は二五六万一八四八人で、総人口の約二%。OECDの統計データによると、同じ二〇一七年末現在の外国籍人口比率はアメリカ六・九%、イギリス九・三%、ドイツ一二・二%、イタリア八・五%、二〇一六年末現在でフランス七・一%。このように、実際に外国籍者の割合が先進諸国の中で比較的小さく、また出生地主義の国籍法の国では「国民」に含まれる在日二世以降の外国人も多い一方で、日本国籍者においても、アイヌ民族や琉球民族、また少なくない帰化した在日コリアンなどの存在が不可視化されていることで、「単一民族国家」であるかのような日本のナショナルイメージが成り立っていると言えるだろう。しかし小熊英二が『単一民族神話の起源——〈日本人〉の自画像の系譜』(一九九五年、新曜社)で大日本帝国時代から戦後にかけての日本民族論の変遷を詳細に検討して明らかにしているように、多民族帝国を目指していた大日本帝国期は「混交民族論」が支配的で、「単一民族論」は戦後、急速に一般化した「神話」である。

(5) 一九三九年から一九四五年にかけて行われた戦時労務動員、いわゆる「朝鮮人強制連行」については、外村大『朝鮮人強制連行』(岩波新書、二〇一二年)に詳しい。そのプロセスには、本稿後半で触れることになる戦後日本、現在の外国人労働者問題との共通点が少なくない。

(6) おおよそ一九六〇年代までは在日外国人のほとんどを占めた在日コリアンの側の多くもいずれ帰国することを当然視していた(一九五九年に北朝鮮帰国事業開始)。日本定住への意識の変化が表面化し始めたのは七〇年代に入ってからだ(一九七〇年に「日立就職差別裁判」)。

(7) 版を重ねながら今も在日外国人問題を考えるうえで欠かすことのできない名著、田中宏の『在日外国人 第三版——法の壁、心の溝』(岩波新書、二〇一三年)における表現。本稿の記述は、同書から得た知見、認識に多くをよっている。また「五二年体制」「八二年体制」などの時期区分は樽本英樹『よくわかる国際社会学』（ミネルヴァ書房、二〇〇九年）を、在日コリアンの歴史的経緯については外村大『在日朝鮮人社会の歴史学的研究』（緑蔭書房、二〇〇四年）、徐京植『在日朝鮮人ってどんな人?』（平凡社、二〇一二年）なども参照した。

（8）一九七九年には初めて東京サミットも主催。名実ともに先進国の仲間入りを内外に印象づける契機となる。

（9）改正の背景には、沖縄で無国籍のアメラジアンの子どもたちが増加していたという事情もあった。

（10）一九九〇年、前年の合計特殊出生率が史上最低となった「一・五七ショック」により、少子・高齢化、人口減少問題が関心を集めるようになった。

（11）以下、山脇啓造「日本における多文化政策の歴史的展開」（近藤敦編著『多文化共生政策へのアプローチ』明石書店、二〇一一年）、佐々木てる「日本の移民政策とネーションのゆくえ」（佐藤成基編著『ナショナリズムとトランスナショナリズム——変容する公共圏』法政大学出版会、二〇〇九年）などを参照した。政府・各省庁および会議、研究会、団体などの方針、計画、答申、提言、報告書についてはそれぞれの公式ウェブサイトなどで確認できる。

（12）二〇一八年四月現在、加盟都市は一五都市。日系人を多く抱える浜松市が中心となって設立され国への政策要望などで成果を上げてきたが、近年のアジア系住民の増加によるニーズの多様化、複雑化が求心力の低下を招き、ピーク時の二九都市から半減した。

（13）本節冒頭で社会統合政策への模索が始まったと述べたのと同じ二〇〇〇（平成一二）年四月、陸上自衛隊の記念式典で演説した当時の石原慎太郎東京都知事は、「不法入国した多くの三国人、外国人が非常に凶悪な犯罪を繰り返して」いるこんにちの東京では大災害に際し騒擾事件も想定されるとして、自衛隊に対する治安維持への期待を表明していた。社会統合への模索の一方で、二〇〇〇〜二〇一〇年代の日本社会をじわじわと覆っていったのはこのような空気だった。

（14）その背景には労働者派遣法改定による一九九九年の原則自由化、二〇〇四年の製造業での解禁があり、製造業を担ってきた非正規滞在の外国人労働者を非正規雇用の日本人や在留資格・就労資格のある外国人労働者へと転換しようとするものだったという指摘もある。

（15）「体感治安」の悪化とその対策として新たな在留管理制度導入が検討されていった経緯については、鈴木江理子「新たな在留管理制度に内在する構造的暴力」（駒井洋監修、小林真生編著『レイシズムと外国人嫌悪』明石書店、二〇一三年）に詳しい。「体感治安」の悪化の背景に後期近代的な「不安」があることについての指摘も、本稿全体の問題意識と重なりあう。多文化共生の観点と治安維持の観点を結びつける鈴木のロジックは、「外国人」を受け入れ共生するためにも、「外国人犯罪」が治安悪化などを起こす「恐れ」があるという根強い「不安」が生み出す「体感治安」の悪化を防ぐ必要があるというものである。一方で山脇は、「両者は一見相容れない観点のように思われるが、外国人の住所の把握の必要性において共通するのであった」と説明している（前掲書、三六頁）。
（16）近年の収容制度の運用の厳格化は、二〇二〇年の東京五輪に向けて「安心・安全な社会の実現」を目指すためのものだという。これによって、「長期収容を回避」するとした二〇一〇年からの方針が二〇一五年に取り消されて仮放免が抑制され、長期収容や再収容が増加している。二〇一八年七月の時点で収容されていた外国人は一三〇九人、一年以上収容されている人は四五二人、再収容が三九八人。被収容者による自傷行為が二〇一七年の四四件も発生するなど、人道上の問題が深刻化している。被収容者からは、異物混入や腐敗などの劣悪な給食や、職員による暴言や過剰な暴力など劣悪な収容環境を告発する証言が相次いでいる（以上、「ビジネスインサイダー」二〇一八年一二月二五日、『週刊金曜日』二〇一八年六月二九日号）。入管施設での死亡事案は、二〇〇七年以降だけで一三件（「弁護士ドットコム」二〇一八年四月二五日）。
（17）二〇一二年七月から実施された新たな在留管理制度にともない、「特別永住」の在留資格を持つ者については「外国人登録証明書」から「特別永住者証明書」への切替が行われたが、二〇一五年春頃から、同年七月九日をもって在日コリアンが「不法滞在」となるので入管に通報すれば「強制送還」されるというデマがTwitter上などで流布され、日頃から在日コリアンに「国へ帰れ」などと連呼している排外主義者たちが「通報」を呼びかけるという「事件」があった。呼びかけ元のブログ「余命三年時事日記」には個人情報を含む「通報リスト」なるものまで存在し、実際に七月九日、入管サイトの情報受付フォームや電話による「通報」が相次いだ。デマは、切替の一部の期限が同年七月八日であることを「根拠」にしていたようだが、事実無根。深刻なデマであるにもかかわらず入管側の対応は鈍く、この制度の複雑さと説明・周知不足はもちろん、非正規滞在者を「密告」するための情報受付フォームを設けるなどの日頃からの外国人政策がデマの温床になったとも言える。「二〇一二年体制」の本質および「排除型社会」の一断面を示すような事例だ（韓東賢「Yahoo!ニュース個人」二〇一五年七月九日「悪質な『7月9日在日強制送還デマ』で、扇動した者たちと扇動された者たち、そして温床となった入管行政」）。
（18）この事件を機に、同校を運営する学校法人京都朝鮮学園は在特会の関係者ら九人を相手取り、宣伝の差し止めと過去の嫌がらせに対する損害賠償を求めて民事訴訟を起こした。二〇一四年一二月、最高裁は在特会側の上告を退ける決定をし、在特会らのヘイトスピーチは違法な人種差別で名誉棄損だと認定して新たな街宣活動の差し止めと一二二六万円の支払いを命じた二審大阪高裁の判決が確定した。
（19）正式名称は「本邦外出身者に対する不当な差別的言動の解消に向けた取組の推進に関する法律」。外国出身者へのヘイトスピーチに特化した理念法で、禁止規定がないため実効性が弱く、「本邦外出身者」という規定や「適法に居住するもの」という要件で対象が限定されるなどの限界はあるが、一九九五年、国連・人種差別撤廃条約に加入したものの、人種差別思想の流布や人種差別の煽動に対する処罰立法を義務づける条項については留保していた日本にとって、初の反人種差別理念法としての意義は小さくない。

(20) 他にも二〇一八年七月からは、日系四世の若者が日本で就労できる新たな制度が始まった。バブル期以降、日本の製造業を支えてきたブラジルやペルーの日系人二、三世とその家族に一九九〇年入管法で日系「定住」資格が与えられるようになってから三〇年近くが経過したが、日本に定住できる四世は三世と一緒に暮らす未婚の未成年に限られていたことから、一定の日本語能力を持つ一八~三〇歳を対象に、「特定活動」の在留資格で最長五年間(一年目は半年ごと、二年目からは一年ごとだが日本語力や日本理解への条件付き)、日本で自由に働ける制度が新設された。ただし、家族帯同は不可で、資格申請時に支援する「受け入れサポーター」を確保が必要。年四〇〇〇人ほどの政府見込みに対して、受け付け開始の三月末からの一〇月中旬までの半年余りで発給がわずか二件にとどまっているという(朝日新聞二〇一八年一〇月二八日付)。「現住国の日系人社会と日本との懸け橋になる人材の育成」が目的とされているが、更新時には「受け入れサポーター」に生活状況の報告を求めるなど、ハードルが高いうえに管理、監視するような姿勢が前面に出てしまっているのが不人気の原因なのではないだろうか。一方、二〇一二年から高度人材ポイント制を開始した「高度専門職」カテゴリーは、日本政府にとって「望ましい移民」で一般的な移民国家が取るような優遇策を盛り込んでいるにもかかわらず定着していない。

(21) 二〇一八年一二月二五日閣議決定「特定技能の在留資格に係る制度の運用に関する基本方針について」

(22) 介護、ビルクリーニング(以上、所轄省庁は厚労省)、素形材産業、産業機械製造業、電気・電子情報関連産業(同経産省)、建設、造船・舶用工業、自動車整備、航空、宿泊(同国交省)、農業、漁業、飲食品製造、外食業(同農水省)の全一四業種。

(23) その後、実習生の死者数について厚生労働省が調査したところ、法務省が把握していない死者がほかにも複数人いることが明らかになったという報道もあり、制度運用のずさんな実態が明らかになっている(二〇一九年一月二五日、NHKニュースWEB)。

(24) 小井土彰宏・上林千恵子「特集『日本社会と国際移民――受入れ論争三〇年後の現実』によせて」(『社会学評論』六八(四)、日本社会学会、二〇一八年)四七四頁。四七七頁の注一によると、この時点で、「安倍首相は同様の発言を国会答弁などで少なくとも過去一三回繰り返している」という。なお同特集号の各論文は日本の移民問題を考える上で重要。

(25) 難民受け入れに消極的なのも、こうしたスタンスと関係していると言っていいのではないか。二〇一七年、日本の難民認定申請者数は一万九六二八人（過去最多）だったが、同年の難民認定者はわずか二〇人に過ぎない。法務省は就労目的の「偽装難民」が多いと主張するが、少なすぎる、認定されるべき人を漏らしている、認定基準や不服申し立て手続きを国際基準に見合ったものにすべきだといった批判は絶えない。また審査が長期にわたることから、在留資格を失い収容されてしまうという問題も起きている。

(26) 小熊英二「国際環境とナショナリズム――擬似冷戦体制と極右の台頭」（本書）参照。

(27) 韓国籍・朝鮮籍の分離集計が明らかになったのは、二〇一六年三月に発表した二〇一五年末の在留外国人統計から。二〇一二年分のデータからさかのぼって公表され、同年の制度変更により法務省が一括管理することになったためと説明された。だが、自民党議員らが「日本に住む『北朝鮮国籍者』が実数以上に大きく見える」と主張して分離公表を求めていたことが報じられており、法務省もこうした要求があったことについては認めている。これについて筆者は、「朝鮮」籍を「みなし北朝鮮国籍」として排除の記号化していくことへの憂慮を表明したことがある（韓東賢「『朝鮮・韓国籍』分離集計の狙いとは？――3月公表の2015年末在留外国人統計から」「Yahoo! ニュース個人」二〇一六年三月七日）。

(28) 日本政府は北朝鮮による二〇〇六年、二〇一三年の核実験後、それへの対応措置として、（いずれも朝鮮籍で特別永住資格を持つにもかかわらず）朝鮮総連幹部らの再入国を許可しない方針を発表した（二〇一六年には対象者を拡大）。また二〇一二年から始まった新たな在留管理制度において、「有効な旅券」と「特別永住者証明書」の所持をその条件として、二年以内の出国につき許可申請をしなくとも許可を与えたものと「みなす」という「みなし再入国許可」が始まったが、「再入国許可証」をパスポート代わりに、もしくは北朝鮮の法令にもとづき朝鮮総連が発給を代行している旅券で海外渡航をする朝鮮籍の在日コリアンには適用されない。前者はもちろん、後者についても日本政府が有効な旅券と認めていないためだ（北朝鮮同様、日本と国交のない台湾やパレスチナ当局が発行する旅券は、政令により「有効な旅券」として取り扱われている）。つまり、「韓国」旅券を持たない在日コリアンだけがこのメリットを享受できないような仕組みとなっている。そもそも、永住資格を持つ者を再入国許可制度の対象とすること自体が「市民的及び政治的権利に関する国際規約」（自由権規約）違反だとして、国連・自由権規約委員会やEUから批判を受けている。さらに二〇一六年の「独自制裁」発表後、朝鮮籍者が海外に渡航する際、北朝鮮に渡航したら再上陸の不許可や再入国許可の取り消しがありうる旨の誓約書にサインを求められるという、入管当局による脅しとも言えるような人権侵害が行われたことも明らかになっている。

(29) 二〇一七年秋の衆院選挙を前に小池百合子東京

都知事が設立した希望の党（当時）は、公認候補に承諾を求める政策協定書に、この一〇年、政治の場で争点にもなっていない外国人地方参政権問題をあえて持ち出し、その付与に反対するという項目を盛り込み、その排外主義的な姿勢が注目された（韓東賢「Yahoo!ニュース個人」二〇一七年一〇月三日「希望の党の性格露わにした『政策協定書』――幻の外国人参政権を踏み絵に」）。

（30）これに対し、全国五ヶ所の朝鮮高級学校や卒業生、在学生らが国を相手取り訴訟中だが、一審では大阪が唯一勝訴し、東京、愛知、広島、福岡が敗訴した。二審では東京とともに大阪も敗訴した。一連の訴訟で国側は、誰が見ても明らかな朝鮮学校除外の真の理由を否定して責任を原告側の疑惑に転嫁し、各裁判所も国側の主張を追認するかのような判決を下している。一方でこの間、一九七〇年代から地方自治体が独自に支給し始めた各種名目の補助金についても東京都、大阪府、宮城県、千葉県、埼玉県が相次いで停止している。文科省はさらに二〇一六年三月、朝鮮学校を認可している都道府県知事あてに、北朝鮮との関係を明示しつつ補助金支給の「適正化」を求める、まるで脅しのような通知を出している。

（31）一九四八年一月、ＧＨＱの指示を受けた日本政府は各都道府県知事にあてて、「朝鮮人学校の取り扱いについて」という文部省学校教育局長名の通達を出し、「（日本国籍を保持するとされた）朝鮮人は知事の認可を受けた学校に入学させねばならず、教科書及び教育内容は学校教育法を守らなければならない」として朝鮮人学校の閉鎖を指示した。こうして各地で出された閉鎖命令に対し、大阪では四月二三日と二六日に府庁前に数万人が集まり抗議集会が開かれたが、武装警官により弾圧され、一人の少年が射殺されたのをはじめ多数の負傷者や検挙者が出た。兵庫では同二四日に県庁前に集結した在日朝鮮人らが知事に撤回要求などを突きつけたが、非常事態宣言が出され、やはり多数の検挙者が出た。その後、一九四九年一〇月までにほとんどの朝鮮学校が閉鎖に追い込まれた。一九四八年四月の大阪と神戸での激しい抗議行動は、「阪神教育闘争」と呼ばれる。

（32）小熊前掲論文。

（33）樋口直人『日本型排外主義――在特会・外国人参政権・東アジア地政学』（名古屋大学出版会、二〇一四年）

（34）近年、ハーフ、ダブルなどと呼ばれるミックスルーツの人々が注目を集めているが、二〇一六年には蓮舫参院議員の「二重国籍疑惑」が不当に問題化されるなど、グローバル化のなかで人々の実態と制度のかい離が進む現実と、排外主義的な社会の空気とがコンフリクトを起こしているのが現状だ。本稿のテーマを「外国人・移民」としたように、今後、包括的な移民政策が不可欠なのは言うまでもないが、そこにおいては、「外国人とは何か／日本人とは何か」という問い直しと二分法によらない新たな模索も当然ながら必要になってくるだろう。

国際環境とナショナリズム

小熊英二

擬似冷戦体制と
極右の台頭

平成の始まりは、冷戦の終結と重なっている。当然ながら、平成期の日本は、国際環境の激変と、それへの対応に追われた。外交・安全保障の問題がさまざまに噴出しただけでなく、戦争責任問題についての議論もおき、新たなナショナリズムの動向も台頭した。

本章の主題は、冷戦後の環境変化のなかで、日本のナショナリズム、つまり広義のナショナリズムがどう変動したかである。それは具体的には、ナショナルな集合意識、ナショナル・アイデンティティの変容や、安全保障や対アジア外交をめぐる議論のあり方という形で表れる。この主題を検討するために、外交や安全保障の事実関係も、必要な範囲で記述する。(1)

1　三つの視点

冷戦後の日本の国際環境とナショナリズムを概観するにあたり、三つの視点を提示したい。

第一に、東アジアでは擬似冷戦体制というべきものが構築された。そのため日本におけるナショナリズムの対立図式、そして安全保障政策のあり方や議論も、冷戦期の構造を引きずりがちになった。

第二に、ポスト工業化の進展を通じて、極右勢力や宗教原理主義が各地で台頭したことである。その結果として世界各地で浮上したのが、移民問題、歴史認識問題、領土問題だった。これらは、ほとんど経済的な実益のない狭小な島嶼をめぐる領土争いなど、象徴的な争いという性格が強かったのが特徴である。こうした象徴的国益問題は、ポスト工業化社会におけるアイデンティティ・クライシスの一環と考えたほうがわかりやすい。ここでは、これらを新たなナショナリズムと総称しておく。

第三に、ポスト工業化の時代を反映して、軍事の体系も大きく変化したことである。戦車に代表される重厚長大型の装備に代わって、通信衛星やソフトウェアが重要になった。さらに情報管理と輸送技術の進歩により、兵力を固定的に配備する必要が薄れ、軍事基地の減少がおこった。重厚長大型の装備は、象徴的なアイデンティティ誇示の手段として固執される傾向がある。さらに日本では、冷戦期の構造が残存したために、基地の削減が進まなかった。

このうち、第一と第二の視点が本稿の中心である。第三の軍事技術の変化は、全体の変化の背景というべきものだ。なお本稿の主題は「国際環境とナショナリズム」であるため、経済面の国際環境変化などについては言及を抑え、日本のナショナリズムと関係が深い安全保障と東アジア外交に記述の重点を置いた。

まず、第一の視点である擬似冷戦体制と、ナショナリズムの関係について述べる。

冷戦期の戦後日本では、「保守」と「革新」の対立があった。それに即して、日本戦後史とくに外交史においては、「現実主義史観」と「平和主義史観」ともいうべき対立があった。(2)東西両陣営の対立を前提に、アメリカを中心とする西側陣営に所属して、そのなかで日本の独立と地位上昇をはかる、というのが前者の基本的立場であった。後者は、やはり東西両陣営の対立を前提に、戦争の経験からつかんだ平和主義を守る、という立場をとった。

両者は交わることがない対立をなすが、前提となる国際環境認識と、問題意識を共有していた。東西両陣営の対立のなかで、いかに日本の独立と自立をはかるか、というのがそれである。(3)

別の見方をすれば、戦後日本の「保守」と「革新」は、日本のナショナル・アイデンティティをめぐる対立だった。日米安保や憲法九条の問題は、外交や安全保障の問題というよりも、「日本は戦争をする国なのか、それとも平和の国なのか」という「国是」の問題であった。そこではむしろ、外交や安全保障の問題としてそれを論ずることは、問題を矮小化することであるとして、避けられていたと言ってもよい。

こうしたことから、冷戦期には、安全保障における議論は低調だった。敗戦以後の日本では、具体的な事態や仮想敵を想定して防衛計画を立てるといった議論を公的に行なうことは、事実上のタブーに近かった。その代わりに活発だったのは、自衛隊が合憲か否かという議論であり、これは前述のようにナショナル・アイデンティティをめぐる議論でもあった。また冷戦期には、米ソなどの常任理事国の対立のため国連の平和維持活動があまり機能しておらず、自衛隊をその目的のために派遣する可能性もほとんど議論されなかった。

冷戦の終結後は、前提条件が変化した。そのため安全保障に関する政策も、またナショナル・アイデンティティに関する議論も、かなりの混乱をおこした。

冷戦後の特徴となったのは、国連の軍事介入活動の増大だった。国連の軍事力行使の回数は、一九四六〜八九年に一九回だったものが、九〇年代だけで三九回にのぼった(4)。冷戦時代には米ソどちらかの拒否権によって機能していなかった国連の軍事活動が冷戦終結によって円滑化したのが、その要因である。このうちカンボジア和平にむかう選挙監視活動のためのPKO派遣要求が、日本にまいこんだことから、大きな議論がおこったことは後述する。

だが一方で、冷戦終結後も、冷戦期に形成された構造は残存し続けた。すなわち、憲法を安保めぐる議論では、「現実主義」と「平和主義」の対立が尾を引いた。また自衛隊や防衛政策のあり方も、具体的な事態に対処した防衛力整備よりは、漫然とした予算獲得や組織維持の性格があった。

その大きな理由は、東北アジアにおいてはアメリカの存在感が圧倒的に高く、擬似冷戦体制というべきものが形成され、そのために冷戦期の構造が残り続けたことである。これは共同防衛体制と共同経済圏を築いた西欧や、ASEAN（東南アジア諸国連合）が独自の国際秩序になっていった東南アジアと異なっていた。

そのため日本では、冷戦が終結してもアメリカのプレゼンスが続く限り、自国とアメリカとの二国間関係で外交と安全保障を考える枠組みが、容易に抜けなかった。経済における日米関係が大きかったことが、それを強化した。

冷戦期に形成された二つの歴史観は、対立はしていても、双方とも対米関係と対米自立を論ずるものであり、日米関係を考えることが日本の国際関係を考えることだ、という前提を共有していた。冷戦終結後も、東北アジアでは、それが妥当性を失っていないかのようにみえたのである。

このため、歴史的な偶然から結果的に残った北朝鮮問題も、「東アジアの冷戦体制は終わっていない」という根拠とみなされ、その思考を強化し、その枠内で論じられる傾向が強かった。冷戦後も東北アジアにおけるプレゼンスを維持し、それを正当化しようとしたアメリカの防衛政策が、それを強化したことも否めない。それにたいして東南アジアでは、共産党政権が残ったベトナム、独裁政権が孤立したミャンマーなどの問題は、ASEANの枠内で包摂と解決が進められ、必ずしもアメリカの主導や冷戦の枠組みでは処理されなかった。

つぎに、第二の視点である、新たなナショナリズムの台頭について述べる。

冷戦の終結は、それまで世界を隔てていた東西両陣営の壁を崩した。それによって、ヒト・モノ・カネ・情報の流れが一気に促進された。アマゾンがオンライン書店を開業したのは一九九五年、中国がＷＴＯ（世界貿易機関）に加盟したのは二〇〇一年である。それとともに、先進国の製造業が衰退し、雇用が不安定化する傾向が強くなった。こうした変化は、グローバル化や情報化、ポスト工業化などと通称された。

そうした動向と並行して、世界各地で民族主義や宗教原理主義の台頭が論じられるようになった。これについて安易な説明は禁物だが、グローバル化・情報化・ポスト工業化にともなうアイデンティティの不安が関係しているという見解は多い。

その結果として、さまざまな「民族紛争」や「国境紛争」が増加したのも、冷戦後の特徴だった。米ソの統制を離れて、各地の政権どうしが対立を始めたのと、各国で各種の原理主義勢力が台頭したことが一因だった。

冷戦期の紛争や内戦の多くは、植民地独立や米ソの代理戦争に類するものだった。それにくらべ、冷戦後の紛争の特徴は、きわめてシンボリックな、ある意味ではささいな問題をめぐるものが少なくなかったことである。当事国の国民以外はほとんど知らないような、小さな島や寺院などをめぐる争いが、対立の象徴として浮上した。

たとえばタイとカンボジアの国境「未確定」地帯に、プレアビヒア寺院がある。国際司法裁判所の判定でカンボジア領となったが、いまだに軍事衝突が絶えない。

プレアビヒアは世界最古のヒンドゥー寺院であり、二〇〇八年には世界遺産にも指定されている。そのため、両国にとっては世界的な注目地であるという意識がある。しかし両国以外、とくに東南アジア地域以外では注目されているとはいいがたい。

だが両国の国民と政府にとっては、きわめて象徴的な国益問題となっており、タイ文化の起源やクメール文化の影響など、歴史認識や文化的影響関係の議論がさかんである。このほか、カザフスタンとウズベキスタンがアラル海のオズロツデニャ島を巡って争い、ウクライナとルーマニアが黒海のスネーク島を巡って争うなど、きわめて象徴的な領土争いが各地に存在した。こうした歴史認識問題の一環として、第二次大戦と戦後処理にかかわる議論もなされることが少なくない。序文に述べたように、第二次大戦の国際秩序変動を契機にして独立したり、体制や国境の変更があった国がほとんどであるためである。そのため、隣国との象徴的対立のさいには、この問題がしばしば浮上する。

また独立や体制変更の起源である第二次大戦の歴史を問うことは、現在の国家体制の正統性の起源をめぐる論争でもある。冷戦後には、ＥＵ統合の余波でドイツやフランスにおいても、歴史認識問題が大きく浮上することになった。

2　安全保障の変化

第三の視点は、軍事技術の変化にともなう、兵力削減と軍事基地減少の流れである。この視点は本稿の記述の中心というよりは、背景にあたるものなのだが、若干の説明を行なっておく。

情報技術の進歩と、通信衛星の発達などによって、冷戦後の軍事技術は大きく変わった。まず重厚長大型の装備や大人数の歩兵部隊などは削減され、誘導兵器やＩＴ装備を使いこなす少数精鋭の機動展開部隊に変化した。

冷戦終結後、欧米諸国では、大幅な通常軍備削減が進行した。先進各国では一九九〇〜二〇〇四年にかけて、軍の人員の三〇〜五〇％、戦車五〇〜六〇％、海上／航空兵力の一五〜五〇％が減った(5)。

これは、単に冷戦終結によって、緊張が緩和したというだけではない。軍事技術の進歩と、戦略の変化、そして予算の削減によって、根本的なコンセプトが変わったためである(6)。

米軍内で重厚長大な自走砲や戦車に固執する人びとは、「レガシー（遺物）派」とさえよばれ、その種の兵器の開発計画は中止されるものがあいついだ。とくに二〇〇八年の金融危機以後、予算削減の圧力でその傾向が加速した。二〇一〇年の国防予算でも、一部軍幹部やロビイストの抵抗にかかわらず、Ｆ22戦闘機の調達計画やステルス駆逐艦隊、次世代軍用車などの予算がキャンセルされた(7)。

ＧＰＳや誘導爆弾でピンポイント攻撃が可能になり、従来のように大量の兵員や戦車を集中投入して相手を火力で圧倒する戦術は無意味となった。冷戦の終結によって、大部隊を東側陣営との国境線に貼りつけておく必要もなくなった。

そこで前述のように、兵員・戦車・艦船・航空機などの大幅な削減が始まった。そして浮いた予算を情報装備に配分するとともに、専門性の高い教育と訓練をうけた少数精鋭の兵員と将校の育成に重点をおく、という方向にきりかわったのである。

またとくに補給部門や事務部門は、大幅に外注が可能になり、請負会社が低賃金のトラック運転手や配送労働者を募集して、イラクなどに派遣するようになった。こうしたトラック運転手などに、アメリカの貧困層が募集されていることは、日本でも報道された(8)。これによって、兵員（軍の正規雇用）と予算の削減が達成できるわけである。

このようになると、軍事基地の存在意義と、その役割も変化した。前線基地に部隊を配置しておく必要はなくなり、米本国から中継基地を経て現地まで急行できる体制が整えられている。二〇〇〇年代の米軍は、基地を六種類にわけ、目的に応じて配置と運用を決めていた(9)。まず前進指揮・兵站拠点となるハブ基地(PPH)がグアムなどにある。つぎに友好国や同盟国内にある主要作戦基地(MOB)には、米軍が常駐しており、指揮機能と訓練場、住宅、ドックなどを備えている。そのほかは、少数の常駐部隊がいる前方作戦基地(FOS)、常駐はしないが必要時に基地として使用できる安全保障協力施設(CSL)、緊急展開時のための物資を集積しておく統合保管施設(JPS)、そして給油・装備・人員の中継基地(ERI)などである。

これらの中継基地や物資集積所を利用すれば、米本土から空輸されてきた部隊が展開するには十分であり、基地によっては数人の管理者と現地雇いの労働者がいれば事足りるとされた。米軍の場合、長期単身赴任などは人権的に許されないため、長期赴任の場合は家族住宅を建て、学校を用意し、アメリカ並みの生活水準の物資を供給することが求められるので、海外に部隊を常駐させるのはきわめてコストが高くなる。

二〇〇〇年代半ばにアメリカの国防長官だったラムズフェルドは、「二〇世紀には兵隊の数や戦車、航空機、艦艇の数で議論をしていたが、二一世紀は能力で測られねばならない」と発言した。前述のように、八〇年代末から二〇〇四年までに、米軍の量的規模(兵員数、部隊数、艦艇・航空機数など)は約四割減少した。そしてラムズフェルドは、海外米軍の大幅引揚げと効率化を主張し、「変革に対する批判は、前世紀の思考に囚われているように見える」と上院軍事委員会で述べた(10)。

また海外基地は、政治的なコストも高い。米軍基地の現地では、雇用が生まれるから歓迎するという動向も生まれるが、風紀の乱れなどを嫌って反発もおきやすい。それがナショナリズムや原理主義に結びつくと、協力的な現地政権が倒れる可能性もある。

現地の反発を抑えるためには、アメリカ政府が代替的な援助を行なったり、雇用を生み出したりしなければならない。ソ連崩壊後に親米路線になったキルギスタンでは、アフガニスタンなどへ展開するための中継基地がおかれるようになったが、主要基地であるガンシ空軍基地一箇所だけでも、米軍が落とす費用はキルギスタンのGDPの五%に相当した[11]。

二〇〇六年には、キルギスタンの大統領はアメリカ政府に基地使用料を一〇〇倍にするよう要求し、最終的には七五倍で妥結した。しかしおなじく基地がおかれていた隣国のウズベキスタンは、二〇〇五年に米軍基地を撤収させた。

冷戦終結後には、アメリカ国内で大幅な基地の縮小整理が行なわれたほか、冷戦時代の前線基地であるアジアと欧州でも大幅に基地が削減された。前述のように一九九一年には米軍はフィリピンから撤収し、在欧米軍は三分の一以下、在韓米軍は三分の二に減り、在韓米軍基地は三分の一に減った。一九四五年から二〇〇〇年の海外基地の帰趨をみると、各地の民族主義の抵抗、民主化の進展、それに起因する親米政権崩壊などのため、現地の政権交代後に撤収に至るケースが八割をこえている[12]。

オバマ政権下で二〇一二年一月に発表された新国防戦略でも、兵力は削減しつつ機敏かつ柔軟性のある緊急対応によってグローバルな影響力をはかるとうたった[13]。政権の交代などによる揺らぎはあっても、こうした技術革新と合理比と予算削減の方向は大きくは変わらないだろう。

ただし規模的に在外米軍が多いのは、日本、ドイツ、韓国の三カ国である。たいていの海外基地の場合、基地用地の接収そのものが容易でなく、また外国軍の駐留は「侵略者」とみなされ、反発を招くことが多い。しかしこれら三つの国では、第二次大戦と朝鮮戦争の経緯のため、米軍がすでに基地を多数配備済みであるうえ、「解放軍」とみなされる風潮もあった(14)。

そのためこの三カ国では、基地が多く、かつそれがかなり残存している。また米軍の駐留費用を負担できる経済力があり、米政府の負担が軽くなっているため、基地が残存しやすい。

ただしこれらの国でも、米軍への反発はあり、突発的な事件その他により、削減が余儀なくされることもある。とくに一九八七年の民主化で親米独裁政権が崩壊した韓国では、民主化運動のテーマの一つが米軍基地問題であった。二〇〇二年には、中学生の少女が米軍車両によって轢死する事件がおこり、インターネットを駆使してドイツの環境保護団体と協力した抗議運動も行なわれた(15)。

またこの三カ国でも、現地政権の駐留費用負担には、かなりの差がある。二〇〇三年の米国防総省資料によれば、米兵一人あたりの現地政権による駐留費用負担は、ドイツが年間約一万ドル、韓国が約二万ドル、日本は約一二万ドルだった(16)。

こうした手厚い費用負担のためもあって、冷戦後の在外米軍撤退の流れのなかで、例外的なほど在日米軍は減っていない。二〇一六年九月の時点で、在日米軍は米軍の在外兵員数の二〇%を占め、在外米軍がもっとも多い国である(17)。一九九五年の米下院で、当時のロード国務次官補は、在日米軍は駐留経費の七割以上が日本政府が支払っているため、「米国内におくよりも日本に軍隊を駐留させる方が安上がりになる」と証言した(18)。

日本の基地については、どれが米軍にとって不可欠な主要作戦基地であり、どれが撤退可能な重要性の低い基地なのかは、明確にされていない。横須賀のように、旧日本海軍いらい港湾設備と技術者がそろっており、米空母の唯一の海外母港であるような基地もある。しかし一方で尖閣諸島の久場島や大正島などは、沖縄の施政権返還時に射爆場にされ、一九七八年以降は使用していないにもかかわらず、そのまま米軍の許可なしには入れない管理区域になっている。(19)

在日米軍基地、とくに沖縄のそれについていえば、第二次大戦いらいの「既得権」としか表現できない部分が大きい。第二次大戦で米軍が占領した地域は数多いが、戦後二七年も米軍の軍政統治が続いた場所はほかにはない。軍政下では米軍が自由に法的制度を決められたため(正確には「琉球立法院」に立法権はあったが、米軍の高等弁務官に法律の拒否権と、法律を超越した「布令」や「布告」の公布権があった)、土地の接収も米軍が法に縛られることなく可能であった。(20)こうして築かれた既得権が固定化し、二〇一八年現在で沖縄本島の約一五%を米軍基地が占めている。

以上、①擬似冷戦体制の構築、②新たなナショナリズム、③軍事技術の変化、について概説した。これらが平成期すなわち冷戦終結後の状況を概観するうえでの、三つの視点である。さらに準備として、冷戦期の状況について、必要な範囲で記述しておく。

3 冷戦期の状況

戦後日本においては、安全保障上の軍事計画の「国民的」な議論、すなわち「どういう目的でどれだけの兵力が必要か」を広く公的に議論したことは、事実上なかったといってよい。最大の理由は、自衛隊そのものが「あってはいけないもの」であったため、「それをどういう目的でどう使うか」という議論が、事実上タブーだったことである。

　これは再軍備を唱えた保守政治家でもあまり変わらなかった。朝鮮戦争下の一九五〇年代においてすら、保守政治家のなかで、日本の防衛上の必要から自衛隊のあり方を考えた人間は少なかった。自衛隊のあり方は、もっぱら「国民精神涵養」といったかたちで、教育論議や愛国心問題とリンクされて語られた[21]。戦後の保守政治家の多くは基本的にアメリカとの軍事的関係を認めていたため、日本独自の防衛構想を持つという傾向が強くなかったともいえる。

　自衛隊の前身である警察予備隊は、対米関係のために作ったものである。その後に自衛隊に昇格し、人員や装備を拡充するときも、基本的にはアメリカ政府の要求が最大の要因であった。一九五三（昭和二八）年の池田・ロバートソン会議で、アメリカ側が三二万人規模の陸軍を要求したのにたいし、日本側が一八万人に値切ったことはよく知られる。

　とはいえそもそもこの二つの数字は、一九五二年の日米交渉において、アメリカ側が当初要求と切下げ要求として出していたものであった[22]。三二万という陸軍規模は、満州事変前の日本帝国陸軍よりも大きく、当事の日本には非現実的であり、一八万が妥協点となった。

　これ以後の陸上自衛隊の人員規模は、その後にベトナム戦争がおきても、それが終わっても、冷戦が終わっても、9・11テロがおきても、米軍がアフガニスタン・イラクから撤退しても、大きくは変化していない[23]。そこには、仮想敵国を想定し、どこの地点にどのくらいの兵力が侵攻する可能性があり、その補給能力がどのくらいであるから、防衛側はどんな装備がどれくらい必要か、といった議論は欠けていた。

　このあり方が制度化したのが、一九七六（昭和五一）年に作成された「防衛計画の大綱」の基本コンセプトである「基盤的防衛力」である。日本に軍事的脅威は当面なく、軍備増強は周辺諸国を刺激する。しかし小規模侵略に抵抗する最低限の自衛力は、憲法の枠内でも認められる。ゆえに、どこの地点に局地的侵攻があっても、あるていどの防止力となる兵力を全国にくまなく配置する、というものである。こうしたコンセプトは、仮想敵を想定してそれに対抗する兵力を重点配置するという発想とはまったく異なっており、防衛庁内部でも「軍事常識に反するもの」という反発があったという[24]。

これはある意味では、自衛隊の無制限な拡大に歯止めをかける構想だった。しかし逆にいえば、現状の自衛隊規模を正当化し、そこから増えも減りもしないように固定化するため、融通無碍な「構想」を作り上げた、ともいえる。

なおこの一九七六年には、防衛費GNP一%枠の閣議決定や、武器輸出三原則の国会決議が、いずれも三木武夫内閣のもとでなされている。また一九七〇年に署名したものの、批准を猶予されていたNPT（核拡散防止条約）も、一九七六年に議会で正式に批准された[25]。

これらは、一九七五年のベトナム戦争終結と米軍削減、米ソのデタントという、冷戦の緊張緩和を背景としていた。また一九七八年には、駐留米軍への「思いやり予算」が開始された。

この一九七六年前後は、「安全保障の戦後体制」が制度化された時期といえよう。総説で述べたように、この時期は女性労働力率と不登校数が最低を記録し、「日本型工業化社会」が完成しつつあった時期でもある。この一九七〇年代半ばが、現在「昭和の日本」としてイメージされるものができあがった時期であり、いわば「一九七五年体制」といえる[26]。

しかし自衛隊は、とうてい戦争ができる軍隊とはいいがたかった。国内の防衛産業の要求に応え、自衛隊の戦車や小銃は国産設計になったが、一九九〇（平成二）年の時点でアメリカ製の戦車や自動小銃の三〜四倍はした[27]。装備があっても弾薬が高く、一九九一年のある陸上自衛官の証言によると、年間の実弾射撃訓練は二〇～三〇発程度であり、口で「バンバン」と叫びながら突撃訓練を行なっていたという。この自衛官は、「本気で戦争する気なんかないんだってわかります」と述べている[28]。

また旧陸海軍がそうであったように、自衛隊においても、セクショナリズムと膨張欲の傾向はぬぐえなかった。戦前の陸軍がロシアを仮想敵として予算を要求し、海軍がアメリカを仮想敵として予算を要求していたのは、よく知られる[29]。戦後においても、一九五三（昭和二八）年に保安庁が旧軍人らの意見をもとに作成した報告では、「国防用兵上の最小単位量」は総兵力六一万という、膨大なものであった。一九五九年に公表された「赤城構想」は、陸・海・空自衛隊の幕僚がまとめたものだったが、防衛局長だった海原治が、必要兵力の根拠となる仮想敵の予想兵力や想定戦闘展開を問いただしたところ、幕僚側はまったく答えられなかったという。海原は、「昔の大本営と全く同じです。〔組織拡大について〕こうしたい、こうありたいという願望を列挙しているだけです」と回想している[30]。

二〇〇〇年代になっても、こうした傾向は残っていた。財務省防衛担当主計官として防衛省との折衝にあたった片山さつきによると、二〇〇五（平成一七）年度以降に係る「防衛計画の大綱」作成のさい、財務省側は、軍事技術革新による効率化が先進諸国の潮流であること、北海道の陸上自衛隊を削減すべきこと、司令部・方面・後方支援など行政要員に約五万人は多すぎることなどをもとに、陸上自衛隊の四万人削減を打ち出した[31]。それにたいし、防衛庁は七千人増員を当初案とした。

折衝において、防衛庁側は定員削減反対の理由としてテロ対策をあげた。その内容は、北朝鮮などのゲリラコマンドの上陸に備えて、全国一二四箇所の重要施設保護に配置することおよびゲリラ撃破のために、現有程度の一六万二千人は必要だというものであった。機動防御を考えないこの説明は、基盤的防衛力構想の延長であると思われる。片山らが、重要施設の選定が警察や自治体との調整を経ていないことなど、さまざまな矛盾点を問うたところ、「たんなる仮置き」「実際にはこういう守り方はしない」と防衛庁側は弁明したという。結果として、二〇〇五年の大綱では一五万五千人が定員となり、名目上五千人減となったが、もともと定員が充足していなかったため、充足率が高まったにとどまった。

二〇一〇（平成二二）年改定の「防衛計画の大綱」では、固定的な「基盤的防衛力」に代わって「動的防衛力」というコンセプトが示され、また二〇一三年の大綱では「統合機動防衛力」がうたわれた。こうしたなか、戦車の数は冷戦期の四分の一まで減少させることになったが、二〇一八年の大綱でも自衛官定数には大きな変化はなかった。

しかし自衛隊がこうした状態でも、アメリカ政府は冷戦期には、それほど問題を感じていなかったようである。一九六〇（昭和三五）年の日米安保条約改定で、自民党政権が大きく揺らいだあと、自民党もアメリカ政府も、防衛問題には慎重になった。自衛隊の戦力にはアメリカはそれほど期待しておらず、冷戦期においては、北海道にはりついてソ連を牽制する役割を果たすことと、対潜哨戒を行なうだけで、貢献としては十分だったと思われる。

アメリカ政府の要求の中心は、なんといっても基地の提供であった。もともと一九五一（昭和二六）年に締結された安保条約は、相互防衛規定を欠いており、事実上は「極東における国際の平和及び安全」のための基地提供条約であった。サンフランシスコ講和条約で、米軍の占領統治が終了するが、そのあとも朝鮮戦争の後方支援などアジアへの出撃拠点として基地を維持したい、というアメリカ側の必要があっての条約だった。

ベトナム戦争においても、日本は重要な後方基地になった。ベトナムで負傷した米兵の七五%が日本へ送られたという一事からも、それはうかがえる。ベトナム戦争終結後は、ソ連潜水艦の太平洋進出への監視が、アメリカの期待になった。冷戦後は、中東などへの展開の中継機能と、横須賀を米軍空母の母港にすることが、在日米軍基地の主たる役割となっている。

一九九五(平成七)年に、ソラーズ米下院外交委員会アジア・太平洋問題小委員長は、「米軍が日本に駐留しているのは日本防衛のため」というのは誤解であり、「日本以外の地域への侵略を抑止している米軍を、日本が進んでその領土に駐留させ、他のどの同盟国よりも多額の費用を負担してくれている」と強調している。[32]こうした発言は米国内向けの説明として日本の「貢献」を強調するものではあるが、日本側にはこのような説明はなされない。

このなかで沖縄は、米軍基地の集中する場となった。サンフランシスコ講和条約のあと、米軍の軍政下にあって自由に基地を建設できる沖縄で、大規模な基地拡張が行なわれた。一九五〇年代後半、本土の米軍基地反対運動が激化し、一九六〇年の安保闘争でそれが頂点に達した。日米両政府は、抵抗の大きい本土から、沖縄に地上兵力と基地を事実上移転する方策を選んだ。一九五〇年代後半から六〇年代初頭にかけて、本土の基地は約四分の一に減少し、沖縄は同期間に約二倍に増加した。[33]

しかしベトナム戦争で沖縄の基地の重要性が増し、米兵が多数滞在したことは、沖縄の基地反対運動を激化させた。アメリカ政府は、沖縄の施政権返還によって日本政府を安定させるとともに、沖縄の統治コストを日本政府に肩代わりさせ、あわせて繊維貿易問題で妥協させる道を選んだ。一方で、一九六八年から七四年までに、本土の基地はさらに約三分の一に減少した。こうして、日本の面積の一%である沖縄に、七四%の米軍基地が集中するという事態が出現する。

4　擬似冷戦体制の構築

以上をふまえ、本章の第一の視点である冷戦後の擬似冷戦体制の構築と、そのなかでの安全保障政策の歴史を概観する。

前述のように冷戦の終結は、米軍の存在意義喪失と予算削減圧力を生起させ、大量の国内・国外基地が閉鎖された。在日米軍基地も、この時期に交渉を開始すれば、事態は変わっていたかもしれない。しかし日本の保守政権には、そうした認識は薄かった。冷戦終結はヨーロッパのことであって、アジアと日本には無関係であるという感覚が強かったと思われる。

日本政府と保守政権にとっては、防衛問題は、あくまで日米関係の付属問題でしかなかった。当時の日本政府と外務省の最大の外交課題は、一九八〇年代後半からの日米貿易摩擦と構造協議だった。

当時の防衛問題で焦点になったのは、自衛隊の次期支援戦闘機（ＦＳＸ）を国産開発するか、アメリカ製品を購入するかという、貿易摩擦問題の一部としてのテーマだった。防衛企業の意向と貿易摩擦での対米対抗感情もあって、国産開発にこだわった日本政府と防衛庁は、当時の「ハイテクの国日本」の自意識のもと、アメリカ政府に交渉を挑んだ。それは国産開発にこだわるという姿勢ではあっても、どういう防衛構想のもとにどういう装備が必要かという姿勢ではなかった。

ちなみに一九八七年六月、アメリカ国防次官補だったR・アーミテージは、日本側の当時の防衛局長に対し、長い航続距離と攻撃力をもつ次期支援戦闘機を日本が自主開発すれば、「アジア近隣諸国が拒否反応を示すはず」「専守防衛ののりを超えはしまいか」と発言したという。[34] アメリカ側が、それ以前もそれ以後も自衛隊の海外出動を促すことに積極的だったことを考えると、ご都合主義的な姿勢ともいえる。

日本政府にとっての難題は、一九九〇（平成二）年の湾岸戦争によって発生した。しかしこのときも議論の大部分は、日米関係維持のためにアメリカの要求にどこまで応じるか、日本の法体系といかに整合性をつけるか、日本の世論と野党の反対をどう乗り切るか、ということに終始した。[35]

政府は自衛官を含む各庁出向者とボランティアからなる「国連平和協力隊」が自衛武器を携行する、という「国連平和協力法案」を提出したが、世論の支持もなく廃案となった。最大野党の社会党は、自衛官の参加には反対で、文民による国際協力に限定すべきだと主張した。一九八九年には、ナミビアの選挙実施に文民監視団を派遣した経緯もあり、自衛隊派遣に代わる貢献を求める声も多かった。

当時の議論には、冷戦後の国際秩序の変化を前提に、日本の役割や国際的位置を構想すべきだという問題提起もあった。しかし全体的には、議論は対米関係重視か平和主義志向かという対立軸にとどまりがちだった。しかも対米関係重視で自衛隊派遣を主張する側が、「国際貢献」や「平和協力」という言葉でそれを正当化しようとしたため、議論はいっそう混乱した。「国際貢献」は「対米追従」の同義語にほかならない、という印象が形成されたのである。

結局、日本政府は総計一三〇億ドルの資金提供を行ない、この問題を回避した。アメリカはこの戦争に六一一億ドルを費やしたが、そのうち約五二〇億ドルは他の諸国より支払われ、日本が拠出した一三〇億ドル（紛争周辺三カ国に対する二〇億ドルの経済援助を含む）はその一部となった。しかしそれがアメリカ政府やクウェート政府に評価されなかったことで、外務当局者にとってはひどいトラウマになった。

こうした問題に対処するため、湾岸戦争時の「国連平和協力法案」の失敗をうけて、いわゆる「ＰＫＯ法案」が一九九一年に入って審議された。おりしも日本も参加していた、パリでのカンボジア和平合意が成立し、ＰＫＯ派遣の要望が国連からやってきた。国連が事実上機能停止状態だった冷戦期には、ほとんど想定外の事態だった。

実際には、一九四六（昭和二一）年の日本国憲法への改正のさい、第九条によって軍備を禁止すれば、国連の安全保障協力要請を満たせないため、国連加盟時に問題になる可能性が指摘されていた。しかし一九五四年には参議院で自衛隊の海外派遣を禁ずる決議がなされ、一九五六年に国連加盟が成立したあとはこの問題は棚上げにされて、事実上忘れられていた。

冷戦期には、地域紛争はすべて米ソの代理戦争であり、それに加担すれば核戦争を招く、というのが戦後日本の絶対平和主義の論拠であった(36)。いっさいの海外派遣が考慮外となっていた背景には、そうした前提もあった。一方で国連については、対米追随への対抗的選択肢として、平和主義の論者たちは政府以上に重視していた(37)。その国連からの自衛隊派遣要請という事態は、冷戦期の平和主義が想定していなかったものだった。

湾岸戦争のトラウマが残っていた外務当局や保守政権には、ＰＫＯを突破口にして、自衛隊海外派遣の地ならしにする、という意向が見え隠れしていた。これが反対勢力を硬直化させ、従来の対立軸から出られなくさせる一因となった。中国・韓国・シンガポールなどのアジア諸国も、戦争の記憶から、自衛隊海外派遣に憂慮を表明した。

結局、このときも冷戦後の「国際貢献」や防衛構想については、議論がさほど深まらなかった。最終的には、武器使用の制限などを原則としてＰＫＯ協力法が成立し、なしくずしにＰＫＯ派遣が既成事実として常態化していくことになった。

一九九三（平成五）年、自民党が分裂した。スキャンダルと湾岸戦争への対応をめぐって、対立が生じた結果だったとされる。解散総選挙となり、非自民党政権の細川護熙内閣が誕生した。

一九九一年には、冷戦終結をうけて、世論の日米安保支持は低下した。やはり一九九一年には、政権交代後のフィリピンでスービックとクラークの両基地が撤退においこまれていた。政権交代後には高い確率で基地撤退がおこっていること、冷戦終結によって海外基地縮小の圧力がアメリカ議会からもかかっていたことなどからすれば、日本の米軍基地の将来も変わりうる時期だった。

細川政権は冷戦終結をうけて防衛問題懇談会を設置し、一九九四年には「樋口レポート」が提出された。このレポートは、「多角的安全保障協力」を打ち出し、アメリカ依存以外の選択肢を視野に入れることを示唆した。

しかし、日米安保を重視する日本の外務・防衛当局は、懇談会の進行中から事務局として介入していた。懇談会の審議の途中から、「多国間安全保障」が検討されているという内容が防衛庁からアメリカ国防総省に伝えられ、国防総省が「幼稚な考え」「同盟を傷つける」と考えているという「懸念」が懇談会委員に伝えられた。その結果、当初案にあった「安保条約の意義の見直し」は「安保条約の意義の再認識」に、多国間協力を示唆した「国際的協力と日米安保体制」は「日米安保体制の充実」に変更された。しかしそれでも、アメリカ側はこのレポートに強い警戒を示した[38]。

アメリカ政権内で中国よりも日本を重視することをうたう勢力は、日本の防衛努力の拡大を強調することで、自分たちと日本の存在価値を示そうとしがちな人びとだった。「ジャパン・ハンズ」とも通称されるこれらの人びとは、共和党や軍産複合体とつながりが深いともいわれる[39]。日本の外務・防衛当局は、それら「ジャパン・ハンズ」と協調して防衛努力を増すことが、すなわちアメリカ政権内での日本のプレゼンス向上と日米友好につながるのだ、という思考になりがちであった。

対米依存見直しの機運にたいするアメリカ側の対応は、在日米軍の現状固定化の宣言と、日本の外務・防衛当局との提携だった。一九九五（平成七）年二月に国防総省が公表した「東アジア戦略報告」（「ナイ・レポート」）では、「極東一〇万人体制」がうたわれ、ヨーロッパやフィリピンからの撤退後も、東アジアでは兵力を維持する方針を示した。これはすなわち、在日米軍はほとんど削減しないことを意味した。さらに日本の防衛当局と共同して、後述する日米安保の「再定義」と「日米安全保障共同宣言」が準備される。

樋口レポートが提出された一九九四年八月には、すでに自民党が社会党との連立という手法をとって、政権に復帰していた。非武装中立・安保廃棄を党是としていた社会党が首相のポストをとりはしたが、村山富市首相は安保・自衛隊を容認し、「日の丸」「君が代」を国旗・国歌と認め、原発の推進を容認するという方針転換を、十分な議論のないまま示した。無原則な姿勢は支持層の離反を招き、社会党の分裂と消滅にまで至る。

しかし一九九五年九月、ショッキングな事件がそれをゆさぶった。那覇市でアメリカ海兵隊員三名が、一二歳の少女を暴行する事件がおきたのである。米兵による婦女暴行事件は従来からおきていたが、一二歳の少女を集団暴行した事件は、沖縄の世論に火をつけた。

おりしも沖縄は革新側の大田昌秀知事の県政下にあり、事件翌月には知事を中心とした県民総決起集会が開かれた。集会に集まったのは八万五千人、沖縄人口の七%であり、東京都なら八〇万人に相当する。

沖縄世論の支持をうけて、大田知事は駐留軍用地特措法にもとづく手続きの代理署名を拒否した。一九五二年のサンフランシスコ講和条約発効のさい、日米安保条約で駐留を継続した米軍のために特別措置法として作られたのがこの法律である。

米軍としては、憂慮すべき事態だった。一九九五年一一月には、日米当局者により特別行動委員会(SACO)が設置される。九六年二月の橋本龍太郎首相とクリントン大統領の首脳会談で普天間返還が提起され、四月のクリントン訪日にあわせて、SACO中間報告は五~七年以内での普天間飛行場返還を提案した。おりしも三月には、台湾総統選挙をめぐり威嚇行為を行なっていた中国を牽制すべく、アメリカ政府が航空母艦群を台湾海峡に派遣するという緊張が起こっていた。

普天間基地の代替候補地は、二転三転した。名護市辺野古への移設が日米当局者の交渉のなかで決まっていったが、米軍の海外基地縮小・統合整理が本格化した二〇〇〇年代半ばには、嘉手納空軍基地への統合も米側から提案があったといわれる。(40)

しかし、海兵隊と空軍は折合いが悪く、また二〇〇六年時点の海兵隊の海外基地投資のうち九九・五%は日本が占めており、海兵隊は独自基地の維持に強い動機を持つものと思われた。(41)一方で辺野古に埋め立て式の基地を作る案は、ベトナム戦争期からあったものであり、普天間の老朽基地を返還する代わりに、新鋭基地を日本政府の費用負担で作ることは、海兵隊にとっては喜ばしいことであったろう。

一方、この時期にもう一つの課題になっていたものがあった。北朝鮮問題である。

一九九四年には北朝鮮の核開発をめぐって緊張が高まった。このときは、一九七〇年代から核不拡散に熱心だったカーター元大統領が、六月に金日成との直接交渉におもむき、核開発の「凍結」をひきだして事なきをえた。翌月に金日成は死去する。

ちなみにカーターは大統領時代の一九七七（昭和五二）年に、アメリカの商業用核燃料再処理を禁ずる核不拡散政策を発表し、同時に日本の東海村核燃料再処理施設に見直しを迫った経緯がある。[42]このとき日本政府はアメリカ政府の圧力に抵抗して再処理施設を維持し、一九九三（平成五）年には青森県六ヶ所村に大型再処理施設を着工した。

しかし同年、クリントン政権は核不拡散政策を強め、軍事・民事を問わずプルトニウム抽出を行なわない方針を示した。それをふまえ、日本は再処理政策の再検討に入った。翌一九九四年に、カーターの仲介で北朝鮮の核開発「凍結」が伝えられた一週間後、日本政府は新しい原子力開発利用長期計画を公表し、余剰プルトニウムを持たない方針を明記した。このためプルトニウムを燃焼させる高速増殖炉の開発が急がれたが、一九九五年に「もんじゅ」が事故で機能停止し、苦肉の策としてＭＯＸ燃料による通常原子炉での使用にふみきることになる。

しかしこの北朝鮮核危機の最大の影響は、東北アジアで、擬似冷戦体制が構築されたことだった。九四年当時に外務省総合外交政策局総務課長だった田中均は、この危機にあたり、政府内で北朝鮮がソウルに侵攻した場合のシミュレーションを行ない、日本の米軍支援体制や原発防衛システムが何も整備されていなかったことが露呈したと回想している。[43]「樋口レポート」

で提起された「多角的安全保障協力」への警戒感もあって、日米当局者による日米安保体制整備が促進されることになった。

こうして一九九五年一一月、一九七六年の「防衛計画の大綱」を改訂した新大綱が公表された。「基盤的防衛力」のコンセプトは維持され、自衛隊の定員減を若干にとどめつつも、はるかに日米安保を重視した内容だった。防衛当局の懸案だった「我が国周辺地域」の「事態」への米軍支援協力も、阪神・淡路大震災から自衛隊の任務として重視されることになった「大規模災害等各種事態への対応」の項目のなかに入れられ、いわば目立たないかたちで承認された。自衛隊の米軍協力に慎重だった村山富市首相の了承をとるための、防衛・外務当局の「工夫」だったとも評されている(44)。

一九九六年四月には、来日したクリントン大統領と橋本龍太郎首相によって「日米安保共同宣言」が行なわれ、日本以外の「有事」を考慮した日米安保の「再定義」として、一九七八年の「日米防衛協力の指針」(ガイドライン)を見直すこととなった。一九九七年には新ガイドラインが策定され、一九九九年には周辺事態法が成立した。

このとき、「周辺」の定義が変更された。一九六〇年に改定された安保条約では、旧安保条約になかった相互防衛協定がもりこまれた。さらに安保条約第六条によれば、米軍は「極東」の危機に対処するため、日本の基地を使用でき、日本はそれに協力することになっていた。その「極東」の範囲は、「大体においてフィリピン以北、日本及びその周辺地域」とされ、六〇年当時は、アジアの戦争に日本をまきこむものと批判された。

しかし新ガイドラインにもとづく周辺事態法では、この「周辺」は地理的なものではなく、事態の性質に着目したものとされた。これによって、その後の中東での米軍活動のための在日米軍基地の活用と、日本政府の協力ができる道が開かれた。

一九九八年八月、九三年五月に続いて北朝鮮はミサイル発射実験を行なった。日本の世論は刺激され、北朝鮮と中国の脅威を強調しての擬似冷戦体制の構築が容易になった。この擬似冷戦体制は、冷戦期に締結された日米安保条約と在日米軍を延命させ、ひいては日本の親米政権とその外交方針を延命させるものだった。

二〇〇一年には、小泉純一郎政権が誕生した。小泉は国内の利益誘導体制を改革することには前向きだったが、外交には理解が深かったとはいいがたい。二〇〇二年に北朝鮮を電撃的に訪問し、「拉致問題」に解決を開いたことには、一定の独自性はあった。しかし最初の組閣で、改革担当大臣には経済学者を任命したにもかかわらず、外務大臣には「国民的人気」が高いというだけで田中真紀子を任命したことに、小泉の外交への関心の薄さが表れていた。

田中は外相としては無能で、外務当局と摩擦をおこし、外交が行き詰まった。[45] さらに小泉自身が靖国神社をたびたび参拝したことで、対中・対韓関係が停滞してしまった。強い個性をもつ小泉は、北朝鮮問題など自分が関心を持った問題には積極的だったが、それ以外については構想を欠いていた。

しかし小泉の靖国参拝直後の二〇〇一年九月、アメリカで「9・11テロ」がおきた。小泉は即座に自衛隊派遣を決め、急遽訪米してブッシュ政権の方針支持を表明し、その後の日米関係を「円滑」にした。小泉が冷戦後の国際環境を熟考してこうした姿勢をとったというより、彼の個性と、従来からの外務・防衛当局の路線が一致した結果だったと考えられる。二〇〇三年にはイラクに自衛隊が派遣され、アラビア海での給油活動も行なわれて、中東で自衛隊が米軍支援に活動することになった。

アメリカの国際戦略として、現地政権の軍事力に抑止力を委託する現地化政策、ないしオフショア・バランシングは、一貫した選択肢の一つである。一九七〇年代から、ベトナム撤退後の東南アジアにおける米軍のプレゼンスの低下をうけて、日本の役割範囲を拡大させることは、アメリカ政府の長期的方針であった。結果からいえば、アメリカにとっては、一九七〇年代いらいの構想が、一九九〇年代に日本に法的整備を実行させるまで進み、二〇〇〇年代になってようやく実現したことになる。

一九九〇年代の国際社会は、冷戦終結後の秩序再編の時期だった。この時期、日本は五五年体制の揺らぎのなかで政権が安定せず、内政にかかりきりの状態で、外交や防衛の構想を立て、十分な議論をする余裕がなかった。そうして旧来の発想から出られない状態で、アメリカ側の要求に応じながら、擬似冷戦体制に組みこまれ、二〇〇〇年代を迎えてしまったといえる。そしてそれは、対アジア外交においても同様だった。

5　対アジア外交と象徴的保守政策

平成期の対アジア外交を論じるにあたっては、第一の視点である擬似冷戦体制とともに、第二の視点である領土・歴史認識をめぐる新たなナショナリズムと象徴的国益問題という視点をとる。

冷戦終結後にＡＳＥＡＮが自立化の傾向をみせ、中国が台頭するなかで、日本政府のアジア外交は構想を欠いていた。

軍事紛争が続いていた冷戦期において、日本のアジア外交の中心は、やはり経済協力であった。一九九〇(平成二)年の日本のODA(政府開発援助)のうち、中国を含めた東アジアが四六%を占めており、アジア諸国では援助といえば日本のもの、という状況が生まれていた。

だがアメリカ政府は、概してアジアの自立化の動きを警戒した。一九九一年にマレーシアが提唱したEAEC(東アジア経済協議体)や、一九九七年のアジア通貨危機に際して日本の大蔵省が提起したAMF(アジア通貨基金)などには、アメリカは反対の意向を示した。[46]そして日本の外務省には、いわゆる「アジア派」もいたが、主流は北米重視派であった。

そのために日本政府とくに外務省には、外交といえば日米関係が中心であり、アジア外交は経済協力が中心であるという傾向があった。一九八〇年代でいえば、最大の外交課題は日米貿易摩擦であった。前述のように、一九八九(平成元)年には第一回のAPECの閣僚会議が開催されたが、これを推進したのは経済協力を重視する通産省であり、対米関係を重視する外務省は懐疑的だった。両者の調整がつかず、外務大臣と通産大臣と別個に演説を行ない、失笑を買った。[47]

ことにアジア外交の障害となったのが、戦争の記憶の問題だった。もともとAPECの構想時点から、戦争の記憶のため日本が主導はできないので、オーストラリアにイニシアティブを譲るという発想があったという。

一九九〇年代になって、冷戦終結と、冷戦期の権威主義体制の揺らぎのために、各国で第二次大戦をめぐる歴史認識問題が浮上した。アジアでも冷戦期には、戦争犠牲者の日本政府批判は、日本の保守政権と国交を結んでいた現地政権への反体制活動とみなされがちだったのである。

たとえば韓国太平洋戦争犠牲者遺族会長は、「七四年に釜山犠牲者集会で、『日本に責任を問うべきだ。日本領事館に行こう』といったら、たちまち〔韓国の〕警官に逮捕された。私たちへの妨害は、八八年、盧泰愚大統領の民主化まで続いた」と証言している。台湾の元日本軍人・軍属・遺族協会のメンバーも、八七年の戒厳令解除以前は、「政治活動をすれば投獄された。日本の植民地教育を受けた者は相手にされず、われわれの対日請求は、国民党政権から徹底的に妨害された」と述べている。サハリン残留の韓人老人会長も、「秘密警察（ＫＧＢ）が怖くて、組織どころか帰国希望を口にするのさえ恐ろしかった」という。[48]

こうした制約が、民主化と冷戦終結によって取り払われた。ソ連が崩壊した一九九一（平成三）年一二月、金学順ら三名の韓国人元「従軍慰安婦」が、東京地裁への補償請求提訴に加わった。一九九二年に訪韓した宮沢喜一首相は公式調査を約束し、一九九三年には河野洋平官房長官の談話が日本軍の関与を認め、一九九五年には村山首相談話で戦争と植民地支配への「痛切な反省の意」と「心からのお詫び」が表明された。しかし、村山政権で試みられた戦後五〇年決議は不十分な形に終わり、「従軍慰安婦」に対する補償は、「女性のためのアジア平和国民基金」（アジア女性基金）という民間募金（事務局運営費は政府負担）からの「償い金」に政府予算での医療・福祉支援事業を加え、それに首相の手紙を添えるという形で行なわれた。

しかしこれ以後、戦争をめぐる歴史認識は象徴的な外交問題となり、東アジアの秩序形成の大きな障害となった。一九九八（平成一〇）年には、韓国の金大中大統領が訪日のさい、日本側が文書で明確な謝罪をすれば、今後は歴史問題を持ちださない内諾をした。[49]

しかし二〇一一年一二月には、翌年八月に竹島（独島）に歴代大統領として初めて上陸することになる李明博大統領が、野田佳彦首相との会談で「従軍慰安婦」問題をとりあげた。日本側は政府支出による「償い金」を提案し、韓国側と協議したが、野田が二〇一二年一一月に衆議院を解散したため妥結に至らなかった。(50)安倍晋三政権下の二〇一五年一二月には、日本政府支出による元「慰安婦」支援の財団を設立する日韓合意がなされたが、この財団も二〇一八年一一月に解散となって十分に機能しなかった。

事態を悪化させたのは、自民党の姿勢だった。外交配慮を欠いた歴史認識発言や、靖国神社参拝などがあいつぎ、中国や韓国の態度を硬化させた。とくに小泉純一郎首相は、靖国参拝をくりかえし、対中・対韓関係を事実上機能停止にしてしまった。また安倍晋三は第一次政権時の二〇〇七年三月に参議院予算委員会で「官憲が人さらいのように連れて行く強制性はなかった」と発言し、中国・韓国・台湾・フィリピンなどから批判をうけ、さらに駐日米大使から「この問題の米国での影響を過小評価するのは誤りだ」と警告された。(51)

一方で冷戦後に自立化の傾向を強めたASEANに、日中韓の三カ国をくわえたASEAN＋3が、将来の「東アジア・サミット」を見据えた協力関係として、通貨危機を迎えた一九九七年から始まった。二〇〇三年からは、北朝鮮の核問題をめぐる六者協議（アメリカ、中国、ロシア、韓国、日本、北朝鮮）も開始された。

グローバル化のなかで日中の経済関係の相互依存は進み、二〇〇四年には対中貿易が対米貿易をうわまわった。二〇一〇年には中国がGDPで日本を上回るなか、中国の対日貿易依存度は一〇％、日本の対中貿易依存度は二三％にのぼった。冷戦時代のような、対米貿易を中心とした日本の貿易構造が、完全に変化していることは明らかだった。

しかし日本の外交上の資源は、冷戦時代からあまり変わっていなかった。二〇〇二年九月に小泉純一郎が北朝鮮を訪問して日朝平壌宣言を行ない、当時の金正日総書記に拉致問題を認めさせたのは、日本外交の積極的な成果だった。しかしその交渉において、北朝鮮側から求められた内容は、一つは「米国が北朝鮮を敵視しないよう、日本から説得してほしい」であり、もう一つは「(植民地支配の補償として)日本は一体いくら金を出してくれるのか」であった。(52)このことは、日本の外交資源が冷戦時代の延長、すなわち対米関係と経済力の二つだけであることを、裏面から物語っていた。

対米関係と経済協力のほかにカードがないという状況を打破するには、アジアのなかに友好国を増やすことが必要だった。しかし歴史認識問題や靖国参拝、「尖閣諸島」「竹島」といった象徴的問題が浮上するたびに、日中韓の関係が緊張して、東アジアの外交関係が停滞した。アジア外交での行き詰まりは、対米依存と擬似冷戦体制からの脱却をますます困難にし、その閉塞感が対中・対韓強硬論を生むという悪循環を招いた。

またグローバル化とポスト工業化のなかで、国内秩序の流動化と保守系選挙基盤の衰退に直面した自民党政権が、二〇〇六年に政権についた安倍晋三首相のもと、憲法改正や教育基本法改正といった、およそ旧時代的な象徴的保守政策に手をつけたことも、それに重なった。

秩序の流動化に直面した政権が、象徴的なテーマでナショナリズムを鼓舞して、秩序引締めをはかる。それに呼応するかのように、おなじく秩序の流動化に対応できない人びとに支持された、極右的運動が台頭する。そうした動きは、冷戦後の世界各地でおきていることであり、日本もその例に漏れないといえる。

外交問題の象徴化は、日本だけの現象でもない。一九九七年のアジア通貨危機以後に若年失業や雇用不安が深刻化した韓国や、開放経済のもと格差が増大している中国でも、「ネット右翼」や「愛国デモ」の類は発生している。(53)その意味では、東アジア外交停滞の原因が日本だけ事実である。

にあるとはいえない。とはいえ、日本政府と自民党の行動が、構想と戦略を欠いていたことも

しかし、安倍政権による象徴的保守政策は、小泉政権期にひきつけたはずの都市中間層から、無関心と離反を持って迎えられた(54)。並行して進んだ公共事業の削減、「平成の大合併」での地方議員の激減などで、地方の自民党の基盤衰退は著しく、二〇〇七(平成一九)年の参議院選挙では敗北した。二〇〇九年の衆議院選挙では、ついに冷戦期の親米政権を担った自民党が決定的敗北を喫して下野する。

政権を奪取した民主党で、最初の首相になった鳩山由紀夫は、EUをモデルにした「東アジア共同体」を提起し、長らく行き詰まっていた普天間基地移転問題の見直しを提唱した。

しかし普天間問題は、鳩山自身の外交経験の不足と、日米の安全保障当局者の抵抗によって挫折した。この間、日本の外務省と防衛省が、アメリカの対日外交・安全保障当局と密接に連絡をとり、従来の日米合意遵守の方向に誘導しようとしていたことは、ウィキリークスによって暴露された漏洩外務情報によって明らかになっている(55)。

普天間問題が挫折し、鳩山が辞任したあと、民主党政権はこの問題では自民党時代の路線の継続にもどった。しかし沖縄側の反発は止まらなかった。二〇一〇(平成二二)年には、普天間基地の移転先となっていた名護市の市長選挙と市議会選挙で、基地受入派が敗れた。

一九七二(昭和四七)年の施政権返還以後、沖縄には日本政府からの補助金が注がれ、観光開発が進むとともに、建設業・観光業・飲食業が中心になった。沖縄振興開発予算は一九九八(平成一〇)年に四四三〇億円のピークを迎えたが、沖縄の道路がすでに本土並みに整備された二〇〇〇年代になっても、道路整備予算の割合は三二%を超えており、道路開発偏重であるこ

とは明らかだった[56]。

二〇〇〇年代以降の沖縄では、本土の他府県同様に郊外化が進み、幹線道路沿いや新開発地に大型ショッピングモールができる一方、那覇の旧中心地である国際通りなどは衰退していった。その一方で失業率は全国一高く、一人当たりの所得は全国平均の約七割で、大学進学率も本土平均より約二〇ポイント低かった。年齢別・産業別の所得グラフを作ると、全国の「雇用の山」が「年収三〇〇〜四〇〇万の製造業」であるのにたいし、沖縄は「年収五五〜九九万の飲食・宿泊業」だと指摘されていた[57]。

グローバル化と道路建設による郊外化によって、既存産業の衰退とともに、低収入の非正規職が増えるのは全国に共通の現象だった。だが沖縄の場合は、製造業がもともと少ないのと観光業が盛んであるために、こうした事態が極端に出ていたといえよう。

そのため公共事業を誘致しても経済効果が出にくく、振興資金とひきかえに基地をうけいれさせるという従来の構図が成り立ちにくくなった。むしろ基地跡地の再開発の経済効果の方が見えやすかったため、沖縄県庁は公式ホームページで、基地は沖縄経済の負担になっていると説明するようになっている[58]。このことは、二〇一四年と二〇一八年の沖縄県知事選でも、普天間基地の辺野古移設反対を唱える候補が連続して勝つ背景になった。

しかし二〇一二年一二月に成立した第二次安倍晋三政権は、辺野古移設工事を強行する姿勢を崩さなかった。また安倍政権は、二〇一四年七月に集団的自衛権の限定的行使を認める憲法解釈変更を閣議決定し、二〇一五年九月に安全保障関連法を成立させた。反対の世論や抗議活動も強かったにもかかわらずこれらを急いだのは、日米ガイドラインの新改定を二〇一四年末に日米両政府が合意していたことと、安倍首相の強い意志のためだったとされる[59]。

二〇一八年の「防衛計画の大綱」では、サイバー攻撃能力の保持や総合ミサイル防空能力の充実がうたわれたほか、対潜ヘリを搭載する護衛艦を改修して事実上の空母とすることが決められた。しかし海上自衛隊からは、「空母は守りに弱く、潜水艦に攻撃されれば終わり。対潜機能を落として戦闘機を載せるのは自殺行為だ」「国威発揚の意味はあるだろうが、現場の感覚では必要ない」といった声があると報じられた(60)。

二〇一八年には、空母の導入だけでなく、輸送機オスプレイや無人偵察機のグローバルホークなど、自衛隊の現場からは「不要」「望んでいない」という意見がある高価な兵器が、あいついで導入決定された。これらの導入が決まった背景としては、米トランプ政権が検討していた自動車関税値上げを思いとどまらせる引き換えに、「貿易格差是正のため、武器〔購入〕を含め米国にアピールするのはマスト(必要不可欠)」だと経産省幹部が語ったと報じられた(61)。

このような状態は、アメリカの主導での擬似冷戦構造の継続と、「国威発揚」を意識したナショナリズムが、相互に結びついていることを示している。元海兵隊大佐で日本戦略研究フォーラム上席研究員のグラント・ニューシャムは、二〇一八年に「日本政府は自国を守るために必要なものが何かを包括的・体系的に評価しないまま、ハードウェアを購入している」と評した(62)。

この評価が正しいならば、体系的な防衛構想を持たないまま、対米関係と国威発揚のために装備と組織を拡充していることになる。そうであれば、冷戦期の状態と、あまり変化していないともいえる。二〇一三年の「防衛計画の大綱」からは、戦車の数は冷戦期の四分の一にしていくとされ、電子装備の充実が志向されてはいるが、それが単に最新兵器への交換でしかないのであれば、それは象徴的保守政策の一環であるともいえよう。

6　ナショナリズムをめぐる状況

つぎに、こうした国際環境のもとでの、日本のナショナリズムの平成史を概説する。第二の視点として挙げた新たなナショナリズムが台頭した一方、第一の視点である擬似冷戦体制が構築されたために旧来の保革対立が残ったため、保守・革新・極右の三つ巴の関係が作られていったことが、本節のアウトラインとなる。

冷戦期の日本のナショナリズムの理念型は、おもに三種類に分類できる。一つは、前述の「現実主義史観」を認識の基盤とした、親米保守ナショナリズムである。もう一つは、「平和主義史観」を認識の基盤とした、革新ナショナリズムである。この二つが、「保守」と「革新」の対立をなしていたというのが、古典的な形態であった。

そして三つめの軸が、対米自立・重武装・戦前回帰志向の、反米保守ナショナリズムである。このタイプは、日本では強力にならなかった。高度成長によって軍事力以外の手段で日本が大国意識を回復し、一九七〇（昭和四五）年にNPT署名によって核武装路線を放棄したころに、事実上この路線は政治レベル・大衆レベルでは消滅している。作家の三島由紀夫が、NPT署名に抗議する「檄文」を掲げて一九七〇年に自殺したことは象徴的である。[63]

もちろん現実には、この三つの理念型どおりの勢力や人物がいたとはいいがたい。たいていの場合、三種類の性格を、大なり小なり混合した形態で存在したといったほうが正確である。

冷戦後の状況は、戦後の「保守と革新」を形成してきた第一と第二の類型が、成立の基盤を失っていったことを特徴とする。

その理由は、主として二つある。一つは前述のように、どちらも冷戦を前提とした論理であり、国際環境の変化に適応できなかったことである。擬似冷戦体制が構築されていくにしたがい、「現実主義」が一見勝利したようにみえるが、実際に進行した事態は、総合的な外交構想と、十分な議論を欠きがちな対応の積み重ねであった。

また理由の第二は、第一と第二の類型がどちらも依拠していた、戦争の記憶の風化である。戦後革新を支えた平和主義が、戦争の記憶を基盤にしていたことは論を俟たない。一方で現実主義の側も、軍部独裁と戦争突入を許した非現実的な外交を反省し、欧米とくにアメリカと協調しつつ自立をめざす、「開かれたナショナリズム」を唱える傾向が強かった。

しかし二〇〇〇年代に入るころから、この両者のどちらの類型にも属さない、戦前賛美型のポピュリズムが台頭し始めた。この類型の特徴は、戦前外交の反省に立たず、中国と韓国を非難し、歴史認識や領土問題といった象徴的テーマに特化することである。その背景には、国内秩序の流動化により、家族・雇用・地域などの揺らぎが生じていることへの不安がある。(64)

この右派ポピュリズムは、戦前賛美という点で、旧来の「現実主義」や「平和主義」とは異なっている。しかし同時に、政治体制の戦前回帰（言論制限や男女平等廃止など）に関心を示さない点、対米より対中・対韓国への反発が基軸になっている点で、一九六〇年代以前の戦前回帰志向の反米保守ナショナリズムとも異なっている。

三島由紀夫や岸信介の最大の関心は国内体制と対米自立にあり、三島などは良くも悪くもアジアには無関心だった。しかし現代日本の右派ポピュリズムは、対米自立や天皇にさほど関心はなく、反中・反韓国に特化する傾向がある。そして歴史認識や領土問題のみならず、中国製品や韓国文化にまで激しい反発を示す[65]。

結果として、冷戦後のナショナリズム状況は、三つ巴の様相を呈した。旧来の現実主義は、擬似冷戦体制に順応した「国際貢献」論へと転換した。一方で旧来の平和主義は、アジア諸地域への戦争責任と戦後補償問題に傾斜しつつ、アメリカにたいする防衛協力を批判した。戦争責任論への傾斜は、一九六〇年代まではなかった傾向であり、一九七〇年代以降、とくに一九九〇年代に高まった[66]。一方で右派ポピュリズムは、対中・対韓強硬路線をとり歴史認識問題にこだわる点で、戦争責任論に傾斜した平和主義ともっとも対立したが、外交的配慮や現実性を欠いている点では現実主義とも対立した。

一九九〇年代末以降の新しい右派運動の参加者、およびネット上で右派的な書き込みをする人々については、所得や年代などで特定の属性は見いだせないとされている。ただしネット上の「過激」な書き込みなどは、目立ちはするが、実際にいわゆる「炎上」行為に加担する人はネットユーザーの一％ほどにすぎない[67]。

むしろこうした右派的な言動を目立たせているのは、メディア産業の衰退と変容である。出版産業の売上げが九六年のピークを迎えたあと、右派的な言論に特化し一部の読者を確実に引き付けるニッチ的な戦略をとった雑誌が二〇〇〇年代に売上げを伸ばした。また、よりニッチ的な市場がみこめるネット上でも、ある企業が二〇一七年に、韓国・中国を批判するブログを作成するために「保守系の思想を持っている方限定」のライター募集を行なった事例が確認されている[68]。狭くとも確実な市場を狙うメディア企業の戦略が、こうした右派的言論を実態以上に多く見せている側面があるようだ。

一部の右派的言動が目立つ一方で、日本社会全体の有権者意識調査では、顕著な右傾化は確認されていない。[69]ただし二〇〇〇年代に東京・大阪・名古屋などで台頭したポピュリスト首長への支持者の傾向は、六〇代以上や管理職層、および低所得層に支持が多かった。こうした首長は、ナショナリズムと新自由主義的主張を掲げることが多いが、これらは高齢の伝統的保守層と都市部中産層、さらに低所得層という、ほんらいは志向の異なる層に支持を得やすくなっているようだ。[70]所得の高低や年代よりも、現代社会において何らかの不安定感や疎外感を抱く度合いの方が、こうした右派ポピュリズムへの親和性につながっているのかもしれない。[71]

この三つ巴のナショナリズムの対立のうち、従来の「保守」と「革新」にあてはまる対立は、旧来型の大手新聞などにとりあげられた。しかし右派ポピュリズムは、旧来のメディアの論じ方の枠からは漏れ落ちてしまう。そのため結果としてインターネットや一部雑誌などで、大手新聞などとはまったく異なる論調の空間が形成されていくことになった。

九〇年代から二〇〇〇年代に、このナショナリズムの三つ巴の戦場になったのが、歴史認識問題とくに「従軍慰安婦」問題だった。

前述のように、冷戦終結とアジアの民主化を経た一九九一（平成三）年に、金学順らの提訴があった。しかし金ら元「慰安婦」は、提訴者三五名中の三名であり、他は元日本軍人・軍属だった。

日本や韓国に在住していた元日本軍人・軍属による補償要求活動は、一九六〇年代から行なわれていたものだった。一九九〇年代には、日本軍の捕虜監視員としてBC級戦犯に問われた韓国人や、日本軍兵士としてシベリア抑留された朝鮮族中国人などによる提訴も行なわれている。金が参加したのは、そうした人びとの集団提訴の一環としてだった。

しかし、こうした一連の補償要求のなかで、「従軍慰安婦」問題がきわだった注目をあびた。

女性の性にかかわる問題であったため、「民族の恥辱」として韓国で大きく注目され、また日本でも保守派の恥辱意識を刺激したためであったと思われる。一九九五年の沖縄の少女暴行事件が、数ある米軍犯罪事件のなかでも、きわだった注目を集めたのと類似の現象といえる。

　またこの問題は、国際的にも注目される背景があった。冷戦秩序崩壊の余波として発生した紛争や、ポスト工業化でゆらぐ先進諸国で、女性への暴力が多発した。とくにユーゴ内戦のボスニア紛争で、民兵によるレイプが多発したことが、国際的に報道され注目をあびた。これらの問題から、国連人権委員会は一九九六年に「女性への暴力特別報告」（クマラスワミ報告書）を受理したが、その付属文書で、日本軍による「従軍慰安婦」をとりあげたのである。[72]

　これに呼応したのが、産業構造の転換や冷戦後の民主化によって台頭していた、世界各地の女性運動だった。家族の不安定化と家庭内暴力に悩む女性たちから、ボスニアと「従軍慰安婦」は「女性への暴力」の象徴的問題として幅広い共感をよんだ。[73]

　一九九五年九月、北京で第四回国連世界女性会議が開かれ、政府間会議に先行してＮＧＯフォーラムが開催された。[74]日本をふくむ西側先進国や途上国の女性たちが、中国で会議を開くという、冷戦後ならではの国際連帯のなかで、女性の南北問題が議論された。さらに「北京行動綱領」の関心分野の一つに「女性と武力紛争」が入れられ、植民地支配と軍隊が女性にもたらす問題の一環として「従軍慰安婦」が論じられた。おりしも会期中の九月四日、沖縄で米軍による少女暴行事件がおこり、「軍隊による性暴力」は一気に日本の女性運動の中心課題の一つになる。これ以後、「従軍慰安婦問題」は、歴史認識問題である以上に、女性の人権問題の象徴の一つとなっていった。

「従軍慰安婦」の象徴化は、従来の保守派だけではなく、右派ポピュリズムからも激しい反感を招いた。フェミニズムやジェンダー教育への非難がおこるとともに、少子化や家族の不安定化もフェミニズムが原因だとする非難もおこった。[75]

一方で二〇一〇年九月、中国と領有権が争われていた小島群（尖閣諸島）をめぐり、中国漁船と日本の海上保安庁の衝突事件がおきた。民主党政権はこの対応で不手際を露呈し、中国と日本の双方に悪感情を残した。

二〇一二年四月、従来から右派的な発言で知られていた東京都知事の石原慎太郎が、この小島群のうち三つを都で購入する計画を、アメリカでの記者会見で公表した。ただしこの小島群のうち、米軍が射爆場として排他的管理をしていた二つの島は、石原の購入リストには入っていなかった。

国際法的にいえば、日本の地権者から都が購入しても、国家レベルの領有権とは無関係である。しかし二〇一〇年の不手際で批判されていた民主党政権は、石原の提言に押される形で、国で小島群を購入することを決定した。この「国有化」宣言を契機として、中国で二〇一二年九月に反日デモが頻発した。元トヨタ自動車社長・元経団連会長であり、国際協力銀行の総裁となっていた奥田碩は、二〇一二年一〇月に「日本製品の中国での生産や販売は半減以下になっている」と述べた。[76]

一方で日本では、主として歴史認識問題をめぐり、対中・対韓強硬論が保守論者や「ネット右翼」の間で広がっていた。その批判は、経済面から対中関係を重視する財界にまで及んだ。右派雑誌『正論』は二〇一二年四月、奥田碩や当時の経団連会長の米倉弘昌、アジア銀行総裁から日銀総裁となった黒田東彦などを、「中華帝国の野望を支える亡国著名人」と批判する論考を掲載した。[77]

二〇一一年八月から、「ネット右翼」などを中心とする民間右派のデモ隊が、フジテレビが韓国製ドラマや韓国歌手を「過度」に放送していることに抗議して、フジテレビ本社に押し寄せた。従来からこうしたフジテレビへの抗議は、バンクーバー五輪のフィギュアスケートで二位となった日本選手より一位となった韓国選手の方が「実力」があると評したことなどにむけられていた。[78] 東京都新宿区のコリアンタウンである新大久保では、二〇〇九年から「在日特権を許さない市民の会」などの右派諸団体が韓国人排斥を叫ぶデモを行なっていたが、二〇一三年二月には「良い韓国人も悪い韓国人もどちらも殺せ」と書かれたプラカードを掲げて注目を集めた。[79]

二〇一二年一二月の総選挙で、民主党は国民の信を失い、自民党に政権が交代した。新首相の安倍晋三は就任後、憲法改正や集団的安全保障容認に意欲を示した。さらに安倍は、植民地支配の反省をうたった九五年の「村山談話」、および従軍慰安婦問題への政府関与を認めた九三年の「河野談話」の見直しなどを示唆した。

これらを見直すことは、九〇年代半ば以降の対アジア外交の基盤を、覆すに等しいものだった。かつて外務省アジア大洋州局長であり、「日米安保再定義」や小泉訪朝を準備した田中均は、二〇一三年六月に「日本が自己中心的な、偏狭なナショナリズムによって動く国だというレッテルを貼られかねない状況が出てきている」と安倍を批判した。[80]

アメリカの対日政策担当者たちは、自民党政権の復帰を歓迎しながらも、半ば困惑していた。擬似冷戦体制を維持しようとする彼らにとって、日米韓が合同して中国や北朝鮮と対向するのが望ましい国際秩序であり、韓国と日本が歴史認識問題で離間するのはその障害になりかねないものだった。二〇一二年一二月、元国防総省アジア太平洋部局特別補佐官のマイケル・グリーンは、「河野談話の見直し、靖国神社への参拝、尖閣諸島の公務員常駐施設の建設」への慎重姿勢を安倍政権への現実的アドバイスとして述べた[81]。元国務相日本部長のケビン・メアも右派雑誌『正論』での対談で、対中強硬政策とF35戦闘機の購入を説く一方、同盟国である韓国とは和解を説き、「河野談話」見直しには反対した[82]。

また前述したように、一九九〇年代後半以後には、従軍慰安婦問題は女性の人権問題であるという認識が国際的に形成されていた。そのためアメリカなどでは、当時の日本勢力圏内で女性への人権抑圧があったことが問題なのであり、政府や軍が慰安婦募集や慰安所管理に関与したか否かにこだわっている日本国内の議論は意味をなさない、という見解が二〇〇〇年代に広がっていた。外務省条約局長や欧亜局長を歴任した東郷和彦は、二〇一二年一一月に、日本国内の歴史認識論議は「ガラパゴス的」であり、国際的にまったく通用しないと述べている[83]。

さらに二〇一三年五月には、石原と新党を結成していた大阪市長の橋下徹が、米軍も風俗施設を活用したらよいと沖縄の普天間基地米軍司令官に提言し、アメリカ国務省から抗議をうけた[84]。この状況では、アメリカの対日政策担当者たちといえども、日本の保守派の歴史認識を肯定できる状況ではなかったことは当然といえる。

それにもかかわらず、安倍晋三首相は二〇一三年一二月に靖国参拝を行ない、中国・韓国だけでなく、アメリカやEU、ロシアなどからも批判をうけた。靖国参拝に安倍政権の「官邸のスタッフは全員反対」だったというが、安倍は外務省幹部にたいし「私にもケア（気遣い、配慮）しないといけないところがあるから」と述べて参拝を強行したとされる[85]。

安倍は不振に終わった二〇〇三年の総選挙のあと、「もう組織だけの選挙では駄目なんです」と述べ、「自民党の理念」によって有権者をひきつける必要を語っていた。安倍がモデルとしたのは、家族や宗教を重んじる保守派の地域組織の力によって、二〇〇四年の大統領選に勝ったアメリカ共和党であった[86]。

その後の自民党の党員数が顕著には回復しなかったことをみると、この路線は成功したとは言いがたい。しかし安倍政権を支える右派組織として注目された日本会議の方向性と、重なるものではあった。

そして二〇〇七年に安倍がいったん首相を辞したあと、彼を支え続けたのは右派組織と右派論壇であった。二〇一二年九月の自民党総裁選で、安倍は自分が所属する派閥の代表候補になれず、地方票でも議員票でも一位になれなかったが、自民党の派閥が衰退する状況のもと決戦投票で総裁になることができた。全体が衰退するなかでは、少数であってもイデオロギー的に団結力の強いグループは貴重な支持基盤となる。安倍としては、二〇〇七年から二〇一二年までを支え続けてくれた右派勢力は、「ケアしないといけないところ」だったのかもしれない。

現実的に考えるなら、歴史認識問題では韓国と和解し、中国とは不要な摩擦を避けるのが当然に採るべき外交方針である。しかし現実には、それに逆行するような動向が増加した。対韓関係を冷却させたまま中国を刺激するような動きを続けるには、アメリカとの関係に依存するしかないが、MIT教授のバリー・R・ポーゼンは、二〇一三年一月にこうした姿勢を「モラルハザードの典型」と評している。

ポーゼンによれば、日本政府は中国の海軍力やミサイルの脅威をうたっているにもかかわらず、「不可解にも地上部隊に多くの資金を注ぎ込んでいる」。「ワシントンは依然としてドイツや日本の安全保障に補助金を出して」いるが、戦略的には「すべての米海兵隊は日本から撤退させることができる」。そして「アメリカの安全保障の傘のなかにいる同盟国のなかには、『最終的にはアメリカが助けてくれる』と信じてよりパワフルな国に挑戦する無謀な友人もいる」としたうえで、「これはモラルハザードの典型」であると形容した[87]。

一方で日本の経済的地位の低下とともに、日本への注目が低下する傾向も出てきている。かつての韓国では、政権支持率が落ちると、歴史認識問題で対日強硬策をとることによって政権支持率の回復をはかるという傾向があるといわれた。だが二〇一五年一二月の朴槿恵政権による「慰安婦合意」や、文在寅政権による二〇一八年の徴用工問題への対応において、政権支持率への影響が観測されていない。二〇一七年の韓国大統領選挙において、六回におよぶ候補者討論会で日本が言及されたのは二回のみだった[88]。

韓国の貿易に占める日本のシェアは、一九七〇年代には三五〜四〇%だったが、二〇一七年には七%にまで低下し、二〇〇五年には中国を下回った。二〇一〇年以降、中韓貿易が増加する一方、日中貿易は停滞ぎみである。以前の韓国政府は、支持率が高い間は対日融和政策をとったが、朴槿恵政権以後はそうした傾向がみえず、二〇一五年の「慰安婦合意」に韓国側が妥協したのも同盟国の不仲を案じたアメリカの圧力の結果だった[89]。

二〇一八年の北朝鮮ミサイル危機、同年六月の米朝首脳会談、同年九月の南北首脳会談といった一連の過程でも、日本はいわば「蚊帳の外」の状態だった。このことは、二〇〇三年の日朝交渉が行なわれた時期と比較して、変化した点といえる。

7 結論

以上、①擬似冷戦体制の構築と、②新たなナショナリズムの台頭、③背景としての軍事体系の変化という三つの視点から、平成期の国際環境とナショナリズムの歴史を概説してきた。それは、以下のように要約できる。

総じていえば、日本外交は冷戦期の構造から、脱することができなかった。冷戦期の構造とは、基地の提供をはじめとする軍事協力で対米関係を維持しつつ経済力を高め、さらに経済援助によってアメリカ以外との対外関係を維持するというものである。

その前提になっていたのは、東アジアにおけるアメリカの大きなプレゼンスであり、その条件のもとで擬似冷戦体制が構築されたことであった。日本・韓国・台湾は、各個にアメリカと関係を維持していれば、歴史問題などでの和解は必要性が薄かった。また冷戦期には、反共軍事独裁政権が韓国と台湾を支配していたため、戦争被害者の声も抑制されていた。これらの点は、NATOとEUを形成した欧州諸国の経緯とは、大きく異なる点である。

冷戦後には、アジア諸国の民主化、中国の経済的台頭、そしてアメリカのプレゼンスの相対的低下によって、これらの前提が崩れていった。しかし日本は、九〇年代の経済的・政治的混乱への対処に追われ、これらの環境変化に対応することができなかった。

対応した部分は、おもにアメリカの要求に応じて軍事協力を深めた部分であった。これは従来の延長線上の対応でもあったし、また東アジアにおいて擬似冷戦体制が維持された結果でもあった。それによって対米関係を維持しえたプラスの効果もあったが、そのための負荷が沖縄・自衛隊・憲法の諸問題として表面化した。

また対米関係を維持するだけでは、対米関係と経済援助のほかに、日本は外交資源を持てなかった。二〇〇三年の対北朝鮮交渉は、冷戦後の日本としては独自の取り組みだったが、その交渉において北朝鮮から日本に求められた内容は、アメリカへのとりなしと経済援助の二点だった。このことは、冷戦後の時代になっても、対米関係と経済力しかカードが作りえなかった日本外交の状況を示している。

この状態を脱するには、対アジア諸国関係において、歴史認識や領土といった象徴的問題において妥協することが必要だったが、国内の保守系世論への配慮のほうが優先しがちだった。そうして対アジア関係が緊張すると、対米関係維持のために軍事的協力を強化せざるを得なくなり、その負荷がまた沖縄・自衛隊・憲法といった問題となって表れた。この往復運動をくりかえしたのが、冷戦後すなわち平成期の状況だったといえる。

一方で経済力が相対的に低下するなかで、対アジア関係における日本のプレゼンスも低下している。また国内においても、公共事業の誘致をはじめとした振興策によって、沖縄の不満をなだめる効果が落ちている。

さらに経済力低下が、新たなナショナリズムの台頭を招いている。日本の場合、直接選挙で選ばれる大都市の首長を別とすれば、小政党に不利な小選挙区制度のためもあって、極右政党の台頭は抑制されている。しかし既存政党の組織力の低下は、少数でもあっても団結力の強い勢力の影響を増幅しやすい。そのため、国民の一部にすぎない右派的な見解が、政権の動向にまで反映しやすくなっている。同様の現象は、出版産業が全体として衰退する状況下で、比較的少数でも確実に売れる右派言説が生産される動向にも表れているといえよう。

冷戦期のナショナリズムの対立構造が変質し、右派ポピュリズムが台頭するという問題は、先進諸国が共通して抱えている。日本に特徴があるとすれば、移民問題の代替物として、歴史認識問題や領土問題が機能していることである。しかし日本の場合、東アジアにおいて擬似冷戦体制が維持されてしまったぶんだけ、従来の構造を維持したまま手詰まりになっている状況が目につくといえよう。

すなわち、一九七五年ごろに完成した冷戦期の構造を、国際環境が変わっても補助金を使いつつ維持してきたという意味においては、他の内政における構図と共通する。現在必要なのは、未来の構想を立てることである。冷戦期に固定化された政策／思想の延長上では対応できない。その前提として必要なのは、情報公開と、対抗的専門家である。自衛隊と防衛産業、武器輸出のあり方についても、情報公開に基づいた議論が必要であろう。

問題の広い認知、対抗的専門家をふくむ幅広い議論、そこから生まれる構想力。それなしには、この問題に限らず、日本社会の未来は創れない。「平成史」とは、一言でいってしまえば、「冷戦期で時間を止めてきた歴史」である。ある国が、自国が最盛期だった時代を忘れられず、その時代の構造からの変化に困難をきたしてきた歴史と言ってもよい。いまや、いやおうなく、そこからの脱却が迫られているのだ。

註

（1）本章の課題は、題名に示すとおり、平成期の国際環境を概説し、日本のナショナリズムの動向を粗述することにある。とはいえこの問題を論ずるには、日本の安全保障体制とアジア外交の問題を記述に含めざるをえなかった。筆者にとって外交・安全保障の歴史は専門外であるが、上記の問題をすべて含む記述を行なえる候補者が見当たらなかったため、本章を担当することとした。

（2）ここでいう「現実主義史観」と「平和主義史観」は、あくまで理念型である。近い具体例をあげれば、前者は五百旗頭真の一連の著作、後者は松尾尊兊『国際国家への出発』（集英社、一九九三年）や中村政則

『戦後史』（岩波新書、二〇〇五年）がある。

（3）ここでいう「独立」は制度的な国家の独立、「自立」はより広い意味である。日本の「独立」はサンフランシスコ講和条約締結までで、一応達成されている。

（4）松岡完・広瀬佳一・竹中佳彦編著『冷戦史』（同文舘出版、二〇〇三年）三一七頁。

（5）片山さつき「自衛隊にも構造改革が必要だ」（『中央公論』二〇〇五年一月号）一六一頁。

（6）以下、米軍のRMAとトランスフォーメーションについては、江畑謙介『米軍再編』（ビジネス社、二〇〇五年）を参照。

（7）ジョセフ・M・バレント／ポール・K・マクドナルド「外国からの米前方展開軍の撤退を」（『フォーリン・アフェアーズ・リポート』、二〇一一年一二月号）一七頁。

（8）外注化についてはP・W・シンガー（山崎淳訳）『戦争請負会社』（NHK出版、二〇〇四年）および菅原出『外注される戦争』（草思社、二〇〇七年）などを参照。貧困層の募集については堤未果『ルポ　貧困大陸アメリカ』（岩波新書、二〇〇八年）参照。

（9）江畑前掲書一一七－一一九頁。

（10）同上書二六〇、二七五、二八四頁。

（11）キルギスタンの事例はケント・E・カルダー（武井楊一訳）『米軍再編の政治学』（日本経済新聞出版社、二〇〇八年）九四頁。

（12）同上書七八頁。

（13）会田弘継「米新国防戦略がもたらすのは「抑止力」か「卑怯者の戦争」か」（Foresight、二〇一二年二月七日付、http://www.fsight.jp/）。

（14）カルダー前掲書八四、九九頁。

（15）同上書一四三－一四四頁。

（16）久江雅彦『米軍再編』（講談社現代新書、二〇〇五年）二一一－二一二頁。

（17）「在外米軍　過去60年で最小　昨年9月　日本駐留　国別で最多」『しんぶん赤旗』二〇一七年八月二八日。http://www.jcp.or.jp/akahata/aik17/2017-08-27/2017082701_03_1.html

（18）梅林宏道『アジア米軍と新ガイドライン』（岩波書店、一九九八年）一五頁。

（19）豊下楢彦「『尖閣購入』問題の陥穽」（『世界』二〇一二年八月号）四二頁。

（20）米軍統治下の沖縄の法的位置については小熊英二『〈日本人〉の境界』（新曜社、一九九八年）参照。

（21）大嶽秀夫『再軍備とナショナリズム』（中央公論社、一九八八年）。

（22）田中明彦『安全保障』（読売新聞社、一九九七年）八四頁。

（23）正確には一九九五年の新防衛計画大綱によって、陸上自衛隊の定員は一八万から一六万に減ったが、もともと定員が充足していなかったため、実質的な減少はそれほどなかった。

（24）田中前掲『安全保障』二四五－二六二頁。

（25）日本のNPT批准の前に、アメリカは韓国の核開発を放棄させていた。さらに、のちに駐日大使になったマンスフィールドが、NPT批准に六年の猶予を与える妥協案を提示していたという。ケント・E・カルダー（渡辺将人訳）『日米同盟の静かなる危機』（ウェッジ、二〇〇八年）九九、一〇五頁。
(26) 小熊英二『私たちはいまどこにいるのか』（毎日新聞出版社、二〇一一年）一一九頁。
(27) 高井三郎「自衛隊の兵器は、なぜ、こんなに高いのか?!」（『裸の自衛隊!』所収、別冊宝島133、一九九一年）。
(28) 匿名自衛官「自衛隊にゃ、弾がない!」（前掲『裸の自衛隊!』所収）二三四頁。
(29) 近代戦史研究会編『国家戦略の分裂と錯誤（下）』（PHP研究所、一九八六年）などを参照。
(30) 田中前掲『安全保障』一二六、一九九-二〇〇頁。
(31) 以下、片山前掲論文一五九-一六二頁。
(32)『AERA』一九九五年一〇月三〇日号、三三頁。
(33) 新崎盛暉『沖縄現代史』（岩波新書、一九九六年）一四頁。
(34) 手嶋龍一『ニッポンFSXを撃て』（新潮社、一九九一年。新潮文庫新装版二〇〇六年）新装版八〇頁。
(35) 湾岸戦争とカンボジアPKO派遣の、経緯・議論・法的問題については、佐々木芳隆『海を渡る自衛隊』（岩波新書、一九九二年）に詳しい。
(36) 丸山眞男が主要執筆者になった、平和問題談話会の声明「三たび平和について」（『世界』一九五〇年一二月号）が、この立場の主な事例である。
(37) 坂本義和「中立日本の防衛構想」（『世界』一九五九年八月号）は、国連警察軍による安全保障を提唱した。
(38) 日本の外務省・防衛庁の動向とアメリカ側の介入の経緯は、NHKスペシャル「シリーズ日米安保50年 〝同盟〟への道」（二〇一〇年一二月一一日放送）、秋山昌廣『日米の戦略対話が始まった』（亜紀書房、二〇〇二年）、船橋洋一「日米安保再定義の全解剖」（『世界』一九九六年五月号）などを参照。
(39) 孫崎享『不愉快な現実』（講談社現代新書、二〇一二年）六一頁。リチャード・アーミテージ、ジョセフ・ナイ、マイケル・グリーンらがその事例として挙げられている。
(40) 江畑前掲書三六三頁。
(41) カルダー前掲『米軍再編の政治学』一〇〇頁。
(42) 以下、日本の原子力政策は吉岡斉『新版 原子力の社会史』（朝日新聞出版社、二〇一一年）一七五-一七七、二三一-二三三頁。
(43) 田中均・田原総一朗『国家と外交』（講談社、二〇〇五年）二〇頁。
(44) 前掲NHKスペシャル「〝同盟〟への道」。
(45) 田中真紀子と外務当局との対立については、大嶽秀夫『日本型ポピュリズム』（中公新書、二〇〇三年）第四章参照。
(46) 田中明彦『アジアのなかの日本』（NTT出版、二〇〇七年）一一二、一二〇頁。
(47) APECについては同上書一〇六-一〇八頁。

(48) 朝日新聞戦後補償問題取材班『戦後補償とは何か』(朝日新聞社、一九九九年) 五六‐五七頁。
(49) 田中前掲『アジアのなかの日本』二四九‐二五〇頁。
(50) 宮城大蔵『現代日本外交史』(中公新書、二〇一六年) 二二八頁。
(51) 同上書一六七‐一六八頁。
(52) 同上書一四三、一四四頁。
(53) 高原基彰『不安型ナショナリズムの時代』(洋泉社、二〇〇六年) 参照。日中韓の「ネット世代」を友人に持つ著者が、それぞれの社会背景とナショナリズムを社会学的に分析しようとした試みとして示唆に富む。
(54) 菅原琢『世論の曲解』(光文社新書、二〇〇九年) 第3章参照。
(55)『朝日新聞』二〇一一年五月四日付。
(56) 沖縄への振興開発予算については島袋純「『沖縄振興開発体制』への挑戦」(『世界』二〇一二年七月号) 四九、五一頁。
(57) 前泊博盛「四〇年にわたる政府の沖縄振興は何をもたらしたか」(『世界』二〇一二年六月号) 一二二‐一二三頁。
(58) 沖縄県庁「(よくある質問) 米軍基地と沖縄経済について」https://www.pref.okinawa.jp/site/kikaku/chosei/kikaku/yokuaru-beigunkichiandokinawakeizai.html 二〇一八年一二月三日アクセス。
(59) 宮城前掲『現代日本外交史』二五一頁。
(60) 小村田義之「欺瞞重ね9条の制約超えた 過度な軍事傾斜は解にならず」(『Journalism』二〇一九年二月号) 七九頁。
(61) 東京新聞社会部取材班「戦略なき軍拡」(『世界』二〇一九年三月号) 一三三、一三五、一三六頁。
(62) 同上記事一三四頁。
(63) 三島由紀夫「檄」(『三島由紀夫全集』第三三巻所収、新潮社、一九七六年) 五三〇頁。該当部分には「繊維交渉に当っては自民党を売国奴呼ばわりした繊維業者もあったのに、国家百年の大計にかかわる核停条約は、あたかもかつての五・五・三の不平等条約の再現であることが明らかであるにもかかわらず、抗議して腹を切るジェネラル一人、自衛隊からは出なかった」とある (原文は旧字旧仮名)。
(64) 小熊英二・上野陽子『〈癒し〉のナショナリズム』(慶應義塾大学出版会、二〇〇三年)。
(65) もちろん現実の現れ方は多様である。こうした潮流の象徴とされがちな漫画家の小林よしのりは対米自立的な傾向が強いが、彼のアメリカに対する姿勢は少数派に属する。一九九五年のスミソニアンでの原爆展問題や、二〇〇六年の靖国神社遊就館の展示変更問題などの、アメリカ側との歴史認識の齟齬は、中国・韓国とのそれにくらべ、右派ポピュリズムからの注目が強いとはいえない。小熊・上野前掲書でも、「新しい歴史教科書をつくる会」参加者の天皇への関心の薄さは指摘した。
(66) 小熊英二『1968』下巻 (新曜社、二〇〇九

年）第14章参照。安保闘争が行き詰まり、総理府調査で「中」に属すると答える者が約九割に達した一九七〇年から、日本の労働者階級は豊かさの配分をうけてもはや立ち上がらず、運動はマイノリティに目を向けるしかない、という論調が当時の新左翼周辺から台頭した。いわばマイノリティへの注目は、「一億総中流」や「経済大国ニッポン」の意識と、批判的な形態で表裏一体であった。その意味では、戦争責任問題への注目が、日本の国連常任理事国入りが挫折した二〇〇五年、「格差社会」が流行語大賞のトップ10入りした二〇〇六年ごろを境に低下していったことは注目すべき事態である。また一九九〇年代は、全共闘運動と新左翼運動の影響をうけた世代が四〇代で、論壇や運動の領域で活動的な時期だった。

(67) 樋口直人『日本型排外主義』（名古屋大学出版会、二〇一四年）および田中辰雄・山口真一『ネット炎上の研究』（勁草書房、二〇一六年）。

(68) 倉橋耕平『歴史修正主義とサブカルチャー』（青弓社、二〇一八年）および倉橋耕平「右派論壇の流通構造とメディアの責任」（『世界』二〇一八年一〇月号）。

(69) 竹中佳彦「有権者の『右傾化』を検証する」（塚田穂高編著『徹底検証　日本の右傾化』、筑摩書房、二〇一七年）。

(70) 松谷満「誰が橋下を支持しているのか」（『世界』二〇一二年七月号）。

(71) 二〇〇七年から台頭した右派ポピュリズム団体「在日特権を許さない市民の会」（以下「在特会」）を研究した樋口直人「排外主義運動のミクロ動員過程」（『アジア太平洋レビュー』№9、二〇一二年号）は、調査に応じたこの団体のメンバーが比較的高学歴で非正規雇用も少ないことを示し、「高校卒で非正規雇用という在特会会長の桜井誠が全体を代表しているわけではない」「階層の低い者の不安が排外主義運動を生み出すという仮説……は棄却されたといってよい」としている（九頁）。また古谷経衡も「『ネトウヨは低学歴でニート』は大嘘　その正体は30〜40代の中流層だ『ネット右翼の逆襲』著者・古谷経衡さんに聞く」（J‐CASTニュース、二〇一三年九月七日付、http://www.j-cast.com/2013/09/07182928.html　二〇一三年一一月一〇日アクセス）で、在特会でアンケートに応じた約一〇〇〇人は平均年齢三八・一五歳、平均年収は四〇〇万円台後半、学歴は四大卒が六三・三パーセントで、「若年貧困層」とはほど遠いと位置づけている。こうした実態調査に異論はないが、しかし筆者は、学歴や雇用形態のみが、「不安」の要因にはならないと考える。

　在特会を取材し続けてきた安田浩一が「〔在特会には〕下は中学生から上は70代まで、いろんなひとがいるわけです。一流企業のサラリーマンもいるし、高校生もいる。あるいはフリーターや無職の人もいるし、家庭の主婦もいる。いうなれば『日本社会の縮図』みたいなもの」と述べている（有田芳生・安田浩一・五野井郁夫「差別の言葉をまき散らして憎悪をかき立てる『凡庸な悪』と社会はどう向き合うべきか」、

『Journalism』、二〇一三年一一月号、八頁）。これはおそらく的確だとも思うが、一つ私見を追加するならば、あくまで年代・性別・所得・学歴といった社会学的クラスターで言えばそうだ、ということなのだろうと考える。

(72) クマラスワミ報告書は、ラディカ・クマラスワミ（VAWW－NBTジャパン翻訳チーム訳）『女性に対する暴力をめぐる一〇年』（明石書店、二〇〇三年）として出版されている。

(73) 上野千鶴子・小熊英二「上野千鶴子を腑分けする」（『現代思想』二〇一一年一二月号臨時増刊『総特集 上野千鶴子』所収）三四頁参照。

(74) 北京女性会議については松井やより『北京で燃えた女たち』（岩波書店、一九九六年）参照。

(75) 木村涼子編『ジェンダー・フリー・トラブル』（白澤社、二〇〇五年）参照。

(76) 奥田碩「国際協力銀 奥田総裁『中国での日本製品は半減以下』」（『日本経済新聞』二〇一二年一〇月九日付）。

(77) 永山英樹「中華帝国の野望を支える亡国著名人リスト」（『正論』二〇一三年五月号）。

(78) 「浅田真央とキム・ヨナの比較報道に誤り、『とくダネ！』が謝罪。」（「ナリナリ・ドットコム」二〇〇八年一二月一八日）。http://www.narinari.com/Nd/20081210772.html 二〇一三年一一月九日アクセス。ただしこれは二〇〇八年のグランプリ大会の報道であり、バンクーバー五輪の二年前のものである。

(79) 朴順梨「コリアンタウンで起きていること、憎悪は暴力に変わった」（『朝日新聞 Asia & Japan Watch』、二〇一三年七月一六日付）。http://www.asahi.com/shimbun/aan/column/130716.html 二〇一三年一一月九日アクセス。

(80) 田中均「右傾化、日本攻撃の口実に」（『毎日新聞』二〇一三年六月一二日）。この新聞記事に、安倍晋三首相はフェイスブックで直接に批判を行なった。

(81) マイケル・グリーン「安倍政権が、外交でやってはいけないこと」（『週刊東洋経済オンライン』二〇一二年一二月一七日）。http://toyokeizai.net/articles/-/12157 二〇一三年一一月九日アクセス。

(82) ケビン・メア、湯浅博「対中防衛に躊躇の要なし」（『正論』二〇一三年三月号）。

(83) 東郷和彦「私たちはどのような日韓関係を残したいのか」（『世界』二〇一二年一二月号）。

(84) 「『言語道断で侮辱的』国務省報道官が橋下発言を批判」（『産経新聞』二〇一三年五月一七日付）。

(85) 田崎史郎『安倍官邸の正体』（講談社現代新書、二〇一四年）一五〇、一五四頁。

(86) 中北浩爾『現代日本の政党デモクラシー』（岩波新書、二〇一二年）一五六、一五七頁。

(87) バリー・R・ポーゼン「米軍の大規模な撤退を」（『フォーリン・アフェアーズ・リポート』二〇一三年二月号）二四、二八頁。

(88) 木村幹「なぜ対日政策が『雑』なのか」（『VOICE』二〇一八年一二月号）。

(89) 同上論文および江本伸哉・韓成一「日中韓貿易構造の変容」(九州国際大学『社会文化研究所紀要』七三号、二〇一四年三月)。

平成史略年表

西暦	平成	出来事
1989	1	1月 天皇死去。「平成」と改元。 ブッシュ米大統領就任。 4月 消費税実施(3%)。 6月 中国・天安門事件。 7月 東京・埼玉連続幼女誘拐殺人事件、宮崎勤逮捕。 参院選で自民過半数割れ、社会躍進。 11月 ベルリンの壁崩壊。 日本労働組合総連合会(連合)発足。 12月 「高齢者保健福祉推進10ヵ年戦略」(ゴールドプラン)策定。 合計特殊出生率が1.57となり、 1966年(ひのえうま)の1.58をも下回る(「1.57ショック」)。
1990	2	3月 初代ソ連大統領にゴルバチョフ選出。 8月 イラク軍がクウェートに侵攻。 10月 東証株価が2万円を割る(バブル経済崩壊)。 東西ドイツ統一。 12月 沖縄県知事選、大田昌秀当選。
1991	3	1月 湾岸戦争勃発。 4月 国民年金基金創設。初の自衛隊海外派遣を閣議決定。 6月 南アフリカ、アパルトヘイト終結宣言。 9月 韓国・北朝鮮が国連同時加盟。 10月 カンボジア和平合意。 12月 ソ連崩壊。 金学順ら韓国人元従軍慰安婦が日本政府への補償請求提訴に加わる。
1992	4	1月 北朝鮮、核査察協定調印。改正大規模小売店舗法施行。 2月 欧州連合(EU)条約調印(1993年11月発効)。 4月 育児休業法施行。 7月 従軍慰安婦問題、政府が直接関与を認める。 8月 PKO協力法施行。中韓、国交樹立。 9月 文部省、不登校児童・生徒の民間施設における指導を「学校出席」と認める。 10月 佐川急便事件(金丸信議員辞職)。
1993	5	1月 クリントン米大統領就任。 5月 小沢一郎『日本改造計画』。 6月 宮澤内閣不信任案可決、自民分裂。 8月 首相に日本新党の細川護熙、自民下野。 12月 ガットのウルグアイ・ラウンド合意。

1994	6	1月	政治改革関連4法案成立。
		6月	ニューヨーク市場で1ドル＝100円を突破。 松本サリン事件発生。村山連立内閣発足。
		7月	北朝鮮・金日成死去。
		11月	年金改革法成立。
		12月	新進党結成。 「今後の子育て支援のための施策の基本的方向について」 （エンゼルプラン）策定。 「新ゴールドプラン」策定。
1995	7	1月	阪神・淡路大震災発生。
		3月	地下鉄サリン事件。
		4月	改正合併特例法施行。 東京都知事に青島幸男、大阪府知事に横山ノック当選。 1ドル＝79.75円の戦後最高値を記録。
		5月	地方分権推進法施行。 日経連「新時代の「日本的経営」」。
		8月	戦後50年、村山首相談話。 NTT「テレホーダイ」サービス開始。
		9月	第4回国連世界女性会議（「北京宣言」発表）。 沖縄米兵少女暴行事件（10月 県民総決起大会）。
		11月	ウィンドウズ95日本語版発売。「防衛計画の大綱」改訂。
1996	8	1月	橋本内閣発足。社会党が社会民主党に改称。
		4月	東京三菱銀行発足。日米安保共同宣言。
		6月	住専問題、6850億円の財政支出を決定。
		8月	新潟県巻町、住民投票で原発建設拒否。
		9月	民主党結成。
		10月	初の小選挙区比例代表並立制選挙(衆院)実施。
1997	9	1月	女性のためのアジア平和国民基金、 韓国人元従軍慰安婦への償い金支給手続き開始。 新しい歴史教科書をつくる会結成。
		4月	消費税が5%に。
		6月	改正男女雇用機会均等法・改正労働基準法施行。 神戸市の連続児童殺傷事件（酒鬼薔薇事件）、14歳少年を逮捕。
		7月	連続射殺事件の永山則夫に死刑執行。
		9月	日米防衛協力のための指針（新ガイドライン）合意。
		11月	山一證券が経営破綻、自主廃業（山一ショック）。
		12月	京都議定書採択。介護保険法成立。新進党解党。
		7月のタイ・バーツ暴落を発端にアジア通貨危機へ。	

1998	10	3月	NPO法成立。
		4月	新・民主党誕生。
		5月	インド、核保有宣言。パキスタン、初の地下核実験。 インドネシア・スハルト政権崩壊。
		6月	金融監督庁発足。
		7月	小渕内閣発足。
		8月	北朝鮮が弾道ミサイルを発射。
		10月	金融再生法成立。長銀が破綻申請、一時国有化。
1999	11	1月	地域振興券交付開始。
		2月	NTTドコモ、「i-mode」(携帯電話でインターネット接続) サービス開始。
		4月	東京都知事に石原慎太郎。
		5月	情報公開法成立。新ガイドライン関連法成立。
		6月	男女共同参画社会基本法施行。 岡部恒治ほか編『分数ができない大学生』。
		7月	食料・農業・農村基本法施行。
		8月	国旗国歌法成立。通信傍受法成立。
		9月	東海村JCO臨界事故。
		10月	山田昌弘『パラサイト・シングルの時代』。
		12月	改正労働者派遣法施行。 「新エンゼルプラン」策定。「ゴールドプラン21」策定。
2000	12	1月	2000年(Y2K)問題、大きなトラブルなし。
		3月	ロシア大統領にプーチン選出。
		4月	介護保険制度開始。小渕首相が緊急入院、森内閣発足。 地方分権一括法施行(合併特例債導入)。
		5月	ストーカー規制法成立。
		7月	2000円札発行。沖縄サミット開催。
		11月	「加藤の乱」。
		12月	改正少年法施行。
2001	13	1月	中央省庁再編(1府12省庁へ)。ブッシュ米大統領就任。 「e-Japan戦略」策定。
		2月	えひめ丸沈没事件。
		4月	独立行政法人開始。DV防止法成立。小泉内閣発足。
		5月	政府、ハンセン病訴訟で控訴断念。
		8月	小泉首相、靖国神社公式参拝。
		9月	アメリカ同時多発テロ事件。国内初のBSE(牛海綿状脳症)確認。 ヤフー、「Yahoo! BB」(ADSL)の商用サービス開始。
		10月	アメリカ、タリバーンへの攻撃を開始。

2002	14	1月	ユーロ、流通開始。ブッシュ米大統領、「悪の枢軸」演説。
		4月	学校完全週5日制スタート。
		5月	東ティモール独立。
			日本経済団体連合会発足。
		7月	ホームレス自立支援法成立。
		8月	「住基ネット」稼働。
		9月	小泉首相、日本の首相として初の北朝鮮訪問（10月 拉致被害者5人が帰国）。
2003	15	1月	北朝鮮、核不拡散条約脱退宣言。
		3月	東京でイラク反戦デモ（4万人）。
			米英軍、イラク・バグダッド攻撃開始（イラク戦争）。
		4月	平成の大合併（市町村数3190に）。
			日本郵政公社発足。
		6月	「若者自立・挑戦プラン」策定。
		7月	次世代育成支援対策推進法、少子化社会対策基本法成立。
		9月	民主党と自由党、合併。
		12月	地上デジタル放送開始。
			米でBSE発見、米国産牛肉輸入禁止へ。
2004	16	1月	山口県で鳥インフルエンザ発生。
		4月	国立大学法人化。
		5月	裁判員法成立。
			再び日朝首脳会談、拉致被害者家族5人帰国。
		6月	年金改革法、改正高齢者雇用安定法成立。
			自衛隊がイラクの多国籍軍に参加。
		8月	沖縄国際大に米軍ヘリが墜落。
		10月	新潟県中越地震。
		11月	新札発行（1000円札：野口英世、5000円札：樋口一葉）。
			政府・与党、地方財政・三位一体改革を決定。
2005	17	2月	北朝鮮、核保有宣言。
			京都議定書発効。
		4月	個人情報保護法施行。ペイオフ解禁。
			中国で反日デモ相次ぐ。
			JR福知山線で脱線事故。
		7月	ロンドンで同時爆破テロ。
		9月	「郵政選挙」で自民圧勝。
		10月	郵政民営化法成立。
			「皇室典範に関する有識者会議」が女性・女系天皇を容認。
		合計特殊出生率が1.26に（過去最低）。	

2006	18	1月	ライブドアの堀江貴文社長らが証券取引法違反容疑で逮捕。
		3月	岩国市、住民投票で米軍基地受入れ反対。
		4月	障害者自立支援法施行。
		6月	医療制度改革関連法成立。
		9月	悠仁親王誕生。
			オウム真理教・松本智津夫被告の死刑確定。安倍内閣発足。
		11月	フセイン元イラク大統領に死刑判決。
		12月	改正教育基本法成立。赤木智弘「「丸山眞男」をひっぱたきたい」。
2007	19	1月	防衛省発足。宮崎県知事に東国原英夫当選。
		3月	雨宮処凛『生きさせろ！』。
		4月	全国学力テスト実施（43年ぶり）。
		7月	北九州市で生活保護を打ち切られた男性が孤独死。
			新潟県中越沖地震、柏崎刈羽原発で火災。
			参院選で自公過半数割れ、衆参ねじれ国会。
		8月	サブプライムローン問題が深刻化。
		10月	民営郵政各社発足。
		11月	テロ特措法期限切れ（インド洋の海上自衛隊撤収）。
2008	20	3月	学習指導要領改訂（「ゆとり」路線の終焉）。
		4月	後期高齢者医療制度開始。ジョブ・カード制度開始。
		6月	東京・秋葉原で無差別殺傷事件。
		9月	リーマン・ブラザーズが経営破綻（リーマン・ショック）。
		11月	米大統領選、オバマ当選。
		12月	東京・日比谷公園に「年越し派遣村」開設。
2009	21	3月	日経平均株価終値、7054円98銭（バブル後最安値）。
		5月	「エコポイント」開始。裁判員制度開始。
		7月	水俣病救済法成立。
		8月	「みんなの党」結成。衆院選で民主大勝、政権交代へ。
		9月	消費者庁発足。鳩山内閣発足。前原国交相、八ッ場ダム建設中止を表明。
		11月	厚労省が貧困率を初めて発表、15.7%。
2010	22	1月	日本年金機構発足（社会保険庁廃止）。
		4月	子ども手当法・高校無償化法施行。
			沖縄で普天間基地県内移設反対集会（9万人）。
		5月	普天間基地移転先を辺野古とする日米共同声明。
		6月	鳩山首相、普天間問題で引責辞任、菅内閣発足。
		7月	参院選で民主敗れ、再度衆参ねじれ。
		9月	尖閣諸島中国漁船衝突事件。
			厚労省文書偽造事件で大阪地検特捜部・検事による証拠改竄が明らかに。
			ギリシアに端を発するヨーロッパ金融危機が深刻化。

2011	23	1月	チュニジアで大統領退陣要求デモ(「アラブの春」へ)。
		3月	東日本大震災。福島第一原発事故。
		5月	米軍、ビンラディン殺害。
		6月	復興基本法成立。
		9月	野田内閣発足。
			ニューヨークで「オキュパイ・ウォールストリート」運動始まる。
			東京で脱原発集会(6万人)。
		11月	野田首相、TPP参加意向表明。大阪維新の会・橋下徹、大阪市長に当選。
		12月	北朝鮮・金正日総書記死去。
2012	24	2月	復興庁発足。
		3月	改正児童手当法成立。
		5月	国内の全原発が停止。東電、実質国有化。
			原発反対の首相官邸前デモがさかんとなる。
		7月	大飯原発再稼働。
			入管法・入管特例法・住基法の改正施行、外国人登録法廃止。
			新型輸送機オスプレイが岩国基地に搬入。
		8月	消費税率引き上げを含む社会保障・税一体改革関連法成立。
		9月	自民党総裁選で安倍元首相が返り咲く。
		12月	衆院選で自公圧勝、政権に返り咲く。第2次安倍内閣発足。
			東京都知事選で猪瀬直樹が史上最多得票で初当選。
2013	25	1月	日銀が2%のインフレ目標を導入。
		3月	日経平均株価がリーマン・ショック前の水準を回復。
		4月	改正公職選挙法成立(ネット選挙運動解禁)。
		7月	参院選で自公圧勝、ねじれ国会が解消される。
		8月	福島第一原発でタンクから約300トンの汚染水漏れが発覚。
		9月	2020年オリンピック・パラリンピックの東京開催が決定。
		10月	水銀の使用などを規制する水俣条約が採択される。
		11月	小泉元首相が記者会見で「原発即ゼロ」を主張。
		12月	特定秘密保護法、改正生活保護法成立。猪瀬都知事が辞職。
			安倍首相、靖国神社参拝。
2014	26	1月	名護市長選挙、辺野古基地移転反対派の稲嶺進が再選。
		2月	東京都知事選、舛添要一が当選。
			仮想通貨ビットコインの最大手取引所マウントゴックスが破綻。
		3月	袴田事件の再審開始決定。
		4月	消費税が8%に。韓国の大型旅客船「セウォル号」が沈没。
		7月	集団的自衛権行使容認を閣議決定。
		9月	分裂した日本維新の会が結いの党とともに維新の党を結成。
		12月	特定秘密保護法施行。衆院選で自公圧勝、共産急伸。

2015	27	1月　「イスラム国」が日本人2人の殺害を予告、身代金2億ドルを要求。 5月　大阪都構想の是非を問う住民投票、反対多数で否決。 6月　選挙権年齢を18歳以上へと引き下げる改正公職選挙法成立。 7月　2020年東京五輪エンブレム問題おこる。 8月　川内原発1号機、新規制基準下で初の再稼働。 戦後70年の安倍首相談話。 9月　安全保障関連法が成立。 10月　マイナンバー（個人番号）の通知開始。スポーツ庁、防衛装備庁設置。 11月　パリ同時多発テロ事件。 12月　女性の再婚禁止期間規定に最高裁が違憲判決。 白紙撤回されていた新国立競技場、隈研吾の設計案が採用される。
2016	28	1月　日本銀行がマイナス金利導入を発表。 3月　北海道新幹線開業。民進党結成。 4月　熊本地震（M6.5、震度7）。 5月　オバマ大統領、現職の米大統領として初めて広島訪問。 6月　消費税10%を2019年10月まで再延期。英国民投票、EU離脱派が勝利。 7月　東京都知事選、小池百合子が当選。 相模原市の障害者施設で殺傷事件、19人死亡。 8月　天皇「おことば」表明。 11月　米大統領選、ドナルド・トランプ当選。 12月　政府が高速増殖炉「もんじゅ」の廃炉を正式決定。
2017	29	1月　小池都知事が都民ファーストの会を創設。 2月　森友学園問題おこる。北朝鮮の金正男がマレーシアで暗殺される。 3月　築地市場移転問題で東京都議会が石原慎太郎元都知事を証人喚問。 5月　韓国大統領選、文在寅が当選。加計学園問題おこる。 6月　天皇の退位等に関する皇室典範特例法成立。改正組織犯罪処罰法成立。 9月　希望の党結成。 10月　立憲民主党結成。衆院選で自公勝利、希望大敗、立憲躍進。
2018	30	4月　自衛隊日報問題おこる。黒田東彦日銀総裁再任。 韓国と北朝鮮による南北首脳会談。 5月　国民民主党結成。 6月　働き方改革関連法成立。 7月　オウム真理教事件、死刑囚全員の死刑執行。 統合型リゾート整備法成立。 8月　中央省庁の障害者雇用水増し問題が発覚。 9月　北海道胆振東部地震（M6.7、震度7）。 11月　2025年の万博、大阪開催が決定。 12月　4K・8K実用放送開始。環太平洋パートナーシップ協定（TPP）発効。

2019	31	1月	国際観光旅客税導入(出国時に1回1000円課税)。
		2月	日本・EU間の経済連携協定(EPA)が発効。
		3月	宮古ー釜石間、東日本大震災から8年ぶりに鉄道運行再開。
		4月	入管法において新在留資格「特定技能」創設。
			新元号が「令和」と発表される。天皇退位。
		5月	新天皇即位。改元。

作成:編集部。
参考文献:『増補新版 戦後史大事典』(三省堂)、『年表 昭和・平成史』(岩波ブックレット)、『戦後日本スタディーズ③ 80・90年代』(紀伊國屋書店)、『増補新版 現代世相風俗史年表』(河出書房新社)ほか。

◉編著者

小熊英二（おぐま・えいじ）
1962年、東京都生まれ。慶應義塾大学総合政策学部教授（歴史社会学）。『単一民族神話の起源』『〈日本人〉の境界』『〈民主〉と〈愛国〉』『1968（上・下）』『日本という国』『社会を変えるには』『生きて帰ってきた男』など。

◉著者

井手英策（いで・えいさく）
1972年、福岡県生まれ。慶應義塾大学経済学部教授（財政社会学）。『財政赤字の淵源』『日本財政 転換の指針』『経済の時代の終焉』『18歳からの格差論』『富山は日本のスウェーデン』『幸福の増税論』など。

貴戸理恵（きど・りえ）
1978年、福岡県生まれ。関西学院大学社会学部准教授（教育社会学）。『不登校は終わらない』『女子読みのススメ』『「コミュ障」の社会学』など。

菅原琢（すがわら・たく）
1976年、東京都生まれ。政治学者。『世論の曲解』、『「政治主導」の教訓』（共著）など。

中澤秀雄（なかざわ・ひでお）
1971年、東京都生まれ。中央大学法学部教授（政治社会学）。『住民投票運動とローカルレジーム』、『環境の社会学』（共著）、『炭鉱と「日本の奇跡」』（共編著）など。

仁平典宏（にへい・のりひろ）
1975年、茨城県生まれ。東京大学大学院教育学研究科准教授（社会学）。『「ボランティア」の誕生と終焉』、『若者と貧困』（共編著）、『共生社会の再構築Ⅱ――デモクラシーと境界線の再定位』（共編著）など。

濱野智史（はまの・さとし）
1980年、千葉県生まれ。rakumo株式会社リサーチャー。情報環境研究者。『アーキテクチャの生態系』『前田敦子はキリストを超えた』など。

ハン・トンヒョン（韓東賢）
1968年、東京都生まれ。日本映画大学准教授（社会学）。『チマ・チョゴリ制服の民族誌（エスノグラフィー）』、『ジェンダーとセクシュアリティで見る東アジア』（共著）など。

本書は、『平成史』（河出ブックス、二〇一二年一〇月刊）を増補改訂した『平成史【増補新版】』（河出ブックス、二〇一四年二月刊）を、さらに増補改訂したものです。

平成史《へいせいし》【完全版《かんぜんばん》】

２０１９年５月20日　初版印刷
２０１９年５月30日　初版発行

編著者――小熊英二《おぐまえいじ》

著者――井手英策《いでえいさく》　貴戸理恵《きどりえ》　菅原琢《すがわらたく》　中澤秀雄《なかざわひでお》　仁平典宏《にへいのりひろ》　濱野智史《はまのさとし》　ハン・トンヒョン

発行者――小野寺優

発行所――株式会社河出書房新社
〒１５１-００５１　東京都渋谷区千駄ヶ谷２-32-２
電話０３-３４０４-１２０１（営業）／０３-３４０４-８６１１（編集）
http://www.kawade.co.jp/

装丁・本文設計――天野誠（magic beans）

組版――株式会社キャップス

印刷――中央精版印刷株式会社

製本――小高製本工業株式会社

Printed in Japan　ISBN978-4-309-22766-5